# 범죄학 이론

## 사회적 배경과 결과물

## Criminological Theory

J. Robert Lilly · Francis T. Cullen · Richard A. Ball 공저
이순래 · 박철현 · 장안식 공역

박영사

# 역자 서문

릴리 등(Lilly, Cullen, Ball)이 『범죄학 이론』을 처음 출간한 때는 1989년이다. 이후 몇 차례의 개정판이 나왔고 2011년에 마지막으로 제5판이 출간되었다. 우리 역자 일동이 번역한 원본은 가장 최근의 제5판이다. 제5판에서는 화이트칼라 범죄이론, 생물사회 범죄학, 행동경제학, 문화범죄학 등이 추가되거나 보완되었다. 릴리 등의 저서는 두 가지 면에서 지금까지의 교과서들과 차이가 있다. 우선, 이들은 범죄발생의 원인에 관한 다양한 이론들을 소개하고 이와 함께 범죄학 이론 자체를 설명하고자 하였다. 기존의 교과서들이 이론소개에 그쳤다면 릴리 등은 저서에서 이와 함께 범죄학 이론 자체를 시대적 상황과 관련지어 설명하였다. 두 번째로, 범죄대책을 집중적으로 다루었다. 기존의 교과서는 범죄에 관한 시회정책을 다루지 않거나 혹은 피상적으로 언급하는 수준이었다. 반면에 릴리 등은 개별 범죄학 이론을 설명할 때마다 이와 관계된 범죄대책들을 철저히 분석했다.

범죄학 이론을 올바로 이해하려면 개별 이론의 내용을 알아야겠지만 이론의 배경을 아는 것도 중요할 것이다. '우물 안 개구리'라는 속담이 시사하듯이, 우물 안에서는 그렇지 못하고 우물 밖에서 봐야 실제적 모습을 볼 수 있는 것과 같은 이치이다. 또한 범죄학은 고전주의 시대 이후로 범죄문제의 해결이란 실천적 과제를 지속적으로 강조하였다. 이런 점에서 범죄학 이론도 평화로운 사회건설에 기여할 수 있는 실천가능한 범죄대책을 제안할 수 있어야 한다. Lilly 등이 집필한 교과서는 다양한 이론 소개와 이론 자체에 대한 검토를 함으로써 범죄학 이론의 심층적 이해에 많은 도움이 되고, 범죄대책의 철저한 분석은 범죄학 이론의 실천적 가치를 구현하는 데 크게 기여할 것이다.

역자 일동은 범죄학 이론의 새로운 지향을 제시했던 이들의 저서를 국내 독자들께 소개할 수 있는 기회를 갖게 된 것을 매우 영광스럽게 생각한다. 이 책은 전공자뿐만 아니라 범죄학에 관심을 가진 모든 학생들에게 적합하며, 스토리텔링 형식으로 집필하여 누구든지 쉽게 공감할 수 있는 내용이다. 원저자들은 추상적 개념이나 익숙하지 않은 용어사용을 자제하고 마치 친구들 간에 대화하는 방식으로 범죄학 이론의 핵심쟁점들을 서술하였다. 이 책은 학부강의 1학기 강의에도 적합할 것이다. 전체 내용이 15장으로 구성되어, 매주 1장씩 진행한다면 1학기 동안에 범죄학 이론 전반을 검토할 수 있는 분량이다.

번역과정에서 스토리텔링은 양날의 검이었다. 일상적 용어로 친구들과 이야기하듯이 집필되어 원본의 경우에 언어로는 표현할 수 없는 공감을 가질 수 있었다. 그러나 미국의 일상생활과 우리나라는 차이가 있고 이야기하는 방식도 달라 원저자들의 견해를 표현하기가 용이하지 않았다. 비록 최선의 노력으로 원저자들의 견해를 전달하고자 했으나 그렇지 못한 부분이 있을 것이다. 이는 우리 역자 모두의 책임이며, 앞으로 계속해 개선의 노력을 할 것이다. 번역과정의 어려움을 겪고 계획된 일정보다 지체되어도 끝까지 격려해주시고 인내해주신 박영사 회장님과 이하 여러 직원분들께 깊은 감사를 드린다.

2017년 3월<br>역자 일동

# 차 례

## 제1장 이론의 사회적 배경과 결과 _ 1



## 제2장 "범죄형 인간"에 대한 탐색 _ 20

## 제3장 개인주의에 대한 거부: 시카고학파 _ 56



## 제4장 미국사회의 범죄: 아노미와 긴장이론들 _ 87

## 제6장 통제의 복잡성: 허쉬의 두 이론과 그것을 넘어서 _ 154



## 제7장 국가개입의 역설: 낙인이론 _ 197

## 제8장 사회적 권력과 범죄의 구성: 갈등이론 _ 236

## 제10장 범죄학에 성적인 색채 입히기: 페미니스트이론 _ 326

## 제13장 일상생활에서 범죄 선택하기: 일상활동이론과 합리적 선택이론 _ 466

## 제14장 "범죄인" 탐구의 재검토: 생물사회 이론들 _ 499



## 제15장 범죄자의 발전과정: 생애과정 이론들 _ 545

생각하는 사람

**오귀스트 로댕**

1840 – 1917

프랑스 예술가/조각가

# 제1장

# 이론의 사회적 배경과 결과

범죄는 복잡한 현상이다. 범죄의 다양한 측면을 설명하는 일은 흥미롭기는 하지만 매우 힘든 도전과제이다. 일부 정치인을 비롯해 언론매체에 출연하는 소위 논평가라고 불리는 사람들은 일반상식만으로도 강도짓을 저지르고 총질을 하는 이유를 충분히 설명할 수 있고, 나아가 범죄자들에 대한 대처방법도 쉽게 판단할 수 있는 것처럼 얘기한다. 그러나 지금까지의 경험에 의하면 그렇지 않다. 범죄문제에 대한 해답을 찾는 일은 결코 용이하지 않았다. 이를 위해서는 우리가 갖고 있는 편견을 성찰해야 하고, 앞선 세대의 학자들이 범죄의 원인을 진단했던 과정에서 보여준 통찰력과 문제점들을 되새겨 봐야 하며, 범죄의 대책이라고 제안하는 사항들이 어떤 의미를 함축했는가를 정확히 알아야 할 것이다.

어려운 일이지만, 범죄를 설명해야 하는 임무는 — 탐험이 보다 적절한 표현일 것이다 — 시급한 당면과제라고 할 수 있다. 그 이유는 범죄에 대한 기존의 논평들이 과장하고 선정적으로 다루고자 하는 유혹에 빠져있고, 끔찍하고 잔인한 범죄가 마치 사회에서 일어나는 범죄의 진면목인 것처럼 기술하고, 동네 폭력배들이 두려워 사람들이 집주위에 바리케이드를 치고 살고 있는 것처럼 기술하기 때문이다. 물론 이런 사례들이 일부 있을 수 있다. 그렇기 때문에 이런 얘기들을 설득력이 있는 것으로 사람들이 받아들였을 것이다. 그러나 대부분의 사회성원들은, 특히 부유한 지역에 살고 있는 사람들은, 폭력이 난무하고 참혹한 살인에 시달리며 살고 있지 않다. 물론 야간에 문을 닫고, 경보장치를 설치하고, 혹은 신변보호를 위해 호신장비를 구입하기는 한다. 하지만 조사결과에 의하면 대부분의 사람들은 집 안팎에서 안전하다고 느끼고 있는 것으로 보고되고 있다(Cullen, Clak, & Wozniak, 1985; Scheingold, 1984).

그러나 이런 지적은 범죄가 심각한 문제라는 사실을 부인하는 것이 아니다. 또한 연구와 이해가 필요한 대상이라는 것을 부정하지도 않는다. 사실 미국에서 절대 다수의 사람이 범죄로 인해 생명을 잃고 마음의 평화가 파괴되는 심각한 피해를 겪지는 않는다. 그렇지만 적지 않은 사람이 이런 행운을 누리지 못하고 있다. 따라서 미국의 경우에 살인사건에 대한 언론보도들이 쏟아지면서 많은 사람들이 지역사회의 폭력사건들에 무감각해져 있으며 이런 사건들보다 오히려 운동시합의 결과에 더 많은 관심을 갖는 경향이다. 자신의 친구나 아니면 친구의 친구들이 심각한 폭행을 당하고 있으며 심지어 살인사건의 피해자일 수도 있다는 사실에 주목하지 않고 있다.

통계자료들도 암울한 실태를 보여준다. 해마다 미국연방수사국(FBI)은 경찰관서들이 인지하는(대부분이 시민들이 신고한 경우들이다) 범죄사건들의 발생건수를 표준범죄보고서(Uniform Crime Reports)를 통해 발표한다. 이에 의하면, 2000년 이후로, 매해 16,300명 이상의 미국시민들이 범죄로 인해 생명을 잃었다. 최근에 들어 다소 감소하는 경향이지만, 약 140만 명의 미국시민들이 강도, 강간, 중폭행을 당했으며 1,000만 이상의 가구가 침입절도를 당하거나, 재물파손이나 도난피해를 입는 것으로 나타났다(Blumsten & Wallman, 2000; Federal Bureau of Investigation [FBI], 2010).

더욱이 이런 통계자료는 전체 범죄문제의 일부분만을 반영했을 뿐이다. 범죄피해를 입은 2-3명 중에서 한 명은 경찰에 신고하지 않는 경향이다: 즉, 이런 범죄사건은 표준범죄보고서에 반영되지 않았다. 국가범죄피해조사(National Crime Victimization Survey)는 피해경험이 있었는지를 시민들에게 직접 질문하는 방법인데, 이에 의하면 2008년의 경우에 12세 이상의 시민들이 약 2,130만 건의 범죄피해를 당했으며 그중에서 1/5 이상이 폭력피해를 겪은 것으로 조사되었다(Rand, 2009).

또한 FBI 자료는 오늘날 많이 발생하는 약물관련 범죄는 포함하지 않은 것이다. FBI 자료는 야외에서 발생하는 심각한 범죄만을 측정했으며, 실생활에서 더욱 많이 발생하는 소매치기, 좀도둑, 단순폭행 등의 경미한 범죄들을 반영하지 않은 것이다. "자기보고"조사는 응답자 본인(주로 청소년들)에게 범죄를 얼마나 저질렀는지를 묻는 조사방법이다. "자기보고"조사에서 일관되게 나타난 결과는 대다수의 사람들이 크고 작은 불법행위를 약간씩은 저지른다는 것이다. 이밖에도 우리가 주목해야 할 사실이 있다. 경찰이 주로 다루는 범죄유형은 야외에서 발생하는 범죄들이다. 이에 따라 실제로 많이 발생하고 범죄의 피해정도가 심각하지만 야외에서 발생하지 않아 경찰이 적극적으로 대처하지 않는 범죄유형들이 있다. 가정폭력 — 아동학대, 배우자폭행, 기타범죄(즉, 가정에서 발생하는 폭력범죄)가 이런 범죄유형의 대표적 사례이다(Starus, Gelles, & Steinmetz, 1980). 데이트 과정에서 발생하거나 서로 잘 아는 사람들 사이에서 발생하는 성폭력도 이런 유형의 범죄이다(Fisher, Daigle, & Cullen, 2010). 전문직종 종사자들이 직무과정에서 저지르는 화이트칼라 범죄도 이런 유형의 범죄이다(Sutherland, 1949). 최근에 발생한 사건들에서(Enron이나 WorldCom의 대형 사기사건 등) 알 수 있듯이, 기업과 정치권의 부정부패는 자주 발생하며 피해규모 역시 매우 심각한 수준이다(Cullen, Maakestad, & Cavender, 1987; Simon & Fitzen, 1986).

범죄발생의 실태는 다른 통계자료와 조사결과를 통해서도 확인할 수 있다. 이런 자료를 통해서도 미국사회에서 범죄문제가 심각한 수준이라는 것을 알 수 있다. 구체적으로 미국의 불법행위는 — 특히 치명적 폭력범죄는 다른 서구 산업사회들과 비교할 때에 매우 높은 수준이다(Currie, 1985, 2009; Lynch, 2002; Messener & Rosenfeld, 2001; Zimring & Hawkins, 1997). 물론 서로 다른 문화의 국가들을 비교하는 것은 어려운 일이다: 국가마다 불법행위로 규정하는 행위가 다르고 범죄관련 자료를 수집하는 방법이 다를 수 있다. 그럼에도 불구하고, 커리(Currie, 1985)가 국가별 비교를 했을 때에 1970년대 미국에서 남자가 폭력범죄로 사망하는 수준은 일본, 오스트리아, 서독, 스웨덴 남자에 비해 10배 가량 높은 경향이었다; 특히 덴마크 남자들에 비교했을 때에 미국 남자의 사망률은 20배 이상이었다(p.25). 오늘날에도 이런 차이가 지속되고 있다(Currie, 1998b; Rosenfeld, 2009). 커리(Currie, 2009)에 의하면, "경제적으로 발전한 대부분의 산업화 사회에서, 다른 사람을 고의로 살해하는 사건은 매우 희귀한 일이다. … 차를 타고 가면서 총기를 난사하는 경우나 심야에 경찰헬리콥터의 출동소음으로 지역사회가 고통을 받는 경우도 거의 없다. 살인피해자를 추모하기 위해 교회

앞에 놓인 촛불을 보는 일도 없다”(p.3). 또한, 미국에서 범죄는 지역별로 균등하게 발생하지 않았다. 블룸스타인(Blumstein, 2000)이 지적했듯이, “1996년에 미국의 10개 도시(살인 발생건수는 뉴욕, 시카고, 로스엔젤레스, 디트로이드, 필라델피아, 워싱턴, 뉴올리온스, 볼티모어, 휴스턴, 댈러스의 순이다)에서 살인사건의 발생건수는 국가전체의 살인 발생건수의 1/4을 차지했다”(p.36). 또한 같은 지역에서도 구역별로 범죄문제의 심각성은 현저한 차이를 보였다.

왜 미국에서 범죄가 이렇게 많이 발생하는가? 그리고 왜 다른 지역은 그렇지 않은데 일부 지역에서만 범죄가 많이 발생하는가? 왜 어떤 사람은 법을 잘 지키는데, 다른 사람들은 법을 지키지 않는가? 경제적으로 어려운 사람뿐만 아니라 부유한 사람들이 불법행위를 저지르는 이유는 무엇일까? 범죄문제의 이런 다양한 현상들을 어떻게 설명할 수 있는가?

범죄이론가들은 오랫동안 이런 의문들에 대한 해답을 얻기 위해 노력했다. 이 책에서 우리는 기존의 학자들이 제안했던 범죄현상에 대한 설명을 사회적 배경, 구체적 내용, 결과 등의 측면에서 서술하고자 한다. 범죄학 이론들에 관한 이야기를 시작하기에 앞서, 다음에서는 우선 이 책의 분석틀을 소개한다.

## 이론과 사회적 배경

범죄를 저지르게 만드는 배경요인을 지적하는데 대부분의 사람은 어려움을 갖지 않는다. 범죄의 원인이 무엇이냐고 질문했을 때에 “잘 모르겠다”고 하는 응답자는 찾아보기 어렵다. 범죄를 유발하는 원인으로 조사대상자들이 흔히 지적하는 요인은 실업, 열악한 가정환경, 판사의 관대한 처벌 등이다(Flanagan, 1987; Roberts & Stalans, 2000; Unnever, Cochran, Cullen, & Applegate, 2010).

이런 점에서 대부분의 사람은 범죄가 왜 발생하는가에 대한 견해를 갖고 있다고 할 수 있다; 즉 범죄행위에 관한 자신들의 “이론”을 갖고 있다. 그렇다면 이런 견해가 혹은 이론들이 어떻게 형성되었을까? 한 가지 가능성은 사람들이 시간을 들여 범죄현상을 열심히 공부하고, 기존의 연구결과들을 면밀히 검토하고, 이를 바탕으로 법질서가 왜 지켜지지 않는지를 정확히 판단했을 수 있다는 것이다. 그러나 이런 식으로 범죄문제나 다른 사회문제에 대한 자신의 견해를 형성하는 사람은 거의 없을 것이다. 범죄를 직업적으로 연구하는 범죄학자들을 제외하고, 대부분은 범죄문제를 깊게 생각할 시간이 없을 것이며 그러고자 하는 의지도 없을 것이다.

이런 사실이 중요해 보이지 않을 수 있다. 그러나 그렇지 않다. 사람들이 범죄에 대해 갖고 있는 생각이 심사숙고한 결과가 아니라 단지 살아가면서 막연히 얻게 된 지식이라는 것은 시사하는 바가 적지 않다. 범죄에 대한 생각은 다른 사회적 이슈에서와 같이 여러 계기를 통해 형성되었을 수 있다. 부모, 교회설교, 텔레비전에서 범죄를 어떻게 보도했는가, 가족이나 친구 중에서 범죄를 저지른 사람이 있는가, 본인 스스로 범죄를 저질렀거나 피해를 당해 본 적이 있는가, 기타 등의 경험에 의해 형성되었을 수 있다. 요약하면, 사람들은 사회적 경험을 통해 범죄에 대한 생각을 갖게 된다는 것이다.

이런 결론으로 세 가지 사항을 유추할 수 있다. 첫째, 생활경험을 통해 범죄에 대한 이론을 형성하는 사람이 단지 일반시민만이 아니라는 것이다. 학문적으로 연구하는 범죄학자들이나 범죄정책을 개발하는 정부관료들은 개인적 편견을 배제하고, 기존의 연구결과들을 면밀히 검토하고, 경험적으로 가장 널리 검증된 이론만을 수용해야 하는 전문가로서의 의무가 있다. 범죄학자들과 정책개발자들은 경험적 자료를 적극적으로 활용하지만, 항상 그렇지 않은 것도 사실이다. 일반시민과 마찬가지로, 이들도 특정한 사회적 삶을 영위하며 따라서 사회적 영향을 받을 수밖에 없다. 학자나 공무원이 되기 전에 개인적으로 겪었던 경험들을 통해 인간본성과 세상이치에 대한 자신만의 생각을 갖게 된다; 즉, 진보주의적 혹은 보수주의적 자아관을 가질 수 있다. 물론 범죄현상을 연구하면서 자신의 기존 견해가 수정될 수는 있다. 하지만, 이전과 완전히 다른 것으로 쉽게 바뀌지는 않을 것이다; 즉 범죄를 어떻게 설명하는지는 개인의 경험에 의해 영향을 받는다고 할 수 있다.

둘째, 사회적 경험이 범죄성에 대한 태도에 영향을 미친다면, 사회가 변화하면 — 사람들이 이전과 다른 경험을 하게 되면 — 범죄에 대한 견해 역시 변화하게 된다. 이런 사실은 앞으로 상세히 살펴볼 것이다. 그에 앞서 우선 몇 가지 사례를 들어 사회적 변화와 범죄에 대한 견해와의 관계에 대한 명확한 이해를 도모하고자 한다.

미국 해변가에 정착민이 처음 도착한 이후로 범죄에 대한 사람들의 생각이 지속적으로 바뀌었다는 것은 잘 알려진 사실이다. 구체적으로 시대별로 미국에서 범죄의 원인은 종교적 악마와 인간의 원죄에서, 열등한 사람들의 생물학적 결함, 균등한 기회의 차단, 범죄이익을 철저히 계산하는 합리적 판단능력 등이 거론되었다. 앞으로 살펴보겠지만, 각각의 범죄이론은 다른 분야의 이론들과 마찬가지로 시대적 상황에서 사람들이 겪었던 경험에 비추어 특정한 견해가 논리적이며 믿을 만하다고 여겨졌을 때에 널리 받아들여졌다.

미국이 식민지 시대였을 때에 사람들은 제한된 지역에서 종교적 사회생활을 하였다. 따라서 이런 시대적 배경에서 범죄는 악마가 준동해 범죄의 유혹에 쉽게 빠져들 수 있는 사람의 마음을 지배함으로써 발생한다는 견해는 "합리적" 설명이었다. 1800년대 후반에 다양한 부류의 외국인들이 물밀듯이 이주해왔고 사회적 다윈주의 즉 적자생존의 자연적 선택과정으로 사회적 위계서열이 결정된다는 이념이 새롭게 소개되었다. 이런 시대적 배경을 경험했던 사람들에게 가난하게 살고 범죄자가 되는 이유는 바로 이들이 열등한 자질을 갖고 태어났기 때문이라는 것은 합리적 설명이었다. 1960년대에 들면서 소수집단의 사람들이 미국에서 성공을 하지 못하는 이유로 흔히 구조적 장벽이 거론되었다. 이 시대에 가난으로 인해 사람들이 범죄를 저지르게 되고 — 가난은 평등한 기회가 보장되지 못했기 때문이라는 설명은 합리적인 것이었다. 최근에 들어 사회적 분위기는 보수주의로 회귀하고 있으며 사회적 해악의 발생과 관련해 그간의 관용주의를 비판하는 경향이다. 이런 시대적 배경에서 사법기관에 적발되어도 "경미한 처벌"에 그칠 것이라고 생각하기 때문에 사람들이 범죄를 저지르게 된다는 견해는 합리적 설명일 수 있다.

따라서, 사회적 배경이 범죄이론의 방향을 결정하는데 있어 핵심요인이라는 것을 알 수 있다. 사회적 배경이 변화하고 사람들의 생활방식이 달라지면 세상을 보는 시각과 인간에 대한 생각이 달라진다. 이전의 범죄이론이 설득력을 잃게 되고, 사람들은 점차 다른 관점의 이론을 합리적이라고 받아들이게 된다. 이런 변화는 과거이론이 잘못된 것으로 입증되지 않아도 그리고 새로운 이론이 이전에 비해 개선되지 않아도 즉 체계적 분석과정이 없이도 일어날 수 있으며, 실제 흔히 일어나고 있다.

그렇다면 독자 여러분의 경우는 어떠한가? 세 번째로 검토할 사항은 범죄에 대한 독자 여러분(우리 모두)의 생각도 의심의 여지가 없이 개인적으로 겪었던 사회적 경험에 의해 영향을 받는다는 것이다. 이전의 이론들을 되돌아볼 때에 대부분은 과거의 학자들이 어떻게 저토록 어리석고 아둔한 견해를 가졌을까 하고 의아해한다. 이런 반응은 범죄문제뿐 아니라 다른 분야에서도 마찬가지이다. 하지만 이는 과거 학자들의 생각이나 행동이 그들이 살았던 세계에 의해 영향을 받았다는 사실을 망각했기 때문이며, 그리고 오늘날 우리의 생각과 행동은 현재의 사회적 배경에 의해 전혀 영향을 받지 않을 것으로 자만하기 때문에 나타날 수 있는 것이다. 이런 자만심으로 오늘날 우리의 해석과 이론은 "의심의 여지가 없는" 정확한 것으로 생각하는 오류에 빠져들 수 있다. 앞으로 태어날 미래세대는 현재 우리가 그러는 것처럼 과거를 되돌아보며 "우리"의 어리석음과 아둔함을 지적할 수 있다는 사실을 잊지 말아야 할 것이다.

지금까지의 논의는 우리가 갖고 있는 믿음의 기초에 대한 성찰이 필요하다는 것을 시사한다. 여러분들이 겪었던 사회적 경험이 어떤 식으로 당신이 범죄를 설명하는 방식에 작용하는가? 이런 질문을 던지고 답하는 과정에서, 우리의 눈을 가려왔던 과거 경험들에 의한 장막을 거둘 수 있을 것이다. 즉 범죄를 새롭게 생각할 수 있는 흥미진진한 기회를 가질 수 있을 것이다.

## 이론과 정책: 생각은 결과를 낳는다

흔히 이론을 공허한 생각이라고 경시하는 경향이 있다 — 흥미롭기는 한 것이지만 현실적인 사람이라면 구태여 살펴볼 필요가 없는 것이다. 그러나 이런 생각은 잘못된 단견이다. 토마스 사츠(Thomas Szasz, 1987)가 지적하듯이, 생각은 결과를 낳는다(Weaver, 1948 참조). 이론은 매우 중요한 것이다.

형사사법정책을 입안해야 할 때에, 이런 교훈의 중요성을 실감할 수 있다(Sherman & Hawkins, 1981). 범죄는 많은 문제를 초래한다: 재산상 손실이 발생하고 때로는 귀중한 생명을 잃기도 한다. 이런 경우에 범죄의 원인을 백지상태에서 찾을 수 없다. 어떤 이론가가 절도나 폭력의 원인을 단지 암시하기만 해도, 다른 학자는 이런 통찰력을 활용해 범죄문제에 대처할 수 있는 방법을 개발할 수 있다. 범죄가 왜 일어나는지를 이해하는 것은 이런 행위를 통제할 수 있는 전략을 모색하기 위한 선결과제이다. 스테판 포흘(Stephen Pfohl, 1985)은 이

론과 정책의 불가분한 관계를 아래와 같이 기술했다:

> 이론적 관점은 어떤 대상의 속성에 대한 이미지를 구성하고 그것에 어떻게 대처하는 것이 가장 바람직한가를 지시한다. 이론적 관점을 통해 대상에 포함될 수 있는 것과 포함될 수 없는 것을 구분할 수 있다. 즉 대상의 의미를 고정된 형식과 내용의 세계로 구성한다. 이론적 관점은 혼란스러운 감각적 자료들을 이해, 설명, 적절한 행동지침 등으로 변환한다(pp.9－10).

따라서 범죄학 이론별로 범죄를 감소할 수 있는 대책으로 제시되는 사항은 서로 다를 수 있다. 범죄행위의 원인으로 무엇을 지적하는가에 따라 합리적 형사사법정책과 대처활동의 방향도 다르다: 다른 방향의 정책과 대처활동은 비합리적이고 경우에 따라 매우 무책임한 것이 될 수 있다. 따라서, 범죄자를 유전적으로 비정상적이고 교정이 불가능한 사람이라고 생각하면 야생동물을 다루는 것처럼 쇠창살로 가두는 것만이 유일한 대처방법이 될 것이다. 반면에 범죄자를 정신질환을 앓는 사람으로 생각하면 문제의 해답은 정신치료요법일 것이다. 그리고 경제적 박탈감에 의한 스트레스로 범죄를 저지른다고 생각하면, 직업훈련과 취업기회가 이들의 범죄성을 감소하는 방안이 될 것이다.

그러나 이론과 정책의 관계는 간단하지 않다. 어떤 경우는 이론이 먼저 개발되고 이후 기존 정책을 변경해야 한다는 요구가 있을 수 있다. 어떤 경우는 반대로 정책이 먼저 실시되고 이런 정책변화를 옹호하는 이론이 발표되어 새로운 정책을 정당화할 수도 있다. 혹은 이론과 정책이 상호작용하여 서로를 정당화하는 경우도 있을 수 있다. 어떤 경우이든 중요한 사실은 형사사법정책이 토대로 하는 이론이 합리적이라고 인정받지 못하면 정책에 대한 사회적 지지가 결국에는 소멸된다는 것이다.

이를 통해 중요한 결론을 도출할 수 있다: 범죄의 이론이 변화하면 형사사법정책도 변화한다는 것이다. 20세기에 접어들면서 상당수의 미국사람들은 범죄자가 야만적 진화단계로 회귀한 “격세유전적 퇴행자” 혹은 정신박약자라고 생각했다. 당시에 범죄자의 유전인자가 자손에게 전파되지 않도록 불임수술을 실시해야 한다는 요구는 올바른 사회적 대처방안으로 널리 수용되었다. 그러나 불과 20년이 채 지나지 않아 상황은 변했다. 이 무렵에 사람들은 범죄의 원인이 범죄자 자신에 있지 않고 병리적 생활환경과 밀접한 관련이 있다고 확신했다. 지역사회 비행예방 프로그램으로 빈곤층 청소년을 "구원해야" 한다는 제안들과 필요한 경우에는 비행청소년을 소년원에 수용하고 적절한 처우를 해야 한다는 주장들이 이때에 집중적으로 제기되었다. 최근의 사회적 분위기는 범죄의 원인으로 관용주의를 지적하는 경향이다. 가족, 학교, 사법체계에 만연한 관용주의로 인해 범죄가 많아진다는 것이다. 미국의 많은 정치인들이 이런 분위기에 편승하고 있다. 정치인들이 범죄자들을 "엄격히" 처벌함으로써 즉 불법을 저지르면 누구든지 강력히 처벌하고 장기간 교도소에 수용함으로써 범죄를 저질러도 얻을 수 있는 이익이 없다는 사실을 명확히 가르쳐야 한다고 주장하는 것은 최근의 분위기를 고려할 때에 놀라운 일이 아니다.

여기서 한 가지 잊지 말아야 할 사실은 범죄학 이론을 사회적 배경으로부터 분리할 수 없다는 것이다. 이론의 변화와 이에 부수된 정책의 변화는 사회적 변화의 산물이다. 앞서 살펴봤듯이, 범죄에 관한 설명은 사회적 환경과 밀접히 관련되어 있다. 어떤 이론의 적절성 여부는 사람들이 겪고 있는 사회적 경험과 밀접히 연관되어 있다. 사회적 여론이 변하면 이론적 설명이 타당성을 얻거나 잃을 수 있고, 따라서 일련의 형사사법정책이 정당화될 수도 그렇지 못할 수도 있다.

지금까지 우리 저자들은 개인의 생각은 각자가 경험한 환경에 의해 형성된다고 강조했다. 유사한 과정으로, 범죄에 어떻게 대처해야 할 것인가에 대한 개인의 견해는 각자의 생각에 따라 다를 것이다. 우리 저자들은 독자들이 새로운 도전을 해 볼 것을 제안한다. 범죄와 범죄대책과 관련한 자신의 생각에 대해 그 기초와 연관성을 성찰해 볼 것을 제안한다. 즉 어떤 이론을 수용할 것인가 그리고 그 이론이 초래할 수 있는 영향이 어떤 것인지를 심사숙고해 볼 것을 권고한다. 우리 저자들은 이 책이 독자들이 새로운 도전과 탐험을 하는데 도움이 될 수 있기를 염원한다. 또한 독자들이 이 책을 통해 개인적으로도 교훈을 얻었으면 하는 바람이 있다.

## 사회적 배경, 이론, 정책: 책의 서술 계획

티모시 플래너건(Timothy Flanagan, 1987)은 "범죄와 비행에 대한 역사적 연구로부터 배울 수 있는 가장 확실한 교훈"은 "어떤 시기에 지배적이었던 범죄통제 전략은 범죄원인에 대한 당시의 일반적 견해와 밀접하게 연관되어 있다"(p.232)는 것이라고 주장했다. 플래너건(Flanagan)의 이런 견해는 이 책의 핵심테마를 정확히 반영하고 있다 — 사회적 환경, 범죄학 이론, 형사사법정책의 수립은 서로 연관되어 있다. 이런 테마는 우리 저자들이 앞으로 책의 각 장을 서술할 때에 분석의 준거틀이 될 것이다. 우리 저자들은 이론적 관점들의 구체적 내용뿐만 아니라 관점들의 배경환경과 그것의 영향 혹은 결과를 동시에 검토할 것이다.

그럼에도 불구하고 이 책의 집필범위를 명확히 하고자 한다. 이 책의 기본적 성격은 범죄학 이론의 입문서이다 — 범죄를 설명하고자 한 학자들의 노력에 대한 사회적 역사를 소개하는 것이다. 학자들의 이론화 작업을 간결하고 쉽게 서술하기 위해 역사발전의 상세한 내용들은 생략할 것이며, 또한 주요 범죄학적 관점에서 파생되었던 여러 이론적 분파들을 검토하지 않을 것이다. 범죄란 수수께끼와 같은 현상을 탐구했던 오랜 역사를 이해하는데 있어 이 책은 첫걸음이 될 수 있을 것이다. 독자 여러분이 앞으로 범죄문제를 더 깊이 연구하는 계기가 되는 것이 이 책을 집필하는 우리 저자들의 바람이다.

범죄학 이론에 대한 우리의 이야기는 다른 이야기들과 마찬가지로 우선 범죄학의 기원과, 레니(Rennie, 1978)의 표현을 빌리자면, "범죄적 인간"을 찾으려 했던 초기 연구들부터 시작할 것이다. 우리들의 이야기는 모두 15개 장이며 각 장은 시간적 순서에 따라 연대기순으로 구성되었다. 하지만 같은 시기에 여러 이론들이 함께 출현한 경우가 있으므로 각 장이 시간적 순서를 엄격하고 정확히 따른다고 할 수는 없다. 또한 각 장에서 이론적 전통들은 과거에서 시작하여 현재의 순서로 기술했다 — 즉, 이론의 창안자를 먼저 서술하고 현재 이런 이론을 지지하는 학자들의 견해를 소개하는 순서이다. 이를 통해 독자들이 범죄에 대한 생각들이 어떻게 진화했는지를 살펴볼 수 있는 시간적 역사적 여행이 될 수 있기를 희망한다.

표 1.1은 이 책(범죄학 이론: 사회적 배경과 결과물)이 어떻게 구성되었는가를

 

간략히 소개하는 안내도이다. 안내도는 일반적인 지도처럼 명확하고 간결하게 작성했다. 독자들은 이 책을 여행할 때에 표 1.1을 참조하면, 현재 읽고 있는 내용이 어느 부분인지를 알 수 있을 것이다. 이론의 경우, 특히 범죄학 영역은 부자의 곤경 상태이다. 즉 범죄를 설명하려고 경쟁하는 이론들이 너무도 다양한 상태이다. 이는 인간행동과 사회 자체가 복잡다난하기 때문에 여러 유형의 이론적 관점이 필요하고, 각 관점은 다른 관점들이 경시했던 실제의 부분들을 다루었기 때문일 수 있다. 따라서, 독자들은 앞으로 범죄학 이론의 이야기들이 전개될 때에 마음속에서 이론들의 정확한 의미를 파악하는 데 각별한 주의를 기울여야 하는 도전을 해야 할 것이다. 표 1.1은 이러한 중요한 도전작업에서 도움이 될 것이다.

표 1.1 사회적 환경과 범죄학 이론

| 사회적 환경 | 범죄학 이론 | 번호 |
|---|---|---|
| 계몽주의 — 1700년대 중반에서 1700년대 후반 | 고전학파 | 2장 |
| 사회적 다윈주의, 과학, 의학의 부흥 — 1800년대 중반에서 1900년대 | 초기 실증학파 — 생물학적 실증주의 | 2장 |
| 이민자의 유입, 대공황기, 제2차 세계대전 후의 안정기 — 1900년대에서 1960년대 초반 | 시카고학파, 아노미－긴장이론, 통제이론 — 주류 범죄학 | 3장, 4장, 5장, 6장 |
| 사회적 혼란기 — 1965년에서 1970년대 후반 | 낙인이론, 갈등이론, 마르크스 이론, 여성주의 이론, 화이트칼라 범죄이론 — 비판적 범죄학 | 7장, 8장, 9장, 10장, 15장 |
| 보수주의 시대 — 1980년에서 1990년대 초반과 이후 시기 | 억제이론, 합리적 선택이론, 깨어진 창이론, 도덕적 빈곤이론, 일상활동이론, 환경이론 — 주류범죄학과 비판적 범죄학에의 도전 | 12장, 13장 |
| | 평화생산이론, 좌파 현실주의이론, 신유럽이론, 문화이론, 신념이론 — 보수주의 이론과 보수주의 정책에의 도전 | 9장, 10장 |
| 새로운 세기 — 2000년대에서 현재 | 생물사회이론, 생애과정/발달이론 — 범죄자로의 발전 | 14장, 15장 |

범죄학적 이야기를 시작하기에 앞서 이 책의 각 장에서 다룰 내용들을 좀 더 상세히 살펴보고자 한다. 표 1.1은 시대별 사회적 환경이 어떻게 이론들과 관련을 맺는가를 개략적으로 나타낸 것이다. 또한 범죄학 이론들이 서술되어 있는 부분을 각 장의 번호로 표시하였다.

## 범죄학의 출현: 주류 범죄학 이론들

제2장에서는 현대적 범죄학의 토대로 2가지 이론적 관점을 검토한다. 고전학파는 계몽주의 시기에 출현했다. 고전학파는 그때까지의 신령적 혹은 종교적 설명방식을 배격하고자 했다. 대신에 범죄행위로 인한 이득과 범죄를 저지를 것인가를 가늠할 때에 범죄자들이 손실과 이득의 측면에서 이성적 판단을 한다는 점을 강조했다. 따라서 고전학파 학자들은 형사법의 개정을 통해 법이 사람들에게 공평하게 집행되고(법 앞에 모든 사람이 평등하다) 법위반을 하지 않도록 사람들을 설득할 수 있을 만큼의 형벌을 부과하는(범죄로는 이익을 볼 수 없다) 것이 필요하다고 주장했다. 고전학파는 보다 최근의 합리적 선택이론과 억제이론의 선구자라고 할 수 있다.

그렇지만 제2장에서 주로 다루는 내용은 범죄자에 대한 과학적 연구를 강조하는 실증주의 학파이다. 체사레 롬브로조(Cecare Lombroso)가 주도적 역할을 했던 실증주의는 1800년대 후반에서 1900년대에 이르기까지 이탈리아에서 번성했다. 이런 사고는 유사한 전통이 있었던 미국에서도 활발히 발전했다. 실증주의 학자들은 범죄를 저지르는 사람과 그렇지 않은 사람들 간에는 무언가 다른 점이 있을 것이라고 가정했다. 의학의 경우, 어떤 요인이 환자의 질병을 초래했는가를 중요시한다: 유사한 방식으로, 실증주의 학자들은 어떤 요인이 범죄자를 만들었는가를 탐구하는 것이 필요하다고 가정했다. 의학에서와 같이, 이들은 범죄의 수수께끼를 풀 수 있는 열쇠는 범죄자들을 과학적으로 연구하는 것에 — 범죄자의 신체와 뇌를 살펴 개인적 차별성의 증거를 찾는 것에 있다고 생각했다. 다윈주의와 의학에 영향을 받은 실증주의 학자들은 범죄자들이 독특한 생물학적 소질을 갖고 있으며 이런 소질이 범죄를 결정짓는다고 판단했다. 즉 사악한 정신이나 개인의 자유로운 선택으로 인해 범죄를 저지르는 것이 아니라 그 사람의 체질적 특성에 의해 사전에 결정되는 것으로 생각했다.

1930년에 들면서 미국의 범죄학은 새로운 방향으로 전개되었다. 범죄연구에서 과학적 접근을 추구했던 실증주의 전통은 그대로 유지되었다. 그러나 학자들은 점차 범죄에 대한 해답이 사람 내부에 있는 것이 아니라 이들이 살아야 하는 사회적 환경에 있는 것으로 인식하게 되었다. 당시 미국사회는 현대적이며, 산업화되고, 도시화된 국가로 변모하는 과정이었다. 새로운 이민자들이 연이어 이주해 오고 이들이 도시지역에 정착하면서, 학자들은 이민자들이 겪는 어려움이 범죄로 이어질 수 있다고 의심했다. 시카고 범죄학파는 도시지역과 범죄에 대한 연구를 개척하면서 대표적 이론학파로 성장했다(제3장 참조).

대공황으로 온갖 비참함이 난무했던 도심빈곤지역을 방문한 학자들은 개인적 통제와 사회적 통제가 와해되었고, 범죄를 옹호하는 전통이 형성되고 있는 모습을 목격할 수 있었다. 또한 이런 지역에서는 미국인이 지금까지 추구해야 할 것으로 교육받았던 성공을 향한 꿈을 실현하는 데 심각한 장벽이 있다는 것도 알 수 있었다. 이런 배경에서 당시의 학자들은 범죄를 설명하는 세 가지 핵심이론을 개발했다: 통제가 약화되었을 때에 범죄가 발생한다는 통제이론; 불법행위를 옹호하는 문화적 정의를 학습했을 때에 범죄를 저지른다는 차별접촉이론; 성공하고자 하는 노력이 좌절되는 긴장을 겪을 때에 범죄가 발생한다는 아노미－긴장이론 등이 개발되었다. 통제이론과 차별접촉이론은 시카고 범죄학파가 처음에 제안했고; 아노미－긴장이론은 로버트 머튼(Robert K. Merton)의 저서로부터 발전했다. 세 가지 관점은 제3장, 제4장, 제5장, 제6장에서 검토할 것이다.

세 가지 이론은 모두 주류범죄학으로 흔히 분류한다. 세 가지 이론은 지난 80년 이상에 걸쳐 미국 범죄학에서 중추적 역할을 담당했다. 제2차 세계대전 이후로는 더욱 지배적이었다.

이 시기에 들면서 청소년층 인구가 팽창하기 시작했고 청년문화가 크게 발전했다—이런 경향은 청소년 비행에 대한 관심을 촉발했다. 세 가지 관점들은 어떤 청소년은 범죄를 저지르는데 다른 청소년은 저지르지 않는 이유를 설명하고, 어떤 지역에서는 갱집단이 나타나는데 다른 지역에서는 그렇지 않은 이유를 설명하는 데 적극적으로 활용되었다. 또한 고등학생을 대상으로 자기보고조사를 실시하고(Hirschi, 1969 참조) 통제이론, 차별접촉이론, 아노미－긴장이론을 상호검증하려는 연구들도 많이 있었다. 오늘날에도 세 가지 초기 이론들과 최근의 파생이론들은 범죄학에서 핵심이론의 위치를 유지하고 있다(예, 자아통제이론, 사회학습이론, 일반긴장이론).

통제이론, 차별접촉이론, 아노미-긴장이론을 주류 범죄학으로 분류하는 이유의 하나는 세 가지 관점이 지금까지 미친 영향과 역할 때문일 것이다. 그렇지만 "주류"라는 용어에는 다른 의미가 있다. 제2차 세계대전 이후의 다소 안정화된 시기 즉 미국이 세계질서에서 지배적인 권력을 차지하고 경제적으로 성장한 시기에 개발되었던 세 가지 관점은 정치적으로도 주류 입장을 유지하였다: 세 가지 관점은 기본적으로 사회질서에 도전하지 않았다. 확실히, 세 가지 관점은 미국사회의 문제를 판별하고 이를 해결할 수 있는 정책을 제안하는 데 활용되었다. 그러나 대부분의 경우에 이들 관점들은 미국사회가 뿌리 채 썩었고—천민자본주의에 기반한 권력의 불평등이 가혹하게 처벌하는 사회적 약자의 범죄와 무시하고 넘어가는 사회적 강자의 범죄를 잉태한다고 비판하는 데까지 이르지 않았다. 즉 통제이론, 차별접촉이론, 아노미-긴장이론은 미국사회의 급진적 변화보다 현상유지의 개선을 옹호한다는 점에서 주류 이론이다.

## 사회적 혼란과 비판이론의 대두

1960년대 중반부터 시작해, 여러 학자들이 범죄발생과 형사사법체계의 불평등에 갈등이나 권력이 작용하는 과정을 규명하고자 노력했다. 이들은 미국사회의 변화된 환경에 많은 영향을 받았다. 1960년대부터 1970년대까지 미국사회는 인권과 여성 권리의 신장과 관련된 심각한 사회적 갈등을 겪었다. 거리에는 폭동이 일어났고, 유력한 정치가들이 암살되었으며, 월남전에 반대하는 시위들이 광범위하게 일어났고 심지어 켄트 주립대학교에서는 학생들이 총에 맞는 일까지 발생했으며, 워터게이트 스캔들이 대변하듯이 정치부패가 만연했다. 이런 사건들을 계기로 범죄학자들은 모든 사람들의 평등을 추구하는 미국의 꿈이 훼손되고, 국가권력의 남용을 부추기는 사회적 불의와 사법제도의 부당성에 주목하게 되었다. 미국사회를 부정적으로 보는 이런 시각에서, 학자들이 새롭게 개발한 이론들이 비판범죄학이다.

비판범죄학의 단초는 이런 관점을 철저히 반영하지는 않았지만, 제7장에서 검토할 낙인이론에서 일부 찾을 수 있다. 낙인이론가들은 사람들을 지속적으로 범죄에 빠져들게 하는 주요 원인은 사회에 있지 않고, 오히려 범죄를 줄이기 위해 형사사법체계가 범죄자를 낙인하고 처리하기 때문이라고 과감하게 주장했다. 비판범죄학의 기원은 제8장에서 갈등이론가와 급진이론가들을 소개하면서 보다 상세히 검토할 것이다. 이들은 무엇을 범죄라고 생각하는지 혹은 누구를 체포하고 교도소에 수감할 것인가 등의 개념을 형성하는 데 권력이 미치는 영향을 주로 살펴보았다. 비판범죄자들은 자본주의의 실시를 주요 원인으로 시사했다. 자본주의를 실시했기 때문에 부유층과 빈곤층 모두에서 법위반의 수준이 높아진 것이라고 보았다.

제10장에서는 비판범죄학이 촉진시킨 또 다른 연구경향이라고 할 수 있는 여성주의 이론의 발전을 검토한다. 여성주의 관점은 북미와 유럽에서 "범죄학의 젠더화"에 중요한 기여를 하고 있다. 이 장에서는 젠더와 관련된 사회적 환경이 변화하면서, 여성범죄를 개인적 취약성으로 설명했던 이론들이 어떻게 젠더역할을 중심으로 남자와 여자의 불법행위를 설명으로 이론으로 발전했는지를 분석한다. 특히 가부장제, 남성성, 그리고 인종, 계급, 젠더의 중복화를 범죄의 원인으로 지적했던 이론들을 검토할 때에 여성주의의 다양한 입장들을 가능한 풍부하게 소개하고자 노력했다.

마지막으로, 제11장에서는, 화이트칼라 범죄이론들을 검토한다. 화이트칼라 범죄에 대한 관점 도두가 비판적이지 않지만, 사회적 불평등과 사법체계의 부당성에 주목했던 비판이론이 이 분야의 연구를 진작하는 데 많은 역할을 했다. 이런 이론들이 주로 다루었던 연구주제는 사회적 권력층이 저지르는 범죄의 실태를 파악하고 이를 설명하는 것이었다. 교도소에 수감되어 있는 재소자들은 대부분 빈곤층 출신들이다. 그렇지만 실제로 범죄를 저지르는 사람들은 빈곤층에 국한되지 않는다는 것이 화이트칼라 범죄이론의 기본가정이다. 이런 점에서 관련 학자들은 화이트칼라 범죄성, 특히 기업들이 저지르는 불법행위로 인한 막대한 사회적 비용을 파악하고 이런 해악이 왜 발생하는지를 설명하고자 노력하였다.

## 보수주의 시대의 범죄학 이론

1960년대와 1970년대의 사회적 환경과, 돈과 권력의 구조화된 불평등현상에 대한 관심으로 여러 범죄학 이론들이 개발되었지만, 1980년대에 레이건과 부시 행정부가 집권하고 그 이후로 미국사회는 정치적 우익들이 지배세력으로 정착하였다. 이 시기에 들면서, 범죄가 사회적 문제에 기인하는 것이 아니라 개인의 책임과 잘못 때문이라고 주장하는 이론들이 새롭게 등장하였다. 이런 식의 설명은 과거 100년 전에 풍미했던 범죄 모형을 — 새로운 용어와 세련된 입증자료를 동원해 — 부활하려는 시도라고 볼 수 있다. 이런 이론들은 과학적 의의가 이론별로 서로 다르지만, 범죄자에 대한 엄중한 처벌을 특히 장기간의 교도소 감금을 범죄대책에서 기본으로 해야 한다는 주장하는 점에서는 같은 견해이다. 이런 이론들은 범죄에 대한 보수주의적 설명으로 분류될 것이며, 제12장에서 상세히 검토한다.

1980년 이후에 이론의 내용이나 지향이 보수주의적이지 않은 이론들도 제안되었다. 이런 이론들은 범죄자를 교도소 감금이 필요한 사악한 약탈자로 가정하거나 혹은 엄격한 억제효과가 필요한 이해타산의 냉혈한으로 가정하지 않았다. 그리고, 유토피아와 비현실적 정책들을 희구하는 비판범죄학이나(이들은 사회주의 혁명이 곧 있을 것이라고 믿지 않았다) 범죄자 개인에만 초점을 맞춘(범죄발생의 기회를 고려하지 않은) 주류 범죄학도 신뢰하지 않았다. 대신에 범죄발생의 요소를 규명하고 요소들의 조정을 통해 범죄가 일어나지 않도록 하는 방법을 모색하려고 노력했다. 즉, 효과적 범죄예방에 활용할 수 있는 실용적 이론을 개발하여 대규모의 교도소 감금을 권장하는 보수주의 견해의 독주를 저지하고자 했다.

제13장에서는 우선 일상활동이론 혹은 환경범죄학이론을 검토한다. 일상활동이론은 범죄를 동기화된 범죄자와 법을 위반할 수 있는 "기회"(피해를 입힐 수 있는 적당한 대상의 존재와 피해를 방지할 수 있는 감시자의 부재)를 포괄하는 "사건"으로 파악했을 때에 가장 잘 이해할 수 있다는 견해이다. 주류범죄학 이론들은 오랫동안 범죄를 동기화시키는 요인들에 주목했지만, 범행기회의 차이가 사회적으로 발생하는 범죄발생의 규모와 분포와 어떤 관련이 있는지에 대한 체계적 분석을 하지 않았다. 또한, 일상활동이론은 범죄발생을 가장 효과적으로 감소시키려면 범죄자의 변화를 목적으로 할 것이 아니라, 물리적 환경과 사회적 환경이 범죄를 저지르는 것을 어렵게 만드는 방안(예, 주택의 침입경보기 설치; 금융기관의 경비원 고용; 주차장 감시용 카메라 설치)이 더욱 중요하다고 주장했다. 이런 방안들은, 특정 상황에서 범행기회의 감소를 강조한다고 하여 상황적 범죄예방 전략이라고 부른다.

또한 제13장에서는, 합리적 선택이론(기회 패러다임과 상황적 범죄예방전략과 유사한 접근방법)과 지각억제이론을 포함하는, 범죄자의 사고작용과 의사결정과정을 분석하는 관점들을 소개한다. 이런 관점들은 범죄를 객관적 혹은 지각된 비용과 이익과 관련된 선택의 결과로 보기 때문에, 보수주의 이론과 일부 상응하는 요소가 있다. 그러나, 강조하는 요소들을 서술하는 방식에 따라, 필연적으로 가혹한 처벌만을 옹호하지 않는다는 점에서 차이가 있다.

1980년대에 미국과 세계 각국의 대다수 범죄학자들은 보수주의 범죄학과 범죄와의 전쟁에서 대규모의 교도소 감금을 선호하는 보수주의 정책에 반대했다(Currie, 1985). 미국에서 70년대 초반에 1일 교도소 수용인원은 20만 명 수준에 불과했다. 그러나 무려 240만 명으로 급증하면서 이들 범죄학자들은 충격과 경악을 금할 수 없었다. 미국처럼 극적이진 않았지만, 다른 유럽국가들에서는 비슷한 경향이었다. 지난 40년 동안에 보수주의 범죄학을 가장 강력히 지속적으로 비판한 학파는 비판적 범죄학자들이었다. 비판적 관점은 1960년대와 1970년대에 출현했으나, 보수주의 범죄이념을 해체하고 "강경" 범죄대책에 의한 부작용을 규명해야 할 필요성으로 이 기간에 많은 발전이 있었다.

비판점 관점은 제9장에서 소개하며, 제8장에서는 이의 토대이론이라고 할 수 있는 갈등이론을 살펴본다. 여기서의 초점은 비판이론의 새로운 방향이다. 이런 이론들은 영국과 유럽학자들의 연구업적을 반영하며, 사회적 실제에 대하 전통적 해석방법을 거부하고 특히 보수주의자가 옹호하는 강압적 국가정책의 효과와 정당성을 비판함으로써 범죄에 대한 우리의 이해를 증진시키는 데 많은 기여를 했다. 포스트모던 사고, 영국 신범죄학의 초기 이론과 좌파 현실주의 이론으로의 발전, 문화 범죄학, 신념 범죄학을 이 부분에서 소개할 것이다.

## 21세기의 범죄학 이론

현대 범죄학 이론은 과거와 현재의 사고방식을 결합한 것이다. 강력한 이론적 전통은 약화는 되지만 쉽게 소멸하지 않는다. 이런 패러다임이 일단 출현하면, 시간이 흐르면서 그 영향력이 높을 때도 있고 낮을 때도 있지만 범죄학 영역에서 주요 구성성분으로서의 지위를 지속적으로 유지한다. 또한, 핵심 아이디어는 수정되고 경험적으로 방어할 수 있는 관점으로 발전하는 경향이다(예를 들어, 에이커스(Akers)의 사회학습이론은 서덜랜드(Sutherland)의 차별접촉이론을 변형시킨 이론이다). 이렇게 되면, 수면에 가라앉았던 관점이 활성화되고 학자들도 새로운 관심을 갖게 된다(예들 들어, 초기 긴장이론이 최근에 들어 애그뉴(Angew)에 의해 그리고 메스너(Messner)와 로젠펠트(Rosenfeld)에 의해 부활되었다). 그러나, 새로운 사고방식이 출현하는 경우도 있다. 독창적이고, 과거 사고방식과 확연히 구별되며, 범죄학에서 이론개발과 연구방법을 혁신시킬 수 있는 잠재력을 가진 사고방식이다.

마지막 2개 장에서는 21세기에 들어 범죄에 대한 인식을 새롭게 형성한 이론모형들을 소개한다. 이들 이론들은 이념적 경향과 정치적 성향이 뚜렷하지 않다. 이런 점에서, 구태여 분류를 하자면 신주류 범죄학 관점으로 명명할 수 있을 것이다. 이들 이론의 특징은 범죄문제와 여타의 사회문제에 대해서 광범위한 해결책을 모색하지 않고, 중범위적 해결책 혹은 범죄문제의 완화를 실현가능하게 하는 방안을 선호하는 사회적 환경을 반영한다는 것이다. 앞서 살펴본, 환경범죄학과 상황적 범죄예방에 사회적 관심이 점차 늘어난 까닭도 바로 이러한 선호도가 반영되었기 때문일 것이다.

따라서, 제14장에서는 최근에 생물사회학적 관점으로 보다 널리 알려진 생물학적 이론의 부활을 검토한다. 물론 이 관점에 대해서는 아직도 논란이 있지만, 뇌구조, 유전학, 기타 생물학적 요인들에 많은 연구들이 축적되면서 생물학적 관점이 범죄학의 전면으로 다시 등장하고 있다. "범죄자형"에 대한 — 범죄자와 정상인을 구별하는 생물학적 소질을 찾고자 하는 노력이 새롭게 시도되고 있다. 이런 시도는 과거의 생물학적 이론과는 다소의 차이가 있다. 생물학적 요인과 사회적 요인이 어떻게 상호작용하여 인간의 행위를 형성하는가를 주로 탐구한다. 생물사회학적 관점이 권장하는 정책은, 한 편에서는 범죄자를 무력화시키는 방안을 옹호하고 다른 한편에서는 개인의 신체에 내재한 범죄성을 완화하는 치료방안을 권장하여 한 방향으로 단언할 수 없는 복합적 양상이다.

마지막으로, 제15장에서 검토하는 패러다임은 최근 미국 범죄학의 주도적 견해가 되고 있는 생애과정이론 혹은 발달범죄학이다. 이런 접근방법은 범죄의 뿌리를 어떻게 아동기에서 찾을 수 있을 것인가에 관심을 집중한다. 또한 범죄를 제대로 이해하려면 정상적이었던 사람이 범죄자가 되는 과정과 이들이 어떤 계기로 정상적 사회구성원으로 환원하는가를 연구해야 한다고 주장한다. 이와 관련된 이론들은 아동기에 범죄의 위험에 빠뜨리는 요인들이 다양하므로 개량주의적 정책과, 사법기관의 처벌보다는 조기개입을 강조하는 정책을 권고한다는 점에서 매우 중요한 견해라고 할 수 있다.

## 결 론

지금까지가 서론 부분이며, 이제부터는 본격적으로 범죄학적 이론들을 검토할 때이다. 우리 저자들은 독자 여러분이 범죄학에 대한 여행을 하는 데 여행가이드로서의 역할을 하고자 한다. 핵심 도전과제는 미스테리와 같은 왜 범죄가 발생하는가? 라는 의문에 대해 학자들이 시도했던 다양한 노력들을 드러내는 작업일 것이다. 우리 저자들은 범죄행동의 원인을 사람의 신체, 마음, 사회적 관계에서 기존의 학자들이 어떻게 찾았는지를 서술할 것이다. 또한 학자들이 어떤 부분에서 서로 합의를 하고 어떤 부분에서 이견을 보이는가를 규명할 것이다. 범죄학으로의 여행이 끝날 무렵에, 독자들이 범죄의 원인에 관한 풍부한 지식을 얻을 수 있으리라고 우리 저자들은 확신한다.

이 책의 부제인 사회적 배경과 결과물은 오랜 심사숙고 후에 선정한 것이다. 부제를 통해 우리 저자들이 전달하고 싶은 메시지는 이론의 구성이 인간에 의한 산물이라는 것이다. 이론은 아이디어와 경험적 사실에 대한 과학적 평가를 반영할 뿐만 아니라 특정 시대에 학자가 겪은 독특한 생활경험도 반영하는 것이다. 따라서 범죄학 이론의 발전을 이해하려면 학자들의 아이디어가 형성되고, 발표되고, 타당한 것으로 수용되는 사회적 환경을 고려해야 한다. 또한 이론은 공허하지 않다; 아이디어는 어떤 결과를 초래한다. 범죄통제를 위한 모든 노력에는 항상 배경이론이 존재한다. 범죄를 어떻게 설명하는가에 따라 우리가 추구하는 범죄통제정책이 동력을 얻을 수 있고 정당화될 수 있다.

체사레 롬브로조

1836－1909

파비아 대학교와 튜린 대학교, 이탈리아

"근대범죄학의 아버지"

# 제2장

# "범죄형 인간"에 대한 탐색

본 장의 내용을 고찰하기 전에, 1장에서 다룬 몇 가지의 조심스러운 논평을 기억하는 것은 중요하다. 이러한 것들을 기억하는 것이 우리가 범죄학적 이론의 내용과 결과를 독자들에게 소개하는 목표를 달성하는 데 보다 더 성공적일 것이다.

우리는 범죄 행위의 설명이 쉽지 않다는 것을 여러분들이 기억하기를 바란다. 왜냐하면 우리는 지속적으로 우리의 편견들에, 그릇된 인식들에, 그리고 선입견들에 대해서 경계해야만 하기 때문이다. 이러한 문제들에 대해서 우리의 지적 방호막을 갖추지 않는다면, 우리의 배움은 매우 제한적이게 될 것이다. 이것은 우리가 앞으로의 장들을 공부하고 대중들과 전문 범죄학자들에게 인기를 끌었던 범죄에 대한 많은 이론들 또한 심각한 맹점을 지니고 있기에 비판을 받게 된다는 것을 배우면서 보다 명확해질 것이다. 불행하게도, 맹점들은 종종 범죄 자체만큼이나 바람직하지 않은 결과들을 생산해냈던 공공(범죄/행형)정책의 입안과 완성에 이바지해왔다. 비록 완벽한 정책들을 만드는 것이 불가능하긴 하지만, 우리는 이론들이 형사사법체계들에서 발견되는 정책들과 실천들에 영향을 준다는 사실을 반드시 기억해야만 한다.

범죄에 대한 설명들 — 그것들이 대중에 의해서 만들어졌거나 혹은 전문 범죄학자들에 의해서 만들어졌든지 간에 — 은 그들이 살아온 사회적 배경에 의해서 영향을 받게 된다. 이것은 사회적 배경이 과거에 대한 인식과 해석뿐만 아니라 현재도 구성하게 될 것이라는 것을 의미한다. 이것은 또한 범죄에 대한 설명들이 범죄와 사회가 그리 멀지 않은 미래에 어떻게 될 것인지에 대한 어떤 사고들을 포함하고 있을 수도 있다는 것을 의미한다. 이것은 1987년에 베넷(Bennett)이 앞으로 20년에서 50년 동안 범죄가 어떤 모습일지에 대해서 말한 것에 의해서 드러난다. 그녀의 예측으로부터 거의 사반세기가 흐른 지금, 우리는 그녀의 글을 평가할 수는 있으나 먼저 그녀의 저작 범죄왜곡들(Crimewarps)에 영향을 주었던 사회적 상황에 대한 간략한 검증은 우리가 사회적 상황/맥락의 중요성이라 의미하는 바를 강조하는 것일 것이다. 여러분들이 보게 되듯이, 배경/상황/맥락은 시간과 장소와 같은 일반적인 사회학적 요인들을 포함한다. 그것은 또한 저자의 경력과 경험 등을 포함한다.

베넷(Bennett)이 범죄왜곡들(Crimewarps)의 작업을 시작했을 때, 그녀는 사회학 박사학위를 끝내고 범죄라는 주제에 대해서 20년 이상 작업해온 숙달된 학자, 연구자, 선생, 그리고 저술가였다. 게다가 그녀는 정책연구센터(Center for Policy Research)와 탐사보도센터(Center for Investigative Reporting)의 연구원이었다. 그녀는 또한 NBC 뉴스의 기자로서 일했었고 PBS의 토크쇼 프로그램 진행자였다. 다시 말해서, 베넷(Bennett)은 경험이 많았고 그렇기에 주요 동향을 연구할 수 있는 준비된 사람이었다고 말할 수 있다. 사실, 그녀의 책은 "미래의 범죄 상태 the state of crime in the future"(Bennett, 1987, p.vii)라는 주제에 대한 언론 담당 대변인과 고문으로 보험정보연구원(the Insurance Information Institute)으로부터 요청받은 것의 부산물이었다. 베넷(Bennett)의 경험들과 보험정보연구원(the Insurance Information Institute)을 위한 자문일은 그녀가 범죄왜곡들(Crimewarps)이란 용어를 사용하여 범죄와 연결시킨 전환적·사회적 상황/배경/맥락 속에서 일어났다. 그녀는 이 용어를 우리가 미래를 사는 방식에 영향을 주게 될 오늘날의 왜곡들로 언급하곤 했다(p.xiii). 본질적으로, 그녀의 논지는 우리 사회 인구의 기본적인 인구학적 특성들과 범죄 추세가 극적으로 변화하고 있다는 것이었다. 그녀는 이러한 범죄왜곡들(crimewarps)은 "주요 사회적 전환들(p.viii)"을 묘사하는 것이었다. 전체를 통틀어서, 그녀는 여섯 개의 '뒤틀림들'을 확인하였다. 예를 들면,

한 뒤틀림을 "신 범죄자"라고 이름 붙였다. 이것은 오늘날의 '전통적인' 범죄자가 가난하고, 못 배운, 젊은 남자라는 것에 기인한다. 현재의 범죄들에 대한 극적인 뉴스 보도들과 인구학적 정보들에 기반하여, 베넷(Bennett)은 전통적인 범죄자들이 나이 많고 보다 고소득의 범죄자들로 대체 될 것이라고 주장했다. 이러한 범죄자들은 여러 다른 추세들 속에서 화이트칼라 범죄들과 가정 폭력에 더 많은 여성이 연루되게 될 것이라는 것을 포함한다. 덧붙여서, 그녀는 십대 청소년들이 범죄를 덜 저지르게 될 것이고 노령층의 시민들이 "노인 비행으로서 범죄 현장에 들어서게 될" 것이라고 주장했다(p.xiv).

베넷(Bennett)의 예측에 대한 재검증은 장기간 범죄 추세 예측을 하는 것이 얼마나 어려운 것인지를 증명해준다. 범죄의 미래에 대한 그녀의 관점은 잡동사니처럼 뒤섞였다. 오늘날, 그녀가 '전통적인 범죄자'라 명명한 것은 보다 늙고 고소득의 범죄자들에 의해서 대체되지 않았다. 또한 여성이 1987년보다 화이트칼라 범죄에 더 많이 연루되고 있다는 증거도 없다. FBI는 미국에서 최근에 알려진 은행 강도의 약 6%가 여성이었다고 보고한다. 2002년의 5%로부터의 변화는 쥐꼬리만큼 약간 상승했다는 것이다(Morse, 2010). 십대 청소년들이 1987년도보다 오늘날 더 적은 범죄를 저지른다는 것도 명확하지 않을 뿐더러 노령층의 시민들이 "비행 노인"이 되었다는 것 또한 전혀 분명하지 않다. 1976년부터 2000년 사이에 남편에 의해서 살해된 아내의 숫자와 같은 가정 폭력의 몇몇 형태와 지표들은 감소한 반면에, 가정폭력의 다른 패턴들은 변화가 없다. 양성(남성과 여성)의 미흑인에 대한 가정 살인은 백인의 비율보다 훨씬 높은 상태로 남아 있다(Bureau of Justice Statistics, 2007; Rennison, 2003).

2009년과 2010년 초, 특정 범죄의 범죄율은 금융위기(banking crisis and financial recession)의 심각성에 비추어보면 놀라울 정도로 낮았다. 비록 폭력 범죄는 이 기간 동안 증가할게 될 것이라고 예측되었지만, 그러지 않았다. 주요 범죄들—강력범죄이건 아니건—은 "작년[2008] 같은 기간에 비해서 7%에서 22%" 감소했다(Dewan, 2009). 시카고의 살인 사건의 수는 12% 감소했고, 반면 노스캐롤라이나의 샬롯에서는 전체 38%가 감소했다. 필라델피아와 같은 도시들에 동일한 얘기를 할 순 없다. 이러한 범죄율 하락이 실업률이 두 자릿수를 나타내는 현재의 침체기 동안 지속될 것인지를 말하기는 너무 이르기는 하지만, 베넷(Bennett)의 인구통계 사용과 같이 그 어떤 하나의 렌즈(lens)도 범죄 추세를 설명하는 데 충분치 않다는 것은 명백하다. 범죄 추세는 정확하게 예측하는 것이 매우 어렵다.

이 예의 중요성은 베넷(Bennett) 주장의 정확성, 그녀의 경력/경험, 혹은 우리 사회가 극적인 인구학적 전환들을 경험하고 있을 때 범죄의 미래에 대한 작업을 하기 위해서 그녀가 보험정보연구원(the Insurance Information Instituted)에 초빙되었다는 사실에 있지 않다. 대신에, 기억해야 할 교훈은 이러한 모든 요인들이 우리가 오늘날의 사회에 대해서 알고 있는 것과 미래는 어떠할 것인지에 대한 생각이 시의적절해 보였기 때문에 베넷으로 하여금 범죄에 대한 저서를 집필하도록 하는 모습에 겹쳐져 있다는 것이다. 관념처럼, 저자들은 그들이 살고 있는 동시대(시간과 장소)의 포로들이라는 것을 기억하라. 이러한 이유로, 범죄학적 이론들은 당대의 사회적 상황/맥락/배경의 밖에서 이해하는 것이 불가능하다(Rennie, 1978). 앞으로 베넷(Bennett)의 책이 어떻게 평가될지는 여전히 지켜봐야 하고, 미래의 '범죄자'들이 어떻게 베넷의 예측에 맞아 떨어질지도 지켜봐야 할 여지가 있다.

또 하나의 주의할 점(cautionary comment)을 언급해야 한다. 1980년대 후반의 사회적 상황/배경이 베넷(Bennett)의 책과 같은 것을 가능케 했듯이, 이전의 역사적 시기의 상황/배경은 범죄에 대한 다른 종류의 이론들을 가능케 했다. 범죄에 대한 초기 이론들은 베넷(Bennett)이 그랬던 것처럼 인구 전환에 범죄의 원인을 위치시켰던 것이 아니라 인간의 영혼이라든지(spiritualism/demonology), (자유)의지(고전학파 classical school), 혹은 인간의 신체적 구성(positivist school)과 같이 개인들 내부에 위치시켰다. 우리는 본 장에서 이러한 이론들을 하나씩 고찰한다. 우리는 범죄형 인간에 대한 우리의 탐구를 시작할 준비가 되었다. 우리는 초기의 설명인 심령론(spiritualism)으로부터 시작한다.

## 심령론(spiritualism)

범죄행위에 대한 설명으로서, 심령론은 오늘날 사용되는 학문적 설명과는 극명한 대조를 보인다. 오늘날의 이론들과는 달리, 심령론은 절대선과 절대악 사이의 갈등을 강조했다(Tannenbaum, 1938). 범죄를 저지른 사람들은 악령(evil spirits)에 사로잡힌거라 사료되었고 종종 죄악스런 악마들로 간주되었다.

비록 이러한 관점은 태고의 것으로 사라졌지만, 이러한 설명이 수 세기 동안 존재해 왔던 고고학적, 인류학적, 그리고 역사적 증거들은 충분하다. 예를 들어, 우리는 원시 인류들이 홍수나 가뭄 등과 같은 자연재해들을 (무언가) 잘못한 것에 대한 처벌이라고 설명했다는 것을 알고 있다. 이런 종류의 관점은 또한 고대 이집트인, 그리스인, 그리고 로마인들에 의해 사용되었다. 꽤 많은 시간이 지난 후, 중세 유럽에서, 심령론적 설명들은 잘 조직되었고 봉건주의 사회구조와 정치구조에 연결되었다. 이러한 특별한 발전이 중요한 이유는 본래 범죄가 피해자(혹은 피해자의 가족)와 가해자(들) 간의 사적인 문제였다는 것이다. 불행하게도, 이것은 범죄행위에 대한 대응이 전체 가족들을 파괴할 수 있는 기나긴 피의 전쟁을 만들어내는 경향을 가졌었다는 것을 의미한다. 또한 정의의 문제가 있었는데, 힘 있는 가족의 죄지은 범죄자는 전혀 처벌을 받지 않았을 것이다.

이러한 문제를 피하기 위해서, 다른 방법들이 범죄를 저질렀다고 고발당한 사람들을 다루기 위해서 만들어졌다. 예를 들어, 결투에 의한 재판은 피해자나 혹은 그/그녀의 가족 중 누군가가 가해자나 가해자 가족의 누군가와 싸울 수 있도록 용인했다(Vold & Bernard, 1986). 만약 그/그녀가 신을 믿고 신뢰한다면, 승리는 순결한 자에게 돌아가게 될 것이라고 믿었다. 불행하게도, 이러한 배치는 위대한(잘 싸우는) 전사는 언제나 “순결하다”고 판명될 것이라는 버팀목에 의해서 지속적으로 범죄 행위에 연루되는 것을 용인했다. 고난(고문)에 의한 재판은 고발당한 자를 생명의 위협이나 고통스런 상황에 이르게 함을 통해서 무죄냐 유죄를 결정했다. 예를 들어, 사람들은 거대한 돌덩이를 고발당한 자들에게 올려놓기도 하였다. 그들이 만약 무죄라면, 신은 그들이 돌덩이에 깔려 죽도록 하지 않을 것이고, 그들이 만약 유죄라면, 아주 고통스런 죽음에 이르게 될 것이다. 사람들은 또한 묶여서 강이나 연못에 던져지기도 했다. 그들이 만약 순결하다면, 신은 그들로 하여금 떠오르게 할 것이고, 그들이 만약 유죄라면 그들은 익사하게 될 것이다(Vold & Bernard, 1986).

면책선서(Compurgation)[1]는 심령론(spiritualism)에 기반해서 무죄 혹은 유죄를 결정하는 또 하나의 수단이었다. 신체적 고통 혹은 죽음의 위협 등과 관련된

1) 고대영국법률로 (친구 등의) 면책(免責)선서를 의미한다. 일정 수의 친구나 이웃의 선서로 피고는 무죄가 되었다.

결투에 의한 심판이나 고난에 의한 심판과 달리, 면책선서는 고발당한 자들이 명망있는 사람들로 하여금 그/그녀가 무죄라고 맹세할 수 있도록 하였다. 면책선서의 논리는 어느 누구도 신의 심판의 두려움 때문에 거짓 맹세를 할 수 없을 거라는 믿음에 기반했다(Vold & Bernard, 1986).

신의 심판에 대한 동일한 두려움은 에릭슨(Erikson, 1966)이 "제멋대로인 청교도들 wayward Puritans" — 초기 미국 메사추세츠 만 식민지의 시민들 — 이라고 명명한 범죄와 비행에 대한 설명방식을 형성했다. 시간이 흘러 우리의 감화소들(penitentiaries)이 만들어졌을 때, 그들은 "그들의 죄악에 대해서 참회하는 참회자들"을 위한 장소라 여겼다(Vold & Bernard, 1986). 지난 삼십 여 년 동안 우리에게는 범죄나 혹은 다른 과오들이 악령에 의해서 설명될 수 있다는 수많은 집단들과 개인들이 있어왔다. 예를 들어, 1987년 유명한 PTL Club(Praise The Lord and People That Love)의 황금 시간대 설교자인 짐 바커(Jim Bakker)가 전(前) 교회 비서와 하룻밤 간통에 대해서 고백했을 때, 그의 추종자들 몇몇은 그것이 악마의 궤계의 결과라 말했다("God and Money", 1987). 그리고 국세청(IRS) 감사관들이 PTL 기관에서 수백만 달러가 회계 처리되지 않았다는 것을 들추어냈을 때, 그 당시 바커(Bakker)의 부인인 태미 파예 바커(Tammy Faye Bakker)는 악마가 컴퓨터 안에 들어갔었음이 틀림없다고 말했다("T.V. Evangelist Resigns," 1987). 범죄 행위로 인해 잡힌 다른 이들은 그들의 행위를 고침받기 위해서 쉬께 돌아섰다. 예를 들어, 워터게이트 사건으로 유명한 찰스 콜슨(Charles Colson)은 교도소 수감자들에게 그들의 문제에 대한 해결로서 복음을 전파했다.

보다 최근에는, 미국으로부터 온 세 명의 복음주의 크리스천들은 우간다 등지로 다니면서 성경적인 가치들과 전통적인 아프리카 가족에 대해서 위협하는 음흉하고 감추어진 게이 어젠다가 있음을 가르쳤다(Gettleman, 2010). 인기 있는 TV 복음설교자인 팻 로버트슨(Pat Robertson)과 700 클럽(the 700 Club)의 진행자는 2010년 1월 아이티의 지진이 일어난 지 며칠이 지난 후에 지진은 아이티인들이 그들을 식민화했고 예속화시켰던 악령과의 서약에 맹세했기 때문이라고 이와 같이 발표했다. "그 이후로 그들은 연이어서 저주를 받고 있습니다"(Robertson, 2010, p.1; see also Miller, 2010, p.14).

비록 사람들이 "악령이 나로 하여금 그렇게 하도록 했다"라는 주장에 대해서 비판하기도 하지만, 그럼에도 불구하고 범죄를 이해하고 설명하려는 어떤 사람들에게는 여전히 이치에 맞다는 것을 기억하는 것은 중요하다. 사실, 최근까지 이러한 종류의 설명방식에 대한 대중의 관심은 우리의 인구 증가와 같은 비율로 증가했다. 1980년 후반, 전국 교회 협의회(National Council of Churches)에 의하면, 교인의 수는 국가 인구와 거의 같은 비율로 점진적으로 팽창되었다. 같은 기간, 전국민의 거의 70%가 교회와 관련이 있다고 보고했고, 그러한 현상은 최근까지도 고정적으로 남아있다("U.S. Churches," 1987, p.A13). 2009년 초반에 이르러서, 이러한 경향은 "가족 가치 family values" 등과 같은 것들에 대한 "문화 전쟁 cultural wars"에서의 쇠퇴와 신앙기반의 전략들에 대한 과학기반 정책들의 재확인 등과 결합되면서 변화를 겪었다(Rich, 2009).

2009년 초 전미 종교 정체성 설문(American Religious Identification Survey: ARI)에 의하면(Grossman, 2009를 참조), 거의 모든 종교 분파들은 1990년의 첫 번째 ARI 연구 이래로 그 기반을 잃었다. "자기 자신을 어떤 방식으로든 크리스천이라고 말하는 사람들의 비율이 한 세대에 걸쳐 11% 이상 떨어졌다"(Grossman, 2009, p.1). 1990년에 "종교 없음"을 선택했던 사람들의 비율이 전체 인구의 8.2%로 추정되었던 데 반해서, 이 수치는 2008년에 15%로 뛰어 올랐다. 그로스만(Grossman, 2009)이 관찰한 것처럼, 이 "항목은 지금 카톨릭과 침례교인을 제외한 다른 모든 주요 종교 집단들을 뛰어 넘고 있다"(p.1). 두말할 나위 없이, 심령주의적 설명들의 주된 문제는 그러한 설명들이 과학적으로 검증될 수 없다는 것이다. 이러한 이론들에 의한 범죄의 원인은 세속을 뛰어 넘는 것이기 때문에, 그것이 경험적으로 검증될 수 없다. 이것이 바로 범죄와 사회질서에 대한 현대 이론들이 물질계에 기반하고 있는 주된 이유이다. 이러한 이론들은 자연적 설명들이라고 불려진다.

자연주의적 이론들과 심령주의적 설명들은 고대 세계에 그들의 기원을 갖는 공통점을 가진다. 이러한 공통적 기원에도 불구하고, 두 관점들은 아주 다르다. 그러므로, 사실들의 물질계에 초점을 두어, 자연주의적 이론들은 심령주의적 이론들보다 더 특수하고 세부적인 설명들을 추구한다. 사고와 설명에 대한 이러한 접근은 철학적으로 세계를 정신과 물질의 이원적 실재로 구분했던 지식을 추구했던 그리스인들 사고의 큰 부분이었다. 이러한 사고의 형태는 인간 행동에 대한 설명을 격정 혹은 이성에 제한하는 논리에서 확인되듯이 여전히 서구 사회에서 널리 통용된다.

초기 자연적 설명의 예는 뇌는 마음의 기관이라는 히포크라테스(B.C. 460)의 언명에서 발견된다(Vold, 1958, p.7). 자연주의적 추론에 의해서 현상을 설명하기 위한 노력의 추가적인 증거들은 약 350년이 지난 기원전 1세기 악마나 심령에 기반하지 않고 "진보"의 사고를 설명하고자 했던 로마인들의 사고에서 나타났다(p.7). 그러나 이러한 논리 추론의 존재가 악령적인 그리고 심령적인 설명들이 로마제국 시대에 들어와서 시들기 시작했다는 것을 의미하지는 않는다. 사실, 악령적이고 심령적인 설명들은 중세 시대까지 군림했다.

반면에, 심령주의적 관점의 군림에도 불구하고 자연주의적 설명들은 지속됐고, 16세기와 17세기에 이르러 몇몇 학자들은 그들에게 알려진 용어로 인간들을 탐구하고 설명했다(Vold, 1958). 그들의 집합적인 노력들은 범죄학의 고전학파로 간주된다. 본 장의 후반부에서 우리는 두 번째로 영향을 끼쳤던 자연주의적 이론인 범죄학의 실증주의 학파에 대해서 살펴보도록 한다.

## 고전학파: 계산하는 사람으로서 범죄자

고전학파 사고의 가장 중요한 특징은 개별적 범죄자를 그/그녀가 원하는 것을 하는 것에 대해서 계산할 줄 아는 능력을 가진 인간으로 강조하는 것이다. 이러한 사고는 인간들이 자유의지를 가졌다는 것과 행위는 쾌락주의(hedonism)에 의해서 유도된다는 철학에 의해서 지지되었다. 다시 말해서, 개인들은 그들의 행위와 관련된 위험과 보상을 계산하는 고통과 쾌락의 원칙에 따르게 된다. 따라서, 처벌은 사회적 물리적 특성에 의해서가 아니라 범죄행위에 맞춰져야만 한다.

만약 이것이 친숙하다면, 여러분들은 놀랄 필요가 없다. 미국 법률 역사의 기본 교의 중의 하나는 모든 사람들이 법 앞에서 동일한 처우가 주어져야 한다는 것이다. 사람들은 그들이 유력 집안 출신이거나 혹은 유력 자제이기 때문에 정당한 보상을 받지 못하거나 혹은 처벌받아서는 안 된다. 평등은 범죄학 창시자들에게 영향을 주었던 18세기와 19세기 계몽주의 저술가들에 의해서 널리 지지된 가장 강력한 사고 중의 하나였다. 이러한 것에 가장 부합하고 범죄학 고전학파의 선구자라고 널리 알려져 있는 학자는 이탈리안 수학자이자 경제학자인 세자르 베카리아(Cesare Bonesan Marchese de Beccaria, 1738–1794)이다. 베카리아는 18세기의 가장 강력한 사고인 민주적 자유주의의 많은 부분들을 모아서 형사사법(criminal justice)의 문제들에 연결시켰다.

비록 베카리아가 귀족가문에서 태어났고 견고한 인문학적 교육의 혜택을 누렸다는 것은 사실이지만, 행형 개혁에 대한 그의 작은 책자, 형법과 행형절차의 야만성에 대한 기나긴 비판의 길에서 가장 큰 영향력을 발휘했다고 여겨지는 "범죄와 형벌(On Crimes and Punishments)"을 예측할 만한 그의 배경에 대한 자료는 아주 미미하다(Paolucci, 1764/1963, p.ix; see also Beccaria, 1764/1963). 사실, 베카리아 전기의 한 부분은 그가 수학에 조금 관심을 가졌던 것을 제외하곤 학문에 대한 관심이 티끌만큼도 없었다고 말한다(Monachesi, 1973). 그러나 이런 관심 또한 곧 지나갔고, 현재의 상황에 대한 극렬한 반대 의견을 나타내는, 1761년 그의 결혼에 대한 그의 부의 반대를 포함해서, 불평불만(비판적인)적인 젊은이로 나타났다(Paolucci, 1764/1963, p.xii). 베카리아의 위대한 공헌을 이해하기 위해서, 우리는 그의 삶에서 당대의 사회적 배경을 살펴봐야만 한다.

동등한 보호, 정당한 절차, 그리고 그들의 동료(시민)들에 의한 재판을 통해서 시민들을 보호하고자 하는 미국과 달리, 베카리아 유럽의, 특별히 프랑스의 앙시엥 레짐(ancient regime)과 같은 형사사법 체제는 시민들을 황폐화(분쇄)시키기 위해서 고안되었다(Radzinowicz, 1966, p.1), 이러한 특성은 고스란히 경찰, 형사절차, 그리고 처벌/형벌에 적용되어 나타났다. 예를 들면, 파리의 경찰은 세계에서 가장 잘나가는 무자비하고 효율적인 경찰이었다(p.2). 그들은 프랑스 군주에 의해서 비단 형사문제뿐만 아니라 프랑스 시민들의 정치적 의견과 도덕까지도 다룰 수 있게끔 허용되었다. 그들은 과도하게 밀정/간첩이나, 광범위한 편지 검열, 그리고 영장없이 체포할 수 있고 판결을 건너뛰고 특정되지 않은 혐의에 근거해서 무기한 사람들을 잡아둘 수 있는 국가–승인된 권한을 가지고 있었다.

한 번 체포되면, 피고인은 아주 적은 몇 가지의 법적 보호만을 가졌다. 그/그녀는 법률적 도움으로부터 멀어졌고, 고문의 대상이 되었고, 그리고 가족이나 친구들로부터 은닉된 채 숨겨졌다. 피고인에 대한 증언은 비밀리에 이루어졌다. 유죄가 결정되면, 처벌/형벌은 "산 채로 불태우거나 혹은 정신을 잃을 때까지 능지처참하는 거열형을 부과하는 등의 절단형, 채찍질(태형), 낙인형, 그리고 형구질"과 같이 가혹하고 잔인했다(Radzinowicz, 1966, p.3). 18세기 초 런던에서 사형은 6주에 한 번씩 집행됐는데, 매번 5명에서 15명의 사형수들의 목을 매달았다.

베카리아는 그가 살았던 이탈리아 밀란 지방의 교도 집정관이었던 알레산드로 베리(Alessandro Verri)와의 친분관계를 통해서 이러한 상황들과 친숙했다. 이러한 상황에 격분했고 몽테스키외, 엘베티우스, 볼테르, 베이컨, 루소, 그리고 흄과 같은 당대 최신의 학자들의 글과 친숙해진 베카리아는 인류의 편에 서서 그의 펜을 들도록 소수의 학자층으로부터 북돋음을 받았다. 그러나 그는 글을 쓰고 싶어 하지 않았는데, 왜냐하면 그는 우선 글쓰기를 싫어했고 그의 관점을 표명하는 것에 대한 정치적 보복에 대해서 걱정했기 때문이다. 그는 그의 관점에 대한 군주로부터의 핍박을 너무나 두려워해서 익명으로 책을 출간하기로 했다(Monachesi, 1973). 책을 집필하는 데는 11개월이 걸렸으나, 출간된 이후로, 그의 책은 마치 신경이 드러난 것처럼 전 유럽을 뒤흔들었다. 1767년 베카리아의 책이 처음으로 영어로 번역되었을 때, 프랑스어나 이탈리아어의 번역은 이미 출간되어 있었다. 그러나 베카리아의 책이 말한 것이 무엇인가? 무엇이 이 모든 동요를 야기했는가?

조밀하게 논증된 베카리아의 주장은 상대적으로 단순한 용어로 요약할 수 있다(Radzinowciz, 1966; Vold, 1958). 첫 번째, 무질서와 전쟁상태를 벗어나기 위해서, 개인들은 그들의 자유를 어느 정도 포기했고 계약적인 사회를 건설했다. 이것이 형법을 제정하고 범죄자를 처벌할 수 있는 국가의 자격(역량/능력)과 국가의 통치권을 세웠다. 두 번째, 형법들은 개인의 자유를 제약하기 때문에, 형법의 적용은 특정 범위에서 제한되어야만 한다. 형법의 적용은 도덕적 덕목을 집행하기 위해서 사용되어서는 안 된다. 불필요하게 인간의 행동을 금지하는 것은 범죄를 줄이기보다는 오히려 증가시킨다. 세 번째, 무죄추정은 사법의 집행에서 지도원리가 되어야만 하고 사법 절차의 전 과정에서 모든 이들의 권리들은 보호되어야만 한다. 네 번째, 완전한 형법이 제정되어야만 하고 모든 불법과 처벌들은 사전에 정의되어야 한다. 이렇게 함이 대중들로 하여금 그들의 자유들이 어떻게 보전되고 있는지를 판가름할 수 있도록 한다. 다섯 번째, 처벌은 응보의 논리에 기반해야만 하는데 왜냐하면 범죄자는 다른 개인의 권리를 침해했기 때문이다. 여섯 번째, 처벌의 강도는 제한되어야만 하고 범죄예방과 억제를 위해서 필요한 정도를 넘어서서는 안 된다. 일곱 번째, 형벌은 범죄의 심각성에 상응해야만 한다, 즉, 처벌은 범죄자가 아니라 범죄(행위)에 맞춰져야만 한다. 예를 들어, 벌금은 단순 절도에 적합할 것이고, 반면 강력범죄에 대해서는 신체형이나 노역형 등의 보다 가혹한 형벌이 적합할 것이다. 여덟 번째, 처벌은 확실해야만 하고 신속하게 부과해야만 한다. 아홉 번째, 처벌은 전범으로 삼기 위해서도 아니고 범죄자의 교정을 위해서도 아니다. 열 번째, 범죄자는 범죄의 결과를 고찰할 수 있는 독립적이고 이성적인 인간으로 간주되어야만 한다. 범죄자는 비범죄자와 마찬가지로 동일한 저항권을 가지고 있다고 가정되어야만 한다. 열한 번째, 베카리아에게 있어, 입법체계의 모든 선한 목적은 범죄의 예방이었다. 그는 범죄를 예방하는 것이 범죄를 저지르는 사람들을 처벌하는 것보다 더 낫다고 생각했다.

그러나 베카리아가 이러한 문제를 사고했던 당대의 유일한 학자는 아니었다. 영국의 법학자이자 철학자인 제레미 벤담(Jeremy Bentham, 1748－1832) 또한 처벌은 범죄를 억제할 수 있어야 한다고 주장했고, 그 역시 행위를 자유의지와 "쾌락주의적 계산 hedonistic calculus(Bentham, 1948)"의 결과로 설명했다. 역시 영국인이자 베카리아와 벤담과 동시대인이었던 존 하워드(John Howard, 1726－1790)는 교도소를 연구했고 교도소 개혁을 주창했다(Howard, 1792/1973). 그의 작업은 종종 교도소 개혁을 천명했던 1779년의 영국의 교도소 법(England's Penitentiary Act)의 법조항에 영향을 주었던 것으로 명망이 높다.

이러한 저술가들의 영향은 특수한 법조항을 넘어섰다. 그들의 사고는 혁명과 온전히 새로운 법의 제정에 깊은 영향을 주었다. 1789년의 프랑스 혁명과 유명한 1791년의 프랑스 헌법 그리고 미국의 헌법은 이러한 고전학파의 영향을 받았다. 그러나 1820년대에 이르러 범죄는 여전히 만연했고 나쁜 법이 나쁜 사람들을 만들어낸다는 주장은 심각하게 의심받기 시작했다(Rothman, 1971). 또한, 모든 범죄 행위는 쾌락주의에 의해서 설명될 수 있다는 주장은 가중요인과 감경요인의 중요성이 증대되면서 약화되고 있었다. 새로운 형법은 아동에 대한 다른 처우를 담고 있지 않았다. 두말할 나위 없이, 고전학파는 지속적으로 중요한 공헌을 하였다. 법은 범죄자가 아니라 범죄행위에 대해서 구체적이고 공평해야 한다는 요구와 모든 시민들은 공평하고 정당하게 처우 받아야 한다는 믿음은 지금에 와서는 너무도 당연히 받아들여지는 사고가 되었다. 그러나 범죄는 탁상공론에 기반한 이성적 인간에 대한 계몽의 단순한 관점(Sykes, 1978, p.11)에 의해서 설명되지 않은 난처한 질문으로 남겨지게 했다. 결과는 자유의지의 결과가 아니라 행위가 결정되는 것을 강조하는 “범죄형 인간”에 대한 새로운 탐구로 나타났다. 이러한 사고방식에 대한 옹호자들은 실증주의 범죄학파라고 알려진 것을 만들어냈다.

## 실증주의 학파: 결정된 범죄자

고전학파와 실증주의 학파 간 가장 중요한 차이점은 범죄가 다양한 요인들에 의해서 결정된다는 사고를 입증하기 위한 경험적 사실을 찾고자 하는 실증주의의 추구이다. 이러한 실증주의의 추구는 범죄가 자유의지와 개별적 범죄자의 쾌락주의의 결과라고 생각했던 벤담(Bentham)이나 베카리아(Beccaria)의 논리로부터의 분명한 전환이다. 앞으로 분명해지겠지만, 19세기의 최초 실증주의자들은 범죄가 개인의 내부적 특징들에 의해서 야기된다는 것에 대한 과학적 증거를 원했다. 그들은 개인에 외재하여 존재하는 사회적 요인들(이러한 요인들은 범죄에 대한 사회학적 설명의 초점이 되었다. 이러한 종류의 설명은 후에 보다 더 자세히 논의된다)을 다소 등한시하고 주로 범죄자의 몸과 마음을 강조했다.

그러나 사실 범죄의 원인들에 대한 탐구는 19세기 실증주의자들로부터 시작되지 않았다. 예를 들면, 초기의 문헌은 몸에 대한 아름다움과 추악함의 관념을 통해서 선한 행동과 사악한 행동으로 연결했다. 셰익스피어의 템피스트(Shakespeare's Tempest)는 일그러진 하인의 도덕성을 그의 외모만큼 불쾌하게 묘사했고, 호머의 일리아드(Homer's Iliad)는 경멸적인 중상모략가를 가장 추한 그리스인의 하나로 표현했다. 이런 사고의 형태는 우리 시대의 미인 대회에서 경쟁자들이 공개적으로 노출이 심한 옷을 입고 보여줄 뿐 아니라 예술적인 면을 보여주면서 서로 경쟁하는 것에서 드러나듯이 여전히 오늘날에도 보여진다. 아름다운 여성은 선한 일을 할 것으로 기대된다. 성 차별주의적 사고의 예이기는 하지만, 신체적 특징과 행동 간의 관계는 덜 과학적이다.

## 실증주의 학파의 탄생: 범죄형 인간에 대한 롬브로조의 이론

범죄에 대한 다중 요인 설명에 대한 현대적 탐구는 일반적으로 "근대범죄학의 아버지"라 일컬어지는 이탈리아인 체사레 롬브로조(Cesare Lombroso, 1835－1909)로 소급된다(Wolfgang, 1973, p.232). 그의 작업과 그의 삶의 사회적 배경에 대한 단서는 고전학파의 논자들이 할 수 있는 논평이 아닌 "사실의 노예"라고 스스로 표현한 것으로부터 조금 파악할 수 있다. 파비아 대학(University of Pavia)으로부터의 베카리아의 졸업(1758년)과 동일한 대학에서 의학 학위와 함께 롬브로조의 졸업(1858년) 사이의 한 세기 동안, 세속적인, 합리적－과학적 사고와 실험이 점차적으로 실재를 분석하는 데 있어 보다 더 용인되는 방식이 되었다.

롬브로조의 작업을 이해하는 데 있어 가장 중요한 단서는 19세기 후반 "인간은 어떤 종류의 생명체인가? 라고 하는 오래된 질문에 대한 답이 신학적인 대답을 떠나 객관적 과학, 특히 생물학으로부터 제공된 대답들로 이동하기 시작했다는 것을 인식하는 것이다. 여기서 생명체로서 인간의 기원은 진화를 통해서 나머지 동물계와 연결되었다(Vold, 1958). 이러한 진화론적 연결에 있어 인간들이 동물로부터 진화했다고 주장했던 영국의 생물학자인 찰스 다윈(Charles Darwin, 1809－1882)보다 더 자주 언급되는 19세기의 이름은 없다. 그의 주요 작업들인 종의 기원(Origin of Species, 1859/1981), 인간의 유래(The Descent of man, 1871), 그리고 인간과 동물의 감정표현(The Expressions of the Emotions in Man and Animals, 1872) 등은 모두 롬브로조의 작업보다 선행했다. 롬브로조에게 있어, 인간의 행위를 설명하는 객관적 탐구는 자유의지 철학에 대한 반론을 의미했다. 그는 "뇌 생리학과 해부학에 대한 면밀한 연구에 의해서 지지되는" 정신 의학에 관심을 가졌다(Wolfgang, 1973, p.234).

범죄행위에 대한 생물학적 설명들에 대한 롬브로조의 관심은 그가 다양한 군사 기지에서 군의관으로 복무했던 1859년과 1863년 사이에 발전했다. 이 기간 동안, 그는 크레틴병(cretinism)[2]과 펠라그라병(pellagra)[3]과 같은 질병들이 "결과적으로 폭력과 살인을 야기하는" 정신적 신체적 결함의 원인이 된다는 사고를 발전시켰다(Wolfgang, 1973, p.236). 그는 또한 이탈리아의 다양한 지역의

2) 크레틴병은 갑상선 호르몬 분비 부족이 원인.
3) 펠라그라병은 피부병의 일종.

주민들 사이에서 나타나는 신체적 차이의 증거를 남기기 위해서 군의관으로서의 그의 지위를 이용하여 약 3,000명의 군인들을 체계적으로 측정했다. 이 연구로부터, 롬브로조는 "문신을 관찰했는데, 특별히 음탕한 디자인들은 보다 위반적인 병사들을 구별해낸다고 느꼈다"(p.235). 후에, 롬브로조는 문신 행위를 범죄자들의 차별적인 특성으로 사용했다. 그는 생물학, 특별히 뇌 병리학이 범죄행위를 설명할 수 있다는 사고에 대한 그의 연구를 1861년에 시작하여 일련의 논문들을 출간하기 시작했다. 1876년에 이르러 범죄인(On Criminal Man)에서 그의 발견을 출간했을 때(Lombroso, 1876), 그의 작업은 생물학적 초점뿐만 아니라 진화론적인 부분 또한 포함했다. 이 책은 몇 번의 이탈리안 판과 외국어 번역본으로 지속되었다.

범죄에 대한 롬브로조의 초기 저작들의 중심적인 주장은 범죄자들은 비범죄자들과는 뚜렷이 구별되는 유별난 신체적 차이점을 가지고 있다는 것으로 대표된다. 일반적으로, 그는 범죄자들이 진화의 초기 형태를 보여주는 신체적 특징들을 분명히 보여주는 진화적 퇴보의 형태를 나타낸다고 주장했다. 그는 범죄자를 진화과정의 초기 형태로 역행하는 격세유전으로 설명했다. 예를 들어, 그는 유별난 크기의 귀, 경사진 이마, 과도하게 긴 팔, 움푹들어간 턱, 그리고 비뚤어진 코 등이 범죄자들에게서 발견되는 신체적 특징들의 징표라 생각했다.

롬브로조는 범죄자를 네 가지로 구분했다: (1) 생래적 범죄자(born criminals) 혹은 격세유전적 특성들을 가진 사람들; (2) 백치, 정신박약자, 그리고 편집병 환자, 간질 환자, 고주망태 등을 포괄하는 정신 이상 범죄자(insane criminals); (3) 범죄성에 이르는 경향이 선천적이지만, 주로 그들의 범죄가 기회적인 차원으로 설명되는 우발적 범죄자(occasional criminals); 그리고 (4) 주로 울화, 연정, 혹은 명예 때문에 범죄를 저지르거나, '불가항력(irresistable force)'에 의해서 범죄에 이르는 특징을 나타내는 격정 범죄자(criminals of passion)로 구분했다(Wolfgang, 1973, pp.252-253).

롬브로조의 업적으로, 그는 범죄인(On Criminal Man)의 다섯 번의 개정을 통해서, 각 판마다 기후, 강수량, 성, 결혼 관습, 법, 정부의 구조, 종교 기관, 그리고 다른 요인들의 효과 등을 포함한 환경적 설명들에 주의를 기울이면서 그의 이론을 수정했다. 그러나 그는 결코 생래적 범죄자의 존재에 대한 생각을 포기한 적이 없었고, 비록 그가 범죄행위에 대해서 생물학적 설명을 시도한 이론가로 가장 빈번히 여겨지지만 그가 생물학적 설명을 시도한 시초의 학자는 아니었다.

예를 들어, 이러한 설명은 얼굴 특징과 행위는 관계가 있다고 주장했던 1760년대 스위스 학자 요한 캐스퍼 라바타(Johann Kaspar Lavatar, 1741－1801)에 의해서 시도되었다. 뒤이어, 유럽의 저명한 해부학자인 프란츠 조세프 갈(Franz Joseph Gall(1758－1828))은 이러한 사고를 더욱 확장시켰고, 개인의 두상이 그 사람의 특성을 설명할 수 있다고 주장했다. 이러한 설명은 골상학(phrenology)이라 불렸고, 1820년대에 이르러 골상학은 미국에서 흥미를 북돋았다. 예를 들어, 골상학에 대한 한 책은 1837년부터 1840년까지 9판까지 개정판을 내기도 했다(Vold, 1958). 골상학에 대한 인기가 증가하면서, 골상학의 설명력은 확장되었고; 인간행위의 보다 차별적인 형태들이 두상에 의해서 설명될 수 있다는 것에 이르렀다는 것을 주목하는 것이 도움이 된다. 우리에게 골상학의 중요성은 롬브로조가 1858년 의학 학위를 받기 약 50년 전에 그리고 롬브로조가 근대범죄학의 아버지라 불리기 훨씬 이전에 행위의 생물학적 설명의 대중성이 널리 있었다는 것이다. 사실, 엘리스(Ellis, 1913)는 롬브로조 이전에 범죄자의 신체와 정신적 특성과 그들의 행위의 관계를 지적했던 약 24명의 유럽학자들을 확인했다. 이러한 학자들은 헨리 메이휴(Henry Mayhew)와 런던의 탐사보도 기자인 존 비니(John Binny); 스코틀랜드의 교도소 의사인 J. 브루스 톰슨(J. Bruce Thompson); 그리고 유명한 런던 정신과 의사인 헨리 모슬리(Henry Maudsley) 등을 포함한다(Rafter, 2008). 그렇다면, 왜 롬브로조는 연구되고 기억되는가?

비록 범죄에 대한 그의 생물학적 설명은 오늘날 단순하고 세련되지 않은 것으로 여겨지지만, 롬브로조의 범죄학은 지대한 공헌을 했고 그 영향은 아직도 지속되고 있다. 여기서 가장 주목할 점은 그가 유전뿐만 아니라 사회적, 문화적, 그리고 경제적 변인들을 모두 포함하는 범죄에 대한 다중요인 설명을 시도했다는 점이다. 다중요인 설명은 오늘날 범죄의 연구에서는 일반적으로 흔히 사용하는 것이다. 롬브로조는 또한 범죄에 대한 연구를 형벌/행형학의 기반으로서 추상적인 형이상학적, 법적, 그리고 법률적인 설명으로부터 '범죄자와 그들이 범죄를 저지르는 조건과 환경에 대한 과학적 연구'로 이동시켰다는 점이다(Wolfgang, 1973, p.286). 우리는 또한 연구방법과 관련해서 그가 가르쳤던 것에 빚지고 있다. 그는 임상적이고 역사적인 기록들을 검증하는 것의 중요성을 입증했고, 범죄행위에 대한 설명을 찾을 때 그 어떤 사소한 것도 간과되어서는 안 된다는 것을 강조했다.

그는 또한 산업화, 이민, 도시화와 전쟁 등과 결합된 범죄자, 정신이상자, 그리고 다른 일탈자들과 같은 파괴적인 인구들을 19세기 국가들이 어떻게 다루어야 할지에 대한 형벌/행형적 계획과 사고의 유산을 남겼다. 이러한 공헌은 많은 부분 1870년에 지리적으로 남부와 북부가 통합했던 이탈리아의 상황에 영향을 받았고, 국가는 두말할 필요 없이 정치적이고 급진적인 불일치로 특징지어졌고, 개인들은 새로운 국가적 정체성을 가진다기보다는 자신들의 고향을 정체성의 기반으로 삼는 것과 같이, 국가는 사실 허울만 있었다(Rafter, 2008, p.85). 오랜 기간동안 종교와 정치로 인해 분열되었던 모국의 상황과 함께, 롬브로조는 통일과 함께 앞으로 일어날 문제들을 예견했고, 무질서와 혼란을 다룰 수 있는 분명하고 합리적인 계획을 만들어내는 것에 깊은 관심을 가졌다. 그의 또 다른 공헌은, 아마도 가장 중요한 공헌이라 할 수 있는 것은 범죄학자로서의 공헌이었다. 라프터(Rafter)에 의하면, 롬브로조는 '패러다임 전환자(paradigm shifter)'의 자격을 갖춘 그의 시대 유일한 범죄학자였다(Rafter, 2008, p.85). 그는 범죄의 원인에 대한 관심을 죄악이라는 자리로부터 과학의 영역에 옮겨놨고, 그것은 오늘날까지 지속된다.

## 롬브로조의 유산: 이탈리아 범죄학 전통

**엔리코 페리**(Enrico Ferri) 실증주의에 대한 롬브로조의 유산은 뛰어난 이탈리아인 동료인 엔리코 페리(Enrico Ferri, 1856-1929)에 의해서 지속되고 확장되었다. 가난한 구멍가게 주인의 집에서 태어난 페리(Ferri)는 범죄학의 역사에서 가장 영향력 있는 인물 중 하나가 되었다(Sellin, 1973). 세계에서 가장 저명한 범죄학자 중의 하나이고 그 자신이 젊은이였던 1925년 11월 70세였던 페리(Ferri)의 강의를 청강했던 쏘어스톤 셀린(Thorsten Sellin)의 말에 의하면, "페리는 인간적으로 뿐만 아니라 학문적으로도 매력적인 인간이다"(Sellin, 1973, p.362). 페리는 이상이 — 그것이 무엇이든지 — 없는 삶은 살 가치가 없다고 믿는 훌륭한 사고와 강한 열정을 가진 학자였다. 16세가 되었을 때, 페리는 그 자신이 강한 확신을 가졌던 위대한 선생의 영향 아래서 학문에 투신하기로 결심하였다.

페리는 철학을 공부하기 위해서 성직자의 가운을 포기했다.

페리는 「자유의지의 부정과 전가성의 이론(The Theory of Imputability and the Denial of Free Will)」이라는 그의 첫 번째 저작을 출간했을 때 약관의 21살이었다(Vold, 1958, pp.32－33). 그것은 자유의지 주장들에 대한 공격이었고, 그의 정치적 행동주의뿐만 아니라 범죄성에 대한 페리의 이후 작업들의 많은 부분을 드러내주는 이론적 관점을 포함했다. 사회적 요인들보다는 생물학적 요인들에 보다 더 주목했던 롬브로조와 다르게, 페리는 범죄에 기여하는 사회적, 경제적, 그리고 정치적 요인들의 상호 밀접한 관계성에 대해서 더 큰 강조를 하였다(Vold, 1958). 예를 들어, 그는 범죄성은 물리적 요인들(예를 들면, 인종, 지역, 기온 등), 개인적 요인들(연령, 성별, 심리적 변인들), 그리고 사회적 요인들(인구, 종교, 문화) 등의 상호작용적 효과를 연구하는 것에 의해서 설명될 수 있다고 주장했다. 그는 또한 범죄는 많은 부분 노동 계급의 이익을 추구하는 사회적 변화들에 의해서 통제될 수 있다고 주장했다. 그는 보조금으로 지어진 주택, 산아 제한, 결혼의 자유, 이혼, 그리고 공공 레크리에이션 시설 등을 옹호했고, 각각의 것들은 국가가 보다 나은 삶과 노동의 환경을 만드는 데 책임이 있다는 그의 사회주의적 신념이 투영된 것이다. 페리가 또한 정치적 활동가라는 점은 그리 놀랍지 않다.

그는 부유한 지주들과의 분쟁 후에 “내란 고무(incitement to civil war)”죄로 기소된 소작농 집단을 성공적으로 변호하여 널리 대중적으로 알려진 후 공직에 선출되었다(Sellin, 1973, p.377). 그는 사회당으로 11번 재선되었고 1924년까지 공직에 있었다. 그의 경력을 통해서, 페리는 범죄에 대한 그의 실증주의적 접근과 정치적 변화를 접목시키고자 하였다. 예를 들어, 그는 고전주의적 논리가 아니라 실증주의적 철학을 반영하도록 1889년 새로운 이탈리안 형법의 변화를 시도하였으나 실패하였다. 1920년 초 무솔리니가 권력을 잡은 후, 페리는 이탈리아를 위한 새로운 형법의 초안을 작성하도록 청빙을 받았다(Vold, 1958). 새로운 이탈리안 형법은 그의 실증주의적이고 사회주의적 지향을 반영하였으나, 그것 또한 고전주의적 논증으로부터 너무나 동떨어졌기 때문에 거부되었다. 사회주의적 자유주의자로서 약 50여 년을 보낸 후에, 페리는 철학의 변화를 겪었고 개혁을 위한 실천적 접근으로서 파시즘을 지지했다. 셀린(Sellin)에 의하면, 페리에게 파시즘이 매력적이었던 이유는 파시즘이 그가 종종 비판해왔던 과도한 개인주의에 대해서 국가 권위를 재확인할 수 있었기 때문이다.

비록 사회주의로부터 파시즘으로의 페리의 전환을 이해하는 것이 혼란스럽기는 하지만, 그가 거대한 사회적 격동기에 살았다는 것과 겸손한 인성을 가졌던 페리는 보다 나은 사회를 만들 수 있는 변화를 원했다는 점이 어느 정도는 이해할 수 있도록 해준다. 이런 개혁을 완성하기 위해서, 페리는 개인들이 단지 신 앞에 도덕적으로 책임을 지는 것이 아니라 그들의 행위에 대해서 법적으로 책임을 져야만 한다고 믿었다. 책임성에 대한 이러한 접근은 “과학적 전문가”들이 범죄를 설명할 뿐만 아니라 법을 제정하고 형벌을 집행해야 한다는 것을 요구하는 이론적 틀을 제공하기 때문에 전통적인 사고로부터의 급진적인 전환을 나타냈다. 본질적으로, 이러한 것은 사회정책의 문제들을 다룸에 있어 국가가 과학적으로 접근해야 한다는 요청이었다.

법적 책임성에 대한 페리의 요구는 이탈리아가 1800년대 동안에는 주로 산업화에 의해서 야기되었고 후에는 제1차 세계대전으로부터 파생된 사회적 무질서와 커다란 사회적/정치적 동요를 겪던 때에 제시되었다. 이탈리아의 변화하는 상황에 대한 페리의 반응의 흔적은 첫 번째 판부터 네 번째 판까지의 Sociologia Criminalle(범죄사회학)에서 발견되는데, 그는 다섯 부류의 범죄자를 나열했다: (1) 롬브로조가 격세유전자로 지칭했던 생래적 혹은 천성적 범죄자, (2) 임상적으로 정신병자로 인정되었던 정신 이상 범죄자, (3) 장기적인 혹은 만성적인 정신적 문제들 혹은 감정적인 상태의 결과로 범죄를 저질렀던 격정적 범죄자, (4) 비정상적 개인적 신체적 혹은 정신적 문제라기보다는 가족적 사회적 조건의 산물이라고 할 수 있는 기회적 범죄자, 그리고 (5) 사회적 환경으로부터 습관을 얻게 된 습관성 범죄자. 범죄사회학(Sociologia Criminalle)의 5판에 이르러서, 페리(1929–1930)는 범죄에 대한 새로운 설명으로 비자발적 범죄자를 추가했다. 페리는 이러한 현상을 “현대적 삶의 현기증 나는 속도의 기술 시대에서 무수히 많이 늘어날 것으로” 설명했다(Sellin, 1973, p.370).

우리는 또한 파시즘에 대한 페리의 관심이 사회적 진공상태에서 대중적 지지 없이 생겨나지 않았다는 것을 이해해야만 한다. 1919년 무솔리니가 이탈리아 전투 파스키(the Fasci del Combattimento)라는 조직을 결성하고 1924년 파시스트 당 아래서 무솔리니가 전체 투표의 65%의 지지를 받은 첫 선거가 실시되기까지는 단지 5년여 밖에 걸리지 않았다. 무솔리니가 페리에게 이탈리안 형법을 개정하도록 요구하였을 때, 페리의 대답은 당대의 시대적 분위기와 동일했다.

**라파엘 가로팔로**(Raffaele Garofalo) 롬브로조와 페리 후에, 라파엘 가로팔로(Raffaele Garofalo, 1852－1934)는 실증주의 학파 혹은 이탈리안 범죄학파의 마지막 주자였다. 해부학상으로, 심리적으로, 사회적인 특성의 측면에서 구별적인 비정상적 유형으로서의 범죄자에 대한 롬브로조의 강조와는 다르게, 그리고 사회주의적 개혁과 사회 방어에 대한 페리의 강조와는 다르게, 가로팔로(Garofalo)는 그의 시대 사법 기관과 제도에 위치하고 있는 구체적인 문제에 대한 실천적인 해법의 추구와 그의 "자연범(natural crimes)"주의로 기억된다.

많은 부분에서, 가로팔로의 작업은 롬브로조나 페리에 비해서 보다 분명하게 19세기 유럽이 가지고 있었던 관심과 문제를 드러낸다. 이것은 세 가지의 서로 다른 그러나 상호 연결되어 있는 현상들의 결과이다. 첫 번째, 가로팔로는 롬브로조가 의학 학위를 받기 바로 6년 전에 출생했다. 그러므로, 가로팔로가 성인이 되었을 때, 롬브로조와 페리의 작업이 출간된 지 꽤 시간이 흐른 뒤였고 이미 어느 정도의 평가가 이루어지기에 충분한 시간이 흐른 뒤였다. 두 번째, 가로팔로는 학자이면서 일상에서 매일 형사사법시스템의 실천적 문제들을 직면하는 변호사, 검사, 그리고 치안판사였다. 따라서 그는 롬브로조와 페리의 작업이 학문적으로 형법체계에서 어떻게 받아들여지는지 그리고 그들의 저술이 어떤 실천적 함의를 가지고 있는지를 지켜볼 수 있는 최적의 자리에 있었다. 세 번째, 가로팔로가 33살의 나이로 범죄학(Criminology) 초판을 출판하였을 때(1885), 사회가 어떻게 형사법과 행형 정책을 통해서 적자생존(the survival of fittest)을 담보할 수 있을 것인지에 대해서 생물학, 심리학, 그리고 다른 여러 사회과학들로부터 수많은 제언들이 넘쳐나던 사회진화론(the social Darwinian)의 시대가 절정이었던 시기였다(Hawkins, 1931).

범죄의 본질과 범죄자의 본질에 대한 가로팔로의 이론적 주장은 사회진화론과 그 궤를 같이한다. 예를 들어, 그는 사회가 유기체이기 때문에 범죄는 자연법을 어기는 행위라고 주장했다. 그래서 범죄행위는 자연에 반하는 범죄였다. 따라서 "자연의 법칙들 rules of natures"은 그들의 사유를 통해서 인간에게 올바른 품행의 법칙들이었다. 가로팔로의 사고가 또한 사유에 대한 고전학파의 강조로부터 영향을 받고 있는 것은 분명하다. 가로팔로에게 있어, 행위의 올바른 규칙은 그러한 규칙들을 용납할 것인지 금할 것인지에 대한 사고로부터 온다. 그는 두말할 나위 없이 사회가 범죄로 인식하는 것을 거부할 수 없는 행위들과 처벌을 통해서 억제하는 것을 거부할 수 없는 행위들을 드러냈다. 가로팔로에 의하면 이러한 범죄행위들은 모든 세대의 모든 사람들에서 발견되는 두 가지의 기본적 인간 감정: 도덕과 연민의 감정을 침해하는 하는 것이었다(Allen, 1973, p.321; Vold, 1958, p.37). 연민(pity)은 자발적으로 다른 이에게 고통과 시련을 주는 것에 대한 혐오감이다. 도덕(probity)은 다른 이들의 재산권에 대한 존중을 의미한다.

가로팔로의 사고에 대한 사회진화론의 영향은 또한 도덕과 연민의 감정을 담고 있는 그의 설명에서 분명해진다. 도덕과 연민의 감정은 거의 모든 “문명화된 사회에서 보다 발전된 형태”로 나타나는 기본적인 도덕 감정들이었고(Allen, 1973, p.321), 어떤 사회는 보다 진보된 도덕적 이성의 지점까지 진화하지 못했다는 것을 의미한다. 비슷하게, 진화론의 영향은 사회의 어떤 성원들은 그들이 “집단의 우월한 구성원”이기 때문에 보통 이상의 도덕성을 가지고 있다는 가로팔로의 주장에서 나타난다(Allen, 1973, p.321).

범죄자의 특성에 관한 가로팔로의 개념 또한 진화론의 영향을 드러냈으나 그가 형벌과 행형정책에 관한 문제를 다룰 때 보다는 그 영향이 적었다. 이론적 주장의 이러한 부분을 발전시키면서, 그는 첫 번째로 특정 병리학적 신체적/물리적 특성들과 관련한 롬브로조의 범죄에 대한 사고를 재검토하였고 롬브로조식 사고의 공로는 충분하지만 그것이 검증되지 않았다고 결론내렸다. 때때로 신체적 비정상성이 존재하더라도 그들이 범죄자는 아니었다. 대신에, 그는 진정한 범죄자는 적절하게 개발된 이타주의적 감정이 부족하다고 주장했다(Allen, 1973). 다시 말해서, 진정한 범죄자는 아마도 유전을 통해서 세습될 수 있는 정신적이거나 혹은 도덕적 비정상성을 가졌다. 그러나 유전을 통한 도덕적 결함의 전이는 정도의 문제였다. 이러한 결론은 가로팔로로 하여금 도덕(probity)과 연민(pity)이라는 기본적 감정의 결함/결핍 때문에 다른 이들과 구별되는 네 범주의 범죄집단을 식별하도록 하였다.

살인자들은 전적으로 도덕과 연민이 결핍되어 있고 그들은 기회가 주어진다면 훔치거나 살인을 저지를 수 있다. 가로팔로는 덜 심각한 범죄자들을 구분하는 것이 더욱더 어렵다는 것을 인정했다. 그는 범죄자가 도덕이나 혹은 연민이 둘 중에 어느 것이 부족한지에 따라 여러 부류를 구분하였다. 폭력적인 범죄자는 알코올과 같이 환경적 요인들에 의해서 많은 부분 영향을 받을 수 있는 연민이 부족하였고, 그러한 사실로 범죄성은 인구에 전염적이다. 반대로, 절도범들은 "다른 부류의 범죄 집단보다 더 사회적 요인들에 의한 산물일 수 있는(Allen, 1973, p.323)" 사회적 환경과 도덕의 결핍으로부터 시달렸다. 그의 마지막 범주는 냉소주의자 혹은 성범죄자들을 포함하였고, 그들 중의 몇몇은 연민의 감정에 결함/결핍이 있기 때문에 폭력적 범죄자의 범주로 분류될 수 있었다. 다른 음란한 범죄자들은 그들의 행위가 연민의 결핍에서 온다기보다는 "낮은 수준의 도덕적 에너지"로부터 파생되기 때문에 다른 독자적인 범주를 요구하였다(p.329).

가로팔로의 진화론적 사고에 대한 의존이 범죄에 대한 사회보호/방호를 위한 적절한 측정을 고려할 때만큼 명확히 드러나는 곳은 없다. 여기서 그는 또 다시 환경에 적응해야만 하든지 혹은 도태되어야만 하는 유기체로서의 사회 비유를 사용하였다. 가로팔로는 진정한 범죄자들의 행위는 사회가 생존하기 위해서 필요한 기본적 인간 감정들에 의해서 살아나갈 능력이 없다는 것을 증명하기 때문에 그들은 제거되어야만 한다고 생각했다. 그들의 죽음은 사회의 생존에 도움이 될 것이다(Barnes, 1930). 덜 심각한 범죄자들에 대해서 그는 사회적 제거의 형태로 종신형이나 해외 추방 등의 형태를 제안했다(Allen, 1973).

억제(deterrrence)나 사회복귀/재활(rehabilitation)들이 가로팔로에게는 이차적인 관심들이었다는 것은 분명하다. 그러나 그는 "강제배상"과 부정기형을 선호했으며, 범죄에 대한 가로팔로의 사회적 방어/보호는 어느 정도 범죄자의 정신적 특성에 기반하여 모형화했다는 것을 드러냈다. 이런 측면에서, 처벌에 대한 그의 관점은 가로팔로가 인정할는지 모르지만 고전학파의 자유의지 논의와 그 궤를 같이 한다. 그러나 가로팔로에 대한 한 가지의 결론은 분명한데 그것은 개인보다 사회의 중요성을 강조했던 그의 관점이다. 그에게 있어, 개인은 사회에(만약 있더라도) 그리 큰 해 없이 제거될 수 있는 사회유기체의 단지 한 세포에 불과하다(Allen, 1973). 개인에 대해서 집단이나 사회의 우월성을 부여하면서, 가로팔로와 페리는 "과학적 전문가"의 의견에 의해서 개인들의 권리들을 기꺼이 희생하고자 하였고, 과학적 전문가들의 견해는 평가나 판단의 대상이 되는 이들의 의견 혹은 대중의 의견을 아마 포함하지 않을 수 있다. 그들의 작업이 순혈

주의, 국력(국가 부강), 그리고 권위주의적 지도력과 같은 사상에 대한 과학적 신뢰성을 제공했기에 때문에 이탈리아에서 무솔리니 정권에 의해서 받아들여졌다는 것이 그리 놀랍지는 않다(Vold, 1958).

이탈리안 실증주의자들의 연구는 또한 심각한 방법론적 문제에 시달렸다. 예를 들어, 그들의 연구는 통계적으로 그리 정교하지 못했다. 그 결과, 범죄자와 비범죄자 간의 실제적 혹은 유의미한 차이들에 대한 그들의 결론은 실상 매우 사변적이었다.

이러한 문제는 3,000명의 영국 죄수들과 통제집단으로서 비범죄자 남성들에 대한 고링(Goring, 1913)의 연구에서도 드러났다. 롬브로조, 페리, 그리고 가로팔로와는 다르게, 고링은 범죄자와 비범죄자의 신체적 차이점을 계산하도록 전문 통계학자를 고용하였다. 96가지의 신체적 특성들에 대한 8년간의 연구 후에, 고링은 신장과 체중을 제외하곤 범죄자와 비범죄자 간 유의미한 차이는 없었다고 결론내렸다. 범죄자들이 약간 더 작았던 것으로 드러났다. 고링은 이러한 결과를 범죄자들이 생물학적으로 열등하다는 그의 가설에 대한 확증으로서 해석하였으나 그는 신체적 범죄자의 유형을 발견하지는 못했다

## 범죄의 개인적 근원에 대한 지속적인 탐구

**신체 유형과 범죄** 천성적으로 결정된 범죄자에 대한 탐구는 고링(1913)의 결론에서 멈추지 않았다. 크레슈머(Kretschmer, 1925)는 독일 남부 지방 스와비아(Swabia)의 260명의 정신이상자에 대한 그의 연구결과에 근거해서 이러한 연구 주제에 참여했다. 그는 연구 대상들이 그가 생각하기에 특정한 유형의 정신적 성향과 관련 있다고 생각했던 분명한 신체 유형을 가지고 있다는 사실에 놀랐다. 1922년 독일에서 처음 출판되었고 1925년 영어로 번역된 크레슈머의 연구는 허약형(asthenic), 운동형(athletic), 비만형(pyknic), 그리고 분류할 수 없는 혼합형의 네 가지 신체 유형을 찾아냈다. 그는 허약형(asthenic)이 그들의 전체적인 신체에서 두꺼운 부분이 없이 말랐다는 것을 발견했다. 이러한 유형의 사람들은 평평한 가슴을 가졌고 그들의 갈비를 셀 수 있을 정도로 말랐다. 운동형(athletic)은 넓은 어깨, 잘 발달된 근육 조직, 깊은 가슴, 평평한 복부, 그리고 힘센 다리를 가졌다. 이러한 사람들은 현대 미디어에서 "몸짱(hunks)"이라 표현하는 사람

들의 1920년식 몸짱이었다. 비만형(pyknic)은 둥그스름한 어깨, 넓은 얼굴, 그리고 짧고 통통한 손을 가지고 약간은 부드럽게 보이며 통통하게 살찐 경향을 보이는 중간 정도 크기의 사람들이었다. 크레슈머는 허약형과 운동형은 정신분열적 성격과 관련이 있는 반면에 비만형은 조울증과 관련이 있다고 주장했다.

영어로 번역된 지 4년 뒤 미국에서 출간된 후, 모어와 군드라흐(Mohr and Gundlach, 1929-1930)는 일리노이주 졸리엣(Joliet) 교도소의 254명의 백인 남성 수감자들에 기반한 보고서를 출간하였다. 그들은 허약형과 운동형보다는 비만형이 사기, 폭력, 혹은 성범죄 등으로 유죄 판결을 더 많이 받았다는 것을 발견했다. 반면에, 허약형과 운동형은 주거침입 절도, 강도, 혹은 중절도 등으로 더 많이 유죄 판결을 받았다. 그러나 모어와 군드라흐는 신체 유형, 범죄, 그리고 정신병질 사이의 그 어떤 관계성을 설명하진 못했다.

십 년이 지난 후, 신체적 유형이 범죄를 일으킨다는 것에 대한 탐구는 하버드 대학교의 인류학자인 어니스트 후튼(Earnest A. Hooton)에 의해서 시도되었다. 그는 고링 연구의 방법론에 대한 광범위한 비판으로 시작했고 서로 다른 8개의 주들로부터 17,000명이 넘는 범죄자와 비범죄자의 측정에 대한 상세한 분석을 진행했다(Hooton, 1939). 세 권의 그의 연구에서, 후튼(1939)은 "범죄자들은 일반 시민들에 비해서 거의 모든 신체적 측정에서 열등하다"고 주장했다(Hooton, Vol. 1, p.329). 그는 또한 낮은 이마가 열등성을 나타내고 "낮은 신체적 특성과 사회적 환경이 비행이나 범죄를 결정하는 정도는 백인의 경우보다는 흑인에게서 더 크게 나타난다"고 보고했다(p.388).

이런 부류의 결론은 후튼의 연구에 대한 심각한 비판을 만들어냈는데 주로 인종차별주의적 의미와 그가 연구한 범죄자들이 범죄로 인해 잡힌 적이 없는 범죄자이거나 혹은 유죄이지만 유죄판결로 수감되지 않은 범죄자들을 포함하지 않았다는 점이었다. 그의 통제집단 또한 우리가 아는 그 어떤 사람들도 대표하지 못한다는 것에 대해서도 비판을 받았다. 이러한 통제집단 모두는 평균적인 남성과는 구별될 수 있는 엄격한 신체검사를 통과할 수 있었을 내쉬빌 소방관들과 민병대원들로 구성되었다. 그는 또한 그의 통제집단에 단체 해수욕장 피서객, 정신병자, 그리고 대학생들을 포함했다. 그는 왜 이렇게 서로 다른 부류의 사람들이 정상적인 신체 유형을 대표하는지에 대해서 그 어떤 설명도 제시하지 않았다. 후튼은 또한 측정에서의 작은 차이는 대단히 유의미한 것처럼 다루고 그가 발견한 다른 차이는 외면한 것에 대해서도 비판을 받았다.

생물학적 탐구를 했던 다른 이들과 후튼에게 주어졌던 신랄한 비판에도 불구하고 생물학적 연구는 지속되었고 1940년와 50년대에 들어 확장되었다는 점은 중요하다. 예를 들어, 윌리엄 쉘던(William H. Sheldon)의 연구는 연구의 관심을 성인으로부터 비행청소년으로 전환시켰다. 쉘던(1949)은 체형을 기질, 지능, 그리고 비행과 연결하기 위한 노력의 일환으로 15세부터 21세 200명의 남성들을 연구했다. 집중적인 신체적 심리학적 검사에 기반하여 쉘던은 각 남성의 문제들에 대한 간단하고 빠른 프로필로 사용되는 비행지수(Index of Delinquency)를 만들었다. 총점 10점은 소년의 사례가 수용시설에 수감하는 것이 필요할 정도로 심각하다는 것을 의미했고, 총점 7점은 경계에 있다는 것을 의미했고, 총점 6점은 수감시설이 아닌 사회에서 자유로운 거주와 사회적응이 선호된다고 해석되었다.

쉘던(1949)은 서로 다른 신체 구성요소인 내배엽형(endomorphy), 중배엽형(mesomorphy), 그리고 외배엽형(ectomorphy)들의 결합 정도가 어떠한가를 측정함으로써 소년들의 체형을 분류했다. 각 신체 구성요소는 신체 체형을 주도할 수 있다. 내배엽형(Endomorphys)은 부드럽고 살찐 사람들의 경향이 있고, 중배엽형(mesomorphys)은 근육질과 건장한 체형을 가졌고, 그리고 외배엽형(ecto-morphys)은 마르고 생기 없고 허약한 체형을 가졌다. 쉘던은 또한 각 구성요소를 1점부터 7점까지의 점수를 매겨서 200명의 소년들을 평가했다. 예를 들어, 200명의 남성들에 대한 신체 체형 평균은 3.5－4.6－2.7이었고, 보다 건장한 남성을 대표했다(p.727). 전체적으로, 쉘던은 청소년들이 비행청소년인 것과 마찬가지로 그들의 부모가 비행청소년들이었기 때문에 비행을 만들어내는 요인들은 유전적으로 계승된다고 결론내렸다.

윌리엄 쉘던의 연구결과는 남자 비행청소년과 비(非) 비행청소년들에 대한 글룩 부부(Sheldon Glueck and Eleanor Glueck)의 비교 연구에 의해서 주목할 만한 지지를 받았다(Glueck & Glueck, 1950). 집단으로서, 비행청소년들은 비행을 저지르지 않은 청소년들보다 좁은 얼굴, 넓은 가슴, 크고 두꺼운 허리, 그리고 두꺼운 팔뚝과 상박을 가지고 있는 것으로 나타났다. 청소년들의 전체적인 평점은 비행청소년들의 약 60%와 비(非) 비행청소년들의 약 31%가 주로 중배엽형이었다. 저자들은 남자 청소년의 비행과 관련 있는 눈에 띄는 요인들의 목록에 이러한 결과를 포함하였다. 주로 생물학적 요인들에 의지하여 범죄행위를 설명하고자 하였던 이전의 학자들과 마찬가지로, 그들의 결과는 사회학적 현상의 중요성을 간과하였다. 예를 들어, 글룩 부부의 중배엽형들이 비행청소년인 것이 그들의 신체 유형과 기질 때문인지 혹은 그들의 신체 유형과 기질이 비행과 연관이 있다고 사회적으로 받아들여지는지에 대해서는 불명확하다. 그 결과 남성들이 그렇게 행위하도록 압력을 받을 수 있다는 불법 행위에 대한 기대를 만들어냈다.

신체 유형과 행위를 연결시키고자 하는 노력들은 범죄에 국한되지 않았다. 1995년에는 후튼과 쉘던이 1940년대와 1960년대 동안 미국 내 가장 명성이 높은 학교들인 하버드 대학교, 예일 대학교와 같은 아이비리그 학교들과 웨슬리 대학 신입생들의 "사진"을 사용한 우생학 실험에 참여했다는 사실이 드러나기도 하였다. 그들은 신체 형태와 지능이 어떤 방식으로든 연결되어 있을 것이라는 지금은 폐기된 사고를 추구했다. 몇몇 미국의 지배층들도 실험을 위해서 사진 촬영되었었는데, 뉴욕 주 상원의원인 힐러리 로드햄 클린턴(Hillary Rodham Clinton), 전 대통령 조지 부시(George H. W. Bush), 뉴욕 주지사인 조지 파타키(George Pataki), 오클라호마 대학교 총장인 데이비드 보렌(David Boren), 그리고 언론인 다이앤 소이어(Diane Sawyer) 등이 포함되었다. 비록 1960년 후반 실험이 끝난 이후로 몇 명의 사진들이 훼손되기도 하였지만, 수도 워싱턴에 위치한 스미소니언 박물관(the Smithsonian museum)은 여전히 20,000개에 이르는 남성의 사진과 7,000개에 이르는 여성의 사진을 가지고 있다. 그 이래로, 사진들은 폐기되고 있다("Naked Truth Returns," 1995; "Naked Truth Revealed," 1995; "Smithsonian Destroys," 1995).

**범죄에 대한 심인성**(정신적인)**의 원인들** 지금 이 순간, 우리는 범죄의 원인으로서 신체 유형에 대해서 전혀 강조하지 않는 또 다른 형태의 실증주의에 관심을 돌리고자 한다. 여기서 범죄의 원인에 대한 탐구는 정신으로 향한다. 이런 이론들은 성격에 초점을 맞추고 그것들이 어떻게 만들어지는지에 기반해서 범죄를 설명하고자 하기 때문에 종종 "정신분석학파"로 간주되기도 한다. 이렇듯, 정신적인 분석은 생물학적 실증주의가 강조했던 "천성적"이라기보다는 "동적"이다. 이러한 정신학파는 뚜렷이 다른 두 가지의 노선으로 발전했는데, 하나는 정신분석을 강조하는 노선이고 다른 하나는 성격적 특성을 강조하는 노선이었다.

우리는 지그문트 프로이트(1859–1939) 그리고 정신분석학적 접근과 함께 시작한다. 의사였던 프로이트는 무엇이 범죄행위를 야기하는지에 대한 질문에 대해서 직접적인 언급을 하지 않았다. 그는 범죄를 포함한 모든 행위를 설명하는 것에 관심을 가졌다. 그는 정상적인 행위를 설명할 수 있다면 범죄 또한 당연히 설명할 수 있을거라 생각했다.

프로이트와 그의 동료들의 이론적 핵심은 모든 행위에는 동기가 있고 의도가 있다는 주장이다. 그러나 모든 욕망과 행위는 사회적으로 받아들여지지 않기에, 그것들은 도덕성과 사회질서를 위해서 정신의 잠재의식 속에서 억제되어야만 한다. 그 결과 공격적인 생물학적·심리학적 충동의 거대한 저장소인 무의식적 이드와 개인을 통제하고 주조하는 의식적 자아(ego) 사이에는 긴장이 존재한다. 프로이트에 의하면(1920, 1927, 1930), 초자아는 특정한 문화의 기본적인 행동 요구사항을 성찰하는 자기비판의 힘이다. 그래서, 범죄는 모든 이들이 가지고 있지만 통제에 실패한 내적 긴장의 상징적 표현이다. 그것은 부적절하게 배운 자기통제를 "행동으로 옮긴"것이다.

정신분석학자인 프란츠 알렉산더(Franz Alexander)와 의사인 윌리엄 힐리(William Healy)는 범죄행위에 대한 그들의 연구에서 프로이트의 원칙을 적용하였다(Alexander & Healy, 1935). 예를 들어, 그들은 한 남성의 범죄행위를 네 가지의 무의식적 요구: (1) 열등감에 대한 과잉보상, (2) 죄책감을 경감시키고자 하는 시도, (3) 그의 어머니에 대한 앙심적 반응, 그리고 (4) 교도소 내에서의 근심 걱정 없는 삶에 대한 그의 의존성에 대한 만족의 결과로 설명했다.

프로이트의 동료인 어거스트 에이혼(August Aichhorn)은 많은 아이들이 아동기, 청소년기, 그리고 성인기의 기대를 충족시킬 만한 자아나 초자아를 개발하는 데 실패했기 때문에 유치한 행동을 지속하는 것이라고 서술했다. 에이혼(Aichhorn)은 그러한 아동들은 성인기의 "현실 원칙"에 적응하는 데 실패하였기에 여전히 "쾌락 욕구 원칙"하에서 행동을 지속하는 것이라고 강력히 주장하였다. 프로이트와 에이혼의 제자인 케이트 프리드란더(Kate Friedlander) 또한 아동의 행동에 집중했고 몇몇 어린아이들은 그들로 하여금 비행에 이르게 하는 반사회적 행동 혹은 잘못된 성격을 가지도록 개발하게 되었다고 주장했다(Freidlander, 1949). 레들과 와인맨(Redl and Wineman, 1951)은 이와 같은 주장을 발전시켜 어떤 아동들은 비행적 자아를 발전시킨다고 주장하였다. 비행적 자아의 결과는 그 아동들이 좋은 자아와 초자아를 개발하지 못하였기 때문에 성인들에 대한 적대적 태도이고 권위에 대한 공격성이다.

범죄의 원인을 정신에 위치시키고자 하는 연구의 두 번째 전통인 성격적 특성에 대한 탐구는 정신적 능력을 생물학적으로 설명하고자 하는 시도로부터 시작되었다. 정신박약, 정신이상, 우둔함, 그리고 저능아 등은 유전된다고 여겨졌다. 이러한 관점은 범죄를 천성적인 것으로 설명하고자 했던 19세기 후반 동안의 노력들의 한 부분이었다. 이러한 관점은 주크家(The Jukes)가 출간된 이래로 미국에서 가장 인기 있는 설명방식이 되었다(Dugdale, 1877). 주크家(The Jukes)는 "(인간적) 퇴보와 천성적 사악함"에 시달리는 가족구성원들이 범죄에 연루되는 가족을 묘사했다.

유전에 의한 가족 기반의 정신적 결함으로 설명하고자 하는 관심은 19세기가 끝날 때까지 그리고 20세기의 처음 사반세기 동안 지속되었다. 예를 들어, 고다드(Goddard)는 1912년에 칼리카크 가족(The Kallikak Family)을 출간하였고 에스트라브룩(Estrabrook, 1916)에 의한 주크家에 대한 후속 연구는 4년 뒤에 등장했다. 불행하게도, 이러한 연구들은 매우 엉성했고 고급 비교통계 등을 회피했다.

정신에 대한 보다 엄격한 연구들은 지능 측정에 대한 유럽의 연구 결과이다. 예를 들어, 프랑스 심리학자인 알프레드 비네(Alfred Binet, 1857－1911)는 처음으로 실험 환경에서 지능 검사를 시도하였고 후에 파리 학교의 학습 지체 문제를 해결하기 위한 노력으로 그의 연구결과를 적용하였다. 그의 조교인 디어도어 시몬(Theodore Simon)의 도움과 함께, 비네(Binet)는 1905년, 1908년, 그리고 1911년에 그의 IQ 검사를 개정하였고 그의 IQ 검사 척도가 미국에 소개되었을 때 한번 더 개정되었다. 각 개정의 공통적인 점은 개인은 지능지수 혹은 IQ 점수로 식별될 수 있는 정신연령을 가져야만 한다는 생각이었다.

일반적으로 고다드(Goddard, 1914; 1921)는 교도소 수감자의 IQ를 검사한 최초의 사람으로 여겨진다. 그는 대부분의 수감자들은 정신박약이고 정신박약의 정도는 29%에서 89%에 이른다고 결론내렸다. 그러나 그의 연구는 정신박약을 정의하는 데 어느 정도의 점수가 사용되어야 하는지를 결정하는 어려운 문제에 시달렸다.

IQ 검사의 정당성과 실천적 가치는 미육군 심리전단이 제1차 세계대전에서 군복무에 적합한지를 결정하는 데 IQ 검사를 사용하기로 결정하였을 때 커다란 지지를 받게 되었다(Goddard, 1927). 그 결과, 어느 시점에서는 징집된 군인의 거의 3분의 1정도가 정신박약으로 간주되기도 하였다. 이러한 결과는 후일 수정되었으나 범죄를 설명하는 수단으로서의 IQ 검사에 대한 믿음은 제1차 세계대전 이래로 1920년대와 1930년대까지 지속되었다. 마침내, 정교한 연구방법의 사용 증대는 수감자들을 일반시민들과 비교했을 때 정신박약에서 단지 약간의 차이만 발견되는 결과를 나타냈다. 오늘날 비록 최근의 연구자들이 낮은 IQ가 범죄행위의 핵심적 원인이라고 주장하였다지만(Herrnstein & Murray, 1994), (만약 있다면) 아주 적은 수의 연구만이 정신박약의 결과로 범죄를 설명하고자 한다.

## 이론의 결과: 정책적 함의

### 실증주의 학파와 생물학적 범죄자의 통제

19세기 중반부터 20세기 초반의 실증주의자들에 의해서 개진된 가장 분명한 지향점은 범죄의 원인을 주로 개인 범죄자의 내재적인 부분에 위치시켰다는 것이었다. 이것은 우리가 초기의 실증주의자들 — 이탈리아의 롬브로조, 페리, 그리고 가로팔로 등과 독일과 오스트리아의 크레슈머와 에이혼, 미국의 알렉산더와 힐리 등 — 이 의학과 법학 혹은 의학과 법을 동시에 전공했다는 사실을 상기한다면 그리 놀라울 일이 아니다. 각 분과학문들은 행위에 대한 설명으로서 개인들에 대해서 특별히 강조하는 입장을 취했다. 그러나 각 분과학문이 당대의 시대적 조류에 영향을 받았기 때문에, 학문분야적 관점들 그 자체로는 이러한 결과들을 온전히 이해하는 목적을 위해선 불충분하다. 이 장에서 살펴본 실증주의자들에게 있어, 당대의 시대적 조류는 빅토리아 시대에 강력히 선호되었던 진화론이었다.

진화론적 영향의 방대함은 단지 몇 단락이나, 혹은 몇 페이지, 더 나아가 몇 권의 책으로 설명하기에도 부족하다. 두말할 나위 없이, 우리가 더 진행하기에 앞서 설명의 노력을 해야만 한다. 가장 간단하게 말해서, 다윈의 진화론은 전대미문의 이론 중 하나였다. 진화론은 과학에 대한 혁명적인 새로운 지식을 제고했을 뿐 아니라 다른 분야의 철학들과 실천들을 분쇄했다. 진화론은 전 식자층에게 그들의 세계관이 그들의 발견과 조화를 이루어야 한다는 의무감을 느끼도록 보다 많은 관심과 품격을 가지도록 요구했다(Hofstadter, 1955b, p.3). 호프스태터(Hofstadter, 1955b)에 의하면, 다윈의 영향은 유럽의 천체학자인 니콜라스 코페르니쿠스(Nicholas Corpernicus, 1473-1543)의 연구; 영국의 수학자이자 물리학자인 아이작 뉴턴(Issac Newton, 1642-1727); 오스트리아의 정신분석학자인 프로이트 등과 비견될 만하다. 요컨대, 모든 서구 사회는 진화적인 설명틀을 단단히 붙잡게 되었다.

비록 "적자생존"과 "생존경쟁"에 대한 다윈의 이론이 가지는 사회적 의미에 대한 많은 토론과 논쟁이 있었지만, 사회진화론자는 대체적으로 이론의 정책적 함의들이 정치적으로 보수적이라는 점에 동의했다. 그들은 정부가 주도하는 사회적 변화는, 만약 실행된다면, 실질적으로 자연을 거스르게 될 수밖에 없다고 주장했다. 가장 좋은 접근은 최소한의 관여였다. "자연 그대로 놔두자"는 것은 사회진화론자들이 자주 되뇌는 말이 되었다. 그것은 급속한 사회 변화는 바람직하지 않다는 명확한 메시지를 전달했다. 예를 들어, "평등 처우"를 달성하기 위해서 고안된 정책들은 강력한 반대에 부딪쳤다. 사회복지 프로그램은 게으르고, 무능하고, 어리석거나 혹은 비도덕적인 사람들의 생존을 지속하게 하는 동시에 개인과 국가 경제의 발전을 지체시킨다고 주장했다. 근면, 절약, 그리고 도덕적 구속들이 개인적, 집합적 사회적, 그리고 경제적 번영을 위한 해결책들로 여겨졌다.

사회진화론자들과 관련된 모순을 언급하는 것은 중요하다. 비록 19세기 후반과 20세기 초반의 많은 국가 지도자들은 사회변화를 위한 프로그램이 국가의 생존을 위협할지도 모른다고 두려워했기에 반대했지만, 그들은 종종 우리의 경제를 급진적으로 변화시키고 투기, 혁신, 그리고 대담함을 통해서 천연자원을 약탈하였던 사람들과 동일한 사람들이었다. 그들은 또한 "새로운 경제 형태, 새로운 종류의 조직, 새로운 기술(Hofstadter, 1955b, p.9)"을 소개한 동일한 국가지도자들이었다. 그들의 이해관계에 도움이 되는 변화는 받아들여졌고, 그들에게 별 도움이 안 되는 변화는 그렇지 않았다. 범죄를 제거하거나 혹은 포함할 수 있을 "과학적으로 정당한" 형태의 통제를 위한 장이 마련되었다. 이러한 통제는 도덕성과 순결에 대한 빅토리안 시대의 관심과 함께 유전학의 형태로 나타났다(Pivar, 1973). 불행하게도, 과학적으로 정당화된 정책들을 위한 장이 마련되었지만, 사실 과학적으로 정당화된 정책들은 남용과 방치를 초래했다.

사회진화론이 범죄통제 정책을 형성하는 데 사용되었을 때, 주요 주제들이 등장했다. 한 측면으로, 롬브로조와 그의 후학들로부터의 "생래적 범죄자"와 특별히 특정 범죄자의 "제거"를 위한 가로팔로의 정책 등은 무능력화(수감)를 강조했던 행형 철학을 만들어냈다. 분명한 강조점은 범죄자들이 추가로 생물학적으로 결정된 해악을 저지르는 것을 예방하기 위해서 공동체로부터 범죄자들을 제거하는 것이었다. 그래서 이러한 정책에서 범죄자들을 교정하거나 사회로 복귀시키려는 시도는 적절하지 않다. 기결수들을 가두어 두는 것은 범법자들에게 무엇을 해야 하는지에 대해서 충분히 사회적으로 책임 있는 대응으로 여겨졌다.

반면에, 범죄를 통제하는 두 번째 수단은 일종의 재활(rehabilitation)정책을 가져왔다. 그것은 개인들은 치료나 처치를 필요로 하는 생물학적 객체로 간주하는 의학적 사유에 기반하였고 미국 행형 역사에서 가장 억압적이었던 국가 정책을 불러왔다. 이러한 정책들 중 가장 최악의 정책은 유전학과 우생학 운동(eugenics movement)이라 불렸던 것에 의해서 정당화되었다(Beckwith, 1985).

1900년대 초기 과학 중 하나로서, 우생학 연구는 유전(inheritance)이 단순하거나 복잡한 인간 행동 특성들의 존재를 설명할 수 있을 거라 주장했다. 따라서 그것은 생물학적 결정주의의 견해를 강화했고, 미국 내에서 일하고 있는 이주민들의 유전적 열등성으로 소급될 수 있는 19세기 후반 사회 문제들의 많은 부분에 대한 논쟁에 지대한 공헌을 했다. 예를 들어, 1886년의 헤이마켓(Haymarket)[4] 폭발사건과 시카고에서의 폭동은 "열등한 이주민들"에 의해서 야기된 것으로 여겨졌다. 이러한 사고는 노동자의 시위를 항상 "이주민 쓰레기, 맥주냄새 진동하는 독일인들, 무식한 보헤미안들, 상스러운 폴란드인들, 그리고 분노에 찬 러시안들"로 묘사했던 기업가들과 뉴욕타임즈(the New York Times) 등과 같은 언론들에 의해서 발전되었다(Beckwith, 1985, p.317).

카네기 집안과 같은 선두적인 기업가들의 지원과 선도적인 교육기관인 하버드 대학교의 지원과 함께, 우생학 연구소는 곧 설립되었고, 이러한 노력들은 국가적 문제를 연구하기 위해서 착수되었다. 그에 따라, 많은 주들은 우생학자

4) 영국 런던의 West End의 번화가.

들의 주장을 적용하도록 고안된 법들을 통과시켰다. 예를 들어, 1911년과 1930년 사이에, 30개가 넘는 주들이 유전적으로 결정된다고 여겨졌던 행동 특성들에 대해서 불임(sterilization)을 요구하는 법을 제정했다(Beckwith, 1985, p.318). 그렇게 제정된 법들은 범죄, 알코올중독, 남색, 수간, 정신박약, 그리고 강간 성향 등과 같은 행위를 대상으로 했다. 그 결과는 적어도 64,000명 이상에 대한 불임 수술이었다. 이러한 정책을 시행했던 많은 주들은 또한 악명 높은 전두엽 절제술 등을 포함하는 정신외과 시술을 허가하는 법을 통과시켰다. 이러한 종류의 수술 총계는 알려져 있지 않다.

우생학 운동의 영향 아래 통과된 법들은 불임과 정신 외과적 시술 — 비록 이 둘이 이러한 영향 아래서 시행된 가장 잔혹하고 억압적인 방안이기 하지만 — 에 국한되지는 않았다. 34개 주에서 승인된 반인종 간 법들은 미흑인과 백인들이 서로 혼인하는 것을 불법으로 규정했고, 몇몇 주들은 백인과 아시안들의 결혼 또한 금지했다(Provine, 1973). 이러한 법들은 1890년의 특정 시기에 미국에서 살아가는 사람들의 비율에 기반하여 계산한 한도(할당)에 기반한 이민법의 내용을 강력히 요구했다. 그리고 1924년 미 국회는 우리의 몫이 남부와 동부 유럽 이민자들의 유입에 의해서 줄어들고 있다는 선도적인 우생학자들의 증언을 청취한 후에 1924년 이민제한법을 통과시켰다. 이 법은 생물학적으로 분명히 열등하다고 여겨졌던 인구집단을 대상으로 하였다. 이와 같이, 이 법은 인종차별주의적인 법이었고 1930년대와 1940년대의 나찌 독일 우생학 정책들의 전조였다.

대상 인구집단을 억누르는 우생학적 정책들의 명백한 함의에도 불구하고, 불임과 정신외과적 시술은 미국 사회에서 1970년대까지 지속되었다. 1927년과 1972년 사이 버지니아에서만 8,000명이 넘는 사람들이 그들이 정신박약으로 확인되었기 때문에 불임 시술을 당하였고(Katz & Abel, 1984, p.232), 캘리포니아 주에서는 20,000명이 넘는 사람들이 불임 시술을 당하였다. 그러나 캇츠와 아벨(Katz and Abel, 1984)이 지적했듯이, 불임에 대한 진정한 이유는 정신박약이 아니라 계급이었다: "설명되어져야만 했던 한 특성은 빈곤(궁핍)이었다. … 관련 문서들은 개인이 지지의 수단이 없고 유대를 제공할 수 있는 어떤 이도 없다는 것을 문서로 증명해야만 했다"(p.233). 빈곤층이 번식하도록 하는 것은 정신박약의 후손들, 빈민층, 알코올중독, 범죄자, 그리고 매춘부들의 숫자를 늘리게 될 것이라고 주장되었다.

## 실증주의 학파와 형사사법 개혁

생물학 지향적인 이론들의 최악의 영향들을 언급하면서, 우리는 실증주의 학파가 또한 처벌적인 충동을 느끼기보다는 교화적인 정책들로 인도하는 데 도움을 주었다는 점을 간과하지 않는다. 당연히 결론은 변경 불가능한 신체적 혹은 심리학적 특성들로 특성화되는 범죄자들은 제거되든지, 영원히 가두든지(무력화시키든지), 또는 신체적 자율권을 침해하는 방법을 통해서 신체적으로 고쳐야 한다는 결론으로 인도한다. 그리고 "범죄 예방"은, 우리가 지금껏 살펴봤듯이, "불량품"들을 번식하고 증식하는 것을 금지하지 않는 문제가 된다. 그러나 만약 우리가 범죄를 결정하는 원인들이 변한다고 — 예를 들어, 실업 혹은 가정의 갈등으로부터의 감정적 소요 — 한다면, 정책적 함의는 보다 더 긍정적이다. 난제는 사람들로 하여금 범죄를 저지르도록 하는 영향을 진단하는 것이고 후에는 아마도 범죄를 야기하는 요인들을 극복할 수 있는 직업훈련 혹은 가정상담과 같은 계획을 개발해야 하는 문제를 가진다. 요약하면, 난제는 범죄자들이 "정상적"인 시민으로서 사회에 다시 합류할 수 있게 하기 위해서 범죄자들을 재활/치료하는 것이다.

롬브로조는 이러한 것을 자각했고 이러한 논리를 지지했다. 범죄의 원인을 설명하는 데 있어 과학적 원칙들을 적용하기 위한 그의 노력과 더불어서, 그는 또한 "그의 범죄학을 적용하여 범죄자들의 선천적 위험성의 정도에 따라 범죄자들에 대응할 수 있도록 형사사법체계를 개조"하는 것을 꿈꿨다(Rafter, 2008, p.83). 예를 들어, 그는 "집행유예, 소년원, 그리고 중간 단계의 처벌들이 특별히 더 위험하지 않은 범죄자들을 일반적인 교도소가 아닌 이러한 곳들에서 감당할 수 있을 것이라"고 주장했다(Rafter, 2008, p.83).

주지하듯이, 미국이 20세기에 들어오면서, 생물학적 지향의 이론들에 대한 매력은 감소하기 시작했다. 그것들의 자리에는 범죄자들의 이미지를 심리학으로부터 특별히 사회학으로 옮겼던 실증주의자들의 이론들이 출현했다. 이러한 새로운 접근들은 범죄자의 문제들은 카운슬링이나 혹은 그들이 살고 있는 사회적 환경들의 개선을 통해서 바로잡을 수 있다고 주장했다.

범죄에 대한 이러한 새로운 사고방식은 정책에 큰 영향을 주었다. 사실, 20세기 초반의 이십여 년 동안, 이러한 사고는 형사사법체계를 혁신하도록 하는 캠페인을 형성하도록 도왔다. 진보주의자들로 불린 개혁가들은 형사사법체계는 범죄자들을 처벌하는 것이 아니라 그들을 재활/교정하도록 구성되어야 한다고 주장했다. 전국적으로, 각 주들은 연이어서 범죄의 삶으로부터 아이들을 "보호"하기 위한 독립적인 소년 법원을 설립하였다(Platt, 1969). 비슷하게, 개인들의 범죄의 본질에서가 아니라(고전학파가 주장했던), 개인들의 재활/교정의 정도에 따라 출소시키고자 하는 노력들이 전개되었다. 이에 따라, 주들은 부정기형을 선고할 수 있도록 하는 법을 통과시켰고, 어떤 범죄자가 "치료"되었는지를 결정하고 공동체로 돌려보내야 하는지를 결정하도록 하는 가석방위원회를 만들었다. 보호관찰, 범죄자가 법원의 도움과 관찰을 동시에 받게 되는 실천 또한 널리 시행되었다. 보다 일반적으로, 형사사법 관료들은 범죄자에 대해서 개인화된 처우를 부여할 수 있는 큰 재량권이 주어졌다(Rothman, 1980).

우리는 이러한 주제들을 제3장에서 다시 다루게 될 것이다. 그렇다 하더라도, 우리는 두 가지를 강조할 필요가 있다. 첫 번째, 사회복귀/갱생의 이름하에 제도화된 정책들이 형사사법체계를 보다 인간적으로 혹은 보다 억압적으로 만들었는지에 대한 논쟁은 오늘날에도 여전히 존재한다. 몇몇 범죄학자들은 형사사법 관료들에게 주어진 재량권 때문에 범죄자들이 더 학대받게 되었다고 믿고(e.g. Rothman, 1980), 반면 다른 범죄학자들은 사회복귀/갱생의 사고가 본질적으로 처벌주의적인 시스템을 인도적이게끔 이끌었다고 주장한다(e.g. Cullen & Gilbert, 1982). 두 번째, 초기 실증주의 이론가들의 사고가 인기를 잃었지만—그러나 버지니아 불임의 예가 보여주듯이 온전히 사라지진 않았고, 우리는 지금 범죄의 근원이 개인의 변하지 않는 특성에 기반하고 있다는 사고의 새로워진 관심을 목도하고 있다. 제11장에서 논의되겠지만, 1980년대는 범죄자가 본질적으로 사악하다는 관점, 불온적이지 않다면 미심쩍다고 여겨졌던 관점과 정책적 함의들의 재활성화를 가져왔다.

범죄자가 본질적으로 사악하다는 논의가 부분적으로 틀리지 않다면, 강력한 범죄해결과 예방 도구로서 DNA는 1980년대에 태어났다(Wambaugh, 1989). 그 이후로, 그것은 획기적인 생물학 기반의 정책을 시행할 때 조심할 필요가 있다는 점을 보여주는 과열된 윤리적 법적 정책 논쟁을 불러 일으켰다. DNA의 사용을 둘러싼 가장 최근의 국제적인 논쟁은 무죄로 판명되는 사람들을 포함한 모든 범죄 용의자들의 유전적 발자국과 지문을 수집하고 저장하는 정책의 문제를 가지고 있었던 웨일즈와 잉글랜드에서 2001년에 촉발되었다. 그 당시, 영국의 DNA 데이터베이스는 4백 60만 명 이상의 정보를 가지고 있었고, 범죄 기록이 없는 사람들은 86만 명에 이르렀다. 2008년 후반, 인권에 대한 유럽 법원은 만장일치로 영국의 정책을 개인 사생활에 대한 인권 침해로 판결했다(Lyall, 2008, p.A19; see also Donovan & Klahm, 2009; Lynch, Cole, McNally, & Jordan, 200). 어떤 사람들은 미국도 범죄자나 비범죄자를 모두 포괄하는 모든 이들에 대한 국가 DNA 데이터베이스를 구축해야 한다고 생각한다(Seringhaus, 2010). DNA는 보다 자세하게 제14장에서 논의된다.

## 결 론

범죄 문제를 설명하기 위해서 만들어진 정책들을 이해하기 위해서 우리는 그러한 정책들로 인도한 이론들에 의해서 큰 영향을 받았다는 것을 알아야만 한다는 것을 분명히 해야만 한다. 우리는 또한 그러한 이론들과 정책들이 만들어진 사회적 상황을 검증해야만 한다는 것을 기억해야만 한다. 이러한 교훈은 중요한데 왜냐하면 이론들이 결코 가치중립적이거나 그들이 지지했던 시대로부터 자유롭지 못하다는 것을 드러내기 때문이다. 때때로 과학적으로 정당화된 정책들은 커다란 해악을 끼치기도 하는데 왜냐하면 그들이 지지했고 시행되었던 사회적 배경(맥락)이 무시되기 때문이다.

이 지점과 밀접히 관련된 것이 몇몇 비판 범죄학자들에 의해서 제기된 주장들은(9장 참조) 비록 고전학파와 실증주의 학파의 작업이 계몽주의자들에 의해서 발전된 인본주의적 사고를 발전시킨 역사를 가졌지만, 이것이 실제로는 단지 하나의 널리 받아들여지는 해석이라는 것이다. 비판 범죄학자들에 의하면, 이러한 역사적 평가와 관련한 문제는 계몽주의가 어두운 취약점을 가졌다는 것을 간과한다는 것이다. 길게 봐서는 결국, 린치는 "계몽주의 관점들은 자본주의적 사회관계들을 정당화하는 기제로 보여지고, 계몽주의 연구가 생산의 자본주의적 체계와 함께 등장했다는 것이 우연은 아니라고" 바라본다(p.148; see also Gaukroger, 2006). 이것이 의미하는 바는 대다수의 계몽주의 저술들이 인간의 자유, 개인주의, 그리고 인간 존엄에 관한 것이었지만, 몇몇은 인간의 본성을 자유의지에 기반한다기보다는 단순히 결정주의적 가정에 기반하고 있는 것으로 해석할 수 있다. 계몽주의로부터 이러한 관점의 흐름과 범죄학의 초기 발전에는 중요한 함의가 존재한다.

한 가지는, 인간에 대한 결정주의적 견해는 과학적 지식이 사회안정을 위해서 그리고 자본주의가 보다 효율적이고 생산적이기 위해서 노동자뿐만 아니라 범죄자를 통제하는 데 사용될 수 있다는 것을 의미했다. 어떤 비판적 범죄학자들에 의하면, 특별히 롬브로조의 작업과 같은 인간에 대한 초기의 과학들은 인본적이라기보다는 사실 착취와 압제를 위한 도구였다. 이러한 맥락화(맥락에 대한 이해)없이 계몽주의의 역사와 초기의 범죄학에 대한 이야기를 하는 것은 몇몇 비판 범죄학자들에 의해서 제기되는 또 다른 반론에 대한 지지를 제공한다.

여기서의 문제 — 배워야 할 교훈은 범죄학의 이야기를 과도하게 연대기적 설명에 기대는 것은 사실은 그렇지 않은 범죄학을 가치중립적이고 객관적인 과학의 모습으로 나타낼 수 있다는 것이다. 사실, 이것보다는 더 많은 문제들이 연루된다. 모리슨(Morrison, 2004)이 바라본 것처럼, 실증주의자들의 접근은 "비정상을 암시하고 재현하는 문화적 실천들과 위험한 것들은 물리적 공간과 진화적 시간 안에서 인지할 수 있을 것이라는" 작품과 유사하다(p.68). 롬브로조와 다른 이들이 실제로 했던 것은 문신 등과 같이 범죄자들에게 부여된 신체적 특징들에 대한 의미에 대한 그들 자신의 인식을 투사하거나 설명하는 것이었다. 그래서, 범죄자를 실제로 특정하는 대신에, 롬브로조와 그의 추종자들이 쫓았던 "과학적 방법"은 자본주의와 부르주아 감성을 위협하는 위험한 계급 구성원들의 신체적 특성들을 설명했던 계급 기반의 예측을 만들어냈다. 범죄학은 그래서 "계몽주의 철학에 의해서 성립된 '억압의 과학' 장치"의 한 부분이다(Lynch, 2000, p.147). 이러한 방식으로, 비판학자들은 측정에 대해서 강조하는 과학적 방법은 — 원주민을 객체화하는 카메라의 사용과 결합하여 제국주의를 진전시켰고, "타자"로서의 범죄자의 모습을 만들어냈다(Morrison, 2006; see also Gaukroger, 2006).

우리는 범죄학적 지식을 발전시키는 데 있어 많은 장점이 있음에도 불구하고 근대 사회적 삶의 남아 있는 나머지 부분을 식별하고, 객체화하고, 그리고 억압하는 것에 대한 과학적 방법의 잠재적인 오용에 대해서 통절히 인식한다. 성적 인종적 소수자들을 "타자"로 정의하지 않는 과학의 현대적 사용은 하나의 실례가 된다(see Henry & Tator, 2002; Mohr, 2008－2009; Tucker, 1994). 범죄학자들에 있어 가장 중요한 작업 중 하나는 어디서든 찾을 수 있는 그러한 사용을 드러내고, 비평하고, 비난하는 것이다.

제3장

# 개인주의에 대한 거부:

## 시카고학파

**클리포드 쇼**

1895 – 1957

시카고지역 프로젝트

『사회해체이론』의 저자

일부 예외는 있지만, 대부분의 초기 이론들은 범죄의 원인을 개인 내부에서 찾았다. 이 이론들은 문제의 원인을 어디서 찾는지에 따라 명백히 다른 이론들과 차별화된다. 범죄의 원인은 영혼 속에 있을까? 아니면 마음 속에 있을까? 아니면 신체의 생물학적 특성 속에 있을까? 이런 이론들은 공통적으로 명백히 사회환경이나 개인에 영향을 미치는 외적 요인을 통해서는 범죄의 원인을 파악할 수 없다고 생각했다. 이 초기 이론들은 범죄에 대해, 다양한 방식으로 범죄자 개인을 비난했지, 그를 둘러싼 사회를 비난하지는 않았다.

그러나 미국이 20세기에 접어들자, 범죄에 대한 한 유망하고도 강력한 시각이 출현했는데, 이것은 범죄가 사회적 산물이라고 주장했다. 그러나 초기 이론들 역시 여전히 살아남았고, 그들은 여전히 그들의 주장을 고집했다. 그러나 이런 이론들은 지지자들의 수가 급속히 줄어들게 되었고, 거센 지적인 반대에 직면했다. 이 주요 이론적 흐름은, 범죄에 대한 사회적인 설명을 지지하고 개인주의적 설명을 거부하는 것이었는데, 이것은 이미 그 전부터 예고되어 온 것이었을 수도 있다. 사회는 큰 변화들을 경험하고 있었고, 사람들은 자신들의 경험을 통해서 문제를 제기하고 있었다. 그 시대는, 왜 어떤 시민들은 법을 위반하는지에 대한 새로운 생각이 나타난 때였다.

1930년대 말까지, 마짜의 표현(Matza, 1969, p.47)에 따르면, “병리학을 개인적 측면에서 사회적 측면으로 전환”시키려고 한두 개의 주요 범죄학적 전통들이 출현했다. 이 전통들 중 하나는 시카고학파 범죄학인데, 이들은 미국사회의 한 모습이었던 도시가 잠재적으로 범죄를 유발한다고 주장했다. 다른 하나는 머튼의 긴장이론(Merton, 1938)이었는데, 그는 병리현상이 (예를 들면 도시와 같은) 어떤 생태학적 위치에 의해 만들어지는 것이 아니라, 오히려 미국의 사회구조를 형성하는 보다 넓은 문화적, 구조적 제도들에 의해 만들어진다고 주장했다. 두 이론들은 사회가 범죄자들을 만들어낸다고 주장하는 강도에서는 다르지만, 범죄의 미스테리를 푸는 열쇠가 그것의 사회적 뿌리를 이해하는 데 있다고 주장하는 점에서 동일하다. 이 이론들은 모두, 개인들의 범죄성향이 범죄를 유발하기 때문에 개인을 비난해야 한다는 주장들에 대해 강력히 반대한다.

이 두 이론의 영향력은 오래 지속되어 왔다. 심지어 초기 이론을 만든 지 70여 년이 지난 오늘날에도, 시카고학파와 긴장이론들은 범죄학자들과 교정정책을 수립하는 데 영향력이 있다. 이 이론들은 주의 깊게 고려할 만한 가치가 있다. 따라서 다음 장인 4장에서, 우리는 그 기원과 범죄학 이론에 대한 긴장이론의 지속적인 영향력을 고려한다. 그러나 우리는 먼저 3장에서 어떻게 한 무리의 학자들이 시카고지역에 모여들었고, 이들이 어떤 지역에 범죄가 집중되는지를 연구하려고 했는지를 살펴본다. 우리가 앞으로 살펴보게 되겠지만, 그들의 연구는 범죄학의 주요 학파를 형성했고, 현대의 주요 범죄이론의 초석을 놓았다.

## 시카고학파 범죄학: 이론의 사회적 배경

무엇이, 한 국가에서 범죄의 원인이 도시라는 주장을 그럴듯하게 보이도록 만들었을까? 왜 그러한 시각이 1920년대와 1930년대에 인기를 끌었고, 더욱이 시카고에서 특별한 관심을 받게 되었을까?

이 문제들에 대한 대답은 부분적으로 급격한 변화들에서 찾을 수 있는데, 이 변화들은 미국의 얼굴을 변화시켰고, (대초원 위의 작은 집이 아닌) 도시를 국가의 관심사로 만들었다. 1800년대 후반, 도시는 빠른 속도로 성장했고 페일런

(Palen, 1981, p.63)이 관찰한 바와 같이 "국가적 삶을 좌우하는 한 요인"이 되었다. 예를 들어, 1790년에서 1890년 사이에, 도시의 인구는 139배 증가했는데, 1900년까지 인구 10만 명을 초과한 도시들이 50개나 되었다.

그러나 시카고의 성장은 특히 두드러졌다. 시카고가 1833년에 만들어졌을 때, 인구는 4,100명이었는데, 1890년까지 그 인구는 백만 명으로 증가했고, 1910년에는 2백만 명을 초과했다. 그러나 그러한 급속한 팽창은 어떤 암담한 이면을 가지기도 했다. 시카고에서, 그리고 다른 교외지역에서의 정착민들은 거의 만족스러운 생활을 하지 못했다. 당시 시카고에는 이민자, 밀려난 농업노동자, 그리고 남부농촌을 떠난 흑인들이 대규모로 유입되었다. 대부분의 새로운 이민자들에게, 도시는 원래 큰 희망을 주는 것이었지만 그들의 경제적인 문제를 거의 해결해주지 못했다. 그들은 각박한 현실에 직면했는데, 1주일에 6일, 매일 12시간을 일하고, 그들의 건강과 안전을 위협하는 공장에서 일하면서 쥐꼬리 같은 월급을 받았고, 슬럼의 악덕 집주인이 만든 다닥다닥 붙은 조그만 셋방에서 살았다(Palen, 1981, pp.63-64). 시카고의 식육가공산업에 대해 쓴 업튼 싱클레어(Sinclair, 1906)는 이런 환경에 "정글"이라는 걱정스러운 꼬리표를 붙였다.

다른 시민들과 같이, 범죄학자들은 1920년대와 1930년대 동안 이런 변화들을 목격하고 실제 경험했다. 이런 변화는 인구를 증가시켰고 슬럼지역을 거친 환경으로 만들었다. 이 급격한 변화를 통해 학자들은 도시의 성장, 특히 슬럼에서의 인구증가가 사람들의 생활에 어떤 차이를 만들어낸다고 믿게 되었다. 이런 사회적 배경에서, 범죄는 단지 어떤 개인적 병리현상이 아니었고, 오히려 그것을 사회문제로 볼 때 보다 잘 설명할 수 있었다.

더욱이 1900년대 초에 나타난 폭넓은 자유주의 개혁운동, 즉 진보주의운동(progressive movement)은 이런 결론을 더욱 강화했다. 진보주의자들은 미국사회가 본질적으로 장점을 갖고 있다고 믿었기 때문에 비록 급진적인 변화의 요구는 거절했지만, 그들은 미국의 고삐 풀린 산업성장에 의해 만들어진 인간의 희생에 대해서는 비판적인 입장을 취했다. 그들은 도시빈민이 처한 어려움에 대해 특히 문제를 제기했는데, 그들에 따르면, 도시빈민들은 안정적이거나 보상이 많이 주어지는 삶을 살 가망이 거의 없는, 체제의 희생양들이었다. 로스만(Rothman, 1980, p.51)이 표현한 바와 같이, 그들은 미국식 체제의 "약속"이 "사회의 모든 분파에 동등하게 혜택을 주지 못할 것을 우려했는데, 그 약속은 게토나 슬럼에까지는 퍼지지 않았다. 따라서, 범죄의 원인을 이해하기 위해서는 이 특별한 고립지역의 상황에 대한 매우 면밀한 연구가 필요했다."

시카고학파 범죄학자들은 동일하게 이런 결론을 내릴 것이다. 진보주의자들은 사회적 다원주의자들의 논리를 거부했다. 다원주의자들은 빈민, 그리고 그들 중 범죄자들이 생물학적으로 열등하고 충격을 덜 받기 때문에 완충작용을 하는 사회의 밑바닥으로 떨어지게 된다고 주장했다. 진보주의자들은 보다 낙관적인 해석을 선호했는데, 그것은 빈민이 그들의 출생이 아닌 환경에 의해 범죄적 삶을 살게 된다는 것이었다. 따라서 범죄자들을 양육하는 환경을 바꾸는 것이 슬럼의 부정적인 영향을 차단하여, 빈민들을 법을 준수하는 시민으로 바꿀 수 있다는 희망이 생기게 되었다. 그 목표는 빈민, 특히 그들의 자녀들을 구제하려는 것이었다. 이것은 학교, 병원, 여가시설, 정착을 위한 주택, 대리가정, 그리고 (필요하다면) 소년원과 같은 사회복지 서비스를 제공하여, 빈곤의 고통을 줄이고 중산계급 문화의 이점을 가르치려는 것이었다(Platt, 1969; Rothman, 1980).

그러나 이런 믿음 하에 행동하는 것은 진보주의자들의 도덕적인 책임이었고, 따라서 그들은 "혁신의 세대"로 알려지게 된 한 무리를 형성했다(Hofstadter, 1955a; 1963). 그들의 핵심 실천목표는, 정부가 신뢰를 얻어 정부기관들이 사회적 개혁을 주도해야 한다는 것이었다. 진보주의자들은 국가가 기업의 탐욕을 통제하고, 가난한 사람들이 중산계급이 되는 데 필요한 도움을 제공함으로써 국민들을 공익을 위해 행동하도록 이끌어야 한다고 홍보했다. 형사사법 분야에서, 그들의 노력으로 인해, 국가가 범죄자의 개인적 욕구와 문제에 대처하기 위한 정책과 관행이 생겨났다. 이러한 것으로는 소년법원, 보호관찰과 가석방을 통한 지역사회 감시, 그리고 중간처벌이 있다(Rothman, 1980).

따라서 1900년대의 첫 40여 년 동안, 도시는 미국인들의 생활의 주된 특징이 되었고, 이러한 변화는 도심 슬럼의 사회구조가 범죄의 원인이라는 경고였다. 그러나 아직 왜 시카고가 범죄학 연구의 주된 장소가 되었는지에 대한 의문은 남는다. 앞서 주장한 바와 같이 여기에 대한 부분적인 해답은 이 도시가 점점 경제와 인구의 중심도시가 되었다는 것이다. 그러나 그 해답의 다른 부분은 1892년에 미국에서 가장 오래된 사회학과가 시카고대학에 설치되었다는 점에서 찾을 수 있다(Blumer, 1984).

1920년대까지, 시카고대학 사회학과의 교수와 학생들은, “미국사회에서 이전부터 있어왔던 당시의 큰 변화들에 둘러싸여” 그들 앞에 놓인 도시 실험실의 모든 측면들을 체계적으로 연구하려고 지속적으로 노력했다(Pfohl, 1985, p.143). 로버트 파크(Robert E. Park)는 신문기자에서 사회학자가 된 사람이었는데, 그는 이러한 방면의 작업에서 특히 영향력이 있었다. 그는 다음과 같이 말했다. “나는 누구보다도 세상의 다양한 도시 속에서 사람들이 밟고 살아가는 땅에 대해 더 많은 것을 알고 싶다”(Madge, 1962, p.89에서 재인용). 이러한 파크의 의도는 그를 두 가지 중요한 통찰에 이르게 했다.

첫째, 파크는, 어떤 생태학적 체계와 같이 도시의 발전과 조직이 우연적이거나 특이한 것이 아니라, 오히려 어떤 패턴을 갖고 있고, 따라서 침입, 갈등, 적응, 그리고 동화와 같은 기본적인 사회과정의 측면에서 이해될 수 있다고 주장했다. 둘째, 그는, 이런 사회과정의 속성과 그것의 (범죄와 같은) 인간행동에 대한 영향력은 단지 도시생활에 대한 주의 깊은 연구를 통해서만 규명할 수 있다고 생각했다. 따라서 그는 학생과 교수들에게 시카고 시내로 가서 먼저 지역을 관찰하고 다양한 주민들의 모임을 관찰하라고 독려했다(Madge, 1962). 몇몇 학자들, 그 중에서도 특히 클리포드 쇼(Clifford R. Shaw)와 헨리 메케이(Henry D. McKay)는, 파크가 부여한 과제를 이해하고 도시생활이 어떻게 근본적으로 범죄를 유발하는지를 연구했다. 그 과정에서, 그들은 범죄학의 시카고학파를 형성하게 되었다.

## 쇼와 맥케이의 청소년비행이론

쇼와 메케이는 시카고대학의 교수가 아니라, 정부지원의 아동지도프로그램에 연구원으로 고용되었다. 그럼에도 불구하고, 그들은 사회학과와 매우 친하게 지냈으며 (사회해체이론의) 이론화과정에서 크게 영향을 받았는데, 왜냐하면 아직 거기서 박사학위를 끝내지 않은 학생이었기 때문이다(Snodgrass, 1976). 특히, 그들은 어니스트 버제스(Ernest Burgess), 파크의 동료들, 그리고 다른 동료들에 의해 만들어진 그 도시의 한 모델이 범죄의 사회적 원인을 이해하는 틀을 제공한다고 공감했다. 실제로 버제스의 모델은, 이웃조직들이 비행경력을 억제하거나 허용하는 중요한 요인이라고 결론내리게 만들었다(Gibbons, 1979; Pfohl, 1985). 우리는 이 도시성장의 일반모델을 살펴본 후, 그것이 어떻게 쇼와 메케이로 하여금 시카고의 비행을 연구하도록 이끌었는지를 살펴볼 것이다.

## 버제스의 동심원이론(concentric circle theory)

도시가 커질 때, 그것은 어떻게 성장하는가? 한 대답은 그 성장이 어떤 패턴을 가진 것이 아니라 우연적이라는 것이다. 그러나 버제스는 파크와 모두 이런 입장을 거부하고 도시의 발전패턴이 사회적으로 영향을 받는다고 생각했다. 그는 도시가 "일련의 동심원 형태로 방사형으로 성장한다"고 주장했다(Palen, 1981, p.107).

그림 3.1에서와 같이, 버제스(1967; 1925)는 5개의 지대로 나뉘어진다고 주장했다. 경쟁은 사람들이 이러한 존 사이에서 공간적으로 어떻게 분포할지를 결정한다. 따라서 영리기업들은 도심(loop) 또는 중심영업지역에 위치하는데, 이것은 (기차나 선박과 같은) 중요한 유송수단에 대한 접근에 유리한 지역이다. 대조적으로 가장 비싼 주거지역은 외곽에 위치한 지대들인데, 이들은 시내처럼 번잡하지 않고, 공장의 매연도 적으며, 빈민거주지로부터도 떨어져 있다.

그러나 전이지역(zone in transition)은 (관심과 연구의 대상이 된) 한 특별한 범죄의 원인으로 여겨졌다. 이 지역은 다닥다닥 붙은 불량임대주택이 있는데, 이들은 보통 오래된 공장의 인근에 건설된 것이었다. 더욱이 상업지역이 이 지역으로 확장되었기 때문에, 끊임없이 주민의 교체가 이루어졌다. 그 지역은 가장 열악한 주거지역이며, 이민자들과 (너무 가난해서 다른 지역에서 거주할 수 없는) 다른 이주자들의 유입물결을 받아들여야 했다.

버제스는 이러한 사회적 특성들이 어떤 결과를 가져올 수밖에 없다는 것을 알았다. 그 사회적 특성들은 사람들을 함께 묶는 가족유대 및 공적 유대를 약화시키고 사회해체(social disorganization)를 초래했다. 버제스와 다른 시카고학파 사회학자들은 이러한 해체가 범죄와 같은 다양한 사회병리의 원인이라고 믿었다.

그림 3.1 도시지역

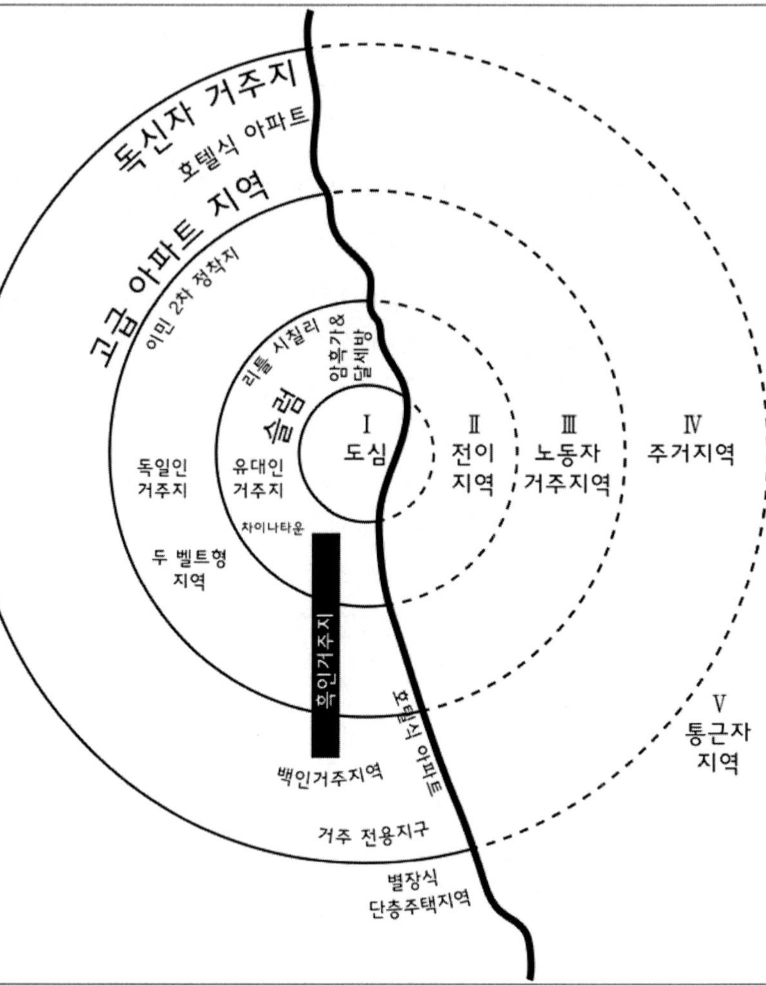


### 해체와 비행

버제스의 모델은 간결하고 설득력이 있지만, 이 모델은 실제로 범죄연구에 유용한 접근인가? 그리고 이 모델은 경험적 증거와 부합하는가?

쇼와 메케이는 이 문제들에 대답해야 했다. 첫 번째 작업으로, 그들은 범죄율이 버제스의 모델의 예측과 부합하는지를 알아보려고 했는데, 이 모델에 따르면, 범죄율은 전이지역에서 가장 높고 보다 부유한 외곽지역으로 갈수록 낮아진다. 그들은 소년법원통계를 이용한 철저한 연구를 통해서 시카고지역 비행의 공간적 분포를 지도화했다.

쇼와 메케이의 자료분석은 비행이 전이지역에 많이 발생하고 지역의 부유함 및 중심상업지역으로부터의 거리에 반비례한다는 가설을 지지했다. 그들은 수십 년간의 시카고의 법원기록에 대해 연구함으로써, 범죄율이 슬럼지역에서 가장 높다는 것을 보여줄 수 있었는데, 이것은 그 지역에 거주한 인종적, 민족적 집단의 종류와는 무관하게 나타났다. 더욱이 그 집단들이 다른 지역으로 이주하면 그 집단들의 범죄율은 비례적으로 감소했다. 이러한 관찰은 필연적으로 범죄를 유발하는 것이 지역 안의 개인의 속성이라기보다는 지역의 속성이라는 결론을 내리게 했다.

그럼 이러한 지속적으로 유지된 비행의 공간적 분포를 설명할 수 있는 사회과정은 무엇인가? 쇼와 메케이는, 버제스와 다른 시카고 사회학자들로부터 크게 영향을 받아, 청소년의 방황을 억제하거나 허용하는데 지역조직의 중요성을 강조했다. 보다 부유한 지역사회에서, 가족들은 청소년의 욕구를 충족시켜주고 부모들은 그들의 자식들을 면밀히 감독했다. 그러나 전이지역에서, 가족과 다른 전통적인 제도들(예를 들어 학교, 교회, 자원단체들)은 붕괴되었다. 만약 붕괴되지 않았다면, 그들은 약화되었다고 할 수 있는데, 여기에 영향을 준 요인들은 급속하고 도심에 집중된 성장, 지역을 유입 및 유출하는 사람들(이주성, transiency), 상이한 민족 및 인종집단의 혼합(이질성, heterogeneity), 그리고 빈곤이었다. 다시 말해서 이 지역에서는 사회해체가 광범위하게 나타났다. 결과적으로 청소년들은 그들의 건전한 발전에 필요한 지지나 감독을 받지 않았다. 보다 부유한 지역에서 작동하는 그런 유형의 사회통제는 슬럼의 청소년들에게 작동하지 않았다. 다시 말해서 그들이, 도시의 거리에서 자극과 (아마도 나쁜 유형의) 친구들을 찾는 걸 멈출 수 있는 선도력(guiding force)은 존재하지 않았다.

비행의 원인에 대한 이러한 견해는 쇼와 메케이의 개인적 경험으로부터 기인한 것이었다. 스나드그래스(Snodgrass, 1976, p.2)는 그들에 대해 다음과 같이 썼다.

> 두 시골소년들은 미국의 중서부 지역의 농촌에서 태어나 자랐는데, 모두 기독교 전

통에서 양육되었고, 기독교 교파의 지역대학을 다녔다. 쇼는 인디애나주의 간선도로가 교차하는 읍 규모의 지역 출신이며, 메케이는 사우스 다코타주의 광활한 초원지대 출신이었다.

결과적으로, 그들은 주민들이 유사하고(동질성, homogeneity), 같은 기독교가치를 공유하며, 그들의 일생 대부분을 그곳에서 살고(안정성, stability), 친밀하지 않다고 하더라도 서로 잘 알며, 청소년들은 그들의 잘못된 행동에 대해 부모들이 들을까 두려워하는 좋은 아이들이 사는 그런 지역사회에서 자랐다. 간단히 말해, 그들의 아동기 지역사회는 잘 조직되고 사회통제가 강했다. 따라서 안정된 일상생활, 사회적 친밀성과 같은 소규모 마을의 장점이 시카고 슬럼에서 없는 것이 비행의 원인과 관련된다고 생각하는 것은 "이해"된다(Snodgrass, 1976).

약화된 통제(weaken controls)가 비행경력을 만들어내는지에 대한 쇼와 메케이의 관심이 후에 사회통제 또는 사회유대이론으로 알려진 한 범죄학파에 큰 영향을 주었다는 것은 중요하다(5장과 6장을 볼 것). 그러나 콘하우저(Kornhauser, 1978)의 관찰에 따르면, 그들은 또 다른 사회적 상황이 슬럼지역에 특히 범죄를 많이 발생시킨다고 믿었다. 우리는 이후에 이러한 생각들에 대해 살펴본다.

## 범죄적 가치의 전승

쇼와 메케이는 그들의 연구를 비행의 원인에 한정하지 않았다. 파크의 조언에 따라서, 그들은 시카고에 대해 너무나 많이 연구했다. 우리가 볼 때, 그들은 비행을 예방하려는 노력을 해온 행동가들이었다. 그들은 또한 비행청소년들을 면접하고 인생사(life history)라고 지칭된 서술형식으로 비행청소년들의 자서전을 기술함으로써, 왜 청소년들이 비행을 하게 되는지에 대해 더 많은 것을 알려고 했다. 그 결과로 『아리랑치기범: 한 비행소년의 이야기』(Shaw, 1930), 『비행경력의 자연사』(Shaw, 1931), 그리고 『범죄에 빠진 형제들』(Shaw, 1938; 또 Shaw and Mckay, 1972를 볼 것)과 같은 책들이 출간되었다.

이러한 인생사 연구들은 한 중요한 사실을 밝혀내었는데, 청소년들은 종종 손위 형제나 갱멤버와의 교제를 통해 범죄를 하게 된다는 것이었다. 이러한 발견은 쇼와 메케이로 하여금 해체된 지역이 "범죄적 전통"을 만들고 유지하게 만든다는 보다 일반적인 결론을 내리게 하였다. 이러한 범죄적 전통은 전통적 가치와 각축하며 이후의 소년세대에 전수될 수 있는데, 이것은 언어와 다른 사회적 관례들이 전승되는 것과 매우 흡사하다. 이처럼 슬럼 청소년들은, 비행을 지지하는 어떤 일관된 가치체계가 존재하는 지역에서 성장했고(Shaw and Mckay, 1972, pp.173–174), 더 나이 많은 청소년들과의 매일의 상호작용에서 이러한 가치들을 즉시 배울 수 있었다. 대조적으로, 조직이 잘된 지역은 지배적인 전통적 제도가 범죄적 전통의 발전을 사전에 막고, 여기에 사는 청소년들은 일탈적 가치나 일탈적 동료로부터 차단되었다. 따라서 그들이 일탈경력을 갖기는 어렵다.

## 사회해체이론의 경험적 지위

이미 언급한 바와 같이, 쇼와 메케이는 사회해체이론의 주장과 같은 패턴으로, 범죄가 지역에 따라서 상이하게 분포하는 것을 자료를 통해 보여주었다. 그러나 이 이론은 지금 수십 년이 되었고, 오늘날 범죄학자들은 보다 세련된 다변량분석기법[1]들을 갖고 있다. 이런 기법들은 쇼와 메케이에 의해 제시된 요인들이 지역에 따라 상이한 범죄율을 설명할 수 있는지를 평가할 수 있다. 현재, 쇼와 메케이의 작업은 지역사회와 범죄에 관해 어떤 의미를 갖는가?

프랫과 컬렌(Pratt and Cullen, 2005; 또는 Pratt, 2001을 볼 것)은 광범위한 메타분석[2]을 통한 리뷰에서, 사회해체이론에 대한 기존의 연구들을 평가했다. 프랫과 컬렌이 지적한 바와 같이, 이 이론을 평가하는 데 있어서의 한 어려움은 대부분의 연구가 직접적인 사회해체 그 자체가 아닌 사회해체의 구조적 원인들(빈곤, 인종적 민족적 이질성, 주거이동성, 도시집중/구조적 밀도, 가족해체 등등)에 대해 조사해왔다는 것이다. 이 평가에서 프랫과 컬렌의 분석은 쇼와 메케이가 제시한 변수들이 그들의 설명과 같은 방향으로 범죄율과 관련이 된다는 것을 보여주었다.

그러나 아마도 샘슨과 그로브스(Sampson and Groves, 1989)의 고전적 연구는 쇼와 메케이의 이론을 가장 강하게 지지하는 연구인데, 그들의 연구는 구조적

1) 역주: 하나의 현상(범죄)을 설명할 때 다양한 변수의 영향력을 함께 고려하는 분석방법. HLM과 같은 기법을 지칭함.
2) 역주: 동일한 주제에 대한 여러 연구결과들을 질적, 양적으로 종합하여 결론을 내리는 분석기법.

변수뿐만 아니라 사회해체도 또한 측정하였다. 샘슨과 그로브스는 1982년 영국범죄조사(British Crime Survey)로부터 얻은 자료를 이용하여 이 이론을 검증했는데, 이 조사는 영국과 웨일즈의 238개 지역의 10,000명 이상의 응답자들로 구성되어 있다. 그들은 낮은 사회경제적 지위, 이질성, 이동성, 가족해체, 그리고 도시화의 척도들을 경험적 모델에 포함했다. 또한 그것은 어떤 지역이 사회적으로 조직되어 있는지 아니면 해체되어 있는지를 나타내는 세 가지의 척도들을 갖고 있는데, 그것은 ① 지역의 친교네트워크의 강도, ② 지역사회조직에 대한 주민의 참여, 그리고 ③ 지역이 청소년 또래집단을 감시하지 않는 정도로 구성된다. 쇼와 메케이의 이론과 유사하게, 샘슨과 그로브스는 구조적 요인들이 사회해체를 증가시키고, 결국에는 해체된 지역이 잘 조직된 지역에 비해 범죄율이 더 높다는 것을 발견했다. 특히 그들의 분석은 영국범죄조사의 이후 자료를 이용하여 다시 검증되었다(Lowenkamp, Cullen, and Pratt. 2003; 그러나 또한 Veysey and Messner, 1999를 볼 것). 이 연구결과들을 모두 고려할 때, 이들은 쇼와 메케이의 사회해체이론을 지지한다.

## 요 약

쇼와 메케이는 청소년비행이 단지 청소년들이 살고 있는 사회적 배경을 고려할 때만 이해될 수 있다고 믿었다. 이러한 사회적 배경은 그 자체로 급속한 도시화, 고삐 풀린 산업화, 그리고 거대한 인구이동에 의해 만들어진 주요 사회변화의 한 산물이었다. 사회적으로 해체된 전이지역에 사는 불행한 청소년들은 특히 범죄의 유혹에 빠지기 쉬웠다. 그들 주변의 전통적 제도가 해체되었기 때문에, 그들은 거의 감시를 받지 않고 거리를 자유로이 배회하였는데, 그곳에서 이 청소년들은 지역의 범죄적 전통을 전수해주는 다음세대로의 전승자들이 될 가능성이 높았다. 간단히 말해서, 해체된 지역에서 성장할 때, (1) 사회통제의 약화와 (2) 범죄적 문화에의 노출은 개별 청소년들을 범죄로 유혹하고 집합적 차원에서 높은 비행률을 만들어 낸다.

이 장의 뒷부분에, 우리는 어떻게 범죄에 대한 이러한 입장이 쇼와 메케이로 하여금 비행예방프로그램들이 단지 개인을 변화시키는 것이 아니라, 지역사회를 변화시키는 것을 목표로 해야 한다고 주장하게 만들었는지에 대해 살펴본다. 그러나 우리는 그들의 연구가 어떻게 에드윈 서덜랜드의 차별접촉이론(differential association theory)의 주춧돌을 놓았는지를 먼저 살펴본다.

## 서덜랜드의 차별접촉이론

1906년에 서덜랜드는 그의 고향 네브래스카를 떠나 시카고대학으로 가서 그곳에서 신학스쿨에서 몇 강좌에 등록했다. 그는 또한 찰스 헨더슨(Charles R. Henderson)의 "범죄의 사회적 처우" 강좌에 등록하라는 권유를 받았다. 헨더슨은 그의 새 학생에 관심을 가졌고, 서덜랜드 또한 그에게 관심을 가졌다. 서덜랜드가 사회학과에 들어가려고 마음먹은 것은 그리 오래 걸리지 않았다. 그는 그의 여생을 범죄행동의 사회적 뿌리를 탐험하는 데 바치게 되었다(Geis and, 1983, 1986; Schuessler, 1973).

서덜랜드는 1913년에 박사학위를 받은 후 중서부의 대학들에서 학계에서 일련의 일자리를 잡았는데, 그 중에는 일리노이대학과 미네소타대학이 포함된다. 1930년에, 그는 시카고대학의 교수직 제안을 받아들여 그곳에서 잠깐 살게 된다. 서덜랜드는 이 자리에 실망감을 느끼고(그는 후에 이것을 일종의 기분전환이라고 말했다), 5년 후 인디애나대학 사회학과로 옮겨 그가 죽은 1950년까지 재직하였다. 그러나 서덜랜드는 메케이를 포함한 시카고대학의 친구들과 계속하여 친교를 유지하였다(Geis and Goff, 1983, p.xxviii; Schuessler, 1973, pp.xi－xii).

서덜랜드가 그의 대부분의 경력을 그 도시와 그 대학에서 보냈지만, 시카고 사회학이라는 브랜드는 그의 범죄에 대한 생각을 형성하는 데 밀접하게 작용했다. 실제로, 우리가 이후에서 보겠지만, 많은 그의 이론화 작업은 다른 시카고학파 학자들만큼이나 쇼와 메케이의 연구에서 발견되는 통찰력들을 확장하고 공식화한 시도들이었다고 할 수 있다(예를 들면 Thrasher, 1927; 1963을 볼 것).

### 차별적 사회조직

대부분의 시카고 범죄학자들과 유사하게, 서덜랜드(1939, p.116)는 범죄에 대한 개인주의적 설명을 거부했다. 그에 따르면, "범죄가 정신병리의 한 표출이라는 신롬브로조주의 이론(neo－Lombrosian theory)은, 범죄자가 어떤 두드러진 신체적 특징을 가진다는 롬브로조 이론이 틀린 것처럼 마찬가지로 정당화될 수 없다.” 대신에 그는 사회조직이 범죄를 하지 않게 만든다고 확신했는데, 이러한 사회조직은 개인들의 행동에 영향을 주는 사회적 배경이라고 할 수 있다.

쇼와 메케이는 사회해체(social disorganization)라는 용어를 사회통제가 약화되고 범죄적 전통들이 전통적 제도들에 도전하는 지역을 설명하는 데 사용했다. 그러나 앨버트 코헨(Albert Cohen)의 조언에 따라, 서덜랜드는 사회해체 대신에 차별적 사회조직(differential social organization)이라는 개념을 사용했는데, 이것은 그의 생각에는 가치에 중요성을 덜 부여하고, 범죄적인 지역의 속성을 보다 정확히 잡아내는 용어였다. 이처럼 서덜랜드(1942; 1973)는 사회집단들이 차별적으로 배열되어 있고, 몇몇은 범죄적인 활동을 옹호하는 방향으로 조직되어 있는 반면, 다른 집단들은 그러한 행동에 비우호적으로 조직되어 있다고 주장했다. 결국 그는 쇼와 메케이의 논리를 따랐고, 범죄적 조직이 자리잡고 있고 사람들의 가치와 행동이 매일 새로 만들어지는 지역에서 법을 위반하는 행동은 보다 많이 발생한다고 주장했다.

## 차별접촉

서덜랜드가 지역사회나 집단조직이 범죄율에 영향을 미친다는 명제를 그의 사상으로 만들어냈지만, 그는 비행적인 가치가 세대에서 세대로 전수된다는 쇼와 매케이의 관찰에 근거하여 보다 체계적으로 그것을 이론화하였다. 서덜랜드에게, 범죄에 우호적인 태도가 “문화적으로 전수된다”라고 말하는 것은 사실상 범죄행동이 사회적 상호작용을 통해서 학습된다고 말하는 것이다.

서덜랜드는 이 학습과정을 설명하기 위해 차별접촉(differential association)이라는 개념을 만들어 냈다. 그는 시카고학파 학자들과 매우 유사하게, 특히 도심지역에서 문화적 갈등이 있다고 지적했다. 두 개의 상이한 문화들 중 하나는 범죄적인 문화이고, 다른 하나는 전통적인 문화인데, 이들은 지역주민들의 지지를 얻기 위해 서로 경쟁하는데, 중요한 것은 개인들이 어떤 문화, 즉 어떤 종류의 정의와 가장 밀접하게 접촉하는가이다. 이처럼, 서덜랜드는 어떤 개인은 필연적으로 “법위반에 대해 우호적인 정의”와 “법위반에 대해 비우호적인 정의”와 접하게 될 것이다. 이러한 전통적 정의와 범죄적 정의의 비(ratio), 다시 말해서 어떤 개인의 삶에서 범죄적 영향이 강한지 아니면 전통적 영향이 강한지에 따라 그 개인이 범죄를 받아들일 만한 하나의 생활양식으로 생각하는지가 결정된다.

서덜랜드는 차별접촉과 차별적 사회조직이라는 개념이 서로 호환되며, 범죄행동을 완전하게 설명할 수 있게 한다고 주장했다. 하나의 사회-심리학적 이론으로서, 차별접촉은 왜 어떤 개인이 범죄를 하게 되는지를 설명했다. 하나의 구조이론으로서, 차별적 사회조직은 왜 범죄율이 미국의 어떤 특정 지역에서 더 높은지를 설명했다. (슬럼지역과 같이) 집단들이 범죄로 향해 조직되어 있는 곳에서 법위반에 우호적인 정의는 번창한다. 따라서 보다 많은 개인들은 범죄적 가치와 차별적으로 더 많이 접촉하여 범죄적 가치를 학습하는 경향이 있다.

서덜랜드의 차별접촉이론은 다양한 단계를 거치면서 발전되었지만, 1947년에 그는 9가지 명제를 최종적으로 정리했다. 다음에 제시한 이 명제들은 범죄의 원인에 대한 범죄학의 역사에서 가장 영향력 있는 진술들 중의 하나가 되었다.

1. 범죄행동은 학습된다.
2. 범죄행동은 의사소통과정에서 다른 사람들과의 상호작용을 통해 학습된다.
3. 범죄행동에 대한 학습의 주된 부분은 친밀한 사적 집단들 내에서 이루어진다.
4. 범죄행동이 학습될 때, 그 학습은 (a) 범죄를 저지르는 데 필요한 복잡하거나 단순한 기술과, (b) 동기, 충동, 합리화, 그리고 태도의 특수한 지향을 포함한다.
5. 그러한 동기와 충동의 특수한 지향은 법적 정의로부터 우호적이거나 비우호적인 것으로 학습된다.
6. 어떤 개인은 법위반에 대한 우호적인 정의가 비우호적인 정의를 초과하기 때문에 비행을 하게 된다. 이것은 차별접촉의 원리이다.
7. 차별접촉은 빈도, 지속기간, 우선성, 그리고 강도에서 매우 다양할 수 있다.
8. 범죄적, 비범죄적 패턴과의 접촉을 통해 범죄행동을 학습하는 과정은 어떤 다른 학습에 관련되는 메커니즘을 모두 포함한다.
9. 범죄행동은 일반적인 욕구와 가치의 표현이지만, 그런 일반적인 욕구와

가치들로는 설명되지 않는다. 왜냐하면 비범죄적 행동도 동일한 욕구와 가치의 어떤 표현이기 때문이다(Sutherland and Cressey, 1970, pp.75-76).

## 이론적 적용

전체적으로 이 명제들은 범죄자들이 악마나 유약한 정신, 깊이 뿌리박은 정신병리, 또는 성격장애에 의해 방황하는 병리적 존재라는 생각과는 판이하게 다른 범죄자의 이미지를 보여준다. 대신에 서덜랜드는 법을 위반하는 사람들과 법을 지키는 사람들 사이의 차이가 그들의 개인적 소질에 있다기보다는 오히려 그들이 배워온 내용에 있다고 주장했다. 전통적인 지역에서 성장하는 행운을 만난 사람들은 야구를 하고 교회봉사에 참가하는 것을 배울 것이지만, 슬럼에서 성장하는 불행을 만난 사람들은 취객의 돈을 빼앗고 나쁜 짓을 하기 위해 거리를 배회하는 것을 배울 것이다.

그러나 차별접촉이론이 모든 형태의 범죄를 설명할 수 있을까? 서덜랜드는 그가 매우 다양한 불법행동에 적용될 수 있는 하나의 일반적인 설명체계를 만들었다고 믿었다. 쇼와 메케이와는 달리, 서덜랜드는 슬럼 청소년들의 비행만을 연구하지는 않았다. 예를 들어, 그는 칙 콘웰(Chic Conwell)의 유명한 인생사라고 할 수 있는 "전문절도범(professional thief)"(Sutherland, 1937)을 썼다. 이 연구는 어떤 사람이 소매치기나 상점절도범 또는 신뢰할 수 있는 사람이 될지 아닐지를 절도범과의 차별접촉이 결정한다는 것을 강하게 보여주었다. 그러한 접촉은 미래의 전문절도범들에게 복잡한 범죄역할을 학습하고 수행하는 데 필수적인 후견인, 가치, 그리고 동료들을 제공하기 위해 필수적인 것이다.

그러나 보다 도발적인 서덜랜드의 주장은 차별접촉이 "상당한 지위가 있는 사람이 그의 업무과정에서 저지르는" 범죄들을 설명할 수 있다는 것이었는데(Sutherland, 1949, p.9), 이러한 범죄를 묘사하기 위해 그는 "화이트칼라 범죄"라는 용어를 고안했다(Sutherland, 1940). 그의 연구는 법위반이 기업, 정치, 그리고 전문직업의 세계에서 널리 퍼져있다는 것을 밝혀내었다. 서덜랜드(1949; 1983, p.7)가 지적한 바와 같이, "상층계급의 사람들은 많은 범죄행동에 참가한다." 실제로 미국 대기업의 불법행위에 대한 그의 연구는 그들이 법적 기준을 자주 위반하며, 대부분의 기업은 "상습 범죄자들"로 명명될 수 있다는 것을 밝혀내었다

(Sutherland, 1949).

서덜랜드가 관찰한 이러한 경험적 현실은 그 당시의 대부분의 이론들에 특별한 문제제기를 했는데, 이들은 “범죄행동이 일반적으로 빈곤 탓이거나 빈곤과 관련된 정신병리와 사회병리 탓이라고” 가정했다. 결국, 대부분의 “화이트칼라 범죄자들은 … 빈곤하지 않았고, 슬럼이나 매우 문제가 많은 가정에서 성장하지도 않았고, 유약하거나 정신병리적이지도 않았다”(Sutherland, 1940, pp.9−10). 기존 이론들과는 달리, 차별접촉의 원리는 부유한 사람의 범죄를 설명할 수 있다.

이처럼 많은 직업에서 불법적인 관행은 하나의 영업방식으로서 폭넓게 받아들여진다. 서덜랜드가 지적한 바와 같이, 화이트칼라 노동자는 “좋은 지역과 좋은 가정에서 시작하여 대학을 졸업했을지도 모른다.” 그러나 그 시점에서 그들은 “범죄가 실제로 하나의 관행인 특별한 업무상황에 처하게 되고, 어떤 다른 관행에 젖는 것처럼 그러한 행동방식에 젖어들게 된다”(Sutherland, 1940, p.11). 전문절도범이 되는 슬럼 청소년들이 범죄자들과 유사하게, 법위반에 우호적인 정의와 그들이 많이 접촉하는 것은 결국 그들의 지향을 형성하게 하며 화이트칼라 노동자를 화이트칼라 범죄자로 변화시킨다. 결과적으로 범죄적 전통은 계승된다. 우리는 화이트칼라 범죄이론을 살펴보는 11장에서 이 주제에 관한 서덜랜드의 논의를 다시 거론한다.

## 시카고학파의 범죄학적 유산

시카고학파는 이후의 학자들의 비판을 피해가지 못했다. 예를 들어 비평가들이 종종 언급한 한 한계는, 시카고 범죄학자들이 범죄의 원인으로서 “범죄적 문화”의 전수를 중요시하지만, 이러한 문화의 구체적인 기원에 대해서는 매우 부실하게 설명한다는 것이다. 유사하게, 시카고 이론가들이 범죄나 비행과 같은 도시성장의 부정적 결과에 대해 한탄하지만, 이들은 그 도시에서 집단들의 공간적 분포를 “자연적인” 사회적 과정으로 보는 경향이 있다. 이러한 시각은 슬럼과 도심지역에서 널리 퍼진 거대한 경제적 불평등을 만들고 유지할 때 권력과 계급지배가 갖는 역할을 은폐하게 만든다.

학자들은 또한 시카고학파가 모든 범죄유형들을 적절히 설명하는지 의문을 가져왔다. 이 이론은 안정적인 범죄적 역할 및 집단에 의해 비행에 참가하는 것을 잘 설명하는 것으로 보이지만, “격정에 의한 범죄”나 일탈적 가치와 거의 접촉을 하지 않은 사람들이 저지르는 다른 충동적 범죄들의 원인을 밝히는 데는 덜 유용한 것 같다. 서덜랜드의 차별접촉이론은 게다가 특별한 비판을 받아왔는데, 서덜랜드의 설명은 그럴듯하고, 아마도 맞는 것 같지만, 그것이 과학적으로 검증될 수 있는 이론인지 의문스럽다는 것이다. 일생을 통해 어떤 사람의 범죄적 정의와의 접촉이 전통적 정의와의 접촉을 초과하는지 아닌지를 정확히 측정하는 것이 어떻게 가능할까(Empey, 1982; Pfohl, 1985; Vold and Bernard, 1986)?

이러한 한계에도 불구하고, 몇몇 학자들은 시카고학파가 범죄학에 심오한 영향을 미쳤다고 주장할 것이다. 넓게 보면, 시카고 범죄학자들은 풍부한 통계를 이용하여 범죄를 개인적 병리의 증거로 보는 설명에 대해 강하게 반대했다. 그들은, 사람들의 성장지역과 접촉하는 사람들이 범죄의 원인에 대해 갖는 영향력을 간과할 수 없다는 진리를 찾아냈다.

시카고학파는 또한 오늘날 지극히 중요한 다음의 두 시각의 발전에 밑거름이 되었다. 첫째, 이미 지적한 바와 같이, 사회통제의 약화는 비행을 발생시킨다는 쇼와 메케이의 전제는 후에 통제이론(control theory) 또는 사회유대이론(social bond theory)으로 알려지게 된 이론의 초기 버전이 되었다(5장과 6장을 볼 것). 둘째, 범죄행동이 문화적 전승 또는 차별접촉의 결과로 발생한다는 시카고 범죄학자들의 명제는 문화적 일탈이론(cultural deviance theory)에 영향을 주었는데, 이것은 사람들이 사회적 상호작용과정에서 일탈적 가치를 학습함으로써 범죄자가 된다고 보는 시각이다(Empey, 1982).

## 집합효율성

로버트 샘슨(Robert Sampson)은 주민들에 의한 비공식적 사회통제의 정도가 지역사회의 범죄문제의 정도에 영향을 미친다는 쇼와 메케이의 견해를 가장 잘 부활시켰다(예를 들어 Sampson, 1986a; Sampson and Groves, 1989). 샘슨은 1970년대 말에 뉴욕주립대 올버니 캠퍼스의 한 대학원에 다니는 동안, 그는 트래비스 허쉬(Travis Hirschi)의 한 세미나를 수강했다. 6장에서 보게 되겠지만, 허쉬는 통제이론의 한 주창자였는데, 그는 이 당시 부모와 학교, 그리고 다른 전통사회에 대한 통제의 약화가 비행을 가져온다고 주장했다. 이 견해는 범죄를 문화적 가치의 전수나 학습과 연결시키는 시카고학파의 입장을 거부한 것이었다(Sampson, 2011).

샘슨은 허쉬의 논리에 동감했다. 그러나 그는 허쉬의 관심사였던, 왜 어떤 개인이 (범죄를 하지 않는 다른 사람과는 달리) 범죄에 개입하는지에 대해 관심이 없었다. 이 입장은 때로 미시수준의 질문으로 불리는데, 왜냐하면 그 초점이 범죄행동에서의 개인적 차이에 있기 때문이다. 오히려 샘슨은 쇼와 메케이와 같은 학자들이 이미 다루어 왔던 거시수준의 질문에 보다 관심을 가졌다. 이 질문은 왜 (거시수준의 단위라고 할 수 있는) 한 지역은 다른 지역에 비해 더 범죄율이 높은가 하는 것이다.

허쉬의 세미나에서 샘슨이 루스 콘하우저(Ruth Kornhauser, 1978)의 뛰어난 새 저서를 접했다는 사실은 중요하다. 『비행의 사회적 원천(Social Sources of Delinquency)』에서, 콘하우저는 문화적 일탈이론에 대한 허쉬의 비판에 동의했는데, 이것은 허쉬가 그의 세미나에서 이 책을 교재로 포함한 한 이유였다. 그러나 허쉬와는 달리, 그녀는 하나의 대안적 설명으로서 주로 사회해체이론의 거시수준의 통제측면에 주목했다. 콘하우저의 독특한 생각은 샘슨에게 쇼와 메케이 및 시카고학파의 다른 학자들의 저작에 관심을 갖게 했다. 샘슨(2011)은 거시수준의 통제이론에 주목하게 되는 일생의 선택을 하게 되었다. 샘슨이 지적한 바와 같이, 그는 그의 학문적 생애를 다음과 같이 나누었다.

> 내가 콘하우저의 책을 읽는 동안 … 나는 늘 지적인 충격을 느낄 수 있었다. 그러한 기회는 비행이론에 대한 트레비스 허쉬의 대학원 세미나에서였다. 어떤 전깃불이 번쩍 켜진 것은 그 세미나에서였다. 그 스위치는 루스 콘하우저의 『비행의 사회적 원천』을 면밀히 읽은 것이었다.… 그녀는 가차없이 그녀가 문화적 일탈이론 및 긴장이론과 같은 범죄학 이론들을 비판해 나갔다.… 그러나 콘하우저의 비판이 나를 감동시켰다기보다는 그녀가 고전적인 시카고학파에 대해 도출한 어떤 실증적인 이론적 틀을 제시했다는 것이었다.… 내가 그것을 봤을 때, 그녀의 주장은 거시적 수준에 근거하고도 허쉬의 통제이론과 잘 맞았다(Sampson, 2011, pp.64, 67－68).

위에서 알 수 있는 바와 같이, 샘슨은 쇼와 메케이의 이론에 대한 한 고전적 검증에 기여했다(Sampson and Grove, 1989). 이 연구 이후, 그는 이러한 쟁점들을 계속 탐구해 나갔다. 1977년에, 그는 스테픈 라우덴부쉬(Stephen Raudenbush)와 펠튼 얼스(Felton Earls)와 함께 사회해체이론의 해석에 대한 한 흥미로운 재개념화를 했는데, 이것은 후에 집합효율성이론(collective efficacy theory)으로 불리게 되었다(Sampson, 2006을 볼 것). 이 시각은 지속적으로 오늘날 범죄학적 생각과 연구의 토대가 되고 있다.

샘슨과 그의 동료들에 따르면, 지역은 "비공식적 사회통제를 불러올 수 있는" 능력에 따라 달라진다. 비공식적 사회통제는 주민들이 거슬리는 행동을 볼 때 (소극적이 아닌) 적극적으로 주민들이 행동하는 것을 말하는데, 예를 들면 경찰에 신고한다든지, 곤경에 빠진 어떤 사람을 도와준다든지, 버릇없는 청소년들에게 바르게 행동하라고 훈계하는 것과 같은 것들이다. 그러나 주민이 그러한 조치를 취할 가능성은 "그 지역의 주민들 사이에 상호신뢰와 유대"가 존재하는지에 달려있다(Sampson et al., 1997, p.919). 결과적으로, 그러한 응집력이 있는 지역에 사는 주민들은 교양있고 바르게 행동하도록 하기 위해 서로를 믿고 의지할 수 있다. 그런 지역은 "집합효율성(collective efficacy)이 존재하는 지역인데, 이것은 공통의 선을 위해서 기꺼이 개입하려고 하는 주민들 사이의 사회적 응집력으로 정의할 수 있다"(Sampson et al., 1997, p.918).

샘슨은 그의 동료들(Sampson et al., 2011)과 함께 "집합효율성"을 구성하는 "집합"과 "효율성"이라는 단어를 신중히 선택했다. 이 용어들은 문화와 사회적 행동을 포착하기 위한 것이다. 따라서 집합이란 말은 어떤 지역의 주민들이 통제에 대한 어떤 공유된 기대(shared expectation)를 가진다는 것을 제시하기 위한 것인데, 다시 말해서 이 용어들은 주민들이 어떤 상황들, 예를 들면 10대 무리가 난폭한 행동을 하는 것이 부적절하고 어떤 조치가 취해질 필요가 있다고 동의한다고 기대한다. 다음으로 효율성은 주민들이 그들의 이웃들이 인간의 통제력을 행사하고 실제로 그 문제를 해결하기 위한 어떤 조치를 취할 것을 기대할 수 있다는 것을 제시하기 위한 것이다. (예를 들어 거리에 나가서 청소년들에게 조용하라고 말하고, 경찰에게 약물시장을 근절하라고 요구하는 행동.) 달리 표현하면, 집합효율성을 가진 주민들은 문제를 유사하게 정의하고 이 문제를 해결하기 위해 함께 조치를 취할 수 있다.

샘슨과 그의 동료들(Sampson et al., 1997)은 또한 집합효율성이 지역에 따라고르게 분포하는 것은 아니라고 주장했다. 오히려, 이민자들이 집중되고, 주민이 자주 이주하고, "집중된 불이익(concentrated disadvantage)"이라는 괴로운 경제적 박탈이 두드러지는 지역사회에서 집합효율성은 약하다(Sampson et al., 1999를 볼 것). 샘슨과 그의 동료들(1997)은 이런 지역사회들이 비공식적 사회통제를 지키고 거리의 안전을 유지하기 위한 사회적 자본이 존재하지 않을 것이라고 예측한다.

샘슨과 그의 동료들(1997, p.923)은 이런 이론적 주장들을 지지하는 데이터를 제공했다는 것은 중요하다. 1995년에, 그들은 343개의 시카고지역에 사는 8,762명의 사람들을 면접했다. 그들은 주민들의 개인적 특성들을 통제한 후, 집합효율성이 지역의 폭력수준을 예측하는 데 강한 효과가 있다는 것을 발견했다. 그들의 분석은 또한 집합효율성이 거주안정성과 집중된 불이익과 같은 지역특성과 범죄 사이의 관계를 매개한다는 것을 발견했는데, 이것은 사회해체이론의 근린지역 이론의 한 중요한 주장을 지지하는 발견이다.

따라서 집합효율성이론은 왜 도시지역이 범죄율에서 다양한지를 잘 설명한다(또한 Pratt and Cullen, 2005; Sampson, 2006). 그러나 남은 한 쟁점은 집합효율성이라는 개념이 진정으로 새로운 개념인지 아닌지, 또는 그것이 정말로 사회해체이론의 딱 "반대편"인지 아닌지이다. 이 개념의 한 두드러진 특징은 그것이 지역의 조직화 정도뿐만 아니라 주민들이 사회통제를 기꺼이 행사하려고 하는지에 초점을 맞춘다는 것이다. 다시 말하면, "효율성"이라는 개념은 단지 사회적으로 조직되어 있는 어떤 상태만을 의미하는 것이 아니라, 사회적 행동을 즉시 할 수 있는 상태를 의미한다. 이 이론의 미래는 샘슨과 그의 동료들이 집합효율성의 개념을 명료화하고 그것의 구성요소들을 구별해 낼 수 있는지에 달려 있는 것 같다.

## 문화적 일탈이론

**이론적 다양성** 문화적 일탈이론은 다양한 경로를 통해 발전되어 왔지만, 우리는 세 개의 특히 영향력 있는 설명들을 가려낼 수 있다. 첫째, 어떤 범죄학자들은 (하층계급 지역 내의 하위문화가 아닌) 하층계급 문화가 대체로 도시지역에서 많은 범죄를 유발한다고 주장해 왔다. 월터 밀러(Walter Miller)는 아마도 이 이론들에 대한 가장 명료하고 가장 논쟁의 여지가 있는 학자이다. 밀러(1958)에 따르면, 도시의 갱비행은 세대 간 전승되는 빈곤의 산물이 아니라, 그 자체로 오히려 어떤 두드러지는 하층계급 문화의 한 산물인데, 이런 문화 속에 사는 사람들은 순응보다는 일탈에 참여하는 것에 관심이 있다. 만약 중산계급 문화의 주된 관심사가 성취, 지연된 만족, 그리고 일을 열심히 하는 것이라면, 하층계급의 주된 관심사는 사고치기(trouble), 영악함(smartness), 터프함(toughness), 운명주의(fate), 그리고 자율성(autonomy)이다. 결과적으로, 중산계급 청소년들은 좋은 학점, 대학, 그리고 직업경력을 추구하고, 하층계급 청소년들은 육체적 힘, 권위 있는 사람이나 기관으로부터의 자유, 그리고 거리에서의 자극을 추구한다. 따라서 밀러는 "하층계급 문화의 생활패턴에 본질적인 내용으로 구성된 그런 문화적 관습에 집착하는 청소년들은 자동적으로 법규범을 위반한다"(1958, p.18, 원문에서 강조된 부분임)고 주장했다.

둘째, 대조적으로, 많은 범죄학자들은 어떻게 비행하위문화들이 사회의 특별한 지역(도심의 하층계급거주지역)에서 발생하는지에 대해 연구했다. 이러한 하위문화들은 사실상 상대적으로 일관된 일련의 반사회적 규범, 가치, 그리고 기대들인데, 이들은 전수되거나 학습될 때 범죄행동을 유발하는 것들이다(Cloward and Ohlin, 1960; Cohen, 1955). 우리는 후에 4장에서 이러한 류의 분석들을 다시 살펴볼 것이다.

셋째, 다른 연구자들은 폭력하위문화(subculture of violence)의 존재에 대해 다룰 때 유사한 설명을 했다. 예를 들어 울프갱과 페라쿠티는 그러한 어떤 하위문화가 자리잡는 지역에서, 사람들은 "차별적 학습, 차별접촉 또는 차별적 동일시의 과정"을 통해서 "폭력의 사용에 … 우호적인 태도들"을 습득한다. 결과적으로 "폭력의 사용은 … 꼭 불법적인 행동으로 보이지 않고, 폭력을 행사하는 사람들은 그들의 공격성에 대한 죄의식을 느낄 필요가 없다"(Wolfgang and Ferracuti, 1982, p.314). 이 점에서, 도심과 남부지역과 같은 사회의 어떤 지역에서 나타나는 높은 폭력범죄율 및 살인율이 어떤 지리적으로 근거한 폭력의 하위문화 탓이라고 할 수 있는지에 대한 상당한 이론적 경험적 논쟁이 있다(Cao, Adams, and Jensen, 1997; Hawley and Messner, 1989).

**거리의 규범** 폭력의 하위문화 개념의 한 중요한 적용은 엘리자 앤더슨(Elijah Anderson)의 훌륭한 저서인 거리의 규범(Code of Street)에서 발견된다. 이 저서는 앤더슨의 4년간에 걸친 필라델피아에서의 민속학적 연구에 기초하여 작성되었는데, 이 책에서 그는 "왜 많은 도심의 젊은이들이 서로에 대해 공격성과 폭력을 표출하려고 하는지"에 대한 문제를 제기했다(Anderson, 1999, p.9). 본질적으로 그는 이 문제에 대한 답이 폭력의 "규범"에 있다고 주장했는데, 이것은 도심지역에 널리 퍼져있어 청소년들이 매일의 삶에서의 선택에 영향을 미친다.

앤더슨(1999)에 따르면, 도심의 소수집단 청소년들은 문화적으로 고립되고 (전통사회로부터 단절되고) 힘겨운 경제적 장벽에 직면한다. 대부분의 가족들은 "버젓하게" 살려고 투쟁하며 그들의 자녀들에게 열심히 일하고 예의바르게 사는 것의 가치를 가르치려고 노력한다. 앤더슨이 "거리가족(street family)"이라고 칭한 다른 가정의 청소년들은 운이 없다. 그들은 해체된 가정에서 태어난다. 대개는 이런 가족들은 때로 약물문제를 가진 편모가정이다. 그 자녀들은 방치되고, 훈육시에는 전형적으로 가혹하고, 신체적이고, 과도한 처벌을 받는다. 그들은 주류사회에 의미 있는 참여를 하기가 거의 불가능한 상태에서 소외되고 비참한 상태로 성장한다. 화를 자주 내는 부모에 의해 비효율적으로 양육되며, 전통적 제도에 대해 유대를 별로 형성하지 못하는, 이런 가족의 청소년들은 거리로 향한다. 그들은 낮 시간을 거리에서 보내고, 밤에도 자주 거리에서 보낸다.

이 청소년들에게 이용가능한 삶의 수단은 거의 없기 때문에, 그들의 주요 과제는 "존경을 얻기 위한 캠페인(campaign for respect)"이 된다. 그들은 ("누구의 제지도 받지 않는" "나쁜" 소년으로서) 주로 현란한 옷을 입음으로써, 터프한 태도를 통해서, 그리고 (가장 중요한 것으로) "용기(nerve)"있다는 명성을 발전시킴으로써 거리에서 그들의 지위를 과시하려고 한다. 그러나 자기존경에 기초한 명성은 오래 가지 못한다. 왜냐하면 그런 명성은 자주 도전을 받고 자주 피비린내 나는 싸움을 벌이는 어떤 소년에게서만 가능한 것이기 때문이다. 만약 한 십대 소년이 또 다른 십대소년을 "경멸"한다면, 거기에 대응하지 못하는 것은 "용기"가 없다는 것을 나타내고 지위를 잃게 된다.

그러한 상황에서, "거리의 규범"은 "경멸받는" 사람이 반응해야 할 행동방식을 규정한다. 앤더슨(1999)은 이 규범을 다음과 같이 정의했다.

> (거리의 규범은) 개인들 간의 공개적인 행동, 특히 폭력을 관장하는 일련의 비공식적 규범들이다. 그 규범들은 만약 도전을 받을 경우 지녀야 하는 적절한 태도와 방식을 규정한다. 그 규범들은 폭력의 사용을 규제하고, 그래서 공격적인 사람들에게 어떤 용인되는 방식으로 폭력적인 상대방을 유발할 수 있도록 허용하는 명분을 제공한다(Anderson, 1999, p.33).

사회의 다른 지역에서, 부주의나 가벼운 모욕들은 대수롭지 않게 여겨지거나 불쾌감을 표현하는 말다툼을 낳을 수 있다. 그러나 거리의 규범은 그러한 모욕을 참지 않게 한다. 앤더슨이 관찰한 바와 같이, “거리문화에서, 존경은 어떤 외부에 있는 존재로 보여지는데, 이것은 얻기는 어렵지만 잃기는 쉽다. 그래서 끊임없이 보호되어야 한다(Anderson, 1999, p.33). 따라서 그 규범에 따르면, 사실상 어떤 형태의 경멸이라도 즉각적인 위협으로 다루거나 신체적 폭력으로 대응해서 존경을 잃지 않도록 해야 한다. 신체적 폭력을 폭력으로 다루어야 한다는 것은 또한 의무이다. 그러한 맥락에서, 폭력적인 만남은 계속되는 위험이며, 만남이 일어나면 죽음의 싸움으로 발전할 위험을 갖는다.

앤더슨(1999)은 그 규범이 거리가족의 자녀들뿐만 아니라 예의바른 가족의 자녀들에게도 영향을 미친다고 경고한다. “예의바른 가정의” 청소년들은 영원히 그들의 가족의 보호 하에 살 수 없다. 그들은 결국에는 모든 가족의 청소년들이 섞여있는 공개된 장소에서 모험을 걸어야 한다. 만약 그들이 그 규범을 따르지 않고 폭력을 기꺼이 사용한다는 것을 보여주지 못한다면(다시 말해서 아무런 존경을 얻지 못한다면), 그들은 다른 청소년들로부터 모욕을 당하고, 물건을 뺏기며, 그리고 폭행피해를 당하는 쉬운 먹잇감이 될 것이다. 그러한 예의바른 가정의 자녀들은 생존을 위해 그 규범을 배우고 따라야 하는데, 이러한 생존은 상존하는 피해의 위험을 줄이기 위해 기꺼이 폭력을 사용할 수 있다는 것을 보여줌으로써 가능해진다. 그러나 이 거리의 하위문화적 규범을 받아들이는 대가는 그들이 폭력적인 대결에 말려들어갈 위험인데, 이러한 대결은 그들의 예의바른 생활방식과는 모순되는 것이다. 그러므로 거리가정의 자녀나 예의바른 가정의 자녀나 모두 유사하게, 모든 가정의 청소년들은 거리의 규범에 의해 보호되고, 그것의 결과로부터 고통을 받는다.

앤더슨(1999)에 따르면, 거리의 규범은, 가족이 견고히 자리잡고 있더라도,

거부하기 힘들다. 도심청소년들에 대한 그것의 강도와 영향력은 구조적 조건들에서 기인하는데, 이 구조적 조건들은 이 청소년들을 해로운 빈곤에 노출시키고 그들이 전통적인 수단을 통해 존경을 얻는 의미있는 방식을 이용하지 못하게 하는 것들이다. 이 상황은 경찰에 대한 불신과 범죄피해와 같은 문제에 홀로 대처해야 한다는 불신에 수반하는 느낌에 의해 악화된다. 결국, 거리의 규범은 빈곤한 도시지역에서 널리 퍼져있는 환경들에 대한 하나의 "문화적 적응"이다. 만약 이 상황에 한 줄기 희망의 빛이 있다면, 그것은 좋은 환경이 주어진다면 좋게 문화적으로 적응할 수 있다는 것이다. 앤더슨에게, 가장 두드러진 단계는 청소년들에게 희망을 주고 순응을 할 때 혜택이 주어지는 의미 있는 이해관계를 만들어주는 것이다. 그는 "도심지역에서 단지 자립할 수 있는 주류경제를 재구축해줌으로써, 특히 도심의 남녀 청소년들에게 일자리를 제공해줌으로써, 미래에 대한 어떤 긍정적인 느낌을 북돋울 수 있다"(Anderson, 1999, p.325).

앤더슨의 저서가 광범위하게 읽혀졌지만, 그의 연구는 상대적으로 거의 경험적 검증을 받지 못했다(Swartz, 2010). 이러한 연구의 부족은 아마도 도심지역의 문화적 특성을 측정하는 것이 주민들을 대상으로 하여 어떤 특성을 포함하는지/하지 않는지를 코드화하는 광범위한 조사를 요하기 때문이다. 그렇다 하더라도, 이런 지역에서의 초기연구들은 앤더슨의 주장을 지지하는데, 그것은 거리의 규범이 구조적 기원을 갖고 폭력비행에의 참가를 촉진한다는 것이다(Brezina et al., 2004; Stewart and Simon, 2006). 대안적으로, 스튜워트와 그의 동료들(Stewart et al., 2006, p.427)은 259개 지역의 흑인 청소년 720명에 대해 연구했다. 그들의 분석결과는 거리의 규범을 받아들여 취약성을 감추고 안전을 증가시키기 위해 거친 자세를 취한다는 앤더슨의 주장을 지지하지 않는다. 그들은 "거리의 규범을 받아들이는 것이 위험하고 해체된 지역에서 살아서 피해를 많이 당하는 것을 넘어, 피해의 위험을 더 증가시킨다는 것을 발견했다."

이런 귀찮은 방법론적 도전에도 불구하고, 도심문화에 대한 앤더슨의 주장은 혁신적이고 풍부한 연구기회를 제공한다. 그의 연구는 훌륭하지만, 양적, 질적 방법 모두를 이용해 검증되어야 한다.

## 에이커스의 사회학습이론

**서덜랜드의 확장: 차별적 사회적 강화** 로널드 에이커스(Ronald Akers)는 그의 사회학습이론(social learning theory)을 통해 서덜랜드의 차별접촉시각에 대한 가장 영향력 있는 현대적 확장을 했다(Akers, 1977; 1998; 2000; Akers et al., 1979; Burgess and Akers, 1966을 참조). 이미 지적한 바와 같이, 시카고이론가들은 범죄적 가치가 접촉을 통해서 학습된다는 것을 강조했다. 그렇다 하더라도, 이 이론가들은 이러한 반사회적 정의를 습득하는 것이 정확히 어떻게 이루어지는지에 대해 거의 이야기하지 않았다. 사회학습이론에서, 에이커스는 이 쟁점을 거론하고 범죄적 학습이 일어나는 메커니즘(mechanism)과 과정(process)을 상세히 밝히려고 시도했다.

에이커스는, 사회적 위치에 따라 불법행동을 용인하는 학습환경에 사람들이 차별적으로 노출된다는 것을 관찰한 것을 제외하고는, 범죄적 가치와 학습의 구조적 기원에 대해 거의 체계적인 분석을 하지 않았다(Sampson, 1999). 그럼에도 불구하고, 에이커스는 사람들이 어떻게 범죄자가 되는 것을 학습하는지를 밝혀내는 데 주요한 공헌을 했다.

이 문제에 대한 그의 관심은 1965년부터 시작되었는데, 이 때는 그가 시애틀의 워싱턴대학에서 첫 번째 교수직을 얻은 해였다. 에이커스는 켄터키대학의 대학원에서 유명한 갈등이론가였던 리차드 퀴니(Richard Quinney)의 지도하에 법사회학 분야의 학위논문을 썼다(8장 참조). 그러나 워싱턴대학에 갔을 때, 그는 또 다른 새로운 교수인 로버트 버제스(Robert Burgess)를 만났는데, 그는 행동주의 심리학의 원리를 사회학적 주제에 적용하는 데 관심이 있었다. 에이커스가 범죄학적 배경을 갖고 있었기에, 그들은 곧 버제스의 계획을 위한 한 가능한 대상이 학습을 범죄행동의 원인으로 보는 서덜랜드의 차별접촉이론일 수 있다는 것에 동의했다.

> 버제스와 나는 서덜랜드의 이론이 행동심리학을 사회학에 적용하기 위한 가장 적절한 이론이라는데 동의했다.… 서덜랜드의 이론은 그 자체로 하나의 "학습"이론이었고, 조작적 조건화는 그 자체로 "학습"이론이었다. 그들 모두 행동주의적인 습득, 유지, 수행, 그리고 변화에 대한 이론들이었다. 서덜랜드는 학습의 사회적 상호작용맥

락을 주장했고, 스키너는 학습의 메커니즘을 주장했다(Akers, 2011, p.357).

에이커스의 버제스와의 협력은 "범죄행동에 대한 차별적 강화이론"으로 명명된 서덜랜드 이론의 수정을 가져왔다(Burgess and Akers, 1966). 이 논문은 상당한 관심을 받았지만, 결국 덜 중요한 이론이 되었다. 그러나 그것의 지속적 중요성은, 에이커스가 범죄에 대해 연구하도록 만들었을 뿐만 아니라, 그가 범죄적 학습이 일어나는 메커니즘을 밝힘으로써 서덜랜드의 이론을 확장하는데 관심을 기울이게 했다는 것이었다. 결국 에이커스는 사회학습이론을 만들었다.

이런 시각에서, 서덜랜드와 유사하게, 에이커스는 문제행동을 유발하는 "정의(definition)"를 형성하는데 차별접촉의 중요성을 지적했다. 에이커스는 서덜랜드를 넘어, 이러한 정의의 차원을 세분화하였다. 옳고 그름에 대한 종교적 가치와 같이 어떤 정의는 "일반적(general)"이다. 어떤 정의는 "특수적(specific)"이라서 어떤 상황에서 범죄가 용인될 수 있는 것인지에 적용된다. 어떤 정의는 범죄행동에 대해 "부정적(negative)"이고 어떤 정의는 "긍정적(positive)"이다. 그러나 다른 정의들은 범죄행동을 정당화하거나 변명을 제공한다는 측면에서 중화적(neutralizing)이다"(Akers, 2000, p.77).

서덜랜드의 이론은 정의들이 일단 내면화되면 사람들의 결정에 지속적으로 영향을 준다는 것을 암시한다. 그러나 에이커스는 이 모델을 정밀화하였다. 첫째, 그는 정의 외에도, 사람들은 모방을 통해서도 범죄에 개입할게 될 수 있다고 지적했다. 다시 말해서 범죄행동을 단순히 모방함으로써도 범죄를 시작할 수 있다. 둘째, 그리고 가장 중요한 것으로, 에이커스는 정의와 모방(imitation)은 처음으로 범죄를 시작할 때 가장 중요하다고 주장했다. 이 조합에서 또 다른 이론적 쟁점이 나타나는데, 그것은 왜 사람들은 범죄행동을 계속하여 저지르고 범죄적인 생활방식을 안정적으로 유지하는가 하는 것이다. 그는 조작적 심리학에서 차용하여, 사회적 강화(즉 보상과 처벌)는 어떤 행동이 반복될지 아닐지를 결정한다고 주장했다. 그러므로 범죄에 지속적으로 개입하는 것은 이러한 행동에 대해 보상이 주어지는 사회적 강화에 노출되는 정도에 달려있다. 이러한 강화(즉, 범죄의 보다 긍정적인 결과들)가 보다 강하고 보다 지속적일수록, 범죄행동을 지속할 가능성은 더 클 것이다. 에이커스는 이것을 "차별적 사회적 강화(differential social reinforcement)"라고 불렀다.

**사회학습이론의 경험적 지위** 많은 연구들이 에이커스의 사회학습이론을 경험적으로 검증했는데, 이 연구들 대부분은 사회학습의 양과 자기보고된 비행과의 관계를 설명한 연구들이었다. 전체적으로 그 연구들은 사회학습이론을 지지하는데, 사회학습이론이 사회유대이론과 같은 다른 범죄이론과 함께 경쟁하여 검증한 연구도 마찬가지였다(Akers, 1998; 2000; Akers and Jensen, 2003; 2006; Akers and Sellers, 2004; 또한 Kubrin et al., 2009를 볼 것). 최근의 133개의 연구에 대한 메타분석은 이 이론을 일관되게 지지한다(Pratt et al., 2010). 재범의 예측요인에 대한 메타분석 또한 사회학습이론의 편에서 반사회적 가치와 또래친구와의 접촉이 재범의 강한 예측요인이라는 것을 보여주었다(Andrew and Bonta, 1998). 더욱이 이 이론은 중범죄자들 사이의 성별 범죄율의 차이도 설명하는 것으로 나타났다(Alarid et al., 2000). 마지막으로, 교정사회복귀프로그램에 대한 평가연구들은 사회학습이론의 주장처럼 반사회적 가치와 동료들을 목표로 이들을 변화시키려는 프로그램들(전형적으로 "인지－행동적" 개입)이 재범을 줄이는데 효과적이라고 결론내렸다(Cullen and Gendreau, 2000; Cullen et al., 2003; 또한 Andrew, 1980을 볼 것).

기존의 연구에서, 범죄를 시작하게 만드는 가장 중요한 예측요인은 전형적으로 차별접촉인데, 이것은 조사대상자들이 보고한 "비행친구의 수"로 측정된다. 사회학습이론에 대한 비판은 비행친구들과 비행 사이의 밀접한 관계는 허위관계라는 것이다. 그들에 따르면, 비행친구들이 비행의 원인이 아니며, 이것은 "유유상종(bird of a feather flocking together)"이고, 비행청소년들이 비행청소년이 될 만한 공통적인 속성을 공유하기 때문에 서로 어울려 돌아다니는 것이다. 연구는 동년배 집단으로의 그러한 자기선택이 발생한다는 것을 지적한다. 그러나 연구들은 또한 심지어 자기선택의 경우에도, 다른 반사회적 또래들과의 계속되는 접촉은 비행을 증가시킨다고 주장한다(예를 들면, Warr. 2002; Wright and Cullen, 2000을 볼 것; 또한 Akers, 1998; 2000을 볼 것). 에이커스(1999, p.480)가 말한 바와 같이, 깃털을 가진 새들은 함께 모일 수 있지만, "개와 함께 자면 벼룩이 옮는 것"도 또한 사실이다.

## 이론의 결과: 정책함의들

### 개인을 변화시키는 정책

쇼와 메케이의 사회해체이론에 따르면, 범죄를 감소시키는 가장 효율적인 방법은 지역사회를 재조직화(reorganize community)하는 것이다. 그러나 시카고 학파처럼 문화적 학습을 강조하는 것은 범죄자의 범죄적 학습을 수정하는 처우 프로그램을 가능케 한다(Andrew and Bonta, 2003; 2010). 이처럼 범죄자의 사회학습과정에 대한 수정을 강조하는 것은 특히 에이커스의 이론과 통한다(Akers and Sellers, 2004, pp.101–108). 개별범죄자에 초점이 있다 할지라도, 그 초점은 어떤 내재하거나 저변에 놓인 병리현상을 수정하는 것이 아니라, 범죄자가 부모, 형제자매, 또래, 그리고 다른 사회의 행위자들과의 이전의 상호작용에서 습득해온 가치와 사고방식을 바꾸는 데에 초점이 있다.

이점에서, 차별접촉과 사회학습이론에 기초한 상호작용은 종종 범죄를 유발하는 환경과 사람들로부터 범죄자를 멀리하게 하고 그들이 친사회적으로 강화될 수 있는 환경에 위치시키려고 한다. 예를 들면, 이러한 것들로 친사회적인 또래청소년의 상담을 받게 하거나, "토큰경제(token economy)[3)]"로 운영되는 주거시설에 살게 하는 것을 들 수 있는데, 토큰경제는 순응행동을 하면 청소년포인트를 얻을 수 있고, 이것을 통해 청소년은 (가정방문, 아이스크림, 늦은 귀가와 같은) 특권을 구매할 수 있다. 더욱이, 인지–행동 프로그램들이 범죄를 포함한 다양한 문제행동들을 감소시키는 데 가장 효과적인 처우프로그램이라는 증거들이 점점 증가하고 있다(Lipsey et al., 2001; MacKengie, 2006; Wilson et al., 2005; 또한 Spiegler and Guevremont, 1998을 볼 것). 이 프로그램들은 "인지(cognition)"(서덜랜드가 정의로 부른 것)가 행동을 유발한다고 가정한다. 중요한 것은 이러한 범죄를 발생시키는, 반사회적 가치와 같은, 인지를 변화시키는 것이다. 마지막으로, 거칠고 가혹한 자녀양육방식은 부모가 공격적이고 다른 문제되는 대응방식을 강화하게 만들며, 친사회적 행동을 무시하게 만든다. 부모에게 "나쁜" 행동

3) 역주: 주로 교도소나 소년원과 같은 시설에서 시행되는 프로그램으로, 바람직한 행동을 할 때 카드에 도장이나 구멍으로 표기한 후, 나중에 보상을 제공하는 프로그램.

보다 “좋은” 행동을 강화시키는 훈육기술을 가르치는 프로그램들은 반사회적 행동들을 감소시키는 것으로 증명되어왔다(Farrington and Welsh, 2007; Reid et al., 2002).

## 지역사회를 변화시키는 정책

우리가 지적한 바와 같이, 초기 시카고 범죄학자들은 광범위하게 퍼져있던 개인주의 생물학적, 심리학적 설명을 거부하고 범죄의 사회적 원인을 밝히려고 했다. 이런 입장과 일관되게, 그들은 “청소년비행의 예방과 처우를 위한 정부와 민간프로그램에서 심리학과 정신의학의 지배에 처음으로 체계적으로 도전했다” (Schlossman et al., 1984, p.2). 청소년 문제행동에 대한 그 해결책은 개인 내부의 병리현상을 근절하는 것이 아니라, 해체된 지역사회라는 바로 그 조직 내에 자리 잡은 병리현상을 뿌리뽑는 것이다.

1930년대 초부터 시작하여, 쇼는 그의 이론을 실제로 적용해 보려고 하였고, 미국 범죄학의 역사상 가장 유명한 개입프로그램 중의 하나인 시카고지역프로젝트(Chicago Area Project, CAP)를 입안했다. 쇼의 전략은 시카고지역프로젝트를 통해 시카고의 해체된 슬럼지역에서 지역위원회를 만드는 것을 촉진하는 것이었다. 위원회 리더와 프로젝트의 스탭은 전문적인 사회복지사 중에서 충원되지 않고 지역사회로부터 충원되었다. 이것은 지역주민들이 범죄에 대처하기 위해 자율적으로 조직화하도록 하기 위한 것이었다. 쇼는 그 프로그램이 “상향식”으로 개발되지 않으면, 지역사회의 지지도 받을 수 없고 프로젝트가 성공적으로 수행되리라는 현실적 기대도 가질 수 없다고 믿었다(Kobrin, 1959; Schlossman et al., 1984).

시카고지역프로젝트는 비행예방을 위해 다음의 몇 가지 시도를 했다. 첫째, 청소년들을 친사회적 환경으로 유인할 여가프로그램을 만드는 것을 중요시했다. 둘째, 주민들이 그들 지역의 물리적인 모습을 개선함으로써 그들 지역사회에 대해 자부심을 갖도록 노력했다. 셋째, 시카고지역프로젝트의 스탭은 곤경에 처한 청소년들을 위해 중재를 시도했다. 이러한 것으로는 학교관리와 대화하여 그들이 어떻게 무단결석을 줄일지에 대해 토론하거나, 법원관리들에게 청소년들을 시카고지역프로젝트의 한 프로그램으로 다이버전을 하도록 요청하는 것을 들 수 있다. 넷째, 시카고지역프로젝트는 그 지역출신의 스탭을 고용하여 "거리상담(curbside counseling)"을 하도록 했다. 공식적인 처우과정과는 달리, 이 지역실정에 밝은 스탭은 비공식적인 대화를 통해서 청소년들에게 학업과 전통적인 생활양식이 그들에게 가장 이익이 된다고 설득했다. 슈로스맨과 그의 동료들(Schlossman et al., 1984, p.15)은 "이들이 청소년들이 전에는 거의 접해보지 않은 전통적인 사회적 가치들의 통역이자 모델로서 작용했다"는 것을 밝혀냈다.

쇼의 프로젝트는 효과적이었을까? 불행히도, 랜덤화된 통제집단을 이용한 정밀한 평가가 없기 때문에 결정적인 평가는 어렵다. 그렇다 하더라도, 1984년에 슈로스맨과 그의 동료들은 "시카고지역프로젝트의 50년에 대한 평가"를 했다. 그들에 따르면, 그들이 수집한 다양한 증거들이, 확실하지는 않지만, 시카고지역프로젝트가 보고된 청소년비행률을 감소시키는 데 장기적으로 효과적이었다는 유력한 가설을 지지한다(Schlossman et al., 1984, p.46; 또한 Kobrin, 1959를 볼 것). 시카고지역프로젝트에서 우리는 "무척 긴 시간을 요하고 정치적으로 세력을 얻지 못했지만, 몇몇 하층계급 마이너리티 지역들은 아직 자부심, 교양, 그리고 약간의 자치를 행사하기 위한 상당한 수용능력을 갖고 있었다"(Schlossman et al., 1984, p.47)는 것을 알 수 있다.

특히 시카고지역프로젝트와 쇼의 유산은 21세기에 이르러서도 인정받아 왔다. 시카고지역프로젝트는 오늘날 계속되어 청소년들을 옹호하고, 이들에게 직접적인 서비스를 제공하며, 그리고 도시의 열악한 지역에서 삶의 질을 개선하기 위한 지역사회를 변화시키는 것에 중점이 주어지고 있다(Chicago Area Project). 이것은 40개 이상의 프로젝트와 "관련단체들"(즉, 시카고지역프로젝트의 사명을 받아들이는 지역사회 조직들)을 관리하고 있다. 이처럼, "프로젝트와 관련단체들은 청소년비행률이 높거나 사회해체의 다른 징후들이 나타나는 시카고부근 지역에 긍정적인 영향을 주기 위해서 활동한다"(Chicago Area Project, 2010, p.2).

## 결 론

시카고범죄학파는 미국범죄학의 발전에 결정적인 영향을 미쳤다. 이 시카고 이론가들은 범죄를 개인성향으로 설명하는 것을 넘어 탁월한 사회학적 설명을 했다. 그들은 급속히 변화하는 시카고시를 하나의 실험실로 이용하여, 농업 사회에서 도시의 산업사회로 변화하는 미국사회의 보다 넓은 맥락에 범죄자를 위치시켰다. 그들의 입장에서, 개인들은 다양한 지역에서 태어난다. 도시 외곽 지역에서 성장한 청소년들은 강한 제도들에 의해 보호되는데, 이 제도들은 청소년들의 행동을 통제하고 그들을 전통적인 믿음을 더 많이 접하게 만들었다. 무엇보다도, (이 지역에서) 범죄적 삶은, 그것이 아리랑치기이든 전문절도범이든 상상하기 어렵다. 그러나 도심에서 태어난 청소년들은 사회해체라는 특별한 도전에 직면했다. 가족과 같은 사회제도의 약화는 그들의 행동을 통제하거나 범죄적 전통, 부정행위, 그리고 갱과 같은 집단들이 지역에 자리잡는 것을 막지 못했다. 이처럼 청소년들은 두 가지의 각축하는 생활방식, 즉 전통적인 방식과 범죄적 방식을 경험했다. 그들은 "차별적으로 접촉했고" 순응보다는 범죄를 선호할 수 있고, 많은 청소년들은 실제로 그렇게 했다.

시카고학파는 또한 중요한 방법론적 발전을 이루었다. 양적으로, 그들은 범죄를 지리적으로 지도화하는 것이 가치가 있다는 것을 보여주었다. 그들은 후에 범죄의 "핫스팟" 분석을 수십 년 앞서 나가면서, 범죄행동이 무작위적으로 분포한다기보다는 특정 지역에 크게 집중된다는 것을 보여주었다. 그들에게는 장소가 중요했다. 범죄가 많은 지역과 범죄가 적은 지역은 어떤 점에서 다를까? 그러나 그들은 또한 양적인 방법을 중요시했다. 시카고학파의 학자들은 안락의자에 등을 대고 편안히 연구하는 범죄학자들이 아니라 도시의 거리로 나아가 범죄자에게 그들의 개인적 생활사를 질문하는 사람들이었다. 이러한 그들의 발굴은 통계를 삶에 가져오게 만들었다. 그들의 지도에서 각 지점은 단지 한 데이터 지점이 아니라 각자의 이야기를 가진 한 비행이었다. 그들은 연구한 사람들에 대한 인류애 또한 가졌다. 아마도 그 때문에 그들은 범죄에 대한 해결책으로 교도소를 건설하는 것보다는 사회개혁을 추구했다.

로버트 머튼

1910－2003

컬럼비아 대학교

아노미－긴장이론의 저자

# 제4장

# 미국사회의 범죄:

## 아노미와 긴장이론들

1940년 American Anthropologist에 게재된 논문에서, 로버트 K. 머튼(Robert K. Merton)은 M. F. 애쉴리－몽태규(M. F. Ashley－Montagu)와 함께 어니스트 후튼(Earnest Hooton)의 생물학적 범죄이론에 대한 통렬한 반박을 내놓았다. 우리가 그의 범죄학을 검토했던 제2장으로부터 기억할 수 있듯이, 후튼은 교도소 수감자와 비범죄자(내쉬빌의 소방관)의 비교를 통해서 범죄자가 독특한 신체적 특징을 가지고 있다는 것을 보여주는 것이라고 제시했다. 종합하면, 이러한 특성들은 결과적으로 범죄의 원천이 되는 그들의 생물학적 열등함의 증거라고 여겨졌다. 후튼은 그의 결론이 가진 정책적 함의에 대해서 입 다물지 않았고, 범죄예방을 위해서는 사회가 "유기체적으로 열등한 것"들을 제거하는 것이 필요하다는 것을 제안했다. 후튼은 "범죄의 제거는 신체적으로, 정신적으로, 그리고 도덕적으로 부적합자의 절멸 혹은 사회적으로 무균실과 같은 환경에서의 완벽한 분리를 통해서 효과적일 수 있다"고 평했다(재인용 Merton & Ashley－Montagu, 1940, p.391). 또 다른 맥락에서, 후튼은 "생물학적 숙청"의 필요성을 언급했다(Bruinius, 2006, p.239).

후튼의 저작이 “롬브로조와 고링과 같은 그의 선배들의 작업과 같이 범죄학의 역사에서 명당 자리를 차지할 수도 있다”는 두려움에(p.384), 머튼과 애쉴리-몽테규는 신랄한 위트와 후튼의 이론이 놓여 있는 불안정한 토대를 드러낼 수 있는 후튼 연구의 데이터를 열심히 재분석한 결과를 사용했다. 그것이 드러나면서, 후튼 범죄학의 반향은 미국 범죄학이 생물학적 열등함으로써 범죄자를 사고하는 것으로부터 멀어지면서 단명했다. 실제로, 머튼과 애쉴리-몽태규의 비판적 논문은 왜 하버드 대학교 출판부가 이후로는 그 주제에 대한 후튼의 글을 출판하는 것을 거부했는지에 대한 주된 이유가 되었다(Ashley-Montagu, 1984). 당시에, 머튼과 애쉴리-몽태규가 범죄자들은 다를 뿐만 아니라 없어져야 할 대상으로 만드는 열등한 몸에 갇혀 있다는 문제적 시각은 당대에 체계적인 반박이 요구될 정도로 악명이 높았다고 느꼈다는 것은 분명하다.

머튼과 애쉴리-몽태규는 가슴의 폭과 넓이, 체중, 머리 길이와 둘레, 그리고 코의 높이와 같은 신체적 측정을 제공했던 후튼의 데이터를 재검토했을 때 열과 성을 다해 재검토하였다. 열등성을 평가하기 위해서, 그들은 신체적 특징들을 진화 계보에서 우리의 열등한 조상으로 여겨지는 원숭이의 특징들과 얼마나 밀접하게 맞춰지는지에 따라 신체적 특징을 분류하였다. 가장 놀라운 점은, 우리가 의심하듯이, 많은 경우 특정 범죄자들은 유인원 같은 특징들을 적게 가졌고 분명히 시민들보다 유기적으로 고등한 것을 보여줬다! 더 중요한 것은, 비록 생물학이 범죄에서 역할을 할 수 있을 가능성을 배제하지는 않지만, 머튼과 애쉴리-몽태규(1940)는 단호하게 범죄행위의 원천들은 문화적이고 사회적이라고 주장했다. 천사와 범죄자에 대한 재밌는 비교는 그들의 사회문화적인 이론적 선호를 명확히 보여 준다:

> 실제로, 여기서 우리가 원하는 것은 천사와 범죄자들의 차이가 회수권 한 장 차이(아주 근소한 차이)라는 것을 주장하는 것이다; 범죄자는 날개를 펼치지 못하지만 천사는 펼칠 수 있고, 그들이 날개를 펴지 못하는 것이 아니라 그들이 날개를 펼치기도 전에 날개가 잘려 나갔기 때문이다(Merton & Ashley-Montagu, 1940, p.385).

그러나 구체적으로 “개인들의 날개를 꺾은” 다음에, 신체적 구성과 상관없이, 범죄자로 바꿔 놓는 것이 무엇인가? 머튼은 시카고학파라고 하는 당대의 가장 유명한 사회학적 이론을 받아들였을 수도 있다. 그는 그들의 글을 잘 알고 있었고, 에드윈 서덜랜드에게 그가 애쉴리-몽태규와 같이 작성했던 원고를 출판 전에 논평해주도록 부탁할 정도로 친밀했다(Merton, 1984). 그러나 머튼은 시카고학파의 통찰을 발전시키거나 받아들이려 하지 않았다. 그가 쇼와 맥케이 그리고 서덜랜드의 이론들을 거부했다는 것이 아니라, 다른 요인들-빈민가에만 해당하는 것이 아닌 전반적인 미국사회의 근본적인 사회환경들이 범죄와 비행의 근본 원인이라 생각했다. 머튼에게 있어 범죄의 핵심 요소는 지역사회(동네)의 해체가 아니라 모든 시민들에게 주로 경제적 성공인 사회적 상승을 얻기 위해서 노력해야 한다는 메시지를 던지는 "아메리칸 드림"이었다. 무엇보다도 많은 미국인들이 이 목표를 달성할 능력이 없었고, 성공을 위한 경주에서 실패자들은 있어야만 한다는 것은 사회적으로 끔찍한 결과를 가져왔다.

기억하겠지만, 시카고학파의 주요 이론가들은 작은 시골 동네 출신이었다. 그들 고향의 안정적 공동체와 비교하여, 도시는 그들에게 해체된 것으로 다가왔고, 사회적 붕괴로 범죄를 추적하는 잰걸음이었다. 역설적이게도, 머튼은 도시 빈민가에서 자랐으나 사회해체이론에 끌리지 않았다. 1940년에 태어난 그의 경험은 가난한 동네들은 다양하고, 복잡한 사회적 공간들이라는 것을 가르쳤다. 비록 빈곤, 갱, 그리고 방종한 행위들이 있었지만, 거기에는 또한 도서관들, 좋은 사람들, 그리고 그 자신의 삶이 보여주듯이 신분 상승의 가능성이 있었다(Cullen & Messner, 2007). 그는 후일 만약 "사회학자들이 보다 더 면밀히 살펴본다면, 그들은 빈민가의 환경이 삶의 비행에 전적으로 온전히 영향을 준다고 하는 총칭 개념으로부터 벗어날 수 있을 것"이라고 말했다(Cullen & Messner, 2007, p.16).

본 장에서, 우리는 머튼의 이론을 검토하고, 어떻게 그가 범죄와 비행의 두 가지 원천인 아노미와 긴장을 드러냈는지를 보여주는 것으로 시작한다. 그런 다음 우리는 어떻게 그의 관점이 알버트 코헨(Albert Cohen)과 리처드 클로워드와 로이드 올린(Richard Cloward and Lloyd Ohlin)에 의해서 갱 비행의 설명에 적용되었는지를 검토한다. 그들의 책들은 1960년 이래로 미국 범죄학 발전을 이루게 한 최고 수준의 고전적 연구로 판명되었다. 그런 다음 우리는 어떻게 머튼 이론의 두 가지 갈래들이 로버트 애그뉴(Robert Agnew)의 일반긴장이론(general strain theory)과 스티븐 메스너와 리차드 로젠펠드(Steven Messner and Richard Rosenfeld)

의 제도적-아노미이론(institutional-anomie theory)에서 부활되었는지를 보여주는 보다 현대적인 시간으로 이동한다. 다른 장들처럼, 우리는 범죄학적 사고에서 이런 중요한 학파의 정책적 함의들에 대한 논의로 끝을 맺는다.

## 머튼의 긴장이론

1938년, 로버트 K. 머튼은 "사회구조와 아노미 Social Structure and Anomie"를 발표하였다. 원저논문은 단 10페이지 정도였고 머튼에 의해서 여러 번의 정교화가 이어졌지만(1957, 1964, 1968, 1995), 범죄학자들의 상상력을 사로잡았던 접근을 정의하는 데 성공했다. 우리가 앞으로 보게 되겠지만, 머튼의 패러다임은 특별히 1960년대에 중요한 방식으로 이론과 정책을 갖추는 데 영향을 끼쳤다. 오늘날에도, 그의 이론은 범죄학적 논의에서 중요한 위치를 점유하고 있다(Adler & Laufer, 1995; Bernard, 1984; Cullen, 1984; Messner, 1988; Passas & Agnew, 1997). 따라서 우리는 머튼의 주요 이론적 주장들을 검토하고 그 다음에 지난 기간 동안 긴장이론의 형태를 갖추도록 했던 배경들을 고려하는 논의를 이어간다.

### 범죄유발적 사회로서 아메리카

시카고학파는 범죄의 근원들은 대개가 도시 빈민가라고 하는 미국 사회의 한 구석에 박혀 있는 사람들이 비행문화가치를 배우면서 범죄자가 된다고 믿었다. 비록 머튼이 이러한 것들을 거부하지 않았지만, 그는 높은 비율의 범죄와 비행을 만들어낸다고 믿었던 관습적인 가치에 순응하는 아주 차별적인 사회적 과정을 찾고자 했다.

**구조적으로 야기된 긴장** 머튼의 눈에 미국은 특이한 사회인데, 단지 미국의 문화가 경제적 성공에 놀랍도록 과도하게 강조하기 때문만이 아니라 모든 이가 원하고 달성하도록 경주하게 만들도록 이 목표가 보편적이기 때문이다. 가난한 사람들은 그들의 몫에 만족하는 것을 배우는 것이 아니라 "아메리칸 드림"

을 쫓도록 배운다. 열심히 일하면, 비록 우리 중의 최하층도 무일푼에서 거부가 될 수 있다고 말한다.

그러나 이러한 성공을 위한 광범위한 열망은 역설적이고 예상치 못한 결과를 낳는다. 머튼(1968)은 "최고의 미국적 덕목인, '꿈'"은 궁극적으로 "최고의 미국적 악덕인, '일탈 행동'"을 촉진시킨다고 경고했다(p.200). 그러나 왜 사회적 이동에 대한 열망이 일탈로 이끌어야 하는가? 문제는, 머튼이 말하길, 사회구조가 합법적 수단들(예를 들면 대학교육, 기업 취직, 가족 관계)을 통해서 성공의 목표에 대한 접근을 제한하는 것이다. 하위계층의 사람들은 특별히 더 부담이 가중되는데 왜냐하면 그들은 성공의 경주에서 이미 한참 뒤처져서 출발하고 따라잡기 위해서는 엄청나게 능력이 있거나 운이 좋아야 하기 때문이다. 문화가 칭송하는 것(보편적 성공을 위한 노력)과 사회구조가 가능케 하는 것(제한된 합법적 기회들) 간의 괴리는, 그래서, 미국 인구의 많은 사람들을 그들이 관습적인 수단을 통해서 도달하지 못하는 목표를 열망하는 긴장－유발(긴장을 유발하는) 지위에 놓이게 한다. 머튼은 이러한 상황이 "일탈에 대한 강력한 압력을 양산하는" 중요한 사회적 결과들이라고 결론짓는다(p.199).

**적응의 유형** 머튼(1968)은 사람들에게 성공을 이루지 못하는 것으로부터 파생되는 긴장들을 푸는 다양한 방법들이 존재한다는 것을 제시했다. 이러한 가능한 대응들을 개념화하기 위해서, 그는 표 4.1에서 제시하듯이, 다섯 가지의 가능한 적응 양식을 보여주는 그의 고전적 (적응)유형을 발전시켰다.

머튼은 대부분의 사람들이, 비록 그들의 사회적 상승이 제한적이라는 것을 알게 되도, 일탈하지 않는다는 것을 인식했다. 사람들에게 있어 전형적인 대응은 순응하고, 문화적 성공 목표의 탓으로 돌리고, 성공이 달성되어야만 하는 관습적 혹은 제도화된 수단들의 정당성을 믿는 것이다. 그러나 다른 많은 이들에게 그들 상황의 긴장은 견딜 수 없는 것이었다. 수단과 목표 사이의 괴리가 그들 문제의 원인이기 때문에, 긴장을 줄이기 위한 필수품은 그들의 문화적 목표를 수정하거나 혹은 제도화된 수단에 대한 그들의 충성을 거두어들이는 것이었다. 이 중 하나를 혹은 둘 다 따른다면, 그들은 무엇을 열망해야만 하는지(성공) 혹은 어떻게 그것을 달성해야만 하는지(교육이나 직업 등과 같은 합법적 수단)로부터 벗어나게 된다.

표 4.1 머튼의 개인적 적응양식 유형

| 적응양식 | 문화적 목표 | 제도화된 수단 |
|---|---|---|
| Ⅰ. 순응(Conformity) | + | + |
| Ⅱ. 혁신(Innovation) | + | − |
| Ⅲ. 의례(Ritualism) | − | + |
| Ⅳ. 도피(Retreatism) | − | − |
| Ⅴ. 반역(Rebellion) | ± | ± |

이렇게 하여, 머튼(1957, 1968)은 네 가지의 일탈적 적응양식을 설명했다. 그는 대부분의 범죄 행위는 혁신(innovation)으로 분류할 수 있을 거라 믿었는데, 왜냐하면 이 적응은 금전적인 성공이 가치 있는 목표라 여기지만 경제적 성공을 위한 그들의 합법적 기회가 막혔다는 것을 알게 되었을 때 불법적인 수단으로 돌아설 수 있는 이들을 망라하기 때문이다. 악덕자본가, 화이트칼라 범죄자의 행위와 연구부정을 통한 결과로 사기 치는 과학자들이 어떻게 강렬한 성공의 열망이 보다 풍족한 사람들 사이에서도 혁신(innovation)을 양산하는지에 대한 예이다. 그렇다 하더라도, 이 적응은 하류층에서 특별히 더 널리 퍼져 있는 것으로 보인다. "출세를 위한 실질적인 기회의 부재"에 직면한, 사회적 약자들은 "조직적인 부패, 사기, 범죄로부터의 권력과 높은 소득에 대한 약속"에 특별히 더 취약하다(Merton, 1968, p.199).

반대로, 의례주의자(ritualist)는 제도화된 수단을 지배하는 규범에 대해서 외형적인 순응을 유지한다. 그러나 그들은 그들의 열망을 그들이 수월하게 도달할 수 있는 수준으로 낮춰서 그들의 긴장을 덜어낸다. 성공의 목표를 쫓아야 한다는 문화적 명령에도 불구하고, 그들은 위험을 피하고 그들의 일상에 갇혀 사는 것에 만족한다.

도피주의자(Retreatists)는 더 극적인 대응을 만들어낸다. 관습적인 삶을 통해서 사회적 상승의 기대로부터 긴장을 겪은 후, 그들은 문화적 성공 목표와 경제적 사다리를 올라가는데 용인된 규범 모두를 내다 버린다. 이런 사람들은 "사회 안에 있지만, 사회적인 사람들이 아닌 사람들"이고 그들은 알코올중독, 약물중독, 정신병, 부랑 등과 같은 일탈적 수단을 통해서 사회의 요구로부터 탈출한다(Merton, 1968, p.207). 자살도 물론 극단적인 도피이다.

마지막으로, 머튼은 기존의 사회시스템을 거부하지만 또한 기존 사회시스템을 변화시키고자 하는 시민들을 반역(rebellious)으로 묘사했다. 지배적인 결과와 규범적인 기준들로부터 벗어나서, 그들은 새로운 목표와 수단들로 대체할 것을 제안한다. 미국 사회에서, 반역의 예는 개인적 성공보다는 집단적 성공, 공평한 부의 재분배를 명하는 규범, 불공평하게 무자비한 경쟁을 통한 결과에 의해서가 아니라 필요에 의해서를 주장하는 사회주의자일 것이다.

**아 노 미**　대부분의 머튼의 분석은 높은 비율의 비순응을 만들어내기 충분한 긴장들의 사회적 원천에 대해서 자세히 설명했기 때문에, 학자들은 종종 그의 관점을 긴장이론으로서 언급한다(Empey, 1982; Hirschi, 1969; Kornhauser, 1978; Vold & Bernard, 1986). 그러나 머튼은 왜 개인들이 그들로 하여금 일탈적 적응을 찾게 만드는 긴장들을 만나게 되는지를 밝히지 않았다. 실제로, 우리는 머튼이 그의 논문 제목을 "사회구조와 긴장"이 아니라 "사회구조와 아노미"라고 정했다는 것을 기억할 수 있다. 범죄의 기원에서 아노미가 담당하는 역할은 무엇인가?

머튼은 아노미란 개념을 일반적으로 무규범 혹은 탈규제와 같이 정의하는 프랑스 사회학자 에밀 뒤르켐으로부터 빌어왔다. 그의 고전적 작업, 자살론(Suicide)에서 뒤르켐(1897/1951)은 제도화된 규범이 인간의 필요와 행위를 규제하는 힘을 상실한 사회적 환경을 묘사하기 위한 개념으로 사용했다. 그는 서구사회가 더욱더 근대화되면서, 성공을 위한 인간들의 욕구를 제한하는 데 주의를 기울이지 않으면서 "산업적인 풍요를 달성하는 것"에 대해서만 과도하게 강조하였다. 그는 이러한 발전이 경제영역을 "아노미의 만성적 상태"로 남겨놨다고 봤다. 사람들은, 그렇게 독려하지 않더라도, 한계가 없는 것으로 보이는 경제적 성공을 추구하는 데 있어 자유롭다. 그러나 불안을 조성하는 결과들은 그러한 유혹에 굴복한 사람들에게 닥쳤다. 뒤르켐은 "지나친 야망은 여기서 멈추라는 경고가 없기 때문에 그들에게서 얻을 수 있는 최대치의 결과를 초과한다고 경고했다. 아무것도 만족을 줄 수 없고, 이런 모든 불안은 완화되지 않은채 끊임없이 유지된다(p.60)." 많은 이들에게, 자살은 "되돌아가는 것(후퇴하는 것)"의 고통으로부터 탈출할 수 있는 유일한 수단인 것처럼 보였다. 우리는 5장에서 뒤르켐의 이론을 다시 다루게 될 것이다.

머튼은 뒤르켐의 이론틀 모든 것을 가져오진 않았으나 선택적으로 차용했다(Cullen, 1984; Vold & Bernard, 1986). 아마도 가장 중요한 것은, 그가 경제적인 성공에 강력한 가치를 두는 사회에서 제도화된 규범이 약해지면 아노미가 득세할 것이라는 것을 배웠다는 것이다. 이것이 발생할 때, 성공의 추구는 더 이상 옳고 그름의 규범적인 기준에 의해서 좌우되지 않고, 대신에 "가장 중요한 질문은 가용한 방법 중에서 문화적으로 용인된 가치를 잡기 위해서 가장 효과적인 것은 무엇인가?"가 된다(Merton, 1968, pp.189–211). 월스트리트의 내부 거래와 은행 스캔들은 돈 버는 것에 대한 광범위한 집착이 어떻게 제도화된 규범을 붕괴시키고 아노미가 들어서게 하고 금전적 보상의 억제할 수 없는 열망을 촉진하는지에 대한 예이다.

우리는 또한 혁신적인 행위는 아노미가 격렬해지면 특별히 더 만연해진다고 덧붙일 수 있다. 의례(혹은 순응)와 반대로, 이러한 적응은 불법적인 수단을 선호하고 제도화된 수단에 대한 헌신을 포기할 수 있는 능력을 요구한다. 시간의 흐름에 따라서든 혹은 특정 시점의 사회에서건 아노미 수준의 변동은 범죄와 전형적인 혁신적 대응들을 포함한 특정한 종류의 전체 일탈의 비율을 결정할 것이라고 예측할 수 있다.

더욱이, 아노미와 일탈은 상호 강화하게 된다. 제도화된 규범의 약화는 처음에 제한된 수의 사람들로 하여금 사회적으로 용인된 기준을 위반하도록 한다. 그러나 그러한 일탈이, 한번 성공적으로 완결되고 다른 이들에 의해서 관찰되면, 규범의 정당성에 대한 구체적인 도전이 이루어진다. 이 과정은, 머튼이 지적하듯이, "시스템 내 아노미의 정도를 확장시키고(p.234)" 이것은 결과적으로 일탈이 보다 만연해질 것이라는 개연성을 높인다.

아마도 증가하는 마리화나 사용이 이런 현상을 분명히 보여준다. 마리화나 광기(reefer madness)의 주장이 조롱당하고 마리화나를 금지하는 규범이 1960년대 그 힘을 잃으면서, 많은 수의 전형적인 청소년들이 사회적 환경에서 마리화나를 테스트했다. 이것은 광범위하게 과시된 것이 아니더라도, 몇몇 지역의 경찰과 법원은 기존의 법을 적용하지 않고 기분전환용 사용을 비범죄화하는 데까지 이른 예를 통해서 보듯이, 일탈 행위가 제도화된 규범의 정당성을 약화시켰다는 것을 보여줬다. 따라서 아노미는 만연했고, "마리화나 피는 것"에 대한 규제를 급격하게 떨어뜨렸고, 마리화나 사용을 오히려 만연하게 만들었다.

**개인주의 거부하기** 요약하면, 머튼은 미국 사회의 본질 그 자체가 괄목할 수준의 범죄와 일탈을 만들어낸다고 주장했다. 문화와 사회 구조들 간의 괴리는 많은 시민들을, 특별히 사회적 약자들을 도달할 수 없는 목표를 열망하도록 하는 위치에 놓이게 했다. 막대한 긴장들을 불러일으켰고, 이러한 상황을 풀기 위해서 많은 사람들은 일탈적 방법을 찾아 움직였다. 더욱이, 성공에 대한 문화적 강조는 행위를 규제하기 위한 제도화된 규범의 힘을 약화시킨다. 아노미가 만연해지면서, 사람들은 이용 가능한 수단이 합법적이든 불법적이든 간에 자유롭게 성공을 추구하게 된다. 이러한 상황에서, 많은 형태의 범죄를 아우르는 적응인 혁신(innovation)이 －반드시 일어나진 않더라도－ 가능해진다.

시카고 이론가들처럼, 머튼은 범죄와 일탈의 근원을 미국 사회의 구조 그 자체 안에 위치시켰다. 다시 한 번, 시카고학파는 도시와 범죄문화에 대한 순응의 범죄유발적 역할을 강조하였지만, 머튼은 금전적 성공에 대한 보편적이고 관습적인 문화적 목표에 대한 순응의 범죄유발적 역할을 강조했다. 그러나 이런 차이는 제쳐놓고, 두 관점들은 범죄의 기원이 개인들의 정신이나 신체에 있다는 개념을 거부했다.

실제로, 머튼은 특별히 1930년대 만연했던 개인주의적 설명들에 대한 그의 공격에 목소리를 높였다(Merton & Ashley－Montagu, 1940). 대부분의 이러한 이론들은, 그가 설명하기를, 악에 대한 근본적인 충동을 인간 본성 내에 두는 그릇된 전제에 기반하고 있었다. 반대로, 머튼(1968)은 "사회적 일탈 행위 역시 순응 행위와 같은 사회 구조의 산물로 고려"하고 "사회구조 역시 인간의 원초적 욕구들에 대한 지식에 기반해서 예측하는 것이 불가한 새로운 동기들을 양산하는 능동적인 사회구조로 파악"해야 한다고 주장했다(p.175).

## 맥락 속의 긴장이론

1938년 "사회구조와 아노미"를 발표했을 때, 머튼은 28살이었고 하버드 대학교에서 강의를 하고 있었다. 결국에, 그는 1941년에 컬럼비아 대학교(Columbia University)의 교수가 되었고 미국 사회학회 회장으로 선출되었다. 그러나 언급했듯이, 그의 출신은 더 별로였다. 그는 필라델피아 남부의 빈민가에서 태어났고 템플 대학교(Temple University)에서 장학금을 받아 겨우 대학에 다닐 수 있었고 그 후에는 대학원 장학금으로 하버드에 진학했다(Hunt, 1961; Persell, 1984).

개인적 전기와 학자의 이론을 연결하는 것은 어느 정도의 추측이 가미된다. 여전히, 머튼의 삶은 모든 이에게 아메리칸 드림을 추구하라는 문화적 메시지의 중요성과 이러한 보편적 목표에 이르기 위해서 사람들이 가졌던 차별적 기회들이라는 그의 이론적 패러다임의 두 가지 핵심적인 특징을 반영하는 것으로 보인다.

따라서 필라델피아 남부 도시 빈민가로부터 하버드와 컬럼비아라는 일류 대학으로의 상승은 그가 아메리칸 드림을 살았다는 것을 의미했다. 아주 개인적인 방식으로, 그는 또한 지배 문화에 동화되었다. 잘 알려지지 않은 사실은 동유럽 유태계 이민자의 아들로서 머튼은 태어날 때 이름은 메이어 쉬콜닉(Meyer R. Schkolnick)이었다는 것이다. 십대 머튼이 생일 파티와 같은 지역 행사에서 마술을 하는 동안, 그는 유명한 연예인을 따라하면서 그의 이름을 처음에는 "로버트 메를린(Robert Merlin)"으로 바꿨고, 이것의 조잡함을 알고 난 후에, "로버트 킹 머튼(Robert King Merton)"으로 개명했다. 그는 친구들과 학교에서 "밥 머튼(Bob Merton)"으로 널리 알려졌고 그가 대학에 가면서 미국 이름을 계속 사용하기로 선택했다(Cullen & Messner, 2007).

요약하면, 머튼에게 있어, 지배적인 현실은 시카고학파 이론가들이 강조했던 사고들인 인종과 인종적 이질성 그리고 문화 갈등이 아니었다. 머튼에게 있어, 미국을 정의하는 현실은 미국인들이 하나의 꿈과 하나의 정체성을 공유한다는 사실과 같은 문화적 동질성과 보편주의였다. 머튼에게는, 모든 이들이 미국인이 되도록 하고 사회적 신분 상승이라는 국민 문화를 가슴에 품게 하는 강력한 힘이 있었다.

동시에, 머튼의 어린 시절 사회적 상황 또한 사회적 유동성에 대한 구조적인 한계에 대해서 그의 이론적 강조를 구체화했다고 보는 것이 타당하다. 이전에 논의했듯이, 머튼은 도심 공동체가 완전히 해체되었고 내재적으로 범죄유발적이라는 것을 믿지 않았다(Cullen & Messner, 2007). 여전히, 그는 하류층 출신에게 내재된 유동성에 대한 한계에 대해서 모르지 않았다. 사회적 상승은 그 자신의 삶이 증명하듯이 확실히 가능했다. 그러나 폴(Pfohl, 1985)이 지적하듯이, "대부분의 머튼의 빈민가 이웃들은 그리 잘 살지 못했고" 이것이 "머튼이 잊지 말아야 할 빈민가 삶의 교훈이다(p.211)." 머튼은 또한 대공황을 경험했고 수많은 사람들이 사회의 밑바닥으로 떨어지고 그들이 열망하도록 배운 것에 도달하기 위한 기회들을 빼앗긴 결과를 눈으로 봤다.

시카고학파와는 대조적으로, 머튼은 빈민가의 삶은 불가피하게 범죄유발적이라는 것을 믿지 않았다. 그의 어린 시절 공동체에서, 가족들이 모두다 해체되지 않았고 범죄의 전통들은 항상 존재하지 않았다. 거주민들은 미국인이 되고 미국의 문화적 꿈을 쫓아 살아가길 원했다. 따라서 청소년들은 시카고학파가 주장한 것처럼 빈민가의 삶에 의해서가 아니라 빈민가를 떠날 기회를 거부하기 때문에 범죄에 빠져들었다.

어떻게 머튼이 그의 패러다임을 형성하게 되었는지에 상관없이, 그의 논문 "사회구조와 아노미(Meton, 1938)"가 아마도 범죄학뿐만 아니라 사회학 전체에서도 가장 많이 인용되는 논문이라는 점은 분명하다(Pfohl, 1985). 그렇지만, 이 논문은 1938년 발표한 이래로 거의 20년 후 까지는 광범위한 관심을 얻지 못했다(Pfohl, 1985; 또한 Cole, 1975). 1950년대 후반부터 1960년 초반 동안, 그의 작업에 대한 갑작스러운 관심은 부분적으로는 머튼의 이론으로부터 큰 영향을 받았던 청소년 갱에 대한 두 권의 책인 코헨(Cohen, 1955)의 『비행소년들(Delinquent Boys)』과 클로워드와 올린(Cloward and Ohlin, 1960)의 『비행과 기회(Delinquency and Opportunity)』의 출현에 의해서 촉발되었다. 우리는 또한 초기 논문에 대한 머튼 스스로의 새로운 관심(1957, 1959, 1964, 168)의 효과를 지적할 수 있다.

그러나 이러한 관찰들 그 자체로는 미국이 1960년대에 들어서면서 왜 범죄학자들이 범죄에 대해서 다른 종류의 사고들과 대조적인 이런 특정한 방식의 사고에 강력하게 사로잡히게 되었는가에 대해서 완벽하게 설명할 수 없다. 우리는 당대의 사회적 상황 역시 고려되어야만 한다고 믿는다.

찰스 머레이(Charles Murray)가 언급했듯이, 1960년대 이전에, 빈곤은 적어도 정계에서는 미국 사회 그 자체에 뿌리박고 있는 중요한 사회 문제로 여겨지지 않았다(Murray, 1984). 그러나 1960년대 초반에 이르러, 근본적인 사고의 전환이 일어났다. 머레이(Murray, 1984)가 주장하듯이, 빈곤은 "열심히 일하지 않은 사람들의 인과응보가 아니고, 개인적인 덕이나 노력과는 아무 상관없는 환경에 의해서 양산된다는 것에 대한 합의가 증가하는 것으로 나타났다. 빈곤은 개인의 책임이 아니라 시스템의 탓이었다(p.29)." 더욱이, 민권 운동은 소수자들과 다른 사회적 약자들이 "기회의 균등"을 거부당하고 있다고 개념화하는 것에 대한 언어를 제공했다.

이러한 세계관은 점점 더 정부 관료들, 언론인, 그리고 학자들에 의해서 받아들여졌다(Murray, 1984). 범죄학자들은 또한 미국 인구의 많은 부분이 아메리칸 드림에 대한 접근이 거부되었다는 사고에 부여된 정당성에 깊은 영향을 받았다. 이러한 상황에서, 왜 머튼의 이론과 코헨(Cohen, 1950)과 클로워드와 올린(Cloward & Ohlin, 1960)에 의한 비행 저서들과 같은 파생물들이 갑자기 관심을 끌게 되었는지 이해할 수 있다. 머튼 패러다임의 핵심은 미국은 모든 이들이 경제적인 신분 상승을 기대하게 하는 사회이지만 구조 그 자체는 이들이 소중하게 품어온 목표를 달성하기 위한 균등한 기회를 거부하는 사회라는 교훈이었다. 1960년대 범죄학자들에게, 이런 전제는 사실처럼 들렸다. 범죄와 일탈은 많은 시민들을 불공평하게 억누르는 것 때문에 비난받는 우리 시스템의 결과일 수도 있다는 것으로 이해할 수 있었다.

## 지위 불만과 비행

앞서 언급했듯이, 알버트 코헨(Albert Cohen)과 리차드 클로워드와 로이드 올린(Richard Cloward and Lloyd Ohlin)의 글들은 머튼의 일탈 이론적 접근의 중요한 확장을 나타냈다. 비록 이러한 학자들이 변종의 긴장이론을 제안했지만, 그들은 공통된 주제를 공유했다. 첫 번째, 그들은 어떻게 이론이 도시 지역의 청소년 갱들에 대한 연구에 적용될 수 있을 것인지에 대해서 연구했다. 두 번째, 그들은 머튼의 구조주의적 전통뿐만 아니라 시카고학파의 전통까지 끌어 왔다.

### 비행소년들

여전히 하버드 대학의 학부생이었지만, 알버트 코헨(Albert K. Cohen)은 젊은 교수인 로버트 머튼(Robert K. Merton)이 가르쳤던 세미나 수업에 등록했다. 일년 후, 코헨은 인디애나 대학교로 갔고, 거기서 에드윈 서덜랜드가 가르쳤던 세미나 수업을 수강했다. 기대한 바와 같이, 두 명의 영향력 있고 설득력 있는 학자들과의 행운적인 조우는 코헨으로 하여금 어떻게 문화전이의 개념과 구조적으로 유도된 긴장을 조화시킬 수 있을까를 고민하도록 만들었다.

서덜랜드는 범죄문화와의 차별접촉이 청소년들을 법적 문제로 이끌게 될 것이라고 코헨을 납득시켰다. 그러나 코헨은 또한 이런 문화적 전이 가설은 보다 근본적인 문제들을 품고 있다고 믿었다. 범죄문화는 어디서 왔는가? 왜 그러한 하위문화는 특정한 사회적 배분을 가지고, 빈민지역에 자리 잡고 있는가? 왜 하위문화는 특정한 규범적 내용을 가지고 있는가? 그리고 왜 이런 가치들은 세대를 거쳐 지속되는가?

박사학위를 위해서 하버드로 돌아온, 코헨은 그의 박사학위논문에서 이러한 질문들을 이야기했다. 많은 부분 개정된 원고는 1955년 『비행소년들: 갱의 문화(Delinquent Boys: The Culture of the Gang)』라는 제목으로 출간되었다. 그는 비행 갱들과 그들이 받아들이는 하위문화적 가치들은 도시 빈민가에 집중되어 있다는 몇 가지 중요한 논평을 하면서 시작했다. 게다가, 이러한 하위문화의 내용들은 범죄를 지원할 뿐만 아니라 "비실용적이고, 악의적이고, 부정적"이다(p.25). 빈민가의 청소년들은 이러한 가치들의 토대 위에서 배우고 행위하기 때문에, 그들은 권위를 경멸하고 기존 시민들에게 터무니없게 행동하는 비행에 가담한다. 겉보기에, 그들의 행위에 대한 유일한 지침은 그들이 "별 이유 없이 그냥 장난으로" 무언가를 한다는 것이다.

이러한 패턴을 설명하기 위해서, 코헨(1955)은 모든 하위문화와 마찬가지로 비행하위문화는 사람들이 직면하는 특별한 문제들에 대한 반응으로서 발생했다고 제안했다. 머튼의 통찰을 쫓아서, 그는 하층계급 청소년들은 성공하고자 하는 그들의 노력과 관습적인 제도들에서 지위를 얻고자 하는 데 있어서 불리하다는 점을 지적했다. 중산층의 가치를 구현하는 학교는 특정 장애물을 선사하는데, 가난한 아이는 경쟁자인 잘사는 가정의 아이들과 성공적으로 경쟁하기 위한 자원과 초기 사회화가 부족하다. 결과적으로, 그들은 "적절한 지위 시스템의 판단 기준을 충족시킬 수 없기 때문에 사회의 적절한 지위로부터 거부"당한다(p.121).

어떻게 이러한 지위 문제를 해결할 수 있을까? 비행하위문화는, 코헨이 주장하듯이, 이러한 아이들이 충족할 수 있는 지위 판단 기준을 제공하면서 문제들을 처리한다(p.121). 반동형성(reaction formation)의 과정에서, 하위계층의 소년들은 그들이 열망하도록 배웠으나 그들을 부적절하게 판단하는 중산층의 목적과 규범을 거부한다. 중산층 기준의 자리에, 그들은 일련의 대항적 가치들로 대체한다. 만약 관습적 사회가 야망, 책임성, 합리성, 정중함, 물리적 폭력의 통제, 그리고 권위에 대한 존중이라면, 이러한 아이들은 그러한 원칙들을 위반하는 행위들을 더 가치 있게 여길 것이다. 그에 따라, 무단결석하고, 권위를 무시하고, 싸우고, 그리고 "스릴"을 위해서 공공기물을 파손하는 동료들과 지위가 일치하게 될 것이다.

요약하면, 코헨(1995)은 계급에 기반한 지위 불만의 긴장들은 비행을 지원하는 하위문화적 가치들의 출현에 도움이 된다. 과밀한 도시 공동체에 함께 던져졌고 동일한 문제를 짊어지게 된 하류층 소년들은 그들이 도달할 수 없는 훌륭한 가치들을 거부하는 정신적 만족과 지위를 얻을 수 있는 기회를 제공하는 가치들을 받아들이면서 공동의 해결책을 찾는다. 미국 사회가 각 새로운 세대의 도시 소년들에게 지위 문제들을 지속적으로 선사하기 때문에, 이러한 비행 규범과 갱 조직들이 번성하고 지속될 수 있는 구조적 기반이 존재한다. 더욱이, 한 번 존재하면, 하위문화는 그 자체가 현실이 된다. 시카고학파가 가르쳤던 것처럼, 이 범죄 문화는 지역사회에서 소년들에게 전이될 수 있다. 코헨은 비록 지위 불만을 가진 청소년들이 불만 그 자체로 비행을 동기화하는 데는 불충분하더라도 친구 먹기(되기), 흥분, 그리고 보호와 같은 갱의 미끼에 마음을 빼앗길 수 있다.

## 비행과 기회

코헨의 작업과 비슷하게, 리차드 클로워드와 로이드 올린(Richard Cloward and Lloyd Ohlin)의 작업은 시카고학파와 긴장이론의 전통을 한데로 묶었다. 코헨처럼, 개인적 환경은 표면상으로 이론적 통합의 시도를 가능하게 만드는 데 중요한 역할을 했다. 올린은 서덜랜드 밑에서 수학하였고 뒤에는 박사학위를 시카고 대학교에서 받았다. 클로워드는 컬럼비아에서 머튼의 학생이었다. 결국에는, 그들은 컬럼비아 대학교의 사회사업과(social work) 교수로 동료가 되었고 (Laub, 1983) 기회 이론의 중요한 열매를 산출했던 공동연구를 시작했다(Cloward & Ohlin, 1960; 또한 Cloward, 1959).

머튼으로부터, 클로워드와 올린은 사회구조가 비행에 대한 압력을 만들어내고, 그 압력들은 하류층에서 가장 강렬하게 경험된다는 것을 배웠다. 머튼의 작업에 대한 코헨의 확장과 비슷하게, 그들은 빈민가 소년들은 성공하고 지위를 얻기 위해서 필요한 합법적인 수단, 즉 기회가 부족한 문제에 직면한다고 주장했다. 미국 사회에서, 학교와 직장에서 성공하는 것이 가치로 여겨지고 크게 보상받는 사회에서 이러한 실패는 지위 불만에 대한 긴장이라는 특별한 문제를 제공한다. "하류층 소년들이 원하도록 이끌어지는 것과 실제 그들에게 가능한 것들 간의 괴리는", 클로워드와 올린이 말하듯이(1960), "큰 적응의 문제의 원천이다." 그것은 극심한 좌절을 야기하고 비순응적 대안들에 대한 탐사로 이어질 것이다(p.86).

그러나 클로워드와 올린은 또한 시카고학파의 이론가들의 글들로부터 중요한 교훈을 이끌어낸다. 어떻게 범죄자 역할을 문화적 전이를 통해서 배우게 되었는지에 대해서 설명했던 『아리랑치기 The Jack-Roller(Shaw, 1930)』나 『전문털이범 The Professional Thief(Sutherland, 1937)』과 같은 작업을 읽고 나서, 그들은 사람들이 되고 싶어 하는 일탈자나 범죄자가 되는 것이 자유롭지 못하다는 결론에 이르렀다. 의사나 변호사가 되기 위해서, 물론 사람들은 필요한 합법적인 수단(예를 들면, 교육, 금전적 능력)에 접근할 수 있어야만 한다. 논리는, 그들이 추론하길, 범죄자의 세계로 확장될 수 있다: 전문절도범이나 아리랑치기가 되기 위해서, 사람들은 필요한 불법적인 수단(도둑과의 접촉/안면, 빈민가 거주민)에 접근할 수 있어야만 한다.

시카고학파로부터의 이러한 교훈은 머튼 패러다임의 단점을 해결할 수 있도록 도와줬다. 이전에 논의했듯이, 머튼은 긴장이 혁신, 의례, 도피, 혹은 반역을 통해서 적응될 수 있을 것이라고 언급했다. 그러나 그는 사람들이 다른 적응보다 어느 한 적응을 선택하게 되도록 할 환경에 대해서는 단지 기본적인 통찰만을 제공했다. 클로워드와 올린은 시카고학파는 왜 개인들이 다른 방식이 아니라 특정 방식으로 긴장에 적응하는지에 대한 질문에 대한 답을 제공했다고 제시했다: 적응의 선택은 불법적 수단의 사회구조를 통한 가용성에 의해서 규제된다. 그러므로 부유한 사람들은 횡령이나 내부자 거래 계획에 가담할 수 있는데 필요한 재정적 위치들에 대해서 접근할 수 있을 것이다. 반대로, 화이트칼라 범죄로부터는 배제되었지만, 하류층의 주민들은 강도하는 데 그들을 도와주거나 어떻게 장물을 은닉하는지를 가르쳐 줄 친구들에게 접근할 수 있을 것이다.

특히, 클로워드와 올린은 불법적 수단의 개념이 왜 비행 하위문화가 빈민가에 존재했고, 왜 그것들이 특정한 형태를 갖추었는지를 분명하게 보여줄 수 있을 거라 믿었다. 한 가지 고려사항은 하류층의 소년들은 높은 수준의 긴장을 경험했다는 것이었다. 그러나 이 요인 그 자체는 왜 소년들이 법을 위반하도록 동기화되었을까를 설명할 수 있지만, 왜 특정한 형태의 하위문화적 반응들이 출현하는지에 대해서는 설명하지 못한다. "비행에 대한 압력의 발전에 대해서 설명하는 것은", 클로워드와 올린이 경고하듯이, "왜 이러한 압력들이 다른 것이 아닌 이러한 비행 해법의 결과로 나타날까를 충분히 설명하지 못한다(p.34)."

따라서 클로워드와 올린(1960)은 비행 하위문화는 단지 충분히 많은 소년들이 함께 뭉칠 수 있을 만큼 집중되어 있고 관습적인 가치로부터 멀어져 서로 서로를 지지할 수 있는 지역에서만 출현하고 지속된다는 것을 제시했다. 그러나 그들은 소년들이 만들어낼 수 있는 집합적 반응 유형은 그들이 살고 있는 지역사회에서 즉각적으로 형성될 것이라고 봤다. 예를 들면, 빈민 지역에서 조직된, 범죄 하위문화는 나이 든 범죄자들이 안정적인 범죄자의 삶을 위한 역할 모델을 하고 불법 조직 활동(예를 들면 장물을 은닉하는 것을 통해서)을 통해서 소년들을 훈련시키기 때문에 가능하다.

보다 해체된 지역에서는, 반대로, 조직된 범죄에 대해서 견습할 수 있는 접근이 부재하다. 돈벌이가 되고, 실용적인 불법 경력들에 뛰어들 만한 기회가 부재하면, 소년들은 "평판" 혹은 사회적 지위를 얻기 위한 방법으로 폭력에 빠져든다. 그래서 상황은 "갈등" 혹은 호전적－경향의 하위문화가 출현하는 기회가 무르익는다.

클로워드와 올린(1960)은 또한 세 번째 하위문화 형태를 드러냈는데, "도피주의자" 혹은 약물－사용 하위문화이다. 이러한 집단은 합법적 혹은 불법적 수단을 통한 지위 달성에 모두 실패한 사람들이, 즉 이러한 "이중 실패"를 경험한 소년들이 충분히 존재할 때 발생한다. 이러한 하류층 청소년들은 학교와 같은 관습적인 환경에서 뿐만 아니라 "범죄 혹은 갈등의 하위문화에서도 그들의 자리를 찾는데 실패했다." 그 결과로, 그들은 "그들의 지위 딜레마에 대한 해결책으로 약물을 찾는다.

마지막 한 가지는 강조가 필요하다. 비록 클로워드와 올린이 비행 하위문화에 대해서 그들의 실질적인 분석의 초점을 맞췄지만, 그들은 문화 전이와 긴장의 전통들을 통합한 그들의 기회 이론이 범죄와 비행의 연구를 위한 총론을 제공했다고 믿었다(Cloward, 1959; Cloward & Piven, 1979). 다시 한 번, 그들은 머튼은 합법적 기회의 거부와 같이 비행에 대한 압력의 주요 원천을 발견하였지만, 긴장이론은 왜 사람들이 그들의 지위 문제를 특정한 방식으로 해결하는지에 대한 체계적 설명이 없어서 불완전했다고 받아들였다. 그들은 적응의 선택 문제도 어떻게 불법적 기회 구조가 사회의 서로 다른 지점에 위치하고 있는 사람들에게 다양한 형태의 범죄/비행의 접근을, 즉 불법적 기회 구조가 어떻게 규제하는지에 초점을 맞추는 것을 통해서 답을 얻을 수 있을거라 믿었다(Cullen, 1984). 따라서 화이트칼라 범죄와 노상강도는 금전적 자원을 획득하는 두 가지의 가능한 혁신적인 방법들을 나타낸다. 그렇다 하더라도, 다른 게 아니라 이러한 범죄들 중 하나에 참여하는 것은 긴장에 의해서가 아니라 불법적 기회들의 가용성에 있어 사회 계층적 차이에 의해서 결정된다.

## 긴장이론의 범죄학적 유산

### 긴장이론 평가하기

1960년대 초반 긴장이론이 가장 중요한 범죄학적 설명으로 출현했을 때, 그것은 지지자뿐만 아니라 상대편으로부터도 괄목할 만한 관심을 받았다(Cole, 1975). 비판가들은 다양한 공격을 전개했다(요약을 위해서 Empey, 1982; Pfohl, 1985; Vold & Bernard, 1986).

어떤 학자들은, 예를 들어서, 과연 미국과 같이 다양한 사회에서 모든 시민들을 금전적 성공의 목표 탓으로 돌릴 수 있는가에 대해서 의문을 품었다. 적어도, 서로 다른 집단들이 아메리칸 드림에 대해서 효과적으로 사회화되는 정도에 있어서의 차이들은 검토되어야만 했다. 다른 학자들은 긴장과 비행이 하류층에 보다 더 많이 있다고 가정하는 긴장이론을 폄하했다. 이런 계급-편향적인 가정은 화이트칼라 범죄를 간과하고 무법은 하류층의 독점적 문제라는 인상을 준다고 여겨졌다(그러나 Merton, 1957, 1968을 참조). 여전히 다른 이들, 보다 급진적인 학자들은 광범위하고 보다 예리한 분석을 제공하는 데 있어서의 머튼의 실패에 대해서 우려를 표명했다(Taylor, Walton, & Young, 1973). 이런 관점에서, 머튼은 계급 개방적 이념과 제한된 계급 구조와 같은 미국 사회에 중추적인 모순을 드러내는 데 있어서는 성공했지만, 이 환경이 어디서 유래되었고 왜 사그라들지 않는지를 질문하는 데서 갑자기 멈춰버렸다. 해답은, 폴(Pfohl, 1985)에 의하면, "자본주의의 정치-경제적 구조를 높은 수준의 비행을 양산하는 모순의 기본 원천으로 여겨야만 한다"는 것이다(p.234).

비행하위문화를 설명하기 위한 코헨(1955)과 클로워드와 올린(1960)의 시도들도 역시 비판을 받았다. 논평가들은 보다 빈번하게 과연 이론가들이 하위문화의 내용을 정확하게 기술했는가에 대해서 문제 제기를 했다. 코헨(1955)은 비행청소년들을 "비실용적이고, 악의적이고, 부정적"인 가치들을 받아들인 것으로 묘사했으나, 어떤 소년들의 범죄는 소비지향적이고 표면적으로는 실용적이다. 비슷하게, 클로워드와 올린(1960)은 범죄(criminal), 갈등(conflict), 도피(retreatist)적인 세 가지의 구별된 하위문화의 형태를 설명했으나, 비행청소년들은 이러한 활동을 섞는 것으로 보인다. 비행 소년들은, 엠페이(Empey, 1982)가 논하듯이, 술 마시고, 도둑질하고, 기물을 파손하고, 마리화나를 피우고, 혹은 헤로인이나 약물을 테스트해보지만, 그들 자신을 이러한 활동들 중 어느 한 가지로 제한하지는 않는다(p.250, 또한 Short & Strodtbeck, 1965을 참조).

비록 이러한 논평들이 각각 장점을 가지고 있지만, 하위문화들(개정의 필요성이 있어 보이는)에 대한 이론가들의 실질적 분석과 범죄 연구를 위해서 그들이 제안하는 일반론적인 분석틀을 구분하는 것은 중요하다. 코헨(1955)과 클로워드와 올린(1960)은 관습적인 규범으로부터 젊은이들이 탈퇴하는 것에 대해서 잠재적으로 중요한 원인들을 보여줬을 뿐만 아니라 왜 특정 형태의 범죄(예를 들면 비행 갱, 화이트칼라 범죄)들이 사회 구조를 통해서 차별적으로 배분되었는지에 대한 비판적인 이론적 질문 또한 제기했다. 따라서 이러한 저자들의 청소년 하위문화에 대한 묘사가 완벽하게 만족스럽지 않더라도, 범죄자들에게 있어 범죄적 적응의 출현, 지속, 그리고 차별적 선택을 설명하도록 요구한 그들의 도전은 유효하다.

마지막으로, 긴장이론에 대한 경험적인 비판이 일었다. 좌절된 꿈이 사람들로 하여금 법 밖으로 밀어낸다는 이론의 예측과는 반대로, 몇몇 연구자들은 높은 열망이 순응과 관련이 있고 낮은 열망은 비행 참여와 관련이 있다는 것을 보고해왔다(Hirschi, 1969; Kornhauser, 1978). 그러나 이용 가능한 연구들에 대한 버나드(Bernard, 1984)의 평가는 경험적 데이터가 긴장이론을 지지하는 것으로 나타난다는 것을 보여줬다(또한 Burton & Cullen, 1992, Cole, 1975). 더욱이, 이론의 전제를 반증하기 위한 연구들은 종종 주요 개념들에 대해서 의문적인 측정들을 사용하고 모든 이론의 구성요소들을 체계적으로 평가하지 않는다(Bernard, 1984; Burton & Cullen, 1992; Messner, 1988). 예를 들면, 대부분의 연구들은 개인들이 실질적으로 긴장을 경험하는지에 대해서는 거의 평가하지 않는다. 이런 측면에서, 애그뉴, 컬린, 버튼, 에반스, 그리고 더나웨이(1996)가 수행한 성인에 대한 지역사회 자기 보고 연구는 유익하다. 고전적 긴장이론에 대한 새로운 검증으로, 이 저자들은 얼마나 많이 수입을 올리는지에 대해서 불만을 나타내는 사람들은, 긴장이론이 예측하듯이, 돈 버는 범죄나 약물 사용에 연루될 가능성이 높아진다고 보고했다.

이러한 것들에도 불구하고, 1960년대 범죄학자들의 관심을 사로잡았던 긴장이론의 인기는 줄어들었다. 어떤 학자들은 순수하게 학구적인 이유로 비판적이었다. 그러나 우리가 경고한 것처럼, 범죄학적 이론들의 인기는, 아마도 보다 깊게는, 이전에 내려오는 사고를 옛것으로 만들고 새로운 생각을 상식적으로 보이게 만드는 사회적 상황(배경)의 변화에 의해서 형성된다. 특별히 우리가 낙인과 갈등의 관점들을 논의하는 것처럼(7장과 8장을 참조), 우리는 어떻게 1960년대 후반과 1970년대 초반의 사건들이 많은 범죄학자들로 하여금 무엇이 범죄이고 왜 사람들이 그것에 가담하게 되는지를 정의하는 국가와 권력의 역할을 강조했던 이론들에 헌신하도록 했는지를 보게 될 것이다.

그러나 이 모든 것이 암시하지 않는 것은, 그와는 반대로, 긴장이론이 범죄학적 고물로 격하되었다는 것이다. 비록 패러다임의 매력은 떨어졌지만, 범죄학자들에겐 읽어야 할 필수적인 연구로 남아 있고 때때로 새로운 이론들이 비교되고 검증되어지는 기준으로서의 역할을 한다(Burton & Cullen, 1992). 보다 중요하게는, 지난 십수 년 동안, 긴장이론에 대한 새로워진 관심이 등장했다(Adler & Laufer, 1995; Agnew, 1992, 2006a, 2006b; Cullen, 1988; Messner, 1988; Passas, 1990; Passas & Agnew, 1997; Rosenfeld, 1989). 특별히 중요한 것은 전통적인 긴장이론의 통찰을 수정하고 기반을 쌓으려는 노력들이었다. 두 가지의 전도유망한 연구들 — 애그뉴의 일반긴장이론(general strain theory)과 범죄와 아메리칸 드림에 대한 로젠펠드의 분석은 우리의 주목을 끈다.

## 애그뉴의 일반긴장이론

로버트 애그뉴(Robert Agnew)는 긴장이론의 머튼 학파가 한계가 있긴 하지만 그리 잘못된 것은 아니라는 점을 시사했다. 애그뉴(1992)에 따르면, 머튼과 지위 좌절 이론가들은 "다른 이들이 한 개인의 경제적 성공과 학교에서의 지위와 같은 긍정적으로 가치가 주어진 목표를 달성하는 것을 막는 관계들(p.50)"로서 한 종류의 범죄유발적 긴장을 보여줬다. 그러나 긴장을 만들고 사람들에게 법을 위반하게 하는 다른 종류의 부정적 관계 혹은 상황들이 있을 수 있다. 애그뉴가 말하듯이, 그가 고전적 긴장이론이라 명명한 머튼의 패러다임을 넘어서고 이러한 범죄유발적 긴장의 다른 원인들에 대해서 연구해 볼 시간이 왔다. 간단히 말해서, 그것은 범죄에 대한 일반긴장이론을 발전시키는 도전이다.

노스캐롤라이나 대학교에서 박사과정 학생으로 있던 때에, 애그뉴(2011)는 창의성의 원천에 관심을 가지고 있었다. 창의성에 대해 접근 가능한 데이터가 없었기 때문에 이 프로젝트는 열매를 맺지 못했고, 애그뉴에게는 어떻게 박사학위논문을 끝낼 것인지에 대한 과제가 남겨졌다. 그가 최근에 회상했듯이, "한주 한주 지나가면서, 나의 긴장 수준은 증가했다. 알버트 코헨식으로 표현하면(1955), 나는 문제를 가지고 있었고 해결책을 찾는 데 관심이 있었다(Agnew, 2011, p.140)." 한 동료 대학원생이 그에게 비행에 대한 측정을 포함하고 있는 전환기 청소년 설문(the Youth in Transition Survey)에 대해서 알려줬다.

데이터를 손에 쥐고, 애그뉴는 비행 관련 문헌들을 철저하게 조사했고, 긴장이론에 대한 비판들에도 불구하고, 긴장이론의 확장판이 가지고 있는 전제들에 매료되었다. 그가 느끼기에, 고전적 긴장이론은 소년들의 행동에 영향을 주기에는 너무나 멀리 떨어진 너무나 먼 얘기인—미래의 경제적 성공을 달성할 수 없는 무력함이라는 한 종류의 긴장에 초점을 맞추었다. 애그뉴(2011)에게 있어, "범죄에 기여하는 주요 긴장들은 친구들에게 물리적으로 학대를 당하거나 가족들과 심각한 논쟁을 하는 것과 같이 본질적이고 즉각적인 것으로 보였다." 이러한 통찰은 스트레스와 공격성 연구와 같은 사회심리학 연구에 의해서 지지되었다(p.141). 일련의 연구질문들은 결과적으로 1992년 발표된 그의 일반긴장이론의 서막이 되었던 "수정된 긴장이론"을 발전시킬 수 있도록 했다(Agnew, 1985). 이론에 대한 그의 가장 체계적인 설명은 나중에 『범죄로의 압력: 일반긴장이론의 개요(Pressured Into Crime: An Overview of General Strain Theory)』라는 책에서 등장했다(Agnew, 2006a; 또한 Agnew, 2006b).

**긴장의 종류** 다시 한 번, 애그뉴는 머튼의 고전적 긴장이론이 열망된 목표들로부터 막힌 상태와 관련된 한 종류의 긴장만 보여줬다고 주장했다. 그러나 머튼과 다르게, 애그뉴는 경제적 목표에만 독점적으로 초점을 맞추지 않았다. 그는 이러한 종류의 긴장을 긍정적으로 가치 부여된 모든 목표들부터의 차단을 포함하는 것으로 확장했다. 이것은 경제적 성공을 달성하지 못하는 것을 포함할 수 있으나, 학교에서 운동팀에 들어가지 못하는 것, 친구집단에서 지위를 획득하지 못하는 것, 혹은 졸업파티에서 파트너를 구하지 못하는 것 등을 수반할 수 있다. 이러한 혁신을 넘어, 그는 두 가지의 추가적인 긴장 원인들을 제시했다(표 4.2).

첫 번째, 애그뉴(1992)는 긴장이 "개인으로부터 긍정적으로 가치가 부여된 자극에 대해서 실질적이거나 예측되는 제거"로부터 생성될 수 있다(p.57)고 주장했다. 예를 들면, 이 긴장은 부모가 특혜(집에 있는 차를 사용하는 것과 같은)를 빼앗아버릴 때, 한 학생이 운동부에서 쫓겨날 때, 연애가 깨졌을 때, 직장에서 쫓겨나게 되었을 때, 혹은 사랑하는 이가 죽었을 때 발생할 수 있다. 이러한 상황들에서, 사람들은 스트레스를 다스리기 위해서 약을 먹거나, 혹은 빼앗긴 것을 대체하기 위한 불법적 수단(차를 훔친다거나)에 기대게 되거나, 혹은 그들의 긴장을 야기한 이들에 대한 복수의 방법(부모, 감독, 혹은 직장 상사에게 공격한다거나)을 찾을 것이다.

두 번째, 긴장은 "부정적 혹은 유해한 자극의 실질적 혹은 예측되는 등장"에 의해서 유도될 수 있다(Agnew, 1992, p.58). 이러한 부정적인 상황들은 성적으로 혹은 물리적으로 학대적인 관계에의 노출, 갈등으로 인해 골치 아픈 가정에 사는 것, 그리고 불공평하거나 괴롭히는 직장 상사 밑에서 일하는 것 등을 포괄할 수 있다. 애그뉴(1992)가 지적하듯이, 범죄와 비행은 사람들이 이러한 부정성을 탈출하고자 시도(집으로부터 가출)하거나, 스트레스원에 대해서 복수하거나 제거하려고(학대하는 사람을 살해하는 등) 하거나, 혹은 약물을 해서 정신적 고통을 없애려고 할 때 일어날 수 있다.

표 4.2 애그뉴의 일반긴장이론: 긴장의 종류

| 긴장의 종류 | | 어떻게 개인들이 취급되는지 | 범죄로 가장 잘 이끄는 긴장의 종류 |
|---|---|---|---|
| 1. 긍정적으로 가치 매겨진 목적 달성의 실패로서의 긴장(전통적인 긴장) | → | 개인들은 그들의 목표를 달성할 수 없다. | 1. 긴장이 부당하게 보인다.<br>2. 긴장의 강도가 세다.<br>3. 긴장이 낮은 사회적 통제와 관련 있고 그것에 의해서 야기된다.<br>4. 긴장은 범죄적 적응에 가담하는 데 압력이나 장려 동기를 만들어낸다. |
| 2. 개인으로부터 긍정적으로 가치를 주는 자극의 제거로서의 긴장 | → | 개인들은 그들이 가치 있다고 여기는 것을 잃는다. | |
| 3. 부정적 자극의 출현으로서의 긴장 | → | 개인들은 다른 이들에게서 부정적인 대접을 받는다. | |

**긴장에의 적응** 애그뉴는, 일반적으로, 높은 수준의 긴장을 경험하는 사람일수록, 범죄나 다른 형태의 비행에 가담하게 될 가능성이 높아질 것이라 상정했다. 그렇다 하더라도, 고전적 긴장이론 전통의 이론가들은 긴장이 완벽하게 범죄와 관련이 있지 않다는 것을 알게 되었다. 사람들이 한번 긴장에 놓이게 되면, 그들은 범죄 행위를 통해서 이 상태를 전환하기도 하고 혹은 하지 않기도 한다(표 4.1의 머튼의 적응양식의 유형을 기억하라). 그러므로 범죄의 완벽한 이론은 긴장을 야기하는 것이 무엇인가를 설명해야 할 뿐만 아니라 무엇이 긴장 아래 있는 사람들로 하여금 범죄 행위를 통해서 적응(반응)하도록 하는지를 포함해야만 한다. 이런 통찰은 또한 긴장에 반응하는 서로 다른 종류의 적응양식을 형성하는 차별적 종류의 불법적 수단들에 대한 접근을 주장했던 클로워드와 올린(Cloward & Ohlin, 1960)의 초기 작업에서 발견된다(또한 Cullen, 1984).

따라서 애그뉴(1992)는 "비(非)비행과 비행적 적응에 대한 억제"의 경계, 즉 긴장에 대한 반응을 조건짓는 변인들을 정하기 시작했다(pp.66−74). 그는 막힌 목표를 대체할 수 있는 다른 목표의 이용 가능성, 개인적인 대처 자원(예를 들면, 자기효능감, 지능), 다른 이들로부터의 사회적 지원 여부, 불법적 수단에 대한 접근의 거부 등과 같이 범죄적 적응의 위험을 줄일 수 있는 일련의 요인들을 규명했다. 범죄의 성향을 조장하는 다른 요인들은 범죄의 가능성을 증가시킨다.

예를 들면, 이러한 것들은 낮은 자기 통제, 이전의 범죄 학습 경험(예, 비행친구들과의 접촉), 반사회적 신념의 내면화, 그리고 긴장을 야기하는 곤란한 상황에 대해서 다른 이들을 비난하는 경향 등을 포괄한다. 애그뉴가 조건 변인들의 많은 것들을 다른 범죄학적 이론들(유대, 통제 등)에게서 빌려왔다는 것을 지적할 필요가 있다. 다른 이론들은 이러한 요인들이 범죄에 직접적인 효과를 가진다고 주장하는 데 반해서, 일반긴장이론은 그것들은 오직 긴장과 결합하였을 때만 범죄 행위를 증가시킨다고 주장한다. 이러한 이유로, 조건 변인들은 종종 경험적 검증에서 상호작용 항(예를 들면, 긴장×비행친구의 수)으로 측정된다.

마지막으로, 애그뉴는 일반긴장이론에 감정을 포함했다. 그의 견해로는, "부정적 감정들은… 시정조치에 대한 압력을 만들어낸다; 개인들은 기분이 상하면 그것에 대해서 무엇을 하고 싶어 한다(Agnew, 2006a, p.104). 특별히, 그는 분노의 감정에 주목했다. 일반긴장이론은 긴장이 분노의 감정을 이끌어낼 때, 범죄(특별히 폭력 범죄)가 발생할 가능성이 높아질 것"이라고 예측한다.

**일반긴장이론의 경험적 상태** 애그뉴가 일반긴장이론을 아주 명확한 방식으로 설명했기 때문에, 일반긴장이론은 더 많은 경험적 검증의 대상이 되어왔다(Agnew & White, 1992, Aseltine, Gore, & Gordon, 2000; Brezina, 1996; Hoffman & Miller, 1998; Hoffman & Su, 1997; Katz, 2000; Mazerolle, 1998; Mazerolle, Burton, Cullen, Evans & Payne, 2000; Mazerolle & Maahs, 2000; Mazerolle & Piquero, 1997; Paternoster & Mazerolle, 1994, 또한 Kubrin et al., 2009). 이런 연구가 우리에게 일반긴장이론의 경험적 지지에 대해서 말하는 것은 무엇인가? 이 시점에서는 세 가지의 결론이 가능하다.

첫 번째, 비록 결과들이 모든 종류의 긴장에 대해서 일관적이진 않으나(이 문제는 우리가 곧 되돌아갈 것이다), 긴장에의 노출이 범죄를 저지를 가능성을 높인다는 일관적인 경험적 증거가 있다(Agnew, 2006a, 2006b, 2009). 두 번째, 비록 몇몇 긍정적인 결과들도 출현하지만, 연구들은 긴장에의 적응은 일련의 다른 요인들에 의해서 조절된다는 생각에 대한 지지가 적다는 것을 보여준다. 이러한 결과는 상호작용 항을 사용하는 방법(긴장×조건변인)이 너무 어설퍼서 긴장이 개인적 사회적 요인들에 의해서 조절되는 복잡한 방식을 포착할 수 없기 때문이다. 그러나 또 다른 가능성은 애그뉴가 말한 조건변인들이 어떤 사람이 긴장의 영향 아래 놓였을 때만 주로 역할을 담당하는 것이 아니라 범죄 행위에 대해서 직접적인 효과를 가지기 때문이라는 것이다. 예를 들면, 낮은 자기통제는 그 자체로, 즉 긴장이 있든지 없든지 상관없이 범죄를 야기한다. 실제로, 이것은 통제이론가들이 취하는 입장이다(Gottfredson & Hirschi, 1990; 또한 Hirschi, 1969). 세 번째, 긴장과 분노의 조합이 범죄 행위의 위험을 증가시킨다는 몇 가지 증거가 있다. 그러나 명확히 해야 할 것은 과연 긴장이 분노를 만드는지, 그런 다음 범죄로 이끄는지, 혹은 분노한 사람들이 그들의 삶에서 긴장을 보다 더 자주 만들고, 그런 다음 범죄로 이끄는지이다. 물론, 범죄에 대한 이러한 인과적 연결고리는 둘 다 가능하다(Mazerolle et al., 2000; Mazerolle & Piquero, 1997).

우리는 일반긴장이론에 대한 대부분의 검증은 학교에 다니면서 가족들과 거주하는 소년들에 대한 자기보고연구를 통해서 이루어졌다는 것을 언급해야 한다. 그러나 이 이론에 대한 추가적인 지지는 집을 떠나 거리에서 노숙하는 소년들의 비행에 대한 빌 맥카시(Bill McCarthy)와 존 헤이건(John Hagan)의 연구로부터 나온다(Hagan & McCarthy, 1997; McCarthy & Hagan, 1992). 애그뉴의 작업과 일관적이게, 그들의 분석은 어떻게 부정적이고 유해한 환경들이 직접적이고 간접적으로 비행에 관여하는 결과를 낳게 하는지를 보여준다. 그들은 집을 떠난 소년들은 종종 "슬럼가"에서 살게 되고, 거기에서 그들은 배고픔, 무직, 그리고 안식처의 부재를 경험한다. 이러한 부정적 상황을 경감시키기 위한 직접적 시도로, 그들은 음식을 훔치고 재물을 좀도둑질하고 매춘을 하면서 돈을 번다. 다른 부정적 조건들은 소년들로 하여금 거리를 우선이 되게 함을 통해서 비행에 간접적으로 영향을 준다. 따라서 성적으로 물리적으로 학대 당하는 집에 있던 소년들은 단지 길거리 삶의 결핍에 내재된 범죄에 대한 압력에 직면하는 그들 자신을 만나게 되는 것인, 가출을 통해서, 이러한 부정성을 탈출하려고 한다.

**일반긴장이론 정교화하기** 앞서 지적했듯이, 다수의 연구들은 긴장에의 노출이 범죄 연루의 위험을 증가시킨다는 전제에 대한 지지를 보여줬다. 그러나 어려움은 이러한 연구들이 종종 매우 다양한 측정을 사용하여 매우 다양한 긴장을 측정하였다는 것이다. 비록 애그뉴가 그의 이론을 간결하게 — 그는 세 가지의 주요 긴장 유형을 보여준다 — 설명했지만, 각 긴장은 수많은 하위유형의 긴장을 포괄한다. 예를 들어 보면, 유해한 자극의 등장은 부모 갈등에의 노출,

가족 구성원이나 다른 이들에 의한 성적 학대, 친구들에 의한 피해, 친구들과의 갈등, 유쾌하지 않은 학교 경험들, 열악한 노동 환경, 그리고 시끄럽고(층간 소음) 복잡한 생활 환경들과 같은 다양한 긴장들과 관련이 있다. 일반긴장이론이 이치에 맞도록 하기 위해서, 수천의 긴장들이 연구될 수 있는데 그중에서 어떤 긴장이냐의 문제를, 어떤 긴장들이 범죄유발적이고 어떤 것들이 아니냐의 문제를 말해줘야만 한다. 실제로, 미래의 연구에서는 이 문제에 초점을 맞추는 것이 핵심적인 것이다.

특히, 애그뉴(2001a)는 범죄와 비행으로 이끌 가능성이 높은 긴장들을 구체화하는 도전을 받아들였다(p.1). 그는 긴장이 범죄적 적응을 초래하게 될 가능성을 높이는 네 가지 요인들을 나열했다(표 4.2를 참조). 주지하듯이, 이런 긴장의 분류는 앞으로의 일반긴장이론 연구를 인도할 것이다(또한 Agnew, 2006a, 2006b를 참조).

첫 번째, "긴장이 부당하게 보이는 것이다(p.6)." 개인들은 그들이 느끼는 긴장이 불공평한 처우 때문이라 인식한다면, (그들은) 분노하게 될 것이다. 앞서 언급했듯이, 일반긴장이론은 분노가 범죄를 저지를 위험을 증가시킨다고 주장한다. 두 번째, 긴장은 "심각성이 높은 것이다(p.9)." 극심한 긴장 아래 놓일 때, 긴장을 무시하고, 감정을 통제하고, 그리고 긴장을 합법적인 방법으로 해결하는 것은 매우 어렵다. 범죄가 긴장을 완화하는 측면에서, 그것의 즉각적인 이득은 그러한 행위가 법으로부터 끌어낼 수 있는 보다 멀리 있고 불확실한 비용보다 훨씬 더 크다. 세 번째, 긴장은 낮은 사회 통제에 의해서 야기되거나 혹은 낮은 사회통제와 관련이 있다(p.11). 예를 들어, 만약 청소년이 부모에게 버림받으면, 두 가지 일이 발생하는데, 이 행위는 긴장을 야기하는 동시에 부모에 대한 그/그녀의 애착을 낮추면서 청소년에 대한 사회통제의 수준을 감소시킨다. 네 번째, "긴장은 범죄적 적응에 참여하는데 있어 어떤 압력 혹은 보상을 만들어낸다(p.12)." 예를 들면, 한 소년이 만약 비행친구들에 의해서 피해를 당했다면 긴장을 경험할 수 있다. 폭력적으로 반응하는 것에 대한 실패는 더 많은 피해와 더 많은 긴장으로 인도할 것이다. 마침내, 잠재적인 "범죄적 대응"의 형태로 저항하고 보복하는 것은 소년에게 열려 있는 가장 현실적인 선택으로 보여지게 될 것이다.

## 범죄와 아메리칸 드림: 제도적-아노미 이론

스티븐 메스너(Steven Messner)와 리차드 로젠펠드(Richard Rosenfeld)는 사회구조와 범죄의 머튼 패러다임을 재검토하고 수정하는 것으로 많은 것을 얻을 수 있을 것이라고 주장했다. 메스너와 로젠펠드(1994)는 미국은 다른 어떤 산업화된 국가들보다 높은 범죄율, 강력 범죄율을 가지고 있다고 지적했다(또한 Currie, 19985, 2009을 참조). 왜 이런가? 그들은 넘쳐 나는 무법성을 미국인들이 지나칠 정도로 많은 인성적 결함들과 체형들을 가졌다는 식과 같은 개인적 특성들로 소급할 수 있다는 것에 의문을 품었다. 대신에, 거시 수준의 관점을 취하여, 그들은 미국 사회의 구조와 문화 그 자체에 대해서 무엇이 독특한지를 분별할 필요성에 대해서 주장했다. 그들의 관점은 전형적으로 제도적 아노미 이론으로 언급된다.

1980년대 메스너와 로젠펠드가 처음 친구가 되었을 때, 패러다임의 아노미 부분은 거의 완전히 무시되거나 범죄학적 쓰레기통에 담기면서, 머튼의 이론은 쇠락하고 있었다(Cole, 1975). 그러나 메스너는 머튼의 학생이었고 후일에는 컬럼비아 대학교의 동료였는데, 반면 로젠펠드는 아노미 이론을 사용하여 불평등과 범죄를 조사하는 학위논문을 작성하면서 하버드에서 머튼의 멘토 중 하나였던 탈콧 파슨스 사회학의 가르침을 받았다. 그들 세대의 대다수 학자들과 달리, 그들은 그렇게 아노미 이론에 공감하였고 미개발된 설명력을 가지고 있다고 믿었다. 1980년대 초반의 우연한 모임은 나중에 그들의 역작인 1994년도의 책『범죄와 아메리칸 드림(Crime and the American Dream, Rosenfeld & Messner, 2011)』을 탄생시킨 지적 결합으로 이끌었다.

메스너와 로젠펠드는 범죄학이 때때로 사회학개론에서 가르쳤던 기본적인 가르침을 잊어버리곤 한다고 믿었다. 사회 체계의 핵심 구성요소는 개인들이 무엇을 해야만 하고 무엇을 해선 안 되는지 규정하는 문화와, 사람들이 갖게 되는 지위와, 해야 하는 역할을 담고 있는 사회구조였다. 문화(아메리칸 드림)와 사회구조(차별 기회)는 머튼의 아노미 이론에서 핵심이었다. 그러나, 메스너와 로젠펠드는 탈콧 파슨스(1951)로부터의 통찰로 사회 제도의 중요성을 강조하였다:

> 사회 제도들은 어느 사회나 생존하기 위해서 해야만 하는 환경에의 적응(경제), 집

합적 목적의 달성(정치), 사회통합(법적 체계), 그리고 사회의 근본적인 규범적 유형들(가족, 종교)과 같은 기본적 사회 기능들의 맥락에서 문화와 사회구조를 함께 결합시킨다(Rosenfeld & Messner, 2011, p.122).

그들의 관점에서, 머튼의 아노미 이론은 경제라고 하는 단지 하나의 사회제도에만 초점을 맞췄다. 머튼의 이론은 어떻게 사회 제도들이 밀접하게 연관을 가지는지 그리고 어떻게 문화가 하나의 제도적 영역, 특별히 경제영역이 과도하게 강조되게 하고 다른 사회제도들(예를 들면 가족)에서 문제를 야기하는지에 대해서 검토하지 않았다. 이런 불균형이 발생할 때, 그들이 주장하기를, 높은 범죄율이 나타난다. 그들의 이론은 제도들 간의 이러한 관계를 아노미 이론에 포함하였기 때문에, 제도적 아노미 이론이 되었다. 구체적인 그들의 접근은 다음과 같다.

**아메리칸 드림과 아노미** 머튼 패러다임의 특별한 공헌은, 메스너와 로젠펠드가 주장하기를, 아메리칸 드림이 범죄 행위를 생성하는 데 있어 중추적인 역할을 한다는 것을 드러낸 것이다(Messner, 1988; Rosenfeld, 1989). 메스너와 로젠펠드(1994)는 아메리칸 드림을 “물질적 성공에 대한 몰입, 개방된 조건의 사회에서 모든 이들에 의해서 추구되는 것, 개인적 경쟁”으로 정의했다(p.69). 머튼처럼, 그들은 개인적 환경 혹은 경쟁에 상관 없이 금전적 성공을 달성하기 위해서 모든 개인들에게 주어지는 아메리칸 드림의 강력한 처방은 이러한 성공을 획득하기 위한 법적 혹은 정당한 수단의 사용을 규제하기 위한 규범의 힘을 침식한다. 간단히 말해서, 아메리칸 드림은 아노미 혹은 규범적 통제의 붕괴를 촉진한다.

이러한 아노미적 상황에서, 사람들은 열망하는 목표를 성취하기 위한 “기술적으로 가장 효율적인 수단”을 사용하는 경향이 있다. 긍정적인 면으로, 지배적인 규범적 유연성은 혁신과 일처리 방법의 구식적인 방식을 넘어설 수 있는 공간을 조성한다. 그러나 어두운 부분 또한 있는데, 금전적 소득에 대한 가장 효율적인 수단은 종종 법을 위반하는, 총 들고 강도 짓하는, 혹은 내부거래를 통해서 주식시장을 속이는 것이다. 그러므로 아노미는 범죄유발적이고, 미국사회에 존재하는 것처럼 만연한 아노미는 광범위한 무법(불법)을 양산한다.

**권력의 제도적 균형** 비록 메스너와 로젠펠드가 미국 문화에 대한 머튼의 분석을 받아들였지만, 그들은 머튼의 제도적 분석이 부족하다는 것을 발견했다. 상기할 수 있는 것처럼, 머튼은 상승을 위한 기회들을 억제하는, 그래서 개인들에 대한 범죄유발적 긴장과 사회의 아노미를 만들어내는 미국의 계층 시스템(경제적 사회제도)의 역할을 강조했다. 그러나 메스너와 로젠펠드(1994)는 머튼의 접근이 경제에 치우친 "권력의 제도적 불균형"의 결과인 미국 사회내의 구조적인 배열에 대한 독특한 점을 놓쳤다고 믿었다(p.76).

자본주의 경제 시스템은 사리사욕(이기심)의 개인적 추구, 경쟁, 그리고 혁신을 만들어내는 것을 촉진하지만, 자본주의 경제 체제를 가진 다른 선진 국가들은 이렇게 높은 강력 범죄율에 의해서 황폐해지지 않았다. 미국이 다른 건 무엇인가? 메스너와 로젠펠드는 다른 어떤 나라보다 경제제도가 사회의 다른 비경제적 제도들 — 가족, 교육제도, 정치 등등 — 을 압도하고 있기 때문이라고 답했다. 실제로, 미국의 사회제도들은 경제제도에 종속되고 경제제도를 지원하도록 배치되었다. 예를 들면, 교육은 높은 소득을 올리는 직업을 얻기 위한 것으로 보여지고, 개인적 발전을 위해서거나 단지 배움 그 자체를 위해서 다소 심오하고 난해한 학문 분야를 전공하는 학생들은 "시간 낭비한다" "장래를 망친다"는 조롱의 위험을 감수해야 하는 것으로 보여진다. 가족 가치들은 종종 선전되지만, 그러나 기업의 경영자들은 만약 그들의 승진이 다른 곳으로의 이사를 요구한다면 그들의 가족들을 뿌리째 뽑아야 할 수도 있다. 그리고 정치인들의 재선은 예외없이 국가 경제의 강화에 달려 있다.

그러나 다른 선진국들에서는, 사회제도들이 무슨 수를 써서라도 성공을 추구해야 한다는 자본주의 경제의 요구를 상쇄해 균형을 잡아주면서, 사람들의 행위에 대해서 주도권을 행사한다. 메스너와 로젠펠드(1994)가 지적했듯이, 이러한 사회 제도들은 "시장의 그것들과는 다른 신념과 가치, 그리고 헌신을 심어주고(p.86)," 그것들은 행위를 억제하는 일정 수준의 참여를 요구하는 경향이 있다. 그러나 미국에서는, 비경제적인 제도들이 시민을 사회화하고, 충성을 확보하고, 통제하는 데 덜 성공적이다. 대신에, 가장 강력한 힘을 내놓는 문화적 메시지는 아메리칸 드림의 경쟁적인, 개인주의적인, 그리고 물질주의적인 메시지와 같이 경제의 논리와 가장 잘 양립할 수 있는 것들이다(p.86). 결과는 넓게 퍼진 아노미, 결과적으로 무법에 도움이 되는 맥락(상황과 배경)이다.

요약하면, 메스너와 로젠펠드(1994, 2001)는 미국의 높은 강력 범죄율이 미국의 독특한, 상호 강화하는 문화와 제도적인 구조에 의해서 야기된다고 주장했다. 아메리칸 드림은 "필요한 모든 수단을 동원해서" 돈의 추구를 동기화하는 것에 의해서 아노미를 만들어내는 강력한 문화적 힘의 역할을 한다. 그것은 조장할 뿐만 아니라 경제적 제도의 지배로부터 얻는 정당성을 받아들인다. 그러므로 문화와 구조의 교차는 아노미가 만연하고 통제는 약한 사회를 만든다. 예상대로, 미국의 범죄 문제는 아주 다루기 힘들어 보이고 그것과 싸우는 수많은 전쟁에 면역을 가지고 있는 것으로 보인다.

**제도적 아노미 이론의 경험적 상태** 메스너와 로젠펠드는 설득력 있는 이론을 제시했지만, 오늘날까지 증가하고는 있지만, 여전히 상대적으로 제한적인 경험적 검증을 받았다. 많은 부분에서, 아메리칸 드림, 아노미, 권력의 제도적 불균형, 그리고 사회적 제도들에 의해서 행사되는 비공식 통제의 효능과 같은 이론의 주요 인과 변인들이, 특히 하나의 데이터 안에서는, 거시적 혹은 사회적 수준에서 측정되는 것이 어렵기 때문에 이론을 평가하는 것이 어렵다. 그러나 현존하는 연구들은 제도적 아노미 이론에 대해서 적격의 지지를 제공한다 (Baumer & Gustafson, 2007; Chamlin & Cochran, 1995; Cullen, Parboteeah & Hoegl, 2004; Maume & Lee, 2003; Messner & Rosenfeld, 1997; Piquero & Piquero, 1998; 현재까지의 연구 요약을 위해서는 Kubrin et al., 2009; Messner & Rosenfeld, 2006을 참조).

특히, 범죄율은 가족과 같은 비경제적 제도들에 대한 지원과 활력이 더 많이 표명되는 사회들에서 더 낮다는 증거가 있다. 이러한 측면에서, 프랫과 컬린(2005)의 메타 분석은 비경제적 제도의 힘은 거시적 수준의 분석 단위에서 낮은 범죄율과 관련이 있다는 것을 드러냈다. 그러나 학자들이 과연 미국 사회가 "미국 예외주의"라 불려온 독특한 "아메리칸 드림"을 가지고 있는가를 평가할 때, 증거는 보다 논쟁적이다. 이 연구는 여러 나라에서 수행된 설문에 대한 응답들을 조사한다. 이러한 접근은 세계의 다른 지역에 있는 사람들과 비교할 때, 과연 미국인들이 물질적 부, 경쟁, 그리고 정부 통제보다 사적 소유에 더 가치를 두고 있다고 말하는지 보는 것이다. 현존하는 연구들의 검토를 통해서, 메스너와 로젠펠드(2006, p.143)는 미국의 응답자들이 아메리칸 드림과 일관적인 가치들을 이례적으로 강력하게 지지한다는 것을 보여주는 "혼합적인 결과"를 보고했다. 명백하게, 아메리칸 드림의 모든 요소들을 체계적으로 포착할 수 있는 질문들을 사용하여, 보다 더 비교적인 연구로 이 문제를 해결할 것이 요구된다.

**시장경제와 범죄** 마침내, 우리는 독립적인 이론적 분석을 언급해야 하는데, 엘리엇 커리(Elliott Currie)는 미국의 높은 강력범죄율에 대해서 비슷한 설명을 제공했다. 1985년, 커리는 그의 역작인 『당면하고 있는 범죄: 미국의 도전(Confronting Crime: An American Challenge, 2010)』을 출간했다. 비판적 혹은 좌파 실재론이라 불리는 관점을 가지고(9장을 참조), 그는 범죄가 개인의 결함과 보다 많은 범죄자들을 가두는 것과 같은 강경책을 시행하지 못한 실패 때문이라는 보수적 관점을 반박했다(12장을 참조). 높은 폭력 범죄율에 대한 그의 분석에 있어 중추는 결과적으로 가족과 지역 공동체와 같은 다른 사회 제도들을 와해시키는 높은 경제적 불평등 비율로 인해서 미국이 고통 받고 있다는 것이었다. 커리는 뒤이어서 어떻게 미국의 독특한 "시장경제"가 사회의 다른 부분을 범죄유발적인 방식으로 지배하는지를 상세히 설명하면서 발전시켰다(Currie, 1997; 또한 Currie, 2009를 참조). 그러므로 그의 이론에 대한 핵심적 통찰은 메스너와 로젠펠드의 제도적 아노미 이론의 핵심적 통찰과 비슷했다.

커리(1997)는 "개인적인 경제적 성취가 점점 더 사회적 삶의 지배적인 조직 원칙이 된 시장 경제"라는 극단적 형태의 자본주의로 특징지어진다고 주장했다(pp.152–153). 메스너와 로젠펠드의 '권력의 제도적 균형'이라는 개념을 반복하면서, 커리는 미국에서 "시장 원칙은, 경제의 한 부분으로 머물고 사회 제도들과 규범들에 의해서 적절하게 완충되고 억제되는 게 아니라" 역사적으로 개인, 가족, 그리고 지역사회들에서 지속되어왔던 다른 원칙들을 압도하고 약화시키면서 전체 사회 조직에 퍼져버린다(p.152). 그는, 다시 한번 메스너와 로젠펠드와 마찬가지로, 미국은 시장의 원칙이 미국의 사회적 경제적 발전을 이끌고 국민 문화를 형성한다는 면에서 독특하다고 지속적으로 주장했다(p.152).

커리에 의하면(1997), 시장 경제의 지배는 적어도 일곱 가지 방식으로 높은 범죄율을 조장한다:

(1) 점진적인 생계의 파괴; (2) 극단적인 경제적 불평등과 물리적 궁핍의 증가; (3)

가정과 아이들에 대한 공적 서비스와 지원의 폐지; (4) 상호 부조의 비공식적 공동 네트워크의 파괴; (5) 물질주의적이고, 무관심하고, "모진" 문화의 만연; (6) 규제되지 않는(총과 같은) 폭력적 기술의 시장; 그리고 (7) 사회적 정치적 대안의 약화.(p.154)

이러한 상황의 유해한 숙성에서, 시장경제의 권력은 너무나 강해서 생산과 이윤에 대한 고려는 이런 시스템에서 허우적거리는 많은 사람들의 필요에 대한 고려를 항상 앞지른다. 미국의 시장경제는 그것이 "상당 규모의 인구를 극단적인 궁핍으로 거꾸러뜨리는 반면에 동시에 공적 지원은 철폐하고 이러한 문제점을 완화할 수 있을 비공식적 지지 네트워크는 가차 없이 쪼개 버리기 때문에 특히 더 범죄유발적이다(Currie, 1997, p.167)." 이러한 맥락에서, 시민들은 개인들의 성공과 물질주의는 존경받고 이러한 경쟁에서의 실패자는 그들의 실패와 좌절을 그들 스스로 처리하도록 살인 무기를 쉽게 구할 수 있는 상태로 내버려지는 "경쟁적 소비주의"를 받아들이도록 요구받는다. 동시에, 시장경제의 문화적 이념은 가난한 미국인들에게 생활비를 벌고 그들의 가족을 부양할 수 있는 기회를 줄 수도 있는, 서구 산업 국가들에서 많이 찾을 수 있는, 정책들을 경멸한다. 사회적 개입 대신에, 개인들은 전적으로 스스로 자활하도록 남겨진다. 종국에는, 폭력 범죄의 문제를 해결하기 위해서 받아들였던 주요 정부 프로그램은 교도소를 짓는 것이다.

## 긴장이론의 미래

애그뉴의 일반긴장이론과 범죄에 대한 메스너와 로젠펠드의 분석과 아메리칸 드림들이 지배적인 범죄학적 이론으로서 긴장이론 재출현의 전조인지 아닌지를 결정하는 것은 어렵다. 최소한, 이러한 작업의 본질적인 학술적 가치는 긴장이론의 부활에 공헌할 것이다. 많은 범죄학자들은 이러한 긴장이론의 수정본들을 읽을 것이고, 적잖은 수는 애그뉴가, 메스너와 로젠펠드가 제시한 다양한 가정들을 검증하는 논문들을 지속적으로 발표할 것이다. 그러나 21세기 미국에서 지배적인 사회적 상황은 긴장이론에 대해서 새로워진 관심에 도움이 될 것이다. 두 가지 상황들이 특별히 관련 있어 보인다.

첫 번째, 1980년대와 1990년대 동안의 탐욕에 대한 과도한 강조와 과도한 개인주의에 대한 대응으로, 미국에서는 지속적인 문화적 자기반성이 있었다. 많은 다양한 목소리들이 이 논의에 기여했지만, 그것들은 개인적 이기심의 추구, 경쟁력, 그리고 물질주의와 같은 아메리칸 드림의 핵심 요소들은 개인적 만족을 생성하지도 못할 뿐만 아니라 좋은 사회를 만들지도 못한다는 공통된 주제를 공유한다. 대신에, 공동체에 대해서, 시민의 의무에 대해서, 다른 이를 돕는 것에 대해서 더 생각하라는 요구가 미국인들에게 있다(Bellah, Madsen, Sullivan, Swindler, & Tipton, 1985, 1991; Coles, 1993; Etzioni, 1993; Putnam, 2000; Reich, 1988, 2001; Wuthnow, 1991). 조지 W. 부시의 첫 번째 대통령 선거 핵심 주제였던 "연민적 보수주의"라는 개념조차도 지독한 이기심과 다른 동료 시민들에 대한 무관심의 위험성을 강조한다(또한 Olasky, 1992를 참조). 물론, 아메리칸 드림이 비판적 검증에 놓일수록, 그것의 어두운 면이 벗겨질 것이고, 긴장이론의 적절성은 잠재적으로 고조된다.

두 번째, 우리는 또한 범죄를 포함하는 사회적 재난의 범위 내에서 공범인 미국 사회를 무시하기 더욱더 어려워진 시기에 살고 있다. 1980년대에, 레이건 시대의 강력한 보수주의 이념은 범죄를 포함하는 사회문제들을 구조적인 배치를 비난하는 것이 아니라 개인을 비난하도록 하는 유행을 만들었다. 그러나 로드니 킹(Rodney King)에 대한 경찰관들의 폭행이 무죄로 처리된 것에 의해서 촉발된 1992년의 LA 폭동은 근본적인 문제에 대한 무시가 결국 심판의 날이 되었다는 것에 대한 생생한 암시였다. 비슷한 교훈은 2001년의 신시내티 폭동으로부터 얻을 수 있다. 비슷하게, 허리케인 카트리나는 뉴올리언즈를 황폐하게 만들었을 뿐만 아니라 어떤 시민들 — 다른 이들이 아니라 — 의 목숨을 위태롭게 했던 빈곤과 인종적 불평등의 민낯을 폭로했다. 1990년대 중반 집필하면서, 메스너와 로젠펠드(1994)는 이 점을 보다 광범위하게 만들었다. 그들이 말했다.

> 노숙, 도시 빈민, 확연히 눈에 띄는 사회적 불평등을 동반한 지속적인 경제 불황, 그리고 일반적인 도시의 붕괴와 같은 성가신 현대의 사회문제들에 대해서 증가하는 관심을 고려하면, 개인적인 결함이 아니라 사회의 근본적인 특성들의 관점에서의 사회적 행위에 대한 설명은 다시 한 번 많은 범죄학자들에게 통할 개연성이 있다 (pp.14–15).

비록 미국의 경제는 1990년대 후반부터 호황이었음에도 불구하고, 어떤 사람들은 기술적인 혁명에 참여하지 못하고 있고 분리된 도심 지역사회에 대규모로 집중되어 뒤에 남겨진다는 것에 대한 관심은 국민의식으로부터 완전히 사라지지 않았다. 국가의 시장경제가 상황이 좋은 사람들조차도 파산하도록 하고, 열심히 일하는 사람들조차도 직업을 얻을 수 없다는 것이 명백해지게 할 수 있다는 것과 같은 많은 예들은 가슴 아프게도 2008년 시작되었던 대불황에 의해서 설명된다. 만연한 불평등이 여전히 강력하다는 것에 대한 관심의 정도에서, 성공의 기회를 막고 부정적 사회 환경에 사람들을 내려 놓는 것에 대한 범죄유발적 비용에 초점을 맞추는 긴장이론은 범죄학계에서 자기 몫의 지지를 얻게 될 것이다.

## 이론의 결과들: 정책적 함의

### 기회 늘리기

만약 기회의 거부가 범죄유발적 긴장들을 양산한다면, 범죄에 대한 해결은 합법적 기회들을 확장하는 것에 있다. 그래서, 광범위하게, 긴장이론은 소외계층에게 교육적 자원(예를 들면 Head Start), 직업 훈련, 그리고 직업에의 동등한 기회를 제공하려고 시도하는 프로그램들을 정당화한다. 긴장이론의 관점은 또한 범죄자들이 학위를 따고 시장성이 있는 직업 기술을 습득하도록 하는 교도소 사회복귀 프로그램을 소개하는 노력을 지지할 것이다.

이러한 일반적인 정책적 함의들을 제외하고, 긴장이론이 다양한 비행 예방 프로그램 — 가장 유명한 것은 청소년 동원(Mobilization for Youth)이었다(Empey, 1982, Moynihan, 1969, Pfohl, 1985) — 의 기반 역할을 했다는 것은 주목할 만하다(Empey & Erickson, 1972, Empey & Lueck, 1971). MFY는 직접적으로 클로워드와 올린의 기회 이론에 기반했다. 실제로, 두 학자들은 그들의 생각이 실행하게 되는 것을 목도하는 데 필수적인 역할을 했다.

1959년, 클로워드와 올린은 뉴욕시 남부 지역에 위치한 사회복지관연합으로부터 소년들에게 사회서비스를 제공할 수 있는 정부 기금을 받을 수 있는 제안서를 위한 이론적 틀을 개발해줄 것을 요청받았다(Laub, 1983). 비행과 기회(Delinquency and Opportunity, Cloward & Ohlin, 1960)는 이러한 협력 작업의 산물이었다. 또 다른 산물은 "기회늘리기를 통한 비행 통제와 예방을 위한 제안(Proposal for the Prevention and Control of Delinquency by Expanding Opportunities)"이라는 제목을 가진 617페이지에 달하는 보고서였다(Empey, 1982, p.241).

다른 사회적 시간이라면, 이 제안서는 집안의 먼지 묻은 선반에서 발견되었을 수도 있겠으나, 1960년대 초반 이것은 탁월한 사회공학의 청사진을 제공했다. 케네디 정부는 "균등한 기회의 새로운 프런티어"를 만들고자 하는 희망과 함께 취임했고, 어린 미국인의 문제를 해결하고자 하는 오래된 가족적 헌신을 실행할 준비가 되었다(Pfohl, 1985, pp.224-225). 1961년, 정부는 청소년 비행과 소년 범죄에 대한 대통령위원회를 만들었다. 데이비드 해킷(David Hackett)이 위원장이 되었다.

비행 문제를 해결하는 유망한 전략들을 찾는 과정에서, 해킷은 클로워드와 올린의 작업을 알게 되었다. 폴(Pfohl, 1985)이 언급하듯이, 그들의 기회 이론은 "존 F. 케네디의 자유주의적 국내 정치", 특별히 균등한 기회에 대한 대통령의 요청에 반향을 일으켰다. 실제로, 긴장이론과 당대의 지배적인 정치적 상황 사이의 적합성이 너무나 가까웠기에 올린은 워싱턴 D.C로 초빙되어, 보건, 교육, 그리고 복지 분야를 맡았고 비행 정책을 마련하는 것을 도왔다. 1962년 5월, MFY는 1250만 달러를, 그 중의 반 이상은 연방 정부로부터 받았다. 반면에, 클로워드는 MFY의 연구 책임자로 선택되었다.

MFY는 많은 부분을 머튼의 긴장으로부터 끌어 왔고, 프로그램은 소년들의 교육적 직업적 지원을 확장하도록 수립되었다. 이러한 개혁은 또한 시카고학파의 통찰로부터, 특별히 공동체 조직이 비행 예방의 전제 조건이라는 것에 대한 쇼와 맥케이의 경고에 영향을 받았다. 그러나 MFY와 쇼의 CAP 사이에 한 가지 철학적 차이는 존재했다. 두 프로그램 모두 지역사회의 자조에 헌신했지만, MFY의 지도자들은 또한 기회의 불평등들을 지탱하는 정치적 구조를 변화시켜야 한다는 필요성을 느꼈다. 예를 들어, 그들은 직업의 문제가 단순히 소수자들의 기술이 부재해서가 아니라 노조 도제 제도로부터 소외되었다는 것에 동의했고, 그들은 낮은 교육적 기회의 문제가 단지 소년의 집에 책이 없어서의 문제가 아니라 빈민가 학교에 신참이나 능력 없는 선생들을 배정하는 정책의 문제라는 것에 동의했다. 그래서 기회에 대한 그러한 끔찍한 장애물을 극복하기 위해서 필요한 것은 지역사회 조직이 아니라 단단하게 자리 잡은 정치적 기득권을 공격하는 지역사회 활동이었다. 그에 따라, MFY는 학교에 대한 저항, 복지 정책에 대한 투쟁, 빈민가 건물주에 대한 집세 거부 운동, 빈민의 권리를 보장하는 소송, 그리고 유권자 등록과 같은 지역사회 활동을 촉진했다.

논자들은 소년들에게 교육적 직업적 훈련을 제공하는 보다 초점적인 의제로부터 빈민가 거주민들에게 힘을 실어주면서 기회구조를 개혁하고 시도하는 광범위한(폭넓은) 시도로 이동하는 것에 대해서는 논쟁이 있었다(Moynihan, 1969). 전략적 선택은 곧 MFY를 소송의 위협과 그들의 몫을 받고자 하는 빈민들의 다른 노력들로부터 당황한 시 관료들과 정치적인 싸움에 휘말렸다. 잇따른 갈등의 결과로서, MFY는 공금 유용 혐의로 FBI의 조사를 받게 되었고, 뉴욕 데일리 뉴스에 의해서 직원들이 "공산주의자와 공산당 동조자"로 들끓는다는 주장의 대상이 되었다. 비록 그들은 이러한 혐의로부터 죄가 없음이 밝혀졌지만, 논쟁의 소용돌이는 클로워드를 포함한 MFY의 주요 간부들을 사임하도록 만들었고, 궁극적으로는 프로그램의 많은 부분이 사라지게 되었다(Liska, 1981, p.52). 그 사이 워싱턴에서, 청소년 비행과 소년 범죄에 대한 대통령위원회는 시들하게 되었다. 엠페이가 말했듯이(1982), "영향력 있는 국회위원들은 대통령위원회의 권한이 비행을 줄이는 것이지, 도시 사회를 개혁하거나 혹은 미국 소년들에게 사회학적 이론들을 시험해보는 것이 아니라는 점을 분명히 했다(p.243)."

따라서 기회구조의 본질을 근본적으로 변화시켜서 비행을 줄이겠다는 시도는 큰 반대에 부딪쳤다. 그러나 MFY를 실패로 판단해야만 할까? 덜 야심적이고 대립적인 개혁은 프로그램에 대해서 보다 지속적인 정치적 수용과 지지를 얻을 수도 있었을 것이다. 그러나 두 가지의 자격 요건이 추가되어야만 한다.

첫 번째, MFY는 대부분의 범죄 개혁이 건드리지 못했던 범죄의 근본 원인들에 대한 공격을 시도했다는 점에서 인정받아야만 한다. 시끄럽고 강력한 반대를 피하는 것에 대한 MFY의 실패는 그들이 취한 접근의 정당성에 대해서는 그다지 말해주지 않지만 미국사회의 불평등 구조를 지지하고자 하는 정치적 관심에 대해서는 많은 것을 말해준다. 두 번째, 비행에 대한 MFY의 영향이 명확하게 규명되진 않았지만(Liska, 1981), 그것은 전국적으로 비슷한 지역사회 활동 프로그램을 위한 모델의 역할을 했다. 프로그램에 대한 유명한 비판가임에도 불구하고, 다니엘 모이니한(Daniel Moynihan, 1969)은 MFY를 이렇게 칭찬한다.

> MFY는 시청과의 전쟁에서 졌고 그 자신은 불길에 휩싸였지만 바로 그 순간 전국적으로 일어난 지역사회 활동 프로그램을 위한 전범을 세웠다. … 유치원 교육, 가난한 사람을 위한 법률 지원, 연구와 평가에 대한 강조, 그리고 가장 특별하게는 가난한 사람들의 참여에 대한 강조 — 이러한 모든 것들은 MFY의 유산이다. 이것은 작은 업적이 아니다(p.123).

## 아메리칸 드림 길들이기

기회를 확장하면서 범죄를 줄이는 시도들의 가장 핵심적인 특징은 그것들이 암암리에 사람들의 물질적 성공에 대한 기축인 아메리칸 드림을 정당한 것으로 간주한다는 것이다. 그러나 메스너와 로젠펠드(2001)에 있어, 아메리칸 드림과 개인들로 하여금 추구하도록 고무하는 목표들은 미국의 높은 강력범죄율의 핵심 요소들이다. 실제로, 전통적 긴장이론으로부터 범죄를 줄이는 것에 대한 처방전인 기회들을 확대하는 시도들은 범죄를 추동하는 문화적 신념 그 자체를 강화하는 예상치 못한 결과를 가져올 수 있다. 메스너와 로젠펠드(2001)가 우리를 상기시키는 것처럼:

> 아메리칸 드림의 범죄유발적 경향들은 금전적 성공에 대한 과장된 강조와 성공의 추구를 위한 수단에 대해서 제한하는 것에 대항하는 것으로부터 파생되었다. 그러므로 지배적인 문화의 범죄유발적 결과들에 대한 중요한 경감은 그것의 강력한 물질주의적 압력을 길들이고 사회적으로 부여된 억제들에 대한 큰 수용성의 생성을 요구한다(p.108).

그러나 아메리칸 드림을 길들이는 것은 "말이 훨씬 쉽다." 미국인들로 하여금 경제적 성공에 덜 관심을 가지게 할 수 있는 그 어떤 프로그램도 없다. 대신, 진정한 사회 변화가, 미국인들에게 미국인이 되지 말라고 하는 것과 같다는 측면에서 어떤 이들은 있을 수 없는 임무라고 말하지만, 진정한 사회변화가 필요할 것이다(그러나 Putnam, 2000을 참조).

제도적 아노미 이론의 논리는 아메리칸 드림의 권력을 줄이는 것은 다른 제도들을 강화시켜주는 정책들을 필요로 한다는 것을 제시한다. 예를 들면, 이것은 성인들이 보다 많은 시간을 그들의 가족들과 보내고 학교들을 지원할 수 있도록 해주는 작업장 규제들과 관련이 있다. 혹은, 이것은 사람들이 가족을 꾸릴 수 있도록 도와주고 모든 이들에게 물질적 안전의 대책을 제공하는 사회복지 정책들을 의미할 수 있다. 그러나 메스너와 로젠펠드(2001)에 의하면 이것은 또한 "문화적인 갱생"을 직접적으로 추구하는 것이 중요할 수 있다. 즉, 개인의 성공의 주요 척도로서 돈을 평가절하하고 "육아, 내조/외조, 가르침, 배움, 그리고 지역사회에 대한 봉사와 같은 것들이 가치 있는 것들로 여겨지게 하는 것이 본질이다(p.108). 이런 호소는 이상적으로 보인다. 그렇다 하더라도, 메스너와 로젠펠드(2001)가 경고했듯이, 미국 사회가 상호지지와 집합적 의무의 중요성에 대해서 높아진 강조와 개인적 권리, 관심, 그리고 특권에 대해서 감소된 강조를 아우르는 문화적 방향전환의 부재 속에서 의미 있고 지속적인 범죄 감소를 달성할 것이라고 보이지 않는다(p.109).

## 결 론

지난 두 장을 통해서, 우리는 어떻게 두 패러다임들(시카고학파와 머튼의 긴장이론)이 미국 사회의 조직 그 자체(빈민가와 그것의 문화적 처방과 사회구조 사이의 모순)가 어떻게 높은 범죄율을 만들어 내는지를 보여주기 위한 초기 노력—아직도 용감하고 영향력 있는—들을 대표한다는 것을 봤다. 그들은 범죄의 원인들을 개인들의 내부에 위치시키고자 했던 이전의 이론들을 지나치게 단순하다고 거부했다. 대신에, 그들은 사회의 사회해체는 사람들이 어떻게 되는 법을 배우는 것과 그들에게 행위하도록 압력을 가하는 것을 강제한다고 경고했다. 사회가 자업자득으로 범죄를 얻게 된다는 것은, 어느 정도 그것이 제시하는 것처럼, 간과할 수 없다.

시카고학파와 긴장이론은 또한 이 책의 주제를 명확하게 해준다. 첫 번째, 사회적 환경의 변화들은 이러한 이론들의 각각을 상당히 많은 수의 범죄학자들에게 의미가 통하도록 했다. 시카고학파에 있어, 도시 사회의 급격한 성장과 증가하는 다양성은 범죄를 이러한 사회적 전환들과 관련시킨 이론에 정당성을 주었다. 사회정치적 의제로서 기회 균등의 출현은 기회이론이 추종자들을 얻을 수 있는 이상적 상황을 긴장이론에 제공했다.

두 번째, 이러한 이론들의 역사는 어떻게 범죄학적 이론이 형사 정책을 연출하는지 혹은 적어도 정당화하는지를 보여준다. CAP과 MFY는 그들의 발전에 논리를 제공했고 재정 지원을 받을 정도로 설득력 있던 이론들과 떨어져서는 이해할 수 없다. 그러므로 쇼와 맥케이의 글들과 클로워드와 올린의 글들은 분명한 차이를 낳았다. 우리가 본 것처럼, 생각에는 결과가 따른다.

월터 레클리스

1899 – 1988

오하이오 주립대학교

봉쇄이론의 저자

# 제5장

# 절연재로서 사회:

## 통제이론의 기원들

문제에 대한 해결에서 가장 중요한 첫걸음은, 이론적이든 아니든, 문제에 대해서 옳은 질문을 하는 것에 달려 있다. 문제에 대한 적절한 공식화는 종종 답을 뻔하게 만들기도 한다. 적어도, 올바른 방식으로 올바른 질문을 하는 것은 문제 해결에 매우 큰 공헌을 하게 될 것이다. 잘못 질문하거나 혹은 잘못된 방법으로 옳은 질문을 하는 것은 비록 무언가를 설명한다는 착각에 빠질지는 몰라도 아무런 진전을 이루어낼 수 없을 것이다.

불행히도, 첫걸음 — 옳은 질문을 하는 것은 일반적으로 대단히 어려운 일이다. 그것은 어떤 이가 처해 있는 상황의 본질에 대해서 심도 있는 이해를 요구할 뿐 아니라, 문제를 보다 새롭고 창의적인 방식으로 사고할 줄 아는 역량을 요구한다. 어느 누구도 주어졌다고 여겨지는 상황의 측면에 대해서는 질문하지 않기 때문에, 다양한 범죄학자들이 범죄와 비행의 이행에 대한 이해의 핵심으로 매우 다른 질문들을 하게 만들었다. 우리가 당연하다고 간주하는 것은 설명이 필요가 없으나, 당연하다고 여겨지는 것은 인간 본성과 사회 질서에 대한 가정들에 달려 있다.

대부분의 범죄학자들은 순응을 자연적 질서의 한 부분으로 당연한 것으로 간주해오면서 "범죄 문제"를 설명하는 데 노력을 집중해왔다. 우리가 봐왔듯이, 그들은 영성이나 악마/귀신들에서, 생물학적 비정상성들 혹은 인격적 결함들과 같은 개인적 요인들로부터 비순응을 추적하는 이론들에서, 혹은 사회해체, 하위문화, 그리고 기회의 불평등과 같은 사회적 요인들로부터 비순응을 추적하는 이론들에서, 순응의 자연적 질서를 왜곡시키도록 작동하는 요인들로 여겨지는 모든 것들에서 그들의 설명을 찾아왔다. 그러나 순응이 정말로 자연적 질서일까? 과연 어느 정도까지가 당연히 받아들여져야 하는 걸까?

어떤 이가 특정 연령이 되었을 때, 그/그녀는 다른 이들과 공유하는 특정 언어를 말하고, 교통법규에 대해서 대체적으로 준수하면서 자동차를 운전하고, 공공장소에서 무단방뇨를 하지 않고, 그리고 대부분의 다른 것들도 잘 지키면서 산다. 이러한 모든 것들은 당연한 것으로 받아들여지곤 하는데, 연구증거들은 이러한 것이 전혀 "자연적"이지 않다는 것을 나타낸다(Davis, 1948). 사실 부모들이나 선생님들의 엄청난 노력들이 있었을 것이고 이러한 결과를 만들어내기 위해서 집중된 노력을 들인 개인들이 있었다는 것이다. 이러한 방식으로 본다면, 순응의 모든 것은 설명의 필요가 있는 놀라운 것이다. 그것이 바로 순응을 당연한 것으로 받아들일 수 없기 때문에 범죄와 비행과 같은 비순응은 사회통제가 완벽하게 효과적일 때보다 작동하지 않을 때 기대된다는 관점을 취하는 것이 통제이론의 초점이다.

이러한 측면에서, 통제이론은 비행의 이론이라기보다는 순응의 이론이다. 통제이론은 "왜 사람들이 범죄나 비행의 행위를 저지르나?"를 질문하지 않는다. 대신에, 통제이론은 사람들이 그들에게 주어진 사회적 요구들의 모든 것들에 순응하지 않는 한 범죄와 비행은 일어날게 될 것이라는 제시하고 "왜 사람들은 순응하는가?"를 묻는다. 즉, 만약 범죄가 만족을 준다면 — 재미, 흥분, 신체적으로 즐거울 만한, 감정적으로 만족스러운, 그리고/또는 물질적으로 보상적이라고 한다면, 왜 개인들이 그냥 법을 위반하지 않는 것일까? 인간본성과 사회질서에 대한 이러한 관점으로부터, 범죄와 비행이 제공하는 잠재적인 만족감들은 사회문화적 통제들이 그러한 범죄와 비행행위들을 효과적으로 억제하도록 작동할 때 저지될 것이다.

통제이론은 지난 한 세기 동안 미국 범죄학의 중심에 위치해 왔다 — 그래서 우리는 통제이론의 관점에 본서의 두 장을 할애한다. 통제이론에 대한 매력의 많은 부분은 이론적 가정의 단순성이다: 통제가 현현할 때, 범죄는 일어나지 않는다; 통제가 부재할 때, 범죄는 가능해지고 종종 일어난다. 통제와 범죄가 독립적으로 측정될 수 있다는 것과 관계의 강도를 경험적으로 평가한다는 사실을 제외하면, 이 가설에는 동어반복이 존재한다: 범죄의 존재 자체가 통제들이 효과적이지 않았다는 설득력 있는 증거로 보인다.

비록 통제이론의 가정 — 통제가 없다는 것이 범죄를 허한다는 것 — 을 조직하는 것은 단순하지만, 통제 패러다임에 포괄되는 관점들은 어떻게 통제가 범죄 행위에 연결되는지에 대한 복잡한 관점을 제공한다. 본 장에서 우리는 오늘날에도 여전히 반향을 일으키고 있는 초기 통제이론가들의 작업을 선택하여 그들의 사고를 살펴본다. 이러한 것들은 개인적 사회적 통제들에 대한 알버트 리이스(Albert Reiss)의 통찰, 가족 통제에 대한 F. 이반 나이(F.Ivan Nye)의 작업, 월터 레클리스(Walter Reckless)의 영향력이 큰 봉쇄이론, 그레샴 사이크스(Gresham Sykes)와 데이비드 마짜(David Matza)의 중화 기술에 대한 폭로, 그리고 이것을 그의 비행과 표류이론에서 통합시킨 마짜(Matza)의 이론적 확장 등을 포함한다.

6장에서 우리는 주로 지난 반세기 가장 영향력 있는 범죄학자로 여겨지는 트래비스 허쉬(Travis Hirschi)의 작업을 살펴본다. 허쉬(Hirschi)는 두 가지의 선도적인 통제 관점을 발전시켰다. 첫 번째는 그의 사회유대이론이고 그 다음 두 번째는 마이클 갓프레드슨(Michael Gottfredson)과 함께 한 자기통제이론이다. 우리는 또한 어떻게 통제가 범죄와 비행에 연관되어 있는지에 대해서 보다 복잡한 사고를 보여주는 헤이건(Hagan)의 권력통제이론, 티틀(Tittle)의 통제균형이론, 그리고 콜빈(Colvin)의 차별적 강제이론과 같은 통제이론의 보다 최근의 변형들을 검토한다. 마지막으로, 6장 마무리에서 우리는 통제이론의 정책적 함의에 대해서 평가한다.

그러나 통제이론에 대한 탐구를 시작하기에 앞서, 우리는 먼저 현대 통제이론의 몇몇 선구자들을 검토한다. 3장과 4장에서처럼 우리는 여기서 뒤르켐과 시카고학파 작업의 중요성을 강조한다. 뒤르켐과 시카고학파의 작업은 인간본성과 사회질서 둘 다에 대한 사고의 풍부한 원천으로 남아 있다. 뒤르켐과 시카고학파의 작업이 인간본성과 사회질서 간의 관계에 대한 기본 가정의 재구성에 큰 공헌을 했다는 것이 그리 놀랍지 않다. 이것이 통제이론의 전개를 이끌어냈다.

# 통제이론의 선구자들

## 뒤르켐의 아노미 이론

범죄와 비행에 대한 현대 통제이론의 기원들은 프랑스 사회학자 에밀 뒤르켐의 작업－범죄의 원인으로서 아노미에 대한 머튼의 분석에 영감을 주었던 뒤르켐 이론의 같은 부분(4장을 참조)에서 부분적으로 발견된다. 뒤르켐의 작업은 산업혁명의 결과로 나타난 극적인 사회변화가 목도되었던 시대인 19세기 후반의 산물이었다. 그는 아노미를 단지 무규범상태("normlessness") 뿐만 아니라 각 개인이 집합적 사회질서, 홀로 살아가도록 강제하기 위해서 집합적 사회질서에서 개인들을 하나로 연대할 수 있도록 하는 근본적인 유대의 파괴인 사회연대 자체의 완벽한 혹은 불완전한 붕괴로 묘사했다. 기술적인 변화는 자본주의의 태동과 결합되었고, 농부와 목동들이 단순히 공동의 관심사와 함께 면대면 관계를 맺으며 살았던 농경사회의 구세계는 보다 더 복잡하고, 도시화되고, 기술적으로 정교해진 사회 체계에 급속하게 자리를 내어주게 되었다. 공동체 의식은 침식되었고, 많은 일가 친척들이 함께 일하면서 만들어졌던 큰 확대가족의 모습은 찢겨졌고 각 부모들이 그들의 자녀들과 함께 하는 새로운 핵가족의 모습으로 대체되었고, 삶의 속도는 서로 다른 개인들을 직업적 특수성들로 분리하는 분업의 증가와 함께 가중되었다.

칼 마르크스의 친구이자 동역자인 프리드리히 엥겔스가 묘사한 1844년의 런던은 다음과 같다:

> 혼잡한 거리의 쉴 새 없이 불안하고 시끄러운 활동은 아주 불쾌하고 인간본성 그 자체와는 분명히 동떨어진 불쾌한 것이다. 모든 계급으로부터 나온 수십만의 남성과 여성들이 런던의 거리들을 채웠다. … 그러나 그들은 마치 서로 아무것도 공통의 것이 없는 것마냥 서로를 바쁘게 지나쳐 간다. 그들은 말없이 단지 모든 이들이 반대방향에서 몰려오는 사람들의 물줄기와 충돌하지 않기 위해서 보도의 오른편으로 통행해야 한다는 것과 같은 오직 한 가지만 동의했다. 어떤 이도 거리의 그의 이웃들에게 관심을 두려고 하지 않는다. … 우리는 개인의 소외 — 이런 편협한 이기심이 현대사

회의 근본원리로 도처에 있다는 것을 너무도 잘 안다(Josephson & Josephson, 1962, p.32).

우리가 8장에서 볼 것이지만, 마르크스와 엥겔스는 이러한 상황을 자본주의를 만들어냈던 근원적인 경제적 전환의 결과로서 보았다. 후일 그의 글에서, 뒤르켐은 동의하지 않았다. 뒤르켐에게 있어, 도덕질서는 경제질서보다 더 중요했다. 사회적 연대의 사고는 뒤르켐에게 있어 종교와 같았다고 말할 수 있다(1933):

> 연대의 원천이 되는 모든 것은 도덕적/정신적이다, 우리가 다른 이를 살피도록 강제하는 모든 것은 도덕적/정신적이다, 그의 에고를 따라 사는 것이 아닌 어떤 것을 통해서 그의 행위를 규제하도록 강제하는 모든 것은 도덕적/정신적이다, 그리고 도덕성은 이러한 묶임/관계들이 수없이 많고 강하고 견고하다.

**통합과 규제의 중요성** 뒤르켐의 관점에서(1987/1951), 사회연대는 두 가지의 구별되는 사회적 기능들 — 통합과 관련된 것들과 규제와 관련된 것들 — 에 의해서 유지된다. 통합은 집합적 신념들과 강력한 사회유대에 이르는 실천들과 공동의 대의명분에 대한 자아의 복속에 의해서 지탱되는 공동의 '믿음/신앙'을 가지고 있는 결합/유대의 상태로 묘사된다. 뒤르켐에게 있어, 집합행동은 삶의 의미와 목적을 주는 것이었다. 사회의 통합적 기능이 실패했을 때, "사회의 집합적 힘"은 약해지고, "공동의 도덕적지지"는 파괴되고, 그리고는 극단적인 개인주의로 이끄는 "사회유대감의 이완"이 나타나게 된다(pp.209-214).

뒤르켐(1897/1951)은 통합을 사람들을 한데로 끌어 모으는 다양한 매력의 사회적 힘들의 합으로 봤던 데 반해서, 규제는 개인들을 규범에 묶어 놓도록 하는 억제의 힘들의 합으로 간주했다. 뒤르켐은 완벽한 분업체계를 띠고 있는 도시 사회에서 억제력을 발휘하는 규제적 기능들은 더욱 더 중요하다고 주장했다. 여기서 서로 다른 이질적인 개인들은 공동의 목표에 끌려야 하고 사회체계의 권위에 기꺼이 복종할 용의가 있어야 할 것이지만, 사회가 순조롭게 기능한다면 그들의 노력은 반드시 적절하게 통합/조정되어야만 한다. 규제적인 규범들이 제 할 일을 하는 것 — 입증된 효과성에 의해서 그들의 정당성을 유지시키는 것이 특별히 중요하다. 어느 개인이 사회 공동의 목표를 향해서 다른 이들과 함께 일하고 싶어 하더라도, 그/그녀가 공동의 노력을 규제하는 규범들이 불필요하고, 과도하게 버겁고, 혹은 의심스럽다고 여긴다면 일탈적인 방향으로 돌아서게 될 것이다.

**"인간"의 본성** 뒤르켐(1897/1951)의 관점은 그의 인간 본성 개념에 의해서 깊은 영향을 받았다. 그의 이중적 인간 개념에 따르면, 어느 누구나 두 가지 양상의 혼합이다. 한 측면에서는 사회적 자아 혹은 사회를 바라보는 자아의 측면이 있고 이러한 자아는 사회화의 결과이고 잠재적인 공동체의 "문명화된" 구성원의 양성이다. 다른 측면에서는 이기적인 자아 혹은 사회 없이는 불완전하고 자연 한계를 알지 못하는 욕망으로 가득한 원초적 자아이다. 원초적 양상의 측면의 개념은 어떤 면에서 보면 프로이트의 이드(id)개념과 유사하다. 뒤르켐의 관점에서, 사회적 연대의 조건들은 보다 원초적 자아를 도덕적 공통 기반하에 다른 이들과 공유하는 삶속에서 온전히 인간답게 만드는 사회 통제와 사회 규제의 보다 발전된 기능들에 기반한다. 하나의 함의는 그러한 사회적 연대가 계발되고 유지되지 못하는 한 우리가 범죄와 비행을 기대하게 되는 것은 자명하다는 것이다.

## 시카고학파의 영향

3장에서 설명했듯이, 당대 프랑스 사회에서 뒤르켐이 그렇게나 근심했던 사회적 대변동은 몇십 년 후 미국에서 보다 더 극적으로 반복되었다. 20세기 초반, 그리고 제1차 세계대전 후, 기술적인 변화의 영향력들은 거대 기업들의 성장을 동반한 산업화를 증가시켰고 급격한 도시화는 이민의 거대한 파도를 동반했다. 제3장은 이민에 강조점을 두었던 시카고학파의 발전에 대해서 설명했고, 특별히 도시화를 사회해체를 통해서 범죄로 이끄는 사회 변화의 주된 영향력으로 설명했다. 시카고학파가 인간 본성과 사회질서에 대한 풍부한 생각을 발굴했지만, 사고의 흐름은 몇몇 범죄학자들로 하여금 사람들을 순응으로부터 멀어지게 하거나 유인하는 사회의 범죄유발적 힘들로 이끄는 것이 아니라 자연적 질서로서 순응을 당연한 것으로 여기는 것을 거부하는 통제이론들로 향하도록 이끌었다.

앞서 논의했던 몇몇의 범죄학 이론들과 같이, 이러한 통제이론들 또한 몇몇은 은연중으로 몇몇은 명시적으로 사회해체 관점의 영향을 받았다. 비록 다양한 통제 이론들에서의 강조점이 때론 다를지라도, 시카고학파와 관련된 두 가지는 여전히 핵심적으로 남아 있다. 첫 번째는 인간 본성의 본질에 대한 해석과 관계가 있다. 두 번째는 공동체의 본질과 관련이 있다.

**인간본성에 대한 개념들** 인간본성에 대해서, 시카고학파는 원초적 자아와 사회적 자아의 혼합으로서 자아를 설명하는 일련의 사고를 발전시켰으나, 초점을 둔 것은 단지 어떻게 사회적 자아 — 뒤르켐에게 그렇게 중요했던 — 가 형성되는지를 보여주고자 하는 것이었다. 비록 그 자신이 시카고 대학에 있지 않았지만, 찰스 쿨리(Charles H. Cooley)는 "사회심리학의 시카고학파로 알려져 있는 것"의 한 부분으로 간주될 수 있다(Hinkle & Hinkle, 1954, p.30). 쿨리의 작업은 시카고 대학의 조지 허버트 미드(George Herbert Mead)에 영향을 주었고 미드는 이것들을 더 발전시켰고 또 다른 공헌을 했다. 쿨리와 미드 둘 다 모방이 사회적 행위를 설명하는데 불충분하다고 공통적으로 생각했고 과연 어떤 것이 원초적 자아가 사회적 자아가 되게 하는 것인지 그 과정에 대한 이해를 얻고자 하였다.

쿨리(Cooley, 1922)는 인간의 자손들은 장기간 동안 가족 환경에서 다른 인간들에게 의존하고 있다고 주장했다. 가족은 "우리-감" 혹은 소속감과 집단 정체성으로 인도하는 친밀한 면대면의 상호작용이 이루어지는-쿨리(Cooley)가 1차 집단이라고 명명한-것의 예로서 간주된다. 아이들은 거울 역할을 하는 다른 이들에 의해서 제공되는 피드백없이 자아에 대한 감정을 발전시킬 수 없을 것이다. 쿨리(Cooley)의 "명경자아(looking-glass self)" 개념에 의하면, 아이들은 어떻게 자기들이 다른 사람들한테 보여질까와 어떻게 자기 자신들이 인지하는 것을 다른 이들이 평가하고 해석할까를 상상함에 의해서 그리고 그러한 과정에 기반해서 자아관념을 형성함을 통해서 자기 자신들이 정녕코 누구인지에 대한 개념을 발전시킨다(Cooley, 1902, 1909). 1차 집단들에서의 상호작용 없이, 어느 누구도 온전한 인간이 될 수 없을 것이다. 쿨리에게 있어(1909), "그러한 정서와 충동들이 인간을 다른 하등 동물보다 상위에 두게 하는 것"으로서 정의한 인간본성 그 자체는 전세계적으로 본질적으로 같은데, 왜냐하면 1차 집단들에서의 강한 경험은 세상 어느 곳에서건 기본적으로 동일하다고 간주되기 때문이다(p.28).

미드(Mead)의 사회심리학은 개인을 "I"와 "me"로 구분하는 측면에서 뒤르켐의 이중적 인간을 연상시켰다. 미드는 "I"가 사회적 자아 혹은 "me"라는 것을 발전시키는 다양한 방법들에 초점을 두는 근본적인 인식의 과정을 나타낸다는 것을 제공한 것 외에는 "I"에 대해서 그리 많은 설명을 하지 않았다. 초점은 "다른 이들의 역할을 취하는 것"이 특별히 중요해지는 과정과 "일반화된 타자"를 대변하는 사회를 통해서 발생한다고 말한다(pp.82-92). 이러한 과정을 통해서 사회화가 일어난다.

만약 성공적이라면, 그러한 사회화는 전환적 "I"의 불안정적이고 협소한 관점을 통해서가 아니라 자기 자신의 한 부분으로 다른 이들의 관점들과 이익들을 포함하는 사회적 "me"로 이끈다. 한 가지의 함의는 성공적이지 않은 사회화가 개인적 해체-통합이나 일관성이 부족한 자아나 내재적으로 통합적이지만 사회에는 통합되지 못한(혹은 둘다) 방향으로 이끌 수 있다는 것이다.

**공동체의 연구** 시카고학파와 관련된 두 번째 주제인 공동체 연구는 파크와 버제스의 작업과 쇼와 맥케이가 연구한 자연적 구역들의 공간적 분포에 대한 연구들과 갈등하는 문화적 전통들의 연구들에 반영되었다(3장에서 서술). 이러한 연구들의 강조점은 사회해체의 사고였다. 이러한 접근에 덧붙여서, 시카고학파의 다양한 구성원들의 작업들에서 강조되었던 사회 심리학적 강조들 대부분은 서로 서로가 가깝게 지내는 것을 거부하는 개인들 사이의 "사회적 거리"가 증가함의 결과로서 공동체의 붕괴를 통한 사회해체의 가능성에 대한 것이었다(Hinkle & Hinkle, 1954). 워스(Wirth, 1938)는 이것을 사람들을 분리하고 그들의 전인격체로서 서로 서로에 연결되는 것을 불가능하게 만드는 분리의 문제로 기술했다. 이러한 테마는 공동체의 사람들이 서로 서로를 모르고 돌보지 않고 그렇게 사는 것을 더 선호하게 만드는 도시화된 산업사회의 삶의 익명성과 비인격성을 강조했다. 이러한 설명들은 뒤르켐의 아노미 논의 혹은 엥겔스가 보았던 1844년 런던의 모습과 비슷했다.

지역사회 혹은 지방자치 수준에서의 공동체의 명백한 쇠퇴에 대한 고려를 넘어서, 시카고학파의 전통 안에서 작업하는 몇몇은 기본적인 일차적 집단들의 자체적인 도덕적 통합의 명백한 쇠퇴와 같은 보다 더 심상치 않은 추세에 대해서 초점을 맞췄다. 모든 집단들 중에서 가장 원초적이라 할 수 있는 가족 조차도 가족 구성원들에 대한 영향력을 잃고 있는 것처럼 보였다. 만약 이것이 사실이라면, 이것은 사회해체뿐만 아니라 개인적 자아의 형성에서의 근본적인 문제들로부터 파생하는 개인적 해체를 의미했다. 사회통제이론이 범죄학에서 출현해야만 했던 것은 이러한 사회학적 사고와 사회적 전환의 맥락에서였다.

## 초기 통제 이론들

사회해체의 개념은 다양한 범죄학적 이론가들을 서로 다른 방향으로 이끌었다. 3장에서 설명했듯이, 사회해체의 생각들은 어떻게 그것이 범죄친화적인 문화들을 만들고, 언제 전이되고 학습되는지, 범죄를 동기화하는지의 관점에서 혹은 단지 범죄나 비행을 보다 더 가능하게 만드는 사회통제들의 약화라는 관점에서 볼 수 있다. 후자의 관점이 알버트 리이스(Albert Reiss)나 F. 이반 나이(F. Ivan Nyc)의 같은 초기 통제이론가들이 취했던 접근방법이었다. 알버트 리이스(Albert Reiss)나 F. 이반 나이(F. Ivan Nye)와 같은 초기통제이론가들은 범죄나 비행은 통제가 효과적이지 못한 상황에서 기대된다는 관점을 취했다.

### 리이스(Reiss)의 개인적·사회적 통제 이론

1940년 후반 알버트 리이스(Albert J. Reiss)는 청소년 비행의 예측을 위한 도구를 개발하려는 시도를 하였던 시카고 대학에서 박사학위를 마쳤다(Reiss, 1949). 2년 뒤 리이스(Reiss, 1951)는 그의 논문 "개인적 사회적 통제의 실패로서 비행(Delinquency as the Failure of Personal and Social Controls)"에서 그의 프로젝트를 부분적으로 설명했다. 개인적 통제(personal control)는 "규범과 공동체 규칙과 갈등하는 욕구를 충족하는 방식을 억제하는 개인의 역량"으로 정의했다(p.196). 사회적 통제(social control)는 "규범 혹은 규칙을 효과적으로 제정하는 사회적 집단 혹은 제도들의 역량"으로 정의했다(p.196). 리이스(Reiss)에 따르면(1951),

> 비행은 법적 처벌이 부착된 사회체계의 규범들에 순응하는 행위를 관장하는 내재화된 규범과 규칙들의 상대적 부재, 이전에 정립된 통제들의 붕괴, 그리고/혹은 개인이 속한 제도들이나 사회적 집단들에서 순응적 행위들을 강요하는 사회적 규칙들 혹은 기술들과의 갈등이나 상대적 부재가 있을 때 그 결과로 나타난다(p.196).

이러한 접근방식은 명백하게 사회해체론 전통의 영향을 받은 것이지만 통제이론의 강조점을 가졌다.

리이스(Reiss, 1951)는 순응은 규칙이나 역할에 대한 개인적인 수용이나 혹은 그러한 규칙이나 역할에 대한 단순한 복종의 결과로 나타나게 될 것이라고 주장했다. 이러한 구분은 규제를 나타내는 것들과 통합을 나타내는 것들에 대한 뒤르켐의 사회분업적 연대의 힘들과 양립한다. 개인적 통제들은 이러한 것들을 포괄한다고 말해진다:

> (a) 성숙한 자아 이상향 혹은 비(非)－비행적 사회적 역할들, 예를 들면 비(非)－비행적 집단 기대들에 순응하는 행동들을 관장하는 사회적 집단들의 내재화된 통제 그리고 (b) 비(非)－비행적 집단 기대들과 일치하는 의식적 행위 지도를 가능케 하는 적합하고 유연한 합리적 통제들(Reiss, 1951, p.203).

개인의 관점에서 고려하면, 사회통제는 제도의 권위에 대한 복종 혹은 수락과 제도적 통제들에 의해서 존재하는 개인적 통제들의 강화 위에 놓이게 된다(Reiss, 1951, p.201). 집단의 관점에서 고려하면, 사회통제는 규범과 합치하는 순응의 행위를 이끌어 내는 제도적 규칙들의 효과성과 제도 규범들의 강도와 그 본질 위에 놓이게 된다(p.201).

쇼와 맥케이의 전통 속의 시카고학파의 작업에 대한 확실한 기반 위에서, 리이스(1951)는 이러한 이론적 구성이 비행 갱들의 사회적 통제의 결과로서 특정 종류의 비행을 바라보는 공식화에 반대되는 것이 아니라는 것을 강조하는데 애먹었다(pp.196－197). 그는 비행은 거대한 사회의 규범과 갈등하는 규범의 문화적 전이를 통해서 양산될 수 있는 방식에 대해서는 관심을 가지지 않았고, 그 대신 그는 (1) 갈등하는 문화적 전이와 같은 추후 과정들이 일어나기 전에 발생하는 것 (2) 그러한 과정들이 발생하지 않았을 수도 있는 후속 과정들 이전에 필요하다고 보여지는 기본적인 과정들에 관심을 가졌다. 선행적이고 필수적이면서, 개인적이고 사회적인 통제의 손실과 관련한 이러한 과정들이 보다 기본적으로 고려되어야 할 수도 있다. 리이스 자신이 스스로 그랬듯이, "비행친구집단은 여기서 개인적이고 사회적인 통제들이 실패한 기능적 결과로서 보여진다(p.197)."

리이스의 목적이 예측도구의 개발이었다는 것을 기억하는 것은 중요하다. 그 당시의 한 논평자가 지적했듯이, 리이스는 무엇이 비행을 일으키는가를 설명하고자 하지 않았다. 대신에, 그는 그러한 원인들이 효과를 발휘하기 전 발생해야만 하는 요인들을 구체화하는 것이었다. "주된 관심은 예측변수로서 사회 통제들에 복종하는 것을 실패하게 하는 요인을 찾는 것이었고, '왜' 그런 행위를 했는가에 대한 것은 덜 중요했다"(Symons, 1951, p.208).

사회심리학적 차원을 강조했던 시카고학파 전통의 경향을 쫓아서, 리이스(1951)는 "일차 집단들은 개인적 통제들의 개발과 아동들에 대한 사회 통제의 실천을 위한 기본적인 제도들(p.198)"이라는 가정으로부터 시작했다. "비행과 비행재범은 일차집단이 아동들에게 적절한 비(非)-비행적 역할을 제공하는 것에 실패한 결과와 필요에 맞춰 수용되고 받아들여지는 이러한 역할들을 아동들에게 실행하는 사회적 통제의 실패로서 보여진다(p.198)." 주요 일차 집단들은 가족, 이웃, 그리고 학교 등으로 나타낼 수 있다.

예를 들어 가족에 대해서 말하면서, 리이스(Reiss, 1951)는 아동이 가족 구성원들을 식별하기 위해서 가족 환경이 구성되어진 상태일 때 아동의 행동에 대한 사회 통제가 있고 … 규범을 받아들이게 된다(pp.98-199, 강조 추가). 반대로, 만약 가족이 그 구성원들의 필요를 충족시키거나 물적 상품이나 서비스를 구매하는 것을 통해서 가족 구성원들 필요에 대한 것들을 제공해주지 못한다면, 사회통제에 대한 복종이나 수용은 아마도 떨어지게 될 것이다(p.198). 만약 가족이 아동의 행동에 대해서 과도한 통제 혹은 부족한(미미한) 통제를 행한다면, 통제 또한 잃어버리게 될 것이다(p.199).

## 나이의 사회통제의 가족 초점 이론

가족사회학 분야의 가장 유명한 학자 중의 하나인 F. Ivan Nye는 미시간주립대학교 출신이었고 시카고학파의 큰 영향 아래 있었다. 1950년대 후반, 그는 문제의 설정을 비(非)－순응보다 순응을 설명하는 것을 명확하게 하면서 통제이론의 보다 체계적인 버전을 수립했다. 나이(Nye, 1958)에 따르면 “그래서 우리의 입장은 일반적으로 비행 혹은 범죄라고 일컬어지는 행동들은 규범적인 행동들보다 일반적으로 목적 달성하는게 빠르기 때문에 설명될 필요가 없다(p.5).” 그러므로 이론가들의 문제는 비행이나 범죄 행위에 대한 설명을 찾는 것이 아니라 왜 비행이나 범죄 행위가 보다 더 그렇게 일반적이지 않은지를 설명하는 것이다.

이러한 관점에서 범죄와 비행의 “원인”으로 작동하는 생물학적, 심리학적, 혹은 사회학적 본질의 몇몇 “정적” 요인(들)을 찾는 것은 필요치 않았다. 문제는 비순응을 억제하는 사회통제요인(들)을 찾아내는 것이었고, 그 함의는 그러한 요인들이 어떠한 이유에 의해서 비효과적으로 작동할 때 범죄와 비행은 개인들에게 이용가능하게 된다는 것이다. 나이(Nye)의 이론과 연구의 초점은 비행청소년들이었고, 그는 가족을 비행청소년들에 대해서 가장 주된 사회통제의 행위자로 고려했다. 사회를 대변하는 중요 일차적 집단들로서, 가족은 직접통제, 내적통제(internalized control), 간접통제, 그리고 욕구 충족의 대안적 수단을 통해서 통제를 만들어낸다. 아마도 덜 강력하겠지만, 동일한 유형의 사회통제는 다른 사회 제도들에 의해서 만들어질 수 있다.

사회통제의 이러한 네 가지의 양식(modes)은 또한 통합과 규제의 결합인 뒤르켐의 개념들로 소급된다. 직접통제는 위반에 대한 처벌을 수반하는 직접적인 억제를 통해서 부모, 선생, 그리고 경찰 등과 같은 외재적 힘들에 의해서 개인들에 부과되는 것들로 간주된다. 내적통제는 비록 직접적인 외적 규제가 없더라도 “상식(conscience)” 또는 이기적인 욕망을 억제할 수 있는 역량을 가진 초자아 등과 같은 과정을 통해서 개인이 그의 혹은 그녀의 행동을 규제할 때 발생하는 것으로 간주된다. 간접통제는 일반적으로는 권위자보다 구체적으로는 부모들에게 개인들이 통합하는 동일시와 애착의 정도와 관련이 있다. 이러한 통합은 직접통제나 내적 자아 통제를 통한 통제가 최저일 때 개인을 억누르도록 할 수 있다. 마지막으로, 모든 이들에게 정확하게 동일한 목표를 동일한 방법으로 요구하기보다는 만족을 달성하는 다양한 수단들이 가능하도록 만드는 사회 시스템은 비순응의 유혹을 감소시키는 다양한 합법적 방법으로 제 역할을 함으로써 사회통제를 행사한다.

비록 이러한 사회통제의 상이한 양식들이 어떤 면에서 보면 특정 환경에서는 어떤 것이 보다 중요하고 다른 맥락에서는 또 다른 것이 중요하며 독립적으로 작동하지만, 나이(Nye, 1958)는 그것들은 서로 상호 강화하는 것이라고 지적했다. 부모에 대한 애착과 동일시의 감정은, 리이스(Reiss)의 용어를 사용하면, 그들의 직접통제에 대한 복종과 수락 모두를 보다 용이하게 촉진한다. 가족 단위에 대한 동일한 통합은 개인들 내부에서부터 행동을 규제하는 내적 양심을 통한 규제들과 부모의 기대들에 대한 보다 깊은 내면화를 이끌어 낸다. 가족은 개인들에게 다양한 수단을 통해서 대안적 목표를 추구할 수 있도록 준비시키고 보다 큰 사회는 이것을 가능케 해준다는 사실은 사회질서로 개인을 통합시키는 데 있어 강력한 힘이었다. 그러므로 통합과 규제는 서로를 강화하기 위해서 그리고 범죄와 비행과 같은 비순응적 행동의 경향성을 감소하기 위해서 결합했다.

## 레클리스의 봉쇄이론(containment theory)

월터 레클리스(Walter C. Reckless) 또한 시카고학파의 전통하에서 지적으로 성장했다. 그는 가장 정교하고 영향력이 큰 통제이론의 하나를 제공할 수 있었다. 그는 통제의 상이한 원천뿐만 아니라 쇼와 맥케이에 의해서 간과되었던 문제 — 왜 해체지역의 많은 청소년들이 비행청소년이 될까가 아니라 왜 어떤 청소년들은 그러지 않았을까 — 를 조사하려 했다. 후대 학자들은 범죄를 조장하는 다양한 위험 요인들을 맞닥뜨리고 있음에도 불구하고 범죄를 억제하고 관습적인 삶을 추구하는 젊은이들을 묘사하는 탄력성이란 용어를 사용하기도 한다(예를 들어 Turner, Hartman, Exum, & Cullen, 2007을 참조).

레클리스(Reckless)는 시카고학파가 이론적 정점에 이르렀던 1920년 중반에 시카고 대학에서 그의 박사학위를 받았다. 시카고학파의 전통과 일관되게, 레클리스는 로버트 파크(Robert Park)와 어니스트 버제스(Ernest Burgess)와 함께 작업했다. 결국 그는 매춘에 대한 논문에 착수했다. 허프와 스카피티(Huff and Scarpitti, 2011)는 범죄학으로의 레클리스의 이동을 다음과 같이 설명한다:

> 그 때, 그는 선술집에서 바이올린을 연주하고 있었고 그의 주위에서 벌어지는 불법

> 음주, 도박, 매춘, 그리고 다양한 작은 소동들과 같은 행위들을 관찰하고 있었다. 범죄에 관심이 있는 하산을 앞 둔 사회학자에게, 이것은 불법 행동에 대한 사고를 발전시키기 위한 비옥한 땅이었다(p.278).

비록 검증할 순 없지만, (레클리스가 컬렌에게 전한 얘기는) 알 카포네(Al Capone)가 영업장에 들어와서 바 테이블에 꽤 큰 돈을 올려 놓았다. 그런 다음 그는 모든 문을 걸어 잠그고 말하길 여기 이 돈을 다 소진할 때까지 술을 마시지 않으면 어느 누구도 떠날 수 없다고 말했다. 레클리스가 말하길, 그는 그날 새벽까지 그의 바이올린을 연주해야만 했었다.

이러한 경험을 넘어, 레클리스는 또한 사회심리학과 범죄학에 대한 사회심리학의 타당성에 대한 시카고학파의 사고들에 의해서 영향을 받았다. 그는 1940년대 초반 핵심적 문제는 차별적인 대응들을 설명하는 것에 있었다고 주장했다(1943, p.51). 이것으로 그는 범죄학이 왜 어떤 개인들은 범죄와 비행으로 이끄는 사회적 압력에 굴복하고, 반면 다른 이들은 상대적으로 동일한 환경에 빠지지 않는지를 설명할 수 있는 "자기(자아) 요인들(self-factors)"에 대한 탐색을 추구해야 한다는 것을 의미했다(Cullen, 1984를 참조). 부분적으로 1940년대와 1950년대의 자기 요인들에 대한 그의 탐색의 결과로서, 레클리스(Reckless, 1961)는 1960년 초반 그가 봉쇄이론(containment theory)이라고 명명했던 것의 구체적인 것들을 제시할 수 있었다.

## 자아에 대한 사회심리학

뒤르켐과 시카고학파의 동료들과 같이, 일반적으로, 레클리스는 꽤 단순하고, 통합된, 농경사회의 삶으로부터 보다 복잡하고, 기술적으로 정교해진, 고도로 산업화된 도시 환경으로의 거대한 사회 전환은 개인들과 사회질서에 대해서 상이한 사회압력들을 올려 놓았다고 주장했다. 1960년에 그가 그의 이론을 개정하면서, 레클리스(1967)는 사회심리학적 용어로 "새로운 장"으로 대변되는 역사적 전환의 방식에 대해서 보다 분명해졌다:

새로운 상황 혹은 "장"은 다음과 같이 묘사될 수 있다. 개인들에게 행위의 자유를 강조했던 유동적 사회에서, 개인은 사회적 관계들의 밸러스트 없는 풍선처럼 솟구쳐 오를 수 있다. 그는 기꺼이 타인을 희생하며 자신을 강화한다. 그의 사회는 쉽게 그를 봉쇄하지 못한다. 그는 더 이상 기대되는 역할에 걸맞지 않고 … 그는 약정된 제규칙 없이 삶을 연주해나간다(p.21).

구체적으로 "근대/현대 세계의 범죄"의 검증으로 전환하면서, 레클리스는 "자아의 개인화"에 관심의 초점을 두었다(pp.10－12).

개인적 발전의 실재로서, 자아는 일종의 자연사를 가지고 있는 것으로 보인다. 이것은 친족, 부락, 그리고 종족의 구분되지 않는 일관성으로부터 거의 달아날 일이 없는 원시적, 고립된 사회들에서는 상대적으로 중요하지 않게 보인다. 인간 사회가 진화의 과정에서 차별화되고, 점점 더 분업을 발전시키고, 그리고 그 성원들에게 대안적 선택을 제공할 때, 특정인들의 자아들은 개인화되기 시작하고 군중으로부터 멀어지는 분리되고 구별되는 정체성들을 취한다(p.11).

## 압력과 유인

통제이론가로서, 레클리스는 범죄원인론을 제시하려고 하지 않았다. 사실, 그는 다양한 요인들(예를 들어, 생물리학적 영향, 심리학적 압력들, 빈곤과 같은 사회적 환경들)은 범죄나 비행 쪽으로 개인을 밀어낼("push") 수도 있을 것이고 다른 요인들은(예를 들어 비합법적 기회들) 개인들을 부정행위로 유인할 수도 있을 것이라고 주장했다. 그는 선도적인 사회학적 이론들이, 특히 주요 압력(pushes)과 유인(pulls)에 대해서 많은 것들을 효과적으로 분석해왔다는 것을 인식했다. 그의 생생한 비유 중 하나는 사회구조적 영향들을 강조하는 사회학적 이론들은 차별적인 대응을 강조하는 사회심리학적 개념들에 의해서 보완되어야 한다며 비행과 범죄 원인론을 말라리아에 비교하였다.

차별적 대응을 설명하는 자기 요인을 설명하지 않는 사회학적 이론들은 모기, 습지, 혹은 집에 있는 방충망 부족 등을 기반으로 설명하는 것과 유사하다. 그러나 비록 극단적인 노출의 환경에서도 모든 이들이 말라리아에 걸리진 않는다. 어떤 이는 가벼운 접촉에도 걸린다. 어떤 이는 매우 심한 증상을 겪는다. 어떤 이는 상대적으로 면역이 높다. 저항은 그 사람의 피, 그의 성질, 그의 차별적 면역성 같이 그 자신의 내부에 있다(Reckless, 1967, p.469).

레클리스의 봉쇄이론은 왜 다양한 범죄유발적 압력(들)과 유인(들)에도 불구하고, 그것들이 무엇이든지 간에, 순응이 일반적 상태로 남겨지는가를 설명하고자 했다. 그는 범죄나 비행을 저지르는 것은 개인들로 하여금 압력들과 유인들로부터 개인을 절연시키는 외적 봉쇄와 내적 봉쇄의 조합을 개인이 깨도록 하는 것을 요구한다고 주장했다. 예외는 있겠지만, 단지 이러한 강력한 봉쇄의 힘들이 약해질 때 비행이 일어날 수 있다. 그렇지만 봉쇄이론을 확률을 다루는 위험 이론의 하나로 고려한다면 그렇게 확신할 수는 없다. 모든 봉쇄의 약화는 외재적 사회통제와 내적 자기통제에 의해서 규정되는 방호의 균열에 의해 규범을 따르지 않을 확률이 증가하는 것으로 보여진다.

봉쇄라 불리는 통제이론에 대한 레클리스의 끌림은 두 가지의 서로 다른 잠재적 원천을 가진다. 첫 번째, 그는 이전에 논의했던 개인적 사회적 통제에 대한 알버트 리이스(Albert Reiss, 1951)의 연구에 영향을 받았다. 레클리스와 비슷하게, 리이스 또한 시카고 대학에서 교육받았다. 두 번째, 이 책의 저자 중 한 명(Cullen)으로부터 중계된 것처럼, 그는 그의 이론의 기원을 그가 여전히 고고학 공부를 심사숙고 하던 중동 여행에 돌리고 있다. 그는 사회적 행위가 얼마나 봉쇄되고 규제되는지, 그래서 겉으로 드러나는 비행이 거의 없었다는 것에 충격을 받았다. 그는 이러한 통찰들이 범죄에 대한 그의 사고를 형성하는 데 후일 도움을 주었다고 설명했다(see also Huff & Scarpitti, 2011).

## 외적 봉쇄의 요인들

외적 봉쇄와 관련된 요인의 리스트는 레클리스(1967)가 그의 이론적 위치를 가다듬으면서 봉쇄이론의 다양한 진술들이 어떤 측면에서는 달라졌다. 그는 개인을 집단에 붙어 있게 하는 가장 주요 요인들은 서로 다른 상이한 사회들에서 다르게 나타날 것이라 주장했다. "현대적이고, 도시적이고, 산업화되고, 유동적인 사회를 위한 외적 봉쇄 모델에 집중하면서," 그는 (1) 합리적인 한계, (2) 의미 있는 역할과 활동, (3) "집단에 의한 강화와 중요한 지원 관계, 수용, 그리고 소속감이나 정체성과 같은 몇몇의 보완적인 변인들(pp.470-471)" 등을 강조했다. 비록 자세하게 설명하지는 않았지만, 뒤르켐주의의 주제들은 여기서 분명하다. 예를 들면, 비록 봉쇄하는 한계들이 효과적인 규제를 반영하지만, 후기 변인들은 "개인의 편입이나 통합으로 불릴 수 있다(p.47)." 뒤르켐주의의 용어로 말하면, "의미 있는 역할과 활동들"의 봉쇄하는 힘은 규제와 통합의 조합과 관련이 있다.

> 집단들, 조직들, 교제들, [그리고] 관료제들, 작동하거나 존재하기 위해서는, … 합당한 순응을 기대해야만 한다. … 만약 집단이나 조직이 그 구성원들에게 그들의 규칙을 내면화할 수 있게 하면, 참 잘 봉쇄하는 것일 것이다. 만약 집단이나 조직이 그 성원들에게 순응하도록 하면(비록 그들이 규제를 내면화하지 않았지만), 그들은 참 잘하는 것이다. 만약 그들이 규칙 위반의 수를 줄일 수 있거나 위반들을 견딜 만한 비율로 줄일 수 있다면(성원들이, 열광적이진 않더라도, 효과적인 순응주의자들이면), 그들은 괜찮게 잘하는 것이다(Reckless, 197, p.470).

## 내적 봉쇄의 요인들

그러나 레클리스의 주안점은 내적 봉쇄에 대한 것이었다. 현대 사회에서, 개인은, 어느 한 지점에, 한계를 규제하는 것, 의미 있는 역할들, 그리고 특정한 가족, 조직, 혹은 공동체에 대한 소속감 등에 의해서 제공되는 강력한 외적 봉쇄의 맥락 안에서 기능할 것이고, 그리고 또 다른 규제가 없고, 의미 없는 활동들, 그리고 소외감의 맥락에서는 아주 짧은 기간 동안만 기능하게 될 것이다. 반대로, 내적 통제는 외적 환경이 어떻게 변화하는지에 상관 없이 개인을 통제하는 경향이 있을 것이다. 레클리스(1967)는 여기서 자아개념, 목적 지향, 좌절용인, 그리고 규범 유지 등을 포함하는 주요 요인들을 밝혀냈다.

자아개념에 부여된 중요성은 "명경자아"에 대한 중요성에 대한 쿨리의 강조를 반복했다. 3장에서 보여줬던 것처럼, 쇼와 맥케이와 같은 시카고학파의 일원들은 높은 비행의 특정 자연적 지역이 "불량아"들을 양산해내는 방식에 초점을 맞추었다. 통제이론가가 차별적 대응에 관심을 가졌던 것처럼, 레클리스는 왜 이러한 높은 비행의 늪들 속에서 여전히 많은 "착한 아이들"이 있는가? 라는 정반대의 질문을 했다.

레클리스는 1924년부터 1940년 오하이오 주립대학교(the Ohio State University)로 옮길 때까지 밴더빌트(Vanderbilt) 대학교의 사회학과 교수로 재직했다. 사이몬 디니츠(Simon Dinitz)와 다른 이들과 함께 1955년에 시작하여, 그는 어떻게 비행 지역에서 소년들이 좋은 아이일 수 있는지에 대한 (자아)탄력성의 문제를 검토하는 일련의 연구들을 시작했다(Huff & Scarpitti, 2011). 레클리스와 그의 동료들은 그러한 소년들은 "우호적인 자아개념들"에 의해서 "절연"되었다고 결론 내렸다(Dinitz, Reckless, & Kay, 1958; Dinitz & Kay, 1957; Reckless, Dinitz, & Murray, 1956; Scarpitti, Murray, Dinitz, & Reckless, 1960). 이러한 연구들은 말썽으로 향하지 않고 준법시민과 같은 스스로에 대한 이미지는 앞서 설명했던 압력(pushes)과 유인(pulls)에도 불구하고 잠재적 비행청소년들을 상대적 순응의 상태로 지켜주는 역할을 했다. 연구는 선생님들과 다른 권위 있는 사람들도 영향을 가지지만, 부모들이 우호적인 자아개념에 가장 영향력이 큰 차원이라고 제시했다.

레클리스(1967)는 또한 내적 통제가 "합법적인 목표와 용인되고 현실적으로 얻을 수 있는 목표들과 통합된" 열망의 수준으로 정의된 목표 지향에 아주 많이 달려 있다고 주장했다(p.476). 이런 접근은 사회적 열망들이 의문시되는 목표들을 달성하는 데 있어 불충분한 기회들 때문에 너무나도 자주 좌절되기 때문에 범죄와 비행의 주요 원인이 된다는 긴장이론의 개념에 직접적인 반대로 전개되었다. 대신에, 봉쇄이론은 그러한 목표 지향을 개인들을 바로 살게하고 순응의 좁은 길에 서 있을 수 있도록 할 수 있는 방향감을 제공해주는 것으로 간주했다. 그러한 관점은 (1) 합리적인 성공 목표는 실제로 "현실적으로 얻을 수 있는 것"이기 위해서 기회들은 실제로 긴장이론이 가정하는 것보다 광범위하게 이용 가능해야 했고, (2) 현실적인 목표들은 많은 개인들의 부분에서 열망을 축소해야 할 것이고, 아니면 (3) 두 가정들 모두여야만 한다는 것을 암시했다. 목표 지향의 통제 역할을 고려하는 이러한 통찰들은 사회유대 이론의 "관여(commitment)"에 대한 허쉬(Hirschi)의 논의를 예견했다.

내적 봉쇄의 가장 중요한 요인으로서 좌절 용인을 고려하면서, 봉쇄 이론은 비행을 향한 생물리학적 갈망의 통제가 굉장한 좌절감을 주며 그리고 현대 사회는 실제로 차별적 기회와 같은 사실의 결과로서 괄목할 만한 좌절을 양산할 수도 있을 것이라는 가능성을 받아들였다. 봉쇄 이론은 보다 큰 기회의 균등 운동에 의해서 범죄와 비행의 원인들을 다루겠다는 노력들에 대해서 반대하지 않지만, 가족적, 경제적, 정치적, 그리고 성적 좌절에 대한 차별적 대응의 부분은 서로 다른 사람들이 좌절에 대처하는 차별적 역량을 발전시켰다는 것과 그리고 현대의 개인주의는 일반적으로 낮은 좌절 용인과 그에 따른 자기통제의 부재에 의해서 특징지어진다는 사실에 의해서 설명될 수 있다고 주장했다. 그러므로 레클리스(1967)는 현대의 개인은 "삶의 일상적인 속상함들, 실패들, 그리고 실망들에 대해서 낮은 수준의 좌절 요인을 가지게 되고," 그리고 이것이 "자기통제를 행사하고, 좌절을 참고, 한계를 인지하고, 그리고 다른 이들과 사이좋게 지내는 것에 무능하게 될 수 있다"고 주장했다(pp.20－21). 이러한 통찰들은 그의 일반긴장이론에서 범죄를 향하거나 혹은 멀어지는 긴장의 대응에 대한 조건의 요인들에 대한 애그뉴(1992, 2006b)의 논의를 예견했다.

내적 봉쇄의 네 번째 주요 구성요소인 "규범 보유"는 "가치, 규범, 법, 행동규범, 제도들, 그리고 관습에 대한 고수, 수용, 동일시, 정당화, 그리고 옹호" 등과 관계 있다(Reckless, 1967, p.476). 비록 목표 지향의 중요성은 합법적 결과를 향한 방향의 봉쇄하는 힘을 통해서 개인의 통합을 강조하였지만, 규범 보유의 중요성은 용인되는 수단에 대한 동일시를 통해서 개인의 통합을 강조하였다. 그러나 봉쇄이론에 있어서, 여기서의 주요 문제는 규범 보유가 아니라 규범 침식(norm erosion) 혹은 이런 봉쇄 요인은 때때로 범죄와 비행의 가능성을 감안하도록 침식되었다는 것이었다. 규범 침식은 "이전에 내면화되어진 윤리, 도덕, 법, 그리고 가치들로부터의 이반, 해방, 정당성 철회, 그리고 중화" 등을 포함한 것으로서 묘사된다(p.476). 이러한 통찰력은 허쉬(1969, p.26)의 "신념" 개념과 "규범의 도덕적 타당성"에서 신념의 약화가 개인들이 법을 어기는 데 자유롭게 한다는 그의 주장을 예견했다.

## 요 약

레클리스의 이론은 범죄가 봉쇄가 약해지거나 부재할 때 발생할 것이라는 단순한 통찰에 기반한다. 그러나 우리가 봤듯이, 레클리스는 범죄 동기의 원인

표 5.1 레클리스의 봉쇄이론의 요약

| 주요 설명 개념 | 정　의 |
|---|---|
| **범죄 동기의 원천** | |
| 압력(pushes) | 범죄자를 범죄로 동기화시키거나 몰고가는 요인들(생물물리학적 영향, 심리학적 압력들, 그리고 빈곤과 같은 사회적 환경을 포함) |
| 유인(pulls) | 개인들이 범죄를 저지르도록 유인하는 요인들(범죄를 저지를 수 있는 불법적 기회들과 동료들의 존재). 차별접촉이론과 하위문화이론들은 "유인"설명들이 될 것이다. |
| **봉쇄의 종류** | |
| 외적 봉쇄 | 관습적 행동들을 강조하고, 규칙의 내면화를 격려하고, 그리고 지지적인 관계들을 제공하는 조직화된 집단 내의 요인들. 사회적으로 해체된 지역사회에서는 발견되지 않음 |
| 내적 봉쇄 | 개인들로 하여금 그들이 당면하게 되는 압력과 유인 요인들에 대해서 저항할 수 있도록 해주거나 절연시켜주는 내재적 요인들 |
| **내적 봉쇄의 구성요소** | |
| 자아개념 | 준법시민으로서 자신에 대한 긍정적 관점. "탄력성"의 개념 |
| 목표 지향 | 성공 목표가 달성 가능한지에 대한 현실적인 관점 혹은 열망. 허쉬의 "헌신" 개념 |
| 좌절 용인 | 삶에서 실패와 문제에 대처할 수 있는 자기통제. 애그뉴의 적응 혹은 "조건" 변인들 |
| 규범 보유와 침식 | 관습적 가치, 법, 관습, 그리고 행위 양식에 대한 수용 혹은 신념. 규범적 헌신의 침식 혹은 약화는 범죄로 이끌 수 있다. 허쉬의 "신념" 개념 |

들과 봉쇄의 종류들에 대한 그의 논의를 통해서 이러한 핵심적 가정을 구체화했다. 그의 이론의 복잡성을 보다 이해가능하게 만들기 위해서, 우리는 봉쇄이론의 주요 구성요소들에 대한 요약을 표 5.1에 제시하였다.

우리는 또한 레클리스가 사회는 급속하게 근대화되어가는데 어떻게 질서가 가능할까? 라는 그 시대 많은 학자들이 받았던 도전에 의해서 영향을 받았다는 것을 강조하고 싶다. 따라서, 봉쇄이론이 아주 뒤르켐주의적인 방식 안에서 시카고학파의 접근을 쫓았다는 것은 명백하다. 분명한 것은 현대사회의 산물로서 범죄와 비행의 증가라고 하는 역사적인 관점을 취했다는 것이었다. 긴장이론들과는 달리, 봉쇄이론은 경제적 불평등에 대해서 강조하거나, 범죄와 비행은 기회의 질을 강조하는 자유주의 정치적 의제를 통해서 주로 다루어져야만 한다고 주장하지 않았다. 뒤르켐주의 전통과 비슷하게, 경제적 질서보다 도덕적 질서를 보다 근본적인 것으로 간주했고 스스로 어느 정도까지는 점점 더 끝없는 열망, 거부를 받아들이는 여력의 부재, 그리고 진정한 방향성 혹은 사회적 삶의 전통적 규칙에 대한 헌신의 부재라는 복잡한 사회에서의 개인들의 문제로 봐야 한다는 것과 관련이 있었다.

## 사이크스와 마짜: 중화와 표류이론

우리가 봤듯이, 레클리스와 같은 통제이론가들은 많은 사회학적인 범죄와 비행 이론들이 과도하게 결정주의적이라고 간주했다. 만약 이러한 문제들이 빈곤, 범죄적 전통, 경제적 기회의 부재, 그리고 그런 종류의 것들에 의해서 야기된다면, 왜 그러한 압력에 시달리는 (대다수는 아니더라도) 많은 이들이 실제로는 범죄자나 비행청소년이 되지 않았는가? 1950년대 후반에, 그레샴 사이크스(Grasham Sykes)와 데이비드 마짜(Daivd Matza)는 이와 관련된 문제로 관심을 돌렸다. 만약 사회적 압력으로 비행을 야기하는 것이 그렇게 강력하다면, 그렇다면 왜 최악의 비행청소년들도 꽤 관습적인 사람으로 보이고, 실제적으로 다른 많은 방식으로는 순응적일까? 그리고 왜 비록 그들이 범죄와 비행이 빈번한 지역에 지속적으로 거주하고 지속적인 경제적 기회의 부재를 직면하지만, 그들의 대부분은 특정 나이가 지나면 법위반행위를 지속하지 않고 대신에 법을 준수하는 삶에 정착하게 되는가? 이것은 그들의 삶의 아주 짧은 기간 동안의 아주 작은 부분인 비행이 일종의 진정한 일탈 — 비록 가끔은 극적이지만 여전히 일시적인 기본특성이라기보다는 뭔가 기이한 것일 수도 있다는 것일까?

### 중화의 기술

사이크스와 마짜(1957)에 의하면, 당대의 주요 이론들은 비행청소년들과 비행을 저지르지 않는 청소년들 간의 차이를 지나치게 강조했다. 예를 들면, 하위문화 이론들은 청소년들은 비행을 자연스런 선택으로 만드는 범죄적 가치 체계인 대안을 배웠다고 가정했다. 반대로, 사이크스와 마짜는 관습적 사회와 비행청소년들은 무엇이 옳고 그름을 아는 것과 같이 사회의 행위 규범에 대한 헌신을 가지고 있다고 주장했다. 그러나 이러한 관찰은 소년들이 실제로는 관습적 도덕성을 거부하진 않으면서, 즉 본질적으로는 사회에 통합되어 있고 일반적으로 사회의 규제를 존중하면서, 관습적 도덕성을 위반하는 것이 어떻게 가능한가? 라는 이론적 문제로 이끌었다.

사이크스와 마짜는 만약 소년들이 관습적 사회가 그들에게 행사하는 통제로부터 탈출한다면 비행은 가능해질 수 있다고 주장했다. 사람들은 사회적 규범이 일시적으로 중지되고 그것들의 통제 효과가 중화되는 중화의 기술 혹은 변명으로 구성되는 관습적 사회적 규범에 대한 학습과정의 부분으로 인해 가능했다고 주장했다. 이것이 일어났을 때, 소년들은 규범 그 자체를 거부할 필요 없이 특정한 상황에서 특정한 비행 행위를 하는 것이 자유롭게 된다. 예를 들어, 학생들은 시험 부정행위를 하는 것이 잘못된 것이고 그러한 것에 참여하면 안 된다고 믿을 것이다. 그러나 만약 그들이 교수가 부당한 시험을 낸다고 느낀다면, 그들은 "선택의 여지가 없기 때문에" 이 상황에 한해서 시험 부정행위를 정당화할 수 있을 것이다.

사이크스와 마짜(1957)는 다섯 가지의 구체적 중화의 기술들을 나열했다: (1) 책임의 부정, (2) 피해의 부정, (3) 피해자의 부정, (4) 비난자에 대한 비난, 그리고 (5) 높은 충성심에 호소(요약은 표 5.2를 보라). 책임의 부정은 "내가 빠져든 수많은 문제들은 내 잘못이 아니야"라는 식의 변명이 좋은 예가 된다. 피해의 부정은 "그들은 너무 많은 것을 가져서, 그것을 결코 그리워하지 않아"라는 식의 변명이 좋은 예가 된다. "나는 단지 술주정뱅이[혹은 '이상한 놈들(동성애자)', '시골뜨기들', '아웃사이더들' 등]들로부터 뺏은 것"이라는 변명들은 피해자의 부정을 보여준다. 비난자에 대한 비난은 예를 들면 "그들은 우리보다 더 나쁘기" 때문에 어느 누구도 범법을 비난할 권리가 없다는 예에 이른다. 마지막으로, "우리는 우리 영역을 보호하기 위해서 그래야만 했다"는 것은 높은 충성심에 대한 호소에 의한 변명을 나타낸다. 사이크스와 마짜는 비행청소년들이 그들이 대부분의 시간동안 받아들이고 복종하는 법을 가끔씩 위반하도록 해주는 것이 이러한 중화기술의 사용이라고 주장했다.

반세기 동안, 사이크스와 마짜의 연구는 범죄학에 큰 영향을 주었다. 따라서 질적 그리고 경험적 연구들은 중화 기술들이 범죄를 조장한다는 결론을 지

표 5.2 사이크스와 마짜의 중화 기술 요약

| 기술(기제) | 중 화 | 슬로건(구호) |
|---|---|---|
| 책임의 부정 | 나의 통제 넘어 어떤 힘이 나로 하여금 법을 위반하게 만들었다(예를 들면, 내 친구가 나한테 압력을 행사했다; 내 부모가 나를 학대했다) | "고의로 한 것이 아니었다" |
| 피해의 부정 | 나의 비행행위는 어느 누구도 해치지 않았다(예를 들면, 그건 그냥 장난이었어; 나는 그냥 잠시 돈을 빌리려고 했던 것이고 나중에 돌려주려고 했어) | "나는 정말 어느 누구도 해치지 않았다" |
| 피해자의 부정 | 피해는 당할 만했어; 그래서 주어진 상황에서 이건 잘못된 것이 아니야(예를 들면, 선생이 부당한 시험을 내서, 난 컨닝할 수밖에 없어; 그는 우리 구역에 들어올 권한이 없다는 것을 알고 있기 때문에 우리가 패줬어) | "그들은 이렇게 될 줄 알았다" |
| 비난자에 대한 비난 | 이 사회를 운영하는 지도층도 다들 부패했고 도둑놈들이기 때문에 법을 어기는 것은 괜찮아. 그들은 내가 하는 것에 대해서 비판하는 위선자들일 뿐이야(예를 들면, 그렇게 존경받는 사람들이 저지르는 화이트칼라 범죄를 봐) | "왜 나만 갖고 그래" |
| 높은 충성심에 호소 | 나는 법을 어겨야만 했어, 아니면 나는 나의 의리와 도덕성을 잃게 돼(예를 들면, 나는 내 친구를 보호하기 위해서 싸움에 끼게 되었어; 훔치는 것은 잘못된 것이기 때문에 경찰한테 거짓말했어) | "나를 위해서 그런 것이 아니야" |

지했으며, 처음 다섯 가지의 기술들은 다른 중화 기술들을 포함하면서 발전되었고, 이론은 길거리 범죄로부터 화이트칼라 범죄에 이르는 다양한 범죄들을 설명하는데 적용되었다(Maruna & Copes, 2005). 동시에, 이론의 보다 더 큰 발전은 사이크스와 마짜의 관점이 법을 위반을 결정할 때 사람들이 어떻게 변명들과 다른 신념들을 사용하는지에 대한 인지(사회)심리학 내의 연구들과 통합할 것을 요구하게 될 것이다(Mruna & Copes, 2005).

## 표류(부유)이론

중화의 기술이라는 측면에서 비행에 대한 이러한 설명은 기존의 사회 통제를 중화하는 것으로 간주하고, 그래서 비행의 가능성을 터주는 통제이론으로 제시되었다. 실제로, 볼(Ball, 1966)은 중화의 기술 개념은 그 자체로 하나의 이론을 구성하는 것으로 발전하기에 충분하지 않고 레클리스에 의해서 가정된 보다 일반적인 규범 침식의 예로서 다양한 기술들을 고려하는 것을 통해서 보다 체계화된 레클리스의 봉쇄이론으로 통합될 수 있을 것이라고 주장했다.

어쨌든, 마짜(1964) 스스로 비행청소년은 일반적으로 관습적 가치들보다 그들의 비행에 보다 더 많이 전념/헌신하지 않으나 비행은 그들 자신의 중화기술들과 공적 도덕 질서를 대변하는 권위들 사이의 "하위 수렴"의 존재에 의해서 조장되는 "표류"의 문제라 주장하면서 1960년 중반 자신의 개념을 보다 더 발전시켰다. 이것으로 그는 당국들 자신이 종종 부모들을 비난하고, 피해자 측면에서의 자극을 언급하면서, 혹은 청소년들의 규범 중화를 강화하는 방식으로 자기방어와 관련된 혹은 "사고 accident"로서 (법규의) 위반을 정의하는 설명들을 받아들이는 것에 의해서 종종 범법을 봐줬다는 것을 의미했다. 이러한 양날의 방식으로, 관습적 규범의 통제력은 그것들이 만들어졌던 모든 종류의 조건에 의해서 약해지거나 혹은 그것들을 적용하고자 시도하면서 이의, 변명, 그리고 우유부단과 만날 때 침식된다.

여전히, 중화는 비행을 만든다. 마짜(1964)의 말로, "사회통제의 약화를 통해서 방임을 위한 잠재성을 부여 받았으나 지위, 역량, 혹은 그들 스스로의 이익을 위한 행위자가 되는 성향이 부족한 이들을, 나는 표류사라 지칭하고, 나는 이러한 범주에 비행청소년을 위치시킨다(p.29)." 통제 이론에 맞선 주장을 다루면서, "비행은 … 뚜껑이 열렸을 때 자동적으로 분출하는 인간본성의 잠재력이라고 상정할 수 없다(Cohen & Short, 1958, p.30)." 그러나 비행은 적어도 몇 가지의 기폭 요인들을 수반해야만 하고, 마짜는 다른 많은 통제이론가들은 받아들이지 않을 절충을 했다: 그는 비행이 익숙지 않고 위험한 행위들을 수반하기 때문에 통제의 상실 이상의 무언가가 그것을 설명하는 데 필요하다는 것에 동의했다. 그는 기폭 요인들(triggering factors)은 준비(preparation)와 절박감(desperation)의 조합으로 구성된다는 생각을 가졌다.

마짜에게 있어, 준비는 주어진 위반이 어떤 이에 의해서 저질러지는 것을 발견하는 것과, 개인은 그/그녀 스스로 저지를 수 있는 능력이 있고, 그리고 체포의 두려움은 관리될 수 있어야 하는 과정을 수반한다. 비록 비행 위반이 가능해졌더라도, 어떤 이가 그것이 가능하다는 것을 배웠고, 그 혹은 그녀가 그것을 할 수 있다는 확신을 느꼈고, 그리고 위험을 축소할 수 있을 정도로 충분히 용기 있거나 혹은 멍청하지 않는 한 발생하지 않을 수도 있다. 그렇지 않으면 가능성은 현실이 되지 않을 수 있다. 절박감(desperation)의 요소들로서, 마짜는 핵심적인 것은 개인성을 회복하기 위해서 시스템의 규칙을 위반해야 할 필연적인 필요성과 함께 깊은 체념과, 그 자신이 압도되어 있다는 감정에 있다고 주장했다. 레클리스와는 달리, 마짜는 종종 자리를 잘못 잡은 이기주의에 이르는 것으로서 개인성을 위한 필요를 비판하지 않았다.

## 맥락 속의 통제이론

### 1950년대의 상황

리이스(Reiss)가 1950년대 초반 개인적/사회적 통제들의 실패로서 비행을 다루는 그의 논문을 출간하였을 때, 떠들썩하게 20세기 동안 발전된 시카고학파의 사회해체 테마는 대공황의 경험들, 제2차 세계대전, 그리고 급격한 사회변화에 의해서 재강화되면서 여전히 유행하고 있었다. 그러나 거의 모든 미국인들이 집합적으로 이러한 격변들에 의해서 소진되었고 평온을 단단히 마음에 두고 있었지만, 1950년대는 적어도 표면적으로는 상대적인 사회적 순응의 시간이 되었다. “Lassie and Leave It to Beaver”와 같은 텔레비전 프로그램은 (고정관념적인) 중산층 미국의 아버지들이 사무실로부터 퇴근해서 집으로 오면 “저녁 뭐 드실래요?”라는 (고정관념적인) 아내의 안부를 받기 전에 레모네이드 바 앞에서 (고정관념적인) 행복한 자녀들(약간 말썽꾸러기인)을 맞게 될 것이라는 시대적 풍자였다. 순응, 관례, 그리고 안주들이 그 시대의 풍조였다.

이러한 압도적인 분위기에서, 청소년들에 대한 모든 관습적인 통제들과 함께 이상적인 가족 모델로부터 출발해서 비행을 추적하는 나이의 이론과 같은 것들은 거의 상식으로 보였다. 사회 비평가들은 일반적 사회 해체에 대한 관심보다 숨막히는 동조과잉의 분위기에 때문에 놀랐다. 1950년대 후반과 1960년대 초반까지, 미국인들의 어머니는 "여성적 신비로움(Friedan, 1963)"에 이르는 일련의 고정관념 속에서 집에 갇혀 있었고 아버지는 단지 "조직 순응자(Whyte, 1957)"로서 순종적으로 복종하면서 밖에 일하러 나가는 것과 같이 "양의 제국(Lederer, 1961)"이라고 비판받았다. 대도시 갱들의 외견상 난폭함에 매료된 것에도 불구하고, 일반적으로 청소년들은 대중문화 순응주의자들의 군중으로 비판받았고 전통적으로 다루기 힘든 대학생들은 어떠한 것도 질문하지 않기 때문에 "침묵의 세대(Starr, 1985, p.238)"라는 큰 책망을 받았다. 1950년대에 걸쳐, 전체로서 사회는 아메리칸 드림 속에서 잠자는 것처럼 보였다.

물론, 모든 이들이 만족하지 않았다. 4장에서 언급했듯이, 머튼(1938)의 아노미 이론에 대한 관심의 부활이 증거하는 것처럼 지속적인 사회 불평등과 차별적인 기회들에 대한 일부 관심이 있었다. 일반 대중은 대도시들의 널리 알려진 노동자 계급 남자 청소년 갱 – 꿈에 들어가는 데 실패한 특이한 집단들의 명백하게 무감각한 행위에 매료되었고 많이 불안하고 두려워했다. 코헨(1955)의 비행하위문화는 이러한 것들을 설명하려는 노력을 보여줬으나, 사이크스와 마짜(1957)는 비행청소년들이 보이는 것만큼 그리 다르진 않다고 주장했다. 대체로, 모든 이들이 미국적 삶의 방식에 온전히 참여할 수 있는 접근의 기회를 강조하면서 기회이론은 1950년대에 잘 들어맞았다.

머튼 이론의 긴장이론적 성격을 강조하는 경향은 당대의 집착에 대해서 많은 부분을 말해준다. 비록 머튼 자신이 뒤르껨의 용어를 사용했고 경제적 성공에 대한 과도한 강조로부터 파생되는 무도덕(amorality)이 옳고 그름에 대한 전통적인 규범을 약화시키면서 사회통제를 약화시키는 방식에 대해서 묘사했지만, 성공 목표와 그것을 달성하기 위한 제도적 수단 간의 단절이라는 개념이 대부분의 관심을 사로잡았다. 많은 이들은 아메리칸 드림에서 중추적인 관습적인 경제적 열망을 달성하기 위한 합법적 기회들에 대한 접근의 부재에서 존재했던 대부분의 비순응을 추적했던 주제에 대한 그들의 흥분 속에서 도덕적 침식에 대한 강력한 뒤르켐적인 테마에 대해서는 작은 관심을 기울였다.

비록 사회변화를 위한 잠재적 가능성들은 확실히 고요의 표면 아래에서 끓어올랐고 여기저기서 느끼기 시작했으나, 이러한 일반적인 감정들은 레클리스

(1961)가 1960년 초반 처음으로 그의 봉쇄이론을 설명하였을 때 여전히 많은 부분에서 만연했다. 그의 이론화는 어떤 면에서는 학계를 선도하는 학자 중의 하나에 의한 주요 이론적 설명으로부터 기대하는 것보다는 작은 영향을 가져왔다. 어떤 면에서, 그의 봉쇄 이론은 레클리스가 시카고 대학의 대학원생이었던 1920년의 제1차 세계대전 후의 사회적 분위기를 더 많이 반영하고 자기만족적인 1950년보다 사회해체적인 분위기에 더 관심을 두었던 것처럼 보였다. 그러나 1960년대의 맹공격은 통제이론을 더욱 더 유명하게 만들었다.

## 1960년대의 상황

인종차별에 대한 밀물 같은 시위, 젊은이들의 반체제 문화의 형성, 그리고 베트남 전쟁 반대와 같은 1960년대 동안 일어난 엄청난 사회 변화들은 미국 사회를 뒤흔들었을 뿐만 아니라 범죄학적 이론에 괄목할 만한 영향을 주었다. 비록 마틴 루터 킹의 남부 기독인 리더십 연합회(Southern Christian Leadership Conference)는 1950년대 중반에 시작했지만, 인권운동은 1960년 노스캐롤라이나의 그린스보로에서 미흑인 학생들의 극적인 식당 연좌농성의 급격한 확장 이전까지 대중 관심에 불을 붙이지 못했다(Starr, 1985; Zinn, 1964). 인권운동의 도래는 1950년대의 고요 대부분을 박살냈고, 인종분리법에 대한 고의적인 위반을 수반하는 시민불복종의 비폭력적 전략에 대한 의존은 더 높은 도덕성의 이름 하에서 전통적인 사회통제에 대한 직접적인 거부를 나타냈다. 그러나 이것은 단지 시작에 불과했다.

1950년대 아방가르드 식자층의 일부를 표현하는, 소위 말하는 비츠(Beats)는 약물 사용을 과시하면서 전통/인습을 거부하는 특별한 점을 가지고 있었고 1950년대 후반은 “로큰롤 rock and roll”이라 불리는 새로운 종류의 반항적인 음악의 탄생을 목도했다. 그렇다 하더라도, 이러한 것들의 어느 것도 기존의 질서를 흔들지 못했다. 그러나 1960년부터 1966년 사이에, 대학에 진학했던 미국 학생들의 수는 730만 명을 넘어 두 배 이상 증가했다(Starr, 1985). 1960년대 초반, 버클리대학교(University of California, Berkeley)와 같은 유수의 대학들에서 널리 퍼졌던 학생 시위들은 고등교육 관료제의 무사안일과 비인간성을 공격했고 개성의 자리와 더 많은 표현의 자유를 요구했다. 이렇듯 발전하는 반체제문화는 전형적인 과잉순응/동조, 중산층 가족 모형, 그리고 물질적 성공에 대한 무자비한 추구 등을 포함하는 아메리칸 드림의 관습적 측면 대부분을 거부하는 경향이 있었다. "실제 자신"에 대한 추구가 최우선이 되었다. "기존의 진부함에 대한 인식은 1960년대 청년 저항의 핵심이 되었다"(Aronowitz, 193, p.331).

이러한 변화들과 1963년 케네디 대통령 암살과 동남아시아에서의 점차적인 군사적 개입의 확대에 대해 증가하는 불안과 같은 극적인 사건들은 도덕적 합의에 대한 퇴조와 '준비와 절박감'의 조합과 관련된 표류를 가정하는 마짜의 이론에 보다 더 수용적인 독자들을 찾을 수 있을 것이라는 점을 의미했다. 10여년이 흐르면서, 인권운동의 연속적인 드라마, 전투적인 페미니즘의 도래, 베트남전 반전 시위, 히피들의 출현, 명망있는 하버드 대학교의 교수가 만든 환각성 약물 사용의 옹호, 그리고 일련의 극적인 사회적 문화적 전환들은 많은 부분에서 개인적 그리고 사회적 통제의 완벽한 붕괴에 대한 신호처럼 보였다.

1960년대 중반, 인권운동은 차별적이고 보다 급격한 기조를 띠었다. 미국내 몇몇 주를 미흑인을 위해서 떼어내야 한다는 흑인분리주의를 위한 운동은 괄목할 만한 세력을 얻었다. 블랙 무슬림(Black Muslim)운동은 많은 미흑인들로 하여금 기독교를 "백인의 종교"로 거부하고, 그들의 이름을 바꾸고, 그리고 변종의 이슬람 신앙을 받아들이도록 만들었다. 많은 미흑인들에게 있어, 대부분의 개인적 사회적 통제의 기제는 그들의 지속적인 사회적 감정적 구속을 위해서 고안된 것처럼 보였다.

존슨 정부하에서 베트남에 대한 미국의 군사적 개입이 가속화되면서, 시위들은 보다 더 빈번했고 폭력적이 되었다. 뉴스 미디어들은 점점 더 국가를 전쟁에 의해서 "찢겨진" 상태로 언급했다. 사회적 합의는 증발한 것처럼 보였다. 1950년대는 전혀 다른 사회인 것처럼 보이기 시작했다.

1960년대 페미니스트 운동이 등장하면서, 페미니스트 운동은 많은 부분 존경받는 전통적인 가족제도를 여성에 대한 정치적, 경제적, 그리고 성적 압제의 기만적인 최전선으로 공격하는 것으로 나타났다. 새로운 대학생들 사이에서 성장했고 학생들과 일반인들 또한 청년과 성인들에게 퍼져나갔던 히피들과 다른 이들의 반항문화는 1950년대의 고루한 하향식 사고방식을 조롱하는 것처럼 보였다. 많은 단정한 중산층 청년들은 수염을 기르고, 샌들을 신고, 목걸이를 하고, 어깨까지 내려오도록 머리를 길렀고, 예전의 얌전한 처자들은 수염을 제외한 비슷한 차림새를 받아들였다. 약물 — 특별히 마리화나는 그들 중 어디에나 있었고, 그들은 관습적인 가족의 삶과 경제적 무한 경쟁에 대한 헌신과 관련된 중산층 훈계에 대한 거부라는 면에서 대부분 연합했다.

많은 관찰자들에게 있어, 1960년대는 개인적인 면에서 자기통제의 상실과 조직화된 종교, 가족, 교육제도, 경제적 질서의 측면에서 사회적 통제의 상실로 특징지어진다고 보여졌다. 그것은 때때로 모든 것들이 의문시되었고 관습적 제도들은 허물어지고 있는 것처럼 보였다. 만약 이것이 적절한 이론적 개념으로 구성될 수 있다면, 범죄와 통제의 붕괴를 연결하는 관점을 받아들일 시간은 무르익었다. 1960년대의 끝자락에, 그 자신이 버클리대학교에서 사회적 동요의 중심에 있었던 트래비스 허쉬(Travis Hirschi)가 이러한 문제에 도전했다. 허쉬(Hirschi, 1969)는 20세기의 마지막 사반세기 동안 가장 영향력이 큰 범죄학적 이론이 된 고도로 정제된 유형의 통제이론 — 그의 "사회유대"이론 — 을 제시했다. 이것이 우리가 이어서 살펴볼 허쉬(Hirschi)의 이론적 공헌들이다.

트래비스 허쉬

1935–

애리조나대학
사회유대이론의 저자

# 제6장 통제의 복잡성: 허쉬의 두 이론과 그것을 넘어서

트래비스 허쉬(Travis Hirschi)는 수십 년 동안 통제이론을 지배해 왔다. 오늘날 그의 영향력은 줄어들지 않았고, 아마도, 수십 년이 아니라면, 수 년 동안 계속될 것이다(예를 들어, Britt and Gottfredson, 2003; Gottfredson, 2006; Kempf, 1993; Pratt and Cullen, 2000을 볼 것). 허쉬의 저작에서 나타나는 순수한 학술적인 재능을 넘어서, 범죄학 이론에서 그의 지속적인 영향력을 설명하는 것은 무엇일까? 다음의 세 가지 점이 그의 사상의 매력이다.

첫째, 허쉬는 그의 이론들을 간략하고도 쉽게 진술한다. 이것은 그의 이론의 핵심 명제들이 쉽게 이해된다는 것을 의미한다. (예를 들어 사회유대나 자기통제의 부재는 범죄에 개입하게 한다.) 둘째, 허쉬는 호전적이고, 따라서 논쟁을 즐긴다. 그는 한 입장을 자기 것이라고 주장한 다음, 대안적 시각들이 잘못되었다고 주장한다. 허쉬(1983)는 오랫동안 통합이론에 대해 적대적 태도를 보여 왔다. 그에 따르면, 좋은 이론들은 가정들과 어떤 내적 일관성을 갖는데, 이것은 한 이론을 다른 이론과 모순되게 만든다. 이론들을 함께 섞으려는 시도는 개념적 틀을 혼란시키고 개별이론들의 성장을 가로막는다. 셋째, 허쉬의 이론들이 간결하게 서술되었고 다른 이론들을 틀렸다고 주장하기 때문에, 이들은 경험적으로 검증하기 좋다. 이론들이 난립하는 (그러나 하나의 이론만 존재하지는 않는) 한 이유는 그들을 통해 학자들이 연구를 수행하고 저서를 출판할 기회를 얻을 수 있다는 것이다. 바로 그러한 작업을 통해 대학에서 종신재직권을 얻고 직업경력의 발전을 이룰 수 있다(Cole, 1975). 허쉬의 이론화는 이처럼 범죄학자들이 수많은 저서를 쓰기 위한 한 풍부한 자원이 되어왔다(Gottfredson, 2006; Kempf, 1993; Pratt and Cullen, 2000; Sampson and Laub, 1993). 그의 연구 아이디어들에서 이러한 특성은 앞으로도 계속 유지될 것이다.

이것은 허쉬의 이론화가 보편적으로 인기가 있었다는 것은 아니다. 그의 분석들은 대담하다(비판하는 사람들은 허세를 부린다고 말할 것이다(Geis, 2000)). 왜냐하면 그들은, 그들의 이론이 다양한 범죄유형과 다양한 사람들을 모두 설명하는 "일반이론"이라고 주장하기 때문이다. 허쉬는 또한, 다른 학자들(특히 보다 비판적인 시각의 학자들)이 범죄의 근본원인이라고 보는 인종, 계급, 그리고 성불평등에 대해 거의 관심을 갖지 않았다(예를 들어 Miller and Burack, 1993을 볼 것). 그의 장점에도 불구하고, 이러한 허쉬에 대한 비판들은 그의 영향력을 거의 감소시키지 않았고, 만약 뭔가 변화가 있다면, 그 논쟁이 추가적인 연구를 촉진했다는 것이었다(예를 들어 Blackwell and Piquero, 2005).

허쉬의 생각은 그의 경력을 통해 오히려 실질적으로 발전해 왔다. 실제로, 그는 두 개의 서로 관련되지만 궁극적으로 경쟁하는 이론들을 제안했다. 첫 번째 시각인 사회유대이론(social bond theory)은 1969년에 그의 책, 『비행의 원인(Cause of Delinquency)』에서 제시되었다. 두 번째 시각은 자기통제이론(self-control theory)인데, 이것은 1990년에 그의 공동저자인 마이클 갓프레드슨(Michael Gottfredson)과 함께 쓴 저서인 『범죄의 일반이론(A General Theory of Crime)』에서 발표되었다. 이 장에서는 이 이론들을 각각 살펴보고, 또한 그들이 어떻게 서로 모순되는 시각으로 볼 수 있는지를 보여주고자 한다.

그럼에도 불구하고 이러한 허쉬의 광범위한 영향력 때문에, 범죄의 원인으로 통제의 역할에 주목했던 다른 학자들의 이론적 공헌을 폄하하지 말아야 한다. 이 대안적 이론들은 환경이 어떻게 통제력을 만들어내고, 이 통제가 다양한 결과를 가져올 수 있는지에 대해 보다 깊이 파헤쳤다는 점에서, 이들은 많은 점에서 보다 값진 이론들이다. 간단히 말해서, 이들은 통제의 복잡성(complexity of control)을 잘 설명한다. 따라서 우리는 세 중요한 현대의 통제이론, 즉 헤이건(Hagan)의 권력통제이론(power–control theory), 티틀(Tittle)의 통제균형이론(control balance theory), 그리고 콜빈(Colvin)의 강제이론(coercion theory)을 살펴본다.

## 허쉬의 첫 번째 이론: 사회유대와 비행

허쉬의 첫 번째 이론의 핵심 전제는 비행이 사회유대가 약하거나 부재할 때 발생한다는 것이다. 그것만으로, 이 주장은 다소 기술적인 것이었고 많은 이론적 논쟁을 불러일으킬 주장은 아니었다. 그러나 허쉬의 의도는 단지 또 다른 종류의 통제이론(그의 사회유대이론)을 주장하려는 것이 아니라, 그렇게 함으로써 그 당시의 두 가지 주요 패러다임들, 즉 (허쉬가 문화적 일탈이론으로 부른) 서덜랜드의 차별접촉이론과 머튼의 긴장이론에 도전하려는 데 있었다. 그의 목표는 이론적 논쟁을 시작하는 것이었고, 그는 성공했다(또한 Kornhauser, 1978을 볼 것).

그는 통제이론가로서 이 두 시각들이 잘못된 이론적 질문을 한다고 주장했는데, 그것은 왜 사람들이 범죄를 저지르도록 동기화되는가 하는 것이었다. 차별접촉이론에서, 이 질문에 대한 대답은 청소년들이 다른 사람들과의 상호작용 속에서 어떤 일탈적 문화에 둘러싸여서 비행을 시작한다는 것이다. 이 긍정적 학습, 다시 말해서 범죄를 긍정적으로 학습하는 것은 청소년들에게 법을 위반하도록 만든다. 긴장이론에서는, 목표를 달성할 가능성이 없는 것은 좌절을 만들어내고, 이것은 개인을 범죄를 하게 만드는 원인이 된다. 그러나 허쉬는 이 이론들이 설명할 필요가 없는 것(동기)을 설명하고 있다고 주장했다. 만약 인간의 본성이(범죄에 내재하는 속성인) 쉽고 즉각적인 만족을 추구하는 것이라면, 그들은 범죄의 동기를 배우거나, 또는 긴장에 의해 범죄로 유인될 필요가 없다. 사실상, 그러한 범죄문화적 가치와 긴장은 풍부하게 존재하고, 따라서 이들은 누가 범죄자가 되거나 되지 않는지를 설명하지 못한다.

물론 허쉬의 보다 적절한 이론적 질문은 "왜 사람들이 법을 위반하지 않는가?"였다. 범죄자들을 비범죄자들과 차별화하는 것은 사람들이 제멋대로의 충동에 의해 행동하지 못하도록 억제하는 요소들이다. 따라서 이론의 임무는 범죄가 발생할지 말지를 규제하는 사회통제의 속성을 밝히는 것이었다. 허쉬(1969)는 이 통제를 "사회유대(social bond)"라고 불렀다.

## 허쉬에게 영향을 준 학자들

허쉬(1969)의 이론적 입장은, 다른 이론에 대한 비판을 하는 과정에서, 통제이론의 발전에서 초기통제이론가와 자신의 이론 사이의 차이점을 찾는 과정에서, 그리고 경험적 자료를 통해서 그의 입장을 검증하는 과정에서 명확하게 표현되었다. 허쉬의 접근은, 범죄학 이론들이 시간과 공간의 영향력을 반영하는 방식뿐만 아니라, 그 이론들이 특정 이론가들의 지향을 벗어나는 특별한 고찰을 할 때 사용하는 한 전형적인 수법일지도 모른다. 허쉬는 스스로 이것을 인식했고, 그가 그의 입장을 설명하는 방식에 어떤 연구가 어떻게 영향을 주었는지를 인정할 때 특별히 솔직했다. 그는 그가 이용 가능했던 데이터의 한계를 솔직하게 설명했고, 그리고 (그가 비판해 왔을 수도 있는) 한 특정한 사상적 전통(시카고학파의 사회해체의 주제)이 당시에 인기가 낮아서 거기에 기대지 않았다는 것을 솔직하게 설명했다. 허쉬는 한 인터뷰에서 데이터 요인의 중요성을 지적했다.

> 통제이론은, 내가 어떤 특별한 연구방법에 집착했다는 사실을 알지 못한다면, 진정으로 이해하기 어렵다. 내가 그 이론을 만들 때, 나는 나의 데이터가 조사데이터가 될 것이라는 것을 알았다. 따라서 나는 주로 사람들의 지각, 태도, 그리고 가치를 수집하려고 했다. 내가 만약 다른 사람들 또는 지역사회의 구조에 대한 데이터를 수집했었다면, 나는 그 이론을 "꽤 다른 방식으로" 진술해야 했을 것이다(Bartollas, 1985, p.190에서 재인용, 따옴표가 추가됨).

사회해체의 주제와 관련한 문제는 사회해체가 일반적인 사회문제와 특히 범죄문제에 대한 한 설명으로서 그것의 큰 인기를 잃어왔다는 것이다(Rungbinton and Weinberg, 1971). 사회병리라는 보다 오래된 개념과 유사하게, 사회해체의 개념은 엄격히 가치중립적이지 않다는 것을 감추기 위해 나타난 모호한 일반화의 문제로 강한 비판을 받아왔다. 클리나드(Clinard, 1957, p.41)는 다음과 같이 지적했다.

> 이런 분석틀에는 많은 반대가 있다. (1) 해체는 한 일반적인 사회를 분석하기에는 너무나 주관적이고 모호하다.… (2) 사회해체는 이전에 존재하던 기존의 조직상태가 망가진 것을 의미하는데, 이것은 일반적으로 만들어질 수 없는 어떤 상태이다.… (3) 사회해체는 보통 "나쁜" 어떤 것으로서 생각되고, "나쁜" 것은 종종 사회계급이나 다른 사회집단들의 구성원들이나 관찰자들의 가치판단이다.… (4) 일탈행동의 존재는 항상 사회의 핵심가치에 어떤 중요한 위협이 되는 것은 아니다.… (5) 해체로 보이는 것도 종종 고도로 조직된 경쟁규범들의 체계일 수도 있다.… (6) 마지막으로, 몇몇 사회학자들이 주장한 바와 같이, 다양한 하위문화들이 사회해체라는 상황을 구성함으로써 사회를 약화시키기보다는, 오히려 그들의 다양성을 통해서 사회의 단합과 통합에 기여할 수도 있다.

이것과 다른 사회해체의 개념에 대한 비판은 1960년대에 폭넓게 받아들여졌고, 허쉬는, 사회해체이론이 당시에 인기가 없었기 때문에 그가 그의 이론을 사회해체이론과 엮이지 않도록 하기 위해 얼마나 노력했는지를 솔직히 고백했다.

> 예를 들어, 나는, 내 이론을 저술할 때, 내 이론이 사회해체이론의 전통과 잘 맞는다는 것을 알았다. 나는 이것을 알았지만, 여러분들은, 내가 책을 쓴 1960년대 중반에 한 개념으로서 사회해체의 지위를 기억해야 한다. 나는 내가 개인적 수준에서 사회통제이론을 저술할 때 당시의 흐름에 거슬러서 수용을 하고 있다는 것을 느꼈다. 내가 그런 시대에 사회해체를 홍보하려고 했다면, 나는 깊은 곤경에 처했을 것이다. 그래서 나는 사회해체의 전통으로부터 거리를 두었다. 결과적으로, 나는 사회해체를 정당하게 대하지 않았다. 나는 뒤르켐(Durkheim)과 홉스(Hobbes)에게로 돌아갔고, 내가 말하고 있는 것과 직접적으로 잘 부합하는 한 흠 없는 미국의 전통을 무시했다. 그러나 나는 그것을 알았고 낙으로 삼았다. 나는 당시 사람들이 사회해체에 대해 말하던 것을 동일하게 말했다. 그러나 나는 그들이 인기가 떨어졌기 때문에 나는 내 자신을 그들과 멀리해야 했다. 게다가 루스 콘하우저가 매우 정확히 지적한 바와 같이, 사회해체이론들은 문화적 전통과 관련되어 있었다. 그것은 내가 가장 열심히 반대하는 전통이었다. 그래서 만약 내가 사회해체이론에 대해 언급해야 할 때, 나는 내 자신의 입장을 타협하거나 내가 원치 않았던 많은 논쟁을 시작했다. 이제, 내 편에 있는 콘하우

저와 같은 사람들과 유행에 뒤처진 사회해체를 통해, 이 유명한 전통 속에 있는 내 뿌리를 강조할 것이다(Bartollas, 1985, p.190에서 재인용).

그래서 허쉬(1969)는 특히 주의깊게 사회해체의 전통을 명확히 서술하는 것을 피했고, 대신에 그의 입장을 뒤르켐과 홉스와 같은 다른 선구자들의 사상에서 찾았다. 그는 전통사회와의 유대를 통해 통제를 나타내는 본질적인 변수들을 찾는데 집중하면서, 그는 자신의 입장을 발전시켰고 그것을 입증하기 위해 그의 대부분의 체계적인 연구를 했다. 이 방식을 통해 그의 이론은 논리적으로 잘 서술되고 경험적 근거가 명확한 통제이론의 한 모범이 되었다.

## 허쉬의 사회학적 시각

이 당시의 통제이론가들은 개인 외부의 원천으로부터 행사되는 통제와 개인내부로부터 행사되는 통제를 구분하려는 경향이 있었다. 실제로 레클리스(Reckless, 1961)에 따르면, 개인은 현대사회에서 너무나 고립되어 있어서, (외부적 통제를 받는 어떤 상황으로부터 또 다른 상황으로 이동하거나 심지어 그것으로부터 도망가려고 한다.) 내적 통제는 순응에 있어서 보다 기본적인 요소이다. 허쉬는 훨씬 더 사회학적인 입장을 가졌다. 다른 통제이론가들이 성격 측면으로 고려하는 그 특성을, 허쉬는 계속되는 사회관계에 의해 유지되는 요인들, 즉 그가 사회유대(social bond)로 명명한 요인들로 고려했다.

다른 통제이론가들은 내면화(internalization)의 개념을 중요시했는데, 이것은 사회규범이 자아 속에 너무나 깊이 각인되어 성격구조의 한 근본적인 부분이 되는 과정을 말한다. 허쉬(1969, p.4)는 대신에, 이런 "과도하게 사회화된 인간개념"에 대한 롱(Wrong, 1961)의 비판을 언급하면서, 사회적 기대의 내면화를 통해 범죄를 설명하는 것은 너무나 피상적인 설명이기 때문에 내면화가 된 사람들일지라도 항상 순응한다는 보장이 없다고 주장한다. 먼저, 그는 긴장이론으로부터 뒤르켐을 구해낸다. 허쉬(1969, p.3)는, "머튼이 그의 이론의 뿌리를 뒤르켐에서 찾기 때문에 긴장이론은 종종 '아노미(anomi)'이론으로 불린다"는 점을 지적하면서, 그는 "실제로 뒤르켐의 이론은 통제이론의 가장 순수한 예들 중 하나라는 것"을 보여주었다. 다음으로, 그는 홉스에 의해 제기된 질문인, "왜 사람들은 사회의 규칙을 따르는가?"에 대해 관심을 가졌고, 내면화라는 가정이 (보통 순응이 본질적으로 두려움에 기초한다는) 홉스 자신의 결론을 피해가는 한 수단으로서 이용되었다는 것을 발견했다. 이것은 리스(Reiss)의 구분에 그가 동조한 것이었는데, 그는 규칙을 받아들임으로써 나타나는 순응과 단지 굴복함으로써 나타나는 순응을 구분했다.

이처럼 허쉬는 내면적으로 규범을 수용하지 않고서도, 사회적 규제력에 단순히 굴복함으로써 순응할 수 있다는 것을 기꺼이 인정했는데, 이것은 그가 뒤르켐을 통제이론가로서 처음으로 인용할 때 꽤 명확해졌다. 허쉬(1969, p.3)는, "아노미와 이기주의는 '규제의 약화'를 조건으로 하며, 여기에서 유발되는 '일탈적' 행동은 규제약화의 한 자동적인 결과이다"라고 말했지만, 순응을 하게 하는 한 요소로서 통합에 대한 뒤르켐의 추가적인 강조를 언급하지 않았다. 그는, 즉시 홉스로 돌아가서, 매우 명확하게 다음과 같이 설명했다.

> 홉스의 질문이 사회학이론의 역사에서 한 핵심적인 자리를 차지하게 했지만, 거의 아무도 홉스의 답변을 받아들이지 않았다.… 그 정도가 아니라, 사회학자들은 순응을 하게 만들기 위해서는 두려움 이상의 무엇이 필요하다고 주장했다. 인간은 사회의 규칙에 대해 "존중의 태도"를 가지고, 그는 "규범을 내면화한다." 인간은 의식을 갖고 있기 때문에, 그는 불법이나 일탈행동의 비용에 대해 단지 계산만을 하지는 않는다.…
>
> 이처럼 인간이 규칙을 따르길 갈망하는 도덕적인 동물이라고 가정하였기 때문에, 사회학자들은 일탈을 설명하는 문제에 직면하게 되었다(Hirschi, 1969:5).

그 후 허쉬(1969, p.11)는, 사람들이 사회화과정에서 규범을 내면화시킨 결과로서 인간이 근본적으로 도덕적인 존재가 되었다는 잘못된 가정에 기초하여 일탈이 설명된다고 생각했다. 그러나 그는 "통제이론이 비도덕적인 인간을 가정하지만 긴장이론은 도덕적인 인간을 가정한다"고 말하는 것은 "지나친 단순화"라고 주장했는데, 왜냐하면 통제이론은 "단지 도덕성이 사람에 따라 다양하다고 가정하기 때문이다. 다시 말해서 어떤 사람에게 도덕을 고려하는 것은 중요하지만, 다른 어떤 사람들에게는 그렇지 않다." 왜 단순히 통제를 잃는 것이 비행을 가져올 수 있는지를 설명하는 하나의 방식으로서, 마음가짐(preparation)과 절망(desperation)의 힘을 필수적으로 제시해야 한다고 믿었던 마짜(Martza)와 달리,

허쉬는 아무런 동기적인 요인을 제시하고 않고 단지 통제의 약화가 개인이 범죄의 비용을 계산하지 않도록 한다고 주장했다. "마짜의 시각이 그에게 어떤 사람들이 도덕적 감수성으로부터 자유로워질 수 있다는 것을 허용하기 때문에, 그 통제이론가는 사회통제의 두 번째 선, 즉 순응과 일탈에서 합리적, 계산적 요소로 나아가는 것 같다."

## 왜 사회통제가 문제인가?

한편 허쉬는, 그 쟁점을 통해 왜 (가능한 가장 쉬운 방식으로 즉각적으로 욕구충족을 추구하는) 사람들이 범죄를 저지르려고 하지 않는지를 설명할 수 있다고 믿었다. 왜 그들은 그렇게 하지 않는가? 왜 그들은 그들이 원하는 것을 얻기 위해 범죄에 개입하지 않는가?

여기에 이 쟁점을 다루는 또 다른 방식이 있다. 허쉬는, 고려되는 각각의 잠재적 범죄행동은 이익과 비용을 갖는다고 믿었다. 그의 견해에 따르면, 대부분의 사회에서 사람들은 범죄를 할 때 꽤 많은 이익이 있다고 유사하게 생각하는데, 왜냐하면 그러한 행동은 사람들에게 그들이 원하는 어떤 것을 갖게 해주고(예를 들어 어떤 물건을 갖는 것), 그들이 좋아하는 어떤 것을 느끼게 해주며(예를 들어 약물을 통해 기분이 좋아지는 것) 또는 그들이 불편하다고 생각하는 어떤 것을 멈추게 해주기(예를 들어 그들을 괴롭히는 어떤 사람을 때리는 것) 때문이다 (Marcus, 2004). 중요한 것은 허쉬가, 사람들이 범죄에서 유사한 이익을 얻으리라고 생각한다는 것을 결코 경험적으로 보여주지 않았다는 점이다. 그는 단지 그러한 경우를 가정했다. 그러나 이것은 한 중요한 가정이다.

만약 대부분의 사람들이 범죄를 유사한 이득을 얻는 것으로 기대한다면, 다시 말해서 범죄가 대부분의 사람들을 만족시켜주거나 유혹한다면, 논리적으로 대부분의 사람들이 동일한 범죄의 동기를 가질 것이다. 이미 지적한 바와 같이, 다른 범죄학적 이론들은 동일한 동기라는 명제를 반박하는데, 실제로 그들은 왜 어떤 개인들이 다른 사람들에 비해 보다 더 범죄로 동기화되는지를 설명하는 데 매우 많은 시간을 보냈다. (예를 들면, 범죄자들은 보다 많은 긴장을 느낀다, 범죄자들은 범죄적 가치를 내면화하였다 등) 그러나 만약 허쉬가 가정한 바와 같이 범행의 동기가 사람들에게 보편적으로 존재한다고 가정한다면, 이러한 동기는 누가 범죄자가 되고 누가 범죄자가 되지 않는지를 설명할 수 없다.

이 쟁점을 방법론적으로 생각해 보자. 하나의 독립변수(이 경우에 범행의 동기)가 만약 그것의 종속변수(이 경우에 범죄행동에 참가하는 것)의 변화를 설명한다면 독립변수의 변화가 있어야 한다. 그런데 무엇이 변하는가? 물론 그것은 사회통제이다. 이처럼 허쉬에게 '사회통제의 강도에서의 변화는 사람들이 범죄에 참가하는 정도에서의 변량을 설명한다.'

허쉬가 통제를 강조하는 것이 아니라, 오히려 '사회'통제를 강조한다는 점은 중요하다. 이미 언급한 바와 같이 그는 사회학적 범죄이론을 만들었다. 통제는 어떤 심리적 특성 속에 있지 않고, 오히려 지속적으로 일련의 믿음을 강화한다. 대신에, 허쉬에게, 통제는 '전통사회(부모, 교사와 같은 성인구성원, 가족, 학교와 같은 제도들, 그리고 법, 규범적 기준과 같은 믿음)와 결속된' 어떤 사람 속에 존재한다. 이처럼 통제는 사회와 개인의 관계 속에 존재한다. 허쉬는 이 상이한 종류의 결속들 또는 관계들을 사회유대(social bond)라고 불렀다. 그는 4가지의 사회유대들, 즉 애착(attachment), 관여(committment), 참여(involvement), 신념(belief)을 구분하였는데, 이하에서는 이들에 대해 상세히 논의한다.

허쉬에게, '사회유대에서의 다양성은 이처럼 범죄에서의 다양성을 설명한다.' 사회유대가 강할수록, 범죄로의 유혹이 통제되고 순응할 가능성이 더 높아지며, 사회유대가 약할수록 사람들이 욕망에 굴복하여 법을 위반할 가능성이 높아진다. 이것은 우리에게 다시 "왜 그들이 범죄를 하지 않는가?"라는 질문을 생각나게 한다. 그것에 대한 답변은 명확함에 틀림없다. 즉 사람들은 그들의 사회유대에 의해 범죄를 제지당했기 때문에, 그들의 욕구충족을 위해 행동하지 않으며, 따라서 범죄에 개입하지 않는다. 간단히 말해서, 사회유대는 사람들을 불법적 유혹으로 끌어들이지 않도록 통제하고 따라서 순응하도록 만든다. 홍수를 막는 댐과 같이, 사회유대는 개인이 범죄를 하지 않도록 만든다. 그러나 만약 댐이 균열이 생기거나 무너진다면, 범죄적 동기는 이 개인들에게 범람하게 되고 그들이 범죄를 저지르지 않도록 만드는데 아무런 대책이 없게 된다.

허쉬가 사회유대의 안정성을 가정하지 않는다는 것은 중요하다. 사회유대는 전통적인 타자들과의 상호작용에 의해 자양분을 공급받는 한 강하게 유지된다. 만약 청소년들이 부모로부터 떨어지게 되거나, 대학에 가서 학점을 신경쓰지 않게 되거나, 또는 운동부로부터 탈퇴를 당하게 된다면, 그들의 유대는 약화될 수 있다. 그리고 만약 유대가 약화되면, 범죄가 발생할 것이다. 유대는 그 강도가 시간에 따라서 달라지기 때문에, (예를 들면 10대 시절에는 보다 약하고, 그 시기를 전후하여 보다 강하다.) 사람들은 불법행동을 시작하고 그만둘 수 있다. 성인 범죄자들은 그들이 좋은 배우자와 혼인을 하거나 좋은 직업을 갖게 된다면, 범죄를 그만둘 수도 있다. 간단히 말해서, 사회유대의 존재와 강도는 범죄행동에서의 변화를 설명할 수 있다. 15장에서 보게 될 것과 같이, 이러한 생각은 샘슨과 라웁(Sampson and Laub, 1993)의 생애과정이론의 기초를 형성하는데, 이 이론은 왜 사람들이 그들의 인생의 다양한 시기에 따라 범죄를 시작하고 그만두는지를 설명한다.

마지막으로, 허쉬는, 사회유대모델에서, 고전파범죄학과 합리적 선택이론가들의 견해에 반대했는데, 그들은 범죄가 단지 범죄로 인한 비용과 이익의 계산에 의해 나타난다고 주장한다(13장을 볼 것). 이미 논의한 바와 같이, 허쉬는 범죄의 선택이 범죄로 인한 비용(또는 결과)과 이익(또는 욕구충족)의 계산을 통해 나타난다고 본다. 그러나 그는 두 가지 중요한 방식에서 고전파와는 달랐다. 첫째, 그는 범죄의 이익이 (고전파가 주장한 것과는 달리) 개인에 따라서 상이한 것으로 본 것이 아니라, 오히려 모든 사람들이 쉽게 얻을 수 있는 것으로 보았다.

둘째, 범죄의 비용은 고전파가 암시한 바와 같이 주로 구금과 같은 법적 제재의 문제가 아니었다. 단순화를 무릅쓰고 설명한다면, 고전파와 몇몇 합리적 선택이론가들은 암묵적으로 사람들이 범죄에 개입할 것인지를 결정할 때 (1) 그들이 얻을 수 있는 돈의 양에 비한 (2) 그들이 잡혀서 감옥에 갈 가능성을 계산한다. 허쉬에게, 그러한 입장은 현실을 너무 단순히 파악한 것이다. 실제로, 『비행의 원인』에서 조사대상자였던 허쉬의 비행청소년들은 선택을 했지만, 부모, 교사, 숙제, 학점, 학교활동 등과 함께 엮여서 사는 어떤 풍부한 사회환경 안에서 선택을 했다. 단지 청소년들이 그들을 전통적 질서로 묶는 유대로부터 느슨해질 때만, 그들은 범죄의 이익을 추구하는 선택을 주저 없이 했다. 다시 말해서, 사회제도들 내에서 관계들에 대한 이러한 관심은 허쉬의 이론을 근본적으로 사회학적인 이론으로 만들었다.

## 네 가지 사회유대

그러면 무엇이 허쉬의 비행이론의 기초를 형성하는 유대들인가? 그들은 애착, 관여, 참여, 그리고 신념이다. 그들은 표 6.1에 요약되어 있다.

표 6.1 허쉬의 비행의 사회유대이론

| 사회유대 | 사회유대의 속성 | 사회통제의 속성<br>: 왜 그들이 범죄를 하지 않는가? |
|---|---|---|
| 애착 | 특히 부모와 같은 다른 성인들과의 감정적 친밀함 | 간접통제 — 친밀함은 청소년들이 부모의 의견에 대해 염려하게 만드는데, 이로 인해 청소년들이 "나쁜 행동"을 하지 않게 된다. |
| 관여 | 높은 교육적 직업적 열망과 학교에서의 좋은 학점 | 순응을 하지 않는 것은 너무나 높은 범죄의 비용을 만들어낸다. 이것은 이처럼 사회유대의 합리적 요소이다. |
| 참여 | 전통적인 활동들에의 참여, 여기에는 숙제, 일, 운동, 학교활동, 그리고 다른 여가활동들이 포함된다. | 여가나 레저생활 시간이 부족할 정도로 바쁜 것은 범죄에 개입할 기회를 제한한다. |
| 신념 | 법과 기타 전통적 규범(예를 들어 학교규칙)의 도덕적 타당성 수용 | 도덕적 신념은 범죄의 충동을 억제한다. 반대로 범죄는 그러한 전통적인 신념이 약할 때 발생한다. |

**애착이라는 사회유대** 허쉬의 비행이론에서, 애착(attachment)은 청소년들이 전형적으로 가장 중요하게 생각하는 부모와 같은 성인들에게 느끼는 감정적 친밀함이다. 이 친밀함은 친한 의사소통, 부모와의 "감정적 동일시"(예를 들어 그들의 부모와 같은 사람이 되고 싶어 하는), 그리고 청소년들이 어디서 뭘 하는지에 대해 부모들이 알고 있다는 어떤 느낌과 같은 것이다. 이 유대는 자녀들이 부모들과 보내는 시간과 "개인적으로 그들과 상호작용하는" 정도에 따라 달라진다 (Hirschi, 1969, p.94).

청소년들이 부모와 친밀한 관계를 유지할 때, 그들은 부모의 의견에 대해 염려하며 그들을 실망시키려하지 않는다. 결과적으로, 부모들은 간접통제(indirect control)를 행한다. 간접통제는 부모가 그들의 자녀를 면전에서 감독할 때(예를 들어 잘못된 행동에 대해 훈육할 때) 나타난다. 그러나 간접통제는 자녀들이 면전에 있지 않을 때, 다시 말해서 물리적으로 부모와 떨어져 있을 때도 나타난다.

허쉬(1969)는 또한 이것을 "사실상의 감독(virtual supervision)"이라고 언급했다. 그렇다면 그 통제는 어디에서 나타나는 것일까? 허쉬에 따르면, 청소년들은 그들의 애착이 심리적으로 부모들이 면전에 있다고 느끼게 만들기 때문에, 범죄를 삼가하게 된다. 그들은 학교를 빼먹거나, 손괴를 하거나, 약물을 하지 않는다. 왜냐하면 흔히들 말하듯이 "우리 부모님들이 날 죽일거야"라고 생각하기 때문이다. 허쉬(1969, p.88)는 다음과 같이 서술했다.

> 이른바 "직접통제"는, 소수의 예외를 제외하고는, 큰 실질적이나 이론적인 중요성을 갖지 않는다. 중요한 것은 부모가 범죄의 유혹이 일어날 때 심리적으로 면전에 있는지 여부이다. 만약 유혹의 상황에서, 부모의 반응에 대해 생각하지 않을수록 그들의 자녀는 범죄에 개입할 것이다.

**관여라는 사회유대** 관여(commitment)는 청소년들이 순응하게 만든다(Briar and Piliavin, 1965). 예를 들면 청소년들이 학교에서의 성공에 너무나 많은 투자를 하기 때문에, 그들은 어떤 나쁜 짓을 해서 "그들의 미래를 망치기를" 바라지 않을 것이다. 이것은 사회유대의 합리적인 요소인데, 왜냐하면 관여가 어떤 비용-이익 계산의 부분이기 때문이다. 강하게 관여하는 사람들은 비행을 저지르는 것이 비합리적이라는 것을 알게 될 것이다. 이와 같이 그들은 이러한 걱정에 의해 통제된다.

관여는 자기이익의 포기 측면에서가 아니라, 오히려 어떤 희망하는 목표에서 개인의 자기이익이 투자되어온 정도로서 정의된다. 허쉬(1969, p.20)에게, 이것은 "순응을 하게 되는 합리적 요소"였는데, 본질적으로는 잠재적인 이익과 손해의 합리적 계산의 문제이고, 그래서 일탈행동을 고려하는 개인은 "이 일탈행동의 비용에 대해 고려해야 하고, 그가 전통적인 행동을 해 왔던 지금까지의 투자를 잃을 위험에 대해서 고려해야 한다." 이 점에서, 부모의 기대를 얻고, 열심히 공부하고, 그리고 아마도 표창을 받으면서 졸업하는데 많은 시간과 에너지를 투자해온 청소년은 사회와 보다 깊은 유대를 가지는데, 왜냐하면 그가 "순응을 할 때 훨씬 많은 이익"을 얻고, 순응하지 않으면 많은 것을 잃을 것이기 때문이다.

물론, "그러한 이미 만들어져 있는 규제시스템이 효과적으로 작동하기 위해서, 그 시스템 내의 행위자들이, 일탈과 보상 간의 관계를 알고 있어야 하고 그리고 사회가 제공하는 그 보상을 일탈에 대한 처벌로서 제공하지 않는 것이라고 평가해야 한다"(Hirschi, 1969, p.162). 허쉬는 계속하여 "여기서 열망을 향하여 취한 그 자세가 긴장이론에서 취한 자세와 사실상 상반되는데", 왜냐하면 통제이론에서 "그러한 열망들은 비행을 억제하는 것으로 보기 때문이다"(Hirschi, 1969, p.162). 긴장이론이 높은 열망이 좌절에 이르게 만들어 결과적으로 비행을 하게 만드는 것으로서 보는 경향이 있지만, 허쉬는 레클리스와 유사하게, 그 반대가 맞다고 주장했다. 즉 합법적인 열망은 "순응을 할 때 더 많은 이익을" 가져다주는데, 열망은, 적어도 개인이 그러한 목표들을 단지 바라는 것을 넘어서 그것을 추구하는데 투자하는 경우에는 그를 전통적인 사회질서와 결속시키는 역할을 한다.

**참여라는 사회유대** 참여(involvement)는 사실상 범죄기회에 접근하지 못하도록 하여 비행의 가능성을 줄이는 또 다른 방식이다. 허쉬의 이론에서 설명방식은 일반적으로 참여를 기회의 측면에서 위치시키지 않지만, 이렇게 보는 것은 유용하다. 그는 이미 구축되어 있는 전통적인 활동들이 범죄의 기회를 줄인다는 사실을 지적한다. 이런 생각은 현재 범죄에 대한 환경적 이론이나 기회이론에서 공통적으로 나타난다(13장을 볼 것).

이처럼, 허쉬(1969, p.21)는 사회통제의 다른 요인들만큼 참여에 대해서, 감정적인 연루라는 심리학적 주제에 대해 강조하지 않았다. 오히려 그는 "많은 사람들이 명백히 선하게 사는 생활이 그렇지 않고 다르게 행동할 기회가 부족하기 때문이라는" 사회학적인 관찰을 강조했다. 허쉬는, "게으른 손은 악마의 작업장이다"라는 오래된 명제와, 청소년들을 바쁘게 하고 거리에서 보내는 시간을 줄임으로써 비행이 예방될 수 있다는 상식적인 주장은 지금까지 연구를 통해 거의 지지되지 않았다는 것을 인정하면서, 그는 계속하여 '전통적인 활동에 투여된 시간과 에너지의 순수한 양'으로 정의된 참여가 사회통제에서 한 중요한 요소가 될 가능성을 연구했다. 그러나 숙제하는 시간과 비행의 정도와의 관계에 대한 그러한 연구결과들과는 관계없이, 허쉬의 데이터는 그가 개념화한 참여가 문제행동을 예방하는데 중요한 어떤 변수 중의 하나라는 가설을 지지하지 못했다.

**신념이라는 사회유대** 허쉬(1969)가 신념(belief)이라는 용어를 사용한 것은 또한 심리학적이라기보다는 훨씬 사회학적인 것이었다. 그는 이 용어를 마음 속 깊이 품게 된 확신을 가리키는 것이 아니라, 오히려 어느 정도 어떤 가치와 규범에 동의한다는 의미에서 찬성을 가리키는 것으로 사용했다. 이런 방식으로 사용될 때, 신념은 심오하게 내면화된 개인의 신조가 아니라, 오히려 끊임없는 사회적 강화에 따라 크게 달라지는 인상과 입장으로 볼 수 있다. 만약 찬성의 정도가 약하다면, 그 신념은 단순한 동의의 문제가 된다. 즉 적어도 현재 시간 동안만 기꺼이 복종하고 찬성하는 정도의 문제가 된다. 만약 찬성의 정도가 보다 강하다면, 그것은 그 개인이 진정으로 찬성하고 성심을 다해 협조하는 정도의 믿음에 이를 수 있다. 그러한 신념들이 상황에 관계없이 유지되는 내면적 상태가 아니라, 대신에, 다소 변덕스러운 도덕적 입장이라는 점이 중요하다. 이것은 앞서 논의한 바와 같이 전통적인 사회체계에 대한 지속적 애착을 기반으로 하는 사회적 지지를 크게 필요로 한다.

허쉬(1969, p.24)는, "다른 형태의 통제가 존재하지 않을 때는 신념의 개념이 거의 또는 아무런 의미가 없는 것"이라는 접근에는 반대한다고 조심스럽게 지적했다. 그는 또 조심스럽게 사이크스와 마짜(Sykes and Martza, 1957)의 다른 극단적인 입장을 거부했는데, 그들의 입장은 비행을 하기 전에 중화기술을 배우는 것이 필수적인 것일수록 비행청소년들이 전통적 도덕을 "믿는다"는 것이었다. 허쉬(1969, p.200)의 입장에 따르면, 개인들은 그들의 신념의 깊이나 강도에서 상당히 다르고, 이러한 차이는 문제의 신념을 대표하는 체계에 대한 애착의 정도에 의해 나타난다. 그가 지적한 바와 같이, "인과관계는 이처럼 부모에 대한 애착에서 시작하여, 권위 있는 사람의 승인에 대한 관심을 거쳐서, 사회의 규칙이 어떤 사람의 행동을 통제한다는 신념으로 발전된다." 이런 입장에서, 사람들은 양심을 갖고 있지 않거나, 또는, 그들이 생각하기에, 어떤 것을 "믿는다"고 얼마나 많이 생각하는지에 대해 단지 말로만 지껄이는 완전히 비도덕적인 존재라는 것은 아니다. 오히려 "어떤 조직에 대한 애착과 그것이 갖고 있는 규칙의 도덕적 타당성에 대한 신념은 서로 관계가 없는 것은 아니다." 즉 신념이라고 불리는 것은 애착의 강도에 의해 영향을 받고, 애착과 함께 줄어든다.

이처럼, 신념은 '청소년들이 법과 그 외의 전통적, 규범적 규범들의 도덕적 타당성에 대해 신봉하는 정도'라고 할 수 있다. 허쉬에게, 청소년이 범죄에 개입하지 않는 것은, 서덜랜드나 에이커스가 주장한 바와 같이, 그들이 절도나 폭행을 지지하는 비행적인 가치를 학습했기 때문이다. 오히려, 그들은 나쁜 것으로부터 옳은 것을 알게 된다. 비행청소년들이 법과 규칙에 대해 충성하지 않는 것은 당연하다. 순응하는 청소년들은 그들이 법을 존중하고 그것이 합법적인 것으로 보기 때문에 법을 지키지만, 비행청소년들은 그러한 기준에 대한 도덕적 타당성에 대해 아무런 신념이 없다. 이처럼 법에 대한 신념은 그들의 욕구를 통제하기에는 너무나 약해서 불법적인 수단을 통해서만 그들의 욕구를 충족시킬 수 있다. 허쉬(1969, p.198)의 표현에서, 통제이론가들은 (그들을 통제이론가로 만드는) 한 가지 점에서 동의하는데, 그것은 비행을 하라고 요구하는 신념에 의해 비행이 나타나기보다는 오히려 비행을 억제하는 (효과적인) 신념의 부재에 의해 발생한다는 것이다.

신념에 대한 이 쟁점은 차별접촉/사회학습이론과 통제이론 사이의 오래 지속되어 온 논쟁을 이해하는데 중요하다. 트래비스 허쉬와 로널드 에이커스 모두가 워싱턴대학의 사회학과 교수직에서 그들의 경력을 시작했다는 점을 회상해보자. 그들은 과거 40년 동안 친밀한 개인적 관계들을 가져왔다. 그럼에도 불구하고, 그들은 이론적으로 최대의 라이벌로 지내왔다(Akers, 2011). 그 주장의 핵심은 에이커스가 범죄에 우호적인 신념이나 정의가 학습될 수 있고, 사람들을 범죄를 하도록 만든다고 단언한다는 것이다. 다시 말해서, 사람들은 그들이 '범죄문화적 신념을 받아들이도록 사회화되기' 때문에 범행을 한다. 허쉬는 그러한 "문화적 일탈"이 하나의 신화에 불과하다고 주장한다(또한 Kornhauser, 1978). 그는 어떤 긍정적인 학습이 범죄를 저지르는데 필요하다는 점을 거부한다. 다시 말해서, 청소년들 또는 성인들은 범죄적 신념과 기술들을 배울 필요가 없다. 왜냐하면 (1) 욕구충족을 추구하는 존재로서, 범죄에 개입할 동기는 항상 그들 속에 존재하고, (2) 범죄는 개입하기 쉽고, 따라서 특별한 기술습득이 필요 없기 때문이다.

대신에, 허쉬는 사람들이 '적절히 전통적인 믿음으로 사회화되지 않았을' 때 범죄가 발생한다고 주장한다. 허쉬에게, 범죄자는 어떤 고립되고, 스스로 받아들인 범죄적 하위문화 속에서 (그들이 범죄에 순응할 것을 요구하는) 사회를 보는 상이한 방식을 배우면서 사는 것이 아니다. 오히려, 그들은 주류 사회 내에서 성장하는데, 여기서 그들은, 인생 초기부터, 부모, 교사, 그리고 성직자들로부터 법을 위반하는 것이 나쁘다는 메시지를 받는다. 허쉬는 이처럼 범죄자들이 그들이 옳다고 믿는 법을 위반한다는 것을 발견한다. 이것이 의미하는 것은 범죄자들이 범죄가 나쁜 것인지를 안다는 것인데, 왜냐하면 그들이 지배문화로 사회화되어 왔기 때문이다. 그럼 왜 그들은 법을 위반하는가? 그것은 그들의 사회화에 문제가 있었기 때문이다. 결과적으로 법이나 규칙에 대한 도덕적 타당성에 대한 그들의 신념은 약하거나 "약화된다." 그리고 유대가 약화될 때, 범죄행동은 가능해진다.

이것을 간략히 말하면, 시카고학파와 에이커스와 같은 사회학습이론가들에 따르면, 사람들은 그들이 어떤 범죄적 신념을 배웠기 때문에 범죄를 하게 되는데, 이것은 그들이 그러한 행동들이 바람직하거나, 좋은 것이거나, 또는 허용가능한 것으로 정의했기 때문이다. 허쉬에 따르면, 사람들은 그들이 악, 폭력 또는 절도의 유혹에 넘어가지 않을 정도의 전통적인 신념을 내면화하지 못했기 때문에 범죄를 하게 된다.

## 사회유대이론의 평가

1969년에 『범죄의 원인』을 출판한 이후, 허쉬의 사회유대이론은 범죄학 분야에서, 최대는 아니더라도, 가장 많이 검증된 이론 중의 하나이다(Kempf, 1993). 무수히 많은 연구결과는 해석이 쉽지 않다. 켐프(1993)가 지적한 바와 같이, 기존의 연구는 다양한 특성을 갖고 있고, 때로 네 가지의 사회유대에 대해 적절히 측정하지 못했으며, 일관되지 않는 연구결과를 제시해 왔다. 그러나 가장 공정한 평가는 사회유대가 강할수록 비행 및 성인범죄를 많이 한다는 증거가 있다는 것이다(Gottfredson, 2006; Sampson and Laub, 1993). 에이커스와 셀러스(Akers and Sellers, 2004, p.22)의 기존의 연구에 대한 리뷰에 따르면, 유대와 범죄 간의 관계의 크기는 "보통에서 약한 정도"에 걸치는 것으로 나타난다(또한 Kurbin et al., 2009를 볼 것).

이 발견은 이처럼 사회유대가 범죄와 관련되지만 그들이 범죄의 유일한 원인은 아니라는 것을 보여준다. 그렇다면 허쉬의 통제시각에서 어떤 변수가 빠진 것일까? 그의 이론에서 한 잠재적인 한계는 그것이 인간이 본질적으로 이기적이고 따라서 법을 위반하는데 아무런 특별한 동기가 필요하지 않다는 가정에 기초한다는 것이다. 다시 말해서, 통제이론가로서 허쉬는 그의 핵심적인 이론적 과제가, (사람들이 훔치고, 때리고, 과속으로 운전하고, 만취가 되고, 그리고 다른 나쁜 짓을 함으로써) 그들의 욕구를 충족시키려는 자연스런 성향에 따라 행동하려는 것을 억제하는 요인이 무엇인지를 설명하는 것이라고 단언했다. 그러나 실제로 모든 개인들이 동등하게 범죄에 개입하도록 동기화되지는 않는 것 같다. 그리고 만약 그렇지 않다면, 완전한 이론은 어떤 사람들을 다른 사람들보다 강하게 범죄를 하는 성향을 갖게 하거나 "동기화하는" 요인들(긴장에 대한 노출과 범죄적 정의의 학습과 같은 요인들)을 포괄해야 한다.

허쉬의 시각에서 또 다른 한계는 사회유대가 어떻게 미국사회에서 보다 큰 사회구조적 힘에 의해 영향을 받는지를 설명하지 못한다는 것이다. 이론가들이 그들의 초점을 어떤 특정의 문제로 제한하는 것은 정당하다. 이 경우에, 허쉬는 가족과 학교라는 청소년들에게 가깝고 당면한 사회적 배경 내에서 사회유대의 형성에 초점을 맞추는 것을 선택했다. 그러나 허쉬는 그의 설명영역을 정할 때, 그는 사회유대의 형성이 변화하는 성역할, 지역의 해체, 지속하는 인종불평등, 도시의 산업경제의 몰락과 같은 요인들에 의해 어떻게 영향을 받는지를 설명하지 않았다(사회유대를 보다 사회적 배경과 관련지어 사용한 예를 위해서는 Sampson and Laub, 1994를 볼 것). 그의 이론이 분석적인 고상함을 가졌지만, 한편으로 그것은 현실적으로 미국사회에 많은 영향을 주고 있는 요인들을 감안하지 못한다. 특히 이것은 어떻게 큰 사회구조적 힘(예를 들어 이민, 도시와)이 통제의 약화를 불러오는지에 대해 설명하려고 한 쇼와 메케이와 크게 상반된다.

마지막으로, 허쉬는 사회유대이론이 흑인과 백인에게 동등하게 적용된다고 주장했다. 그는 제한된 자료에 대한 분석에 기초하여, 인종차별로 인한 불공정한 박탈[1]은 소수집단에게 범죄를 유발하는 것이 아니라고 주장했다. 결과적으로, 그는 인종에 따른 차이를 설명하는 이론을 개발할 필요가 없었다. 다시 말해서 어떤 경험이 흑인들에게 독특하게 범죄를 유발하고 백인에게는 유발하지 않는지 여부를 설명하는 이론은 필요가 없었다. 허쉬(1969, pp.79-80)에 따르면, "흑인집단에 작용하는 범죄의 원인들이 백인의 것과는 다르기 때문에 … 우리가 비행의 원인을 결정하기 위해 흑인소년들만을 연구해서는 안 된다고 믿을 만한

1) 이것은 긴장이론가들이었던 클로워드와 오린(Cloward and Ohlin, 1960)이 비행의 원인이라고 했던 요인이다.

아무런 이유가 없다"고 주장했다.

그러나 최근에, 제임스 우네버(James Unnever)와 그의 동료들은, 허쉬가 넘겨준 리치몬드 청소년프로젝트의 데이터[2]를 재분석했다(Unnever et al., 2009). 이 데이터는 앨런 윌슨(Alan B. Wilson)의 주도로 1964년에 처음 수집되었다. 그 후 대학원생이었던 허쉬는 그 프로젝트의 부책임자의 무보수 조교로부터 출발하여 성장했다. 그는 그 조사에 대해 질문을 할 수 있었고 그의 박사논문을 위해 그 자료를 이용할 수 있었다(Laub, 2002). 허쉬는 범죄학 분야에서 일상적인 관행처럼, 그의 경험적 연구에 단지 그가 괜찮다고 생각했던 이론들(긴장, 문화적 일탈, 그리고 통제이론)로부터 도출된다고 보았던 변수들만을 도입했다. 그러나 우네버와 그의 동료들(Unnerver et al., 2009)의 리치몬드 청소년프로젝트 설문지에 대해 면밀히 조사한 후, 그들은 그 표본에서 흑인소년들에 의해 보다 직접적으로 측정된 지각된 인종차별과 같은 일련의 다른 질문들이 있다는 것을 발견했다. 보다 중요한 것은 그들이 허쉬의 데이터를 재분석했을 때, 지각된 인종차별이 비행참여의 강한 예측요인이고, 그것의 효과는 사회유대 변수의 효과와 필적한다는 것을 발견했다는 것이다.

이 발견은 두 가지 점에서 중요하다. 첫째, 만약 허쉬가 그의 연구들에서 이런 변수들을 1960년대 중반에 포함하도록 했다면, 범죄학의 미래는 꽤 달라졌을지도 모른다. 허쉬는 사회유대가 인종에 따라서 유사한 효과를 가지지만, 지각된 그리고 실제의 차별은 흑인청소년이 경험한 한 두드러지는 위험요인이라고 결론내렸을지도 모른다. 허쉬의 재능을 생각할 때, 연구의 전체적인 흐름은 시민권 운동의 맥락에서 수행되었을 것이며, 이것은 소수집단이 직면한 인종적 증오가 어떻게 특별히 범죄를 유발하고 그들에게 짐을 지우는지를 연구했을 것이다.

## 허쉬의 두 번째 이론: 자기통제와 범죄

우리가 보아온 바와 같이, 허쉬의 사회유대이론은 1969년 『범죄의 원인』이 출간된 이후 계속 하나의 주요 패러다임이 되고 있다. 그러나 짧았던 20년 후,

2) 허쉬는 이것을 통해 박사학위논문을 썼고, 마침내 『범죄의 원인』을 출간했다.

그는 마이클 갓프레드슨과 함께 자기통제이론(self-control theory)이라는 이전의 이론과 관련되지만, 다른 통제이론을 만들었다. 이 시각은 상당한 논쟁을 불러 일으켰으며 자기통제력이 "일반적인 효과"(다시 말해서 그것이 개인의 생애를 통해 사회집단에 관계없이 범죄와 일탈에 핵심적인 원인이다)를 가진다는 이론의 핵심전제에 대해 상당한 후속연구들을 산출했다. 이 때문에, 그들은 그들의 이론을 "범죄의 일반이론(general theory of crime)"이라고 주장했다.

허쉬와 갓프레드슨과의 첫 번째 만남은 캘리포니아대학(University of California) 데이비스(Davis)캠퍼스에서 학부생이었을 때 이루어졌는데, 그것은 갓프레드슨이 청소년비행에 대한 허쉬의 강의를 수강했을 때였다. 갓프레드슨은 후에 올버니대학(University of Albany)에서 박사학위를 취득한 후 이 대학의 교수가 되었는데, 이 대학은 후에 뉴욕주립대 올버니 캠퍼스(SUNY at Albany)로 알려졌다. 허쉬는 또한 올버니의 형사사법대학으로 옮겼고, 거기서 갓프레드슨과 그는 공동연구관계를 형성했다. 이 협력은 그들이 함께 교수로서 근무했던 애리조나대학(University of Arizona)에서도 계속되었다(Gottfredson, 2011).

다음 절에서 우리는 자기통제이론의 핵심 아이디어를 먼저 리뷰한다. 그 후 우리는 그 이론의 경험적 지위와 개념적 비판에 대해 평가한다. 마지막으로, 우리는 허쉬의 이 두 이론들(사회유대와 자기통제)이 몇몇 공통적인 입장들을 공유하지만, 이들이 어떻게 모순적인지, 만약 그렇지 않다면, 서로 경쟁하는 범죄에 대한 설명인지를 살펴본다. 이러한 논의는 자기통제와 사회유대의 개념을 그의 새로운 사회통제이론을 통해 조화시키려는 큰 하자가 있는 허쉬의 노력에 대한 것이다.

## 자기통제와 범죄

『범죄의 일반이론(A General Theory of Crime)』에서 마이클 갓프레드슨과 트래비스 허쉬는 허쉬의 초기 이론과는 상당히 다른 범죄에 대한 한 이론을 만들어냈다. 이전에 논의한 바와 같이, 사회유대이론은 범죄를 내면화된 통제로 설명하려는 것에 반대한다. 대신에 허쉬(1969)는 두드러지게 사회학적 접근을 취하면서, 전통적 질서(가족, 학교, 일, 매일의 일상활동, 그리고 신념에 대한 사람들의 유대)와 개인의 지속되는 관계에 의해 통제가 유지된다고 강조했다. 대조적으로 갓프레드슨과 허쉬(Gottfredson and Hirschi, 1990)는, 지속되는 사회유대들이 범죄행동에 개입하지 못하게 한다는 생각을 버리고, 인생의 초기에 내면화되는 자기통제력이 누가 범죄자가 될 것인지를 결정한다고 주장했다.

계속되는 사회학적인 산물로서보다는 오히려 영구적인 내적 상태로서의 갓프레드슨과 허쉬의 통제 개념은, 범죄에 대한 개인적 이론을 부활시키려는 범죄학 이론에서의 보다 광범위한 경향을 반영하고, 1980년대 당시의 분위기에 의해 영향을 받은 것이었다는 것은 아마도 이해에 도움이 된다(12장을 볼 것). 어떻든 갓프레드슨과 허쉬는 보다 중요한 한 추론 때문에 그들의 이론을 만들었다고 주장했는데, 그것은 우리가 범죄의 속성에 대해 알고 있는 것을 상세히 설명한다.

갓프레드슨과 허쉬는 많은 범죄학적 이론들이 경험적 연구에 의해 밝혀진 범죄의 속성에 대해 거의 관심을 주지 않는다고 주장했다. 즉 범죄는 흥분, 적은 양의 돈, 그리고 상황에서 나타나는 짜증을 완화하는 것과 같은 단기간의 욕구충족을 제공한다. 범죄에 개입하는 사람들은 또한 흡연, 약물남용, 과속운전, 도박, 그리고 무책임한 성행동과 같은 단기간에 욕구를 충족시킬 수 있는 유사행동들에 개입한다. 그들의 범죄들은 전문화되거나 고도의 기술을 요하지 않지만, 오히려 자신 앞에 놓인 쉬운 불법적 기회들이 어떤 것이든 관계없이 그것에 대해 나타나는 반응이다. 유사하게, 범죄자들은 학교, 직장, 혼인 등의 사회적 영역에서 실패하는데, 이것은 그런 영역들이 계획하고, 노력을 유지하고, 그리고 욕구만족을 연기시킬 것을 요구하기 때문이다. 마지막으로, 그리고 중요한 것으로, 범죄에 대한 참여는 성장과정을 통해 안정적으로 유지된다. 즉 행동문제를 나타내는 어린이들은 비행청소년으로 성장하고, 결국에는 성인범죄자가 되는 경향이 있다.

갓프레드슨과 허쉬는 이런 범죄에 관한 사실들로부터 그들의 이론을 도출했다. 만약 범죄와 유사행동들이 쉬운 만족을 제공한다면, 왜 모든 사람들은 이런 행동을 하지 않는가? 논리상으로는, 법을 지키는 시민들이 그들의 일상생활 어디에서나 만나는 유혹을 취하지 못하도록 제한하는 어떤 것이 존재해야 한다. 더욱이 만약 범죄가 안정적으로 유지되고 그것의 시작이 인생의 초기에 만들어진 것이라면, 이 제한은 아동기에 주입되어야 하고 시간과 사회적 상황에 관계없이 작동해야 한다.

갓프레드슨과 허쉬(1990, p.90)에 따르면, 자기통제력은 사람들이 범죄와 다른 단기간의 욕구충족에 저항할 수 있게 하는 제한이다. 범죄로 향한 또는 범죄로부터의 경로는 인생의 초기에 나타나기 때문에, 그들은 자기통제력의 주입이 아동기 초기 동안의 양육의 질에 따라서 달라진다고 주장했다. 자녀 양육에 있어서 소홀히 하고 비효율적인 부모를 만난 불행한 사람들은 "충동적이고, 무감각하고, (정신적인 것에 반대되는) 신체적인 활동을 좋아하고, 위험을 무릅쓰려고 하며, 근시안적이고, 말보다는 행동이 앞서고, 따라서 범죄와 유사행동에 개입하는" 경향이 있을 것이다. 사실상, 그들의 미래는 불확실하다. 그들이 자기통제력을 가지지 않은 상태에서, 범죄로 유인될 뿐만 아니라, 학교에서 실패하고 중퇴하며, 일자리를 잃고, 그리고 의미있는 친밀한 관계를 유지할 수 없을 것이다. 대조적으로, 그들의 잘못된 행동을 감시하고 처벌하기에 충분히 보호하고 자원을 보유한 부모를 가진 어린이는 자기통제력을 발전시킬 것이고, 이것은 범죄가 제공하는 쉬운 유혹에 저항하고 지속적으로 열심히 일을 하며, 학교, 직장, 그리고 혼인에서의 성공에 필수적인 것이다.

## 자기통제이론의 평가

갓프레드슨과 허쉬(1990)의 시각에 대한 경험적 검증결과는, 낮은 자기통제력이 범죄의 참여와 관련된다는 이 이론의 주장을 일반적으로 지지한다(Brownfield and Sorensen, 1993; Burton et al., 1994; Chapple, 2005; Chapple and Hope, 2003; Evans et al., 1997; Gramick et al., 1993; Keane et al., 1993; Nagin and Paternoster, 1993; Sellers, 1999; Vazsonyi et al., 2001; Ward et al., 2010; Wood et al., 2010; Wood et al., 1993; 보다 일반적인 평가를 위해서는 Doode, 2008을 참조). 실제로 기존의 경험적 연구결과에 대한 한 메타분석은 자기통제력이 범죄의 중요한 예측요인이라는 것을 보여준다(Pratt and Cullen, 2000). 15년간의 검증결과들에 대한 갓프레드슨의 리뷰에서, 그는 그것을 보다 설득력 있게 제시한다(또한 Britt and Gottfredson, 2003; Kurbin et al., 2009를 볼 것).

그러나 그 이론의 맥락에서, 자기통제이론의 주장들은 꽤 강하다. 한 일반적인 원인으로서, 그것은 모든 범죄, 비행, 그리고 관련된 유사행동들의 지역에 따른, 시대에

> 따른, 그리고 모든 집단과 국가에 따른 발생율의 차이를 예측할 것이다.… 이론이 발표된 후에 수행된 매우 많은 정밀한 경험적 연구들은, 전체적으로, 이 강한 주장들에 대해 매우 유의미한 지지를 보낸다(Gottfredson, 2006, pp.83－84).

기존의 경험적 지지수준을 감안한다면, 이 시각이 앞으로도 범죄학적 사상에 계속 영향을 줄 것 같다. 갓프레드슨과 허쉬가 광범위한 영향력을 가진 자기통제력에서의 한 요인을 발견한 것은 명확하다. 동시에 자기통제이론은 여기저기서 자기통제이론에 대한 평가는 과장된 것으로 보인다.

따라서 자기통제력이 범죄참여에서의 편차를 설명하지만, 이것은 차별접촉이론과 같은 경쟁하는 이론적 모델에 의해 제기된 원인들이 중요하지 않다는 것을 의미하지는 않는다(Baron, 2003; Brown and Sorenson, 1993; Burton et al., 1994; Nagin and Paternoster, 1993; Pratt and Cullen, 2000). 사실상, 우네버와 그의 동료들(Unnever et al., 2006)은 중학생에 대한 그들의 연구에서, 낮은 자기통제력과 공격적인 태도들이 모두 독립적으로 비행을 예측할 뿐만 아니라, 폭력적 및 비폭력적 비행에 대해 한 유의미한 상호작용 효과를 가진다는 것을 발견했다. 자기통제력과 (사회학습이론의 한 변수인) 공격적인 태도 모두 범죄를 유발하는 위험요인들인 것으로 보인다(Andrew and Bonta, 2003). 유사하게, 인생의 초기에 형성된 자기통제력과 문제행동은 생애과정에서 항상 (물론 변화는 가능하지만) 안정적인 영향으로 남는 것 같다. 우리가 15장에서 다시 논의할 연구에서, 로버트 샘슨과 존 라웁(Sampson and Laub, 1993)은 종단적인 자료를 제시하는데, 이 자료는 안정적인 고용과 응집력 있는 혼인생활과 같은 성인의 사회유대들은, 범죄자를 그들의 아동기의 문제에도 불구하고 순응하는 경로로 나아가게 만들 수 있다는 것을 보여준다. 더욱이 자기통제력과 범죄 및 유사행동들 사이의 관계는 잠재적으로 문제가 있다. 범죄 및 유사행동이, 예를 들어 높은 지위의 직업을 얻을 때 지연된 욕구충족을 보여준 화이트칼라 범죄자들을 포함한 모든 범죄자들 사이에 강하게 상관되어 나타나는지는 아직 확실치 않다(Benson and Moore, 1992). 그리고 몇몇 (그러나 모두는 아닌) 증거들은 이론적 예측과는 대조적으로, 자기통제력이, 흡연과 같은 모든 유형의 유사행동이나(Arneklev et al. 1993) 가정폭력과 같은 모든 유형의 범죄와(Sellers, 1999; Gottfredson, 2006을 비교참조) 강한 관계를 나타내지는 않는다는 것을 보여준다.

장점을 가지지만 과장된 듯한 또 다른 주제는 비효율적인 양육(부모가 문제 행동들을 감시하고, 인식하고, 그리고 처벌을 하기에 충분할 정도의 돌보지 못하는 것)이 자기통제력의 가장 중요한 원인이라는 갓프레드슨과 허쉬의 주장이다. 많은 연구들은 자기통제력의 수준에 대해 부모의 양육의 효과가 예측된 방향으로 나타난다고 지지한다(리뷰를 위해서는 Cullen et al., 2008을 볼 것). 그러나 이 연구들은 또한 자기통제력의 기원이 갓프레드슨과 허쉬가 이론화한 것 이상으로 보다 복잡할 가능성이 높다는 것을 보여준다. 예를 들어 한 연구는 부모가 통제를 행사하는 것은 소녀들의 자기통제력을 감소시킬지도 모르지만, 가부장적이지 않은 가정에서 소년들의 자기통제력을 증가시킨다는 것을 보여주었다(Blackwell and Piquero, 2005). 부모의 관리를 넘어서, 효과적인 학교에서의 사회화는 자기통제력을 증가시키고, 지역의 적대적 환경은 자기통제력을 감소시킨다는 증거가 또한 있다(Pratt et al. 2004; Turner et al., 2005). 심지어 보다 중요한 것으로, 어떤 연구들은, 부모가 그들의 양육 스타일을 통해서보다는 유전에 의해 더 많이 자기통제력의 수준에 영향을 준다는 것을 제시한다. 이 발견은 (예를 들어 충동성과 같이 낮은 자기통제력의 척도와 유사한 것들을 포함한) 성격특성이 다소 부모의 양육에 의해 영향을 받지만, 대충 반 정도는 유전적 효과에 의해 영향을 받는다는 심리학적 연구결과와 일치한다(Harris, 1995; 1998).

과장에 대한 논쟁을 넘어서, 자기통제이론이 빠뜨린 요인을 논의하는 것 또한 적절하다. 이점에서, 갓프레드슨과 허쉬(1990)는 그들의 생각에서 어떤 감추어진 비일관성을 해결하지 못했다. 한편으로, 그들은, 사회계급이 범죄의 중요하지 않은 원인이고, 범죄는 계급구조와 관계없이 발생한다고 슬쩍 주장한다. 다른 한편으로, 그 모델의 논리는 계급과 범죄 사이에 강한 상관관계가 있다는 것을 예측하는 것 같다. 범죄자에 대한 그들의 이미지는 사회적으로 실패한 사람들의 이미지이다. 자기통제력을 결여한 범죄자는 학교와 그들의 일자리 시장에서 낮은 성취를 이룬다. 그들은 필연적으로 하층계급으로 편입된다. 더욱이, 범죄자들은 그 자신들이 불충분한 부모일 것으로 기대되고, 낮은 자기통제력과 경제적인 불이익을 그들의 자녀들에게 물려준다. 결국 세대에 걸쳐 범죄는 사회의 가장 낮은 층에 점점 집중됨에 틀림없다. 앞으로, 이런 비일관성에 대해 체계적 관심이 주어질 것이다.

관련된 문제로, 갓프레드슨과 허쉬가 범죄를 발생시키는 조건들의 연쇄에서 어떤 핵심적인 연결을 밝혀냈지만, 그들은 가정의 행복, 양질의 양육을 제공하는 능력, 그리고 자기통제력의 주입에 영향을 줄 수 있는 보다 큰 구조적 조건에 대해서는 아무런 언급을 하지 않는다. 커리(Currie, 1985, p.185)는 이러한 누락을 "자율성의 오류(fallacy of autonomy)"라고 불렀는데, 이것은 "가족 내에만 집중하는 것은 외부로부터 그것에 영향을 미치는 힘으로부터 (가족이 보다 큰 사회적 맥락 안에서 더 좋아지든, 더 나빠지든 관계없이) 유용하게 분리될 수 있다는 믿음을 말한다." 그러므로 범죄를 보다 완전하게 이해하기 위해서는 부모와 자녀들을 변화하는 미국사회의 맥락 속에서 범죄를 이해해야 할 것이다. 특히, 많은 도심 지역의 사회구조에 샅샅이 영향을 미치고, 가정의 안정과 양육을 방해하며, 그리고 많은 청소년들을 일찍 범죄에 개입하게 만드는 위험을 갖게 만드는 구조적 힘과 정부정책들을 연구하는 것은 필수적으로 보인다(Currie, 1985; 1989; 1993; Panel on High-Risk Youth, 1993).

마지막으로, 티틀과 그의 동료들(Tittle et al., 2004, p.166)은 자기통제이론의 "개념적 불완전성(conceptual incompleteness)"을 제기했다. 그들은 자기통제력이라는 개념이 어떤 단일의 특성이나 성향이 아니라 오히려 자기통제의 능력(capacity)과 자기통제의 욕구(desire)라는 두 가지의 요소들을 포함한다고 주장했다. 갓프레드슨과 허쉬는 사람들이 자기통제력을 행사하는 능력에서 어떻게 다른지에 대해 대개 이론화를 했다. 그러나 티틀과 그의 동료들은 개인들이 또한 자기억제력을 행사하는데 대한 그들의 관심에서 차이가 날 수 있다고 주장했다. 비록 초기 연구단계였지만, 티틀과 그의 동료들은 오클라호마시의 성인들에 대한 지역사회 조사로부터 도출된 증거를 제시했는데, 이것은 자기통제력의 능력과 욕구가 문제행동의 형성에 대해 서로 독립적이고 상호작용적인 효과를 가질 수 있다는 것이었다(또한 Cochran et al., 2006을 볼 것).

티틀과 그의 동료들(Tittle et al., 2004)이 자기통제력의 욕구라는 개념을 개발할 때, 그들은 결과적으로 통제이론에 다시 동기를 가져오게 했는데, 이것은 허쉬가 항상 당연한 것으로 여겼던 것이었다. 그들은 어떤 유형의 동기는 범죄를 저지르는 욕구라는 것을 지적했는데, 이것은 긴장과 사회학습이론과 같은 전통적인 이론들이 설명하려고 한 그러한 종류의 동기이다. 대조적으로, 티틀과 그의 동료들은 자기통제력의 욕구가 질적으로 구별되는 종류의 동기라고 주장했는데, 그것은 범죄의 유혹에 저항하는 동기였다. 이 두 가지 유형의 동기(범행의 욕구와 제한을 행사하려는 욕구)는 같은 연속선상의 두 끝이 아니다. 오히려 티틀은 그들이 경쟁하는 동기적인 힘인 것 같으며, 그것의 상대적인 힘은 범죄행동이 일어날지를 결정할 수 있다고 주장했다. 동기의 복잡성에 대한 이 새로운 견해는 향후의 연구가 성과를 낳을 수 있는 한 조사분야이다.

## 자기통제력과 사회유대

이미 논의한 바와 같이, 허쉬는 범죄에 대한 가장 중요한 두 가지의 통제이론(사회유대이론과 그 후의 갓프레드슨과의 자기통제이론)을 만들었다. 허쉬와 갓프레드슨은, 매우 적은 예외를 제외하면(Gottfredson, 2006; Laub, 2002), 두 시각이 어떻게 유사하며, 어떻게 다른지에 대해 정확히 설명하지 않았다. 이처럼 『범죄의 일반이론』에는 사회유대이론의 한계와 왜 자기통제이론이 범죄성을 이해하는데 진전이 있는 것인지를 설명하려는 시도가 보이지 않는다. 따라서 라웁(Laub, 2002, p. ix)이 지적한 바와 같이, 이 두 시각을 "화해시키려는 투쟁이 벌어졌다"(예를 들어 Longshore et al., 2005; Taylor, 2001을 볼 것). 다음에서 우리는 이 논쟁에 대해 우리의 생각을 추가한다(표 6.2 참조).

표 6.2 범죄에 대한 허쉬의 두 이론들

| 이론의 차원 | 자기통제이론 | 사회유대이론 |
|---|---|---|
| 통제의 속성 | 자기통제력 | 사회유대 |
| 통제의 유형 | 내부적 | 사회적: 사회와의 관계의 질에서 기인 |
| 통제의 안정성 | 아동기에 형성됨; 자기통제력의 개인적 차이는 생애를 걸쳐 지속됨 | 통제는 사회유대의 강도가 변함에 따라 생애과정에서 변할 수 있음 |
| 범죄에 대한 유대의 관계 | 허위관계; 유대의 질과 범죄의 수준은 모두 자기통제력의 수준에 의해 결정됨 | 범죄의 원인; 유대의 질은 범죄의 수준을 결정함 |

허쉬는 두 시각 모두에 근거하여, 일탈의 동기가, 다른 사람들을 배려하지 않고 가능한 쉬운 방식으로 즉각적인 욕구를 충족하려고 하는 자연스런 인간의 성향에서 기인한다고 설명한다. 이처럼 두 이론에게, 문제행동과 순응을 가르는

핵심요인은 그들이 이 충동들에 따라서 행동하지 못하도록 막는 통제의 존재이다. 그러면 허쉬의 통제이론들은 서로 어떻게 다른 것인가? 전에 제시된 바와 같이, 두드러지는 특징은 통제의 '원천'인데, 하나는 사회유대이고 다른 것은 자기통제이다.

이 차이점은 결과적으로 나타나는 것이다. 실제로 그것은 너무나 근본적인 문제라서 허쉬의 모델들을 서로 경쟁하는 이론적 시각들로 만들 수 있다(Hirschi and Gottfredson, 1995를 Sampson and Laub, 1995와 비교할 것). 자기통제이론은 초기의 양육의 효율성이 자녀의 자기통제력의 수준을 결정한다는 점에서 사회학적 설명이다. 그러나 이 시점 이후에는, 허쉬와 갓프레드슨의 시각은 '안정적인 개인적 차이의 이론'이 되었다. 생애과정에 걸쳐, 자기통제력의 수준은 사실상 모든 측면의 개인의 삶, 즉 범죄에 개입하는 것부터 모든 제도적 영역(예를 들어 가족, 학교, 직장, 혼인)에서 성공하는 것에 이르기 까지 영향을 미칠 것이다. 대조적으로, 허쉬의 초기 사회유대이론은 보다 순수한 사회학적 이론이다. 사회유대의 발전은 아동기에 제한되지만, 오히려 유대는 잠재적으로 모든 연령대에 걸쳐 형성된다. 그 이론은 유대가 형성될 때, 그들이 일탈적인 동기를 억제하고 범죄의 참여를 예방한다는 것을 임묵적으로 주장한다(Sampson and Laub, 1993).

그렇다면 허쉬의 두 통제이론들은 한 중요한 점에서 차이가 있다. 그의 두 번째 시각은 '사회유대가 범죄의 참여에 아무런 효과가 없다'고 주장한다. 대신에 사회유대와 범죄의 관계는 허위관계라는 것이다(Evans et al., 1997). 예를 들어 가족에 대한 애착이라는 유대를 고려해보자. 사회유대이론은 애착이라는 유대가 비행을 감소시킨다고 주장할 것이다. 반대로 자기통제이론은 자기통제력이 높은 어린이가 부모에게 더 많은 애착을 갖고 비행을 회피하지만, 자기통제력이 낮은 어린이는 애착을 형성하는데 어려움을 겪고 법을 쉽게 위반한다고 주장할 것이다. 따라서 애착과 비행은 관련되지만, 이것은 단지 둘 다 자기통제라는 제3의 변수에 의해 영향을 받기 때문이다. 허쉬는 다르게 진술하면서, 수년 동안의 그의 생각을 바꾸었다. 그는 한 때 사회유대가 범죄의 주요 원인이라고 생각했다. 그러나 후에, 그(와 갓프레드슨)는 사회유대가 단지 어떤 개인의 자기통제력의 한 발현일 뿐이며, 따라서 범죄 참여에 아무런 독립적인 인과관계가 없다고 믿게 되었다. 이 쟁점은 15장의 주제인데, 여기서 우리는 갓프레드슨과 허쉬를 다시 거론하고, 생애과정 시각, 특히 샘슨과 라웁(1993)의 이론에 대한 그들 이론의 함의를 살펴본다.

## 허쉬의 새롭게 수정된 사회통제이론

2004년에, 허쉬는 그의 사회유대와 자기통제 시각에 대해 깊이 생각했다. 그는 두 가지의 이론적 어려움을 겪었다. 첫째는 우리가 이미 언급한 것인데, 근본적으로 다른 것으로 보이는 그의 두 통제이론을 조화시키는데 실패한 것이다. 둘째는 자기통제이론을 범죄행동에 대한 "성향적" 설명으로서 해석하는 학자들의 경향과 관련되는 것이다. 한 포럼에서 발표되어 범죄학자들에 의해 광범위하게 읽혀지지 않은 이 상대적으로 짧은 생각이 세 번째 사회통제이론으로 가는 길이 될지는 불확실하다(또한 Gottfredson, 2006을 볼 것). 그렇다 하더라도, 이 주제에 대한 그의 마지막 생각일 수 있는 그의 논문은 고려해볼만한 가치가 있다.

사회유대의 개념은, 갓프레드슨과 『범죄의 일반이론(1990)』을 공동저술하고, 자기통제의 개념을 발전시킨, 허쉬에게 두 가지 상호관련된 문제를 제기한다. 첫째, 사회유대들은 시간에 관계없이 안정적이기 때문에, 그들의 변화는 생애과정을 통해 범죄참여율의 변화를 낳게 된다. 둘째, 샘슨과 라웁(1993)이 지적한 바와 같이, 어떤 시점에서, 사회유대의 강도는 범죄자들이 참여하는 관계의 질에 의해 영향을 받는다. 그 유대는 양방향 도로이며, 그것은 범죄자(또는 잠재적 범죄자)와 그가 상호작용하는 사람들이 관계를 맺도록 한다. 다시 말해서, 사회유대는 관계가 형성되고 끝나는 것 모두에 관여하기 때문에, 그것은 행동을 지속시키는 원인일 뿐만 아니라, 행동을 변화시키는 원인이다. 유대가 불안정하고 관계에 기반한다는 이 가정은 통제를 안정적이고 내적인 것으로 보는 자기통제이론의 전제와 일관되지 않는다.

허쉬(2004, p.544)는 현재 불안정성의 명제에 반대하고 사회유대가 안정적이라고 주장한다. 그는 "'유대'의 원천과 강도가 거의 배타적으로 유대를 보고하거나 나타내는 개인 속에만 존재한다고 주장한다." 따라서 애착은 부모와 자녀 사이의 관계의 질에 근거하는 것이 아니라, 오히려 주로 청소년의 마음 속에 존재한다. 부모-자녀 애착이 위태로워질 때(예를 들어 이혼이나 아동학대) 무슨 상황이 발생하는지는 불확실하지만, 허쉬의 수정된 사회통제이론에서는 이 가능성이 하나의 사소한 고려사항으로 퇴색되었다. 어떤 상황에서, 사회유대가 현재 안정적이고 내적이라면, 그것은 자기통제력과 어떻게 다른 것인가? 그것은 허쉬가 "그들은 같은 것이다"(Hirschi, 2004, p.543)라고 말한 것처럼, 다르지 않다. 이런 방식으로, 사회유대이론은 현재 "구원받고" 자기통제이론과 동일한 것이 되었다.

그러나 그의 수정된 시각에서, 자기통제는 또한 그것의 특성을 변화시킨다. 그것의 초기 진술에서, 자기통제력을 갖추지 못한 사람들은 충동적이고, 위험을 무릅쓰며, 다른 사람의 요구에 무감각하고, 그리고 욕구를 지연시킬 수 없는 사람으로 묘사되었다. 이러한 "자기통제력의 요소들"(Gottfredson and Hirschi, 1990, p.89)은 하나의 단일한 성향을 구성하는 것으로 가정되었다. 대부분의 학자들에게, 이것은 결과적으로 자기통제력이 개인이 상황에 관계없이 그리고 생애과정에 관계없이 갖고 있는 안정된 성격특성과 유사하다는 것을 의미했다.

그러나 허쉬(2004)는 그의 자기통제이론이 범죄에 대한 심리학적 특성에 근거한 설명으로 비춰지는 것에 불편해 했다. 그의 견해에서, 나쁜 특성을 나쁜 행동으로 연결시키는 것과 관련되는 문제는 그것이 개인의 선택을 간과한다는 것이다. 사람들은 단지 욕구충족의 지연을 어렵게 만드는 충동의 꾸러미가 아니다. 오히려 성향과 행동 사이를 매개하는 어떤 합리적 또는 인지적 과정이 있다. 사람들은 생각하고 행동한다. 물론, 사람들이 어떻게 생각하는지에 대해서는 개인적 차이가 존재한다. 몇몇 사람들은 결과에 관심을 가지는 반면에, 다른 사람들은 관심을 가지지 않을 것이다(또한 Gottfredson, 2001을 볼 것).

허쉬(2004, p.542)가 발견한 바와 같이, 그의 이론은 "범죄자들이 충동적이고, 성격이 급하며, 이기적이고, 물리적 위험을 무릅쓰는 존재이기 때문에 그렇게 행동하지만, 비범죄자들은 이런 특성들 중 어떤 것도 갖고 있지 않기 때문에 그렇게 행동하지 않는다." 다시 말해서 자기통제력은 수행될 필요가 있는 욕구충족을 추구하는 인간의 본능적 측면을 억제하기도 하고 허용하기도 하는 성향이다. 그러나 허쉬에게, 통제이론은 인간으로부터 인간적 힘을 꼭 빼앗지는 않는다. 이것은 실증주의에 대한 허쉬의 오래 지속된 비판이었는데, 실증주의에서 나쁜 특성은 나쁜 행동과 동일한 것으로 여기지며, 이 방정식에 의해 행위자는 다소 설명에서 사라진다. 허쉬는 합리적 행위자로서의 (세상을 보고, 선택지들을 평가하고, 결국 자기이익을 위해 행동하는) 인간에 대한 고전파의 생각을 유지할 생각이었다(Gottfredson and Hirschi, 1990). 그러나 그의 자기통제이론의 이러한 특징은 범죄학자들의 해석과 그 이론에 대한 검증에서 사라졌다. 2004년의 논문에서, 허쉬는 행위자와 그의 힘을 다시 범죄방정식에 삽입하려고 했다. 따라서 그는 "자기통제력은 경쟁하는 이해관계에 대한 인지적 평가와 관련된다(통제이론의 핵심적인 생각). 그 이론은 인지와 합리적 선택의 요소들을 유지하는 한 설명 메커니즘을 요한다"라고 주장했다(또한 Marcus, 2004를 볼 것).

이처럼, 그의 수정된 사회통제이론에서, 허쉬(2004, p.543)는 자기통제력을 "어떤 특정행동의 완전한 잠재적 비용을 고려하는 경향"으로 다시 정의했다(원문의 강조를 따름). 간단히 말해서, 어떤 사람들은, 그들의 행동이 가져올 수 있는 다양한 결과를 볼 수 있기 때문에, 범죄와 유사한 비행적 행동을 삼가한다. 허쉬는 그들이 대개 잃을 것(그들이 소중히 생각하는 애착, 관여, 참여, 그리고 신념)이 없기 때문에 그렇게 한다는 것을 발견했다. 사회유대들은 그들이 범죄를 저지르지 못하게 할 정도의 비용이다. 낮은 자기통제력을 가진 다른 사람들은 결과에 대해 거의 생각하지 않고 따라서 쉽게 즉각적인 욕구충족을 추구한다. 사회유대가 약한 경우에, 그들의 생애 주변에 범죄를 저지르지 않게 막는 것은 거의 존재하지 않는다. 허쉬의 수정된 이론은 도발적이고 몇몇 경험적 지지를 받았다(Piquero and Bouffard, 2007). 그렇다 하더라도, 그것은 다음 두 가지의 주요 결점을 갖는다. 첫째, 허쉬는 사회유대의 기원에 대해 명확한 설명을 하지 않는다. 유추해 본다면, 그는 사회유대가 사회관계를 통해서 형성되는 것이 아니라 오히려 청소년의 내적 지향을 반영한다고 주장하는 것 같다. 어떤 어린이들은 매우 어릴 적에 협조적이고 만족을 열망하지만, 다른 어린이들은 게으르고 부주의하다(Hirschi, 2004, p.244). 우리가 유대를 가진다면, 그것은, 우리가 하는 선택을 통해서, 전통적인 질서에 대한 결속을 쌓아 올리는 건축가이기 때문이다. 분명히, 개인들은 사회유대를 쌓는 그들의 타고난 능력에서 다른데, 이 유대들은 자기통제를 보다 강하게 만드는 비용이다. 이 인과적 도식은 자기통제력이 사회유대를 만들어 내는 것으로 보인다. 둘째, 허쉬는 사회유대가 안정적으로 따라서 자기통제와 "같은 것"이라고 쉽게 주장한다. 그러나 이 두 개념들(사회유대와 자기통제)은 이론적 논리상 같을 수 없다.

실제로, 마침내 사회유대의 안정성이나 불안정성과 그들이 자기통제에 독립적인 어떤 효과가 있는지는 경험적 검증이 필요한 문제이다. 이점에서, 샘슨과 라웁(1993)의 연구(그들의 연령등급에 따른 사회유대이론에 대해서는 15장에서 살펴본다)는 허쉬의 수정된 사회통제이론의 핵심 주장에 의문을 제기한다.

## 통제의 복잡성

트래비스 허쉬가 현대의 통제이론에서 주도적인 인물이지만, 다른 학자들 또한 사회통제가 범죄행동과 어떻게 관련되는지를 연구해 왔다. 그것의 요점에서, 통제이론들은 전통적으로 순응을 통제의 존재에 연결시키고, 범죄를 통제의 부재에 연결시켜왔다. 그러나 보다 최근의 시각은 사회통제가 그것의 질, 그것의 양, 그리고 그것이 적용되는 맥락에 따라서 다양한 효과를 가질 수 있는 복잡한 현상이라는 점을 제시했다. 다음 절에서 우리는 세 가지의 유명한 이론들을 리뷰하는데, 이들은 통제가 범죄를 억제할 뿐만 아니라 범죄를 유발할 수 있다고 주장한다. 여기에는 존 헤이건(John Hagan)의 권력통제이론(power-control theory), 찰스 티틀(Charles Tittle)의 통제균형이론(control balance theory), 그리고 마크 콜빈(Mark Colvin)의 강제이론(coercion theory)이 포함된다.

### 헤이건의 권력통제이론

**성과 비행** 존 헤이건(John Hagan)의 권력통제이론(power-control theory)은 갓프레드슨과 허쉬의 시각과 공통점을 갖고 있다. 첫째, 헤이건(1989)은 비행은, 어떤 사람이 위험을 무릅쓰는 것을 선호할 때(이것은 갓프레드슨과 허쉬가 자기통제의 결여에 핵심적인 것으로 본 것이다.) 보다 일어날 가능성이 높다고 주장했다. 둘째, 두 접근들 모두 개인적 지향이, 즉 그것이 위험을 무릅쓰는 것이든 자기통제력이든 관계없이, 양육방식에 의해 만들어진다고 믿는다. 간단히 말해, 가정은 범죄자를 만드는 산실이거나 그것의 예방수단이다.

이 관계에서 두 이론은 달라진다. 갓프레드슨과 허쉬에게, 양육방식은 좋거나 나쁠 수 있고, 이것은 자기통제력이 주입될지 말지를 결정한다. 헤이건에게 있어서, 이 중요한 쟁점은 부모들 사이의 권력의 균형이 어떻게 양육의 특성에 영향을 미치고, 결국 위험선호성향이 어떻게 범죄에 영향을 미치는가이다. 다시 말해서, 남편과 아내와의 권력관계는 자녀들을 어떻게 통제할지를 결정한다(따라서 '권력통제'이론이라 부른다).

헤이건에 따르면, 가부장적 가정에서 부모는 남아에 비해 여아에 대해 더 많은 통제를 행사한다. 사실상 가정은 다음 세대로 성별 관계를 재생산하게 된다. 딸들은 여성적이고 가정을 소중히 생각하도록 사회화되는데, 이것은 가정주부로서 그들의 미래를 준비하는 것이다. 아들은 용기를 개발하고 세상을 경험하도록 부추겨지는데, 이것은 미래에 한 가정의 생계를 책임지는 준비를 하는 것이다. 결과적으로 소년은 위험을 무릅쓰는 것을 보다 강하게 선호하고, 따라서 비행에 더 많이 참여한다.

그러나 평등주의적 가정에서, 부모들은 딸과 아들을 보다 유사하게 감독한다. "다른 말로" 헤이건(1989, p.57)은 "어머니가 아버지와 비슷한 권력을 가질 때, 딸은 아들과 비슷한 자유를 얻는다." 다시 말해서 부모는 그들 자신을 재생산하는 경향이 있다. 이 경우 아들만이 아니라 딸들도 잠재적으로 직업영역으로 진출하고 미래에 파트너와 동등한 관계를 가질 것으로 여겨진다. 가부장적인 가정의 딸들과는 달리, 그들은 완전히 "가정생활의 숭배자"로 사회화되지 않고, 위험한 활동에 참가하는데 보다 많은 관용이 주어진다. 결과적으로 딸과 아들의 위험에 대한 선호는 보다 유사해지고, 따라서 그들의 비행 참여율도 비슷해진다.

**권력통제이론의 평가** 권력통제이론이 아무런 비판을 받지 않은 것도 아니며 약간의 수정이 필요하기는 하지만, 이 시각은 비행에 대한 유용한 이론으로서 꽤 많은 경험적 지지를 받았다(Blackwell, 2000; Blackwell and Piquero, 2005; Gramick et al., 1996; Hagan, 1989; Hagan et al., 1990; Hagan and Kay, 1990; Hill and Atkinson, 1988; Jensen and Thompson, 1990; McCarthy et al., 1999; Singer and Levine, 1988). 더욱이 이 이론은 사회에서 성에 기초한 권력관계가 어떻게 부모의 통제에 영향을 주고, 궁극적으로 자녀의 비행참여에 영향을 주는지에 대해 고려할 필요가 있다는 것을 보여줌으로써 범죄학에 기여했다.

그러나 다음의 몇 가지 점은 권력통제이론에 의해 체계적으로 아직 설명되지 않는다. 첫째, 아마도 이 이론의 주된 한계는 다른 구조적 조건들이 양육의 방식과 효과성에 어떻게 영향을 미치는지에 대해 이 이론이 거의 설명하지 않는다는 것이다. 특히, 이 이론은 계급과 성이 겹치는 교차점에 대해 설명해야 하고, 사회에서 다른 유형의 권력관계들이 어떻게 범죄에 영향을 미치는 지를 설명해야 한다. 예를 들어, 이 이론은 비행이 어떻게 가난한 지역의 맥락에서 편모의 양육방식에 의해 영향을 받는지에 대해서 명확히 설명하지 않는다. 둘째, 이 시각은 원래 상습적이거나 심각한 비행을 설명하기보다는 "일반적인" 비행을 설명하기 위해 발전되었다(Hagan, 1989, p.160). 그러나 어떤 이론이 범죄학자와 정책결정권자들이 가장 우려하는 범죄유형을 설명할 수 없다면, 그것의 중요성은 그만큼 낮아질 것이다. 셋째, 이 이론에 대한 경험적 지지가 존재하지만, 대부분의 연구들은 사회학습이론과 개인적 차이의 이론들(예를 들어 자기통제이론)과 같은 경쟁이론과 대비하여 검증하지 않았다. 만약 권력통제이론이 그러한 이론적 "경쟁" 속으로 들어간다면, 그러한 변수들의 효과가 실제로 있는지, 아니면 허위관계로 판명될지(다시 말해서 다른 이론의 변수들의 효과가 통제될 때, 권력통제이론 변수들의 효과가 사라질지) 장담하기 어렵다.

## 티틀의 통제균형이론

**이론적 명제들** 통제이론들은 일반적으로 개인들의 행동을 억제하거나 "통제"하는 (환경) 요인들에 초점을 맞춘다. 그들은 사회환경에 대해 개인들이 행사하는 통제를 고려하지 않는다. 그러나 찰스 티틀(Charle Tittle)은 사람들이 통제의 '목표'일 뿐만 아니라 통제의 '행사자'라는 혁신적인 주장을 했다(Tittle, 1995; 2000). 티틀은 그의 통제균형이론(control balance theory)에서, 각 개인은 그가 받는 통제의 양과 그가 행사하는 통제의 양을 모두 갖는다고 주장했다.

어떤 개인에게, 통제의 상대적 양은 균형을 이루지만, 다른 사람들은 통제의 부족(deficit)으로부터 고통 받는다. 그러나 또 다른 사람들은 더 많은 통제를 행사한다. 통제균형은 순응과 관련되는 경향이 있고, 통제의 불균형은 일탈과 관련되는 경향이 있다. 티틀(Tittle, 1995, p.135)에 따르면, "이 이론의 핵심 전제는 개인이 행사할 수 있는 통제에 대한 개인이 받는 통제의 양이 일탈의 발생확률 외에도 일탈의 유형을 결정한다." 그는 이것을 통제비(control ratio)라고 불렀다.

만약 티틀이 단지 통제 불균형이 범죄를 유발한다는 명제를 제안했다면, 그의 이론은 간결하고 쉽게 이해될 것이다. 그러나 티틀에게, 이 문제행동의 인과과정은 복잡하고 다양한 요인들의 교차에 따라 달라진다. 티틀이 복잡성을 받아들인 것은 양날의 검이다. 즉 그는 문제행동을 촉진하는 다면적인 조건을 (무시하지 않고) 찾아내려고 했지만, 그의 이론은 다양하게 상호작용하는 과도하게 많은 변수들을 포함하기 때문에, 검증하기가 어렵다. 당연하게도 애그뉴의 일반긴장이론이나 갓프레드슨과 허쉬의 자기통제이론과 같은 경쟁하는 시각과 비교하여, 통제균형이론에 대한 경험적 연구는 매우 적다. 그러나 지금가지 산출된 연구들은 이 이론을 지지하는 몇몇 증거를 내놓았다(예를 들어 Baron and Forde, 2007; Piquero and Hickman, 1999; Tittle, 2004, p.396).

티틀은 처음에 왜 개인들이 일탈의 동기를 발전시키는 '성향을 갖게' 되었는가를 언구했다. 그러한 성향을 위한 잠재성은 인간의 본성에 존재하는데, 왜냐하면 우리는 자율성을 강하게 추구하는, 즉 다른 사람이 우리에게 부과하는 통제를 받지 않으려는 기질을 가진 존재이기 때문이다. 이 자율성에 대한 욕구는 사람들이 원하는 목표로부터 차단되어 있을 때, 그리고 그들의 통제비가 불균형할 때, 가장 높게 나타난다. 이 요인들(자율성, 목표달성의 차단, 그리고 통제불균형)의 중첩은 "일탈행동을 기꺼이 경험하도록" 만든다(Tittle, 2000, pp.319-320).

이 성향은, 다음의 두 가지 조건들이 동시발생할 때 어떤 분명한 일탈의 동기로 발전할 수 있다. 첫째, 개인은 "그의 통제불균형에 대해 갑자기 알게 되고, 일탈행동을 통해 어떤 약점을 극복하거나, 통제의 양을 확대함으로써 그러한 불균형을 변화시킬 수 있다고 느껴야 한다"(Tittle, 2000, p.320). 다시 말해서 일탈의 기능성이나 대가가 분명해야 한다. 둘째, 개인은 "부정적인 감정"을 경험하여야 하는데, 이런 감정은 "폄하되거나, 굴욕을 당하거나, 또는 모욕을 당한다는 어떤 느낌인데, 이것은, 일탈이 그러한 유발에 한 가능한 대응책이라는 생각을 강화한다." 다시 말해서 일탈은 이런 상황에서 기능적인데, 왜냐하면 그것이 자신에 대한 다른 사람의 무시를 바로잡게 해주기 때문이다.

일단 일탈의 동기가 나타났다면, 일탈행동은 아직 일어나지 않을 수도 있다. 한 가지 이유는, 개인이 어떤 주어진 행동에 참가할 기회(opportunity)가 있어야 하기 때문이다. 어떤 제약들(constraints)은 또한 극복되어야 한다. 이것은 상황적 위험(예를 들어 잡히는 것)이나 어떤 개인의 도덕적 억제력, 자기통제의 수준, 또는 사회유대와 같은 것일 수 있다. 또한 중요한 것은 통제균형의 비인데, 이것은 일탈행동이 발생할지 아닐지, 그리고 어떤 유형의 일탈이 발생할지를 결정한다.

티틀은 "일반"이론을 추구했고, 따라서 모든 형태의 일탈을 설명하려고 했다. 그는 7가지 범죄행동들이 연속선상에 나열된 한 일탈의 유형학을 제안했다. 이 연속선의 중간에는 순응이 자리 잡는데, 이것은 통제균형이 이루어진 상황에 해당된다. 연속선상의 왼쪽 편에는 억압(repression)이라고 명명된 세 가지의 범주들이 있는데, 이들 각각은 통제의 결핍과 관련된다. 극단적인 억압은 굴종(submission)을 만들어내고, 보통의 억압은 저항(defiance)을 만들고, 그리고 최소의 억압은 강탈(predation)을 낳는다. 티틀이 자율성(autonomy)이라고 명명한 연속선상의 오른쪽에는 통제를 더 많이 행사하는 세 가지 범주들이 있다. 최대의 자율성은 부패(decadence)를 낳고, 중간 정도의 자율성은 수탈(plunder)을 만들어내고, 그리고 최소의 자율성은 착취(exploitation)를 낳는다.

범죄학자들은 대개 강탈(predation)의 범주에 관심을 가질 것이다. 티틀은 심각한 형태의 범죄는 통제를 적게 결핍하는 사람들 사이에서 일어난다고 주장했다. 통제의 결핍이 적을 때, 개인은 범죄행동이 그가 행사하는 통제불균형을 없애는데 성공적일 수 있다는 것을 잘 판단할 수 있다. 예를 들어 청소년들의 폭력사용은 그의 통제비를 바꾸고, 다른 청소년들에게는 그 청소년을 건드리지 않게 할 수 있다. 그러나 만약 어떤 개인이 보다 큰 통제의 결핍에 직면하면, 그는 단지 굴복하거나 아마도 손괴와 같은 덜 심각한 형태의 일탈에 개입할 수 있는데, 이런 형태의 일탈은 저항으로 나타나지만, 그 개인에게 통제를 행사할 수 있는 사람으로부터 값어치 있는 반응을 이끌어내지는 않는다. 행사하는 통제가 더 많은 경우는 일반적으로 사람들이 다양한 일탈행동에 불필요하게 개입하지 않도록 만든다. 티틀은 많은 형태의 기업범죄와 화이트칼라 범죄들이 그러한 행사하는 통제가 더 많은 경우에 나타난다고 지적했다(Piquero and Piquero, 2006을 볼 것).

보다 최근에, 티틀(2004)은, 그의 이 일탈유형학을 범죄를 포함한 일탈행동을 배치할 수 있는 연속선으로 대체했다. 그는 어떤 일탈행동은 통제균형이상성(control balance desirability)의 정도에 따라 등급화될 수 있다고 주장한다. 이 개념은 두 가지 요인들을 포함한다. 첫째, 일탈행동은, 개인의 "통제불균형"을 개선하려고 할 때, 그들의 "장기적 효율성"의 측면에서 다양하다. 둘째, 일탈을 저지르는 것이 어떤 개인이 "직접적으로 피해자가 되거나, 또는 일탈에 의해 영향을 받는 어떤 대상이 될 것"을 요하는 정도의 측면에서 일탈행동은 다양하다(Tittle, 2004, p.405). 일탈행동이 장기적으로 효율성이 있는 것은 바람직하다. 왜냐하면 이 경우 그것이 통제불균형의 문제가 해결되고, 따라서 불필요한 추가적인 행동을 차단할 수 있다는 것을 의미하기 때문이다. 피해자와의 직접적으로 연루되지 않는 것 또한 바람직하다. 왜냐하면 거리를 두거나 대면하지 않는 것이 그로부터 복수를 당할 가능성을 줄이기 때문이다. 예를 들어, 어떤 노동자가 그를 모욕하는 사장에게 폭행을 했다면, 그 폭행은 낮은 통제균형이상성을 가질 것이다. 왜냐하면 그 노동자는 단지 일시적으로 사장에 대한 그의 통제불균형을 조정할 것이기 때문이다. 또한 궁극적으로 그의 통제결핍을 더 악화시킬 수 있는 사장의 보복에 처할 가능성이 높을 것이다(예를 들어 노동자에게 반격하거나, 노동자를 해고하거나, 노동자를 체포하도록 만드는 것). 어떤 경우든, 티틀 이론의 핵심요소들이 다양한 수준의 통제균형이상성을 가진 행동들을 어떻게 예측하는지를 살펴보는 것은 앞으로 기대되는 도전이다(Tittle, 2004를 볼 것).

**통제균형이론의 평가** 티틀은 이전의 통제이론들의 핵심 명제들을 바꾼 한 매력적인 이론을 제안했다. 전통적인 통제이론들은 범죄를 '통제의 붕괴나 부족'과 연관시킨다. 티틀이 (어느 정도) 이 점에 동의하겠지만, 그는 통제결핍을 겪는 사람에게 가해지는 너무나 많은 통제도 또한 범죄의 한 원인이 될 수 있다는 날카로운 주장을 했다(또한 Sherman, 1993을 볼 것). 범죄행동이, 통제한다는 느낌을 회복하게 해주는 기능을 할 수 있다는 그의 통찰력은 문제를 해결하는데 있어서의 범죄행동의 역할을 강조하는 다른 이론들(긴장을 누그러뜨리고, 남성다움을 입증하며, 저항을 통해서 자기-존중감을 보호하는 것과 같은 이론들)과 조화된다.

그러나 티틀의 이론은 몇몇 잠재적인 약점을 갖고 있다. 첫째, 티틀은, 범죄와 일탈의 원인을 찾을 뿐만 아니라, 이 원인적 요소들을 범죄와 일탈의 속성(다시 말해서 그의 첫 일탈의 유형학, 후에 통제균형이상성의 연속선상으로 대체됨)과 연결시키는 한 이론을 발전시키려는 시도를 했다는 점에서 찬사를 받을 수 있다. 그러나 이것은 성과가 없는 탐구방식인 것 같다. 예를 들어 어떤 통제균형이상성이, (범죄자는 말할 것도 없고) 일탈자의 행동에 적합할지를 측정하는 것은 거의 불가능할 것 같다. 이것은 특히 어떤 행동의 이상성이 많은 상황적 요인들에 따라서 변할 수 있기 때문에 그러하다. (따라서 성가신 사장을 폭행으로 위협하는 것은 그 범죄자가 얼마나 거물인지, 그리고 사장이 얼마나 무서워하는지에 따라서 어느 정도 바람직할지도 모른다.) 심지어 행동들의 통제균형이상성을 측정하는데 큰 진전을 이룰 수 있다 하더라도, 학자들은 이 복잡하고 지루한 임무에 그들의 시간을 사용하는 것이 매력적이라고 생각하지는 않을 것 같다. 결국, 만약 그가 일탈을 정의하고 측정하려는 시도를 버리고 대신에 그의 관심을 통제균형이 다른 효과가 아닌 범죄를 유발하는 조건에 집중한다면, 티틀의 이론은 보다 많은 지지자를 확보할 것이다.

둘째, 동기의 마르지 않는 원천으로서 그가 자율성을 강조하는 것은 그의 생각을 불필요하게 제한하는 것 같다. 예를 들어 (많은 다른 통제이론들이 주장하는 한 욕구인) 자기만족의 욕구가 보편적이고 일탈의 동기에서 핵심적이라는 것을 왜 고려하지 않는가?

셋째, 티틀은, 자기통제력, 사회유대, 그리고 사회학습과 같은 다른 이론들로부터이 주요 인과변수들을 제약(constrain)이나 우연성(contingency)과 같은 부차적인 역할로 폄하했다. 예를 들어 로널드 에이커스와 같은 한 경쟁하는 이론가는 대신에, 티틀이 제시한 과정상의 어떤 것은 제외하고, 사회학습이 범죄행동에 "중요한 효과"를 가지거나 독립적인 영향력을 가진다고 주장할 것이다. 다른 새로운 이론에서와 같이, 그 도전은 통제균형이론을 다른 이론들과 함께 경험적 경쟁을 시키는 것이다. 단지 이러한 방식에서만, 다른 이미 알려진 범죄의 예측요인에 비하여, 티틀이 주장한 통제비요인들이 범죄행동에 강하거나 약한 효과를 갖는지를 평가하는 것이 가능해질 것이다.

## 콜빈의 차별적 강제이론

**이론적 명제들** 사람들은 태어나면서부터 당연히 다양한 수준의 강제에 노출된다. 어떤 사람들은 비강제적 수단을 통해서 승낙을 대개 확보할 수 있는 사회적 환경에서 사는 행운을 갖는다. 그러나 다른 사람들은 생애과정을 통해서 강제적 환경들을 만난다. 종종 이 강제는 거칠고 변덕스러운데, 이것은 강한 범죄성향을 만들어 내고 만성적인 범죄를 키워내는 한 조합이다. 마크 콜빈(Mark

Colvin)은 다음과 같이 진술한다.

> 만성적 범죄자들은 태어나는 것이 아니라 만들어진다. 그들은 지속적으로 발생하는 변덕스러운 강제의 사건들이 크게 영향을 미치는 어떤 발전과정으로부터 출현한다. 그들은, 만성적 범죄성을 향해 난 경로로 그들을 몰아내는 동태적 과정에 빠진 사람들이며, 강제를 수용하는 사람이기도 하면서 강제를 행사하는 사람들이기도 하다 (Colvin, 2000, p.1).

콜빈(2000, p.5)은 대면적 강제(interpersonal coercion)를 "무력에 의한 위협과 두려움을 통해서 승낙을 얻어내려는 협박"으로 정의했다. 그러한 강제는 신체적인 처벌이거나 사랑과 지지의 철회가 될 수도 있다. 사람들은 또한 비대면적 강제(impersonal coercion)에 직면할 수도 있는데, 이것은 "실업, 빈곤, 또는 기업이나 다른 집단들 사이의 경쟁에 의해 나타나는 경제적 사회적 압력과 같은 개인의 통제를 넘어서는 것으로 보이는 구조적 환경과 상황으로부터 발생하는 압력"을 말한다. 자주, 이 두 강제의 유형은 중첩되는데, 대면적 강제에 직면한 사람이 비대면적 형태의 강제에 의해 가장 영향을 많이 받는 환경에서 살 수 있다.

콜빈은 그의 시각을 차별적 강제이론(differential coercion theory)으로 불렀는데, 왜냐하면 사람들은 그들이 강제에 노출되는 정도에 따라서 변하기 때문이다. 이것은 서덜랜드가 차별접촉이라는 용어를 범죄적 학습의 원천에 노출되는 정도의 차이를 언급하기 위해 사용한 것과 매우 유사하다. 콜빈의 이러한 용어사용은 또한 레골리와 휴이트(Regoli and Hewitt, 1997)의 차별적 억압이론(differential oppression theory)과 유사하다. 어떻든, 콜빈은, 승낙을 얻기 위한(사람들이 사회규범을 따르도록 하는 것을 목표로 하는) 통제들이 두 가지 차원에 따라 변한다고 주장했다. 첫째, 그 통제는 '강제적이거나 비강제적'일 수 있다. 둘째, 그 통제는 '일관적이거나 비일관적'인 방식 중의 하나로 적용될 수 있다. 일관적이고 비강제적인 통제는 법을 어기지 않는 경향이 있는 심리적으로 건강한 청소년을 만들기 가장 쉽다. 그러나 가장 문제있는 조합은 통제가 강제적이고 비일관적인 형태로 행사될 때이다. 콜빈에 따르면, 이런 차별적 강제는 만성적인 범죄자를 만들어 낸다.

콜빈의 모델에서, 강제적이고 비일관적인 통제는 다른 이론가들이 범죄를 발생시킨다고 믿은 많은 요소들을 만들어낸다. 이점에서, 그것은 하나의 "통합" 이론이다. 그러나 이 이론의 주된 인과요인인, 차별적 강제는 독특하다. 어떤 사건에서, 거칠고 비일관적인 강제는 불공정함과 '분노'의 어떤 느낌(일반긴장이론)과, "약하고 유리된 사회유대"(사회유대이론), "강제적인 모델링"(사회학습이론), "폄하되는 느낌으로 인한 지각된 통제력결핍"(통제균형이론), 그리고 "낮은 자기통제력"(갓프레드슨과 허쉬의 일반이론)을 만들어낸다. 이러한 요인들은 범죄에 대한 만성적인 참여를 하게 하는 하나의 강하고 종합적인 성향을 만들어낸다. 콜빈이 사회심리학적 결함이라고 부른 이러한 힘들은 또한 개인 내부에 어떤 강제적인 관념(coercion ideation)을 양성한다. 이런 사람들은 강제가 강제적인 행위를 통해서 대답함으로써 가장 잘 극복될 수 있다는 세계관을 가진다. 사람들은 이런 생각을 숨기면서, 그들의 환경을 통제하기 위해 폭력이나 폭력적인 위협을 사용하면서, 약탈적 행동에 개입하게 되는 위험을 감수한다.

콜빈(2000, p.87)은 만성적인 범죄성의 원인이 세대 간에 발전적으로 나타난다는 점을 지적한다. 그 과정은 강제적 배경을 가진 부모와 함께 시작하여, 강제적인 작업장에 고용되고, 그리고 비대면적 강제력(예를 들어 경기후퇴, 빈곤, 인종주의, 거친 생활환경)으로부터 고통 받는다. 그 후 그런 부모들은, 이른바, 강제적이고 비일관적인 자녀양육기술을 사용함으로써 자기자신을 재생산한다. 그들의 사회심리적 결함과 강제적인 관념은 이처럼 그들의 자녀들에게 전수된다. 결국, 이 어린이들은 학교, 또래집단 등의 사회환경에 들어가서, 가혹한 통제를 경험하고, 그들의 결함과 강제적인 사고방식을 더욱 강화하게 된다. 그들이 초기 성인기로 가면, 그들은 2차 노동시장에 고용되는 경향이 있는데, 그것은 그들을 빈곤으로부터 벗어나지 못하게 하며 그들을 강제적인 노동환경에 노출시킨다. 종종, 그들은 형사사법기관의 시설에 들어가서, 그곳에서 더욱 강제적인 처우를 경험한다. 생애과정을 통해서 이러한 요인들은 지속적으로 강제적인 관념과 범죄적 성향을 키우는데, 그렇게 함으로써 이 개인들은 만성적인 범죄자가 될 위험에 놓이게 된다. 결국, 이 범죄자들은 그들의 경험을 다음 세대의 자녀들에게 재생산할 것이다.

콜빈은 이 주기를 깨는 것은 "이론적으로 도출된 대응책"을 필요로 할 것이라고 주장했다. 넓은 수준에서, 콜빈은 덜 강제적인 사회를 만드는 것을 선호하는데, 그런 사회에서 정부의 정책은 사람들의 인간적 욕구를 우선시한다. 이런 방향으로 움직이기 위해서, 정부는 다양한 지지적인 사회프로그램들을 시행할 필요가 있을 것이다(또한 Colvin et al., 2002; Cullen et al., 1999; Currie, 1998b). 예를 들어, 실업과 노숙과 같이 위기에 직면한 개인들을 돕는 프로그램들, 자녀를 보다 효율적으로 양육하도록 부모를 돕는 프로그램들, 보편적인 헤드스타트프로그램들, 범죄자가 될 위험이 있는 청소년에 대한 조기개입프로그램, 공립학교에 대한 보다 많은 관여, 작업환경을 덜 거칠고 더 민주적으로 만들려는 노력들, 그리고 범죄예방, 공정성, 회복, 그리고 사회복귀를 강조하는 형사사법시스템과 같은 것들이 가능할 것이다.

**차별적 강제이론의 평가** 『범죄와 강제』에서 콜빈(2000)은 그의 인과모델에 대한 다양한 연관들을 지지하는 증거를 내놓았다. 그러나 이 시각의 경험적 검증은 필요하다. 그렇다 하더라도, 강제이론을 지지하는 다양한 사회에서의 초기 증거는 존재한다. 예를 들어 우네버와 그의 동료들(Unnever et al., 2004)은 2,472명의 중학생 표본에 기초하여, 차별적 강제이론의 핵심 명제들과 일치하는 증거들을 제공한다. 그들은 이론에 의해 예측된 바와 같이, 강제적 환경에 노출되는 것이 자기보고된 비행을 증가시키고, 이 효과들은 사회심리학적 결함에 의해 매개된다는 것을 발견했다. 유사하게, 베이런(Baron, 2009)은, 토론토의 16세에서 24세 사이의 300명의 노숙청소년의 표본에 기초하여, 강제의 다차원적인 척도는 폭력범죄에의 참여를 예측한다는 것을 발견했다. 콜빈의 이론과 같이, 폭력에 대한 강제의 직접적인 효과는 부분적으로 낮은 자기통제력, 분노, 강제적 모델링, 그리고 강제적 관념에 의해 매개되었다.

## 이론의 성과: 정책적 함의

이 책에서 논의한 몇몇 다른 이론들과는 달리, 통제이론은 일종의 예방과 개입노력들을 강화하는데, 이것은 지난 수십 년 동안 행해져 왔던 것이고 많은 사람들에게 이미 "상식"이다(Empey, 1982, p.268). 그러나 뒤르켐적 유산이, 체포의 두려움에 주로 의존하는 억제정책을 통해서라기보다는, 사회화제도를 강화함으로써 예방을 강조한다는 점은 언급할 만한 가치가 있다. 그리고 통제이론이, 개인의 규제가 고립과 처벌의 정책을 통해서라기보다는 사회질서로의 통합을 촉진하는 정책을 통해서 이루어져야 한다고 주장해왔다는 점을 강조하는 것은 중요하다. 다시 말해서, 이 시각은 우리에게 "강경대응" 법과 가혹한 처벌(다시 말해서 국가징벌적 통제, state punitive control)로 범죄를 감소시키려는 시도들은 효과적이지 않을 가능성이 높다는 것을 알려주는데, 왜냐하면 그들은 범죄를 차단하는 어떤 자기통제력과 사회유대를 거의 만들지 않기 때문이다.

우리가 살펴보았던 통제이론들은, 청소년비행이나 일반적인 거리범죄의 예방과 통제를 다루는 것에 비해, 전문적 범죄, 조직범죄, 그리고 기업 및 화이트칼라 범죄의 예방과 통제에 대해 더 적게 다룬다. 범죄예방의 측면에서, 그들은 특히 효과적인 자녀양육의 측면에서, 가족을 강화하는 프로그램에 대해 상당한 지지를 보낸다. 이러한 노력은 종종 조기개입프로그램으로 불린다.

이 프로그램들은 종종 부모-자녀 애착을 개선하는 것을 목표로 하는데, 왜냐하면 약화된 유대가 문제행동의 한 위험요인이기 때문이다. 그러한 프로그램들이 자기통제력의 발전을 중시하는 만큼, 그들은 (약한 외적 통제의 상황에서 조차 사람들이 곤경에 빠지지 않도록 할 수 있는) 우호적인 자아개념, 충동통제, 그리고 좌절에 대한 인내를 주입하도록 가족을 돕는 정책의 필요성을 강조한다.

학교프로그램들은 또한 개발되어 왔는데, 이들은 특수하게 학업적 실패나 교육적 관여가 약할 위험이 있는 청소년들이 학교에 대한 유대를 만들 필요성에 초점을 맞춘다. 일련의 성공적인 결과들이 보고되어 왔다(Catalano et al., 1998; Hawkins and Herrenkohl, 2003; Losel and Bender, 2003). 예를 들어, 시애틀 사회발전 프로젝트는 "학업성취와 초등학교 시기 동안 학교교육에 대한 관여를 촉진함으로써 반사회적 행동을 예방하기 위해 특히 계획되었다"(Hawkins and Herrenkohl, 2003, p.268). 이러한 개입은 분노와 공격성을 사용하지 않고 문제를 학습하고 해결하는 학생들, 행동을 관리하고 효과적으로 가르치는 교사들, 그리고 자녀의 학습을 지지하는 부모의 능력을 개선하기 위해 다양한 방법들을 사용했다. 이 개입은 학업성취와 관여를 증가시켰고, 결국 십대시기에 비행의 시작과 폭력의 시작 모두를 감소시켰다(Hawkins and Herrenkohl, 2003).

통제이론은 성인들을 고용과 지역사회활동의 안정적인 사회적 네트워크로 보내는 예방과 재통합 정책을 제시하지만, 이것은 청소년을 대상으로 하는 프로그램보다는 더 적게 시행되었다. 통제이론은 또한 전통적인 목표를 향해서 열심히 공부하는 것이 보상을 가져다준다는 것을 알도록 하는 정책을 개발할 것을 주장한다. 이런 정책은 청소년과 성인 모두 개인적 관여를 함으로써 순응을 할 때 많은 이익을 얻도록 하여, 이들이 비행이나 범죄를 할 때 순응의 이익을 잃어버리지 않을까 두려워하게 만든다. 불행히도, 그러한 프로그램들은 1980년대와 1990년대의 변화하는 정치적 분위기와 "강경대응" 정책의 인기로 인해 별로 시행되지 않은 경향이 있다. 그러나 보다 최근에, 재소자 "재진입운동(reentry movement)"[3)]이 행해졌는데, 이것은 가족, 지역사회, 그리고 직장으로부터 범죄자의 결속을 끊은 결과가 어떻다는 것을 잘 보여준다(예를 들어 Travis, 2005를 볼 것).

통제이론은, 개인이 보다 큰 사회구조와 전통적인 중산계급의 가치를 당연한 것으로 받아들일 때 가장 적합한 이론이다. 통제이론에서, 그 개인들을 통합시켜 범죄와 비행의 위험에서 개인들을 규제할 수 있는 시스템은 거의 항상 전통적인 중산계급의 용어로 정의된 시스템들이다. 충분히 흥미롭게도, 이것은 심지어 헤이건의 권력통제이론과 같은 접근에서 조차 사실로 보이는데, 그 접근에서 평등주의적인 가정은 실제로 중산계급의 새로운 이상이지만, 그러한 가정에서 딸들이 얻은 자유는 실제로 통제의 약화를 나타낼지도 모른다. 보다 큰 문제로서, 만약 모든 시스템 그 자체(예를 들어 가정들, 학교들), 또는 적어도 그들 중 몇몇이 해답이라기보다는 오히려 문제의 한 부분이라면 어쩔 것인가? "나쁜" 시스템으로의 통합은 아무런 통합이 없는 것보다 더 최악일 수 있다. 우리가 7장과 8장에서 보게 될 것처럼, 어떤 범죄학 이론가들은 주요문제들이 실제로 전통적인 시스템 그 자체에 내재하며, 특정의 범죄자 또는 비행자들보다 오히려 이런 시스템들이 범죄와 비행의 주요 원인이라고 주장했다. 낙인이론가들은 전통적인 시스템이 사소한 위반에 과도하게 대응함으로써 범죄와 비행을 악화시키는 경향이 있다고 주장한다. 반면에 갈등이론가들은 이 시스템들이 실제로 바람직한 사회화를 위해 도움이 되는 기관으로서 가장하고 있는 은밀한 억압의 도구라고 주장한다.

중산계급가정과 학교와 같은 전통적인 제도가, 여기에 잘 맞추지 못하는 사

3) 역주: 강경대응 정책으로 장기간 교도소에 수감된 재소자들이 출소할 때 사회에 적응하는 것을 돕는 프로그램.

람들을 거부하고 오명을 부여하는 경향을 통해서 주요 문제들을 만들어 내지는 않으며 사회적 억압의 도구가 아니라고 하더라도, 성공적인 통합과 규제기능들이 범죄와 비행문제들을 잘 해결할 것 같지는 않다. 예를 들어 엠페이(Empey, 1982, p.299)는 빈곤한 흑인들에 대해 말하면서, "그것은 하층계급 어린이들이 때때로 부모와 갈등을 일으키거나 그들의 학업성취가 낮아서가 아니라, 그들이 그들을 불필요한 존재로 만드는 어떤 경제적, 정치적 시스템 속에 갇혀있기 때문이다"라고 말했다. 만약 기본적인 문제가 보다 큰 사회정치적 질서 속에 존재한다면, 가정과 학교를 강화하는데 초점을 맞춘 정책들이, 긴 안목으로 볼 때, 범죄와 비행을 예방하고 통제하는데 얼마나 많은 효과가 있을까? 사회정치적 질서는 있는 그대로 받아들여질까? 그 속에서 사회정책은 질서를 지지하는 가치를 주입하는 방향으로 나아감에 틀림이 없다. 그렇지 않다면, 전통적인 질서가 근거하고 있는 몇몇 가정에 도전하는 보다 근본적인 새로운 정책들이 개발되어야 할까? 7장과 8장에서 논의하는 낙인이론가들과 갈등이론가들은 우리의 관심을 바로 그 방향으로 인도한다.

## 결 론

청소년비행을 설명하는데 초점을 맞추는 통제이론들이 통제의 영향력을 주로 가족, 그리고 이차적으로는 학교에 위치시키려고 한다는 것과, 성인범죄에 초점을 맞춘 통제이론들이 자아개념과 자기통제와 같은 내적 요인들을 훨씬 강조하는 경향이 있는 것을 알아두는 것은 도움이 된다. 청소년들이 또래압력과 부모의 통제와 같은 사회적 힘보다 내적 요인에 의해서 덜 영향을 받을지도 모르지만, 내적 요인들은 학교를 졸업하고 가족의 감시로부터 벗어난 일부의 성인들을 순응하도록 하기 위해 보다 중요할 수 있다. 간단히 말해서, 성인은 세상에서 단독으로 보다 완성된 인격체인데, 이들의 생각은 아마도 보다 완전히 구체화되어 있는 상태이다. 생애과정을 통해 내적 통제와 외적 통제의 상대적인 혼합과 영향력은 추가적인 조사를 필요로 하는 한 쟁점이다.

통합과 규제의 특별한 힘에 대한 그들의 강조에서, 그리고 사회해체시각에 대한 그들의 집착에서, 그들이 다소 변할지라도, 이전의 두 장에 논의된 그 이론들은 그들이 통제시각을 취한다는 사실을 넘어서 어떤 유사성들을 공유한다. 레클리스가 목표달성(goal attainment)을 강조한 것은, 허쉬가 그의 초기 사회학적인 사회유대이론에서 관여(committment)를 강조했던 것과 매우 유사하다. 두 이론에 따르면, 합법적인 열망은 잠재적인 비행자들이 비행을 하지 않게 만드는데 핵심적인 요인이다. 규범내면화의 이면으로서, 레클리스의 규범쇠퇴(norm erosion)의 개념은, 사이크스와 마짜의 중화의 기술이라는 개념과 밀접하게 관련되어 있는데 이것은 후자가 쉽게 전자의 한 측면으로 포섭될 수 있기 때문이다(Ball, 1966). 매우 유사하게, 승인의 결과로 나타나는 순응과 굴복의 결과로 나타나는 순응을 구분한 리스(Reiss)의 논의는 꽤 나이(Nye)의 구분과 유사한데, 그는 내면화된 통제와 직접통제를 구분한다. 갓프레드슨과 허쉬의 심리학적으로 지향된 자기통제이론은 (그러한 통제가 발전할 수 없는 원인에 대한 훨씬 더 체계적인 이론과 함께 존재할지라도) 레클리스의 내적 봉쇄(inner containment)의 개념과 상당한 유사성을 보여준다. 헤이건의 권력통제이론은, 1950년대의 보다 가부장적인 가정과 비교하여, 1980년대 말의 미국 가정의 관점에서 나이의 시각을 몇몇 방식에서 유사하게 수정했다. 또한 티틀의 통제결핍의 개념과 강제에 대한 콜빈의 주목은 서로 중첩된다. 몇몇 현대적인 예외(예를 들면 헤이건과 콜빈의 이론)를 제외하면, 이 이론들은 뒤르켐의 유산을 공유하며, 권력과 불평등이 어떻게 사회통제의 질과 효과에 영향을 미치는지에 대한 쟁점에 대해 대개 별다른 언급이 없다. 이 쟁점들은 다음 장에서 살펴보게 될 것이다.

# 제 7 장

# 국가개입의 역설:

## 낙인이론

존 브레이스웨이트
1951–
호주 국립대
재통합적 수치 주기이론의 저자

사람들이 법을 어겼을 때에, 우리는 국가의 가장 적절한 반응으로 모든 노력을 다해 범죄자를 체포하고 형사사법체계를 통해 이들을 처리하는 것이라고 생각한다. 이런 가정의 배경에는 범죄자에 대한 심리적 강제이건, 재활이건, 아니면 무력화 전략을 활용하든지 국가가 개입하면 범죄를 줄일 수 있으며 범죄자들이 자유롭게 거리를 배회하며 시민들에게 더 이상의 피해를 주지 않도록 할 것이라는 믿음이 있다. 그러나 낙인이론을 주장하는 학자들은 이런 사고방식에 대해 심각한 의문을 제기한다. 이들 학자들은 범죄를 감소하기보다 "범죄자"와 "전과자"라고 낙인하고 반응하는 국가개입이 예상하지 못한 역설적 결과를 초래하여 오히려 국가개입으로 중단시키려 바로 그 행위를 심화시킬 수 있다고 우려한다.

따라서, 낙인이론가들은 반사회적 행위를 억제하는 데 형사사법체계의 능력은 한계가 있으며 오히려 사람들이 범죄경력에 접어들게 하는 데 중요한 요인이라고 주장한다. 사람들을 형사사법체계에 끌어들이면 상황이 호전되기보다는 악화된다는 것이다. 형사사법기관들이 사용하는 국가통제망의 넓이를 생각해보면 이런 주장의 중요성을 이해할 수 있다. 하루, 약 240만 명의 미국인들이 단기구금시설이나 주교도소 혹은 연방교도소에 수용되어 있으며 약 500만 명 이상이 지역사회에서 보호관찰이나 가석방 감시의 대상자들이다. 더욱이 소수민족의 경우에 국가개입의 수준은 더욱 확대되어 있다. 20세에서 29세까지의 흑인남성 중에서 3명당 1명꼴이 어떤 형태로든 형사사법체계의 통제를 받고 있다(Mauer, 1999; 참조 Pattillo, Weiman, & Western, 2004). 1965년부터 1969년까지 출생 코호트의 분석에서 웨스턴(Western, 2006)은 사회적으로 어려운 처지의 소수민족들이 교도소에 수감될 위험성이 특히 높다는 것을 알 수 있었다. 웨스턴의 계산에 의하면 고교중퇴의 흑인이 일생에 교도소에 수용될 확률은 58.9%, 즉 10명 중에 6명이었으며; 백인 중퇴자의 경우는 11.2%에 불과하였다(Western, 2006; 참조 Wacquant, 2001, 2009).

이번 장에서는 낙인이론가들이 어떤 이유로 국가개입이 범죄를 유발할 위험성이 크다고 생각하는지를 살펴볼 것이다. 특히 오늘날 정책입안가들이 범죄문제를 해결하기 위해 교도소의 효과에 크게 의존한다는 점에서 낙인이론가들의 주장을 상세히 검토하고자 한다. 또한 왜 1960년대와 1970년대 초반에 낙인이론(혹은 "사회반응적 접근방법"으로 알려져 있다)에 대한 관심이 급격히 성장했으며 형사사법정책에 주목할 만한 영향을 미쳤는지를 검토할 것이다. 이후, 최근에 나타난 낙인론적 관점의 이론적 확장을 살펴보고자 한다. 그렇지만 우선 낙인이론 학파의 학자들이 기반으로 했던 범죄가 무엇이며 사회적 반응의 유형과 범죄와의 관계에 대한 수정주의적 견해를 논의하고자 한다.

## 범죄의 사회적 구성

낙인이론이 제안되기 이전에 대부분의 범죄학자들은 "형법을 위반하는 행위"를 범죄로 규정하는 데 만족하였다. 이러한 법률적 개념규정은 학문분과로서 범죄학의 연구영역을 개략적으로 구성하고 연구의 방향을 설정하는 데 도움이 되었다. 그렇지만 법률적 규정을 쉽게 받아들임으로써 범죄학자들은 자신들이 범죄가 무엇인지를 알고 있으며 범죄자 혹은 주위환경에서 범죄의 원인을 찾는 일에만 집중할 수 있다는 것을 지나치게 당연시했다. 이런 개념정의의 맹목적 수용으로 인해 많은 학자들은 "범죄"가 되는 것과 되지 않는 것이 시간에 따라, 사회에 따라, 심지어 한 상황에서 다음 상황으로 바뀔 때에 변화될 수 있다는 즉 사회적으로 구성되는 현상이라는 사실을 망각하였다. 이런 통찰력이 없는 학자들은 특정행위를 범죄로 만드는 사회적 상황이나, 왜 특정 부류의 사람들이 범죄자라는 낙인을 갖게 되는지, 범죄자라는 낙인이 붙은 사람들에 어떤 결과가 나타나는지 등을 연구할 수 없었다.

낙인이론가들은 이런 실수를 만회하고자 했다. 가장 우선적으로, 낙인이론가들은 범죄학자들이 행위 중에서 원래 범죄적 혹은 일탈적 행위가 있으리라는 생각을 버려야 한다고 주장한다. 다른 사람을 살해하고 강간하는 등의 행위는 분명히 그 성격이 타인을 해롭게 하는 것이다. 그렇다고 하더라도, 어떤 행동이 범죄가 되는 것은 그것이 초래하는 해로움 때문이 아니다. 국가가 그 행위를 범죄라는 이름을 붙였는가에 달려있다. 따라서, 범죄가 발생했는가를 결정하는 것은 사회적 반응의 성격과 그것이 구축하는 현실 때문이다. 행위의 불변적 속성 때문이 아니다(Becker, 1963; Erikson, 1966). 살인이 과연 "본질적으로 일탈적 행위인가"를 검토한 포흘(Pfohl, 1985)의 견해는 이러한 입장을 잘 대변한다:

> 살인이란 살해행위를 범주화하는 방법으로, 다른 사람의 생명을 빼앗는 행위는 완벽한 비난의 대상이며 사회적으로 정당화의 여지가 전혀 없는 것으로 고려된다. 그러나 살해행위의 특정 유형만을 살인으로 범주화하고, 다른 유형은 그렇게 하지 않다. 둘 간의 차이는 행위에 있지 않고 사회적으로 그것에 대한 반응이 조직화되어 있는 방식 때문이다. 행위는 본질적으로 같은 것이다: 경찰관 살해 혹은 경찰관에 의한 살해; 할머니의 등을 칼로 찌르기 혹은 전쟁터의 적군을 칼로 찌르기, 흑인노예의 백인주인에 대한 총격 혹은 백인주인의 흑인노예에 대한 린치; 음주운전자에 의한 교통사고 사망 혹은 오염물질로 오랫동안 암투병으로 사망. 각 사례는 살해의 유형이다. 그 중에서 일부만을 살인으로 규정한다. 다른 경우는 용서하거나, 정당화하거나, 혹은 산업체의 치명적 오염을 우리 신체건강에는 그렇지 않더라도 국가경제의 발전을 위해 필요한 환경의 위험요인으로 생각한다. 즉 살인이라고 판단하는 행위유형과 행위성격은 사회적 환경과 상황에 따라 달라진다. 이런 점에서 본질적으로 혹은 보편적으로 일탈행위라고 생각할 수 있는 대상이 아니라는 것을 알 수 있다(p.284).

범죄가 사회적으로 구성된다는 시각에서, 낙인이론가들은 사회적 반응 특히 국가기관이 낙인의 주체일 경우에 그 성격과 영향을 범죄학자들이 간과하지 말아야 한다고 주장했다. 낙인이론가들이 연구했던 주요 연구영역의 하나는 범죄라는 낙인 혹은 구분의 기원에 대한 것이었다. 예를 들어, 하워드 베커(Howard Becker, 1963)는 미국 재무성 연방마약국의 국장이 어떻게 1937년 대마초 세금법을 제정하고 대마초 흡연을 불법으로 하는 운동을 이끈 도덕사업가로 활동했는지를 분석했다. 분석결과 베커(Becker)는 대마초 불법운동이 대마초를 피우면 청소년들이 통제력을 잃고 분별없이 범죄를 저지른다는 주장으로 대중의 관심을 불러일으켰지만 실제로는 재무성 마약국의 조직이해를 증진시키기 위한 것이었음을 알 수 있었다. 마약국이 법안통과에 성공함으로써 사회적으로 도덕성의 구성에서, 즉 옳고 그름에 관한 코드에 새로운 부분이 형성되었다고 베커는 결론지었다(p.145; 참조 Galliher & Walker, 1977).

이외에도 여러 학자들이 특정한 행위형태를 범죄화하려 했던 시도들을 설명하고자 했다. 안토니 플랫(Anthony Platt, 1969)은 20세기가 도래했을 때에 부유층 여성들이 주도하여 소년들만을 대상으로 하는 법원을 설립하려는 캠페인이 성공하고 이를 통해 어떻게 "청소년비행이 만들어졌는가"를 연구하였다. 소년법원의 설립으로 청소년들은 성인과 구분되는 독자의 범죄자 계급으로 취급되었다. 또한 국가는 범죄행위를 저지른 청소년을 포함해 "지위비행"이라 불리는 무단결석, 무분별한 이성교제 등과 같은 불건전한 생활방식의 징후를 보이는 청소년에까지 개입할 수 있는 권한을 부여받았다. 플랫은 이런 운동이 계급 편향적이라고 보았다. 국가기관의 "구원"이 주로 하층계급 청소년을 대상으로 하였고, 중산층 가치를 강화하는 것을 목적으로 했고, 또한 빈곤을 초래한 구조적 원인들을 방치했기 때문이다.

유사한 맥락에서, 스테판 포흘(Stephen Pfohl, 1977)은 "아동학대의 발견"을 조사하였다. 1960년대 이전까지 아동학대는 대부분 형사적 제재가 부과되지 않았었다. Pfohl은 소아과에서 엑스레이를 판독하는 방사선 전문의들이 아동학대에 대한 관심을 불러일으키는 데 어떤 역할을 했는가를 살펴보았다. Pfohl은 아동방사선학의 중요성을 과시하고 이를 통해 의료계에서 낮은 전문적 위세수준을 높일 수 있는 이득으로 인해 전문의들이 적극적으로 참여했다고 주장했다.

캐슬린 티어니(Kathleen Tierney, 1982)는 "아내구타 문제의 출현"을 분석했다. 티어니는 1970년대 중반에 여성운동 조직과 유관단체들이 발전해 가정폭력을 사회적으로 노출시키고, 피해자 보호소를 설립하고, 새로운 법제정을 주도할 때까지 아내구타는 형사사법기관의 개입이 필요할 만큼의 주요한 사회적 이슈가 아니었다고 지적했다. 또한 언론매체는 아내구타를 극적으로 묘사함으로써 피해여성을 위한 운동에 결정적 역할을 담당했다. 언론매체가 아내구타에 주목했던 이유는

> 아내구타에는 폭력성과 사회적 가치가 혼재되어 있으며 … [그리고] 여성운동, 불평등, 미국의 가정생활 등과 같은 이슈를 언론매체들이 진지하게 논의할 수 있는 주제였기 때문이다 — 또한 언론매체들이 선호하는 오락적 가치, 연출가능성, 위급성을 희생할 필요도 없었다(pp.213－214).

이런 분석들과 유사한 다른 분석들은 모두 국가가 범죄로 규정하는 대상이 고정되지 않았다는 사실을 보여준다. 대신 새로운 사회적 실재를 구성하고 특정한 행위가 공식적으로 규정되는 방식을 변화시키려는 사람들의 구체적 노력의 결과라는 것이다. 더욱이 어떤 행위가 단순히 그것의 해악성과 발생수준에 의해 범죄로 결정되지 않는 것이다. 실제로 약물사용, 청소년일탈, 아동학대, 아내구타는 오랫동안 광범위하게 발생했고 해악의 수준이 컸지만 국가형사사법기관이 개입하지 않았었다. 이런 행위들이 범죄화가 된 데는 사회적 환경이 변화가 필요할 만큼 성숙했고 법률적 개혁을 가져올 만큼의 충분히 동기화되고 힘이 있는 집단이 있었기 때문이다.

그런데 특정 행위유형이 불법이라고 규정되고 범죄라고 낙인이 되면 어떤 일이 일어나는가? 이런 낙인이 누구에게 붙여지는가? 상식적 대답은 금지된 행위를 한 사람에게 범죄자라는 낙인이 붙여진다는 것이다. 그러나, 낙인이론가들은 곧바로 이런 생각에 내재하는 암묵적 가정을 다시 한 번 지적한다. 이런 생각에는 사회적 반응이 올바른 것으로 받아들일 수 있고 문제가 없는 것으로 취급할 수 있다는 가정을 전제로 한다는 것이다. 또한 무고한 사람이 잘못 입건될 수 있고 법위반자의 일부만이 실제로 체포되고 형사사법체계에 처리된다는 사실을 간과하는 것이다(Becker, 1963). 따라서 범죄낙인을 부여할 것인가를 결정하는 과정에서 법위반자의 행위는 단지 하나의 요인일 뿐이며 어쩌면 가장 중

요하지 않은 요인일 수 있다.

낙인이론의 여러 연구들이 이런 원칙을 잘 예시한다. 로스앤젤레스에서 실시했던 실험연구는 지난 해 운전기록이 깨끗한 다양한 인종으로 구성된 대학생들을 표본으로 자동차 범퍼에 블랙팬더[1] 스피커를 붙이고 다니게 하였다. 실험이 시작한 이후 불과 몇 시간이 되지 않아 학생들은 교통위반(예를 들어, 차선위반 등) 통지서를 받기 시작했는데, 이를 통해 경찰관들은 범퍼 스티커를 중심으로 차별적 "낙인"을 한다는 것을 알 수 있었다(Heusenstamm, 1975). 다른 연구자들은 청소년과 경찰관의 접촉에 관심을 두었다. 이들에 의하면 경찰관이 비행청소년을 체포하는 의사결정에는 어떤 법률을 어겼는가보다 청소년의 행동방식이 더욱 중요하게 작용했다—즉 청소년이 존경심을 갖고 협조하는가 아니면 무례하고 비협조적인가에 따라 체포결정이 내려졌다(Pilivian & Briar, 1964).

또 다른 연구에서 윌리엄 챔블리스(William Chambliss, 1984)는 두 집단의 고등학생에 대한 지역주민들의 사회적 반응을 분석했다: 첫 번째 집단은 중산층 출신으로 "성인군자(Saints)"라고 명명했고 두 번째 집단은 노동자 계급 출신으로 "부랑배(Roughnecks)"라고 불렀다. 두 집단의 비행률은 "거의 같았지만", "지역주민, 학교, 경찰은 중산층 출신은 착하고, 정직하며, 밝은 미래를 가진 소년으로 대했고 반면에 노동자 계급 출신은 거칠고 앞으로 문제를 저지를 범죄자라고 대했다"(pp.126, 131). 왜 이런 일이 일어날까? 챔블리스는 저소득층에 대한 지역사회의 편견이 가장 중요한 원인이라고 지적했다. 편견으로 인해 경찰은 중산층 출신의 행위를 그냥 장난이라고 규정한 반면에 옷을 잘 입지 못하고 행동거지가 매끄럽지 못한 노동자 계급 출신은 못된 짓을 할 것이라고 예견했다는 것이다.

이런 연구들과 유사한 연구를 통해, 낙인이론가들은 국가에 의한 사법적 개입의 속성이 단순한 불법행위에 대한 공평무사한 대응과 연관된 문제가 아니며 오히려 다양한 법률외적인 요인들에 의해 은밀하게 진행되는 것이라는 사실을 밝혔다(Cullen & Cullen, 1978). 특히 낙인이론가들이 주목한 사항은 인종, 사회계급, 성별 등과 같은 개인적 특성이 어떤 식으로 형사사법적 의사결정에 영향을 미치는가에 대한 것이었다. 이와 함께, 경찰과 형사사법기관이 활용할 수 있는

1) 역자 주: 블랙팬더(Black Panther)는 미국 만화에서 처음으로 등장한 초능력을 가진 흑인 영웅이다.

자원과 당면한 정치적 요구의 수준에 따라 낙인의 수준이 어떻게 변화하는가를 분석하고자 했다. 또한 이런 연구들은 해마다 연방수사국(FBI)에 보고하는 체포통계와 같은 범죄발생 수준의 공식자료가 실제로 저질러진 범죄들뿐만 아니라 경찰의 체포활동 방식에 따라 달라질 수 있다는 것을 강조했다. 따라서 공식적인 범죄통계가 특정집단에 대한 법집행(예, 도시 빈민층)이 체계적 편견에 의한 것일수록 그리고 경찰이 특정법률을(예, 강간) 집행하려는 의도가 변동할수록 부정확할 수 있다.

요약하면, 낙인이론가들은 범죄라는 낙인이 생겨나는 배경과 낙인부여에 영향을 미치는 환경요인들을 고려해야 하는 중요성을 분명히 하였다. 그러나 이런 문제에만 관심을 집중한 것은 아니다. 나아가 낙인이론가들은 사람을 범죄자로 대응하는 것, 즉 낙인은 그 사람이 불법행위에 만성적으로 가담하게 만드는 가장 중요한 원인이라는 논쟁거리의 명제를 제안했다. 국가개입이 범죄를 중단시키기보다는 오히려 범죄를 더욱 저지르게 한다는 것이다. 다음에서는 낙인이론가들의 이런 주장을 살펴본다.

## 범죄유발적 낙인: 경력범죄자의 형성

범죄원인에 대한 탐구는 어디서부터 시작해야 하는가? 앞서 살펴봤듯이, 전통적으로 학자들은 범죄학적 연구의 출발점이 개별 범죄자이어야 하는가 아니면 이들이 살고 있는 사회적 환경이어야 하는가에 대해 논쟁하였다. 낙인이론가들은 그러나 인과분석이 범죄자나 이들의 환경으로부터 시작되어서는 안 된다고 주장했다. 대신에 국가 공무원을 포함한 다른 사람들이 범죄자에 보이는 사회적 반응에 주목해야 한다고 주장했다. 이들의 주장은 법위반자를 범죄자라고 낙인하고 취급하면 예방하고자 했던 바로 그 행위를 유발시키는 예상하지 못한 결과를 초래한다는 믿음에 기반한다.

### 낙인이론의 초기 견해

형사사법기관이 개입하면 범죄성이 심화될 수 있다는 주장은 1960년대에 낙인이론가들이 처음 주장한 것이 아니다. 예를 들어 초기의 여러 범죄학자들이 교도소와 같은 엄중한 사회적 반응이 범죄의 온상이라고 지적했다. 고전학파 이론가인 제러미 밴담(Jeremy Bentham)은 "일반적인 교도소는 도덕적 덕성이 함양되기보다 사악함을 더욱 확실히 배우는 학교이다. 이런 범죄학교들에는 싫증, 복수심, 부족함만이 팽배해 있을 뿐이다"(인용, Hawkins, 1976, p.57)라고 개탄했다. 1911년에 롬브로조(Lombroso)는 "수감생활에서의 모멸적 영향과 악랄한 범죄자들과의 접촉으로 인해 주저하고 후회하며 처음으로 범죄를 저지른 초범자들이 이후 상습범죄자로 발전"하는(Lombroso－Ferrero, 1972, pp.110－111) 모습을 보고하면서 밴담과 유사한 주장을 반복했다. 네덜란드의 마르크스 학자인 빌럼 봉거(Willem Bonger)도 이와 비슷하게 교도소에 수감하면 "경미한 사안의 경범죄를 저지른 젊은이를 … 전문적 범죄자로 키울 수 있다"(Bonger, 1916/1969, p.118)고 지적했다. 또한 쇼우(Shaw, 1930)은 자신의 저서 소매치기(The Jack－Roller)에서 교정시설에 관한 부분을 "부패의 집(The House of Corruption)"이라고 이름을 붙여야 할 필요성을 느꼈다.

이런 연구들은 이후 낙인이론가들의 보다 발전된 견해를 예견하는 것이지만, 아마도 프랭크 탄넨바움(Frank Tannenbaum, 1938)은 국가개입은 "악을 극화하기 때문에" 범죄유발적이라는 원칙을 일반적으로 서술한 최초의 학자일 것이다. 탄넨바움(1938)은 "비록 (법을 위반하는) 아이들이 많더라도 일부의 아이들만이 체포된다"고 지적했다. 그리고 이런 사건이 아무런 영향을 미치지 않는다고 할 수 없다. 해당 소년은 "체포가 되면 곧이어 여러 시설을 거치고, 다양한 반응을 보게 되고, 다른 소년들이 겪지 않는 경험을 하는" 등의 "특별처리의 대상자로 선별"된다. 따라서 소년의 세계는 근본적으로 변화한다: 사람들이 이전과 다르게 대하며, 그의(혹은 그녀의) 정체성을 재검토하기 시작한다. 탄넨바움은 "소년은 체포되기 이전의 자신과 다른 인간으로서 스스로를 인식하게 된다"는 것을 관찰할 수 있었다. "소년은 절도범으로 분류되며, 아마도 자신의 모든 세계가 갑자기 다른 장소가 되며 이후의 삶 역시도 계속해 달라지게 된다"(p.19). 특히 해당 소년이 교도소에 수용되면 초범의, "정형화되지 않은" 범죄적 태도가 나이 많은 범죄자에 의한 "교육"으로 더욱 "공고화"된다(pp.66－81).

결국, 탄넨바움(1938)은 형사사법체계로 청소년들을 처음으로 처리하기 전에 잠재적 영향을 충분히 고려해야 한다고 경고하였다:

> 아마도 다른 경험들에 비해 최초로 "악"을 극화하는 것, 즉 소년을 특별처우를 위해 소속집단으로 분리한 사건은 범죄자로 만드는 데 중요한 역할을 한다. … 그에게는 꼬리표가 붙게 된다. 그에게는 지금까지 겪지 않았던 새로운 환경이 전개된다. 따라서 범죄자로 만드는 과정은 꼬리표를 붙이고, 규정하고, 동일시하고, 분리하고, 기술하고, 강조하고, [그리고] 알게 만들고 스스로 인식하는 과정이다; 이는 비난했던 바로 그 속성을 자극하고, 암시하고, 강조하고, 상기시키는 과정이다. … 그 사람은 그럴 것이라고 기술하는 사물이 된다(pp.19－20).

1951년에 에드윈 레머트(Edwin Lemert)는 일탈행동을 일차적 일탈과 이차적 일탈로 구분하며 이런 통찰력을 더욱 발전시켰다. 일차적 일탈에 대해 레머트는 이런 유형은 다양한 사회문화적 그리고 심리적 원인에 기인한다고 주장했다. 그러나 이런 초기 단계에 범죄자들은 흔히 자신의 행위를 일시적 기행이라고 합리화하거나 또는 사회적으로 허용될 수 있는 역할의 부분으로 이해한다. 범죄자들은 자신들을 일탈자로 생각하지 않으며, 이런 정체성을 중심으로 자신들의 삶을 조직화하지 않는다.

반면에, 이차적 일탈은 최초의 금지행동에 대한 타인들의 반응에 의해 유발된다. 일탈적 일탈이 반복됨에 따라 사회적 반응은 점진적으로 강화되며, 범죄자는 "비난하기, 낙인하기, 혹은 유형화하기"(Lemert, 1951, pp.76－77)를 통해 오명이 씌워진다. 타인들의 반응이 그 사람의 생활과 준수해야 할 의무에서 핵심사항으로 대두하면서 잘못된 행위의 원래 원인은 점차 그 중요성을 잃게 된다. 그리고 흔히, 범죄자는 자신의 "일탈 지위"를 수용하고 자신의 "생활과 정체성을 … 일탈을 중심으로 조직화함으로써" 당면한 문제를 해결한다. 따라서, 범죄자는 반사회성으로부터 벗어나는 것이 아니라 점차 몰입하게 된다. 레머트(Lemert, 1972)가 설명하듯이:

> 일차적 일탈은 다양한 유형의 사회적, 문화적, 심리적 요인에 의해 발생한다고 가정할 수 있으며, [일차적 일탈은] 개인의 심리구조에 기껏해야 미미한 영향을 미칠 뿐이다; 일차적 일탈은 자아관련 태도와 사회적 역할의 측면에서 상징적 재조직화에 이르지 않는다. 이차적 일탈은 상징적 재조직화에 기초한 일탈행위나 사회적 역할이며, 이는 일차적 일탈에 대한 사회적 반응에 의해 초래되는 명시적 혹은 비명시적 문제들

에 대한 방어, 공격, 적응의 방법이다. 따라서, 일탈을 유발했던 최초의 "원인들"은 후퇴하고 대신에 부정하고, 비하하고, 고립시키는 사회적 반응이 더욱 중요해진다 (p.48).

## 자기충족적 예언으로서 낙인

탄넨바움과 레머트는 사회적 반응에 의해 반사회성이 형성될 수 있다는 명제를 명확히 주장했다. 하지만 이런 낙인적 견해는 1960년대 중후반까지 광범위한 지적 관심을 불러일으키지 못했고 범죄학 분야에서 구체적 학파로서 구성되지 못했다(Cole, 1975). 앞으로 검토하겠지만, 낙인이론에 갑자기 많은 관심이 집중된 까닭은 국가개입은 범죄문제의 원인이며 해결책이 될 수 없다는 1960년대의 사회적 환경과 밀접한 연관이 있을 것이다. 그러나 낙인이론이 우세하게 된 배경에는 또 다른 요인이 있다: 학자집단의 존재이다 — 여러 학자들 중에서 아마도 가장 영향력이 강했던 학자는 하워드 베커(Howard Becker), 카이 에릭슨(Kai Erikson), 존 키추스(John Kitsuse)일 것이다 — 이들의 연구는 모두 사회적 반응이 범죄와 비행을 유발하는데 중요한 원인이라는 것을 설득력 있게 주장했다 (Becker, 1963; Erikson, 1966; Kitsuse, 1964).

사회적 반응이 왜 더 많은 범죄를 초래하는지를 설명하기 위해, 낙인이론가들은 머튼(Merton, 1968)이 사용했던 "자기충족적 예언" 개념을 차용했다. 머튼의 경우에, "자기충족적 예언이란 처음에 상황을 잘못 규정했지만 이런 허위 규정이 새로운 행위를 촉발하여 원래의 허위개념이 실제가 되는 경우이다"(p.477 원본에서 강조되었음).

이런 논리에 따라, 낙인이론가들은 대부분의 범법자들이 범죄자로 허위 규정된다고 주장했다. 낙인이론가들은 이런 주장을 하면서 범법자들이 법을 위반하지 않았다거나 형사체계 공무원들이 아무 근거도 없이 사람들의 삶에 개입한다고 의미하지 않았다. 대신에, 허위라는 개념은 범죄자라는 낙인이 부여될 때에 범죄자의 행위에 관한 사회적 판단에 국한되지 않는다는 사실과 관련이 있다; 이와 함께 낙인은 공공연하게 범법자의 도덕적 성격을 비하하는 것이다 (Garfinkel, 1956). 즉, 체포가 되고 사법체계를 통해 처리되면 사람들은 범법자의 법위반행위가 나쁘다고 규정할 뿐만 아니라 인간으로서의 범법자를 범죄자라고 생각하며, 이에 따라 곧 또 문제를 일으킬 "유형"이라고 가정한다. 그러나 레머트(Lemert, 1956)가 사사했듯이, 인간적 성격과 미래행위에 관한 이러한 예측은 대체로 정확하지 않다. 일차적 일탈의 상당수는 — 범죄와 일탈을 처음으로 실험해보는 경우를 포함하더라도 — 성격이나 생활방식의 근본적 결함에 의해 저질러지지 않으며 대부분 일시적일 뿐이며 고착된 것이 아니다(Scheff, 1966).

요약하자면 낙인이론가들은 사회적으로 "범죄자"라는 낙인의 의미는 사람들로 하여금 잘못된 혹은 부분적으로만 정확한 범죄자에 대한 가정을 갖게 한다고 주장한다. 더욱이 이런 가정은 범법자들에 사람들이 반응하는 방식에 영향을 미치기 때문에 중대한 결과를 초래한다. 범죄자에 대한 잘못된 개념과 고정관념으로, 사람들은 모든 범법자들이 성격에 문제가 있으며 또 다른 범죄를 저지를 것이라는 생각으로 반응한다는 것이다. 이런 반응은 한편에서 합리적이지 않더라도 용의주도한 것일 수 있다; 즉, 이웃의 "비행청소년"과 자녀들을 아예 사귀지 못하게 하거나 "절도 전과자"에게 가게의 금전등록기를 맡기지 않음으로써 안전을 도모할 수 있다. 그러나 다른 한편으로는 이런 반응은 사람들이 생각했던 촉발시키는 — 즉 범법자를 사람들이 두려워했던 바로 그 범죄자 유형으로 변화시키는 과정에 중요한 영향을 미칠 수 있다.

그런데 예언이 어떻게 실현되는가? 자신의 판단에 맡겨 두면 올바르게 될 수 있었던 초기 단계의 범죄자가 어떻게 상습 범죄자로 발전하는가? 범죄자라는 낙인이 붙으면 그렇게 된 사람은 특별한 대우를 받도록 선별된다. 범죄자는 베커(Becker, 1963)에 따르면 "일반인들과 다른, 즉, 도덕적인 인간으로서 행동할 수 있는 능력이 없고 그러려고도 하지 않으며 따라서 다른 중요한 사회규칙을 따르지 않는"(p.34) 사람이 된다. 따라서, "범죄자"라는 것은 그 사람의 "핵심지위"가 되거나 공적 정체성을 지배하게 된다(pp.33−34; 참조 Hughes, 1945). 사회적 만남에서, 주위 사람들은 배우자, 부모, 혹은 근로자로서 범법자의 사회적 지위를 고려하지 않는다. 이들은, 우선 그리고 무엇보다도, 범죄자와 상호작용한다는 사실에만 관심을 집중한다.

물론, 이런 공적 차별로 인해 일부의 범법자들은 위협감과 수치심을 느낌으로써 준법생활을 할 수 있다. 그러나 다른 범법자의 경우에는, 범죄자라는 신분이 지속적으로 부각되고 사회적 비난을 받게 됨으로써 본인 스스로 준법생활을 하려는 의지를 침해하고 경력범죄자로 밀어붙이는 예견하지 못했던 부작용을 초래한다. 즉, 범죄자라고 반복적으로 규정함으로써, 범법자들은 준법시민 혹은 "정상적" 행위자로서의 자아개념을 박탈당하고 점차 일탈자로서의 공적 규정을 내면화하게 된다. 이같이 자아정체성이 변화하면서, 범죄자의 자아개념은 준법생활을 고무할 수 있는 능력을 상실하게 된다. 이제 자아개념과 일관되게 행동하려는 의지는 법위반을 강요하는 동기가 된다.

또한, 범죄자로 낙인이 된 사람들은 흔히 이전의 원만했던 사회적 관계에서 배척을 당한다. 타락자라는 자신의 실추된 명예가 널리 알려지면, 전화를 하더라도 통화가 되지 않으며, 친목모임에 초대를 받지 못하며, 친구들은 갑자기 일정이 바쁘다며 만나주지 않으며, 애정관계도 지속되지 못하고 단절을 겪게 된다. 사회적 배척을 극복하는 한 가지 방법은 비슷한 처지의 사람들을 찾는 것이다. 결국, 범죄자라고 낙인이 된 범법자들은 다른 법률위반자들과 차별적으로 접촉할 가능성이 많아지고 따라서 범죄를 옹호하는 하위문화집단을 구성하게 된다. 이같은 접촉양상은 반사회적 가치를 더욱 강화하며 범죄를 저지를 때에 공범자를 구할 수 있는 좋은 기회가 될 수 있다. 특히 낙인이론가들은 일상적 사회와의 유대가 단절되는 문제는 교도소 수용과 같은 국가개입의 경우에 특히 우려된다고 지적했다. 교도소에 수용되면 범법자들은 현재의 직업을 잃게 되며 가족관계는 더 이상 유지되지 어려울 정도로 심각한 긴장을 겪게 된다. 또한 범법자들은 보다 심각한 다른 범죄자들과 접촉해야 하는 사회적 상황에서 생활해야 한다. 탄넨바움(Tannenbaum, 1938)이나 다른 초기 범죄학자들이 지적했듯이, 범법자들은 범죄에 관한 교육을 받게 될 수 있다.

마지막으로, 사법기관에 의해 범죄자라는 낙인이 붙고, 특히 교도소에서 일정기간 복역하여 전과자라는 신분이 되면 취업기회가 제한을 받는다. 교도소 복역으로, 범법자들은 자신들의 불법행위에 "죗값을 치렀다"고 할 수 있지만 언제든지 중도에 포기하는 못된 성격의 사람이라는 개념을 탈피하기는 매우 어려운 일이다. 따라서, 고용주들은 이들을 위험성이 크다고 판단하며 고용기회를 제공하거나 신뢰가 필요한 직책에 배치하는 것을 꺼려한다. 대부분의 경우, 범법자들은 임금수준이 낮고 발전의 여지가 없는 저급한 직업을 전전할 뿐이다. 이런 점에서, 범죄는 이들에게 이득을 안기는 대안이며 유혹으로 대두하며 오직 합리적 판단을 결여한 범법자만이 거절할 수 있는 사항이다.

요약하면, 낙인이론가들은 범법자에 대한 허위개념 즉 영구히 범죄자일 것이며 범죄적 삶을 살도록 운명지어졌다는 인식은 범법자로 하여금 준법생활을 어렵게 만들고 범죄자로서의 생활을 비록 본인이 원하지 않더라도 어쩔 수 없이 따르게 만드는 사회적 반응을 유발함으로써 이런 예언을 실현시킨다고 주장한다. 낙인과정은 따라서 매우 강력한 범죄유발적 기제이며 이에 의해 불법적 역할참여가 고착화되고 일시적으로 범죄에 발을 들여놓았던 범법자들을 만성적 혹은 경력범죄자로 발전시킨다. 더욱이 낙인과정은 그 영향이 예측불가능하고 거의 관찰되지 않기 때문에 매우 우려되는 범죄의 원인이다. 실제, 범죄율이 증가하는 현상에 대한 일반적인 대처방법은 사회적 반응을 최소화하는 것이 아니라 오히려 더 많은 사람을 체포하고 교도소에 수용하는 것이다. 낙인관점에 의하면, 이런 "강경" 정책은 결국 자기파멸의 길을 가게 된다. 왜냐하면 이런 정책은 더많은 범법자들에게 범죄적 삶을 살게 하는 자아충족과정에 빠져들게 만드는 데 효과적일 뿐이기 때문이다.

## 낙인이론의 평가

낙인이론이 사회적 반응의 문제에 대한 관심을 성공적으로 유발시켰으며 또한 낙인이론이 널리 알려진 배경에는 혁신적이라고 할 수 있는 이런 이론적 초점이 중요한 원인이라는 것을 부인하는 범죄학자는 거의 찾아볼 수 없다. 그렇더라도, 낙인이론의 핵심명제들은 신랄한 비판적 분석을 피할 수 없었나 (Gove, 1975, 1980). 앞으로 살펴보겠지만, 이런 평가들은 낙인이론에서 제기했던 과도한 주장의 일부는 수정되어야 한다고 시사하고 동시에 낙인적 관점의 독창적 통찰력을 훼손하는 것은 현명하지 못하다고 지적한다.

비판들 중에서 일부는 갈등론적 학자들과 급진론적 학자들이 제기했다. 범죄가 사회적으로 구성되며 낙인이 차별적으로 적용된다는 견해에는 동의하지만, 이들 학자들은 낙인이론가들이 충분한 분석을 했다고 믿지 않았다. 급진론적 학자들은 범죄낙인의 기원과 적용은 근본적으로 자본주의 구조에 내재하는 불평등 현상에 영향을 받는다고 주장했다. 제8장에서 상세히 검토하겠지만, 급진론자들은 사회적 권력의 차이 때문에 가난한 사람들의 행위가 범죄로 규정되고 부자들의 행위는 그렇지 않은 것이라고 주장한다. 낙인이론가들은 정치적 이해관계와 경제적 빈곤이 사회적 반응의 종류에 작용할 수 있다고 이해는 했지만, 형사사법체계와 기존의 경제 질서와 어떤 관계인지를 명확히 설명하지 않았다. 테일러, 월턴, 영(Taylor, Walton, & Young, 1973)이 지적했듯이, 낙인이론가들은 "법률을 만들고 집행하는 과정에 작용하는 권력과 이해관계의 구조적 불평등을 제대로 지적하지 못했다." 즉, 낙인이론가들은 "권력과 제도와 같은 사회의 거대구조가 일탈현상과 범죄문제를 구성하는 과정"에 대한 분석에까지는 이르지 못했다(pp.168-169).

다른 측면에서의 비판은 전통적인 실증주의 범죄학자들이 제기했다. 이들은 경험적 검증을 했을 때에 낙인이론의 주요 주장들이 입증되지 않았다고 지적했다. 비판적 학자들은 낙인이론이 많은 사람들에 회자된 이유가 경험적 정확성과는 별로 관련이 없으며 오히려 사회적 분위기와 일치하는 도발적 주장을 했기 때문이라고 주장했으며 — 이런 주장은 우리도 타당한 비판이라고 생각한다(Hagan, 1973; Hirschi, 1975). 실제로, 국가개입이 범죄성을 악화시킨다고 지적했지만, 초기 낙인이론가들 중에서 어느 누구도 이런 견해를 입증할 수 있는 경험적 자료를 제시하지 않았다.

따라서, 실증주의 또는 경험적으로 지향한 범죄학자들은 자료를 중심으로 낙인이론의 핵심주장이라고 할 수 있는 두 가지 명제를 검토했다: 첫째, 누가 낙인이 되어야 하는가를 결정하는데 행위요인뿐 아니라 법률외적 요인이 작용한다; 둘째, 낙인은 범죄참여를 증가시킨다.

법률외적 요인 명제. 첫째, 실증주의 학자들은 범법자의 인종, 계급, 성별 등과 같은 법률외적 요인들이 불법행위의 심각성이나 과거기록과 같은 법률적 요인들보다 형사사법적 낙인을 규율하는 데 더 중요하다는 주장을 평가했다. 낙인이론가들의 기대와 반대로, 경험적 연구들에 의하면 경찰과 법원판사의 낙인과정에서 범법자의 사회적 배경이 아니라 범죄의 심각성이 가장 중요한 결정인자로 반복적으로 조사되었다(Sampson, 1986b). 비판가들은 법률외적 변수들은 낙인과정에서 단지 미약한 효과가 있을 뿐이라고 결론지었다((Gove, 1980; Hirschi, 1975; Tittle, 1975b).

그렇지만 모든 범죄학자들이 이런 결론에 동의하지 않는다. 예를 들어, 로버트 샘슨(Robert Sampson)의 연구는 비판가들이 다양한 상황들에 의해 형사사법기관의 반응이 영향을 받을 수 있다는 견해를 철저히 배격하는 것에 대해 재검토가 필요하다고 시사한다. 즉, 샘슨(Sampson, 1986b)은 경찰이 청소년을 통제하는 과정에서 "생태학적 편견"을 발견할 수 있었다. 법위반 행위의 심각성을 고려하더라도, 샘슨은 경찰이 부유한 지역에 비해 빈곤한 지역에서 더 많은 체포를 한다는 것을 알 수 있었다. 이런 생태학적 유형이 나타나는 한 가지 이유는 경찰의 경우에 하류계층 지역에서 접하는 사람들은 성격에 문제가 있을 가능성이 많아 밀착감시가 필요하다고 생각하기 때문에 이런 지역에 더 많은 경찰자원이 투입되었기 때문일 수 있다. 이외에도, 샘슨은 형사사법체계의 차별적 처리에 영향을 미치는 법률외적 상황들에 대한 증거들을 다양한 자료를 통해 설득력이 있게 제시했다.

낙인과정에 관한 논쟁은 최근에 들어 "인종 프로파일"을 둘러싸고 재연되고 있다. 흑인(그리고 다른 소수인종)의 경우에 교통단속을 당하는 사건이 인종과 민족과 관련된 것인지 — 즉, "흑인(황인종)이 운전하는 일" 자체가 유죄이기 때문인지에 관해 연구가 현재 진행되고 있다. 분석결과는 연구에 따라 다소 상이하다. 그러나 다른 행위요인들을 고려하더라도 소수민족 운전자들은 더 자주 단속되고, 소환되고, 수색을 당하고, 체포되고, 무력사용의 대상자가 되는 경향이 었다. 이런 차이가 경찰관의 개인적 편견 때문인지 아니면 보다 제도화된 관행으로 소수민족 운전자들이 마약을 운반할 가능성이 크다고 믿어 경찰관들이 단속했기 때문인지 혹은 이들 운전자들이 "자신들에는 부적합하고 접할 수 없는 장소"에서 운전을 했기 때문인지는 분명하지 않다. 그럼에도 불구하고, 사회통제의 대상자가 되고 이후 범죄자라는 낙인이 붙게 되는 과정에 법적요인 뿐만 아니라 다른 요인들에 의해 결정된다는 사실은 낙인이론과 일치하는 것이다 (Engel & Calnon, 2004; Engel, Calnon, & Bernard, 2002; Novak, 2004).

범죄유발적 국가개입 명제. 낙인이론의 두 번째 주요 명제는 사법체계를 통한 국가개입이 상습적 범죄자 혹은 경력 범죄자를 양성한다는 것이다. 이렇게 서술된 명제는, 그러나, 유지하기가 쉽지 않다. 비판자들이 지적했듯이, 많은 범법자들은 형사사법 기관의 주목을 받기 전에 이미 범죄에 깊이 관여한 사람들이다(Mankoff, 1971). 예를 들어, 만성적 비행의 경우에 해당 소년들이 빈민지역에서 성장하는 기간에 노출된 다양한 범죄유발적 영향이 청소년기에 경찰에 체포되고 소년법원에 의해 처리된 경험에 비해 더욱 중요할 것이다. 또한, 형사처벌을 받지 않아도 범법자들은 기업범죄, 정치부패, 아내구타, 성적학대 등의 다양한 불법행위를 자행하는 경향이 있다.

1990년대 후반까지 낙인의 인과적 영향을 검증한 연구들을 살펴봤을 때에 연구결과는 상충된 것이었다(Bazemore, 1985; Klein, 1986; Morash, 1982; Palamara, Cullen, & Gersten, 1986; Shannon, 1982; Thomas & Bishop, 1984; Ward & Tittle, 1993; Kubrin et al., 2009). 이에 대한 범죄학자들의 반응은 두 가지였다. 일부 학자들은 낙인이론을 인정하지 않았고, 다른 학자들은 낙인관점을 확대했다.

첫 번째 반응은 형사사법기관에 의한 낙인이 "아무런 영향을 미치지 않는다"고 결론을 짓고(Hirschi, 1975, p.198), 따라서 범죄행위의 이론으로서 낙인관점의 적절성을 부인하는 것이다. 이런 평가가 타당하다면, 국가개입은 범죄성을 강화하지도(낙인이론가들이 주장하듯이) 않고, 범죄성을 억제하지도(처벌옹호자론들이 주장하듯이) 않는다는 의미이다(Thomas & Bishop, 1984). 또한 사람들이 범죄를 시도하고, 만성범죄자가 되고, 출소 후에 재범을 저지르는 이유는 형사사법체계의 운영과는 관련이 없고 범법자들이 일상생활에서 겪는 사회적 영향(전통적 범죄학자들이 주장했던)과 밀접한 연관이 있다는 것을 시사한다. 달리 표현하면, 사람들이 범죄자가 되는 이유는 해체된 지역사회에 거주하고, 통제가 부족하고, 범죄적 가치를 학습하고, 긴장을 겪기 때문이다. 경찰에 체포되거나 교도소에 수용되는 것은 이미 범죄에 깊이 빠져든 이후의 일이다. 국가개입은 따라서 범죄적 습벽에 대한 반응이며, 그것의 원인이 아니다. 낙인효과는 무시할 수 있다.

두 번째 반응은 기존의 연구결과가 상충하는 이유가 상황에 따라 낙인효과가 다르게 작용하기 때문이라고 시사하는 것이다. 형사사법체계와의 접촉으로 범죄가 증가되는 조건과 감소되는 조건이 있을 수 있는데 연구자들이 이를 분리하지 않으면 낙인의 전체적 효과가 불분명하게 나타날 수 있다(Palmara et al., 1986; Tittle, 1975a). 개인의 사회인구학적 특성, 범죄경력의 단계, 가정관계의 강도, 지역사회 상황에 따라 범죄낙인의 취약성이 어떻게 다른가를 다루는 지금까지의 연구는 기초적 수준에 불과하다. 이런 경험적 이슈들이 해결되지 않으면, 낙인효과에 대한 일반적 진술은 시기상조라고 할 것이다(Paternoster & Iovanni, 1989).

낙인의 효과가 복잡하다는 사실은 가정폭력범에 대한 경찰관의 강제적 체포가 이후 가정폭력에 어떤 영향을 미치는가를 실험연구에서도 찾아볼 수 있다(Sherman, 1992). 물론 연구결과와 이에 대한 해석은 아직까지 잠정적이지만, 체포의 영향은 — 즉 낙인의 영향은 — 가정폭력범의 취업여부에 따라 상이하게 나타났다. 직업을 가진 사람들은 체포를 당하면 경제적 안녕과 "순응으로 인한 혜택"이 위협을 받으므로 재범을 저지르지 않는 경향이었다. 반면에, 직업이 없고 따라서 일상적 사회에 대한 유대가 약한 가정폭력범의 경우는 체포가 학대사건을 더욱 가속화시키는 경향이었다.

특히, 이런 통찰력은 학자들이 낙인의 차별적 효과에 관한 이론을 개발하는 데 많은 도움을 주었다. 이런 점에서 이후에 브레이스웨이트(Braithwaite, 1989)의 수치이론과 셔먼(Sherman, 1993)의 저항이론을 상세히 검토할 것이다. 이들 이론은 특히 국가개입의 성격이 — 예컨대, 재통합의 내용인지 아니면 낙인을 하고 모멸하는 내용인지 — 준법성을 유발할 수 있고 혹은 범죄성을 더욱 악화시킬 수도 있다는 사실에 주목했다.

최근에 들어, 낙인이론에 대한 관심이 부활하고 있으며 경험적으로 입증하는 연구들도 늘고 있다. 관련학자들은 국가개입이 범죄의 주요 유발원인이라고 주장하지 않는다. 대신에 범죄유발적 위험요인이라고 제안한다 — 즉, 지속적인 범죄가담에 영향을 미치는 다양한 요인들의 하나이다.

이런 점에서, 29개의 실험연구에 대한 뻬트로지노와 동료들(Petrosino, Turpin－Petrosino, & Guckenburg, 2010)의 최근 메타분석에서 소년사법체계가 범죄통제효과를 미친다는 연구는 한 편도 없었으며 "거의 모든 연구결과는 부정적 방향"(p.6)으로 나타났다. 구체적으로, 소년을 체포하고 공식처벌을 한 경우는, 소년사법체계로부터 이탈시켜 서비스를 받게 했을 경우와는 반대로, 비행가담을 악화시켰다. 로체스터 종단적 소년개발연구(longitudinal Youth Development Study)의 자료를 활용했을 때도 연구결과는 유사했다. 공식적 개입(체포, 소년사법체계의 관여)이 단기적으로 소년비행의 증가를 유발하고(주로 갱과 같은 일탈집단의 가담이 증가해) 장기적으로는 초기 성인기에 더 많은 범죄를 초래했다(Bernburg & Krohn, 2003; Bernburg, Krohn, & Rivera, 2006). 가티, 트렘블레, 비타로(Gatti, Tremblay, & Vitaro, 2009)가 몬트리올에서 779명의 빈곤소년을 표본으로 했을 때에도 소년사법체계 자체가 범죄를 유발하는 유사한 결과를 발견할 수 있었다.

키리코, 바릭, 베일스, 본트레이거(Chiricos, Barrick, Bales, & Bontrager, 2007)는 중죄로 기소되어 보호관찰을 받아야 하는 95,000명 이상의 남자와 여자 범법자의 차후상태를 조사했다. 이 연구는 아주 독특한 사례이다. 플로리다 주에서는 판사들이 유죄가 입증되어도 범법자에게 공식적으로 중죄낙인을 부여하지 않을 수 있도록 허용하는 법률을 제정해 새로운 유형의 낙인조건을 만들었다. 즉, 중죄낙인을 유예할 수 있었다:

> 새로운 낙인판결은 사실심리에서 동일한 유책성이 있는 범법자에게 공식적 중범으로 낙인할 수도 그렇지 않을 수 있다는 것이다. 유죄판결이 유예된 범법자의 경우에 — 최근에 중죄에 해당하는 보호관찰대상자의 과반수가 플로리다에서 이런 판결을 받는다 — 시민권에 대한 제한이 전혀 없으며 이런 판결을 받은 사람들은 취업지원서와 다른 서류들에 중죄를 저지른 적이 없다고 합법적으로 얘기할 수 있다. 반면에 공식적으로 유죄판결을 받은 범법자들은, 다른 범죄자들과 마찬가지로 온갖 구조적 제약을 받게 된다(Chiricos et al., 2007, p.548, 원본에서 강조되었음).

낙인이론의 주장대로, 키리코 등은 "유죄판결을 받았을 때에 중죄 범죄자들은 유죄판결을 유예된 경우에 비해 통계적으로 그리고 실제적으로 주목할 정도로 재범을 저지를 가능성이 증가했다"(p.570). 또한 백인, 여성, 30살 이전에 과거 유죄경험이 없는 범법자들이 중죄로 유죄판결을 받았을 경우에도 차별적 낙인효과를 판별할 수 있었다. 키리코 등이 지적했듯이, 이런 사람들은 일반적으로 재범의 위험이 낮은 편이었다. 그렇다면, 이런 결과는 "일차적 일탈자"에 적용된 국가개입은 특히 범죄유발의 개연성이 높다는 낙인이론의 주장과 일치하는 것으로 이해할 수 있다.

더불어 교도소 수용의 효과에 관한 연구들도 낙인이론을 지지하는 경향이다. 미국에서 재소자 규모가 약 240만 명에 달하면서도, 교도소 경험이 재범에 어떤 영향을 미치는가에 대한 연구는 다른 연구영역과 비교해 수적으로 희소하고 방법론에서도 문제가 많은 편이다(Nagin, Cullen, & Jonson, 2009). 그래도, 몇 편의 유용한 연구들이 실시되었다(예를 들어, Chen & Shapiro, 2007; Nieuwbeerta, Nagin, & Blokland, 2009; Petersilia & Turner, 1986; Sampson & Laub, 1993; Smith, 2006; Spohn & Hollerran, 2002 참조). 이들 연구로부터 세 가지의 보편적 결론을 도출할 수 있다. 그중에서 특히 첫 번째는 가장 확실하며 중요한 사항이다(Nagin et al., 2009; 참조 Gendreau, Goggin, Cullen, & Andrews, 2000; Johnson, 2010; Lipsey & Cullen, 2007; Villettaz, Kilias, & Zoder, 2006).

우선, 첫째로, 수용처벌을 비수용처벌과 비교했을 때에 효과가 없거나 범죄유발적이었다. 특히 이런 경향은 위험성이 낮은 범법자의 경우에 두드러졌다. 둘째, 교도소에 수용되는 시간이 길수록 범법자들이 재범을 저지를 가능성이 높았다(반대되는 결과는 Jonson, 2010 참조). 셋째, 교도소 수용생활이 힘들수록 재범행의 비율이 증가하는 경향이었다. 이런 연구결과들은 "강경한" 대책을 옹호하는 보수주의 범죄학자들과 특별억제 이론가들(제12장과 제13장 참조)의 예측과 모순된다는 사실에 주목할 필요가 있다. 두 입장 모두에서, 관련학자들은 강력한 처벌이, 특히 교도소 수용이 낮은 재범률을 가져올 수 있다고 주장한다.

그렇지만, 교도소 수용이 재범에 영향을 미친다는 연구결과는 그것이 만성적 범죄활동을 설명하는 데 핵심 요인이라는 주장과 같다고 할 수 없다: 다른 요인들이 있을 수 있으며 어쩌면 교도소 수용보다 더 중요할 수 있다. 이와 함께, 미국인들 중에서 평생에 한번이라도 교도소에 수용되는 사람이 몇 백 만 명이므로, 교도소 처벌이 조금이라도 범죄유발적 효과가 있으면 공공의 안전에 심각한 영향을 미칠 것이다.

범죄통제 정책에 관한 논의 이외에, 낙인이론에 관한 최근의 연구는 두 가지 방향으로 발전하고 있다. 첫째, 낙인이론과 일치하는 연구결과들은 범죄를 유발하는 국가개입의 역할을 더 이상 간과할 수 없다는 것을 시사한다. 생애단계에 걸쳐 범법자를 추적조사하는 종단적 연구들이 많아지면서, 체포와 구금과 같이 경력범죄자들이 겪는 중요한 사회적 경험이 초래하는 결과를 무시하는 것은 이제 더 이상 허용되지 않는다. 생애과정 이론가들은 따라서 분석모형의 구성에서 교도소 경험을 적극적으로 고려해야 할 것이다(예를 들어, Sampson & Luab, 1993 참조). 둘째, 낙인이론가들이 당면하는 과제는 국가개입의 다양한 유형들이 서로 다른 범법자의, 특히 재범위험성이 낮은 집단과 높은 집단의, 생활에 미치는 효과를 보다 정교하게 구체화해야 할 필요가 있다. 사회적 반응은 복잡한 과정이며, 제대로 이해하기 위해서는 그것의 영향을 철저히 분석하는 것이 필요하다(Link, Cullen, Frank, & Wozniak, 1987 참조). 이에 대해서는 낙인이론의 최근 발전양상을 논의할 때에 다시 검토하고자 한다.

## 낙인이론과 시대적 상황

이 책의 핵심주제는 사회적 변화로 사람들은 새로운 경험을 접하며, 이에 따라 범죄를 포함한 여러 사안들을 과거와 달리 생각하게 된다는 것이다. 1960년대는 바로 그런 시기이다. 미국은 사회적 변화에 휩싸였고 시민들과 범죄학자는 범죄행위에 관한 과거의 가정들을 재검토하게 되었다(Sykes, 1974). 예를 들어, 제5장에서 살펴봤듯이, 1960년대의 격동적 상황에서 여러 학자들이 인간행동을 규율하는 데 있어 통제의 중요성에 주목했다. 제8장에서 살펴보겠지만, 10년간의 사건들은 일단의 학자들을 급진적이 되게 했으며 이들은 범죄와 형사사법이 자본주의에 내재하는 갈등과 불평등에 의해 은밀하게 영향을 받는다고 주장했다. 지금 논의하는 내용과 관련해서도, 1960년대는 낙인이론이 발전할 수 있는 비옥한 배경이라는 사실에 주목할 필요가 있다(Cole, 1975).

왜 갑자기 범죄학자들이 형사사법체계를 통한 국가개입이 범죄문제의 근본원인이라는 생각을 포용하였을까? 명확한 경험적 증거도 없는데, 이전에 탄넨바움(Tannenbaum, 1938)과 레머트(Lemert, 1951)가 시사했던 낙인명제들에 왜 갑자기 많은 학자들이 동감을 하고 합리적이라고 판단했을까?

이런 질문들에 답하는 데 있어 관건은 시대적 환경이 어떻게 사람들로 하여금 정부에 대한 믿음과 신뢰를 상실하게 하는가를 이해하는 데 있을 것이다. 1960년대 초반에는, 낙관주의가 팽배했다. 제4장에서 논의했듯이, 케네디 정부는 빈곤문제와 범죄와 같은 사회적 병폐가 존재하지 않는 "위대한 사회" 즉 "기회균등의 새로운 시대"가 바로 눈앞에 도래했다는 기대를 갖게 했다. 더욱이, 이런 계획은 사회변화를 구현하는 데 정부가 사회 프로그램으로 주도적 역할을 해야 한다는 진보주의적 입장을 재확인하는 것이었다. 국가는 사회개선을 실현하는 존재로 신뢰할 수 있었다.

그러나 1960년대가 진행하면서, 초반의 거창한 약속들이 지켜지지 못하면서, 낙관주의는 쇠퇴하였고 결국에 절망으로 전환되었다(Bayer, 1981; Empey, 1979). 또한, 시민권 운동은 은밀히 자행되는 인종주의, 성차별주의, 계급불평등의 실상을 노정했을 뿐만 아니라 이런 오랜 사회적 부정의에 대처하는 데 정부관료들이 비록 무관심하지는 않더라도 무능력하다는 사실을 폭로했다. 베트남전쟁은 또 다른 문제를 제기했다. 비록 미군 파병이 민주주의 보호를 위해 필요하다고 정당화되었지만, 파병정책에 대해 많은 사람들이 부패한 정권을 미국이 지탱시켜주는 것에 불과하다고 인식하면서 도덕적 가치를 상실했다. 그러나 더 많은 동요를 초래한 것은 정치적 항의에 대한 정부의 반응이었다. 미국인들은 경찰에 의해 시위군중들이 쫓겨다니며 구타당하는 모습과 학생들이 켄트 주립대학교에서 총탄에 쓰러지는 모습을 목격했다. 또한 아티카 폭동에서 경찰특공대가 교도소를 습격해 인질로 잡혔던 재소자 29명과 교도관 10명에 치명상을 입히는 것을 보며 미국인들은 국가의 저항세력에 권력을 남용하는 나쁜 습벽을 확인할 수 있었다. 국가의 도덕적 파산은 정부의 고위층에서까지 부패가 자행되고 만연하다는 사실을 여실히 나타낸 워터게이트 스캔들이 폭로되면서 정점에 이르렀다(Cullen & Gilbert, 1982).

요약하면, 국가는 흔히 "정당성 위기"(Friedrichs, 1979) 혹은 "신뢰 격차"(Lipset & Schneiner, 1983)으로 불리는 상황에 직면했다. 시민들이 더 이상 정부 관료들의 의지와 능력을 믿지 않았다. 이런 분위기는 1960년대에 시작해 1970년대에 이르기까지 확대되고 강화되었으며, 범죄문제에서 국가를 비판하는 낙인이론가들의 주장이 수용될 수 있는 환경을 조성했다. 1960년대의 사회적 경험을 겪은 범죄학자, 정책입안가, 시민들에게 정부관료들이 부유층보다 빈곤층을 더 많이 낙인하며 범법자들이 범죄에 더 깊이 빠져들게 만드는 아티카와 같은 교도소를 운영할 것이라는 견해는 무리없이 수용되었다. 따라서, 낙인이론은 광범위한 지지를 얻었으며 전통적 범죄이론에 강력히 도전하는 이론이 되었다. 특히 당시에 시행한 범죄통제정책을 재검토하는 계기가 되었다.

## 이론의 결과들: 정책 함의들

엠페이(Empey, 1982)는 낙인이론이 "사회정책에 심오한 영향을 미쳤다"(p.409)고 평가했다. 관점 옹호자의 규모가 증가하면서, 범법자들을 형사사법체계로 유입하면 범죄문제를 더욱 악화시킬 뿐이라는 경고의 목소리가 점차 커졌다. 정책 변화를 위한 처방은 명료하고 논리적이다: 만일 국가개입이 범죄를 유발한다면, 그것을 제한하는 절차가 있어야 한다(Schur, 1973).

그런데 어떻게 달성할 수 있을까? 엠페이(Empey, 1982)가 언급했듯이, 범법자의 삶에 국가 침입을 제한할 수 있는 방안으로 낙인이론가들은 비범죄화, 전환처우, 적법절차, 비시설화의 네 가지 정책을 제시했다. 네 가지 개혁정책을 집행한 강도는 다르며 정책의 성과와 결과도 같지 않다. 그렇더라도, 낙인이론이 지적했던 정책들은 오늘날까지도 형사사법정책이 추구해야 하는 중요한 발전방향으로 유지되고 있다.

## 비범죄화

낙인이론가들은 "형사법의 과잉개입"이 심각한 정책적 문제라고 주장했다 (Morris & Hawkins, 1970, p.2; Schur, 1965; Schur & Bedeau, 1974). 즉, 형사사법체계는 전통적으로 생명과 재산에 대한 위협뿐 아니라 다양한 유형의 "피해자가 없는 범죄"(예, 공공장소의 주취, 약물사용, 도박, 음란물)와 청소년 지위비행(예, 무단결석, 성적 문란행위)을 통제하는 데에도 사용되었다. 이론가들이 인정하듯이, 이런 행위의 도덕성은 논란의 대상이 될 수 있다. 그러나 형사법을 통제의 수단으로 사용하는 것은 법의 부적절한 확대현상이며 [이는] "비용이 많이 들고, 효과적이지 못하고, 범죄를 유발할 수가 있다"(Morris & Hawkins, 1970, p.2).

예를 들어, 에드윈 슈어(Edwin Schur)는 약물사용과 같이 피해자가 없는 일탈을 범죄화하면 새로운 범죄들이 다양한 방식으로 만들어진다고 주장했다 (Schur, 1965; Schur & Bedeau, 1974). 첫째, 법이 존재함으로써 그런 행위에 가담한 사람들이 체포와 형사사법처리의 대상자가 된다. 둘째, 사람들을 다른 관련 범죄를 저지르도록 유도할 수 있다. 예를 들어 약물중독자들이 자신의 습벽에 필요한 자금을 마련하기 위해 강도짓을 하는 경우이다. 셋째, 사람들이 원하는 물건과 서비스를 합법적으로 획득하는 것을 금지하기 때문에 범죄화는 높은 이익의 불법시장을 형성하며, 이런 시장을 운영하려고 하는 범죄조직의 구성을 유도할 수 있다. 마지막으로, 불법거래는 "눈감아 주면" 많은 이익을 얻을 수 있다고 유혹함으로써 법집행 공무원의 부패를 부추기는 강력한 유인제가 될 수 있다.

따라서, 낙인이론가들은 형사법의 영역에서 여러 행동유형을 배제하는 비범죄화를 신중히 검토해야 한다고 주장한다. 비범죄화 정책으로는 전면적 합법화 혹은 문제되는 행동을 처벌수준을 경미한 벌금으로 한정하는 교통위반(예,

과속운전)의 경우처럼 다루는 방식이 있을 수 있다. 어떤 방식이든, 목표는 법의 적용을 제한하고 따라서 사람들이 낙인이 되고 범죄자로 취급되는 정도를 줄이는 것이다.

비범죄화 정책은 그간 많은 논의의 대상이었으며 일부의 경우 법제도에서 중대한 변화를 진작시켰다. 미국대법원의 결정으로 낙태가 합법화되었으며, 소량의 대마초 소지는 경미한 위반으로 완화되었고, 음란매체의 범죄여부는 지역사회가 판단하도록 하였고, 일부 도박(예, 주정부 운영의 복권제도와 카지노)은 합법화되었고, 지위비행은 사회복지기관의 관할대상으로 변경되었다. 이런 변화가 모든 지역에서 실현되지 않았으며 더불어 다른 행위유형은 아직도 불법의 상태이다. 특히 주목해야 할 사항은, 낙인이론가의 정책제안 중에서 가장 논란이 되었던, 모든 약물사용을 비범죄화하자는 요청에 대해서는 아무런 반응이 없다는 것이다. 최근 몇 년에 볼 수 있듯이, 약물유입을 차단하고 불법시장에 가담하는 사람들을 교도소에 수용하려는 대책을 광범위하게 실시하고 있다(Currie, 1993; Inciardi, 1986).

## 전환처우

관련법이 제정되어 있고 범법자가 법집행 공무원에 의해 처리되어야 한다면, 형사사법체계는 어떤 식으로 대처해야 하는가? 낙인이론가들은 전환처우란 준비된 답을 제안한다. 청소년의 경우에, 엠페이(Empey, 1982)가 지적했듯이, 전환처우는 소년법원의 관할로부터 청소년을 이탈시켜 “아동서비스 기관, 복지시설, 특수학교”(p.410)에 위탁하는 대책이다. 성인에 대해서는, 민간운영의 정신보건시설, 지역사회 약물남용 프로그램, 정부운영의 직업훈련 과정으로 석방하는 방안을 포함할 수 있다. 전환처우의 또 다른 유형으로는 범법자를 교도소에서 “전환”시켜 “집중 보호관찰 감시” 또는 “가택구금”을 받게 하는 것과 같이 보다 미약한 수준의 개입으로 대치하는 방법을 들 수 있다(Ball, Huff, & Lilly, 1988; Binder & Geis, 1984; Latessa, 1987).

전환처우 프로그램은 지난 20년 동안에 널리 활용되었다. 이런 발전은 부분적으로 낙인이론가들의 설득력 있는 저술들에 기인할 것이다(Klein, 1979). 더욱이 최근 과밀수용문제로 어려움을 겪고 있는 사법당국의 입장에서 전환처우 프로그램은 교도소와 구치소의 수용규모를 줄일 수 있으므로 매우 참신한 정책대안이다. 그러나, 전환처우가 적극적으로 활용되는 상황을 낙인이론가들은 긍정적으로만 평가하지 않는다.

원래 전환처우 프로그램은 교도소 수용처벌이나 형사사법체계의 개입에 대한 대안으로 제안되었으나, 실제 활용실태는 대부분 사법체계의 추가처벌로 기능하고 있다. 즉, 프로그램에 참여하는 범법자가 교도소에 수용되어야 했거나 또는 사법체계가 처리해야 했던 사람들이 아니다. 대신에 이전 같으면 훈방되었던, 벌금을 받았을, 혹은 집행유예 판결을 받았을 사람들이 전환처우에 참여하고 있다. 역설적으로, 국가개입을 축소하고자 낙인이론가들이 제안했던 바로 그 정책이 오히려 개입을 확대시키는 효과를 초래했다: 전환처우는 "더 넓혀진 관할권을 가진 체계"를 만듦으로써 국가통제의 "그물망을 확대"하고 있다(Klein, 1979, p.184; Binder & Geis, 1984; Frazier & Cochran, 1986 참조).

## 적법절차

낙인이론가들은 또한 가해자에 대한 법적 보호를(예, 변호사 선임권리, 불법수색을 받지 않을 권리) 확대하려는 적법절차 운동의 전개에 신속히 동참했다. 엠페이(Empey, 1982)가 지적하듯이, 낙인이론은 가해자의 권리에 대해 구체적으로 논의하지 않았다. 그러나 낙인이론과 적법절차 운동에는 공통점이 있다: "모두가 1960년대에 정부와 다른 사회제도에 높은 불신을 갖는 입장이었다"(p.410).

낙인학자들의 적법절차의 확대에 대한 요청은 "재활 이념"에 대한 이들의 비판적 견해와 밀접한 연관이 있다. 제2장과 제3장에서 논의했듯이, 진보주의 시대(Progressive era)의 개혁으로 형사사법 공무원들에게는 범법자의 개별화된 처우를 효과적으로 구현할 목적으로 많은 재량권이 부여되었다. 특히 소년법원은 국가가 "자애로운 부모"의 역할을 대행함으로써 "아동을 구원할 수 있다"는 믿음으로 재량권이 무제한적으로 행사되었다(Platt, 1969; Rothman, 1978, 1980). 그러나 낙인이론가들은 이런 믿음을 국가 공무원들이 남용하고 있다고 비난하였다. 낙인이론가들은 개별화된 처우가 단지 사회적 약자를 차별하는 사법기관의 결정과 교정공무원의 강압적 통제에 반발을 하는 재소자의 석방을 기각하는 가석방위원회의 결정을 미화하는 것에 불과하다고 주장했다.

이런 상황에 대한 해결방법은 명확하다. 슈어(Schur, 1973)는 "개별화된 정의를 지양하고 법에 의한 규율로 회귀해야 한다"(p.169, 원문에서 강조). 헌법적 보호의 확대를 통해 최악의 재량권 남용을 방지해야 할 것이며, 특히 국가의 손에 맹목적으로 넘겨졌던 소년의 경우는 더욱 그러하다. 나아가, 낙인이론가들은 고전학파의 원칙들과 유사한 견해를 피력했다: 처벌은 법에 규정된 것이어야 하고, 양형은 확정적이어야 한다. 즉, 재량권 남용을 억제해야 한다는 것이다: 판사는 개인적 취향이 아니라 성문화된 법전에 따라 재판을 해야 하고, 가석방 심사를 대신해 석방일자가 정해진 확정적 양형을 선고해야 한다.

이런 정책을 시행하면 낙인이론가들은 법정형량은 전체적으로 줄어들고 공정한 양형이 실현되고, 따라서 국가개입의 수준과 이로 인한 폐해가 감소하리라고 기대했다. 하지만 법적 지배에 대한 맹목적 신뢰는 그 결과가 복합적이었다. 한편으로, 적법절차는 국가의 재량권 남용에 가해자가 대처하는 데 필요로 하는 보호장치로 기능하였다. 반면에, 재활이념에 대한 비판이 얼마나 국가개입을 배척하고 보다 인본주의적 이념을 실현하는 사법시스템을 구축하는 데 효과적이었는가는 명확하지 않다(Cullen & Gilbert, 1982). 제12장에서 살펴보겠지만, 형사사법정책의 최근 동향은 이런 점에서 낙관적으로 평가할 수 없나.

## 비시설화

마지막으로, 낙인이론가들은 교도소 수용으로 인한 범죄유발적 효과를 구체적으로 지적하는데 많은 노력을 기울였다. 또한 비시설화에 의해 교도소 인구를 줄이는 정책을 강력히 옹호했다. 낙인이론가들은 교도소 건설을 중단하고 대신에 지역사회에서 범법자를 교화하는 체계로 이해할 때가 되었다고 주장했다.

이런 제안은 1972년에 전격적으로 경험적 검증에 붙여졌다. 그해 매사추세츠 청소년보호국의 국장이었던 제롬 밀러(Jerome Miller)는 지역의 주요 소년구금시설들을 폐쇄하고 수용되었던 소년들을 지역사회 프로그램으로 과감하게 이송시켰다(Empey, 1982; Miller, 1991). 극소수의 소년들만이 구금시설에 남겨졌다(Klein, 1979). 이후의 평가연구에서 구금시설들을 비우고 난 뒤에도 재범률의 증가는 지극히 낮은 수준이었다. 더욱 주목해야 할 사실은, "소년 각자의 특별한 요구들을 보다 적절히 반영할 수 있는 다양한 전환처우 프로그램을 개발"해 개혁정책을 충실히 수행한 지역의 경우는 밀러(Miller)의 비시설화 정책이 시행되기 이전에 비해 재범률이 낮았다는 것이다. 평가를 했던 연구자들은 이런 결과를 "극적"이라고 표현했다(Miller & Ohlin, 1985, p.70; 참조 "비시설화", 1975).

이런 경험적 결과가 있으므로 흔히 미국의 다른 주에서도 정책결정자들이 범죄에 시설수용보다는 지역사회를 활용해 대처하려는 지혜를 얻었을 것이라고 기대할 수 있다. 그러나 앞서 얘기했듯이, 정책결정은 연구결과를 의존하지 않고 오히려 합리적이라고 이해되고 정치적으로 가능한 것에 기반한다. 지난 20세기 후반기에, 미국사회의 분위기는 변화되었고 범죄에 대한 새로운 인식이 태동했다(J. Q. Wilson, 1975). 따라서, 정책은 이런 인식의 변화를 반영했으며, 비시설화를 포기하고 전례가 없을 정도로 많은 범법자들을 교도소에 수용하는 방향을 선택하였다.

## 낙인이론의 확장

최근 십여 년 동안에, "강경한" 형사사법정책을 옹호하는 사람들은 범죄자를 억제하는 데 있어 처벌의 효과를 강력히 주장해왔다. 강경론자들의 주장은 형사사법의 전방위를 대상으로 했지만 대부분의 경우에 경험적으로 확증되지는 못했다. 이들이 제안했던 정책으로는 지역사회에서 가해자에 대한 감시수준을 강화하는 방안이나(예, 전자감시, 집중감시) 교도소에서 수용생활의 고통을 증가시키는 방안(예, 수감기간의 증가; 보다 금욕적 생활조건)(Irwin, 2005; Irwin & Austin, 1994; Pattillo et al., 2004; Whitman, 2013) 등이 있다. 물론 이런 방안들은 범법자의 생활에 국가개입을 강화하는 것으로 낙인이론과는 일치하지 않는다. 낙인이론에서는 이렇게 하면 결국 범죄행위를 더욱 증가시킬 뿐이라고 예측한다.

현대의 범죄학자들은 범법자에게 엄격한 통제와 가혹한 고통을 가하는 것이 과연 현명한 시도인가에 대해 많은 의문을 제기했다(Clear, 1994; Currie, 1998b; Pattillo et al., 2004). 그렇지만 일부 범죄학자들은 형사사법기관의 처벌이 특정한 상황에서는 재범을 감소시킬 수 있으리라고 기대했다 — 낙인이론은 이런 가능성을 완전히 무시했다. 기대와 동시에, 이들 학자들 또한 형사사법체계에서 전형적으로 활용하는 처벌로는 억제효과를 기대하기 어려우며, 낙인이론과 마찬가지로, 범죄참여를 악화시킬 수 있다고 주장했다. 핵심사항은 처벌의 집행여부가 아니라 형사사법단계에서 과연 무엇을 범법자에게 하였는가? 즉 처벌의 질적 성질이라는 것이다. 셔먼(Sherman, 2000)이 지적했듯이, “처벌효과의 연구들에서 치명적 결함은 모든 처벌이 질적으로 동일하고, 양적으로만 차이가 있을 것이라는 가정이다”(p.6). 이에 대해, 최근에 처벌의 질적 속성이 재범행에 어떤 영향을 미치는가에 대한 이론을 개발하려는 주목할 만한 두 가지의 중요한 시도가 있었다: 블레이스웨이트(Braithwaite, 1989)의 수치와 재통합에 관한 이론과 셔먼(Sherman)의 저항이론이다. 다음에 서술할 내용은 블레이스웨이트와 셔먼이 개발한 이론들이다.

또한, 로즈와 클리어(Rose & Clear, 1998)은 최근의 대규모 교도소 수용이 범죄의 지역사회－수준 혹은 거시－수준에 어떤 영향을 미치는지에 주의를 기울였다. 이를 통해, 로즈와 클리어는 개인에 미치는 영향 이외에 국가처벌로 인한 기대하지 않았던 부작용 즉 국가처벌이 어떻게 지역사회 환경을 범죄유발적으로 변화시키는지를 검토함으로써 낙인이론의 외연을 확장하였다. 이들이 제안했던 강제적 이동이론도 아래서 검토하고자 한다.

## 브레이스웨이트(Braithwaite)의 수치와 범죄에 관한 이론

존 브레이스웨이트(John Braithwaite)는 자신의 저서 『범죄, 수치, 그리고 재통합(Crime, Shame, and Reintegration)』에서 사회적 반응이 이루어지는 조건을 중심으로 어떤 경우에 사회적 반응이 어떤 경우에 범죄를 증가시키고(낙인이론가들이 주장하듯이) 어떤 경우에 범죄를 억제할 수 있는가를(처벌옹호론자들이 기대하듯이) 다루었다. 법을 위반하면 이를 통제하기 위해 국가의 공식적인 대처활동과 지역주민이나 가까운 사람들의 비공식 대처활동이 뒤따른다. 이런 사회통제에서 브레이스웨이트(Braithwaite, 1989)는 공통된 성격으로 수치주기(shaming)를 지적했다. 그는 수치주기(shaming)에 대해 “수치를 당한 사람을 참회하도록 만들려는 의도나 참회를 하게 만드는 효과가 있는 비난 그리고 수치주기를 알고 있는 주위사람들의 비판 등이 표현되는 모든 과정”이라고 규정했다(p.9).

수치주기는 두 종류가 — 재통합적과 해체적 수치주기 — 있으며 재범에 미치는 영향이 서로 다르다. 브레이스웨이트(1989)는, 낙인이론과 일치되게, 해체적 수치주기는 오명을 씌우고 배척하는 것으로, 이에 따라 "이방인 계급"을 만든다고 주장했다. 이런 수치주기에서는 가해자의 잘못된 행동이 비난의 대상일 뿐 아니라 가해자를 지역사회의 구성원으로 복원시킬 가치가 없고 용서가 되지 않는 범죄자라고 낙인을 찍는다. 낙인이론에서 지적했듯이, 해체적 수치주기는 가해자가 범죄에 더욱 빠져들게 만든다. 가해자는 취업과 일상적 사회와 유대를 맺을 수 있는 합법적 기회가 거부당하며, 결국 다른 이방인들과 연결됨으로써 범죄적 하위문화를 형성하고 참여하게 된다.

그러나 수치주기는 재통합적일 수 있다. 이런 경우는, 불법행위에 대해 초기에는 지역사회가 이를 비난한다. 그러나 이후 "용서의 말이나 제스처 또는 가해자가 이제 더 이상 일탈자가 아니라고 공표하는 의식을 통해 법을 준수하는 모범적 시민들의 지역사회로 가해자를 다시 통합하려는 노력"(Braithwaite, 1989, pp.100－101)이 뒤따른다. 속담을 인용하자면, 채찍과 당근이다.

흔히 얘기하는 채찍과 당근이다 — 비난을 하고 곧이어 사회질서와 가해자의 유대를 구축할 목적의 지역사회 반응이 뒤따른다. 재통합인 경우에, 수치주기는 두 가지의 기능을 담당한다: 가해자와 주위 사람들에게 위법행위는 잘못된 것이라는 사실을 명확히 알 수 있도록 하며 그리고 가해자가 집단의 구성원으로 복귀할 수 있는 기회를 제공한다. 브레이스웨이트는 이런 결합이 범죄발생을 감소시킬 수 있다고 주장했다. 왜냐하면 가해자에 더 많은 통제가 가해지고 또한 오명 씌우기와 사회적 배척으로 초래되는 범죄유발과정을 차단할 수 있기 때문이다.

브레이스웨이트(1989)는 수치주기 즉 사회적 반응의 유형을 세분화하고 또한 재통합적 수치주기와 해체적 수치주기의 발생수준에 영향을 미치는 사회적 환경을 검토함으로써 낙인이론을 확장시켰다. 일본과 같은 공동체주의 사회에서 "사람들은 상호부조와 신뢰를 특성으로 하는 상호의존성에 서로 밀접히 얽혀 있다"(p.100). 쉽게 예측할 수 있듯이, 이런 상황에서 수치주기는 재통합적 성격이 강하며 따라서 낮은 범죄율의 원인으로 작용한다.

그러나 미국의 경우에 도시화, 인종과 민족의 이질성, 높은 주거이동률, 강력한 개인주의 이데올로기 등에 의해 공동체주의는 약화되었다. 이로 말미암아, 미국에는 상호의존적 공동체의 한 구성부분으로 범법자를 인식하는 습관을 진작시키는 문화적 또는 제도적 토대가 형성되지 못했다. 따라서, 사회통제는 해

체적 경향이 강하다: 법위반자를 영원히 전과자라고 분류하며 완전한 사회구성원으로 복귀할 수 있는 기회를 거의 제공하지 않는다. 이런 낙인찍기는 이방인 계급을 만들며, 개인적으로 범죄에 의존하게 만들며 집단적으로 범죄하위문화와 불법기회구조를 형성하게 만든다. 결과적으로, 미국은 높은 수준의 불법행위를 겪게 된 것이라고 브레이스웨이트는 진단했다.

요약하면, 브레이스웨이트는 수치주기(혹은 낙인찍기)의 성격과 영향이 다를 수 있다는 사실과 이런 차이가 수치주기를 하는 사회의 성격과 궁극적으로 연관되어 있다고 주장함으로써 낙인이론을 정교하게 발전시켰다. 브레이스웨이트가 제안한 내용의 경험적 타당성이 아직까지 충분히 검증되지 못했다. 브레이스웨이트, 아메드, 블레이스웨이트(Braithwaite, Ahmed, and Braithwaite, 2006)는 연구결과가 이론과(예, 부모훈육에 관한 연구, 기업규제, 회복적 사법프로그램) 일치하는 다양한 질적 연구와 양적 연구들을 집대성해 소개하였다(Braithwaite, 2002; Makkai & Braithwaite, 1991 참조). 실태조사를 사용해 재통합적 수치주기와 자기보고 비행에 미치는 영향을 분석한 — 범죄학 연구를 검증하기 위한 가장 많이 활용한 방법론을 활용한 — 연구들은 아직 많지 않다(Ahmed & Braithwaite, 2004; Hay, 2001; Tittle, Bratton, & Gertz, 2003). 이런 연구들에서 검증결과는 긍정적이지만 한편으로는 다소 불명확하였다. 한 연구에서 재통합의 측정값과 수치주기의 측정값이 종속변수에 주효과(혹은 독립적 효과)로 작용하는 것으로 조사되었다. 브레이스웨이드 등(2006)이 지직했듯이, "재통합직 수치주기의 구성요소들 중에서 어떤 요소가 이론적으로 핵심사항이며 어떤 요소가 그렇지 않은가를 구분하는 일은 실태조사의 전통을 따르는 범죄학자들이 앞으로 해결해야 할 도전과제이다"(p.410).

## 셔먼(Sherman)의 저항이론

셔먼(Sherman, 1993)은 낙인이론이 "처벌을 통해 범죄가 줄어드는 많은 경우를 설명하지 못한다"는 문제의식에서 출발했다(p.457). 동시에, 그는 처벌로 말미암아 범죄가 증가하는 사례도 많다는 사실을 인정했다. 이처럼 다소 반대되는 현실에 직면해, 셔먼은 "어떤 상황에서 어떤 유형의 형사처벌이 앞으로의 범죄를 줄이고, 증가시키고, 혹은 아무런 영향을 미치는 않는가?"(p.445)라는 의문에 답할 수 있는 형사처벌에 관한 이론이 필요하다고 지적했다.

셔먼(Sherman, 1993)의 이론에서 핵심개념은 저항이며, 이에 대해 그는 "형사처벌의 집행을 자랑스러워하고, 부끄러워하지 않는 반응이 원인이 되어 처벌을 부과했던 공동체에 대항하여 이후 범행의 상습성이 증가하고, 범죄사건의 수가 많아지고, 더욱 심각한 범죄를 저지르는 등의 현상"이라고 규정했다(p.459). 셔먼이 가졌던 중요한 통찰력은 경찰관이나 법원이 범법자를 편파적이며 부당하게 처리하면, 혹은 범법자가 사법처리의 불공정성을 인식하면, 범법자는 반항적으로 행동할 가능성이 크다는 것이다. 이런 경우에, 형사처벌은 범법자의 입장에서 정당성이 없으며, 범죄를 억제하려는 원래의 의도를 구현할 수가 없다. 반발심이 유발되면, 범법자는 자신의 분노와 독자성을 법을 조롱하거나 재범을 저지름으로써 표출하게 된다. 셔먼의 주장은 일부 경험적 연구에서 실제 그런 것으로 검증되었다(Paternoster, Brame, Backman, & Sherman, 1997; Sherman, 2000).

그러나 셔먼은 불공정한 대우가 있을 때에 — 혹은 브레이스웨이트(Braithwaite)의 표현에 의하면 낙인적 수치주기가 있더라도 — 범법자들이 항상 저항하지 않는다는 사실을 인정했다. 그는, 특히, 세 가지 요인이 부당하고 불공정한 대우로 말미암아 범죄증가의 위험성을 높이는 데 중요하게 작용한다고 보았다. 첫째, 범법자가 지역사회에 사회적 유대를 갖지 못하면, 이들의 저항과 높은 수준의 범죄적 지향성을 억제할 수 있는 기제가 없다는 것이다. 둘째, 브레이스웨이트가 주장하듯이, 범법자들은 형사처벌이 본인들의 행동이 아니라 자신의 인격성을 낙인찍는다고 생각할 때에, 저항적이 될 가능성이 높다는 것이다. 셋째, 자신들에 부과된 낙인적 수치를 범법자들이 부인하거나 혹은 인정하기를 거부할 때에, 이들은 자부심을 갖고 반응할 가능성이 크고 또한 일상사회에 복수할 목적으로 범죄를 사용할 가능성이 크다는 것이다. 이런 명제들에 대한 경험적 검증은 아직 부족한 실정이다. 연구가 부족한 까닭은 아마도 기존의 자료들이 이론의 주요 구성요소를 측정한 항목들이 없기 때문일 것이다. 지금까지 실시된 연구들에서 이론의 검증결과는 분명하지 않다(Bouffard & Piquero, 2010).

그럼에도 불구하고, 셔먼 이론의 가치는 형사처벌을 집행할 때에 역효과가 있을 수 있으며, 저항 등의 과정에 의해 나타나는, 자기충족적 예언과 같은 낙인이론가들이 처음 지적했던 문제들을 체계적으로 분석한 것이다. 셔먼 이론은 매우 우려되는 상황을 함축한다. 경찰이 수색활동을 하고 체포를 하려고 할 때에 주요 대상자는 "불량집단" 출신의 청소년들이다(제3장에서 논의한 Anderson[1999] "거리의 법칙" 참조). 셔먼(Sherman, 2000)이 지적하듯이 이런 청소년들은 사건처리과정에서 험하게 다루어지는 경우가 많다. 또한 이들은 경찰관의 거친 반응을 촉발하는 방식으로 행동하는 경향이 강하다. 뿐만 아니라 사회유대의 수준이 낮고 자신들을 "험하게 다루는" 기존체계의 정당성을 부정하는 "행동강령"에 따르는 경향이다. 이는 경찰과 도심지역의 소수집단 청소년과의 상호작용이 왜 항상 충돌직전의 상태인지를 설명하는 하나의 원인일 것이다: 즉, 저항이 발생할 수 있는 상황이다. 보다 일반적 측면에서, 셔먼 이론은 만일 도심지역의 청소년과 형사사법 종사자들(예, 경찰, 판산, 보호관찰관)과의 관계를 향상하는 데 충분한 관심을 갖지 않으면, 이런 청소년들에 대한 처벌은 억제기제로 작용하지 않고 오히려 저항을 유발함으로써 더 많은 부작용이 있을 것이라고 예측한다.

## 로즈와 클리어(Rose & Clear)의 강제이동이론

낙인이론은 기본적으로 국가기관의 처벌이 어떻게 개인의 범죄성을 증가시키는, 상습화까시는 아닐지라도, 등의 기대하지 못한 결과를 초래하는지에 대한 이론이었다. 디나 로즈와 토드 클리어(Dina Rose & Todd Clear, 1998)은 이에 대해 개인수준에서 지역사회 수준으로 낙인관점을 향상시켰다(상세한 내용에 대해서는 참조, Clear, 2007). 이들의 연구는 정부에서 대규모로 교도소에 수용하는 정책을 실시하여 젊고, 소수집단 출신의 남자들이 특히 많이 도심지역에서 사라졌을 때에 어떤 일이 일어났는지를 파악하는 것이었다. 로즈와 클리어(1998, pp.450–451)가 지적하듯이, 26세에서 30세까지의 흑인 빈곤층남자들은 10명당 1명꼴로 현재 교도소에 수용되어 있고 또한 흑인 남자 10명당 3명은 일생에 최소한 1번 이상은 주교도소나 연방교도소에서 시간을 보내는 것으로 추정된다(Mauer, 1999; Tonry, 1995 참조). 로즈와 클리어는 이런 교도소 수용을 강제이동의 한 형태라고 — 즉, 도심의 지역사회로부터 많은 수의 남자를 일상적으로 제거하여 장기부재 상태로 하는 활동 — 개념화했다(Clear, 2002 참조).

앞서 살펴봤듯이, 낙인이론은 사회통제를 위한 노력이 기대하지 못한 역효과를 유발할 수 있다고 시사하기 때문에 일반적 상식과 배치되는 이론이다(Hagan, 1973). 이번 이론에서, 로즈와 클리어는 소수집단 남자의 대규모 강제이동이 지역사회 범죄율의 감소와 연결되지 못하고 오히려 범죄율의 증가라는 예견하지 못했던 결과를 초래할 수 있다고 주장했다. 이런 주장은 흉폭한 범죄자들을 감금하면 도심의 지역사회가 그만큼 더 안전해질 것이라는 기대가 일반적 상식인데, 그렇지 않을 수 있다고 함으로써 일반적 상식과 배치된다. 실제, 디룰리오(DiIulio, 1994, p.23)은 그런 범법자들을 교도소에 가두는 것은 기본적으로 "무고한 흑인들의 생명을 살리는" 사회정의의 한 형태라고 강변했다. 로즈와 클리어(1998, p.441)가 이런 현실을 모르지 않았다: 본인들 스스로도 "범죄를 저지른 사람을 지역사회에서 추출했는데 어떻게 그것이 지역사회 생활에 해가 되는지를" 이해하기가 어려웠다고 인정하였다. 그렇지만, 교도소 수용이 대규모이고 경제적으로 취약한 지역사회에 집중되었을 때에, 이는 기존의 사회제도를 와해시키는 거시수준의 효과로 작용함으로써 사회해체와 범죄유발적 조건을 약화시키는 것이 아니라 강화할 수 있다. 이론적으로, 이들은 교도소 수용이 사회해체를 유발하는 피드백 순환과정을 한다고 시사한다; 그렇다면, 이들의 주장은 지역사회가 체계적으로 운영되고 적절한 사회통제를 하는데 필요한 구성요소를 지적함으로써 사회해체이론의 주목할 만한 확장이론이라고 할 수 있다.

로즈와 클리어(1998)에 따르면, 범법자는 지역사회의 부담(예, 가해자, 부모역할의 미비)이며, 또한 이들은 지역사회의 자산(예, 수입원, 가족 후원자, 부모, 사회네트워크의 구성원)이기도 하다. 이들의 교도소 수용은 따라서 부담을 줄이며(흔히 생각하는), 또한 지역사회 자산을 고갈시키는(흔히 생각하지 못하는) 것이다. 지역사회에 미치는 영향은 지역의 경제적 수준과 기존의 사회조직 수준에 따라 다르다. 근로자 계급과 중산층이 거주하는 안정된 지역사회에서, 소수의 지역내 범법자를 교도소에 수용하는 것은 사회적 이익이 될 수 있다. 그러나 하층계급의 지역사회에서는 교도소의 남용은 — 해를 거듭할수록 점차 증가하는 높은 수준의 교도소 수용은 — 해당 지역에서 절실히 필요로 하는 지역자원을 고갈시키고 핵심적 사회제도를 약화시킬 위험이 있다. 즉 교도소 수용은 지역사회의 생활수준과 특성에 따라서 서로 다른 영향을 미친다.

예를 들어, 교도소 수용이 가족안정성에 미치는 영향을 살펴보자. 범법자들은 합법적으로든 불법적으로든 돈을 벌며, 비록 항상 믿을 만한 세대주는 아니지만, 부모와 자식들에게 수입의 원천이다. 이들이 교도소에 수용되면, 가족생활이 어려워지고 따라서 사회해체로 진행될 수 있다. 수입이 없을 경우에 가족

구성원들은 이사를 자주 다녀야 하고, 이전과 다른 학군에 전입해야 하며, 공적 부조에 의존하게 된다. 홀로 남은 아내는 자녀들을 감독할 수 있는 시간이 부족하다. 자녀의 생부 대신에 새로운 남자가 가구에 들어올 수 있으며, 이에 따라 가족의 불안정성이 더욱 심화된다. 보다 넓은 의미에서, 범법자를 교도소로 강제이동시키는 것은 지역사회의 남자들 중에서 상당수가 수년 동안 노동시간으로 이탈하게 되고 인적자본을 배양할 기회가 상실된다는 사실을 의미한다. 지역사회에 복귀했을 때에 이들의 취업전망은 매우 제한되어 있다(Holzer, Raphal, & Stoll, 2004). 따라서, 지역의 남자 "결혼대상자들"은 — 쓸 만한 취업기술을 거의 갖지 못한 전과자들로 구성된 — 여자들에게 호감을 얻기 어려우며 여자들은 결혼을 포기할 가능성이 높다. 하지만 모성욕구의 경우는 그렇지 않을 수 있다. 따라서 높은 비율의 한부모 가구가 집중적으로 늘어나며, 이런 지역상황은 사회해체와 범죄를 더욱 부추길 수 있다(Sampson & Groves, 1989; Wilson, 1987).

교도소로 강제이동을 당하고 다시 지역사회에 돌아왔을 때에, 범죄자는 떠나기 이전에 비해 지역사회에 더 많은 부담이 되는 경향이다. 이들은 합법적 직업을 얻을 수 있는 기회가 제한될 뿐만 아니라, 범죄를 옹호하는 문화적 가치와 네트워크를 교도소로부터 지역사회로 전파시키기도 한다; 이는 청소년들에게 공통의, 친사회적 가치체계를 사회화하는 지역사회의 활동에 도전하는 것이다. 또한 교도소에 가는 것이 지역의 젊은 남자들 사이에는 너무도 흔한 일이기 때문에, 이런 처벌이 더 이상 오명이 아닐 수 있다. 따라서 정부, 특히 형사사법체계의 정당성에 대해 의문이 제기된다. 즉, 대규모의 교도소 수용으로 유발되는 이와 같은 부작용들은 모두 일상적 사회제도를 약화시키는 작용을 한다.

로즈와 클리어는 이처럼 공식적 통제가 비공식적 통제를 약화시킴으로써 범죄를 유발하는 과정을 지적함으로써 낙인이론이 발전하는 데 중요한 기여를 하였다. 이들의 주장을 직접 인용하면:

> 우리는 개인행위를 대상으로 하는 전형적인 국가의 사회통제가 가족과 지역사회의 구조에 중요한 이차적 영향을 미친다고 주장한다. 이는, 결국에, 지역사회의 사회통제 능력에 장애를 초래한다. 따라서, 생태학적 차원에서, 개별 범죄자에 대한 통제를 통해 범죄에 대처하려는 정책의 부작용은 범죄의 원래 원인이었던 문제를 더욱 악화시킬 수 있다는 것이다(Rose & Clear, 1998, p.441).

아직까지, 이들의 강제이동 이론에 대한 경험적 연구가 부족하고 연구결과는 분명하지 않다(Clear, Rose, Waring, & Scully, 2003; Lynch & Sabol, 2004). 이론이 해결해야 할 가장 심각한 도전과제는 교도소 수용과 범죄율이, 주로 교도소 수용효과로 인해, 역비례의 관계라고 보고하는 연구들을 설명하는 것이다(Lynch & Sable, 2004; Pratt & Cullen, 2005; Spelman, 2000). 그러나 이런 연구결과는 어쩌면 잘못된 것일 수 있다. 예를 들어, 기존연구들은 예산투입의 상대적 효과성을 살펴보지 않았다. 교도소에 대규모로 수용하기 위해서는 많은 예산을 투입해야 한다. 만일 이런 예산을 지역사회기반의 그리고 범죄자의 인적자본을 전략적으로 배향하는 것을 지향하는 다른 형사사법제재에 할애했다면 교도소 수용보다 더 많은 범죄감소를 달성할 수 있었을 것이다. 또한, 교도소 수용은 즉각적이고 단기적인 범죄율의 감소를 달성할 수 있을 것이다. 그렇다고 해서 교도소 수용의 남용이 악화된 수준의 사회해체현상을 초래한 원인이 아니라고 할 수 없다. 또한 다음 세대의 범죄자들이 — 아버지와 형제를 따라 결국 교도소에 들어갈 젊은이 — 출현하는데 아무런 역할을 하지 않았다고 단언할 수 없다.

## 정책적 함의: 회복적 사법과 재소자 복귀

낙인이론을 계승한, 앞서 살펴본 세 가지 관점들은 체포, 처벌(특히 교도소 수용), 오명씌우기와 사회적 배척 등의 범죄자에 대한 사회적 반응이 이들의 범죄성을 더욱 심화시키는, 즉 기대하지 않았던 결과가 일어날 수 있는 과정에 많은 관심이 필요하다고 공통적으로 지적한다. 브레이스웨이트(Braithwaite), 셔먼(Sherman), 로즈와 클리어(Rose & Clear)가 제안하는 정책방향은 처벌 특히 범죄자에 부과되는 공권력의 행사에 수반되는 부정적이고 범죄유발적인 효과들을 차단하는 방법을 강구하는 것이다. 최근에 적극적으로 활용되는 회복적 사법과 재소자 재진입 프로그램은 이런 이론들을 배경으로 개발된 정책들이다.

**회복적 사법** 미국을 비롯한 여러 국가들의 형사사법제도에서 최근의 가장 주목할 만한 발전은 아마도 "회복적 사법"일 것이다(Bazemore & Walgrave, 1999; Braithwaite, 1998, 1999, 2000; Hahn, 1998; Harris, 1998; Sullivan & Tiff, 2006; Van Ness & Strong, 1997). 전통적 형사사법에서, 국가는 범죄자를 처벌하는 역할

이다. 아마도 이 때에 피해자의 입장을 대변할 것이다. 처벌의 목적은 흔히 피해자와 국가공동체를 위해 범죄자에게 고통과 같은 것을 가함으로써 “합당한 대가”를 받도록 하는 것이었다. 그러나 회복적 사법은 국가의 범죄자에 대한 고통부과와 피해자의 정의실현에 대한 자각을 동일시하는 논리를 배격한다. 사실, 국가처벌은 아무런 가치있는 목적도 실현하지 못하면서 단지 처벌부과로 인한 전체적 해악의 수준만 증가시키는 위험이 있을 수 있다.

대안으로, 회복적 사법의 옹호론자들은 (1) 피해자의 경우에 이전에 해악을 받지 않은 상태로 (2) 가해자의 경우는 지역사회로 회복시킴으로써 해악의 수준을 감소시키는 것이 형사처벌의 지도원칙이 되어야 한다고 강조한다. 전통적 재판에서 국가는 피고인을 탄핵하는 당사자의 입장이다. 이에 대해, 옹호론자들은 국가가 중재자로 더욱 기능하는 피해자－가해자 회합을 권장한다. 회합은 피해자와 가해자뿐 아니라, 흔히 가족구성원과 지역사회의 관계인들도 참여한다. 참여자들은 이 자리에서 범죄자의 행동을 비난하고 질책을 한다. 범죄자는 책임감을 느끼고, 후회를 하고, 피해자에게 사죄하도록 권유를 받는다. 범죄자의 책임은 회합진행에서 핵심사항이다. 따라서, 범죄자가 피해자에게 어떻게 변상할지에 관한 계획을 수립하며, 이를 통해 피해자는 자신이 겪은 해악이 해결됨으로써(예, 배상) 범죄로부터의 회복이 이루어진다. 경우에 따라서는 지역사회 봉사활동이 요구될 수도 있다. 범죄자의 경우에, 추구하는 목표는 지역사회에 재통합시키는 것이다. 회합에서는 재통합 목표를 실현하는데 필요한 각종의 지원을 제공하는 방안들이 수립한다. 회합진행 전과정에서 범죄자는 존경의 대상으로 공정하게 대우를 받는다; 인격적 측면에서 비난을 당하지 않고 자신의 행위만이 비난의 대상이다; 범죄자는 “전과자”라는 지속적인 낙인에 시달리지 않고 사회에 복귀하는 것이 가능한 상황을 맞을 수 있다.

회복적 사법운동은 복음기독교 교회와 피해자권리 보호기구로부터 평화구축 범죄학자들과 여성학 범죄학자들에 이르기까지 다양한 단체가 적극적으로 동참하고 있다(Immarigeon & Daly, 1997). 이런 흐름에서, 회복적 사법의 가장 중요한 지적 토대는 여전히 브레이스웨이트의 수치이론이다. 브레이스웨이트의 표현에 의하면, 회복적 사법은 “낙인적” 수치주기가 아니라 “재통합적” 수치주기를 기본으로 구축한 것이다. 브레이스웨이트의 관점은 국가주도의 처벌에 대해 비판적인데 그 이유는 국가처벌의 성격이 대부분 해체적이고 범죄유발적이기 때문이다. 반면에 브레이스웨이트의 재통합적 접근방법에서는 범죄자가 아니라 범죄를 수치주기의 대상으로 하며 범죄자가 일상적 사회와 애착관계를 복원하는 방법을 추구한다. 이와 같은 이유에서, 셔먼의 저항이론도 회복적 사법을 옹호한다. 범죄자들이 공정성과 존경심으로 처리되기 때문에, 셔먼의 모형에서도 회복적 사법은 전통적 형사처벌에 비해 저항을 유발할 가능성이 낮고 또한 범죄성의 증가도 경미할 것으로 예측한다.

그렇지만, 과연 회복적 사법이 사회정의의 실현을 드높이고 가해자의 범죄참여를 줄일 수 있는 접근방법인가에 대해서는 아직 분명하지 않다(비교, Braithwaite, 2002와 Levrant, Cullen, Fulton, & Wozniak, 1999). 회복적 사법은 현재 주로 경미한 범죄자를 대상으로 실시되고 있다. 따라서 심각한 만성범죄자에 미치는 영향은 아직 의문의 대상이다. 시행효과를 평가한 연구, 특히 프로그램의 무작위 실험평가연구는 부족한 실정이다. 기존연구들을 살펴보면, 일부에서 매우 긍정적 결과가 있었지만 반대되는 결과도 있었다(Braithwaite, 2002; Kurki, 2000; McGarrell & Hipple, 2007; Schiff, 1999; Shapland et al., 2008; Sherman & Strang, 2007; Strang & Sherman, 2006). 또한, 긍정적 결과가 나타났어도, 재범의 감소가 프로그램의 회복적 속성에 의해 그런 것인지 가해자가 받았던 상담과 같은 다른 서비스 때문인지를 구분하기가 쉽지 않다(Bonta, Wallace-Capretta, & Rooney, 1998).

아마도 회복적 사법 프로그램의 효과에 대한 가장 체계적인 평가는 본타, 제스만, 루게, 코미어(Bonta, Jesseman, Rugge, & Cormier) 등이 수행한 연구일 것이다(2006; 참조 Gendreau & Goggin, 2000; Latimer, Dowden, & Muise, 2005; Lipsey, 2009). 이들은 회복적 사법 개입대책(앞으로 RJIs로 표기)이 재범에 미치는 영향을 평가한 39개의 연구결과들을 수집해 메타분석을 실시했다. 세 가지 결론이 도출되었다(Bonta et al., 2006, p.117에서 인용).

첫째, RJI의 효과는 "낮은 편이지만, 통계적으로 의미가 있었다" 그리고 보다 최근의 연구들에서 효과가 높았다(Lipsey, 2009 참조).

둘째, 법원명령으로 RJI가 실시된 경우에는, 재범에 영향을 미치지 못했다: "강압적이지 않은 환경에서 그리고 피해자와 지역사회 구성원을 상호협조적인 분위기에서 동참시키려고 노력한 경우에 재범행의 감소가 가장 많았다. 이는, 브레이스웨이트(Braithwaite, 2002)와 셔먼(Sherman, 1993)이 주장했듯이, 처벌과정에서 배타적 낙인을 적게 할수록 범죄자에 미치는 영향이 보다 효과적이라는 것을 시사한다.

셋째, RJI는 "높은 위험성의 범죄자들보다는 낮은 위험성의 범죄자들한테 더 효과적이었다." 높은 위험성의 범죄자들 즉 재범확률이 높은 범죄자들에 적용했을 때에, RJI는 이들의 강력한 범죄경향성에 대응하는 데 충분하지 못한 경향이었다. 이들 집단의 경우는, RJI 시행과 함께 이미 널리 알려진 범죄위험요인들에 집중하며 이들의 재범행을 억제하는 데 효과적이라고 규명된 재활프로그램을 병행 실시하는 방안을 모색해야 할 것이다(Bonta, Wallace-Capretta, Rooney, & McAnoy, 2002; Cullen & Gendreau, 2000; Gendreau, Smith, & French, 2006; Levrant et al., 1999 참조). 그렇지만 셔먼과 스트랭(Sherman & Strang, 2007)이 이런 연구결과를 비판한다는 사실에도 주목해야 한다. 셔먼과 스트랭은 기존연구들을 재검토한 이후에 회복적 사법이 "경미한 범죄에 비해 심각한 범죄에서 보다 효과적으로 범죄억제에 기여하는 경향이 있다"(p.8, 원문 강조)라고 결론지었다. 따라서, 위험수준에 따른 RJI의 차별적 효과에 대해 앞으로 후속연구가 필요한 듯하다.

**재소자 재진입 프로그램** 1900년대 전반기에, 교도소 재소자들은 거주할 장소가(흔히 가족과 함께) 있고 취업예정의 직업을 확보하였을 때에만 가석방으로 교도소 출소가 허락되었다. 시몬(Simon, 1993)이 지적하듯이, "산업사회의 가석방" 체계는 두 가지 요인에 의해 중단되었다: 한 요인은 교도소 인구가 늘어난 것이며, 다른 요인은 경제사정의 악화로 도심지역에서 취업보장이 불가능해졌다는 것이다. "후기산업사회의 가석방"에서 목표는 서비스 제공을 강조하는 재활모형을 통해서든지 아니면, 최근의, 감시와 재수감의 위협을 강조하는 경비모형을 통해서든지 전과자들의 재진입을 보다 잘 관리하는 것이 되었다.

사회에 재진입하려는 전과자들은 다양한 종류의 많은 어려움에 직면한다. 그리고 재진입의 어려움이 전과자들의 높은 재범률로 연결되리라는 것은 어렵지 않게 예견할 수 있다. 지난 수십 년 동안, 교정연구자들은 이런 불편한 진실을 심각하게 다루지 않았다. 그러나 피터실리아(Petersilia, 2003)가 지적하듯이, 교도소 출소자의 2/3 이상이 이후 다시 체포된다; 과반수 가량이 새로운 범죄를 저지르거나 준수사항을 위반하여 구치소나 교도소로 되돌아 간다; 그리고 1/4 가량은 석방후 3년 이내에 또다시 유죄판결을 받고 교도소에 되돌아간다(p.1453).

이런 수치는 새로운 것이 아니다; 1960년대 중반으로 크게 변하지 않았다(Petersilia, 2003). 그렇지만, 1970년대 초반 이후로 교도소 인구가 7배 가량 늘면서, 매해 “집으로 회귀하는” 폭증하는 재소자 규모를 모른척하기는 점차 어려운 일이다. 트레비스(Travis, 2005, p.xx)에 의하면, “대규모 수용의 현실이 이제 재진입의 현실이 되었다.” 미국의 경우, 매해 650,000명 이상의 범죄자들이 교도소를 벗어나 사회로 되돌아오는 추세이다.

학자들이 이 문제에 관심을 두면서, 곧이어 교정 환경에 대한 상세한 분석이 이루어졌다. 낙인이론과 관련이론들이 예측했듯이, 교정 환경에서 범죄행위가 “제거되기”보다는 고착화되는 경향이 확연했다. 많은 범죄자들이 자신들의 범죄유발적 욕구를 치료받지 못하고 혹은 감금생활로 인해 악화된 채로, 가족구성원들과 소원한 관계로, 거주할 곳이 없는 채로, 운전면허증도 없고 신분증명서도 없는 채로 교도소문을 나서고 있었다. 취업전망은 수용기간 동안에 유용한 직무기술을 배우지 못해 암울했고, 그리고 전과자이기에, 직업을 구하는 데에도 어려움이 있었다; 취업을 해도, 낮은 임금을 받았으며 불편한 직무환경에서 일해야 했다(Bushway, Stoll, & Weiman, 2007; Pager, 2007). 투표권을 비롯한 다양한 시민권이 박탈당하는 형편이었다. 더욱이, 1990년대에, 연방의회와 주의회는 범죄자에게, 특히 약물범죄자와 폭력범죄자가 유죄판결을 받았을 경우에, 더 가혹한 제한을 두는 법률을 제정했다. “복지국가의 수혜를 범죄자에게는 차단하는 법률”이 시행되면서, 범죄자들은 생계지원과 식비지원, 공공주택 거주, 고등교육 학자금 지원, 운전면허증 획득권리 등을 박탈당했다(Irwin, 2005; Manza & Uggen, 2006; Mauer & Chesney-Lind, 2002; Pager, 2003; Pager & Quillian, 2005; Pattillo et al., 2004; Petersilia, 2003; Travis, 2005 참조).

지난 10여 년 전부터, 재소자의 재진입에 관심을 두지 않고 계속해 배타적 재통합 정책만을 고집하면 재범현상이 악화되어 공공의 안전이 위협받을 수 있다는 사실을 인식하기 시작했다(Taxman, Young, Byrne, Hoslinger, & Anspach, 2002; Travis, 2005; Western, 2006). 예를 들어, 이 기간에 오하이오 교정국장인 레지날드 윌킨슨(Reginald Wilkinson)은 “범죄자의 성공적 재진입과 재범감소를 위한 오하이오 계획”(Petersilia, 2003)을 마련했으며, 미국 8개 주의 지역사회에서는 “재진입과정을 개발하고 시행하기 위한 형사사법기관, 사회복지서비스 기관, 지역단체 사이의 동반자관계 형성”(Taxman et al., 2002)을 포함하는 재진입 동반자 계획을 실시했다. 또한 효과적인 재진입 프로그램을 어떻게 개발할 것인가에 대해 여러 모형과 원칙들이 제시되었다. 강조했던 사항들은 대체로 (1) 범죄자가 교도소에 있을 때에 재진입 준비를 시작해야 한다, (2) 출소했을 때에 바로 직면할 어려움과 위기들에(예, 음식, 쉼터, 직업) 집중해야 한다, (3) 지역사회의 장기적 재통합을 위해 재활서비스와 지원을 제공해야 한다(Petersilia, 2003; Taxman et al., 2002; Travis, 2005). 재진입 프로그램이 제대로 구성되고 재범을 감소할 수 있을지에 대해서는 앞으로 계속 주목해야 할 것이다. 그러나 재소자 재진입은 이미 많은 관심의 대상이 되었고 당분간 교정정책에서 중요한 이슈로 유지될 것이다(Bushway et al., 2007; Listwan, Cullen, & Latessa, 2006).

## 결 론

낙인이론은 독특하게 사회적 반응에 초점을 두었다. 이를 통해 범죄학자들은 행위의 범죄적 속성이 사회적으로 그것에 대한 반응으로 구성되며 또한 다양한 요인들이 누구에게 범죄라는 낙인이 붙는가를 결정한다는 중요한 통찰력을 얻을 수 있었다. 또한 낙인이론은 국가개입으로 억제하고자 했던 행위가—위법성이—오히려 국가개입으로 유발되는 역설적이며, 기대하지 않았던 결과가 나타날 수 있는 가능성을 고려하도록 요구했다. 연구결과들은 서로 상충되었으며, 이런 인과관계를 명확히 확증하는 연구는 지금까지 찾아보기 어렵다. 그러나 최근에 들어 국가개입이, 특히 교도소 수용의 집행이, 일부 범죄자를 만성적 범죄경력에 빠져들게 한다는 연구결과가 점차 많아지는 추세이다. 이런 점에서, 최소한, 형사처벌의 효과가 복잡하게 전개될 수 있으며 우리가 상식적으로 기대하는 것과 모순될 수 있다는 사실을 낙인이론을 통해 알 수 있다. 이런 전통을 계승한 최근의 범죄학자들이 지적하듯이, 처벌의 속성에 따라—어떤 범죄자에 어떤 처벌을 부가하는가에 따라—그것의 결과는 다를 수 있다. 오늘날 정책결정권자들은 범죄문제의 만병통치약은 형법의 적용범위를 확대하고 교도소 인구를 대폭 증가하는 데 있다고 반복적으로 호언장담하고 있다. 이런 현실을 고려할 때에 낙인이론가들의 경고는 매우 중요한 의미가 있다.

윌리엄 챔블리스

1933 –

조지워싱턴 대학교
갈등이론의 저자

# 제8장 사회적 권력과 범죄의 구성: 갈등이론

제7장에서 살펴봤듯이, 생물학적, 심리학적, 또는 개인과 관련된 사회적 요인들을 중심으로 범죄를 설명하는 이론들은 근본적 한계가 있다. 이런 이론들은 "범죄"가 만들어지고, 범죄자라고 낙인이 된 사람들의 실제적 혹은 상상적 특성이나 이들의 행동에 대한 주위의 반응으로 범죄가 악화되어 가는 과정을 간과하는 경향이다. 낙인이론은 이런 한계를 보완하고자, 낙인을 찍는 과정과 그 결과를 상세히 설명하기 위해 많은 노력을 기울였다. 그러나 앞서 지적했듯이, 일부 범죄학자들은 낙인이론이 충분한 역할을 했다고 믿지 않았다. 정치적 이해관계와 정치적 권력이 사회적 반응에 작용하는 측면이 낙인이론에서 포착되었지만, 이에 대한 심층적 분석에는 이르지 못했다.

무엇이 낙인찍기 여부를 결정하는가? 무엇이 낙인이 된 사람의 처벌수준을 결정하는가? 낙인을 하는 사람과 낙인이 된 사람의 차이에 의해 낙인찍기의 성질이 달라질 수 있다. 낙인찍기를 할 수 있는가? 낙인이 된 사람을 어떤 식으로 처벌할 수 있는가?는 기본적으로 권력이 누구에게 있는가에 달려있다. 이와 같이, 개인들 혹은 집단들 간의 갈등을 권력차이의 측면에서 분석하는 이론들은 일반적으로 갈등이론으로 구분한다.

갈등이론은 여러 유형으로 구분할 수 있다. 일부 갈등이론은 갈등의 원인을 중점적으로 다룬다. 다른 일부에서는 갈등 전개의 기본원칙을 규명하는 것을 목표로 한다. 또 다른 갈등이론은 갈등해결을 위한 이론적 토대를 개발하고자 노력한다. 더불어 각 영역 모두와 그 이상을 추구하는 갈등이론도 있다.

이번 장에서는 범죄학에서 대표적 갈등이론들을 논의한다. 논의의 순서는, 우선 선구적 연구를 한 마르크스(Marx)와 엥겔스(Engels) 그리고 후기의 짐멜(Simmel)을 중심으로 갈등이론 일반을 살펴본다. 이후에 마르크스주의 범죄이론을 개발하고자 한 봉거(Bonger)의 시도, 문화갈등과 범죄와의 관계를 다룬 서덜랜드(Sutherland)와 셀린(Sellin)의 이론, 짐멜(Simmel)의 전통을 계승해 범죄학적 갈등이론을 구축하고자 한 볼드(Vold)의 노력 등을 검토한다. 미국의 최근 갈등론적 범죄이론은, 다른 범죄학 이론들과 마찬가지로, 1960년대의 사회적 혼란으로부터 많은 교훈을 얻었다. 따라서 1960년대를 다른 관점에서 재검토할 필요가 있으며 이후에 터크(Turk), 챔블리스(Chambliss), 퀴니(Quinney) 등 주요 갈등이론들을 고찰한다. 끝으로, 범죄학에 어떤 영향을 미쳤는가와 갈등이론이 함축하는 정책들을 살펴보고자 한다.

## 갈등이론의 선구자

### 마르크스(Marx)와 엥겔스(Engels): 자본주의와 범죄

제5장에서 지적했듯이, 칼 마르크스(Karl Marx)와 프리드리히 엥겔스(Friedrich Engels)는 1800년대 중반에 이미 사회연대의 명백한 쇠퇴현상에 깊은 우려를 표명했다. 이는 뒤르켐(Durkheim)에 비해 수십 년 앞선 것이다. 마르크스와 엥겔스는, 뒤르켐과 마찬가지로, 범죄문제를 사회연대의 쇠퇴로 나타나는 징후로 보았고 사회연대를 복원하면 줄일 수 있을 것으로 기대했다. 하지만 사회연대가 쇠퇴한 원인의 분석과 사회연대를 복원하기 위한 처방에서는 서로 의견을 달리했다.

뒤르켐은 이런 상황을 도덕적 문제라고 진단했다. 그는 사회적 통제가 사회통합과 사회규제의 방식으로 가능하다고 보았다. 그리고 사회통합과 사회규제의 방식은 산업화로 인해 생겨난 새로운 노동분업과 기능적 관계에 있으며, 앞으로의 사회유대는 이들을 효과적으로 결합한 통제에 달렸다고 주장했다. 반면에 마르크스와 엥겔스는 경제적 측면에 주목했다. 이들은 새로운 노동분업이 한 사회계급의 다른 계급에 대한 불공정한 착취라고 비판하며, 사회유대는 자본주의 자체의 전복을 통해서만 회복될 수 있다고 주장했다. 마르크스와 엥겔스는 사회주의를 위한 혁명을 제안했다. 그렇게 되면 정치국가가 기본적으로 자본주의 유지를 위해 존재하는 것이므로, 이후 국가는 "사라질" 것이며, 공산주의의 진정한 형제애와 자매애에 바탕을 둔 사회가 도래할 것이라고 기대했다(Marx & Engels, 1848/1992).

마르크스 자신은 범죄에 관한 논의를 거의 하지 않았다. 그럼에도 불구하고 마르크스를 갈등주의 범죄학의 주요 선구자라고 기술하는 학자들은 세 가지 방식으로 이런 주장의 이유를 제시한다. 첫째, 마르크스의 일반적 접근방법으로부터 추론하는 것이다. 둘째, 마르크스의 공동연구자였던 엥겔스가 관련주제를 보다 직접적으로 서술했는데 마르크스도 동의했을 것이라고 가정하고 엥겔스의 저서를 인용한다. 셋째, 이 둘을 혼합해 일반론에서는 마르크스를 인용하고 특정사안과 관련해서는 엥겔스의 구체적 논의를 인용하는 것이다. 어떤 방식이든, 마르크스와 엥겔스가 이해관계와 권력에서의 차이를 뒤르켐보다 강조했다는 것만큼은 분명하다. 이들에 의하면, 자본주의 사회제도의 속성에는 갈등이 내재해 있다는 것이다. 왜냐하면 자본주의에서는 이해관계의 현저한 차이가 있으며, 다수의 하층부에 비해 소수의 상층부에 월등한 권력이 부여되기 때문이다. 특히, 마르크스와 엥겔스의 이론적 접근방법은 행동을 강조한다; 이들은 사회문제에 관한 순수한 이해보다는 더 나은 상태를 위해 현상을 변화시키는 것에 관심을 집중했다.

마르크스와 엥겔스의 주장은 매우 복잡하지만, 대표적 주장들은 몇 가지 명제로 요약할 수 있다(Turner, 1978). 첫째, 집단들 간의 이해갈등은 희소자원(예, 식량, 의복, 주거공간)의 분배가 불평등할수록 증가할 것이라는 명제이다. 두 번째 명제는 필요자원을 적게 가진 집단이 "불공정 분배"의 실상을 알게 되면 기존제도의 정당성에 의문을 제기하게 된다는 것이다. 세 번째 명제는 이후 집단들이 조직화하기 시작하며 갈등이 공개적으로 표출되고, 양극화와 폭력이 발생하여 모든 사람들이 희소자원을 공유하는 방식의 재분배가 실현된다는 것이다. 이들은 자본주의가 불공정한 불평등의 원인이므로 이를 갈등의 근원이라고 판단했다. 이런 관점에서, 높은 수준의 통합과 규제는 불공정한 경제제도를 유지시키는 기제일 뿐이다. 사회구성원을 규제할 수 있는 효과적 수단을 개발하거나 사회질서의 정당성을 믿도록 하는 새로운 이유를 발굴한다고 사회유대의 붕괴문제에 대처할 수 없다. 대신 자본주의를 해체하고 공정한 형태의 사회유대를 — 공산주의를 — 실현하려고 할 때에야 붕괴된 사회유대를 복원할 수 있다는 것이다.

## 짐멜(Simmel): 갈등의 형태

게오르그 짐멜(Georg Simmel)은, 마르크스와 같이, 독일출신으로 사회이론의 개발에 많은 관심을 가졌다. 반면에, 짐멜은 시대적으로는 뒤르켐과 동시에 살았다. 마르크스보다 수십 년 뒤에 짐멜은 세상을 변화시키는 것과 같은 거대한 작업보다는 인간 상호작용의 추상적 법칙을 정확히 이해할 수 있는 이론개발에 전념을 다하였다. 짐멜은 "사회학적 형식주의"를 개척한 대표적 학자였다(Matindale, 1960, p.233). 그는 사회생활에서 어떤 변화가 있었는가, 즉 변화의 내용은 크게 주목히지 않았다. 대신에 그것이 반복되는 형식 혹은 유형을 중점적으로 다루었다. 짐멜에 대해, 울프(Wolff, 1964)는 그의 연구방법이 "규범적 측면보다는 논리적 측면을 강조하는"(p.xviii) 것이라고 설명했다. 짐멜은 특정한 갈등보다는 갈등 일반에 관심을 두었고, 결과의 공정성과 같은 규범적 사항보다는 갈등 그 자체의 추상적 논리를 파악하고자 노력했다.

짐멜은 갈등을 사회생활에서 일반적으로 나타나는 형식이라고 이해했다. 그리고 삶에 있어 갈등이 일상적 현상이며, 사회체계 내에서 다양한 상호작용이 이루어지는데 그 중의 일부는 서로 다른 방향 혹은 반대방향을 지향하고 이런 하나의 상호작용 형식을 갈등이라고 보았다(Turner, 1978). 짐멜이 마르크스처럼 갈등에만 전념하지 않았다는 것을 알 수 있다. 이런 점에서 그는 갈등을 꼭 해결이 필요한 문제라든지 사회변동을 초래하는 것이라고 보지 않았다. 대신 사회생활에서 전형적인 현상이며 경우에 따라서는 사회질서의 유지에 기여할 수도 있다고 보았다. 또 다른 중요한 사항은 마르크스가 갈등의 원인에 주목하고 갈등의 해소방법을 찾고자 했다면, 짐멜은 갈등의 결과에 주목했다는 것이다. 짐멜은 갈등의 원인에는 관심이 없었고, 갈등이 발전해 나가는 복잡한 형식유형에 관심을 집중했다.

## 봉거(Bonger): 자본주의와 범죄

20세기 초반에, 네덜란드 범죄학자였던 빌럼 봉거(Willem Bonger)는 마르크스와 엥겔스의 갈등론적 시각을 적용한 범죄학 이론을 소개했다. 나중에 살펴보겠지만, 1960년대에 사회적 혼란이 계속되면서 막스주의 이론과 봉거(Bonger, 1916/1969)의 이론에 다시 한 번 관심이 집중되었다. 1960년대 말에 봉거의 주요 저서들을 요약한 편집서가 출판되었다. 이 책의 서문에서 미국의 범죄학자이자 갈등이론가였던 오스틴 터크(Austin T. Turk)는 봉거에 대해 "인간의 불행을 완화하려는 열정과 과학적인 연구에 대한 열정을 함께 갖춘"(Turk, 1969b, p.3) 학자라고 평가했다. 봉거는 마르크스와 엥겔스와 유사한 학자이며, 프로이트(Freud)와 뒤르켐(Durkheim)과는 기본지향이 다르다. 그는 인간이 기본적으로 사회적 존재이며, 따라서 범죄의 원인은 인간의 본성을 왜곡하는 불건전한 환경에서 찾아야 한다고 믿었다. 봉거는 자본주의의 발흥으로 바로 이 불건전한 환경이 조성되었다고 주장했다.

봉거에 의하면, 자본주의에서는 지배자와 피지배자의 확연한 분화가 나타나며 그리고 이런 분화는 선천적 차이에 의한 것이 아니라 경제체계 자체에 기인해 발생한다. 경제활동에서 사람들은 서로가 서로와 경쟁을 해야 하고, 타인에 대한 고려를 하지 않고 자기의 행복을 어떤 수단을 사용해서라도 추구하도록 권유를 받으며, 행복을 추구하려면 금전이 요구되는 이런 불건전한 환경에서, 인간의 본성이 극단적 "이기주의"로 왜곡되며 이로 인해 사람들은 상대방에 대해 범죄를 저지를 수 있는 존재로 변질된다. 따라서, 뒤르켐에서 기원한 통제이론가들과 같이, 봉거는 개인적 이기주의를 범죄 원인들 중의 하나로 보았다. 그러나, 통제이론가들과 달리, 봉거는 마르크스주의를 수용함으로써 자본주의로 인해 사회통제가 붕괴되고 극단적이고 파괴적인 개인주의가 출현하였다는 입장이다. 또한 사회통제를 통해 사람들을 사회와 밀접하게 통합시킨다고 해서 이런 이기주의가 줄어들 것이라고 보지 않았다. 왜냐하면 자본주의 사회는 그 자체가 이기주의의 원인이기 때문이다.

봉거는 대부분의 범죄가 자본주의에 의해 유발되는 빈곤과 관련이 있다고 설명했다. 우선, 빈곤이 직접원인으로 작용하는 경우로 피지배 계급이 생존을 위해서 범죄를 저지른다는 것이다. 다음으로, 간접적인 경우이다. 소수의 사람이 거의 모든 것을 차지하고 반면에 대다수의 사람들은 가진 것이 없을 때에 세상이 공평하다고 생각하기 어렵다. 불평등성에 대한 이런 인식으로 사람들이 비도덕적이 되고 사회적 본능이 억눌린다는 것이다. 이와 더불어, 봉거는 권력을 가진 지배계급도 범죄를 저지른다고 주장했다. 이들의 범죄에 대해서는 권력에 수반되는 기회와 자본주의에 의한 도덕성 실추를 주요 원인으로 지적했다. 즉 봉거는 범죄를 자본주의 체계가 탐욕적, 이기주의, "최고를 좇는" 등의 사고방식을 유발하고 빈익빈 부익부의 사회를 만든 결과라고 보았다.

낙인이론가들 훨씬 이전에, 봉거는 범죄가 비도덕적 행위의 범주라는 것은 부인할 수 없는 사실이지만, 도덕성의 개념이 변화한다는 사실을 강조했다. 한 단계 나아가, 그는 기존의 보편적 개념과 유사개념이 모두 지배계급의 이해관계와 밀접한 관련이 있다고 강조했다. 봉거에 의하면, 특정한 행동이 지배계급의 이해관계에 심각한 위협이 될 때에 범죄로 규정된다. 또한 "어떤 행동이 지배계급의 이해관계에 장애가 되지 않으면 거의 처벌되지 않는다"(Turk, 1969b, p.9). 따라서, 봉거는 지배계급에서 범죄율이 낮은 통계자료를 제시하며 이런 결과는 사법체계가 "지배계급의 이기주의적 행위를 합법화하고 피지배계급의 행위를 처벌하는 경향"(p.10)이었기 때문이라고 설명했다. 봉거는 범죄발생의 원인을 설명하고, 이후 자본주의가 해체되고 부와 권력이 재분배되면 불건전한 환경을 개선할 수 있고 따라서 범죄도 없어질 것이라고 정치적 논리에 따른 결론을 내렸다.

## 서덜랜드(Sutherland)와 셀린(Sellin): 문화갈등과 범죄

범죄학 이론에서, 에드윈 서덜랜드(Edwin H. Sutherland)는 제3장에서 논의한 차별접촉이론으로 널리 알려져 있다. 제3장에서 시사했듯이, 차별접촉이란 개념은 원래 서덜랜드가 사회해체론에 내재했던 가치개입의 문제, 즉 일반적 기대와 다르게 조직화된 상황이면 이를 사회해체라고 판단했던 문제를 회피하기 위해 사용했던 개념인 차별적 사회조직으로부터 유래한 것이다. 차별적 사회조직이란 개념은 갈등주의 시각의 한 유형을 대변하는 것이었다. 이런 입장은 사회가 완전한 합의에 기초하는 것이 아니라 문화적 유형이 상호갈등하는 집단들로 구성되었다고 가정한다. 따라서 개인의 범죄행동은 그 사람이 맺고 있는 관계들 중에서 사회에서 법위반을 많이 하는 집단의 사람들과 맺는 관계의 수준이 많아 범죄기술이나 범죄지향을 발전시켰기 때문이라고 설명할 수 있다.

서덜랜드는 1920년대 중반 무렵에 이미 재력가와 권력자들의 범죄에 대한 체계적 연구를 시작했다. 1930년에, 그는 화이트칼라 범죄에 관한 선구자적 연구를 했다. 1940년대 초반에 획기적 논문을 발표했으며(Sutherland, 1940) 1940년대 후반에 관련주제에 관한 지금도 널리 인용하는 저서를 출간했다(Sutherland, 1949). 이런 저작물들에서, 서덜랜드는 20세기에 성장한 대기업과 같은 강력한 경제적 이익집단의 경우에 조직문화와 기업정책 때문에 "상습적으로 범죄를 저지르는" 대표적인 사회의 구성부분이며, 이들의 범죄행위에도 불구하고 재력과 권력으로 형사법원에서 처벌을 받지 않는다는 사실에 주목할 필요가 있다고 주장했다. 제3장에서 지적했듯이, 그는 기업이 범하는 화이트칼라 범죄에 개인이 개입되는 까닭을 해당 기업의 범죄행위에 가담하는 과정에서의 차별적 접촉이라는 측면에서 설명했다.

소스타인 셀린(Thorstein Sellin)은 사형에 관한 연구와 범죄지표 개발연구로 오늘날 잘 알려진 또 다른 범죄학자이다. 1930년 대공황기에, 셀린은 광의의 범죄개념과 범죄학 이론의 혁신적 접근방법이 필요하다고 주장했다. 셀린(1938)은 범죄의 원인으로 "문화갈등"의 문제를 강조하고, 집단별로 서로 다른 "행위규범"을 학습하며 한 집단의 행위규범이 다른 집단의 행위규범과 충돌할 수 있다고 지적했다. 어떤 집단의 행위규범이 형사법으로 입법화되는가에 대해, 셀린은 다음과 같이 설명했다.

> 국가가 범죄라고 규정하는 행위는 물론, 사회에 피해를 주는 것이며 혹은, 보다 심층적으로 분석해보면, 사회에서 정치권력을 행사하는 사람들 따라서 권위의 외형적 표상들인 입법부, 사법부, 행정부를 통제하는 사람들에게 피해를 미치는 것들이다(p.3).

## 볼드(Vold): 갈등과 범죄

1950년 후반에, 조지 볼드(George B. Vold)는 지금까지의 갈등시각 범죄학에서 가장 포괄적이고 상세한 범죄학 이론을 발표했다. 짐멜을 인용하며, 볼드(1958)는 갈등을 비정상적인 것이 아니라 사회생활 일반의 특징으로 기본적 사회형식이라고 고려해야 한다는 주장을 수용했다. 그는 "사회적 상호작용은 서로 반대하는 세력들이 여러 유형의 불안정한 조정과정을 거친 후에 일종의 안정된 균형상태로 진행하며, 이렇게 형성된 상대적 안정성이 우리가 흔히 사회질서 혹은 사회조직이라고 하는 것이다"라고 주장했다(p.204, 강조 첨가). 볼드에 의하면, 사회질서를 전적으로 합의에 기초한 것으로 가정할 수 없다; 오히려, 사회를 구성하는 다양한 갈등세력들간의 힘의 규형으로부터 유래하는 안정성에 부분적으로 의존하는 것이다. 그리고 짐멜의 주장대로 집단간 갈등은 서로 다른 집단을 강화시키는 데 긍정적으로 기여할 수 있는 것으로 분석되었다. 즉 갈등관계에 참여함으로써 집단정신을 함양하고 내집단 연대성을 강화할 수 있다는 것이다. 이런 분석에 따르면, 현대사회와 같은 복잡한 사회에서 이해관계가 상충하는 집단들이 갈등하게 되는 것은 지극히 정상적 일이다. 그리고 "민주주의 국가에서 점차 확대하는 정치활동은 적대적인 집단들 사이에서 실효성이 있는 타협안을 공동체 전체의 차원에서 마련하는 일을 담당한다"(p.208).

법적 타협안의 성격에 대해, 볼드(1958)는 1920년대의 서덜랜드 지술을 인용하며, "입법부의 다수당을 배출한 세력이 경찰력을 통제하며 누구를 법위반의 대상으로 할지에 대한 정책을 지배한다"(p.209)고 지적했다. 볼드는 정치활동을 타협의 수단이라고 보았으며 "세력의 크기에 입각한 타협원칙이 갈등과정의 전 단계에서 작동한다"고(p.209) 주장했다. 볼드는 이런 갈등에서 갈등의 내용보다는 그 형식에 이론적 관심을 집중했다. 이런 입장은 청소년 갱의 유형을 전쟁시기에 양심적 병역기피자들의 유형을 비교한 데에서 찾아볼 수 있다. 두 가지 사례를 동일한 유형 혹은 기성세대의 권위와 갈등하는 집단 이데올로기가 존재하는 사회적 형식으로 분석했다. 짐멜과 같이, 볼드는 도덕성의 구체적 내용과 같이 갈등집단들 간의 규범적 차이보다는 갈등하는 형식에 더욱 주목했다.

볼드(1958)는 많은 범죄들이 정치적인 것이라고 지적했다. 정치적 혁명을 위한 저항운동에 의한 범죄를 이를 입증하는 사례로 들었다. "혁명이 성공하면 이전에 권력을 가졌던 정부관료들이 범죄자가 되고, 실패하면 혁명지도자는 반역자가 되고 즉각적 처형을 당한다"(p.214)는 것이다. 볼드의 형식분석은 규범적 측면을 무시했고 논리적 측면에만 집중했다. 누가 "옳고" 누가 "잘못된 것인가"와 관계없이, 성공하지 못한 실패자들이 "범죄자"가 된다는 것이다. 따라서, 이들의(형식적) "범죄"는 패배를 구성요소로 한다는 것을 알 수 있다.

또한 볼드(1958)는 노동조합과 경영진과의 갈등 그리고 서로 다른 노동조합 간의 갈등으로 유래하는 범죄에도 관심을 두었다. 1960년대는 미국에서 1980년대는 세계의 다른 국가들에서 시민권리 운동이 활발히 이루어졌다. 이런 운동들이 초래할 상황을 우려하며, 볼드는 "세계 각국에서 특히 미국과 남아프리카 공화국에서, 수많은 종류의 범죄들이 인종차별의 캐스트 제도를 변화 혹은 개선하고자 했던 시도와 부수된 갈등으로 인해 만들어졌다"(p.217)는 사실을 지적했다. 볼드는 자신들의 이익을 추구하기 위해 집단이 조직화된 사례들로서 조직범죄와 화이트칼라 범죄에 대해 이들 집단들이 갈등과정에 활용한 전략과 전술을 중심으로 심층적 연구를 실시했다.

## 이론과 시대적 환경: 1960년대의 혼란

앞서 논의했던 갈등이론의 선구자들은 이후에 뒤따를 반향들에 나름대로 많은 기대를 했다. 그러나 1960년대에 사회적 혼란이 발생했을 때에야 갈등론적 범죄학 이론이 주목을 받기 시작했다. 1960년대는 범죄학에서 중요한 전환점이었다. 이미 살펴본 바와 같이, 통제이론과 낙인이론이 이런 시대적 환경에서 이전에 뿌린 이론적 씨앗들로부터 발전했다. 갈등이론의 경우도 마찬가지이다. 통제이론은 급격한 사회변화로 인한 사회적 취약성을 지적하고, 개인을 규율하는 힘이 약화하면 범죄와 비행이 확대되는 경향이 있다고 주장하였다. 이에 반해 갈등이론은 새롭게 나타난 사회분업의 유형을 강조하며 권력층이 이용하는 동기, 전략, 전략 등의 정당성을 의심했다. 낙인이론은 범죄의 개념이 도덕사업가들과 정치국가가 제시하는 개념에 영향을 미치는 지위에 있는 사람들에 의해 사회적으로 구성되는 과정을 분석하고 또한 낙인을 부과하는 과정에 작용하는 계급적 편견을 지적했다. 이에 갈등이론은 형사사법체계와 경제적 질서와의 관계를 보다 철저히 분석하고, 때로는 국가 자체를 비판하였다.

사이크스(Sykes, 1974)는 1960년대에 갈등주의적 범죄학 이론(그는 비판범죄학이라고 불렀다)이 부상한 이유를 설명하면서, 세 가지의 주요요인을 지적했다. 첫째, 베트남 전쟁이 미국사회에 미친 영향이다. 둘째, 대항문화가 성장했다. 셋째, 차별 특히 인종차별에 대한 저항운동과, 제2차 세계대전 이후 서서히 타오르다가 공개적으로 표출되기 시작한 이슈들과 관련된 정치적 반대파들을 억압하는 국가경찰력 사용에 대한 정치적 저항운동이 증가했다.

베트남 전쟁이 격렬해지면서, 정부정책의 타당성과 권력층의 근본동기와 신뢰도를 의심하고 회의하는 반응도 강화되었다. 많은 국민들에게 전쟁개입의 논리는 설득력이 없었고, 허위정보들이 — 정부 거짓말에 대한 관료제적 용어 — 폭로되면서 의심의 수준이 증가했다. 반대시위가 점차 확산되었다. 대학 캠퍼스에서 평화적 시위가 명백한 학생들에게 무장군인들이 발포하고 사살하는 사건이 발생했다. 볼드가 냉정하게 기술했던 양심적 병역기피자들이 도처에서 생겨났고, 이들은 캐나다로 출국하거나 열광적 대중집회에서 징집명령서를 불태우며 자발적으로 “범죄자”가 되고자 했다.

제5장에서 지적했듯이, 1960년대에 발전했던 저항문화는 주로 중산층 가치와 기준의 거부활동을 대변했다. 저항문화적 행위는 가치의 근본적 갈등을 극적으로 보이게 하는 것이었다. 수백만의 사람들이 사법체계에서 범죄로 규정되지만 본인들의 판단으로는 해롭지 않다고 생각하는 다양한 종류의 행동들을 자행했다. 이런 행동들은 자유성교, 노숙, 불법 약물사용 등과 같이 소위 피해자 없는 범죄들이었다. 그중에서 불법 약물사용은 실제 “환각상태”에 이르기 위한 방법이었으며 동시에 상징적 정치저항의 방법이기도 했다.

제5장에서 강조했듯이, 베트남 전쟁의 영향과 저항문화의 성장과 더불어, 차별철폐와 정치적 반대파를 억압하는 정책의 종식을 요구하는 사회운동이 활발히 전개되었다. 여성주의 운동은 여성의 정치적, 경제적, 성적 억압을 보다 과격한 방식으로 고발했다. 동성애주의 운동은 점차 정치적으로 발전했고, 낙인과 차별에 대항하기 위해 조직화되기 시작했다. 잠재되었던 사회적 갈등이 공공연한 사회문제로 부각되었고 더욱더 많은 사람들이 알게 되었다. 시민권리 운동의 경우는 흑인이 시민불복종을 하지 않으면 사회적 평등을 얻을 수 없다는 것을 분명히 하는 경향이었다. 또한 차별을 용인하는 불공정한 법에 대처하는 유

일한 방법은 집단적으로 위반하는 것이라고 — 시위참여자들이 신념을 구현하는 데 따른 대가로 시위자들이 "범죄자"가 되고 교도소에 수감되는 것이라고 — 시사했다.

동시에, 1950년대에 있었던 맥카시즘에 참을성을 보였던 사회는 연방수사국(FBI)과 같이 법과 질서의 상징으로 가장 존경했던 대상들의 일부가 정치적 반대세력을 해체하기 위해 내부 허위정보의 유포에 가담했고, 시민들의 정당한 이의제기를 불법적 전략을 사용해 대처했다는 사실들을 알게 되면서 충격에 빠졌다. 또한 흑인 학생들을 경찰견으로 위협한 남부의 보안관들이나, 기존의 정치질서에 심각한 의문을 제기하는 사람들을 급진주의자 혹은 공산주의자라고 괴롭힌 하원의원들과 같이, 정치국가의 대리인들이 실제로는 도덕적 범죄자들이며 합법적 권위로 가장했다는 사실들도 자주 노출되었다. 사회가 갈등하는 집단으로 구성되었고, 사법체계는 권력층의 이해관계를 위협하면 범죄라고 규정하는 경향이라는 인식이 점차 확산되면서 갈등이론이 발전할 수 있는 비옥한 배경이 마련되었다.

## 갈등이론의 다양성

새로운 갈등주의 범죄학 이론들은 마르크스와 봉거 그리고 짐멜을 기반으로 하면서 이전의 범죄학자들에 비해 한층 더 나아간 것이다. 기본스와 개라비디언(Gibbons & Garabedian, 1974)이 갈등이론의 흐름을 검토하면서 지적했듯이(여기서는 급진주의 범죄학이라고 구분했다), "서덜랜드는 그가 연구했던 70개 기업을 '시민들의 착취자'라고 명확하게 규정하지 않았다; 즉, 그런 종류의 비난을 하는데 한참 이르지 못했다"(p.51). 비슷하게, 셀린(Sellin)은 지배집단의 이익을 위해 법이 제정되고 집행된다고 지적했을지는 몰라도, 마르크스(Marx)의 방식으로 이들을 비판하지 않았다. 볼드(Vold)의 현상분석의 경우는 1950년대 당시에는 과감한 갈등론적 이론으로 보였겠지만 오늘날에는 그렇지 않다. 일부는 보다 정교화할 필요가 있다고 판단할 것이며, 다른 일부는 지나치게 추상적이고 학구적으로 평가할 것이다; 그리고 자신들을 분노하게 만드는 불공정성과는 거리가 먼 이론으로 볼 것이다.

사이크스(Sykes, 1974)는 이런 변화를 유발한 주요 요인으로 네 가지를 들었다. 첫째, 범죄를 개인의 특성과 연계하는 이론들에 대한 깊은 의구심이다. 이런 의구심에는 생물학적, 심리학적 이론들뿐 아니라 사회화의 결핍 등과 같은 원인을 지적하는 사회학적 이론들도 포함된다. 둘째, 형사사법체계에 대한 뚜렷한 인식전환이다. 이전에는 형사사법체계의 부적절성이 개인의 무능력과 개인적 부패 혹은 경미한 조직적 결함 때문이라는 가정이 있었지만 이제는 이런 문제가 체계 내재적으로, 형사사법체계가 근본적으로 통제불능한 것이거나 아니면 권력층의 이해관계로 인해 원래 그렇게 기획된 제도라고 인식한다는 것이다. 셋째, 이전에는 형사법은 사람들의 집합의지를 반영하며 범죄학자는 이론적 분석과 경험적 연구를 하고 옳고 그름과 같은 규범적 이슈는 다루지 말아야 한다고 생각했다. 그러나 이런 가정에 의하면 근본적인 질문을 하는 것이 불가능하므로 오류로 판단되어 점차 부정된다는 것이다. 마지막으로, 제7장에서 논의했듯이, 공식범죄통계의 수치는 사회에서 실제 발생한 범죄의 규모를 반영하지 못하며 그것이 반영하는 것은 오히려 사법당국의 낙인행위일 수 있다는 것이 점차 분명해졌다.

1960년대에, 여러 범죄학자들이 낙인이론과 정치이론의 결합함으로써 사신들의 갈등주의 범죄학 이론을 개발하기 시작했다. 어쩌면 이들의 저서들은 이론적 운동의 부분이라고 이해하는 것이 타당할 수 있다. 여기서는 세 사람의 선도적 갈등이론가들의 노력에 집중할 것이다: 터크(Turk), 챔블리스(Chambliss), 퀴니(Quinney). 앞으로 살펴보겠지만, 이들은 독자적으로 활동하지 않고 특정한 사회역사적 환경에서 긴밀한 접촉을 하며 활동하였다. 세 학자 모두는 1960년대에 자신들의 접근방법을 요약해 논문으로 발표했고, 1969년에 방대한 분량의 저서를 발간했다. 이들의 차이는, 대부분, 앞서 논의했던 이론적 선구자들로부터 받은 상이한 영향에 있다고 할 수 있다.

## 터크(Turk): 범죄화 과정

오스틴 터크(Austin T. Turk)는 1960년대 초반에 대학원 과정을 마치면서, 셀린(Sellin)과 같은 범죄학자들의 문화갈등시각과 당시 대두한 낙인이론에 관심이 점차 깊어졌다. 다른 이론가들과 마찬가지로, 오스틴의 관점은 그의 생활경험에

영향을 받았다. 터크(Turk, 1987)는 자신의 이런 경험을 다음과 같이 기술했다:

> 조지아 주의 외딴 도시에서 노동자 계급의 자녀로 성장하면서, 나는 삶이 쉽지 않고 대부분의 경우에 공정하지 않다는 것을 배웠다; 비합리성과 모순이 사회현실의 많은 부분(어쩌면 가장 큰 부분)을 차지한다는 것; 기회와 자원에 대한 접근이 꼭 개인의 능력이나 성격과 연관되지 않는다는 것; 정의의 이론적 의미는 논란의 여지가 있고 그것의 실질적 의미는 조작가능하다는 것; 어떤 수준이건 사회적으로 존재하는 자유, 평등, 형제애, 안전은 어렵게 얻었고 쉽게 사라질 수 있다는 것(p.3).

1960년대 후반에, 터크(1969a)는 범죄성과 법질서(Criminality and the Legal Oder)라는 서적으로 자신이 개발한 갈등이론의 전체적 내용을 발표하면서, 서론에서 서덜랜드(Sutherland)를 길게 인용하고 보다 최근의 볼드(Vold)와 다렌도르프(Dahrendorf)의 연구들을 소개했다. 다렌도르프의 시각을 토대로, 짐멜과 볼드의 갈등을 비정상성이 아니라 기본적 사회형식으로 보는 접근방법을 결합하고자 노력함으로써 터크는 독특한 이론적 지향을 구성했다. 터크의 경우에, 사회갈등을 삶의 기본적 사실로 인식한 것은 어떤 것을 비난하기 위한 냉소주의 때문이 아니었다. 이는 사회적 실상을 있는 그대로 표상한 것이었다.

다렌도르프(Dahrendorf, 1958; 1968)는, 갈등이론가이었지만, 불평등 문제에 있어 마르크스와 의견을 달리 했다. 그는 불평등의 기원을 경제체계의 불공정성에 귀착시키지 않았다. 대신에 다렌도르프는 그 기원을 권력의 차이에서 찾았다. 보다 구체적으로 정당한 것으로 인정하는 권위 혹은 권력의 차이라고 보았다. 마르크스는 불평등의 제거를 주장했다. 마르크스와 달리, 다렌도르프는 어떤 사회에서든 문화적 규범이 항상 존재하며 또한 문화적 규범은 그것이 집행되려면 사회적 제재에 의존해야 한다고 보았다. 또한 사회적 제재를 부과하려면 일부의 사람은 다른 사람들보다 더 많은 권력을 가져야 한다는 입장이었다. 다렌도르프에 의하면, 사회적 불평등을 만드는 것은 자본주의로부터 초래된 경제적 불평등이 아니다; 오히려, 불평등은 사회의 구성요소에는 필연적으로 지배-복종 관계가 있어야 하므로 피할 수 없는 사실이다. 따라서, 불평등을 제거하겠다는 생각은 유토피아적 꿈이라고 취급되었다.

터크(Turk, 1969a)는 낙인이론가들과 같이 범죄의 본질적 상대성을 인정하는 입장이었다. 터크의 경우에, 범죄를 설명하는 데 이론적 과업은 행위의 이질성을 설명하는데 있지 않다. 왜냐하면 이질적 행위들이 시간과 장소에 따라 범죄가 될 수도 아닐 수도 있기 때문이다. 대신에, 이론적 과업은 "범죄성(criminality)"(p.1)의 생성을 인과하는 "범죄화(criminalization)" 즉 "범죄자 지위를 개인에게 부과하는"(p.xi) 과정을 설명하는 것이다. 다렌도르프의 영향은 터크가 규정한 "범죄성"의 연구에 대한 정의에서 여실히 나타난다. 터크는 "범죄성"의 연구를 "법적 권위체의 지위와 역할과 … 대상자들과의 관계에 대한 연구"라고 규정했다. 여기서 "대상자들은 법을 제정하고, 해석하고, 결정을 집행하는 사람이 아니라 단지 법에 따르는 법준수자 혹은 법을 어기는 법저항자들이다"(p.1, 원문 강조).

이런 접근방법은 범죄율의 차이와 같은 "사실"을 범죄학자들이 설명할 때나 "범죄자"에 대처하는 방법을 개발하고자 할 때에 필요할 것이다. 터크(Turk, 1969a)는 개인에 범죄자 지위를 부과하는 것은 그 사람의 행위보다는 권위체와의 관계와 더 밀접한 연관이 있다고 강조했다. "그리고, 범죄자 지위는 개인의 실제적 혹은 상상한 속성에 의해, 무엇을 했는가보다는 무엇인가에 부과될 수 있고, 실제적 혹은 상상한 혹은 조작한 행위를 근거로 정당화될 수 있다"(pp.9−10, 원문 강조). 이런 시각에 의하면, 범죄학자들이 범죄자의 행위를 설명하는 데 마침내 성공했더라도, 이런 설명은 이들의 범죄성을 이해하는 데 도움이 되지 못한다. 왜냐하면 범죄성은 범죄화 과정을 통제하는 권위체의 활동에 의한 것이기 때문이다.

권위 개념의 핵심은 정당성을 승인받았다는 것이다; 권위는 정당한 권력이기 때문에, 즉 그것의 사용을 대상자들이 스스로 승인하기 때문에, 단순 권력과는 다르다. 대상자와 권위체와의 관계를 다루는 이론가들은 누구든지 이런 승인의 기초를 살펴봐야 한다. 일부 통제이론가들과 같이, 터크(1969a)는 정당성의 승인이 내면화의 결과라는 주장을 인정하지 않았다. 그는 승인을 사람들이 지위에 따른 역할들을 학습하고 일상적인 일이라고 당연시하며 따르게 된 결과로 설명할 수 있다고 주장했다. 규범의 합법성은 대상자들이 스스로 귀의하는 권위체가 행하는 말과 행동이라고 간단히 정의할 수 있다(p.51).

짐멜과 볼드와 같이, 터크(Turk, 1969a)는 일부의 사람이 다른 사람들에 권위를 행사한다는 사실에 관심을 두었다. 권위의 기반이나 기존의 권위가 공정성의 어떤 규범적 개념의 측면에서 과연 정의로운가 혹은 정의롭지 못한가는 관심의 대상이 아니었다. 터크가 기대했던 것은 논리적 일관성이다. 즉, 범죄와 같은 개념이 시간과 공간에 상대적인 낙인과 관련된 사항이라고 확신하는 사람들은 누구든지 정의와 공정성과 같은 개념에 있어 유사한 견해를 가질 수 있다는 것이다. 모든 분석에서, 터크는 권위관계의 논리적 결과에 주목했으며 "권위체가 어떻게 권위를 획득했는가는 적절하지 못하다"는 입장이었다.

터크는 권위체가 범죄자 지위를 부과하려면 법규범 위반을 보여주는 "실제 혹은 상상한 혹은 조작한 행위를 기준"으로(pp.9–10) 이런 조치를 정당화해야 한다고 주장했다. 이에 따라, 그는 법규범을 두 가지 유형으로, 문화적 규범과 사회적 규범으로, 형식적 구분을 하는 것이 중요하다고 지적했다. 터크는 문화적 규범을 언어와 같은 상징적 용어로 기술된 — 기대하는 바를 다루는 것으로 규정했다. 사회적 규범은 실제 행위유형에서 — 말로 표현된 것이 아니라 무엇을 했는가의 측면에서 — 찾아볼 수 있는 규범이라고 규정했다. 그는 어떤 상황에서 문화적 규범과 사회적 규범은 일치할 수도 그렇지 않을 수도 있다고 지적했다.

터크(Turk, 1969a)에 의하면, 범죄적 지위의 부과를 제대로 설명하는 이론은 다음의 사항을 포함해야 한다.

> (타당한 범죄학 이론이란) 권위체와 대상자의 문화적 그리고 사회적 차이가 갈등을 초래할 수 있는 상황, 갈등과정에서 범죄화가 일어날 수 있는 상황, 범죄자가 되었을 때에 겪는 박탈의 정도가 증가하고 감소할 수 있는 상황 등에 대한 진술을 포함해야 한다(p.53, 괄호 안은 역자의 부연설명).

짐멜(Simmel)과 같이, 터크는 이후 여러 형식적 논리명제를 통해 이런 상황들의 특성을 검토하였다.

터크는, 문화적 규범과 사회적 규범이 일치하지 않을 때에, 특정 속성(예, 급진 정치조직의 구성원 경력)이나 특정 행위(예, 대마초 복용)에 대한 평가에서 권위체와 대상자 간에 차이가 있다면 이런 차이는 논리적으로 네 가지 가능성이 있다고 주장했다. 각각의 논리적 가능성에 따라 갈등의 개연성이 서로 다르다. 갈등의 확률이 가장 높은 경우는, 예를 들어, "높음–높음" 상황이다. 이런 상황은 (1) 권위체가 표방하는 문화적 규범과 이들의 실제 행동유형 간에 일치도가 높고 (2) 대상자 측면에서도 이와 유사하게 특정 속성과 행위에 대한 문화적 평가와 해당 속성의 실제 보유와 해당 행위의 실행 사이에 일치도가 높은 경우이다. 양자가 서로 다른 평가기준을 갖고 있으며 또한 실제로 그렇게 행동한다면, 타협의 여지는 없다. 예를 들어, 권위체가 "대마초 흡연은 나쁘다"고 말하며 실제로 이를 금지하려 하고 또한 대마초 흡연자들은 "대마초는 괜찮다"고 말하며 규범적 마찰에도 불구하고 대마초를 계속해 사용하는 상황이라면, 갈등 개연성은 논리적으로 매우 높은 수준일 것이다.

반면, 터크(Turk)에 의하면 권위체가 추구하는 문화적 규범과 실제의 행위규범이 일치하지 않거나 대상자의 경우에도 문화적 규범과 사회적 규범이 일치하지 않으면 갈등 개연성이 가장 낮다. 이런 상황에서는, 선언하는 방향은 서로 충돌하지만 양편 모두가 실제로는 행하지 않으므로 갈등확률이 높지 않다. 양편 모두가 말하는 대로 살지 않는데 왜 단순한 단어들 때문에 싸울 것인가?

세 번째의 논리적 가능성은 권위체는 말과 행동이 일치하지만, 대상자의 경우는 말과 행동의 일치도가 거의 없는 상황이다. 이런 상황은 터크의 갈등 개연성에 관한 형식논리에서 중단 단계에 해당하지만 그래도 마지막 네 번째의 가능성에서 논리적으로 추론할 수 있는 갈등 개연성과 비교해서는 다소 높을 것이다. 후자는 대상자들의 경우는 문화적 규범에서 기술된 내용과 실제 속성과 행위가 일치하지만, 권위체의 경우는 언어적으로 기대하는 문화적 규범이 실제로는 이들의 행위와 거의 관련이 없는 상황이다. 터크에 의하면, 네 번째에 비해 세 번째 가능성일 때에 갈등 개연성이 더 높다고 한다. 왜냐하면 권위체들이 자신들의 사회적 규범이 문화적 규범을 강화하면 그만큼 자신들의 기준과 다른 규범들을 용납하지 않으려 하기 때문이다.

터크의 분석에서, 문화적 규범과 사회적 규범의 논리적 관계는 다른 형식명제가 첨가되면 더욱 복잡해진다. 우선, 터크는 집단의 지지를 받는 행위자는 그렇지 못한 사람에 비해 자신을 변화하려는 시도에 저항의 강도가 클 것이라고 가정했다. 이후 그는 권위체와의 갈등확률이 대상자들, 즉 불법속성을 보유하거나 불법행위에 가담하는 사람들이 조직화된 정도와 비례해 증가한다고 주장했다. 또한, 규범거부자들의 지적수준이 높으면 이들은 교활한 수단을 사용함으로써 공개적 갈등을 교묘하게 회피할 수 있을 것이다(예, 말을 듣는 척하지만 실제로는 몰래 이전처럼 하는 경우). 이런 가정을 바탕으로, 터크는 권위체가 교활하지 못한 규범거부자와 접촉할 때에 갈등확률이 증가한다고 주장했다. 조직화와 교활성의 두 변수를 결합하면 네 가지의 논리적 가능성을 도출할 수 있다: (1) 조직화와 비교활성, (2) 비조직화와 비교활성, (3) 조직화와 교활성, (4) 비조직화와 교활성. 터크는 각 조합에 따른 갈등 개연성을 살펴보았다.

네 가지 가능성에 대한 형식분석을 진행한 이후에, 터크는 몇 가지 결론을 내렸다. 첫째, 권위체와 대상자와의 갈등 가능성이 후자가 조직화되고 상대적으로 교활하지 않은 경우에 가장 높다는 것이다(예, 청소년 갱집단). 또한 이런 갈등확률은 대상자들이 비조직화되고 교활성의 수준이 낮을수록 그만큼 감소하고(예, 빈민지역 부랑자), 또한 이들이 조직화되고 교활성이 높을수록 갈등확률은 더욱 감소한다고 주장했다(예, 조직범죄자). 논리적으로 갈등확률이 가장 낮은 경우는 규범거부자들이 조직화되지 않았고 교활한 상황과 밀접한 연관이 있다고 할 수 있다(예, 전문사기범). 이런 논리적 추론이 경험적 사실과 일치할 수도 그렇지 않을 수도 있지만, 분명한 사실은 논리적 일관성이 있다는 것이다. 터크는 경험적 타당성을 실제로 평가하는 연구를 권장했다.

권위체와 관련해, 터크는 이들은 조직화되어야 하고 만일 그렇지 않으면, 개념상, 권위체가 될 수 없다고 지적했다; 그렇다면, 이들은 일종의 불법집단일 뿐이다. 그리고 권위체들과 이들의 규범에 저항하는 대상자들의 갈등확률이 권위체들이 권력행사를 할 때에 정교화의 정도가 최저수준이면 가장 높을 것이라고 결론지었다. 흥미롭게도, 터크(1969a)가 논리에 따라 도출한 결론은 — 갈등확률이 "권위체와 대상자들간 유대의 성격"(p.61)에 영향을 받는다는 주장은 — 같은 해 통제이론가인 허쉬(Hirschi)가 내린 결론과 동일하다. 또한 터크는 "대상자가 권위체들에 동일시의 수준이 높고 이들의 도덕적 평가에 동의하면, 대상자는 권위체가 선언하는 규범을 "가장 신뢰할 만한 사람의 충고"(p.61)라고 믿고 수용하게 된다고 주장했다. 그러나 허쉬(Hirschi)는 이런 유대가 핵심적이라고 강조했지만, 터크(Turk)는 유대 자체에 대해서는 그다지 관심을 두지 않았다. 즉 터크는 사회가 뒤르켐주의의 유대에 의해 유지되기보다는 짐멜(Simmel)이 주장했듯이 시간의 흐름에 따라 항상적으로 작동하는 갈등기제에 의해 유지된다고 보았다. 또한 허쉬(Hirschi)는 청소년 비행에 이론적 관심을 집중했고, 반면에 터크(Turk)는 조직범죄, 정치적 범죄, 화이트칼라 범죄일반에 많은 관심을 가졌다는 사실도 잊지 말아야 할 것이다. 따라서, 허쉬(Hirschi)가 갈등 개연성에 비해 사회유대를 강조한 것은 놀라운 일이 아니다.

터크(Turk, 1969a)의 경우, 갈등확률에 대한 분석은 첫 번째 단계에 불과하다. 핵심질문은 다음과 같다: "갈등이 시작되었을 때에, 반대파의 구성원을 범죄자로 규정하고…, 이들이 극심한 박탈상태를 겪도록 하는 확률에 영향을 미치는 상황은 어떤 것인가?"(p.64). 이런 의문에 대한 답변의 일부는 이에 검토했던 요인들을 통해 이루어졌다. 즉 이전의 요인들이 범죄화 과정에도 지속적으로 작용하여 그런 확률에 영향을 미친다는 것이다. 그렇지만, 터크는 범죄화가 실제로 진행되는 과정에는 그외 다른 변수들이 개입하는 경향이라고 주장했다.

첫째, 터크(Turk)는 갈등을 규정하는 데 있어 핵심규범은 지위가 높은 권위체의 규범들이지만, 범죄화 확률에서 중요한 요인은 법규범 집행을 전문적으로 하는 사람들의 문화적 규범과 사회적 규범이 공식적 법규범과 일치하는 정도라고 주장했다. 특히 경찰관의 규범들이 중요하며 검사, 판사, 그외 사법기관 종사자의 경우도 고려해야 한다고 지적했다. 경찰관은 현장에서 재량권을 행사하고 결정을 내린다. 이런 중요성으로 인해 터크(Turk)는 경찰관들이 자신들이 집행하는 법규범에 동의하는 정도가 체포와 범죄화의 확률에 중요한 영향을 미친다고 주장했다. 검사, 판사, 배심원, 기타의 사람들도 어느 정도 확률에 영향을 미치겠지만, 규범거부자들을 범죄자로 규정하는 정도를 결정하는 최일선의 집행자는 경찰관일 것이다.

터크(Turk)의 분석에서, 집행자와 거부자의 상대적 권력은 범죄화 확률에 영향을 미치는 또 다른 변수이다. 터크는 규범 집행자의 권력이 거부자의 권력보다 우세할수록 범죄화의 확률이 증가한다고 제안했다. 또한 법집행자들은 매우 강한 세력의 거부자들을 피하려는 경향이 있기 때문에 이들의 범죄성은 실제 행위와 무관하게 낮은 수준일 것이라고 주장했다. 이와 함께 터크는 최저수준 권력집단의 경우에도 불법행위의 일부는 무시될 수 있다고 지적했다. 왜냐하면 이들은 큰 위협이 되지 않고 "신경쓸 가치가 없기" 때문이다.

터크(Turk)가 범죄화 확률에 영향을 미치는 것으로 중요하게 고려한 마지막 변수는 갈등전략의 현실성과 관련이 있다. 앞서 언급한 정교화와 중첩되지만, 터크는 범죄화를 회피하는 데 성공할지의 여부는 다른 사람들의 행위유형에 대한 지식을 활용하는 수준 이상의 요인들에 달려 있다고 주장했다. 저항자들이 취한 전략들이 다음과 같으면 비현실적이라고 판단했다. 즉 전략이 (1) 공격적 속성과 행위의 가시성을 증가시키고, 이로 인해 권위체가 대처하도록 하는 위험성을 증가시켰다면; (2) 속성과 행위의 공격성을 증가시켰다면(예, 공격성의 강화, 다른 공격적 속성에 대한 주의의 환기, 권위체가 보다 중요하게 여기는 규범위반); (3) 여러 법집행자들 간에 합의를 증가시켰다면(예, 특정 규범을 단순히 반대하는 것으로부터 시스템 전체를 부정하며 반대의 범위를 확대한 경우, 혹은 법집행기구 전체를 야만적이다, 무식하다, 부패했다 등으로 비난하는 경우); (4) 법집행자가 유리한 방향으로 권력차이를 증가시켰다면(예, 일반시민에 충격을 주어 집행자들이 예산증액과 같이 자원을 많이 획득하게 도와주는 경우) 이들을 비현실적인 것이라고 판단했다.

터크(Turk)의 분석에서, 권위체의 갈등전략이 다음과 같으면 비현실적이다. 전략이 (1) 자신들에 정당성을 부여하는 기초로는 "존경규범"을 지향하는 합의의 형태와 의견이 다를 때에 권력행사를 통해 복종을 요구하는 의무의 형태가 있을 수 있는데, 만일 정당성의 기초를 합의의 형태에서 복종을 형태로 변화시켰다면; (2) 일반적 사법절차로부터 벗어난 것이라면, 특히 이 같은 변화가 비공식적이고, 급작스레, 강력한 것이라면; (3) 특정한 공격적 속성을 일반화시켜 반대파의 다른 속성들도 범죄화의 대상으로 했다면(예, 체계적 수사로 특정한 범죄자를 찾지 않고 비슷한 유형의 범죄자를 집단적으로 검거하는 경우); (4) 반대파의 규모와 권력을 향상시켰다면(예, 순교자를 만들어 동정심과 후원을 사회의 다른 부분으로부터 얻을 수 있게 한 경우); (5) 여러 법집행자들 간의 합의수준을 감소시켰다면, 이들을 비현실적이라고 구분했다.

이외에도, 터크(Turk)는 사회갈등의 성격과 결과에 미칠 수 있는 또 다른 많은 요인들을 지적했다. 그는 명제들의 논리적 통합을 통해 유관요인들의 다양한 조합이 갈등확률에 어떻게 작용하는가를 분석하고자 했으며, 이와 함께 실제 경험적 연구에서 자신의 명제들을 조작화하는데 활용할 수있는 지표들을 상세히 소개했다. 즉, 터크는 실제 연구에서 법규범의 유형을 분류할 수 있는 방법; 규범적－법적 갈등, 법규범의 중요성, 상대적 권력, 갈등전략의 현실성 등 주요개념에 대한 측정수단의 문제; 자신의 이론을 자료를 통해 검증하고자 할 때에 해결해야 할 또 다른 이슈 등을 구체적으로 다루었다.

## 챔블리스(Chambliss): 범죄, 권력, 사법절차

터크(Turk)와 같은 연도(1962)에 대학원 과정을 마친 윌리엄 챔블리스(William Chambliss)는 형사법의 발전에, 특히 "법률과 이런 법률이 나타나고, 해석되고, 형태를 갖추는 사회적 환경과의 관계에 대해 사회학적으로 타당한 분석"(Chambliss, 1964, p.67)을 하는 데 많은 관심을 가졌다. 챔블리스는 자신의 이론적 시각과 개인적 경험과의 관계를 솔직하게 토로하였다.

> UCLA[University of California, Los Angeles]를 졸업하고, 나는 아버지를 보려고 히치하이킹으로 다시 한 번 국토 횡단여행을 했다. 1995년 무렵 육군에 징집되었고 방첩부대 소속으로 한국에 파병되었다. 이 기간에 범죄에 대한 많은 것을 배웠다. 미군과 한국군은 강간하고, 훔치고, 폭행하고, 협박하며, 한 마디로 한국인들에 테러를 자행했다. 군인들은 힘을 가졌기 때문에, 아무런 조치도 취해지지 않았다. … 심리학과 사회학에서 배운 패러다임으로 어떻게 범죄를 설명할 수 있을까?(pp.5−6)

챔블리스는 인디애나 대학교에서 대학원 과정을 마치고 이후 워싱턴 대학에서 학생들을 가르쳤고 곧 위스콘신 대학교에서 박사후과정을 밟았다. 주목할 만한 사실은 (1) 터크(Turk)와 앞으로 세 번째 현대 갈등론적 범죄학 이론가로 다룰 퀴니(Quinney)가 위스콘신 대학교에서 대학원 과정을 마쳤던 해에 챔블리스는 인디애나 대학교에서 대학원 과정을 마쳤다. (2) 터크(Turk) 자신도 위스콘신에서 대학원을 마치고 인디애나에서 교수진에 합류했다. 두 대학의 관계는 매우 밀접했으며 서로 많은 영향을 주고 받았다.

> 우리의 생활에는 상상조차 할 수 없을 정도의 우연성이 있었다. 위스콘신에 도착한 다음 해에, 마르크스주의에 아주 해박한 삐에르 반 덴 버그(Pierre van den Berghe)가 교수로 부임했다. 나는 삐에르(Pierre), 철학자 1분, 2분의 인류학자들과 법사회학에 관한 교수세미나를 조직했다. … 이 무렵에, 러셀 세이지 재단(Russell Sage Foundation)이 법사회학의 부흥을 지원하기로 결정했다. 나는 특별연구원 장학금을 받아 위스콘신 대학교에서 법학을 공부했다(Chambliss, 1987, pp.3, 7).

터크(Turk)와 같이, 챔블리스도 범죄의 상대성과 사회갈등으로 범죄자 낙인이 형성되는 과정에 많은 관심을 가졌다. 그러나 터크의 연구들이 형식을 강조하는 짐멜주의 접근방법에 영향을 받았던 반면에, 챔블리스는 초기에 유럽의 고전 갈등이론의 전통보다 미국의 법현실주의 전통, 미국 법학자인 제롬 홀(Jerome Hall)의 선도적 연구, 자신의 경험적 연구결과들 등으로부터 더 많은 영감을 얻었다. 챔블리스(1964)는 영국의 부랑자법(vagrancy law)의 발전에 대한 연구를 수행했고, 이를 통해 이런 법들은 기득권 때문에 만들어졌다는 것을 알 수 있었다: 이런 법들의 하나의 명백한 목적을 위해 만들어졌다는 것은 의심의 여지가 없다: "노동자들을 … 낮은 임금을 받고 일하도록 강제하는 것이다. 토지소유자가 무난히 지불할 만한 비용으로 적절한 규모의 노동자 공급을 보장해주는 것이다"(p.69).

터크(Turk, 1969a)가 범죄성과 법질서(Criminality and the Legal Order)를 출판했던 같은 해에, 챔블리스(1969)는 범죄와 사법절차(Crime and the Legal Process)란 저서를 출판했다. 이 책은 챔블리스가 수행했던 법체계에 관한 경험적 연구들을 자신의 이론적 틀과 함께 묶어 편집한 것이었다. 곧 이어 위스콘신 대학교의 법학 교수였던 로버트 사이드먼(Robert T. Seidman)과 공동으로 보다 정성을 들인 저서, 법, 질서, 그리고 권력(Law, Order, and Power)을 출판했다. 초기에 챔블리스(1969)는 자신의 시각을 "가치표출"이 아니라 "이해집단" 관점을 대표하는 것이라고 간단하게 표현했다. 그가 비교한 두 가지는 "사회과학이론에서 '갈등' 이론가들과 '기능주의' 이론가들의(p.8) 논쟁에서 사용된 용어들이다. 챔블리스의 접근방법에 가장 많은 영향을 미친 것은, "법전에 서술된 법"과 "집행법"의 구분에 관심을 가졌던 미국의 법현실주의이다. 법현실주의는 추상적 법이론의 연구는 실제 현장에서 집행되고 있는 법에 대한 연구에 의해 보완되어야 한다는 입장이다. 이런 점에서 "법전에 서술된 법"은 제2장에서 살펴본 고전주의 학파가 관심을 가졌던 대상이며, 집행법에 대한 새로운 관심은 실증주의가 법학연구에 미친 영향을 표상한다고 할 수 있다. 챔블리스는 집행법에 관한 이론을 — 경험적 연구에 기반한 이론을 — 개발하고자 했다

제2권의 초반에, 챔블리스와 사이드먼(Chambliss & Seidman, 1971)은 "우리의 이론적 모형에서 제1의 변수는 사회의 상대적 복잡성이다"(p.3)라고 선언하며 뒤르켐의 주장과 거의 흡사한 견해를 밝혔다. 그러나 계속해서 '(1) 복잡성은

기술적 발전에 의해 나타나며 이는 보다 다양한, 분화된, 세밀한 사회적 역할들이 불가피하게 만든다. 또한 복잡성은 실제로 (2) 사람들을 타인과의 마찰상태에 빠뜨리며, 따라서 (3) 공식적 기구가 구성되어 일부가 규범위반이라고 생각하는 것을 제재하는 것을 필요로 한다'고 주장했다. 이런 주장은 다렌도르프(Dahrendorf)의 견해를 상기시킨다. 하지만 다렌도르프가 공식 제재기구를 사회의 필수적 구성요소로 봤지만 이들은 사회복잡성 증가에 따른 현대적 필요성이라고 인식했다는 점에서 중요한 차이가 있다. 이들이 주장한 법발전 이론은 뒤르켐(Durkheim, 1964)의 통제이론 접근방법과 거의 정반대 방향이다. 뒤르켐은 사회복잡성이 증가하면 "억압적" 법의 강조에서 "보상적" 법의 강조로 이행한다고 주장했다. 이에 대해, 챔블리스와 사이드먼(1971)은 "따라서, 우리는 다음과 같은 명제를 구성할 수 있다: 사회복잡성이 낮은 수준이면, 갈등해결 과정에서 화해가 강조된다; 사회가 더욱 복잡해지면, 법집행을 더욱 강조하게 된다"(p.32)고 반박했다.

챔블리스와 사이드먼(Chambliss & Seidman, 1971)은 사회복잡성이 증가하면, 이런 사실 자체가 이해갈등 당사자들 간의 질서유지를 위해 만들어진 제재기구의 개입을 필요로 한다고 보았다. 나아가, 이들은 사회복잡성이 사회계층화될수록, 즉 특정 집단이 다른 집단들에 비해 부와 권력을 더 많이 갖는 현상이 고착화될수록, 제재과정이 더 많이 활용된다고 주장했다: "사회가 경제적으로 계층화될수록, 지배집단은 자신들의 우월성을 보장하는 행위규범을 강입직으로 집행하는 일이 더욱 필요해진다"(p.33). 이런 견해는 마르크스주의와 유사하다고 할 수 있다. 그러나, 챔블리스와 사이드먼은 정통 마르크스주의자들처럼 사회계층의 가장 심각한 문제들을 자본주의에 의한 양극화 때문이라고 주장하는 데까지 나아가지는 않았다.

또한 챔블리스와 사이드먼(Chambliss & Seidman, 1971)은 관료조직들에 의해 늘어난 제재들이 집행되는 경향이라는 사실의 중요성을 강조했다. 이들에 의하면, 제재의 기반은 지배집단의 이익을 중심으로 조직화되지만, 제재의 실제집행은 자신들만의 이해관계를 가진 관료들에 의해 이루어지는 경향이다. 이런 점에서, 집행법은 권력층의 이해관계와 법을 집행하기 위해 구성된 관료조직의 이해관계 모두를 반영하는 것으로 이해할 수 있다.

챔블리스(Chambliss) 이론의 목적은 현대의 복잡한, 산업화 사회에서 집행법을 설명하는 것이었다. 따라서 그의 집행법 이론에서 두 번째와 세 번째 변수에 — 사회계층과 관료제에 — 주목할 필요가 있다. 또한, 범죄와 사법절차에서, 챔블리스(1969)는 "현대 미국사회에서 법질서를 형성하는 데 영향을 미치는 한 가지 가장 중요한 특징은 중간계급의 지배가 증가하고 이와 함께 중간계급 [구성원들]이 적절한 행동에 대한 자신들만의 기준과 견해를 이와 다른 가치를 가진 사람들에게 강요하려는 시도"(pp.10－11)라는 점을 강조했다. 이런 견해에 의하면, 중간계급은 앞으로 보편적 도덕성을 대변할 것이다. 그러나 챔블리스는 중산층 가치의 이면에는 이들의 이해관계가 숨겨져 있다고 강조했다.

법, 질서, 권력에서, 챔블리스와 사이드먼(Chambliss & Seidman, 1971)은 다섯 가지의 기본명제들을 제시하며 사회계층과 법의 관계를 설명했다. 첫 번째 명제는 '(1) 개인의 생활조건이 각자의 가치와 규범에 영향을 미친다'이다. 이후 이들은 '(2) 사회의 복잡성은 천차만별의 생활조건을 겪는 집단들로 구성된다'와 '(3) 사회의 복잡성은, 따라서, 서로 상이하며 갈등하는 규범들의 집합으로 구성된다'고 주장했다. 갈등관계의 규범들과 법의 상호작용에 대해, 이들은 '(4) 특정 집단의 특수한 규범체계가 법으로 구현될 수 있는 확률은 집단별로 균등하게 분포하지 않으며, 이것은 특정 집단의 정치적 그리고 경제적 지위와 밀접한 관련이 있다'고 보았다. 이런 명제들을 통합해, 챔블리스와 사이드먼은 마지막 명제, 즉 '(5) 특정 집단의 정치적 혹은 경제적 지위가 높을수록, 그 집단의 견해가 법에 반영될 가능성은 커진다'라고 주장했다(pp.473－474).

법이 복잡한 사회의 계층체계에서 권력을 많이 가진 집단의 가치와 이해관계를 대변하지만, 실제로 법의 제정과 집행은 관료조직들이 담당하며 이들은 자체의 목적이 있다는 것이 챔블리스와 사이드먼(Chambliss & Seidman)이 주장했던 집행법에 대한 이론적 설명의 핵심내용이다. 범죄와 사법절차에서, 챔블리스(1969)는 "조직행동의 가장 두드러진 특징은 현재 실시하는 정책들과 활동들이 바로 조직의 이익을 최대화하고 어려움을 최소화하기 위한 것들이라는 사실이다"(p.84)라고 주장했다. 나아가,

> 이런 일반원칙이 법을 집행하는 과정에 반영되어 있다. <u>체포를 당하고, 재판을 받고, 형을 받는 사람들은 법을 집행하지 않았을 때에</u> 사법체계를 구성하는 조직이 얻게 될 <u>보상이 가장 적은 경우들이며 사법처리의 대상이 되어도 조직에 어떠한 어려움</u>

도 유발하지 않는다(pp.84-85, 원문 강조).

챔블리스(Chambliss)에 의하면, 형사사법 관료들은 동일한 범죄에 대해 중간계급이나 상위계급의 사람들보다 낮은 사회계급의 사람들을 더욱 심하게 처리하는 경향이다. 왜냐하면 낮은 사회계급 사람들은 관용에 대해 보답할 것이 거의 없으며 사법체계에 저항할 만한 지위에 있지 못하기 때문이다, 이와 함께, 챔블리스는 이들 관료들의 경우에 똑같은 범죄를 계층의 위계서열에서 높은 지위의 사람이 범죄를 저지르면 흔히 묵과하거나 관대하게 처리한다고 주장했다.

목표전이 혹은 목표대체는 이처럼 관료제적 효율성과 어려움의 기피와 같은 목적들이 사법체계의 공식적 목표, 즉 공평무사한 법집행을 대체하는 과정을 일컫는 용어이다. 챔블리스는 관료조직이 안이하고 쉬운 길을—낮은 저항의 경로를—택할 가능성이 특히 다음과 같은 상황에서 높을 것으로 기대했다; (1) 구성원들이 쉬운 길에 반대할 만한 동기가 없을 경우, (2) 앞으로 어떻게 할 것인가에 대해 재량권을 많이 가진 경우, (3) 공식적 목표의 준수를 강요하지 않는 경우. 또한 "조직은 정치적으로 취약하고 힘이 없는 사람들을 처리할 때에 보상을 극대화하고 부담을 최소화할 것이며 정치적으로 강력한 힘을 가신 사람들을 처리하는 일은 자제할 것이다"(Chambliss & Seidman, 1971, p.269). 따라서,

> 사법체계가 중간과 상위계급 위반자들이 저지르는 범죄의 잠재적 유발원인을 제거하는데 실패하는 이유는 … 사법처리를 하면 지역사회가 보상을 해주는 위반자는 적극적으로 처리하고 사법기관에 문제의 소지가 되는 위반자는 묵과하려는 사법체계의 합리적 선택과 관련해 추론할 수 있다(Chambliss, 1969, p.88).

경찰에 관한 서술에서, 챔블리스와 사이드먼(Chambliss & Seidman, 1971)은 증거자료들을 제시하고 관료조직으로서 경찰은 "무력진압을 할 때에, 수색과 압수를 할 때에, 체포와 신문을 할 때에 모든 단계에서 적법절차의 규범을 어기면서 불법적으로 행동한다"(p.391)라고 결론지었다. 경찰관들이 악마이기 때문에 이런 불법성이 일어나는 것이 아니다. 우선 이들이 적법절차를 중시하지 않기 때문이며, 많은 재량권을 행사하고, 적법절차 규범에 대해서 일반시민이나 형사사법체계의 다른 조직들의 감독이 거의 없기 때문이다. 체포 이후의 기소과정에

대해, 챔블리스와 사이드먼은 "재판전 면담에서 검사와 맺는 '거래'가 얼마나 유리한 것인가는 피고인이 얼마나 정치적으로나 경제적으로 힘이 있는가와 밀접한 연관성이 있다"(p.412)라고 결론지었다. 배심재판 청구권리가 소위 인권보호의 안전판이라는 것도 대부분 근거 없는 믿음이라고 주장했다. 왜냐하면 "배심재판에는 … 피고인으로 하여금 유죄를 자백하도록 강요하는 내재적 위험"(p.444)으로, 힘이 없는 사람들의 경우 10명 중에서 9명이 이런 권리를 포기하기 때문이다. 마지막으로, 챔블리스와 사이드먼은 "사법체계의 일상적 기능을 결정하는데 있어서 한 가지 가장 중요한 변수는 관료제화의 경향과 필요성이다"라는 명제의 타당성을 심지어 재판과정에서 조차도 "가난한 사람들의 제도화된 차별관행이 얼마나 필연적 결과인지"(pp.468-469)를 보여줌으로써 검증하고자 했다.

챔블리스(Chambliss)는 자신의 이론적 틀에 관한 최초 발표를 하기 전에 몇 년 동안, 미국의 대도시 한 곳에서 전문적 범죄자들과 사법체계의 관계에 대한 연구에 참여했다. 이 연구를 수행하면서 얻은 경험들이 그의 생각에, 특히 관료제도가 사법체계에 미치는 효과에 대해, 분명히 많은 영향을 주었을 것이다. 그는 "전문적 범죄자들이(예를 들어, 절도범, 도박꾼, 매춘부, 사기꾼) 법집행기관에 해주는 것이 거의 없어 보이지만" 실제현장에서는 "상생" 혹은 상호의존성의 관계가 거기에도 나타난다고 지적했다(Chambliss, 1969, p.89). 법집행기관들은 임무를 쉽게 만들어주는 내부정보를 전문적 범죄자들에 의존하기 때문에, 이들에 대해 법집행을 하지 않으며 오히려 협조하게 된다고 주장했다. 이후의 보다 발전된 연구에서, 챔블리스와 사이드먼(Chambliss & Seidman, 1971)는 조직범죄를 둘러싼 상생관계를 상세히 분석하며, "사법체계에 대한 사회학적 관점에서, 조직범죄가 광범위하게 활동하는데 가장 중요한 요인은 … 사법체계의 협조가 없다면 이런 조직들이 불가능하다"(p.489)라는 명제를 입증하는 증거자료들을 제시했다.

챔블리스(Chambliss, 1969)는 이런 주장을 중심으로 미국 사법체계에서 다소 비논리적인 몇 가지 특징들을 설명하고자 했다. 그가 지적했듯이, "아이러니컬하게도, 범죄자에 대한 사법부의 노력 대부분은 형사처벌을 통해 억제의 가능성이 <u>가장 낮은</u> 사람들을 처리하고 제재하는 데 집중되어 있다"(p.30, 원문 강조). 그는 약물중독자를 가혹하게 처벌하고 살인자를 사형으로 처벌하는 경우를 억제효과가 거의 없는 데도 엄중한 제재를 하는 사례들로 인용했다. 반대로, 처벌을 통해 억제의 가능성이 높지만 이를 피하도록 허용하는 경우에 대해서는 화이트칼라 범죄자와 전문적 범죄자들한테 엄격한 제재를 기피하는 경향을 구체적 사례로 인용했다. 그의 주장에 따르면, 이런 정책은 억제의 형식논리에 명백히 역행하는 것이다. 그러나 관료제적 논리와는, 즉 힘없는 사람들은 가혹하게 처벌하고 권력층을 처벌할 때의 조직적 어려움을 회피함으로써 조직의 "효율성"을 도모할 수 있다는 논리와는, 완벽히 일치한다.

뒤르켐(Durkheim)에 기초한 통제이론은 법이 사회유대의 회복에 기여할 수 있다고 주장한다. 이에 대해, 챔블리스(Chambliss, 1969)는 "법적 제재의 부과를 통해 지역사회의 유대를 증진시킬 수 있지만 이는 오직 이때의 도덕성이 지역사회의 다양한 권력수준에 있는 사람들의 이익을 반영하는 경우에만 가능하다"(p.373)고 반박했다. 법이 간혹 사회유대에 기여할 수 있다는 사실을 인정했지만, 챔블리스는 법집행의 부정적 결과를 강조했다. 법집행이 지역사회의 일부(권력이 없는) 구성원을 낙인하고 배척함으로써 지역사회를 분할시키고 사형과 같은 정책이 "갈등해결 과정에서 극단적 폭력사용의 정당성을 옹호하는 방향으로 일반적 태도가 형성되는 데 매우 중요한 역할을 할 수 있다"(p.376)는 것이다. 챔블리스의 시각에서, 법의 제정과 집행은 사회갈등으로부터 시작되며 이후 이런 갈등에 배가되고 강화하는 것이다.

그렇지만, 1970년대 중반에 이르러, 넓게는 당시의 정치적 사건들 좁게는 사회이론의 발전으로 챔블리스의 시각에 중요한 변화가 있었다. 1960년대의 사회적 변화는 터크(Turk)와 챔블리스(Chambliss) 모두에게 중요한 영향을 미쳤다. 뿐만 아니라 당시의 많은 사회이론가들도 1940년대의 전쟁기과 1950년대의 매카시즘 시기에 휴면해 있던 마르크스주의에 다시 한번 관심을 갖게 되었다. 마르크스주의 학자들은 자본가들의 이해관계를 인종차별 문제와 베트남 전쟁의 원인으로 지적했다. 이들은 미국인의 꿈(American dream)에 대한 저항문화운동이 순진무구한 것이며, 사회주의 혁명정신을 포용하지 않으면 곧 소멸할 것이라고 주장했다. 나중에 상세히 살펴보겠지만, 1960년대가 지나면서 정치적 반동이 일어났다. 챔블리스가 집행법을 비판하며 제안했던 개혁방향이 폐기될 위험에 처해졌으며, 1950년대의 사회적, 정치적 분위기로 "시계를 되돌리려는" 움직임이 나타났다. 이에 챔블리스는 자신이 의심한 것보다 문제가 심층적인 것이며, 마르크스주의가 진실에 근접한 것이며, 자신의 분석이 마르크스주의를 지향해야 한다는 것을 명확히 인식했다.

챔블리스(Chambliss, 1975)의 변화는 9개의 명제에 구체적으로 잘 나타나있다. 형사법의 내용과 운용에 대해, 이제 그는 다음과 같이 주장했다: (1) "어떤 행위를 범죄라고 규정하는 이유는, 그렇게 규정하는 것이 지배계급의 이익이기 때문이다"; (2) "지배계급의 구성원은 범죄를 저질러도 처벌을 받지 않을 수 있지만 복종계급의 구성원은 처벌을 받을 것이다"; (3) "자본주의 사회가 산업화되고 유산계급과 무산계급의 간극이 넓어지면, 무산계급의 복종을 강제하기 위해 형법이 확대될 것이다"(p.152). 범죄가 사회에 미치는 영향에 대해서, 챔블리스는 다음과 같이 설명했다: (1) "범죄는 범죄자뿐만 아니라, 법집행자들, 복지근로자들, 범죄학 교수들, 기타 범죄로 인해 생계를 잇는 많은 사람들에게 취업기회를 제공함으로써 잉여노동을 감소한다"; (2) "범죄는 하층계급의 관심을 자신들이 당하는 착취로부터 분산시킨다. 그리고 관심을 자본가 계급이나 경제체계보다는 자기 계급의 다른 구성원에 쏠리도록 만든다"; (3) "범죄는 실재한다. 그러나 사회에서 그것이 있음으로 이익을 얻는 사람들이 만들었기 때문에 존재하는 실재이다"(pp.152–153).

챔블리스(Chambliss)는 자신의 입장과 그 의의를 다음과 같이 주장했다; (1) "범죄행위과 정상적 행위 모두는 자신의 계급지위와 부합하는 방식으로 … 각자의 사회계급에 따른 삶의 조건에 대한 반응으로 사람들이 합리적으로 행동한 결과이다"; (2) "범죄는 사회마다 다르다. 그것은 사회의 정치적 그리고 경제적 구조에 종속된 것이다"; (3) "사회주의 국가들에서 범죄율이 월등히 낮은 수준이어야 한다. 왜냐하면 계급갈등이 덜 극심하므로 그만큼 범죄로 이끄는 영향과 범죄의 기능이 적어야 하기 때문이다"(p.153). 이런 주장은 봉거(Bonger)의 견해와 매우 유사하다. 그리고 유산계급, 무산계급, 착취, 계급갈등 등의 단어가 사용됨으로써 자본주의가 문제이며 사회주의가 이를 해결하는 방안이라는 마르크스주의 강령으로 챔블리스가 더욱 이행했다는 것을 알 수 있다.

## 퀴니(Quinney): 사회적 실재, 자본주의, 그리고 범죄

이전에 지적했듯이, 이 장에서 세 번째로 검토할 갈등론적 범죄이론가는 리차드 퀴니(Richard Quinney)이다. 퀴니(Quinney) 역시 1962년에 대학원 과정을 마쳤으며, 터크(Turk)와 챔블리스(Chambliss)와 함께 1960년대의 시대환경이 이미 색다른 사회적 분위기가 되었을 때에 범죄학에 입문했다. 퀴니(Quinney)는 갈등론적 범죄학 이론가들 중에서 가장 활동적이고 동시에 가장 많이 논란의 대상이 된 학자가 되었다. 그는 자신의 이론적 입장을 여러 차례 수정했다. 초기에는 터크와 챔블리스와 여러 면에서 유사한 입장으로 시작했지만, 곧바로 입장을 바꿨으며, 챔블리스가 변화했던 거의 같은 시기에 마르크스주의자로 발전했으며 그 후에 또다시 다른 방향으로 이동했다(Wozniak, 2011; Wozniak, Braswell, Vogel, & Blevins, 2008 참조). 퀴니(Quinney)는 이런 이론적 전환들을 다음과 같이 설명했다:

> 나는 사회과학의 다양한 존재론과 인식론을 넘나들었다. 한 가지를 적용했더니, 누락된 부분이 눈에 띄었고 이를 보완하려면 다른 것이 필요하다는 것을 깨달았다; 계속 이런 식이었다. 또한, 나는 과학철학에서 가장 최근 견해들을 내 연구에 계속해 반영하려고 노력했다. 더불어, 나는 각 시대에 있었던 진보주의 운동에서 항상 한 부분이 되고자 했다. 내 연구는 따라서 범죄학과 사회학 외부의 넓은 사회에서 일어난 사회적 그리고 지적 변화를 구성하는 한 부분이었다. 한 가지 다른 사실이 최근의 내 연구에 영향을 주었다: 내 삶의 의미와 세상의 의미에 대한 탐구이다(Bartollas에서 인용, 1985, p.230).

앞으로 퀴니의 입장이 어떻게 진화했는가를 단계별로 추적할 것이다. 이 장의 후반부에서는, 퀴니와 평화구축 범죄학의 구축에서 그의 역할에 대해 다시 한 번 검토할 예정이다.

**범죄의 실재 구성** 1969년에 터크(Turk, 1969a)의 범죄성과 법질서와 챔블리스(Chambliss, 1969)의 범죄와 사법절차가 출판되었다. 같은 해에 퀴니(Quinney, 1969)는 법사회학적 주제를 다룬 편집서, 범죄와 사회정의(Crime and Justice in Society), 서문에서 자신의 견해를 토로했다. 이때, 퀴니의 관점은 어떤 부분에서는 터크(Turk)와 유사했고 다른 부분에서는 챔블리스(Chambliss)와 유사했다. 챔블리스와 같이, 퀴니는 이해갈등의 사회학에 관심을 두었다. 그러나 그는 "소위 법현실주의"보다는 파운드(Pound, 1942)의 사회학적 법학을 선호했다. 그 이유는 파운드(Pound)가 처음으로 "'법전에 서술된 법'과 구별되는 '집행법'에 대한 연구가 필요하다"고 지적했기 때문이었다(Quinney, 1969, pp.22－23). 그렇지만 다소의 차이가 있었다. 파운드(Pound)는 법을 사회전체의 이익을 위해 집행되는 것으로 보았다. 파운드(Pound)와 달리, 퀴니는 터크(Turk)처럼(Dahrendorf도 인용했다) "사회가 통합모형에 반대되는 강제모형에 기초한다"(p.29)라는 입장이었다.

퀴니(Quinney, 1969)는 법에 대해 "정치적으로 조직화된 사회에서 전문화된 규칙의 제정과 해석"(p.26)이라고 규정했다. 그리고 "정치적으로 조직화된 사회는 이해구조에 기반한다", 이 구조는 "권력의 불평등한 분배와 갈등이 특징적 요소이다", "법은 이해구조를 배경으로 제정되고 집행된다"(pp.27－29)고 설명했다. "법의 정치성"을 언급할 때에, 퀴니는 "법이 만들어지고 해석될 때마다, 필연적으로 일부 사람들의 가치는 보장을 받게 되며 다른 사람들의 가치는 무시되거나 부정된다"(p.27)고 주장했다. 이런 시각에 의하면, 법은 사회에서 이해구조의 한 부분이며, 법이 변화되는 현상은 이해구조의 변화를 반영하는 것이며, 이해구조가 변화하면 법도 따라 변화하는 것으로 이해된다.

1년 후에, 퀴니(Quinney, 1970a; 1970b)는 2권으로 구성된『범죄의 문제와 범죄의 사회적 실재』를 출판했다. 여기서 그는 다소 색다른 방향의 갈등론적 범죄학 이론을 제안했다. 터크와 챔블리스와 마찬가지로, 퀴니도 범죄의 상대성에 주목했다. 범죄의 문제에서, 퀴니(Quinney, 1970a)는 터크와 같이 범죄를 상대적 개념으로 파악해야 한다고 주장했다. 즉 범죄는 "사회적으로 권위를 인정받은 사람들이 특정 행위와 행위자에 부과한 법적 지위"이며, 그리고 범죄자는 "행위가 범죄를 구성한다는 공식적 판단을 기반으로 범죄자의 지위가 부과된 사람"(pp.6－7)이라는 것이다. 터크와 챔블리스와 같이, 퀴니도 사회분화와 사회변화로 인해 구성단위들의 행위규범이 상이하고 혹은 갈등하는 등의 복잡한 사회가 도래하게 되었다고 주장했다. 형사사법 통계에 대한 퀴니의 비판은 터크와 챔블리스가 지적했던 사항들과 크게 다르지 않다. 퀴니는 "왜 사회와 사법기관들이 그들이 하는 범죄의 발생규모를 보고하고, 지어내고, 만들어내는지가 가장 결정적 의문사항이다"(p.16)라고 주장하며, 범죄유발적 사회체계로서 미국사회에 대한 그의 분석은 앞선 장에서 소개한 이론들을 기반으로 하였다. 한 가지 차이는 퀴니의 경우에 "범죄의 정치성"(p.180)을 강조했다는 것이다. 범죄의 정치성에 대해, 그는 다음과 같이 설명했다.

> 범죄자로 규정된 사람들의 행동은 부적절한 사회화와 성격문제라기보다 무언가에 대해 선택한 의식적 행동이다. … 어떤 생각과 느낌을 표현하기 위한 유일한 수단이며 사회변화를 도모할 수 있는 유일한 가능성이다(p.180).

연구방법의 배경이 된 철학적 토대를 살펴보면, 퀴니는 터크나 챔블리스와 많은 차이가 있다는 것을 알 수 있다. 이런 차이로 퀴니의 이론에는 독특한 특성이 있다. 퀴니(Quinney, 1970a)는 "원인"의 실증주의적 개념에 대해 여러 범죄학자들이 깊은 우려를 표명했다고 지적하고, 이런 철학적 논쟁의 심층적 의미를 설명하고, "현대 물리학의 철학적 함의가 미친 파급효과를 인식한 이후로, 대부분의 물리과학자들이 <u>실재를 복사하는 의미</u>로서의 과학을 포기했다"(p.134, 원문강조)고 결론을 내렸다. 이런 주장으로 실증주의의 완벽한 부정에 이르게 되었다. 유럽의 전통이었던 철학적 관념론으로부터, 그는 다음과 같은 입장을 취하였다: "따라서, 극단적으로 얘기하면, 인간의 개념을 넘어서는 실재는 없다; <u>실재란 마음에 의한 것</u>이다." 그리고 "사물의 객관적 존재를 믿을 이유가 없다"(pp.136-138, 원문강조). 퀴니가 지적하듯이, 중요한 것은 관찰자와 분리되어 존재하는 어떤 실재를 이해하는 것이 아니며 그 대신 각자가 추구하는 목적의 측면에서 도움이 될 수 있는 관념들을 구성하는 것이다.

철학에 익숙하지 않은 범죄학자에게는, 이런 주장은 타당해보이지 않고 어쩌면 터무니없을 수 있을 것이나. 그렇지만, 철학적 관념주의(세상은 마음의 산물이다)는 플라톤과 그 이전부터 전래된 오랜 역사의 유수한 철학적 분파이다. 관념주의는 우리를 둘러싼 객관적 세계라는 것은 하나의 인상(image)이며 이는 우리의 감각들과 사고들에 의해 형성된다는 견해이다. 예를 들어, 인간과 다른 감각기관과 마음을 가진 생명체의 경우에 그들의 세계는 인간세계와 다를 것이며, 어느 한 생명체의 세계가 다른 생명체의 것보다 더 실재하지도 않을 것이다. 낙인이론은 어느 정도 이 방향으로 나아가, 범죄를 지각과 규정의 문제로 보았다. 퀴니는, 넓게는 사회적 실재 좁게는 일탈과 범죄 모두가 변화하는 지각과 해석의 문제라고 지적했던 사회구성주의론자들의 영향을 받아 이보다 한 단계 더 나아갔다.

철학적 관념주의의 여러 분파들이 1960년대에 풍미하여, 마틴 루터 킹(Martin Luther King, Jr.)이 간디(Ghandi)로부터 배웠던 도덕적 설득과 비폭력으로 광범위한 사회변혁을 이루고자 했던 정치운동에서부터 이런 접근방법이 취할 수 있는 극단의 사례라고 할 수 있는 소위 저항문화적 히피들의 난해한 행동까지 다양한 움직임이 있었다. 어떤 면에서, 1960년대는 새로운 의식의 개발로 사물들을 재정의하면 이를 변화시킬 수 있다는 기대가 움튼 시대였다. "사람의 마음을 흔들고자 하는" 이런 "의식 정치"의 가장 극단적 형태는 다음의 사례를 통해 알 수 있다:

> 사람의 마음을 흔드는 것은 새로운 상황을 겪게 하는 것이다. 즉 문화적 가정들 혹은 지배계급이 만든 인상으로부터 해방시키는 상황에 대면하게 하는 것이다. … 의심의 여지 없이, 신좌파운동에서 마음흔들기의 달인들은 지저분한 모습으로 스스로를 "반지성적 행동의 괴짜들"이라고 묘사하고 자칭 국제청년당(Youth International Party, YIP)이라고 명명한 집단이었다.
>
> 조직과 이론이 없었으며 사회기반도 좁았던, 이들 이피들(Yippies)은 전략에 집중했다. 이들은 극적인 아이러니를 사용해 합리성이란 이름으로 정당성을 구축한 사회질서의 터무니없는 모순들을 폭로했다.
>
> 이피들이 처음 저지른 가장 큰 사건은 뉴욕 증권거래소의 방문객 복도에서 바닥으로 돈다발을 뿌린 것이었다.
>
> 이피들은 교회에 나체로 나타났고; 대학 강의실에 침입해, 웃통을 벗고 프렌치 키스를 했으며; 우스꽝스러운 경찰복장으로 위스키 술꾼들을 모두 체포하러 왔다고 뉴욕대학교에 출몰했고; 도시도로 한 복판에 나무를 심기도 했고; 에너지 회사의 로비에 숯더미와 연막탄을 던지기도 했고; 경찰한테 뿌리면 그 자리에서 옷을 벗고 사랑하도록 만든다는 "레이스"라는 약물을 소개하는 기자회견을 열기도 했다(Starr, 1985, pp.267－270).

물론, 퀴니는 이피가 아니었다; 하지만 분명히 당시에 만연했던 시각에, 즉 당연시하는 사회적 실재의 측면들이 결국 집합적 정의에 의한 것이고 사람들은 대부분 아무 생각 없이 이런 정의에 따라 살고 있다는 자각에, 많은 영향을 받았을 것이다. 퀴니는 자신의 견해를 범죄의 사회적 실재에 상세히 기술했다. 이 책에서, 퀴니(1970b)는 버거와 루크만(Berger & Luckmann, 1966), 슐츠(Schutz, 1962). 그 외의 관련학자들을 바탕으로 범죄의 사회적 실재를 설명했다. 이들 학자들은 모두 사회적 실재가 "일상생활의 의미있는 세계"로 구성된다는 입장이었다. 또한 "인간행위란 의도적이고, 행위자한테 의미가 있으며, 목표지향적이며, 결과를 짐작하면서 이루어지며" 행위자는 다른 사람들과 함께 갖고 있는 의미와 이해방식으로 구성된 소위 집합적 실재(collective reality)를 공유한다고 입장이었다(p.14, 원문 강조). 퀴니에게 있어, 이론적 과제는 집합적 의미가 만들어지고 유지되는 현상학적 과정을 탐구하고 설명하는 것이었다.

범죄의 사회적 실재(The Social Reality of Crime)에서 제시한 이론은 6개의 명제로 구성되었다. 퀴니는 먼저 범죄에 관한 일반적 정의와 관련해 "정치적으로 조직화된 사회에서 권위가 부여된 기구가 만드는 인간행위에 대한 규정"이라고 파악했다. 다음으로 두 번째 명제는 "범죄 개념은 사회의 특정 부분 이익과 갈등관계에 있는 행위를 기술하는 것이며 이 특정 부분은 공공정책에 영향을 미칠 수 있는 권력을 가지고 있다"(Quinney, 1970b, pp.15–16). 이를 통해 볼드(Vold)와 터크(Turk)로부터 영향이 있었다는 것을 알 수 있다: 또한, Quinny는 사회의 부문들 간 갈등이 증가하면 사회 지도층이 범죄의 개념을 만들어 낼 가능성이 높아지고, 법의 역사는 사회의 이해구조에서의 변화를 반영한다고 주장했다.

퀴니(Quinney, 1970b)의 세 번째 명제는 "법집행"에 대한 것으로, "범죄 개념은 형사법의 집행과 관리에 관여할 수 있는 권력을 가진 사회부문에 의해 <u>적용된다</u>"(p.18, 강조 첨가). 퀴니가 주장한 내용은:

> 범죄 개념을 적용할 확률은 다음과 같은 지역사회와 조직 요인들로부터 영향을 받는다; (1) 법의 집행과 관리에 대한 지역사회 기대수준 (2) 범죄의 가시성과 시민 신고의지 (3) 형사법의 집행권위가 부여된 관련기관들의 조직특성, 추구이념, 활동양상(1970b, pp.19–20).

네 번째 명제는 범죄 낙인을 유발하게 되는 행위의 원인을 다룬 것이다. 퀴니는 "부문으로 조직화된 사회에서 행위유형들이 범죄개념과 관련해 조직화되어 있으며, 이런 상황에서 사람들은 범죄로 규정되는 확률이 서로 다른 행위를 하게 된다"(p.20)고 주장했다. 퀴니는 범죄가 되는지의 여부에서 중요한 것은 행위의 속성이 아니라 그것에 대한 행동이라는 입장이었다. 계속해 그는 "사회의 구성부문 중에서 범죄 개념을 구성하고 적용하는 과정에서 자신들의 행위 유형들이 반영되지 못한 구성부문의 사람들은 그렇지 않은 사람들, 즉 범죄 개념을 구성하고 적용하는 부문의 사람들보다 범죄라고 규정되는 방식으로 행동할 가능성이 크다"(p.21)고 지적했다.

다섯 번째, 퀴니(Quinney, 1970b)는 일반적으로 수용되는 사회적 실재가 바뀌기 이전에 일부 사회부문이 제안하는 범죄개념이 사회전반에 걸쳐 확산된다고 주장했다: "사회의 구성부문은 다양한 의사전달 수단을 사용해 범죄의 개념을 구성하고 확산시키다"(p.22).

퀴니의 마지막 명제는 전체 이론적 틀을 요약하는 내용이다: "범죄의 사회적 실재는 범죄개념의 구성과 적용, 범죄개념과 관련한 행위유형의 형성, 범죄의미의 형성 등에 의해 만들어진다"(p.23).

**마르크스의 영향** 그러나, 4년 후에, 퀴니(Quinney, 1974a; 1974b)는 마르크스주의 접근방법으로 확연하게 치우친 2권으로 구성된 『미국의 형사사법과 법질서 비판(Criminal Justice in America and Critique of the Legal Order)』을 출판했다. 이때 퀴니는 실증주의에 대한 비판과 함께 4년 전에 그렇게 효과적으로 활용했던 사회구성주의와 현상학에 대해서도 비판적 입장을 취하며, "실증주의자들은 법을 자연현상으로 봤고; 사회구성주의자들은 그것을 상대주의적으로, 편리한 대로 봤으며; 현상학자들은 비록 내재하는 근본적 가정들을 살펴봤지만 대안을 제시하고 진작시키는 데 아무것도 하지 않았다"(Quinney, 1974b, p.15)라고 비난했다. 마르크스처럼, 퀴니도 핵심은 사회생활이 집합적 구성이라고 이해하는 것이 아니라 그것을 변화시키는 것이라고 결론짓는 듯 했다. 그리고 계속해 "우리가 이룰 가능성이 있는 보다 진실한 삶에 대한 희망을 품고, 나는 사회질서에 관한 비판적 철학은 우리 시대를 위해 마르크스주의 운동에 기초해야 한다고 생각한다"(p.15)고 서술했다.

생각의 이런 전환에는 여러 원인들이 작용했다. 하버마스(Habermas, 1970; 1971)와 마르쿠제(Marcuse, 1962; 1964; 1972)를 포함한 독일 사회이론가들로 형성된 프랑크푸르트 학파의 연구, 앞서 서술한 수정 마르크스주의 전통의 최근 미국의 연구(Baran & Sweezy, 1966; Edwards, Reich, & Wessskopf, 1972; Miliband, 1969), 1970년대의 반발분위기에 대한 자신의 해석, 특히 존슨과 닉슨 행정부에서 발전했던 "범죄에 대한 전쟁" 등이 생각의 전환에 영향을 미쳤을 것이다. 챔블리스와 퀴니가 더 많은 개혁을 요구했던 바로 그 시기에, 반발분위기가 확산되었다. 이런 분위기는 처음에 닉슨 행정부의 범죄에 대한 강력탄압책에서 찾아볼 수 있었고 이후 선거에서 닉슨의 대통령 당선으로 나타났다. 닉슨은 1960년 초반에는 미국 투표자들이 2번씩이나 반대했던 정치인이었는데 1960년대가 끝날 무렵에 대통령으로 선출되었다. 챔블리스와 퀴니와 같은 범죄학자들은 더 강력한 개혁을 원했지만, 국민들은 정반대를 약속한 대통령을 선출했다.

자기 주위의 여러 학자들이 그러듯이, 퀴니 자신도 사람들이 "진실된 존재"가 되기 위해서는 미국사회의 기반이 변화해야 한다고 분명히 믿었던 것이 분명하다. 퀴니(1974b)의 6가지 마르크스주의 명제들은 다음과 같다:

> (1) 미국사회는 후기자본주의 경제에 기초하고 있다; (2) 국가는 우세한 경제계급인 자본가 지배계급의 이익에 봉사할 목적으로 조직화되어 있다; (3) 형사법은 기존의 사회적 그리고 경제적 질서를 유지하고 지속시키기 위한 국가와 지배계급의 도구이다; (4) 자본주의 사회에서 범죄통제는 다양한 제도와 기관들에 의해 이루어지며, 정부의 엘리트들이 지배계급의 이익을 대변하고 가금적(家禽的) 질서를 유지할 목적으로 이들 제도와 시설을 만들고 관리한다; (5) 후기 자본주의의 모순으로 — 존재와 본질의 괴리로 피지배계급들은 모든 수단을 사용해 특히 사법체계의 강압과 폭력을 통해 억압되어야 한다. (6) 자본주의 사회의 붕괴와 사회주의 원리에 입각한 새로운 사회의 창조만이 범죄문제에 대한 해결책이 될 수 있다(p.16, 강조 첨가).

이런 식의 주장은 엥겔스(Engels)를 참조한 것이며, 이후 퀴니는 다음과 같이 주장했다; 정치적 국가는 사회발전 단계에서 사유재산이 나타나고 그것이 소수에 집중되었을 때에야 대두했다; 법은 "국가가 지배계급의 이익을 보장하는 최고의 수단이다"(Quinney, 1974b, p.98). 퀴니(Quinney, 1974b)는 범죄의 사회적 실제에서 서술했던 내용들도 마르크스주의 방향으로 수정하였다. 즉 그는 지배계급의 교활한 조작들이 그 체계를 정당화하는 이데올로기에 의해 은폐되었으며, "사람들의 마음을 조작하는 것이 자본주의의 가장 은밀한 통제수단이다"(p.137)라고 주장했다. 특히 자신이 옹호하는 사회주의는 소비에트 연방(당시)이나 일부 유럽국가들의 중앙집권의 국가관료제도가 아니며 "민주적 사회주의"라고 강조했다. 그리고 민주적 사회주의는 평등에 기반하며 자신의 생활에 대한 통제에서 모든 사람들이 참여의 기회를 갖는 형태라고 설명했다(p.188).

마르크스주의 범죄학과 마르크스 이론의 새로운 분파들에 비판이 제기될 때마다 이에 대응하며 퀴니의 이론은 지속적으로 진화했다. 3년 후에, 퀴니는 사회정의를 검토했던 당시의 이론을 비판하며 『계급, 국가, 그리고 범죄(Class, State, and Crime, 1977)』를 출판했다. 이 책에서 퀴니는 이들 이론 모두가 기존의 경제질서를 암묵적으로 인정했다는 점에서 비판을 제기했다. 이 시기에 퀴니는 자본주의로 인해 실업자들의 잉여인구가 생겨난다는 마르크스주의 주장을 특히 강조했다. 자본주의 국가의 일반적 임무로 그는 자본주의의 성장을 지원하는 일과 동시에 복지복가와 형사사법체계와 같은 기제로 자본주의 경제에 의해 파생되는 다양한 문제들을 관리하는 것이라고 보았다. 퀴니에 의하면, 잉여인구의 일부는 복지체계와 같은 기제로 처리할 수 없다. 특히 복지체계의 운영에 필요 기금을 자본주의가 적절히 공급하지 못할 때 잉여인구의 규모가 늘어난다. 잉여인구들은 자신들의 곤궁을 해결하기 위해 범죄에 가담할 수 있다. 퀴니는 "자본주의 사회에서 노동자들의 거의 모든 범죄는 사실 생존의 수단이며, 다른 집합적 수단으로 생존이 확보되지 않는 사회에서 살아남기 위한 노력이다"(p.58)라고 진단했다.

동시에, 퀴니는 시각의 변화가 있었다. 국가가 전지전능한 엘리트의 손에 있다는 시각에서 사회계급의 변증법적 의미를 강조하는 시각으로 바뀌었다. 퀴니(Quinney, 1977)는 "엘리트(혹은 '지배계급')와 '대중'(혹은 '시민')을 적대적이라고 보는 이론으로는 자본주의 사회의 위세를 제대로 이해할 수 없다"(p.64)고 주장했다. 새로운 시각은 도구주의적 마르크스주의라기보다 구조주의적 마르크스주의에 가깝다. 도구주의적 마르크스주의는 정치적 결과들을 자신들의 이익을 추구하는 소수의 엘리트 집단에 의한 것이라고 보았고, 반면 구조주의적 마르크스주의는 정치적 일들을 경제체계의 역동성에 의한 자연적 결과로 보았다. 이에 따라 퀴니는 범죄를, 엥겔스(Engels)의 용어를 빌려, "반역의 원시적 형태, 박탈과 억압에 대한 반응," 그렇지만 "그 자체로는 정치의 불만족스러운 형태"(pp.98–99)라고 고려했다. 물론 범죄의 정치성에 대한 이전 의미의 요소들이 없지는 않지만, 이제 범죄를 명백히 정치의 불만족스러운 행태로 인식했다. 즉, 혁명정신의 개발에 기여하고 자본주의 상황에 대한 의도적 저항이 되지 못하면, 범죄를 억압에 저항하는 충분히 합리적 반응이라고 볼 수 없다는 것이다.

또한, 『계급, 국가, 그리고 범죄(Class, State, and Crime)』에서 퀴니는 범죄의 유형론을 제안했다. 범죄유형은 크게 지배의 범죄, 생활과 저항의 범죄로 구분했다. 지배의 범죄유형에 포함한 범죄들은 통제의 범죄(예, 무자비한 경찰활동), 정부의 범죄(예, 워터게이트-형태의 범행), 경제적 지배의 범죄(예, 화이트칼라 범죄, 조직범죄) 등이다. 생활과 저항의 범죄유형에 포함한 것은 자본주의 상황이 초래하는 약탈범죄(예, 절도)와 대인범죄(예, 살인), 국가에 대한 정치투쟁을 포함한 저항범죄(예, 테러리즘) 등이다.

**초월과 전환사법의 추구** 퀴니의 이론적 변화에는 항상 주관성과 객관성 영역 간의 긴장이 있었다. 『범죄의 사회적 실재(The Social Reality of Crime)』에서는 주관성을 지향했고, 현상학적이고, 세계에 대한 구성주의적 시각을 반영했다. 『법질서 비판(Criminal Justice in America and Critique of the Legal Order)』에서는 엄격한 유물론을, 즉 철학적 관념론을 철저히 배격하고 심지어 적이라고 간주했던 마르크스주의 전통을 따랐다.

이런 긴장이 『계급, 국가, 그리고 범죄(Class, State, and Crime, Quinney, 1980)』 제2판에서도 나타났다. 제2판의 내용은 신학적 색채가 강하다. 재미있는 사실은 현재 교과서들이 대부분 퀴니를 서술할 때에 사회실재론 기간과 후기의 마르크스주의 시기까지만 다루고 이후의 발전에 대해서는 검토하지 않는다. 이후의 발전을 당혹스럽고, 하찮은 것으로 취급하는 경향이다. 그러나 퀴니의 입장에서 결코 하찮은 것이 아니다. 이후로 퀴니는 범죄학과 같은 주제들은 거의 다루지 않고 실존철학과 신학에 집중했다.

『계급, 국가, 그리고 범죄』의 제2판 서문에서 퀴니는 "궁극적으로, 인간의 어려움에 대한 해답은 존재와 본질의 괴리를 극복하고 치유함으로써 얻게 되는 구원이다"(p.ix)라고 주장했다. 그는 범죄문제에 대한 사회주의적 해결방법을 지속적으로 주장했다. 그러나 점차 종교적 성격의 목표를 강조했고, 마르크스주의 유물론을 배척하고 대신 틸리히(Tillich) 신학을 옹호하는 데까지 나아갔다: "틸리히(Tillich)는 마르크스의 자본주의에 대한 유물론적 분석을 뛰어넘었다. 현대 자본주의 사회에서 인류는 틸리히가 <u>신성(神性)의 부재</u>(sacred void)라고 했던 정신적 수준과 사회-정치적 수준 모두에서 깊은 곤경에 빠져 있다"(p.3, 원문강조). 퀴니는 심층적 문제를 다음과 같이 기술했다:

> 현재 문명의 공허한 특성에는 노동자를 노예로 하는 생산양식, 삶의 활력을 박탈하고 모든 사물을(인간을 포함해) 계산과 통제의 대상으로 폄하하는 분석적 합리주의, 자연에 대한 신비감의 상실과 역사인식의 부재, 인간세상을 단순한 환경으로의 강등, 인간의 창조적 자질을 거세하는 세속화된 휴머니즘, 인간이 만든 정치국가의 악마적 속성, 미래에 대한 절망감 등이 있다(p.3).

사회정의에 관한 주제로 되돌아왔을 때에, 퀴니는 성경의 예언가들을 인용하며 "정의는 규범적 사고 이상의 것이다; 정의는 무한성과 영원성의 초월적 힘과 관련된 것이며, 신성한 계시의 본질과 관련된 것이다"(pp.30-31)라고 주장했다. 따라서 필요한 것은 실재에 대한 "예언가적 이해"라고 보았다(p.40).

『계급, 국가, 그리고 범죄』 제2판의 대부분은 사회주의의 종교적 의미에 관한 논의들이었다. 퀴니(Quinney, 1980)은 "자본주의 후기단계에서 정치적 의식이 함양되면 점차 궁극적 관심의 대상에 대한 의식이 함께 증가한다"(p.112). 그는 마르크스가 종교를 단순히 "인류의 아편"이라고 한 것은 오류이며, "인간존재의 신성한 의미를 고려하지 않은 사회비판은 인간의 잠재성과 인간의 본질을 체계적으로 배제한 것이다"(p.199)라고 비판했다. 이에 그는 "예언가적 비판은 역사발전에서 신성(神性) 개입을 인정하는 것이다"라고 주장했다. 퀴니는 종교적 사회주의에 대한 틸리히의 연구와 같이 신학적 서적들을 많이 인용했으며, 이런 방향의 연구들을 통해 "인간의 전체성 회복을 바랄 수 있고, 인간의 본질로부터의 소외를 치유할 수 있다"라고 기대했다. 이를 바탕으로, 퀴니는 "우리 시대의 사회주의 투쟁이란 신(神)을 찾는 것이며 동시에 인간사회에서 정의를 구현하기 위한 투쟁이다"(p.204)라고 결론을 내렸다.

이 장의 후반부에서 살펴보겠지만, 이런 주제들은 계속해 퀴니의 저술들에 영향을 주었고 퀴니는 평화구축 범죄학을 포용하게 된다. 퀴니의 생애는 광범위한 독서와 세밀한 연구의 학술적 여정과 개인적 업적, 학술적 여정과 개인적 생활, 자아성찰과 자아실현, 현실세계의 참여의 측면에서 가장 잘 이해할 수 있다(Wozniak, 2011). 시간이 흐르면서, 퀴니는 우리의 생각을 강제하고 세상에서 해악을 유발하는 억압적 사고방식을 초월하는 부분에 집중했다는 것을 알 수 있다. 새로운 방식으로 생각함으로써 — 권력구조를 정당화하는 이데올로기를 해체함으로써, 가난하고 힘없는 사람들의 고통을 줄일 수 있는 참신한 방법을 구상함으로써, 퀴니는 더욱더 위대한 사회정의를 추구하는 데 우리 자신과 사회질서를 변화시키는 것이 가능하다고 믿었다(Wozniak, 2011; Wozniak et al., 2008). 따라서 그의 연구들은 인간적으로 성장하고자 노력했던 자아탐구, 많은 저술활동을 통해, 범죄학자와 다른 사람들이 보다 인간적 사회를 만드는 것을 고무하고자 했던 시도를 대변한다.

## 갈등이론과 범죄의 원인들

1960년대에, 많은 범죄학자들이 범죄의 원인을 규명하는 연구에서 등을 돌렸다. 앞서 살펴봤듯이, 통제이론은 순응요인들의 유인력이 약화되면 범죄와 비행이 생긴다는 가정에서 순응의 원인에 집중했다. 낙인이론은 범죄를 규정의 문제로 보았으며, 낙인을 하는 사람들을 규정의 원인으로 고려했다. 터크, 챔블리스, 퀴니와 같은 갈등이론가들의 초기 연구들은 범죄화과정을 주로 다루었다. 이들 연구들은 범죄자보다 권위체들의 행위를 설명할 수 있는 원인들에 관심을 집중했다.

그럼에도 불구하고, 갈등이론적 범죄이론들은 범법자 행위의 원인에 내해 몇 가지를 지적했다. 일부의 구체적 사례들은 검토한 적이 있다. 터크는 문화와 사회규범을 거론했고, 챔블리스는 범죄를 착취에 대한 합리적 대응으로 고려했고, 퀴니는 범죄의 정치성을 논의하면서 범죄가 특정한 생각을 표현하고 특정한 변화를 구현할 수 있는 유일하게 이용가능하고 활용가능한 수단이라고 판단했다. 그러나 이후에는 인과성의 문제가 중요해졌다. 1960년대 말과 1970년대 초에 사회분위기가 바뀌면서 나타나기 시작한 갈등이론적 범죄이론들에서 인과성이 더욱 중요해졌다. 초기의 갈등이론가들은 그렇지 않았다. 비록 간혹 범죄자 행위의 원인을 언급하기는 했지만, 이들은 범죄와 비행의 원인을 찾고자 했던 전통적 이론들로 인해 범죄가 권력층이 주도한 특정 행위에 대한 범죄화의 결과라는 사실에 대한 관심이 다른 데로 돌려졌다고 비판했다. 이 점을 강력히 지적하고, 이후 범죄학적 갈등이론은 범죄화의 대상이 된 행위의 원인들에 관심을 집중했다.

예를 들어, 1970년대 초반에 고든(Gordon, 1971)은 대다수 범죄의 배경에는 미국사회의 경제구조가 있다는 마르크스주의 경제분석을 실시했다. 그는 범죄발생의 규모와 자본주의의 문제의 관계를, 즉 얼마나 많은 범죄가 자본주의의 속성으로 대다수의 경제적 지위가 항상적 위험상태에 있게 된 사실에 대한 합리적 반응인지를, 살펴보고자 했다. 1970년대 중반에, 스피처(Spitzer, 1976)는 자본주의는 잉여인구와 일련의 내부갈등을 유발한다고 주장했다. 잉여인구는 기본적으로 경제적 소외자들이며 일련의 내부갈등은 자본가 지배를 유지하는 과정에서 발생한다. 그는 잉여인구의 사람들은 만성적 실업상태의 이방인들로 때때로 범죄를 포함한 일탈행위에 빠져들며 더불어 또 다른 일탈행동이, 학교의 경우 학생을 위한다고 말하지만 실제로는 지배계급을 위한 제도인 것과 같이, 제도 내의 긴장 때문에 발생한다고 주장했다.

그린버그(Greenberg, 1977)는 청소년 비행의 원인에 집중했다. 그는 청소년 비행이 자본주의 사회에 대한 반응이라고 보았다. 예를 들어, 자본주의 사회에서 청소년들은 소비지향의 청소년문화로 인해 소비해야 한다는 압력을 많이 받지만 경제체계는 청소년들에게 취업기회를 주지 않는데, 절도범죄는 이런 상황에 대한 반응이라는 것이다. 취업기회의 부족은 안정된 성인지위를 성취할 수 있는 전망과 관련해 많은 불안감을 갖게 하며 또한 학교와 같은 사회제도는 어떠한 독립성도 인정하지 않으며 그곳에 수용된 청소년들로 하여금 다양한 종류의 모멸감을 겪게 한다. 그린버그는 이런 상황으로 뿌리 깊은 적대감과 실패에 대한 공포심이 형성되고, 결국 인정과 존경의 욕구가 반영(反映)된 폭력행위가 촉발된다고 주장했다.

1980년 초에, 콜빈과 폴리(Covlin & Pauly, 1983)는 통제이론과 사회계급문제에 대한 마르크스 접근방법을 통합하고자 했다. 이들에 의하면, 자본주의 사회는 하층계급에 "강압적 통제" 유형을 행사하는 경향이다. 사회의 하층부나 근처의 사람들에게 권력층의 기대에 철저히 순응하지 않으면 직업과 경제적 지원의 상실을 당할 것이라고 위협한다. 코브린과 폴리는 이런 압력으로 인해 억압을 당하는 사람은 "소외적 참여"를 하게 되며, 허쉬(Hirschi)의 용어에 의하면 "사회에 대한 유대"가 단절되며, 따라서 범죄행위의 가능성이 증가한다고 주장했다(Colvin, 2000 참조).

이외에도 여러 갈등이론가들이 범죄와 비행행위의 원인을 다양하게 설명했다(예, Currie, 1997 참조). 그러나 하상 이들의 초점은 범죄가 정의에 의한 것이며 이런 정의는 사회의 여러 부문들 간의 갈등이 가져온 결과의 부분으로 부여된다는 논의에 머물렀다. 이런 논의에서, 이론의 핵심과제는 사회갈등의 속성을 이해하는 것이다. 갈등주의 범죄학 이론의 최근 발전방향에 대해서는 제9장에서 검토할 것이다.

## 갈등이론의 결과들

갈등주의 범죄학 이론은 이후의 주류범죄학이 새로운 주제를 이론화하고 지금까지의 연구내용을 재검토하는 데 많은 영향을 미쳤다. 그러나 최근의 다소 변형된 형태의 "평화구축범죄학"을 제외하고 사회정책을 개발하는 데 직접적으로 기여한 부분은 거의 없다고 할 수 있다(Pepinsky & Quinney, 1991). 앞서 지적했듯이, 그리고 제9장에서 구체적으로 살펴보겠지만, 현대적 갈등주의 이론을 진작시켰던 1960년대의 사회적 시련기가 지나고 이후 소강기와 보수주의의 사회적 반동이 뒤따랐다. 당시 사람들은 1960년대가 없었던 것처럼 가장했으며 자기만족적인 1950년대의 평온감을 되찾고자 하였다. 갈등시각의 일부는 주류범죄학 이론에 통합될 수 있었고 사회정책에 활용될 수 있었을 것이다. 그러나 대부분이 거부당했다. 수용된 부분과 거부당한 부분은 기본적으로 이론적 주장들이 과거이론들의 전통을 좇아 더 많은 사회개혁이 필요하다고 했는가 혹은 사회혁명을 요구했는가에 따라 달라졌다.

터크(Turk)의 갈등이론은 형식논리의 측면이 강했고 갈등유형을 필연적이라고 주장했다. 따라서 그의 이론적 시각에 의해 정한 사회정책의 변화를 기대하기는 어려웠다. 하지만 터크의 시각은 범죄학뿐만 아니라 "일탈행동"의 연구분야 전반에 상당한 영향을 미쳤다. 특히 "범죄자"의 개념을 권위체가 부여한 지위라고 정의한 것은, 즉 갈등확률이 산출되는 과정의 결과로 규정한 것은 형식적 사회학적 지향의 학자들에게 많은 호응을 얻었다. 이들은 갈등시각에 관심이 있었지만 마르크스주의자들의 이념적 열정 탓으로 접근을 주저했던 학자들이었다.

챔블리스(Chambliss)는 범죄와 사법절차(Crime and the Legal Process)와 이후 사이드먼과의 보다 발전된 연구를 통해 나름대로의 갈등시각을 발표했다. 챔블리스 시각이 함의했던 정책들 중에서 여러 정책들이 이미 미국 대법원의 대법원장이었던 얼 워런(Earl Warren)에 의해 반영되었다. 사실 "워런 대법원"은 그 자체가 시민권리 운동, 저항문호, 베트남전쟁 시위들만큼 1960년대 격동기의 한 부분을 차지했다. 챔블리스가 본격적으로 연구를 시작하기 몇 년 전에, 워런 대법원은 법현실주의자가 구분했던 법전의 법과 집행법과의 차이를 심각하게 고려했다. 또한 워런 대법원은 피고인과 용의자들의 법적 권리를 확대하여 이들이 관료적 기구들인 경찰, 법원, 교정기관과의 관계에서 더 많은 보호를 받게 해주었다. 챔블리스는 이런 사실을 잘 알고 있었으며, 실제 자신의 첫 번째 책을 워런(Warren)에게 희사하기도 했다. 재미있는 사실은 닉슨 대통령시기에 은퇴하는 워런을 교체하기 위해 지명했던 대법관은 보수파인 워런 버거(Warren Burger)이었으며, 이후 미국 대법원은 법전에 기술한 법과 집행되는 법과는 차이가 있을 수 있다는 사실에 크게 주목하지 않는 입장으로 회귀했다.

챔블리스(Chambliss)가 법현실주의 전통을 반영한 연구들은 범죄학에 상당한 영향을 주었고, 터크(Turk)와 마찬가지로, 일탈행동 분야에도 많은 시사점을 제공했다. 퀴니의 초기연구는 터크와 같은 수준의 이론적 함의를 가졌지만, 정책적 함의는 철학적 관념론에 대한 학자들의 견해에 따라 달리 해석되었다. 앞서 논의했듯이, 퀴니는 이후 초기 자신의 현상적학 구성주의 접근방법이 현상을 변화시키려는 노력에 장애가 된다고 판단했다. 그렇지만, 초기입장이 후기의 마르크스주의와 신학적 접근방법보다 범죄학적 사고와 일탈행동 분야에 더 많은 영향을 주었다. "실재에 대한 사회구성"의 결과로서 범죄개념은 낙인이론보다 광범위한 것이며, 이런 시각은 더 넓은 범주의 "사회문제" 이론과 제9장에서 살펴볼 최근의 "포스트모던 범죄학"에 매우 중요한 영향을 미쳤다(Ball & Lilly, 1982).

이론적 측면에서, 갈등이론들이 사회의 범죄유발적 요인(제3장과 제4장에서 검토했듯이)을 중심으로 범죄를 설명한 이론들이나 범죄의 상대성(제7장에서 검토했듯이)을 지적한 낙인이론들에 비해 한 단계 더 나아갔다면, 사회개혁의 정치와 관련해서는 다른 시각보다 월등히 선명한 입장이었다. 사실, 강력한 정치적 현실주의의 모습을 보였다. 이들은 기회이론들이 강조했던 불평등과 낙인이론들이 강조했던 낙인화 과정들 모두가 사회권력층의 인지된 이해관계와 관련이 있다고 파악했다. 그리고 사회권력층과 이들을 대변하는 권료제에게 책임을 물어야 한다고 제안했다. 예를 들어, 급진적 입장의 일부는 경찰폭력성의 감소,

가난한 피고인을 위한 보석금 모금, 사형제도 폐지, 정치적 이단자의 억압금지, 재소자 지원을 위한 운동 등에 적극적을 참여했다(Greenber, 1981). 또 다른 일부는 비주류를 범죄화하지 않고 사회의 다양성을 허용하는 방향으로의 정책변화를 요구했고 또한 조정프로그램, 비공식적 분쟁처리, 정치국가의 기제 외부에서 협상을 통한 갈등관리 등과 같은 지역사회-기반의 비공식적 갈등관리정책이 확대되어야 한다고 주장했다(Mathiesen, 1974; Pepinsky, 1976; Quinney, 1974b). 이런 노력들은 우리가 "평화구축 범죄학"으로 명명하는 입장으로 정형화되었다(Pepinsky & Quinney, 1991).

그러나 자본주의의 폐지를 요구하는 경우에, 급진적 범죄학자들은 대부분 두 가지 측면에서 비판을 받았다. 하나는 마르크스주의를 오해했다는 비판(이들이 진지하게 고려될 대상이 아니다)이며 다른 하나는 너무 잘 이해했다는 비판(이들은 1950년대에 매카시 상원의원이 위험한 혁명주의자들로 경고했다)이다. 이는 챔블리스와 퀴니의 후기 갈등이론화 연구들이 겪었던 운명이다. 끝으로, 다음에서는 마르크스주의 접근방법과 "평화구축" 접근방법을 비교한다.

## 마르크스주의 접근방법

1970년대 후반에 사회적 상황은 또 다른 극적인 사회변화에 직면했지만 정책효과의 문제는 크게 변하지 않았다. 이런 이유는 간단했다. 마르크스주의 갈등이론가들이 정책의 청사진을 제시할 능력이 없거나 혹은 그럴 의향이 없었기 때문이다. 마르크스주의자의 일반적 경향은 자본주의를 비난하고, 혁명의식을 가진 사람들은 어떤 정책변화든지 극복할 수 있다고 주장하는 것이었다. 또한 민주적 사회주의에서 법과 형사사법제도(만일 계속 존재한다면)가 정확히 어떤 모습일까를 진단하는 것은 시기상조라는 입장이었다. 일부의 학자들이 그때에도 교도소는 계속해 필요할 것이다(그러나 재소자는 지금보다 훨씬 적고 교정환경도 다른 모습이다). 등으로 예측하지만, 다른 일부는 미래의 청사진 자체를 기피하는 경향이었다. 이런 태도는 마르크스주의자들이 변증법적 논리를 강조한다는 점에서 이해할 수 있지만, 오늘날의 정책입안가들에게는(또한 많은 범죄학 이론가들에게도) 말이 되지 않은 경우이다. 정책입안가들은 목표-수단 계산의 도구주의적 논리만을 알고 있으며 그것을 신봉하기 때문이다. 이들에 의하면, 정책입안가들은 정책을 시행하기에 앞서 우선 정책이 완료되었을 때에 무엇을 기대하는지를 정확히 설명할 수 있어야 한다(Ball, 1978a, 1979).

갈등이론이 사회정책에는 직접적으로 거의 영향을 미치지 못했다. 하지만 범죄학에는 많은 영향을 미쳤다. 갈등이론은 법의 속성을 심각하게 재검토하는 계기가 되었고, 1960년대 초에 비교해 이후 대부분의 교과서는 현저한 비판적 시각에서 집필되었다. 마르크스주의 전통을 따르는 보다 최근의 갈등주의 범죄학 이론가들은 구조적 마르크스주의를 지향하고 도구적 마르크스주의로부터 멀어지고 있다. 이전의 도구적 마르크스주의는 상부에 있는 몇 사람의 엘리트가 주도한다는 지배의 음모이론과 매우 흡사한 것이었다. 또한 도구주의는 자본주의 엘리트를 전지전능한 소수로 묘사하는 경향이었다. 즉 모든 것을 알고 있으며 자신들의 이익이 실현될 수 있는 정확한 시점에 항상 조치를 취할 수 있는 존재로 가정했다. 구조주의는 일반적으로 법과 같은 사회통제요인의 기초를 계급관계에서 찾는다. 항상 자본가들이 의식적으로 완전한 통제를 한다는 주장과는 거리가 있다. 한편 구조적 마르크스주의는 짐멜(Simmel), 볼드(Vold), 터크(Turk)의 형식주의와 유사하다고 할 수 있다. 즉 사회갈등을 특정 체계에 내재하는 사회적 역동성과 관련된 문제로 파악한다. 역사적으로는 상대주의적 입장이다. 사회적 역동성을 이해하는 데 핵심은 사회체계를 추상적으로 다루는 형식논리에 있는 것이 아니라, 특정한 자본주의의 구조적 형태를 파악하는 것을 강조하는 변증법적 논리에 있다는 견해이다.

마르크스주의 갈등이론들이 자본주의를 공격하는 동시에, 이들 이론들은 전통적 범죄학도 비판하였다. 이런 비판으로 어떤 결과가 나타났는지를 정확히 판단하기는 어렵다. 하지만, 최소한 범죄학 분야가 이전처럼 자기만족에 머무는 것이 어렵게 되었고 다양한 비판이 제기되었다. 그중에는 전통적 범죄학이 자본주의 체계의 한 부분이며 그것을 지원하는 경향이며, 따라서 범죄문제를 이해하고 해결방법을 찾는 데 기여하는 대신에 오히려 문제를 악화시키는 데 기여했다는 지적도 있었다. 보다 급진적 갈등이론가들은 전통적 범죄학이 법을 주어진 것으로 신봉하는 경향이었고, 가해자의 행위에 집중하고 행위의 병리적 원인을 생물학적, 심리학적, 혹은 사회적 요인으로부터 검색하는 일에만 관심을 두었다고 주장했다. 또한 이런 검색이, 실제로는 문제의 원인이 범죄자를 만드는 법의 제정과 집행에 있는데, 범죄자들이 중요한 부분들에서 "우리와는 다른 사람"이라는 인식을 과장했다고 지적했다. 다른 일부는 범죄자의 관점으로부터 범죄를 고려할 것을 요구했다. 교도소 재소자들이 직접 작성한 글들을 연구에 활용하면 협소한 계급편향적 시각을 피할 수 있다는 것이다.

급진적 범죄학자의 일부는 전통적 범죄학의 가치중립적 "과학적" 태도를 유지하려는 입장에 대해 신랄한 비판을 제기했다. 전통적 범죄학은 정치적 논쟁이나 정치적 활동에 참여하는 것을 거부하고 과학적 범죄학은 "사실"에 국한해야 한다고 주장했다. 제2장에서 논의한 실증주의 접근방법이 발전하면서 이런 입장이 강화되었다. 실증주의 비판자들은 전통적 범죄학이 도덕적 판단을 하지 않았기 때문에 은연중에 권력층이 제안하는 도덕적 이데올로기를 인정하고 피지배층에 이를 강요하게 되었다고 지적했다. 주류 범죄학자들은 이런 비판에 대해 권력층의 이데올로기를 무작정 인정하지 않았으며 광범위한 사회적 합의를 바탕으로 연구를 진행했다고 반박하였다. 급진학자들은 이런 사회적 합의가 사실은 대중여론을 형성한 엘리트의 권력에 기인된 잘못된 환상이라고 비판했다(Michalowski & Bolander, 1976; Quinney, 1970b; Reiman, 1979). 따라서, 이들에게는 "조작된 합의"를 대변한 것으로 인식되었다(Greenberg, 1981, p.9). 나아가 일부 급진학자들은 전통적 범죄학자들이 "명성을 얻고, 연구제국을 건설할 목적이거나 아니면 권력층의 생각을 진심으로 믿기 때문에" "기존에 형성된 재산관계, 인종관계, 성적특혜 관계에서 헤게모니를 재생산하는" 역할을 한다고 주장했다(Krisberg & Austin, 1978, p.119).

급진적 이론가들은 심지어 전통적 범죄학에서 제안한 개선방안들도 사실은 소소한 미봉책에 불과하다고 비판했다. 나아가 이런 미봉책은 오히려 권력층이 피지배층을 돌보고 있으며 경제적 정의와 정치적 정의를 향해 진보하고 있다는 인상을 심어줌으로써 부패한 사회체계가 더욱 오랫동안 생존할 수 있도록 지원한다고 지적했다. 더불어, 전통적 범죄학이 권력층에 위협이 되는 사람들을 색출하고 통제하는데 필요한 지식을 제공한다는 사실도 덧붙여 지적했다. 예를 들어, 플랫(Platt, 1969)은 최초로 소년법원을 설립한 목적이 청소년을 도와주기 위한 것이 아니었으며 상위계급의, 공화당원이었고, 신교도를 믿는 여성들이 구교를 믿었던 유대교 이민자들 자녀들의 통제를 확대하기 위한 방편이었다고 주장했다. 비슷한 맥락에서, 교도소에서 실시하는 재활에 대해서도 재활이란 결국 재소자들을 도와준다는 핑계로 이들의 몸과 마음을 대상으로 장기적인 공격적 개입을 정당화하는 정치적 억압의 수단이라고 비판했다(Smith & Fried, 1974; Wright, 1973).

## 평화구축 범죄학

시대적 상황이 범죄학 이론의 발전에 영향을 미치는 경우가 퀴니(Quinney, 1969, 1970a, 1970b, a974a, a974b, a977, 1980)의 이론적 진화에서 나타난 만큼 분명한 사례는 아마도 없을 것이다. 특히 최근에 있었던 퀴니의 이론화 단계에서 이는 더욱 분명하다. 앞서 서술한 인용문들에서 살펴봤듯이, 퀴니는 "사회과학의 다양한 인식론과 존재론을 거치면서", 항상 또 다른 접근방법이 "이전 접근방법이 누락했던 부분을 보완하려면 필요하며, 또 계속 그렇다"라는 것을 알게 되었고, "과학철학에서 가장 최근의 견해"를 자신의 연구에 반영하려고 노력했다(인용, Bartollas, 1986, p.230). 또한 이런 탐구가 "범죄학과 사회학 외부의, 넓은 사회에 있었던 사회적 그리고 지적 변화"(p.230)에 영향을 받았다는 사실을 명확히 했다. 최종단계에서, 퀴니는 마침내 사회갈등에 간디(Ghandi)를 연상시키는 접근방법을 옹호하는 흐름에 동참했다. 그는 자본주의의 혁명적 전복을 추구하는 마르크스주의 경로를 따르지 않았다. 대신에 "평화구축" 접근방법을 선택하고, 도덕적 설득과 비공식적 협의를 포함한 다양한 갈등해결수단으로 갈등에 대처하려고 노력했다(Wozniak, 2003). 대립과 경쟁을 옹호하는 학자들에게 이런 접근방법은 실현가능성이 전무하고 비현실적으로 조롱의 대상이었다. 하지만 장기적으로는 이런 방법이 실제로 훨씬 더 효과적일 수 있다는 점에서 관심을 갖고 지켜볼 사항이다(Fuller, 1998; Fuller & Wozniak, 2006; Wozniak et al., 2008).

평화구축 범죄학은 갈등이 범죄의 원인이라는 견해를 수용하지만, 화해와 조정의 정책들을 선호하며 갈등악화를 방지하는 정책의 도입을 주장한다(Fuller, 1998; Fuller & Wozniak, 2006). 페핀스키(Pepinsky, 1999)에 의하면, 사회통제를 하는 방법에는 두 가지 유형이 있는데 하나는 평화구축이며 다른 하나는 "전쟁형성"이다. 전쟁형성은 이후 더 많은 불신을 초래하고, 상대방보다 더 많은 힘을 비축하고 혹은 심지어 상대방을 파괴하려는 노력으로 이어진다. 반면에 평화구축은 신뢰와 공동체의식을 형성하는 것을 목적으로 한다. 평화구축 학자들의 대부분이 갈등이론 전통과 연계되어 있지만, 이들은 통제이론이 강조했던 것처럼 사람들 사이에 사회유대를 형성함으로써 갈등을 가장 잘 해결할 수 있다고 주장했다.

평화구축 시각은 기독교정신(퀘이커 집단이 보여주었다), 불교정신(Quinney가 스님이 된 사실이 예시한다), 간디(Ghandi)가 보여준 힌두교정신 등과 같은 영혼을 강조하는 종교적 전통과 유사성이 많다. 또한 휴머니즘 전통의 일부와도 연관이 있다. 마르크스의 휴머니즘 측면을 강조하는 갈등이론가들은 마르크스주의 전통과 평화구축 범죄학의 관련성을 파악할 수 있을 것이다(Anderson, 1991). 페핀스키(Pepinsky, 1999)가 지적하듯이, 평화구축 범죄학은 자기의 힘으로는 상대방을 굴복시켜 목적을 달성할 수 없다는 것을 인식한 주변부 사람들의 입장을 반영한다. 이런 점에서, 평화구축 범죄학은 제10장에서 서술할 여성주의 범죄학의 일부 주장들과도 유사한 입장이다.

평화구축 범죄학이 바탕으로 했던 가정으로는 "두 가지의 잘못으로 하나의 올바름을 만들 수 없다"는 속담이나 "범죄에 대한 전쟁"은 오직 사회를 더욱 폭력적으로 만들 뿐이라는 주장을 들 수 있다. 또한 평화구축 시각은 낙인이론이 지적했던 많은 이슈들에 주목했다. 이를 고려해, 생각이 다른 사람들을 이방인으로 소외시키는 것을 방지하며 공통의 인간성과 상호 공동체를 재구축하려는 노력을 포함했다. 사회유대의 발전을 강조했지만, 평화구축 시각이 형성하고자 했던 유대는 통제이론이 제안한 유대보다 심층적인 것이다. 구체적 사례로서, 페핀스키(Pepinsky, 1999)는 '우리가 상대방의 신성을 알게 될수록, 그만큼 그 사람에 고통을 줄 수 있는 우리의 능력이 감소한다'라는 크리스티(Christie)의 주장을 인용했다. 이와 함께 평화구축 범죄학은 우리가 우리자신을, 특히 우리자신의 더러운 측면을 알면 알수록, 그것을 상대방에게 투사할 가능성이 감소한다고 주장했다(Pepinsky & Quinney, 1991).

이런 점에서, 현대사회에 고질적인 폭력은 한편으로 범죄자들에 의한 살인에 의한 것이지만 다른 한편으로는 국가에 의한 사형선고에 의해 나타난 것일 수 있다. 각각이 표현하는 기저의 사회적 의미는 다르지 않다. 국가의 폭력이 반영하는 기저의 사회적 가치는 범죄자의 폭력과 같은 것이다 — 상대방을 다루기 위해 폭력적 수단을 사용하려는 의도이다.

평화구축 범죄학이 신뢰를, 심지어 갈등의 한가운데에서도, 구축하는 방법을 개발하는 데 많은 노력을 집중하고 혹은 "서로 간의 애정, 존경, 배려에 기반한 사회적 구조"(Pepinsky, 1999, p.59)의 건설을 강조한다는 사실은 놀라운 일이 아니다. 이런 방식으로, 평화구축 범죄학은 최근의 "회복적 사법" 운동과 같은 사회정책으로 이어졌다(Consedine, 1995; Fuller & Wozniak, 2006). 지난 장에서 회복적 사법은 이미 서술했다. 이런 접근방법의 목적은 범죄에 의한 손상으로부터 피해자, 지역사회, 범죄자를 회복함으로써 해악을 감소하는 것이다. 이 때에 국가의 역할은 더 많은 고통을 부과하거나 응보를 하는 것이 아니라, 화해가 될 수 있는 상황을 조성하는 것이다. 범법자는 의무감과 개인적 책임감을 보여야 하지만, 동시에 주위로부터 지원, 재통합, 경우에 따라서는, 용서를 받을 수 있다. 회복적 사업의 목적은 정의를 실현하는 것이다. 그런데 그 방법은 사람들을 분리하는 것이 아니라, 서로 연계시킴으로써 정의를 실현하고자 한다(Fuller & Wozniak, 2006).

짐작할 수 있듯이, 평화구축 범죄학은 유토피아적 상상이라는 이유로 신랄한 비판을 받았으며 권력의 행사에 그것과 다른 방법으로 대치할 수 있다는 주장 역시 비현실적이라는 이유로 지탄의 대상이 되었다. 기본스(Gibbons, 1994)는 평화구축 범죄학자들이 옹호하는 인간주의적 정책들은 이미 개혁주의 범죄학에서 오랜 역사가 있었다고 지적했다. 그리고 이들이 아직 거대하고 기본적으로 비인간적 사회에서 밀접한 인간유대, 종교적 이해, 진정한 배려를 구현하는데 필요한 광범위한 구조적 변화를 어떻게 실현할 것인가에 대한 이론을 개발하지 못했다고 비판했다(Fuller, 1998; Fuller & Wozniak, 2006; Wozniak et al., 2006 참조).

## 결 론

시대적 상황에 관한 급진적 갈등이론과 평화구축 범죄학의 가정들이 쉽게 받아들여진다고 이들 이론을 수용할 필요는 없다. 이 책의 목적은 범죄에 관한 사고들이 얼마나 사회적 상황의 성격에 의해 형성되는가를 보여주는 것이다. 자기만족은 범죄학에서 피해야 할 자세이다; 두 가지 이론은 자기만족과는 전혀 관련성이 없다. 결점과 한계가 있더라도, 갈등주의 범죄학 이론과 평화구축 범죄학은 우리의 지향을 확대하고 지금까지 간과하고 피상적으로 다루었던 이슈들에 주의를 환기하는 데 분명히 성공적이었다(Thomas & Hepbrun, 1983).

이안 테일러
1945－2001
더햄 대학교, 영국
좌파 현실주의(실재론) 비판가

# 제9장 비판이론의 새로운 방향

현존하는 불평등한 구조와 사회적 실재에 도전하면서 갈등이론의 발전을 풍성하게 했던 사회적 상황은 곧 보다 보수적인 방향으로 전환했다. 이러한 사회적 전환은, 보수적인 범죄학에서 나타나듯이, 기존의 사회적 제도의 배치에 대해서 보다 덜 의문을 품고 덜 적대적이고, 전통적인 가치와 권력의 관계에 대한 비판에 적대적이도록 이바지했다. 그렇다 하더라도, 비록 종종 그것들이 범죄학의 주변부에 위치했지만, 갈등주의 이론가들에 의해서 촉발된 학문적 전통은 지속되어 왔다. 제10장에서, 우리는 이러한 일반적 패러다임의 중요한 흐름인, 범죄학적 이론에서 소홀했던 젠더와 가부장제의 문제를 부각시켰던 페미니스트 범죄학을 살펴본다. 본 장에서, 우리는 최근에 등장한 비판이론의 가장 중요한 "새로운 방향들"을 검토한다. 명확하게 드러나겠지만, 비판이론은 다양성에서 보다 풍부해졌고, 오스트레일리아, 캐나다, 영국, 그리고 미국 등지에서 탁월한 지지자들을 끌어당기는 생생히 살아 있는 이론으로 남아 있다.

이어질 지면에서, 우리는 비판범죄학의 현재 상태와 발전을 만들어내는 데 있어 "신범죄학(new criminology)"의 중요한 역사를 탐구한다. 우리는 또한 좌파실재론, 폐지론의 유럽식 접근, 무정부주의 범죄학, 문화범죄학, 수형자범죄학, 그리고 소비자 범죄학 등을 검토한다. 각 관점은 사실 포스트모던 사회사상이라 명명된 것의 일부인 "포스트모던 범죄학"이라 알려진 것의 예들이다(Milovanowicz, 1995). 비록 일반적인 포스트모던 사고가 처음에는 약간 혼란스럽지만, 이러한 사고는 범죄학에 영향을 주었고, 지금도 주고 있기 때문에 우리가 주의를 기울여야 할 중요한 지적 발전이다. 포스트모던 사고는 과학적 방법을 통해 자연세계와 사회세계를 탐구할 수 있다는 점을 강조하는 전통적인 계몽적 사고로부터의 광범위하고 복잡한 철학적 전환 속에서 나타났다. 우리는 여기서 논의되는 포스트모던 범죄학적 작업들이 전부가 아니라는 점에 주저하지 않는다. 비판적 관점들을 발전시킨 다양한 집단은 카오스 이론, 담론 분석, 유형 이론, 평화주의 범죄학(8장을 참조), 구성주의 범죄학, 수형자범죄학, 그리고 무정부주의 범죄학 등을 포괄한다. "근대"라는 개념에 대해서 논의하기 전에, 우리는 "비판범죄학"의 정의에 대해서 검토한다.

간단히 말해서, "하나의 비판범죄학은 없다." 대신에, 서로 다른 기원을 가진, 서로 다른 방법론을 가진, 다양한 정치적 신념을 가진 비판범죄학(들)이 있다(Dekeseredy, 출간예정). 요체는, 두말할 나위 없이, 비판범죄학 이론들은 범죄의 주된 원천인 계급, 인종, 그리고 성 불평등이 사실 사회를 통제한다는 것으로부터 파생된 관점을 공유한다는 것이다. 이러한 점은 "현대사회들에 내재하는 권력 또는 물적 자원의 불공평한 분배와 같은 비판범죄학의 모든 긴장들에 대한 통합적인 출발점을 제공한다(재인용 DeKeseredy, 출간예정)"는 프리드리히(Friedrichs, 2009)의 글에서 아주 잘 드러난다. 몇몇 비판범죄학자들이 비난하는 의미로 부르는 정통, 전통, 주류 혹은 자유주의적 진보 범죄학자들과 비교하면, 비판범죄학자들은 일반적으로 공식적·법적 범죄 측정과 정의들을 거부한다. "무관용" 경찰활동, 삼진아웃제, 그리고 사설 교도소 등과 같은 것들을 강조하는 범죄대책들 — 본질적인 사회 내 주요 구조적 문화적 변화들을 간과하는 해결책들 — 은 비판범죄학들에 의해서 거부된다(DeKeseredy, 출간예정; Lynch & Stretesky, 2006). 전통적 범죄학자들이 종종 과학적 중립을 주장하는 반면, 비판 범죄학들은 이러한 것들을 이데올로기적으로 순진하다고 거부하고 그들 스스로 더욱 더 정치적으로 능동적이고자 하고 그들의 작업을 통해 사회의 고통과 괴로움을 감소하고자 헌신한다(DeKeseredy, 출간 예정).

지난 40년간, 이러한 공유된 가정들과 헌신들 — 다른 것들과 함께 — 은 풍부한 이론적이고 연구 기반적인 공헌들을 생산해냈다. 그 결과, 비판범죄학은 지금 범죄학적 사고를 형성하는 주된 관점으로 주류 범죄학과 경쟁하고 있다. 실제로, 비판범죄학은 아마도 틀림없이 "전통적 범죄학과 동등한 동반자 관계(Lilly, 2010)"를 공유하는 패러다임이다. 우리는 이제 "근대"의 개념으로 넘어간다.

## 모더니티와 포스트모더니티

가장 간결한 의미로, 근대(modern)는 18세기 19세기 계몽주의 동안 발전된 철학 또는 사고의 형태를 말한다. 이러한 사고는 다른 몇몇 중요한 사고들과 함께 사회세계는 과학적 방법에 의해서 발견될 수 있는 "자연적" 질서를 가지고 있다는 것을 강조했다. 변수의 조작, 체계적 관찰, 그리고 측정과 결과의 적용(정책)에 대한 강조와 함께, 근대(적) 사상은 범죄와 같은 문제들은 "발견될 수 있고" "해결될 수 있다"고 주장했다. 문제들이 발견되고 해결되면, 인간환경은 진보를 경험하게 될 것이라고 주장했다.

약 200년 동안, 모든 학문적/정책적 관심들은 이러한 관점의 매력과 힘을 경험했다. 정책입안자(정치인)들과 학자들은 한결같이 국가의 개입을 통한 과학적 방법은 대부분의 사회문제들, 특히 범죄 등을 완전히 박멸하거나 통제할 순 없더라도 감소를 보장할 수는 있을거라 주장했다. 그러나 오랜 시간 동안 몇몇의 전문가들에게 과학적 방법은 위험한 양날의 검이라는 것이 명확히 드러났다. 과학적 방법은 인간 고통을 경감시킬 수 있으나, 막대한 인간 고통을 경험하게 할 수도 있다.

예를 들면, 생존을 위해 노동집약적 투쟁으로부터 대다수의 인류를 자유롭게 했던 산업혁명의 눈에 띄는 기술적 진보들은, 1889년 파리 엑스포를 위한 원대한 에펠 타워의 건립을 통해서 미래에 대한 희망의 팡파르를 울렸다. 그러나 20세기 초반, 서유럽과 북미의 상황은 제1차 세계대전과 함께 급격하게 변했다. 이 시기 중력을 거부하는 기술적 발전들은 비행기의 발명으로 이어졌고 하늘에서의 빠른 여행을 약속했다. 하지만 불행하게도, 비행기들은 미국, 영국, 프랑스, 러시아, 그리고 독일 등의 여러 국가들에 의해 폭탄을 투하하고 군인과 민간인들에 대해서 상상할 수 없는 살상을 일으키는 데 사용되었다. 한 가지 중요한 결과는 서로 다른 삶을 사는 많은 사람들이, 특히 유럽에서, 악마의 발명으로서의 비행기를 포함해서, 기술들을 저주하기 시작했다는 것과 동시에 국가의 손에 의한 과학의 결과로 나타난 진보라는 것에 대해서 심각하게 의문을 품고 질문하기 시작했다.

포스트모던 사고는, 몇몇 학자들에 의하면, 제2차 세계대전 이후 유럽에서 본격적으로 시작되었다. 포스트모던 사고는 다양한 형태의 이론화를 포함하고, 그 중 몇몇들은 다른 것들에 비해서 과학적 방법의 가정과 약속에 대해서 보다 더 회의적이다. 근본적으로, 포스트모던 사고는 지식과 진보를 위한 가장 좋은 수단으로서 국가 개입과 과학적 합리성에 대한 계몽주의적 신념을 거부한다(Barak, 1994). 일반적으로, 포스트모더니즘은 근대사회세계와 범죄와 법에 대한 정의를 포함하는 행위에 대한 근대사회세계의 규칙들은 인공적인 언어적 구성체라고 주장한다. 이러한 것들이 확실성, 사실(진실), 그리고 권력 등에 대한 개념들을 뒤덮어버리는 결과를 낳았다는 주장이다(DiCristina, 1995). 사실, 포스트모더니스트들에게, 사실(진실)은 절대적인 것이 아니고 과학적 조사가 실재를 완벽하게 드러내는 것에 실패한 것이다. "다시 말해서, 실증주의적(결정주의적) 과학은 이해를 위한 하나의 방식을 제안했으나, 인간의 행위와 사회현상을 이해하기 위한 유일한 방법을 제공하지는 않는다(Arrigo & Bersot, 2010, p.41)."

더욱이, 이와 같은 논리는 구분짓고 억압적인 사회질서 내의 잘못된 위계와 구분을 만들어냈다. 이 중에서, 언어적 구조는 사람들과 행위를 인정하고 반대하는 인종적 그리고 성적 구분이다. 그에 따라 많은 포스트모던 이론가들은 이러한(언어적 구조의) 생성은 사실 단지 엘리트주의 구성들이거나 주장들이기 때문에 폭로되어야 하거나 "해체"되어야 한다고 주장한다(Arrigo & Williams, 2006; Milovanovic, 2002).

포스트모던 주장의 또 다른 부분은 전통적인 과학적 논리에 대한 강조와 더불어 모더니즘에 위치하는데, 전체로서의 사회에 대한 큰 그림은 간과하면서 개인을 변화시키거나 교정하는 것에 대한 직접적인 노력이나 지침들을 포함한다. 이것은 사회질서의 정상성과 정당함에 대한 공식적인 생각과 정책들이 적절한 위치에 놓이게 된다는 것을 의미한다. 몇몇 포스트모더니스트들은 이러한 사고가 현재의 시점에는 보다 적절한 접근들로 대체되어야 한다고 주장한다. 예를 들어, 사회세계의 복잡성과 진실들에 대해서 이해할 수 있는 대안적인 인식론과 방법론이 개발되어야만 한다.

이러한 두 가지의 구별을 넘어 사회과학 안에서 포스트모던 개념의 의미에 대한 일관성은 복잡하고 애초부터 당혹스러운 검토다. 1980년대 후반 이에 대한 것과 관련된 주제들에 대한 저술에서, 피더스톤(Featherstone, 1988)은 한 개념에 노출된 어떤 참조는 얕고 의미 없는 지적 유행을 영속시키는 시류를 타는 것으로 비난받을 위험에 처하게 된다는 것을 암시했다. 그러므로, 비록 최신이긴 하지만, 개념은, 그럼에도 불구하고, "짜증나도록 정의하기 어렵다"(p.195). 개념은 그들의 경력을 발전시킬 수 있는 어떤 사조를 만들어내기 위한 희망을 가지고 이론가들에 의해서 발명된 것이었던 반면에, 오늘날의 개념은 광범위한 지적 자산과 용례를 축적했다.

## 포스트모던 범죄학적 사고: 거대서사의 종말?

이러한 관점에서, 범죄는 단순히 형식적인 법률의 위반이거나 과학적 방법을 사용하여 발견될 수 있는 객관적 사실이 아니다. 범죄에 대한 이러한 입장의 배후 논리는 상대적으로 간단하다. 오늘날의 포스트모더니스트들에 의하면, 민주주의가 보편적 행복으로 인도할 것이라거나 자본주의의 붕괴가 유토피아로 인도할 것이라는 마르크스주의자들의 주장과 같은 사상에 의해서 살아가는 사람들의 실재에 대한 이야기들이나 혹은 진정한 "거대서사"에 대한 합의는 없다. 일반적으로 포스트모던 범죄학들에게, 범죄들은 공식적 제도들에 의해서 만들어진 언어적 구성체들이다. 그래서 법률이나 옳고 그름에 대한 공식적 주장들은 자유보다는 억압을 증가시키는 지배 구조들이다(Schwartz & Friedrichs, 1994, p.224). 1960년대와 1970년까지, 그 어디에서도 이러한 주장들이 범죄정의의 분야에서 국가의 과학적 방법의 적용에 대한 비판보다 더 강력한 비판이 만들어지지 않았다. 되풀이하면, 비판적 학자들은 개인의 행위를 교정하고자 하는 국가의 사회질서를 위한 노력들은 국가의 공식적 언어들에 저항할 능력이 없는 이들에게 직접적으로 행해졌다고 주장했다. 그래서 포스트모던 범죄학자들이 국가가 그들이 만들어낸 바로 그 문제들을 해결하려고 할 때 범죄를 발생시키는 핵심적 가치들과 사회의 물적 기반을 위치시킨다는 점을 지적하는 모순의 감정은 그리 놀랍지 않다.

두 명의 선도적인 포스트모던 범죄학자들인 헨리와 밀로바노비치(Henry and Milovanovic, 2005, pp.1245-1249)에 의하면, 포스트모더니즘은 1980년 후반까지 범죄학에 다다르지 않았다. 그들에 의하면, 오늘날 포스트모더니즘은 다음과 같은 생각의 무리로 구성되어 있다: 진실은 알 수 없다; 이성적 사고는 그저 사고의 한 방식일 뿐 반드시 우월한 방식은 아니다; 지식은 누적적이지 않다; 진실 그 자체는 단지 담론의 반영 혹은 용어 — 어떤 것에 대해서 말하는 방식인 진실에 대해서 지지되는 주장들이다; 그리고 비판은 가설들이 기반하고 있는 지식체를 지속적으로 노출시키고 드러내는 것을 통해서 대안적 진실을 발견할 수 있다고 가정한다.

비록 헨리와 밀로바노비치의 요약이 옳다하더라도, 다른 포스트모더니스트들은 개념의 정의에 대해서 덜 확정적이다. 사실, 그것은 역사적 시대, 미학적 기원들, 그리고 대항사회운동들을 포괄하는 다양한 의미들을 가지고 있다. 이러한 정의상 수렁 앞에서, 페럴(Farrell, 1998)은 범죄학과 형사사법의 포스트모더니즘은 무엇에 저항하는가의 관점에서 가장 잘 이해될 수 있다고 주장했다. 포스트모더니즘은 "모더니즘의 지적/법적 장치"와 "범죄학이 관례적으로 살펴보는 적법과 불법 그리고 범죄의" 관습적인 형태에 대해서 대항하고 저항한다(p.63). 이러한 입장을 지지하면서, 포스트모더니즘은 "경제적 사회적 불평등의 기반하에 통합된 통제의 체제, 강압, 그리고 문화적 조작을 통해서 영속되는 체제로서" 근대 법과 국가를 드러내고 반박하고자 시도한다(p.64).

이런 입장은 포스트모던 페미니스트 학자들이 여성의 역할 형성에 대해서 어떻게 간주하는지와 그들이 "젠더화된" 주체들이라 명명하는 것들을 살펴보는 것을 통해서 명확히 드러난다(Arrigo & Milovanivic, 2009). 예를 들어, 사회 내에서 여성의 지위는 내재적으로 "남성 위주"적이고 여성혐오적인 남성의 용어로 정의된다. 이것은 특별히 형사사법적, 법적, 그리고 행형 실천들이 남성의 용어로 정의됨을 통해서 여성과 소수자의 정체성들이 감소되고 억제된다는 것을 의미한다(Arrigo & Milovanivic, 2009).

본질적으로, 이러한 저항은 근대 범죄학과 법과 정의의 근대적 구성에 대한

"이중 부정"이다. 이러한 "공식적 설명"의 한계와 약점은 그것들이 진실의 존재와 보편적 지식을 주장하는 "거대" 혹은 "메타 서사"에 두고 있다는 사실로부터 파생된다.

보다 덜 추상적인 용어로, 아리고(Arrigo, 2003)는 포스트모던 범죄학적 사고는 실재의 사회적 구성과 범죄 관점의 사회적 구성의 기본적인 교의와 놀라울 정도로 비슷한 세 가지의 언어 기반 명제들에 기반하고 있다고 주장한다(낙인이론과 갈등이론에 대한 7장과 8장을 참조).

1. 언어의 중심성: 실재와 우리의 사회적 행위들은 쓰고 말하는 말에 의해서 형성된다. 언어는 중립적이지 않고 우리가 누구인지, 다른 이들과 사회 제도들과 우리의 상호작용, 그리고 그것들에 대항과 우리의 참여를 정의하는 가치와 가정들이다.
2. 파편적/부분적 지식과 잠정적 진실: 일상 생활의 행위들과 의미들은 중립적이지 않은 언어들에 의해서 구조화된다. 만약 모든 형태가 아니라면, 필연적으로 대부분의 우리의 이해는 제한적이고 불완전하다. "지식"과 "진실"은 의심할 나위없이 파편적이고 잠정적이다.
3. 해체, 차이, 그리고 가능성: 포스트모던 방법론은 특성 서사에 위치하고 있는 은연 중에 내포되고 감추어진 가정들을 드러내기 위해서 쓰여지고 발화된 말들의 해체를 강조한다(예를 들면, 특정한 법원 선고들에서 숨겨진 특권적인 정치적 메시지들). "디코딩(해독)" 텍스트(문어와 구어)는 어떻게 특정 "진실 요구"들이 받아들여지는 반면 다른 것들은 기각되거나 무시되는지를 드러낸다. 포스트모던 범죄학적 이론은 사회적 상호작용에 관련된 모든 목소리들의 언어들에서 차이점들을 분명하게 드러내는 것을 포함한다.

## 초기 영국과 유럽의 영향 되돌아보기

영국과 유럽에서 비판적 범죄학적 관점들이 발달하기 시작한 이래로 거의 사십 년의 추이와 배후와 함께, 우리는 지금보다 명확하게 이러한 이론적 공헌들을 평가하고 이해할 수 있다. 지금, 우리는 "신 범죄학"이라 불렸던 것과, 좌파실재론, 그리고 폐지론(abolitionism) 등에 대해서 살펴볼 수 있고 그리고 우리는 그것들이 맑시즘의 거대 서사에 기초하고 있던 포스트모던 비판들의 부분이라는 것을 볼 수 있다. 그것들의 현대적 형태들은 많은 부분이 변했지만, 이러한 세 가지 관점들은 두말할 나위 없이 현대 범죄학 이론에서 가장 생산적인 분야였다. 보다 구체적으로, 1970년대와 1980년대 초 동안, 그것들은 범죄의 사회적, 경제적, 그리고 정치적 중요성과 관련이 많다. 우리는 이러한 이론들을 맥락화하기 위해서 이 시기로 눈을 돌린다.

## 배경: 신범죄학

마르크스주의자, 유물론적, 변증법적, 급진적, 사회적, 그리고 비판적 범죄학 등을 포함하는 다른 용어들에 의해 이 기간동안 알려진 신범죄학은 대서양 양쪽에서 강력한 인기와 지지를 경험했다. 여기서의 주된 관심은 "영국에서의 급진적 범죄학의 예외적 성공" 때문에 신범죄학의 영국버전이다(Young, 1988, p.159). (사회권력과 범죄의 구성에 대한 미국 이론가들의 작업에 주로 초점을 둔 논의는 8장을 참조.) 영국에서의 반향을 넘어 특별히 중요한 점은 사십 년 전 훨씬 이전부터 범죄학계에 중대한 영향을 주었을 뿐 아니라 전통적인 범죄학 주변부이긴 하지만 오늘날에도 여전히 중요한 영향으로 남아 있다. 상대적으로 짧은 기간 동안 유행했고 곧 사라져버린 대부분의 범죄학적 이론들과는 달리, 신범죄학은 짧은 쇠퇴기를 겪었고 관심과 영향의 부활을 경험했다(Walton & Young, 1998).

초기에는, "[영국에서] 삐걱거리는 급진범죄학의 전차를 노정시켰던 하워드 베커를 중심으로 하는 서부 낙인 이론의 영향"으로 영(Young, 1988)이 확인한 것에 의한 영향을 받았다(p.163). 영에 의하면, 이것은 미국 사고의 전환, 팝음악처럼, 유럽의 문화가 다시금 미국에서 연주되는 것과 같은 전환과 관련되었다. 그것은 "괄목할 만큼 정치적으로, 문화적으로, 그리고 사실 범죄 그 자체의 외관으로" 노정했던 사고의 치환이었다(p.163).

이렇게 하나의 구체적인 영향보다 더 많은 것들이 작동했다. 1960년 후반, 설명이 거칠고 단순했던 영국 범죄학은 생물학적, 심리학적, 그리고 사회학적 결정론을 강조했던 전통적인 실증주의가 위기에 놓여 있었기 때문에 교차점에 놓여 있었다. 핵심적 문제는, 범죄에 대한 전통적 범죄학적 설명들이 예측했던 것들과는 달리, "대규모 사회환경 개량이 범죄를 감소시키기보다는 반대로 증가시킬 수도 있다는 것이었다(Young, 1988, p.159)." 범죄에 대한 기존의 결정주의적 설명과 같이 문제가 왜곡되는 것처럼, 설명되어지고 교정되어야 할 필요성이 있는 것은 단지 사회적 비정상성만이 아니었다. 그것은 제2차 세계대전 전후 영국 복지국가가 도전받고 있는 도시 주택 문제와 공동체의 붕괴, 공공 건강 문제, 그리고 교육 문제들을 포함하는 사회 문제들의 한 부분이었다. "그러므로, 범죄학의 위기는 느닷없이 나타난 것이 아니라, 범죄학의 내적 문제들이 굴절시킨 정치와 문화의 특정한 위기의 한 부분이다(p.160)." 그것은 영국에서 창발했던 신범죄학의 배경에 반하는 것이다.

## 이론적 주장

미국 마르크스주의자인 앨빈 굴드너(Alvin Gouldner, 1973)의 찬사가 들어간 서문과 함께 1970년대 초기에 출간되었던(여전히 출간되고 있는), 이러한 관점의 대표작인 신범죄학(The New Criminology, Taylor, Walton, & Young, 1973)은 "'범죄'와 '일탈'과 관련한 기술적 담화의 전체 구조적 방향을 돌렸다"는 것과 같이, 전통적인 범죄학에 대한 강력한 비판으로 묘사된다(Gouldner, 1973, p.ix). 일년 후, 커리(Currie, 1974)는 이것을 "보다 인본주의적인 범죄학을 건설하는 노력"에서 가장 중요한 저작이고 "지금까지 쌓아 왔던 이 분야(범죄학)에 대한 아마도 가장 비판적인 평가(p.133)"라고 칭송했다. 이러한 관점은 미국의 상대편과는 중요한 부분에서 달랐다. 예를 들어, 이것은 종종 지적으로 보다 정교했으며 범죄학에 잘 녹아들었고 미국에서보다는 대륙의 사고가 더 잘 드러났다. 그리고 미국에서 비주류인 급진범죄학의 위치와는 달리(Inciardi, 1980), 이러한 관점은 전통적인 범죄학과 동등한 위치를 나눠가지게 되었다.

이러한 초기 발전의 핵심은 (1) 사회 질서는 대중의 합의에 기반하고 있다는 사회기능론의 가정, (2) 범죄에 대한 전통적인 범죄학의 과도한 결정론적 처우에 대한 반대였다. 초기의 관점에 대한 글로, 코헨(Cohen, 1988)은 "애초의 지적 구도는 당연하다고 여겨졌던 실증주의 범죄학적 전통의 가정들을 전복하고자 하는 체계적인 시도였다(p.9)"라고 주장했다. 이러한 가정들을 뒤집기 위해서, 첫 번째 임무는 전통적인 범죄연구들이 인간본성과 사회질서에 대한 "정확한", "과학적", 그리고 "결정적인" 이해를 독점하고 있다고 가정하고 있는 일반적인 이론들과 패러다임들에 잠식되어 있다는 것을 드러내는 것이었다. 예를 들어, 가족 해체의 결과로서 범죄를 설명하는 것은 너무도 단순하다. 부분적으로 신범죄학이 당면한 문제는 이러한 협소한 관점에 성공적으로 도전하는 것이고 전통적인 범죄학이 국가 정책의 중추적인 관념적 구성들에 기반하고 있다는 것을 드러내는 것이었다. 도전은 그러한 문제들에 대해서 "범죄학에서 논쟁이 있다"는 것을 확립하고자 했다(Young, 1988, p.161).

다음의 임무는 사회과학자들에게 있어 전통적인 실증주의에 의해서 지적 게토에 놓이게 되었던 범죄 그 자체를 주변적인 관심이 아니라, 관심의 중심에 두는 것이었다. 다시 말해서, 신범죄학은 범죄를 연구하는 것은 사회질서와 무질서 모두를 보여준다고 주장했다. 범죄는 사실 주변화된 주제가 아니라 안정성과 변화에 대한 사회과학적 설명의 핵심이다. 이러한 주장을 공고히 하고 전통적 범죄학의 방향을 바꾸기 위해서, 신범죄학은 결정주의적 "실증주의가 잘못된 과학성의 추구로 만들어 놓은" "객관성의 개념을 원래의 상태로 되돌려야"만 했고 범죄의 정치적 본질에 초점을 두어야만 했다(Young, 1988, p.161). 이러한 것은 정치적 경제적 구조들과, 자본주의 제도들과, 그리고 어떻게 이것들이 범죄를 만들어내는 사회적 환경을 형성하는지에 관심을 가지고 그것에 초점을 두는 것을 통해서 달성할 수 있었다.

신범죄학에 있어, 자본주의는 엘리트 지배 계급에 의해서 불평등이 제도화되는 착취적이고 소외적인 사회질서였다. 이러한 환경에서, 범죄는 강요된 사회적 배열에 대한 합리적인 반응이다; 범죄는 정치경제학의 부산물이다. 신범죄학의 주요 공헌자인 영(Young, 1976)의 70년대 중반의 입장은 "우리들이 가졌던 관심의 핵심은 생산수단의 독점과 계급사회의 관점에서 범죄성과 법을 설명하는 것"(p.14)이었다.

자본주의하에서, 형사법은 너무도 자주 특정 이해 집단들을 이롭게 하고 다른 이들을 불리하게 하기 위해서 조작된다. 특히, 형법은 국가와 지배계급에 의해서 자본주의 시스템의 적자(嫡子)들을 보호하기 위해서 사용된다(Bohm, 1982). 그렇다면, 신범죄학에 있어, 범죄는 인류의 고통에 일조하고 인간의 잠재력을 박탈하는 자본주의자들의 정책과 이익들로서 정의된다. 여기서 인권의 침해는 범죄의 정의에서 가장 중요한 고려사항이고 그것은 제국주의, 자본주의, 인종주의, 그리고 성차별주의 등을 포괄한다. 비록 대처(Thatcher), 메이저(Major), 그리고 블레어(Blair) 등의 영국 수상들하에서 사회서비스의 사영화(민영화)와 비개입 사상이 지난 삼십 년 동안 공격받았지만, 여전히 이러한 관심은 영국 범죄학적 사고의 가장 중요한 부분으로 남아 있다. 최근에, 이러한 반향은 몇몇 다른 국가들로, 다른 형태의 비판범죄학으로 확장되었다.

## 신범죄학에 대한 비판

초기에, 이러한 관점은 찬사를 받은 것만큼 때로는 동일한 사람들에게서 사려 깊게 온전히 비판받았다. 한 비평가는 너무도 빨리 신범죄학이 많은 방식에서 그것이 비판하고 대체하고자 했던 전통에 가까워졌다고 지적했다(Currie, 1974, p.133). 세 가지의 구체적 문제들이 드러났다.

첫 번째, 비록 테일러와 동료들이 전통적 범죄학, 구체적으로는 민속지학적 방법론과 갈등이론의 결합에 대한 견고하고 명확한 비판을 제공했지만, 그들은 종종 피상적이었고 때로는 그냥 그들이 분명하게 잘못했다. 더욱이, 고전학파에 대한 그들의 논의는 불충분했고, 실증주의에 대한 비판은 다른 종류의 결정론은 회피하고 단지 생물학적 결정론에 대한 것이었다; 그에 따라서 그들은 생물학주의에 대한 비판을 동등하게 심리학적이나 사회학적 결정론에 적용했다는 오도된 인상을 주었다. 생물학적 결정론에 대한 그들의 비판은 동일한 주제에 대한 이전의 비판들로부터 더 나아가지 못했고, 또한 테일러와 동료들(1973)의 작업은 "왜 특정 이론들이 살아남았는지에 대해서 설명(p.31)"하겠다는 그들의 주장에 미치지도 못했다. 대신, 그들은 범죄학적 이론들을 선진 자본주의 사회들의 물적 조건들에 뿌리내리고 있는 광범위한 관념적 조류들에서라기보다는 학문적 교착상태로 존재하는 것처럼 취급했다. 이러한 실수(간과)는 범죄와 다른 사회적 문제들에 투여된 사회적 개입들과 함께하고 있는 전통적 범죄학 간의 관계를 불분명하게 했을 뿐 아니라 테일러와 동료들이 더 깊은 수준의 비판적 분석을 진행하지 않았기 때문에 그들 스스로가 전통적 범죄학적 이론가들이라는 주장에 대해서 신빙성을 더했다는 것이다(Currie, 1974, p.136).

두 번째, 신범죄학의 문체는 범죄학 분야에 정교하게 관심을 두고 있는 사람들의 문제와 매우 밀접하게 유사했다. 이것이 부당한 비판으로 들릴 수도 있지만, 커리(Currie)에게 있어 이것은 테일러와 동료들이 실질적으로는 착취받는 사람들을 위해서 의미 있는 사회적 변화를 만들어내기 위해서 노력했다기보다는 전통적인 범죄학을 위한 글을 썼다는 것을 가리키는 것이었다.

세 번째이자 가장 치명적인 비판은 전통적인 범죄학이 제공했던 것보다 범죄에 대해 발견적(heuristic)인 사회적 설명을 제공하고자 하는 급한 마음에, 신범죄학이 인간의 본성과 사회질서에 대한 적절한 논의에 실패했다는 것이었다. 이러한 정보 없이, 신범죄학이 전통적 범죄학의 대안으로서 무엇을 제공했는가는 그저 불명확하다. 이러한 약점을 위한 설명의 한 측면은 생물학적 이론들에 집중된 신범죄학의 비판이 빈대 잡으려다 초가삼간 태운 격이라는 것이다. "보다 유용한 접근은 생물학적 그리고 심리학적 개념들을 한꺼번에 제거하는 것이 아니라 인간 본성에 대한 총체적인 비전과 함께 통합시켜야 한다는 것이다(Currie, 1974, p.138)." 이러한 이유와 또 다른 까닭에 신범죄학의 주요 이론적 가정들은 약간은 혼란스럽고 근본적으로 오해의 소지가 있었다.

## 초기 좌파실재론

### 이 론

결국에 신범죄학의 영향과 초기의 칭송을 쇠락시키는데 공헌한 다른 요인들 중에서, 대처(Thatcher)정부하에서의 "새로운" 우파의 등장과 함께하는 영국의 정치적 상황의 변화는 그 영향이 적지 않다. 1979년 신우파는 영국 총선에서 보수당/토리당의 승리를 이뤄냈고 변화를 이끌어내고자 하는 맘을 먹고 정부를 세웠다(Jenkins, 1987). 그들은 구체적으로 영국의 국내/국제적 경제와 정치적 쇠락을 끝내고자 하는데 중점을 두었다. 이러한 것들은 제2차 세계대전 후 1940년대 이래로 발전되었던 사민주의의 영향 하에서 정부를 제한했던 법규와 가정들을 끝내고자 하는 정치적/이념적 단절과 관련이 있다.

이것은 영국 정치의 중대한 변화를 나타냈다. 사민주의의 핵심은 국가의 책임과 국가 기능들의 40년간의 확장이었다. 예를 들어, 공공부문은 실질적으로

"가스, 전기, 석탄, 그리고 철도 등과 같은 주요 공공부문 기간 산업의 국영화를 통해서 증가"했다(Gamble, 1989, p.2). 사회 부문에서, 이러한 확장은 국민건강보장, 주택, 그리고 교육 등과 같은 복지 제도들의 확장을 의미했다. 그러나 1970년대에 이르러, 사민주의와 그것의 복지 정책들은 영국에서 그리고 다른 많은 국가들에서 공격을 받기 시작했다. 1979년의 보수주의의 승리는 국가기간산업의 민영화와 복지, 국민건강보험, 그리고 교육지원 등에 대해서 제한을 두는 것과 같은 것들을 주요 의제로 삼는 새로운 통치 이념으로 인도했다. 지난 30년이 넘도록, 비록 보수주의 정부가 사회정책의 실패, 잦은 정부 스캔들, 그리고 1997년 노동당의 승리 등에 의해서 눈에 띄도록 인기가 시들해졌어도, 복지국가를 해체시키고자 하는 끊임없는 노력은 지속되어 왔다("Assault," 1993; "British Scandals, 1994).

신우파 정부의 정책들이 형성되고 실행되어지면서, 급진범죄학은 조류가 바뀌었다는 것을 알아챘다. 신범죄학(The New Criminology)이 출판된 지 10년이 채 되지 않았을 때 급진범죄학의 영향에 대한 글에서, 비판범죄학자인 코헨(Cohen, 1981)은 말했다:

> 십 년 전보다 더 많은 어려움과 구멍이 있으나, 영국 범죄학의 제도적 토대는, 단순히 스쳐 지나가는 새로운 이론으로 혹은 몇몇은 기존의 패러다임을 전혀 건드리지 않고 받아들일 수 있는 흥미로운 생각들로서, 온전했고 바뀌지 않은 체로 있었다(p.236).

사실, 1980년대 초반 영국에서 급진범죄학의 영향에 대한 이러한 해석의 많은 부분은 심각하게 논박되지 않았다. 급진범죄학의 역사에 대한 회고적 논평에서, 매튜스와 영(Matthews and Young, 1986)은 급진범죄학이 "피해자에 미치는 범죄의 효과를 간과하는 대가를 치르면서 범죄자에 대한 낙인의 과정을 통해서 국가의 영향에 집중해(p.1)"왔다고 말했다. 그들의 말에 의하면, 이러한 간과와 등한시는 부당했는데 왜냐하면 급진범죄학은 "가해자, 국가, 그리고 피해자라는 범죄학의 주요 대상들의 기본적인 삼각관계에 집중"했어야만 했다(p.1).

이러한 간과에 대한 해결책과 급진범죄학 그 자체가 위기 상태에 있다는 몇몇의 주장의 한 부분으로서, 급진범죄학은 신범죄학으로부터 떠났고, 범죄의 실재적인 측면에 대한 강조라는 의미에서 좌파실재론이라 불리는 범죄를 연구하는 또 다른 접근을 발전시켰다. 좌파실재론의 핵심은 신범죄학이 국가의 역할에 대해서 과도한 강조를 했다는 것뿐만 아니라 범죄원인론을 등한시했다는 것에 대한 강력한 우려였다(Young, 1986). 이러한 지점은 더 강조하지 않을 수 없는데, 왜냐하면 이것이 영국 급진범죄학의 중대한 전환, 이론적 문제들로부터 범죄원인론과 범죄의 결과에 대한 통계적 분석과 연구들로의 전환으로 나타냈다.

보다 구체적으로, 좌파실재론은 비록 전적으로 그렇지는 않지만 노골적으로 노동계급에서의 범죄의 기원, 본질, 그리고 영향에 관심을 기울였다. 이러한 강조는 "정확한 피해자학의 연구"를 포함하는 연구 의제를 만드는 데 도움을 주었다(Young, 1986, p.23). 그러나 이것은 단지 "피해자들"에 대한 강조는 아니다; 이것은 공동체의 취약한 부분에 대한 사회적 차원과 지형에 대한 강조뿐만 아니라 공동체에서의 "취약성의 위험률"을 연구하는 것을 포함하는 보다 광범위한 접근이었다. 이러한 견해를 개념화하는 한 가지 방법은 모든 방향에서 범죄의 피해자로서 노동계급을 사고하는 것이다. 예를 들면, 경제적으로 사회적으로 더 취약한 사람들은 노동계급일 것이고 그들을 대상으로 벌어지는 화이트칼라 범죄는 더 자주 일어날 것이다(p.23).

피해자들에 대한 좌파실재론적 관심의 한 가지 예는 신범죄학에서는 간과되었던 주제인, 범죄학에서의 페미니스트 관점들에 대한 강조이다. 증가하는 강간의 문제에 대한 각성과 다른 페미니스트 문제들과 함께, 페미니스트들은 범죄학 이론 그 자체를 다시 생각해보도록 압력을 가했다. 이러한 발전은 범죄는 "그것들을 경험하는 사람들의 문제"로 연구해야만 한다고 강조하는 좌파실재론에서도 지속되었다(Young, 1986, p.24). 영(Young, 1986)이 말했듯이, "좌파실재론은 여성의 불만을 심각하게 받아들였다(p.24)." 이것은 좌파실재론이 단지 범죄피해자로서 여성만 고려했었고 또 하고 있다는 의미로 해석되어서는 안 된다. 좌파실재론의 의제는 인종주의, 경찰 폭력, 그리고 다른 유형의 "일상의 범죄"들에 동일한 관심을 기울였다(Matthews & Young, 1992; Young & Matthews, 1992).

"일상범죄들"—거리의 범죄들에 대한 좌파실재론의 강조는 범죄와의 전쟁에서 승리하기 위해서 더 강력한 처벌을 요구하지 않았다. 대신에 그들은 산업공해와 기업의 불법행위와 같이 보다 해로운 범죄들에 대해서는 확장된 사회통제를 요구했던 것에 반해서, 사소한 재산범죄, 중독성 없는 마약, 그리고 매춘과 같은 것들을 포괄하는 "피해자 없는 범죄"들과 사소한 범죄들에 대해서 최소 처벌을 지지했다(Young, 1991). 그렇더라도, 코헨(Cohen, 1986)은 "'법을 통한 질서 유지'에 대한 그들의 전반적인 지지로 인해 좌파실재론자들은 이십 년 전의 이론적 성과로부터 너무도 멀리 후퇴하게 되었고, 범죄화와 처벌과 사회통제의 표준적인 형법에 대한 가정들로의 그들의 퇴보는 시기상조라고 주장했다(p.131)."

이러한 관점의 독특성은 범죄인과론에서의 계급과 권력의 차원들과 그것에 대해서 무엇을 할 수 있는가에 대한 강력한 관심이었다(Young, 1992b). 그것은 또한 낙인이론, 긴장이론, 하위문화, 급진적 마르크스주의, 그리고 몇몇 페미니스트 관점들을 통합하고자 하는 노력을 드러냈다(Alvi, 2005). 한 20주년쯤 되어서, 좌파실재론의 매력과 공헌은 캐나다, 미국, 호주, 그리고 영국 등지에서 발견되어지고 있고 몇몇의 비판을 만들어냈다. 한 가지 주제는 과연 이것이 특별히 급진적 마르크스주의라고 하는 급진적 사고의 근본으로부터 너무 멀리 벗어났는가와 새로운 얼굴의 자유주의 이론에 지나지 않는가였다(Alvi, 2005, p.933). 또 다른 고려는 범죄인과론에 대한 실재론적 접근에 대한 강조가 위험하게도(위태롭게도) 보수주의자들에게 인기 있는 처벌주의적 통제 전략들을 옹호하게 되버린 것이었고(Schwartz, 1991, cited in Alvi, 2005), 그리고 여러 학자들 중에서 스탠리 코헨과 같이 저명한 학자들을 포괄하는 잉글랜드와 웨일스의 가장 영향력 있는 급진적 혹은 비판적 범죄학자들 중에서 전향자들을 얻어내지 못했다는 사실이다.

## 신범죄학/좌파실재론의 결과들

신범죄학과 실재론적 범죄학의 초기 공헌들은 사회적 정치적 진공상태에서 만들어지지 않았다. 처음에, 그들은 1960년 후반과 1970년대 초반 북미와 영국의 "신좌파" 출현의 한 부분이었다. 그것은 전통적 범죄학 내의 여기서 논의된 주제들뿐만 아니라 반-정신심리 운동, 교도소 지원 집단, 캠퍼스 연좌 농성, 그리고 지역사회 활동 노력들로 알려진 것들에 대한 비판적 범위를 견지했다(Young, 1988). 더욱이, 1960년대 후반과 1970년대 동안, 영국의 고등교육에서 사회과학은 전례 없는 수준으로 확장되었고, 사회학/범죄학/일탈 과목들이 유수의 명문 대학들에서 뿐만 아니라 다른 대학들에서도 개설되었고 전문대학으로까지 확장되었다. 새로운 과목들은 종종 "새로운 급진적 범죄학 내의 혹은 언저리에 있던 이들에 의해서 가르쳐졌고 … 사회학과 학생들은 새로운 좌파적 생각들과 실천들에 아주 많이 고취되었다(p.168)." 이러한 많은 학자들과 그들의 학생들은 학계에 남았고 비판적 범죄학자로 활동 중이다.

제2차 세계대전 후부터 1960년대 후반까지 지배했던 전통적인 실증주의에 대한 공격으로 이끌었던 것과 더불어서, 급진적이고 현실주의적인 범죄학자들은 "그것의 정치적 신념이 무엇이든지 간에 범죄학적 문화의 산물인" 많은 항목으로 구성된 일련의 리스트를 만들었다(Young, 1988, p.164). 이러한 것들은 범죄에 대한 생물학적 설명, 통계의 사회적 구성, 오로지 계급 기반의 범죄의 본질보다는 고질병적인 것에 대한 강조, 그리고 범죄의 보이지 않는 대규모의 인종차별적인 범죄피해, 여성에 대한 가정내 폭력, 그리고 아동학대 등과 관련된 기계적인 결정론에 대한 강력한 비판을 포함한다.

좌파실재론자들로부터 권력자들의 범죄와 길거리 범죄들의 실재들 간의 균형, 안전하고 적절한 가격의 주택, 만족감을 주는 직업, 보육, 보편적 의료 보험, 그리고 적절한 교통을 제공할 수 있는 민주적 기반의 개혁들에 대해서 강조하는 사회정의 의제를 만들어내면서, 몇몇의 일반적인 사회적/형사사법적 정책 함의들이 나왔다(Alvi, 2005, p.933). 좌파실재론자들은 출소된 수감자들이 성공적으로 사회에 복귀할 수 있는 가능성을 높일 수 있는 최소한도의 수감프로그램과 대응적인 경찰활동 대신에 능동적인 경찰활동과 같은 민주화된 형태의 사회통제를 지지했다.

## 신범죄학 재검토

1990년대 후반, 신범죄학의 영향을 재평가할 수 있는 기회를 제공했던 두 가지의 사건들이 발생했다. 첫 번째는 영국 정치의 역사적 전환으로 묘사될 수 있고 이전과는 차별적인 새로운 정치 철학의 시작이라 묘사될 수 있는 것이었다. 두 번째는 신범죄학 재고(The New Criminology Revisited)의 출간이었다(Walton & Young, 1998).

일년 전인 1997년 5월 1일 44세의 토니 블레어는 20년간의 보수당 집권의 막을 내리면서 1812년 이래로 영국 역사에서 가장 인기 있는 정부의 최연소 수상으로서 다수당 당수로 선출되었다. 어글리 루머(Ugly Rumor)라 불렸던 학생 밴드의 리드 싱어였던, 블레어는 "신 노동"당이라 명명한 것을 기치로 선거운동을 하였고 분열을 초래하는 계급적 편견의 중산모를 쓴 이미지로부터 크게 다른 "새로운 브리튼"으로의 국가적 전환을 약속했다. 그의 의제에서 중추적인 것은 지역사회 포용성을 지지하는 수사와 개혁적 열정이었다. 취임 후에, 블레어와 그의 노동당은 재빠르게 의료보험의 현대화, 날뛰는 영국의 복지 비용 삭감, 인권, 세계화, 빈곤, 스코틀랜드와 웨일즈에 대한 권력 이양, 그리고 유럽연합과 보다 협력적인 관계 등에 초점을 맞췄다. 이러한 것들의 대부분은 일반적으로 대처와 그의 계승자인 메이저 총리에 의해서 반대되었던 것이었다.

1997년 후반과 1998년 초, 그러나, 회의론자들은 과연 블레어와 신노동당이 그들의 전임자들에 비해서 덜 보수적이고 범죄와 같은 사회문제를 해결하려는 그들의 노력에 있어 희망적인가에 대해서 의문을 품었다. 실제로, 몇몇 비판가들은 블레어가 세 번째 연임했을 때 대처 이래로 가장 위대한 토리(Tory)라고 주장했고, 이러한 비판은 그가 조지 W. 부시와 이라크 전쟁에 대한 선호와 지지 때문에 911 이후 더 많은 신빙성을 획득했다. 그 이래로 테러리스트에 의한 2005년 런던 지하철 폭발 이후, 블레어 정부는 인권의 침해, 사생활 침해, 불법, 그리고 부당하다고 강렬히 비판받았던 반테러 법안과 정책, 그리고 행정직 실천을 시작했다(Lea, 2005).

이러한 정책들 이전에, 예를 들면 복지 개혁에 대한 노동당의 접근은 직업이 없는 모자 가정에 대한 지원을 삭감하고 중증환자와 장애인들의 수당을 위해서 자산조사를 제출하도록 했다. 블레어는 이러한 결정들을 "아주 힘든 선택"이라 칭했고 소외계층에 대한 피해에 대한 경고를 "유언비어를 퍼뜨리는 사람들"로 묵살했다. 일부 비판에 따르면, 범죄에 대한 신노동당의 접근은, 애초에는 좌파실재론에 의해서 영향을 받았지만, 곧 똑같이 토리들의 정책들처럼 권위적이고, 처벌적이고, 그리고 보수적이 되었다. 예를 들면, 새로운 정책들은 보다 많은 사설 교도소, 청소년들에 대한 야간 통행금지, 전자적 감시 사용 강화("꼬리표부착"), 구걸인 괴롭히기, "무관용", 그리고 상습적 잡범들에 대한 강화된 자동 처벌 등을 포함했다(Hanley & Nellis, 2001; Lilly, 2006a, 2006b, 2010; Lilly &

Nellis, 2001; Nellis, 2003b, 2003c, 2004, 2006; Nellis & Lilly, 2000, 2004).

이러한 정책들 중, 건강, 교육, 그리고 형사사법 기관들을 포함한 공적 서비스의 사영화(중심화를 포함한)는 점진적으로 "무엇이 효과가 있는지"라는 지도원리가 블레어의 시금석이 되어 갔다. 그것은 "그것이 경쟁을 도입하는가?"라는 관념에 의해서 대체되었다. 2002년, 예를 들면, 그는 모두 민간 자본이 투입된 여덟 개의 성인 교도소와 세 개의 소년 교도소의 개소를 주도했고, 이러한 접근은 런던 기반의 공적 서비스를 위한 센터가 영국이 세계에서 가장 사영화된 형사사법제도를 가지게 되었다고 결론 내렸다. 같은 기간 동안 블레어와 그의 정치적 지지자들은 보호관찰 제도를 포함하는 것과 같이 사영화 — 카터 보고서(Carter Report)에 의해서 소개된 "경합성"으로 알려진(Carter, 2004) — 를 확장하기 위한 시도를 했고, 그러한 노력은 2005년 후반부터 2006년 초반까지는 적어도 패퇴했다(Dean, 2005; Travis, 2006). 2005년 후반, 보호관찰은 이미 많은 부분 거의 100년이 된 사회 복지 정신으로부터 "지역사회와 구금형 간의" 유서 깊은 구분을 흐릿하게 하고 두 요소를 모두 포함하는 "끊김 없는 처벌"을 생성하는 "지역사회 내 처벌"의 관념으로 전환했다(Nellis, 2003a, p.41).

보호관찰을 사영화하려는 시도는 잉글랜드와 웨일스의 교도소와 보호관찰 기관을 국가 범죄자 관리 시스템(NOMS)의 지시 아래서 하나로 통합하는 조기의 중앙집권적인 발전으로 이어졌다. 표면적으로는 공적 서비스 기준을 향상하기 위한 방법으로서 블레어에 의해서 제시되고 정당화되었지만, 그것은 실제로 거의 틀림없이 형사사법에 특별히 GPS 실시간 추적을 포함한 다양한 형태의 전자감시와 같은 기술적인 혁신을 소개하는 방식이었다(Nellis & Lilly, 2000). 범죄자들을 관리하는 후자의 전략은 높은 비율의 교도소 재수감 혹은 사회 복귀 실패에 대한 정부적 관심의 한 부분이었다. 이것은 잘 계획된 사회 재진입 전략과 함께 강력한 전자 감시는 재범을 줄이고 전통적인 수감의 비용을 줄일 수 있을 거라 주장했다.

잉글랜드의 수감 인구는 보수당 아래에서와 마찬가지로 신노동당 하에서 지속적으로 증가하였고 서유럽에서 가장 높은 수감률, 인구 10만 명당 142명을 기록하였다. 2005년 후반, 잉글랜드와 웨일스의 교도소 인구는 1994년 이래로 50% 이상 증가하여 거의 75,000명이었다(Home Office, 2004; Howard League for Penal Reform, 2005). 2007년 6월 24일 블레어의 후계자로 선출된 고든 브라운 아래서, 잉글랜드와 웨일스의 교도소 인구는 여전히 높았다. 2010년, 교도소 인구는 83,378명에 이르렀다(World Prison Brief, 2010). 스페인(십만 명당 165명)을 제외하면, 영국과 웨일스의 인구대비 교도소 인구(십만 명당 152명)는 덴마크(66명), 핀란드(67명), 노르웨이(70명), 스웨덴(74명), 스위스(76명), 아일랜드(85명), 독일(88명), 벨기에(94명), 프랑스(96명), 네덜란드(100), 포르투갈(106), 그리고 이탈리아(107명)를 포함한 대부분의 선진 서유럽 국가들을 앞질렀다(World Prison Brief, 2010). 그러나 2010년 5월 7일 브라운의 참패와 제2차 세계대전 이래로 처음인 보수주의자 데이비드 카메론 하에서의 새로운 연정이 잉글랜드와 웨일스의 교도소 인구에 어떤 영향을 줄 것인지에 대해서는 불분명하다(Burns, 2010).

신노동당의 "범죄에 대한 강경책"들은 종종 범죄의 원인을 공략하는데 실패했다. 더 많은 경찰력, 보다 긴 형량, 그리고 사형제의 확장에 대한 클린턴과 부시의 지지와는 다르게, 블레어와 신노동당은 곧 법과 질서 정당으로서 보수주의를 대체했다. 이러한 것은 우리가 신범죄학(The New Criminology)의 1973년 출판과 그것의 비판적 상속자인 좌파실재론의 영향을 새로이 검토하는 변화들을 벗어나는 것이다.

아마도 블레어와 신노동당과 관련된 정치적 진환들보다는 1973년 이래로 이 판본이 지속적으로 출간되었다는 사실에서 보듯이 원래 신범죄학의 장기간에 걸친 인기에 의해서 야기된, 신범죄학 재고(The New Criminology Revisited)는, 만약 있다 하더라도 범죄학에서 단지 몇몇이 발전이 재조명을 받을 만하기 때문에, 특이하고 중요한 발전이었다. 돌이켜 생각해보면, "신범죄학 재고"의 편집자들과 저자들은 1973년판을 21세기에도 다양한 수준의 영향을 지속하고 있는 1970년대의 급진주의 물결의 한 부분으로 봤다. 이러한 작업의 면밀한 검토는 전부는 아니더라도 1973년 주요 주장들의 대부분이 재확인되었다는 것을 보여준다:

- 범죄와 범죄화의 과정들은 그것이 계급 관계이든지, 가부장적 형태이든지, 혹은 내재적 권위주의이든지 간에 사회구조의 핵심에 배태되어 있다(Walton & Young, 1988, p.vii).
- 신범죄학의 유일하고 적확한 목표는 인간 환경을 개선하는 것이다. 신범죄학은 유토피아적인 지향을 가지고 있다.

- 신범죄학은 행정범죄학과 같은 방식에 의해서 설립된 범죄학에 의해서 지지되는 교정을 지향하지 않았고, 지금도 여전히 지향하지 않는다. 인간 행동은 "교정"을 필요로 하지 않는다.
- 신범죄학은 사회변화와 결합한다. 이것의 지지자들은 인간 지식에 대한 전문가적 공헌보다 더 많은 것을 할 수 있기를 원한다.
- 신범죄학은 범죄와 비행에 대한 사회이론을 구성하려는 시도 속에서 범죄학적 이론들을 해체하는 것을 목표로 한다.

그러나 대부분의 신범죄학의 관념들은 일반적으로 지난 세월 동안 변하지 않았고, 그것의 의제들에 대한 1998년의 재학인은 중요한 새로운 이론적 발전들이 일어났다는 사실을 감출 수 없었다. 페미니스트 이론들은 더 많이 발전하였고 포스트모더니스트 사고들이 그랬던 것처럼 비판 범죄학의 중심이 되었다. 맑스주의자들의 유산은 정제되고 재정립되면서 그리 많이 폐기되지 않았다(Muncie, 1998, p.227). 거대 서사로서의 위치를 유지하는 것을 지속하는 대신에, 맑스주의는 "일련의 임시적 가설들 혹은 개념적 자원/집단의 틀"을 위한 재료가 되었다(Muncie, 1998, p.227). 국제적으로 재산범죄의 증가에 영향을 미친 "자유시장의 힘들"을 촉발하는 1980년대와 1990년대의 미국과 영국에서의 이안 테일러(Ian Taylor, 1998)와 엘리엇 커리(Elliott Currie, 1998b)의 영향 분석은 범죄에 대해서 재정비된 맑스주의적 설명들의 예증이 되었다. 비록 보수주의자들의 사회적 경제적 정책들에 대한 옹호로 이어지겠지만, 대부분의 경험적 증거들은 재산범죄, 빈곤, 노숙자, 도심 약물 중독, 그리고 폭력 범죄를 증가시킬 것이라는 이론을 지지했다.

되돌아보면, 신범죄학 재고에서 발전된 몇몇 사고들은 오늘날의 문화범죄학자들의 상상력 대부분을 포착하는 전신들이었다. 이러한 학자들의 각각은 후기 근대성과 범죄의 몇 가지 특성들에 대해서 논의했고 이렇게 함으로써 그들은 신범죄학과 문화범죄학 간의 가교로 여겨질 수 있는 이론적 초석을 놓았다. 여기서 가장 주목할 만한 것들은 커리(Currie, 1998a), 레아(Lea, 1998), 먼시(Muncie, 1998), 그리고 테일러(Taylor, 1998)의 작업들이다.

좌파실재론은 신범죄학의 비판적 상속자로 영국 주류범죄학에 대한 가장 영향력 있는 대안으로 남아 있다. "좌파실재론은 우파의 수사학에 대한 급진적 대안"을 계속해서 제공할 것이라는 1996년 티어니(Tierney)의 평가는 선견지명이 있었다(Tierney, 1996, p.233).

## 오늘날의 좌파실재론

최근에, 좌파실재론에 대한 관심은 비록 몇몇의 비판가들이 사망 선고를 했음에도 불구하고 비판범죄학의 광범위한 범주 아래서 주요 연구 질문 중 하나로서 괄목할 만큼 성장했다(DeKeseredy, 2010). 이러한 시기상조적이고 부정확한(사망)선고에 대해서는 몇 가지 이유가 있다. 한 가지 이유는 1980년대 이전에 비판범죄학이 주로 기업과 화이트칼라 범죄 그리고 형사사법 기관들의 운영에 있어서의 계급과 인종의 중요성들에 초점을 두었던 데 반해서, 힘없는 사람들과 노동자 계급들에 의해서 저질러지는 범죄들과 여성의 범죄피해에 직접적으로 관심을 가져야 한다는 좌파실재론의 요구를 간과하였다는 사실에서 찾을 수 있다. 이 지점에 대한 좌파실재론의 입장을 간과하는 것은 몇몇 비판가들로 하여금 더 이상 주의를 기울일 필요가 없다할 정도로 오해하게 만들었다.

좌파실재론자들은 이러한 것들이 주의를 기울일 필요가 있을 정도로 중요한 주제라는 것에 대해서 동의했던 반면에, 그들은 힘없는 자들의 범죄들을 연구하고 인정하는 것에 대한 실패는 전통적으로 우피적인 법과 질서 정책들에 대한 이념적 지지를 만들어낼 수 있는 보수주의 정치인들의 손아귀에 놀아나도록 한다는 것을 경험적으로 보여주었다고 주장했다. 좌파실재론자들은 힘없는 자들의 범죄들은 대부분 사회구조에 배태되어 있는 불평등의 결과라고 주장했기 때문에, 박탈당한 자들의 범죄—그들의 의견으로—들은 사회정의 원칙에 기반한 평등 사회를 발전시키기 전에 반드시 먼저 인식되어야만 한다. 그러나 반대에 대한 이론적 경험적 정확성과는 상관없이 권력가들의 범죄나 인종과 성 문제들에 초점을 기울이는 것보다 정치적 반향이 덜하기 때문에 때로는 이러한 주장은 광범위하게 간과된다. 이것은 또한 좌파실재론이 약한 비판적 목소리를 가졌다는 인상을 덧붙여준다.

좌파실재론자들은 스스로의 위상을 강화하는 데 별 도움이 되지 않는 입장인 힘없는 자들의 범죄들에 대해서 비판범죄학의 간과를 비판하는 것에 대해서 또 다른 이유가 있었다. 그들은 노동자계급의 범죄들과 범죄피해, 특별히 여성의 범죄피해를 심각하게 고려하지 않은 실패가 우파 집단이 범죄와 경찰에 대한 지식을 독점적으로 통제하는 데 도움을 주었다고 주장했다. 예를 들면, 이것은 라디오와 TV 토크쇼에서 독설에 찬 논의들에서 볼 수 있다. 영국에서, 2010년 초반 전국 선거에서, 보수적인 토리당은 노동당하에서 폭력 범죄가 극적으로 증가했다는 것을 보여주는 "의심스런 범죄 수치"를 보여주면서 비난했다(Watt, 2010). 실제로, 한동안, 초기 좌파실재론 스스로는 광범위한 가부장적 힘의 역할과 같은 젠더 관련 문제들에 대해서 말로만 주의를 기울였다고 비판받았다. 이것 또한 좌파실재론이 죽었다는 생각에 기여했다.

이것이 변했다. 지금 "그들의 이론적 작업은 길거리 범죄, 경찰의 가혹한 행위, 그리고 이성 관계에서 여성에 대한 폭력 등에 대해서 이야기한다(Dekeseredy, 2010)." 덧붙이면,

> 좌파실재론자들은 [지금] 일반적으로 경찰과는, 보수적 정치인들과는, 그리고 대부분의 중산층과 상류층의 사람들과는 무관하다고 여겨지는 해악에 대한 데이터를 끌어낼 수 있는 양적/질적 질문들을 포함하고 있는 지역 범죄피해조사를 수행한다. 이러한 주제들은 성인의 친밀한 관계에서 신체적 성적 폭행, 공적 장소에서 게이, 레스비언, 그리고 유색인종에 대한 성희롱, 그리고 기업범죄 등을 포함한다(Dekeseredy, 2010, p.548).

그러나 영국과 미국의 좌파실재론 사이에는 구별되는 차이들이 있는데, 그 어느것도 이 이론이 사망했다는 생각을 지지해주지 않는다. 반대로, 차이점들은 좌파실재론의 건강성을 반영한다. 일반적으로, 대부분의 영국 실재론적 정책들은 경찰에 대한 민주적 통제를 포함하는 형사사법 개혁에 대해서 초점을 두었던 데 반해서(DeKeseredy, 2010, p.549), 대서양 건너 반대편은 방범제안에 대해서 보다 많은 관심을 기울였다. 두 지역에서 좌파실재론자들은 "공개적으로 술취한 이들에 대해서 검문검색 하는 것은 단지 도시지역사회로부터 사회적으로, 경제적으로, 그리고 정치적으로 배제시킬 뿐인 강력한 경찰 전술과 같은 것들을 포함하는 정책들에 이론적으로 동의한다(DeKeseredy, 2010, p.547)."

또한 한동안, 좌파실재론은 작업들의 대부분은 특별히 빈곤한 도시 지역사

회에서 범죄에 대한 이론적 작업이 영국에서 수행되면서 문화지향적인 것처럼 보였다. 이러한 초점은 다른 많은 범죄학적 고려들이 간과되도록 하였다. 이것은 어느 정도 사실이다. 그러나 오늘날 좌파실재론은 세계적으로 현대 사회들이 직면한 주요문제들 속에서 이론들을 검증하고 구성한다(DeKeseredy, 2010).

두말할 나위 없이, 최근까지, 좌파실재론은 어떻게 제조업으로부터 서비스 기반 경제로의 전환과 그들이 사회서비스에 대한 신보수주의적 공격이라 지칭하는 것들과 같은 구조적 요인들이 오늘날의 중산층 청소년들에게 부정적으로 영향을 주는지에 대해서 작은 비판적 관심을 기울였다. 혹은 어떻게 대서양 양쪽 모두에서 두 자릿수 실업률, 주택 압류, 제조업 침체와 폐업, 그리고 추가적인 경제적 혼란(시카고대학의 경제학자, 밀튼 프리드먼에 의해서 조장된 경제정책들의 실행에 의해서 야기된), 공적 영역의 삭제, 기업 규제 철폐(엄청나게 위험한 월스트리트와 금융 관행을 포함하는), 그리고 다양한 형태의 사회적 배제로 이끄는 쥐꼬리만큼의 사회복지 지출, 성적 특성을 반영한 범죄, 그리고 중산층 청소년들에 대한 부정적 영향 등에 대해서 관심을 기울였다(Currie, 2004; Klein, 2007). 예를 들면, 낮은, 비하적인, 그리고 미미한 남성 직업이 커리에 의해서 발견되었고(Currie, 2009), 다른 것들은 일반적으로 여성에 대한 폭력과 관련이 있었다(또한 Basran, Gill, & MacLean, 1995; Dekeseredy, Alvi, Schswartz, & Tomaszewski, 2003). 혹은 2010년 초반 어떻게 미국 연방 입법 과정의 구조가 한 상원의원으로 하여금 또 다른 30일의 실업 지원과 시골 지역에 사는 50만명의 사람들에게 TV 방송을 연장해주도록 하는 하원의 법안을 다루지 못하도록 했는지(Hulse, 2010)에 대해서 관심을 기울였다.

오늘날 좌파실재론의 활력은 또한 어떤 비판가들이 대중적 괴리와 정통범죄학의 변방으로 지칭한, 혹은 "그래서 어쩌라고? 범죄학"이라는 별명이 붙은 것에서 풍부한 논의를 찾을 수 있다. 주류범죄학에 있어 이것은 작은 문제가 아니다. 특별히 몇몇 자료에 의하면 — 미국 회계 감사원(GAO)의 보고서를 포함한, 범죄는 떨어지고 있으며 그래서 범죄학적 연구들을 위험에 빠뜨리고 있다(Zimring, 2006). 현재 토론의 주된 윤곽은 2004년 미국범죄학회 연례학회에서 수상한 국제적으로 존경받는 좌파실재론자인 엘리엇 커리(Elliott Currie)에 의해서 제공되었다(Currie, 2007; Feeley, 2010). 고전적인 범죄학적 작업인(Cullen, 2010) 『당면한 범죄(Confronting Crime)』의 저자인 커리는 본질적으로 기존의 범죄학은, 그것의 축적된 이론적 경험적 무게에도 불구하고, 비참하게도 범죄와 형사사법에 대한 공공정책의 분야에 거의 영향을 주지 못한다는 것을 말했다. 그의 관점에서 — 1960년대와 1970년대 급진적이고 비판적인 범죄학자들에 의해서 옹호된 비슷한 입장들에 대한 여러 가지들은 곧 다른 이들이 이어받았다 — 이러한 상황이 발전된 것은 설명해야 할 범죄 문제들이 별로 없어서가 아니었다. 실제로, 상황은 그 반대였다. 미국은

> 전 세계에서 우리의 수감률과 길거리와 주거에서 일상 폭력 범죄율은 두드러진다. 교도소의 망령은 가족들을 크게 파괴하면서, 미래를 파괴하고 다수의 소수 민족들의 권리를 박탈하면서 가난한 지역사회에 출몰한다. 대량 구금은 부자와 빈자, 백인과 흑인 사이의 삶의 기회에서의 역사적 틈을 더 깊게 했고, 그리고 사회적으로 경제적으로 불구가 된 대군을 만들어냈다; 그것은 수천만 달러의 돈을 열매 없이 빨아 들이고, 매년, 우리는 보다 생산적인 인류의 용도들을 필요로 한다(Currie, 2007, pp.175－176).

커리에 의하면(Currie, 2007), 범죄학의 소리가 지금보다 더 필요했던 적은 없었다. 수십 년간, 그러나, 범죄학은 점차적으로 범죄와 형사사법에 대한 일반 대중적 논의에서 변방이 되었고 공공정책에 영향을 줄 수 있는 영향력이 줄어들었다(p.176). 이것은 범죄학이 공공정책에 대해서 할 얘기가 없거나 적절하지 않다는 것이 아니었다. 대신에 문제는 범죄학이 그러한 논쟁들로부터 격리되었다는 것인데, 왜냐하면 범죄학자들이 범죄에 대해서 무엇을 해야 할지에 대해서 실제로 그들이 알고 있는 것을 대중에게 가르쳐주는 데 있어 형편없었기 때문이다. 커리는 이러한 상황에 있어서 몇 가지 이유를 드러냈다.

그의 비판 넘어는 범죄학적 연구를 매우 좁게 정의하고, "독창적인 연구"를 선호하고 둔감한 언어들과 이해할 수 없는 수학적 공식들과 함께 "유의미한 발견"이 상호 심사되는 잡지에 출간되도록 하는 주요 연구 대학들의 지금의 경향이 기존의 범죄학들에게 역시 제한된 매력을 가졌고 공공정책에 대한 적절성이나 관심은 더더욱 낮았다는 것이다(또한 Young, 2004를 참조). 이러한 접근은, 커리가 지켜봤듯이, 연구가 이해가 되게 하는 것과 "우리 자신들보다 더 광범위하고 잠재적으로 보다 더 효과적인 독자들에게" 퍼져 나가는 것을 희생했다

(Currie, 2007, p.180).

커리에 의하면, 기존 범죄학의 격리에 공헌했던 다른 근본 요인들은 비행에 대해서 — 대량 구금을 포함한 처벌적 대응들의 장점을 극찬하는데 40년간의 성공을 누렸던 우파로의 전국적인 전환, 공적 삶에 대한 지도 원리로서 일종의 포식적인 개인주의의 수용, 그리고 소외와 주변성에 대한 문제들을 해결하기 위한 사회 서비스를 제거하거나 삭감하는 것을 지지하는 사회적 관계들에 대한 사회 진화론을 포함한다. 그는 범죄학은 특별히 연구 대학들 내에서 범죄학자들이 사회적 행위와 사회정책의 세계에서 활기 있고 체계적인 개입을 할 수 있도록 하는 보상적이고 효과적인 전략들을 개발해야만 한다(Currie, 2007)고 주장했다.

좌파실재론의 창시자 중의 한 명인 로저 매튜스는 커리의 평가에 동의했지만, 그가 제안한 해결책들에 대해서는 동의하지 않았다. 범죄학자들로 하여금 범죄와 형사사법 정책 논쟁들에 개입할 수 있는 새로운 전략들을 개발하는 대신에, 매튜스(Matthews, 2009)는 "적절한 방법론을 사용하면서 이론적으로 세련된 개입들"에 관여할 것을 제안했다(p.343). 이러한 좌파실재론자의 사고 — 이것이 이론, 방법론, 그리고 실천 등을 포함하기 때문에 또한 "성 삼위일체"로 알려진 — 는 다른 급진적이고 비판적인 사상가들과 오래 관계하여 온 제안을 상정하였다. 그러나, 자유주의자들의 중요한 공헌들이 보수주의자들의 "범죄에 대한 강경한" 정책에 반대하거나 거부하는 것으로 형성되었던 시간 이래로 하나의 중요한 요인이 변화했다. 매튜스에 의하면, 변화는 보수적 범죄학 스스로가 종언을 경험하고 있고, 자유주의 범죄학자들은 "더욱더 너그럽지 못하고 처벌적이 되어 가는 잘 속아 넘어가는 대중들에 대해서 '법과 질서'라는 카드를 가지고 놀고, 교묘하게 조종하는데 능숙한 정치인들"과 마찬가지로 되었다는 사실이다(Matthews, 2009, p.344).

매튜스는 계급, 국가, 그리고 구조와 계급들과 같은 개념들에서 이론의 역할에 우선 순위를 매기는 개조된 실재론자 범죄학을 제공한다. 그는 피해자와 범죄자들에 대한(경향이 아니라) 범죄의 의미를 강조하는 분석의 방법을 인식하는 것과 결부된 개념들을 사용하는 것은 이론과 효과적인 개입을 연결할 수 있는 필수적 구성요소라고 주장한다. 이러한 접근은, 매튜스가 제안했듯이, 좌파실재론 범죄학을 "기존의 범죄학에 만연한 실증주의와 경험주의" 형태와는 현저하게 다른 자리에 서 있도록 만들었다(Matthews, 2009, p.344).

디케세레디와 슈워츠(DeKeseredy and Schwartz, 2010)는 좌파실재론의 중요성에 대한 매튜스의 평가와 이것이 재발견되었다는 사실에 대해서 동의했다. 그들은 또한 증가하는 실업, 주변적 직업, 그리고 사회적 배제를 포함하는 후기 근대의 중요한 구조적 전환의 관점에서 범죄와 처벌을 설명하는 논리정연한 비판적 실재주의 이론의 집필을 시도했다는 것에 대해서 그를 칭송했다. 그러나 그들은 초기 좌파실재론자들이 범했던 동일한 실수인 젠더무감성을 저질렀던 것에 대해선 그를 비판하였다. 실제로, 디케세레디와 슈워츠가 관찰하듯이(2010), 젠더란 말은 그의 논문에서 단지 한번 등장하고 '페미니즘'과 '가부장제'와 같은 말들은 찾을 수 없다. 한 페미니스트의 관점에 의하면, 그의 개정된 실재론자 범죄학은 변함이 없었고 똑같았다(p.161).

이러한 한계를 논하기 위해서, 디케세레디와 슈워츠는 젠더를 맨 앞에 위치시키는 새로운 좌파실재론 하위문화 이론을 제안한다. 그들의 핵심은 시카고 대학의 경제학자 밀튼 프리드먼에 의해서 옹호된 자유방임주의 경제 정책들이 점점 더 갈수록 미국을 "절대적으로 불공평"하게 만드는, 노동자들에 대해서 상대적으로 "새로운 공격"을 야기했다는 것이다(Massey, 2007, DeKeseredy & Schwartz, 2010, p.163). 구체적으로 드러난 박탈적인 경제 정책 중 하나는 "취약한 환경과 산업안전법의 이득을 얻기 위해서" 개발도상국으로 이전하는 기업들과 관련 있다(p.163). 하나의 결과는 미국의 남성 노동 시장의 상당한 비율이 그들의 "다른 이들과 연합하여 여성에 대한 폭력과 보상적 남성성의 한 종류로서 발전한 남성대남성의 폭력"과 같은 폭력적인 수단을 통해서 남성성을 증진하고, 표현하고, 그리고 인증하는 하위문화를 만들어내는 큰 위험에 처하게 하고 남성성의 정체성에 도전하는 몇몇 도전들에 직면하게 될 것이라는 것이다(Dekeseredy & Schwartz, 2010, pp.163–164; 또한 DeKeseredy, Schwartz, Fagen, & Hall, 2006을 참조). 디케세레디와 슈워츠는 그들의 주장을 지지하기 위해서 오하이오 시골과 다른 지역에서 진행되었던 그들의 연구를 언급한다.

요약하면, 다양한 좌파실재론자 이론들이 있다. 디케세레디와 슈워츠의 그리고 매튜스의 이론은 가장 최근의 이론들이다. 다른 좌파실재론자들은 머튼주의자, 하위문화, 그리고 맑시스트 이론을 함께 혼합한다; 다른 이들은 페미니즘, 남성 동료지지 이론, 그리고 맑시즘을 통합하고; 여전히 다른 이들은 동시에 피해자, 범죄자, 지역사회, 그리고 국가의 관계에 초점을 둔다(DeKeseredy, Alvi, &

Schwartz, 2006). 보다 최근에, 깁스(Gibbs, 2009)는 좌파실재론의 렌즈를 통해서 테러리즘을 살펴봤다.

## 새로운 유러피언 범죄학

### 공헌과 배경

역사적으로, 북미와 영국의 영어권 국가들을 넘어 다양한 학파의 사고와 학자들이 이 책에서 논의된 범죄학의 발전에 영향을 주었다. 안타깝게도, 오늘날 이것은 그리 잘 인식되지 않는다. 결과는 세계의 다른 부분으로부터 아주 없지는 않지만 매우 적은 기여들만이 있었다는 그릇된 인상을 주었다는 것이다. 이것은 사실이 아니다.

비영어권 국가들로부터의 기여를 인지하는 데 있어 실패한 하나의 상대적인 이유는 범죄학에 대한 초기의 공헌자들이 이질적인 언어들, 배경들, 그리고 분과학문들의 출신이었다는 사실에 기인한다. 예를 들어, 롬브로조, 페리, 그리고 가로팔로는 이탈리안이었고; 가브리엘 타르드와 뒤르켐은 프랑스인이었고; 그리고 봉거는 네덜란드인이었다. 학문적 훈련 또한 달랐다. 롬브로조는 의사였던 데 반해서, 타르드는 철학과 심리학에 관심이 있었던 지방 치안판사였다. 결과는 범죄학으로 구분될 수 있는 다수의 논리 정연한 문헌들이 매끄럽게 발전하지 못했다는 것이다.

왜 미국에서 범죄학에 대한 보다 최근의 유럽의 기여가 간과되었는지에 대한 또 다른 이유는 여전히 전통적으로 유럽에서의 범죄학이 "형법에 보조적인 분과 학문"이었다는 점이다(van Swaaningen, 1999, p.6). 불행히도, 이것이 범죄학을 국가에 의해서 사회통제를 위한 실용적인 도구로서 쉽게 사용되도록 했다는 것이다. 제2차 세계대전 중 나치법의 실행/발흥과 함께, 범죄학은 전쟁 이후까지도 극복되지 못했던 윤리적 위기에 직면했다. 이것이 과학적 방법의 엄격한 적용에 전념하는 분과학문으로서 범죄학의 발전을 지체시켰다. 대륙의 난민들과 영국과 미국에서 초기의 범죄학적 관심들의 도움과 함께, 전후 범죄학의 성장은 붐을 이루었다.

제2차 세계대전의 국가주의가 뒤틀어진 결과로, 통일 유럽을 만드는 데 커다란 국제적 노력을 기울였다. 이것은 "민족들은 지속적으로 혼합되는 반면 국가적 경계들은 천천히 부서지고 있는" 유럽이 되는 것이었다(Ruggiero, South, & Taylor, 1998, p.1). 1960년대까지 그리고 60년대를 통해서, 꿈은 유럽을 조화롭게 하기 위해서 뒷받침하는 노력들인 경제가 2%보다 낮은 실업률을 보이면서 실제 약속을 지켰다. 1990년대 후반까지 그리고 21세기 초반에, 이것은 변화했다. 어떤 유럽 국가들의 실업률은 12% 이상으로 올랐다. 이러한 변화는 새로운 유럽의 범죄학을 발전시키는데 큰 영향을 주었던 두 가지의 강력한 발전들을 나타냈다.

첫 번째, 실업률과 관련된 사회적 문제들은 경제 시장에서의 주요 전환의 파생물이었다. 1980년대 이전까지 유럽에서 국가 주도의 지역사회 복지에 대해서 강력한 강조를 했던 것은 기업의 이익에 대해서 보다 더 관심을 갖는 자유시장 경제로 전환했다. "시장의 힘"에 대한 이러한 변화는 국가주의가 사라질거라 기대되는 조화를 이룬 유럽을 만들려고 하는 노력들을 철회하도록 하는 것을 목도하게 했다. 그 자리에 선택의 자유를 강조했던 자유주의의 형태가, 거의 규제받지 않는 경쟁이, 그리고 소비주의의 경이로운 즐거움이 들어왔다. 다른 이들에 대한 의무와 책임감은 구식이고 시장의 자유에 대한 장애물로 보여졌다(Ruggiero et al., 1998, p.4).

두 번째, 자유시장 경제로의 전환과 결합하여, 동유럽과 아프리카의 일부에서 경제적 고난과 정치적 불확실성으로부터 도망치는 이민자들의 홍수는 유럽연합에 대해서 또 다른 큰 위협을 제기했다. 노동자들의 공급과잉에 직면하여 이익을 얻기 위한 경쟁은 다수의 예측 가능한 문제들에 기여했다. 노동환경은 악화되었다. 주택, 교육, 그리고 의료 서비스에 대한 강렬한 경쟁 또한 발생했다. 어떤 곳에서는, 본토박이 실업자들이 이민자들을 신체적으로 공격하거나 때때로는 살해했다. 몇몇 목격자들에 의하면, 2005년 프랑스 폭동은 이민자들 중에서 청년 실업의 결과였다. 그곳의 26세 이하 실직 상태의 사람들은 "영구적인 직업을 구하는데 대부분의 유럽에서 3년에서 5년의 시간이 걸리는 것과 비교해서" 8년에서 11년이 걸렸다(Gow, 2006). 몇몇 관찰자들에게 있어, 노동환경과 복지급여의 악화는 북미로부터(NAFTA조 보호조약과 함께)와 아시아로부터의 시장 경쟁이라는 측면에서 필요했다.

## 폐지론(Abolitionism)

부분적으로 범죄 문제들이 통합 유럽의 거대한 꿈에 대한 붕괴와 관련이 있다는 결과로 그리고 부분적으로는 일탈과 사회통제의 연구를 위한 유러피안 집단(the European Group for the Study of Deviance and Social Control)에 의해서 1973년도에 시작된 노력들의 연속으로, 1990년대 후반 "새로운 유럽 범죄학"의 탄생을 봤다(Ruggiero et al., 1998). 그것의 목표들 중 한 가지는, 느슨하게 명시하면, 범죄학적 의사소통과 자유 시장 자유주의에 기여하는 것이라기보다는 경험의 공유를 강조하는 유럽의 공적 영역을 발전시키는데 기여할 수 있는 유럽 전역에 걸친 비교들의 교류를 유지하기 위한 것이었다. 두 번째 목적은 유럽에서 동향과 관심의 이해를 발전시키는 데 도움을 줄 수 있는 "유럽의 범죄학적 공동체를 발전시키는 것이었다"(p.10).

바로 그 직후인 2000년에, 유럽범죄학회(the European Society of Criminology, ESC)가 설립되었고, 일년 후에 스위스 로잔에서 첫 번째 학회가 개최되었다. 2004년, 유럽범죄학회는 European Journal of Criminology의 창간호를 출간하였다. 오늘날, 유럽의 범죄학은 큰 활력과 다양성을 경험하고 있다. 이러한 활력과 다양성의 한 예는 "폐지론"에서 발견할 수 있다.

폐지론에 대한 구체적인 정의는 없다(Brushett, 2010). 많은 부분에서, 이 접근은 지지자들이 영국, 스웨덴, 덴마크, 네덜란드, 그리고 노르웨이 등지에 기반하고 있는 유럽 범죄학의 한 예이다. 최근까지 이것은 미국에서 그다지 크지 않는 지지를 얻고 무시되었다. 신범죄학이나 좌파실재론과 비슷하게, 폐지론의 기원은 변화하는 (사회적) 상황/배경으로부터 야기되었으나, 몇 가지 밀접하게 관련된 강조점들이 있다. 한 관찰자에 따르면, 현대 폐지론자 관점은 비판적 범죄학에 의해서 육성되었고 1960년대 중반 몇몇 스칸디나비안 국가들에서 탄생했다(Tierney, 1996, p.132). 이 시점에서 — 그것이 시작한 지 40년 후에, 폐지론은 일반적인 것과 제한적인 두 가지 형태로 나타난다.

일반적 폐지론의 핵심적 사고는 고통의 부과가 범죄를 예방할 수 있다는 그릇된 논리에 기반하고 있는 사회통제의 형태이기 때문에 처벌은 절대로 정당화될 수 없다는 것이다. 더욱이, 이러한 형태의 폐지론은 전체로서 형사사법 시스템은 해체되어야 하고 대안적 분쟁 해결에 의해서 대체되어야만 할 사회문제라고 주장한다(Brushett, 2010). 이러한 개념들은 전통적인 수감이 개인들과 지역사회에 파괴적일 뿐만 아니라 정의는 범죄의 피해자와 피해자를 만드는 사람 모두를 위한 사회적 경제적 고려들을 바탕으로 세워져야 한다는 것을 반영한다(Knopp, 1991). 이러한 점은 특히 8장에서 논의되었던 중재, 조정, 그리고 분쟁해결에 대한 평화/화평 범죄학의 강조와 호환된다.

제한적 폐지론은 형사사법 시스템의 특정한 측면들의 제거를 다룬다(Brushett, 2010). 교도소는, 이것이 주장하듯이, "폭력과 강등의 사회적 에토스"를 반영하고(Thomas & Boehlefeld, 1991, p.242), 재범을 예방하지 못하기 때문에 파괴되어야만 하는 폭력의 형태이다. 교도소들의 주된 목적 중의 하나는, 이것이 주장하듯이, 가장 생산적이지 않는 사회 구성원들을 통제하는 것이다. 제한적 폐지론자들은 교도소들은 대체되어야만 하고, 혹은 적어도 민주적 지역사회 통제와 "배상"과 "회복적 정의"를 강조할 수 있는 지역사회 기반의 처우를 통해서 분산되어야만 한다.

교도소의 폐지가 그 어떤 주요 선진국에서도 달성되지 않았지만, 행형 폐지를 강력하게 지원하는 영국의 교도소에 대한 급진적 대안들(RAP), 행형 개혁을 위한 노르웨이 연합(KROM), 행형 개혁을 위한 덴마크 연합(KRIM), 그리고 행형 개혁을 위한 스웨덴 연합 등을 포함하는 행형 폐지를 지원하는 주요 집단들이 있다(Brushett, 2010, p.2).

## 폐지론의 결과들

비판범죄학의 다른 개혁적인 학파들과 비슷하게, 폐지론은 낭만적인 것에 대해서, 애매모호함에 대해서, 그리고 처벌에 대해서 논거가 확실한 이론적 반박의 부재에 대해서 비판받았다(Thomas & Boehlefeld, 1991). 혹은, 허드슨(Hudson, 1998)의 말로, 폐지론은 "전략이 없는 비전"이었다(Brushett, 2010, p.2). 특별히, 폐지론은 위험한 약탈적 범죄자들을 처리할 수 있는 그 어떤 실천적 계획들이 없다. 중요한 기금과 함께 잘 연결된 연구 의제 또한 없다. 두말할 나위 없이, 폐지론은 기존 처벌의 한계에 대한 크리스티(Christie, 1981)의 설득력 있는 비판과 세 번의 판본을 만들어냈던 그의 산업으로서의 범죄 통제에 대한 통찰력 있는 분석과 같은 중요한 기여를 만들어냈다. 미국에서, 안젤라 데이비스(Angela

Davis, 2003, 2005)는 그녀의 비판적 반인종주의 소리를 교도소와 고문의 폐지를 위한 증거에 적합하게 만들었다. 그렇다 하더라도, "폐지론은 여전히 비유와 은유에 의해서 주로 구조화되는 관점이다(Brushett, 2010, p.2)." 폐지론은 강력한 비판적 범죄학적 관점의 하나이다.

비판적 이론가들의 목소리들은 범죄의 원인들을 설명할 때 범죄학자들과 정치인들이 당연하게 간주하는 영역 가정들에 대해서 지속적으로 질문하는 것이 높게 평가되었다. 그들의 기여는 범죄에 대한 대응들을 의문시할 때 역시 값지다. 여기서 특별히 언급할 만한 것은 범죄에 대한 페미니스트 관점들로부터의 깊이 존중받는 기여들과 지금은 널리 수용되는 기여들이다(10장을 참조). 동일하게 중요한 것은 "신범죄학"이라 불렸던 것으로부터의, 좌파실재론으로부터의, 그리고 유럽 기반의 폐지론으로부터의 공헌들이었다.

## 다른 목소리들의 중요성: 조크 영(Jock Young)

지난 40년 동안 미국 밖에서 가장 영향력 있는 범죄학적 목소리를 찾으려는 시도가 무모한 것일지라도, 해외로부터의 풍부한 기여에 대해서 인정하고 신중을 기하는 것이 마땅하다. 신범죄학, 좌파실재론, 그리고 보다 최근의 문화범죄학의 시작과 지속적인 발전은 조크 영(Jock Young)의 글에 큰 영향을 받았다. 그가 세계적으로 중요한 범죄학적 이론가 중의 하나였고 또 앞으로도 그럴 것이라는 데에는 이론의 여지가 없다. 1998년 미국 범죄학회는 그에게 비미국 학자들에게 수여하는 미국 내의 가장 명망 있는 상인, 성공적인 국제적 학자를 위한 셀린-글룩 상(Sellin-Glueck Award)을 수여했다. 2003년 미국범죄학회의 비판범죄학 분과는 그에게 공로상을 수여했다. 전 영국의 미들섹스 대학교의 사회학과 교수이고 범죄학 센터장으로, 영은 현재 존제이 대학의 사회학과 석좌교수이고 영국의 켄트 대학교 사회학과의 방문교수이다.

범죄학적 이론에 대한 리차드 퀴니의 다채로운 기여들을 연상시키면서, 영은 그의 학사, 석사, 그리고 박사 학위를 런던 정경대(London School of Economics)에서 받았고, 그의 초기 경력은 신범죄학(the New Criminology)의 공저자로 가장 잘 알려져 있었다. 많은 그의 다른 작업들도 동일하게 영향력이 크다. 그의 『마약복용자(The Drugtakers, 1971)』는 마약 정책과 마약 행위에 대한 고전적 연구이고 『배타적 사회(The Exclusive Society, 1999)』와 『후기 근대사회의 현기증(The Vertigo of Late Modernity, 2007)』은 현대사회의 사회적 배제에 대한 맹렬한 비판들로 간주된다. 2003년, 영은 좌파실재론뿐만 아니라 앞으로 이어질 부분에서 우리가 검토하게 될 문화범죄학에 기여하고 있었다(Hayward & Young, 2004, 2005; Young, 2003; Young & Brotherton, 2005). 신범죄학, 좌파실재론, 그리고 문화범죄학과 같은 그의 지적 여정에서 중심적이고 지속적인 주제는 자본주의에 의해서 주변화 된 집단들이었다. 이런 초점은 1975년 처음으로 "노동계급 범죄학 Working-Class Criminology"에서 고도로 논리 정연한 장에서 등장했고 이후로 계속 재확인되었다.

## 문화범죄학

문화범죄학은 1990년대 이래로 국제적 영향을 가지면서 미국과 영국에서 발전된 관점이다. 이것은 범죄와 범죄 통제는 문화의 영역을 벗어나서 이해될 수 없다는 주장에 기반하고 있는 이론적 지향이다. 범죄학이 전통적으로 일상적인 범죄의 패턴에 대한 구조적인 촉진자들과 같은 문제들에 초점을 두었던 것에 반해서, 범죄들은 실제로는 본질적으로 문화적이다. 이러한 관점에 의하면, 범죄들은 집단들과 사람들 간의 상징적 상호작용을 통해서 구성되고 "그들의 의미와 인식들에 대한 지속적인 갈등에 의해서 형성된다(Ferrell, 2010, p.249)." 2005년, 미국 범죄학자인 제프 퍼렐(Jeff Ferrell, 2005)에 의하면, 문화범죄학은 "코헨(1971, 1980), 헵디지(Hebdige, 1979), 그리고 영국의 다른 문화이론가들의 획기적인 작업"의 기반 위에서 세워졌다. 이러한 상호영향은 거의 전례가 없는 것이다. 따라서, 1960년대에, 당대의 몇몇 젊은 영국 범죄학자들은 하워드 베커(1963), 존 키트유즈(1964), 에드윈 레머트(1951, 1972), 그리고 데이비드 마짜(1964, 1969) 등을 포괄하는 몇몇의 미국 범죄학자/사회학자에게서 큰 영향을 받았고 "피터 버거와 토마스 럭크맨과 같은 이들의 사회구성적 글들에 의해서 보충받았다(Hayward & Young, 2004, p.261). 후일, 1970년대, 동일한 많은 젊은 영국 학자들은 지금은 존재하지 않는 현대 문화 연구를 위한 버밍햄 센터(Birmingham Centre for Contemporary Cultural Studies)와 성숙한 문화연구 운동들과 밀접하게 연합함과 동시에 "신범죄학을" 발전시켰다(Hayward & Young, 2004, p.261; Webster, 2004). 카츠(1988), 매닝(1998), 영(1999), 그리고 퍼렐, 헤이워드, 모리슨, 그리고 프레스디(2004a)에 의한 작업은 대서양 양쪽 모두에서 문화범죄학에 영향을 주었다.

## 후기 근대성과 세계화: 맥락적 변화들

영(2003)에 의하면, 경제적 문화적 세계화의 영향은 제1세계 안에서와 국제적으로 광범위한 분노와 긴장들을 만들어내고 있다. 비록 경제적으로/정치적으로 이득일 순 있어도, 특별히 단기간에, 세계화는 두말할 나위 없이 "상대적 박탈과 정체성의 위기 모두를" 악화시킨다(Young, 2003, p.389). 이러한 환경들의 결합은, 영이 이론화하기를, 신범죄학과 좌파실재론이 주장했던 것처럼 합리적이거나 도구적인 대신에 표출적이고 범하기 쉬운 공격적 행동들을 낳는 불공평함과 굴욕을 만들어낸다.

이러한 주장의 핵심은 현시점의 후기 근대성에서 전통적이고 근대적인 사회들에서 발견되는 사회적 배태성(예를 들면, 고용 보장, 결혼, 그리고 지역사회)과 관련이 있는 문화와 행동의 분류와 경계들이 흐릿해지고 혼란스럽게 된다는 것이다. 노동시장의 관리에 의해서 요구되는 새로운 "유연성"은, 고용 보장을 예로 들면, 덴마크에서 노동자 3분의 1은 매년 식업을 바꾸는 것처럼 "쉽게 고용하고 쉽게 해고하는" 것으로 대체했다. 머튼(1938, 1957), 펠슨(1998), 그리고 갈랜드(2001)는 "한 편으로는 기회의 개념들로 다른 한편으로는 통제의 부재로" 범죄를 설명하는 데 반해서, 문화범죄학은 정반대를 강조한다(Young, 2003, pp.390-391). 이것은 "범죄의 감각적인 본질, 자발적인 불법적 위험 감수의 아드레날린 분출과 두려움과 기쁨의 변증법"에 초점을 맞춘다(Young, 2003, p.391).

문화범죄학에서, 범죄자, 정치인, 행사사법 조직들, 미디어, 그리고 대중 문화에 대한 일상적 삶에서 범죄와 범죄성의 의미는 동의되는 것이 아니라 경쟁된다. 이러한 관점에 의하면, 범죄는 통제하거나 예방하거나, 연구하고 그리고 그것을 미디어에 보고하거나 혹은 그것에 참여하는 이들에 따라 동일한 의미를 지니고 있지 않는다. 범죄의 의미는 "불법적 하위문화, 대중 매체, 정치적 권위들, 형사사법 전문가들, 그리고 범죄와 범죄성의 의미에 도전하는 다른 이들을 통한" 복합적인 과정의 결과이다(Ferrell, 2005, p.358).

문화범죄학 관점의 핵심인 한 가지 중요한 이론적 함의는 범죄의 의미는 명백하게 사회적으로 구성되고 단지 합리적으로 선택된 법 위반의 결과가 아니라는 것이다. 범죄의 상황적 의미와 사회통제의 역학과 충돌 속에서 발전하는 불법적 하위문화는 문화범죄학의 중요한 관심이다. 이러한 점을 다루기 위해서 문화범죄학은 어떻게 이미지, 스타일, 그리고 범죄와 범죄통제의 묘사가 실제적으로 일어나는지에 대해서 살펴본다. 한편으로는, 미디어를 통해서 묘사되는 범죄와 범죄통제에 대한 정치적 논쟁들은 종종 아수라장의 상징과 범죄자를 폄하하면서 동시에 대중에 대한 위협을 포함한다. 범죄자들과 범죄 하위문화는, 그러나, 동일한 행동에 "대안적 의미, 생김새에 대한 정교한 규약, 동기에 대한 어휘들, 그리고 스스로에 대한 양식화된 제시"를 할 가능성이 높다(Ferrell, 2005, p.359). 결과는 미디어의 손에 놓인 범죄는 도덕적 기업가가 범죄와 범죄자에 대해서 도덕적 공황에 대한 캠페인을 벌이는 정치로 탈바꿈하게 된다. 실제로, 퍼렐에 의하면, 현대 사회의 독특한 특징 중의 하나는 미디어 순환 고리와 소용돌이의 모델을 구성하는 미디어, 범죄, 그리고 형사사법 간의 끊임없는 상호작용이다(Ferrell, Hayward, & Young, 2008).

이러한 모델의 핵심 차원은 범죄와 후속 범죄에 대한 미디어의 효과나 범죄를 보도하는 미디어의 정확성을 검증하는 전통적인 모델들은 구식이라는 생각이다. 필요한 것은 미디어 기술들과 미디어 이미지들로 가득차서 범죄와 간접적 이미지들 사이의 차이가 사라진 세계를 설명할 수 있는 모델이다. 이러한 세계에서, 범죄와 미디어는 범죄와 그것의 이미지가 참여자와 대중들에 대해서 범죄의 실재를 함께 구성하면서 서로 한 바퀴 돌아 서로 영향을 주는 루핑효과에 의해서 연결된다(Ferrell, 2010, p.251). 미디어 순환과 소용돌이의 예들은, 이러한 이론적 관찰의 실제 예가 되는, 일상의 경찰활동에 영향을 주는 경찰차 카메라에서, CSI 같은 TV 프로그램에서 제시된 것과 같이 증거를 요구하는 배심원들에게서, 돈벌이를 위해서 다른 여자 청소년을 폭행하는 것을 녹화하고 웹에 올린 것과 같은 폭력 속에서, 그리고 재미, 의미, 그리고 돈을 위한 주먹 싸움인 "지하 결투"라 불리는 것에서 발견된다(Ferrell et al., 2008; 또한 Brent & Kraska, 2010을 참조). 범죄, 경찰과 같은 형사사법 기관, 그리고 미디어는 지속적인 피드백 루프의 순환 고리의 한 부분이다(Ferrell et al., 2008).

문화범죄학은 또한 전통적인 범죄학이 사용했던 방법들에 대해서 비판하고 대안을 제시한다. 설문조사와 설문조사에 대한 통계적 분석은, 문화범죄학자들에 의하면, 범죄의 해석적 차원들인 의미, 묘사, 그리고 감정들을 이해하기에 적당하지 않다. 기존의 범죄학 방법들은 범죄자의 행동을 교차분석으로 분석하기 위해 미리 조정된 분류들에 적합하도록 뇌사된-무감각한 데이터로 축소시킨다. 문화범죄학 방법들은 놀라움, 애매모호함, 그리고 기존의 범죄학이나 미디어에서 종종 간과되었던 요인들인 분노와 같은 것들에 대해서 강조한다. "문화범죄학은 대신 민속지학적 감수성에 의해서 주지된 다양한 방법들에 의지한다(Ferrell, 2010, p.252)."

정치인들은 범죄자들이 그들 자신을 낭만적인 무법자와 아웃사이더의 이미지로 만드는 것처럼 범죄에 대한 상상적 해결책들을 마케팅하기 위한 정치적 자본을 만든다. 퍼렐에 의하면(2005), "이 모든 것에서, 문화범죄학자들은 범죄와 범죄통제는 점점 더 대중적 카니발이, 미디어 서커스가, 그리고 서로 서로의 얼굴을 비추는 거울 방이 되어 간다(p.359)." 혹은, 문화범죄학자인 마이크 프레스디의 말처럼, "일상생활의 서서히 진행되는 범죄화는 순응보다는 범죄를 유발한다(Young, 2003, p.391)."

## 문화범죄학의 결과들

문화범죄학에 대한 이론적 방법론적 비판들이 아예 없진 않지만, 몇몇은 특별히 통찰력이 있었다. 그것의 중심 개념인 문화의 사용이 예증이 된다(O'Brien, 2005). 간결하게 말해서, 문화범죄학은 분석적 동기보다는 정치적 동기에 보다 더 기반하고 있는 문화의 정의를 사용한 혐의를 받고 있다. 결과는 문화와 하위문화의 의미에 대한 혼란이다. 예를 들면, 낙서에 대한 퍼렐(1996)의 작업에서, 문화는 일반적으로 국가 혹은 주류 그리고 그것의 추종자들을 가리킨다. 그것들이 관념적으로 지루하고, 평범하고, 그리고 일차원적이라고 비판받았던 데 반해서, 하위문화의 성원들은 어떤 면에서는 도덕적으로 우월하고 주류보다 더 창조적이라고 상세하게 묘사하는 자질구레한 점과 함께 기념했다(O'Brien, 2005).

일반적으로 — 좌파실재론을 부활시키고자 하는 영의 노력들을 포함한 — 문화범죄학과 퍼렐에 대한 오브라이언의 구체적인 비판의 핵심은 오브라이언이 사회인류학에서 발견되는 문화의 의미에 대한 고전적 논쟁들에 대한 이해의 부족으로 나타난 것이다(Yar & Penna, 2004). 결과는 상이한 수준의 분석과 관련해서 문화가 나타내는 것은 무엇인지에 대한 근본적인 혼란과 개별 사례기반에 대한 혼란을 다루도록 하기 위해서 고안된 강제된 정의들의 모음이었다(O'Brien, 2005, p.600). 달리 말해서, 만약 그들의 민속지학적 작업이 "개인적으로 범죄를 경험하는데 영향을 주는 심리적, 경제적, 정치적, 그리고 지정학적 힘들 혹은 시간에 따른 범죄의 패턴들 사이에 그 어떤 차이도 만들어내지 못한다면 문화범죄학의 작업에서 문화는 어디에 있는가(O'Brien, 2005, p.605)?

그러나 홀과 윈로(Hall and Winlow, 2004)와 홀, 윈로, 그리고 앤크럼(Hall, Winlow, and Ancrum, 2008)에 의한 연구는 이러한 질문들의 면면에 대해서 설명한다. 그들은 자크 라캉(2006)의 수정 프로이트 정신 의학, 나르시즘에 대한 래쉬(Lasch, 1979)의 연구, 지젝의 철학, 정신 분석, 그리고 문화 비판(2002, 2006a, 2006b, 2006c, 2007, 2008), 그리고 소비자 중심주의와 미국 정치의 깊은 모순들과 역설들에 대한 프랭크(1997)의 논평들을 활용하여 이론적 관점을 만들어낸다.

문화범죄학에 대한 이해의 핵심은 문화범죄학이 범죄와 사회질서에 대해서 많이 전제했던 데 반해서, 이것은 그것의 관점이 선진화된 자본주의의 경제적 논리에 확고하게 기반을 두고 있다는 것에 큰 강조를 하고 있다는 홀과 윈로의 관찰에서 발견된다. 그들은 범죄를, 특별히 폭력을 그들이 말한 "소비 문화에서 점점 더 도구주의적이 되어가는 상황과 의사 강화 상황의 붕괴" 속에 위치시키는 접근을 제안한다(Hall & Winlow, 2004, p.284). 후자의 용어는 최근 몇 십 년 전까지 서구자본주의 사회를 특징지었던 계몽주의 이후 이어졌던 집합적 사회적 연대로 뭉치게 했던 현대문화의 강점이 약해지는 것으로 홀과 윈로가 본 것을 묘사한다. 오늘날, 그들이 주장하듯이, 초자아에 대한 정부와의 홉스의 사회계약을 문명화하는 영향과 불안, 변동, 그리고 폭력을 감소하는 것은 우리 사회에서 상당히 약화되었다.

실제로, 그들은 1980년대 이후 시대는 우리의 다양한 인류학적 역사에서 한 형태 아니면 또 다른 형태로 항상 존재해왔던 상호호혜성 관계의 균열과 "사회적인 것의 죽음"으로 보였다는 로즈(Rose, 1969)에 동의한다. 전통적인 집합적 사회 유대들은, 그들이 주장하듯이, "지금까지 보지 못했던 원자화된 경쟁적인 개인주의의 가장 완벽하고 만연한 형태"에 의해서 대체되었다. 그러나, 홀과 윈로(2004)가 강조하듯이, 이것은 욕망과 야망을 불러일으키는 소비재의 물질적 측면이 아니라, 바우만이 액체 근대(liquid modernity)라 규명한 것의 의미와 정체성에 대한 힘과 사회적 상징주의이다.

보다 더 설명하면, 홀과 동료들(Hall et al., 2008)은 비록, 그들이 지적하듯이, 특별히 인종 관계들에 있어서 약간의 진보가 있기는 했지만, 1960년대와 1970년대 동안 영국과 미국에서 약속되었던 평등, 기회, 그리고 자유의 증가에 대한 희망은 일반적으로 실패했다. 또한 1990년대 동안 눈에 띄는 범죄의 감소가 있었고, 몇몇은 대량구금에 의해서 설명될 수 있다. 그러나 그것은 다양한 형태의 폭력 범죄에 대해서 그리 큰 영향을 만들어내지 못했다. 그러므로 "항구적인 불황, 실업, 그리고 급증하는 범죄 시장에 의해서 황폐화된 많은 문제 지역들에서 살인율은 국가 평균보다 여섯 배나 높다(Hall et al., 2008, p.3). 이러한 역설을 설명하기 위해서, 홀과 윈로는 1980년대의 변화들은 단순히 또 다른 경제와 노동시장의 구조적 조정이 아니었다. 대신에 그것들은 전례 없는 삶의 독점을 행사하도록 하는 정치경제와 문화의 급격한 변화들이었다. 이렇듯 "급격하게 바뀐 1980년대의 지형에서 범죄의 폭발적인 증가의 가장 완전한 단계가 일어났고, 그리고 그것은 범죄학적 이론에 대한 새로운 도전들을 던져준다(Hall et al., 2008, p.4)."

이러한 학자들에게 있어, 문화범죄학은 정치적, 경제적, 그리고 역사적 과정들과 전환적인 상황을 간과하면서 후기 혹은 포스트모던 자본주의에서 문화와 정체성에 대한 설명을 시도하는 극단적인 환원주의적 주장인 문화주의(culturalism)에 빠질 위험이 있다. 그들이 설명을 시도하는 범죄의 종류들은 새로운 이방인(야만인) 혹은 "역사적으로 특이한 인간성의 부류이면서, '하류층'으로 묘사할 수 없는, 구조적인 면에서 그들의 임금은 세계 노동 시장의 밖에서 매겨졌기 때문에" '희망없는 자들(anelpis)'에 의해서 저질러진다(Hall & Winlow, 2004, p.277). 그들은 오래된, 경제적으로 유기된, 고도화된 소비주의하에서 거주민들이 극단적인 지위 불안과 불안을 경험하는 과거 산업화의 마이크로 커뮤니티에서 항구적인 불황의 지역들로 식별되는 곳에서 거주한다. 비슷한 경험을 가진 다른 집단들과 달리, 이러한 집단들의 어떤 이들은 전적인 냉소와 허무주의와 함께, 희망, 생각, 권위에 대한 두려움, 혹은 현실적인 기대들이 없이 살아간다. 그들은 문 앞에 서 있는 새로운 이방인들이다.

범죄의 미디어 기반 이미지들에 대한 문화범죄학의 분석은 어떤 면에선 덜 문제적이다. 이러한 공격은 사실 어떻게 범죄의 이미지들이 생산되고 이의를 제기하는지를 드러내고, 그러나 그것은 실증주의적 관점에서 범죄 그 자체에 대해서는 거의 얘기해주지 못하지만, 예를 들면, 여성, 아이들, 노인, 그리고 집주인 등을 포함하는 범죄의 피해자에게 범죄의 의미를 드러낸다. 그들의 주장은 또한 "현대범죄학의 실천과 이론을 재구조하고" 그리고 전통적인 연구 질문의 영역들이 입증되지 않은 "범죄학에서 조용한 혁명을 부추겼다"라는 것이다(Ferrell, 2005, p.359).

그들이 말하길, 문화범죄학의 몇몇 연구는 흥미롭고, 시사하는 바가 많고, 칭찬할 만하다. 퍼렐과 동료들이 편집한 『거침없는 문화범죄학(Cultural Criminology Unleashed)』에 대한 매튜스(2005)의 검토는 설명에 도움이 된다. 매튜스(2005)의 검토에 의하면, 전통적인 범죄학이 현학적이고, 장황하고, 정치에 무관심하고, 그리고 탈맥락화되었기 때문에 문화범죄학은 부분적으로 참신한 발전이다. 반대로, 문화범죄학은 전통적이고, 엄격하고, 분류에 갇혀서 무엇이 범죄인지에 대한 인지 역시 문제적이고 지속하기 힘든 "후기 근대적 상황들과 감수성들에 대한 반응"의 산물이다(p.419). 그들이 말하길, 동일한 것이 사회학, 정치학, 그리고 미디어 연구들과의 경계들이 흐릿해지는 문제를 안고 있는 범죄학에도 적용된다. 문화범죄학에 의하면, 범죄와 범죄학은 점점 더 대인관계를 형성하는 측면과 의미의 사회적 생산이라는 관계에서 문화적 영향의 대상이 된다. 『거침없는 문화범죄학(Cultural Criminology Unleashed)』의 기여자 중 하나인 메기 오닐(Maggie O'Neill, 2004)의 주장에 의하면, 문화범죄학의 주된 임무는 "일반적으로 용인된 사회적 지식에 도전할 수 있는 다양한 방법과 묘사를 사용하여, 주변화된 사람들의 인생 경험에 참여하는 동시에" 비판적 분석에 참여해야만 한다. 일반적으로 문화범죄학과 『거침없는 문화범죄학(Cultural Criminology Unleashed)』에 대한 홀워스(Hallworth)의 구체적인 평가는 비슷한 목소리를 낸다. 쿤(Kuhn)식의 의미에서 문화범죄학을 패러다임 전환으로 바라보기보다는, "이것은 범죄학에서 궁금해하는 종족들의 다양한 사람들이 함께 유익하게 만날 수 있는 만남의 장소로 나타난다(Hallworth, 2006, p.147)." 이 기획의 핵심은 "비행청소년들이 그들의 행위와 상호작용(Hallworth, 2006, p.147)에 들여오는 의미들을 인지함을 통해서 범죄의 현상학을 드러내는" 노력이다. 이러한 강조의 예들은 결투와 길거리 레이싱에 대한 장들에서 발견된다. 다른 장들은, 특히 브로더톤(Brotherton)의 장은 미국에서 가장 악명 높은 갱들 중 하나인 the Almighty Latin King and Queen Nation이 빈곤과의 전쟁에 직면하여 개발된 정치적 운동으로 전환한 것을 분석하는 데 문화적 정치경제적 이론들을 사용한다.

문화범죄학은 어떻게 인구들이 “단지 보다 많은 처벌과 더 강한 안전에 대한 그들의(국가의) 요구가 아니라, 그들 자신이 이러한 전환과 관련해서 자기 자신들을 위치시키는지”에 대해서 연구하는 데 후기 근대의 불안정한 상황을 이용한다(Hallworth, 2006, p.148). 문화범죄학의 적은 국가와 합리적 선택이론을 지지하는 행정범죄학이다. 홀워스가 지적하듯이, 그러나, 문화범죄학이 현재의 상태를 넘어서기 위해선, 통제의 행위자들을 전적으로 부정적인 세력으로 간주하는 것을 넘어서야 하고; 문화와 엣지워크는 동일하게 성실함으로 연구해야만 한다, 그렇지 않으면 문화범죄학의 정치적 지적 영향은 약해지게 된다. 요약하면, 문화범죄학은 그것들이 제도화된 범죄학 그 자체의 구체적 이론들이든 아니든 상관없이 범죄에 대한 기존의 이해방식들에 대한 해체를 추구한다(Ferrell et al., 2008, p.5).

## 수형자범죄학

### 배경: 주로 미국의 기여

최초의 범죄 전기 혹은 자서전은 아니지만, 1920년대 술주정뱅이들과 빈민굴 놈팡이들을 강도짓했던 사람인—“아리랑치기범(the jack-roller)”에 대한 쇼(1930)의 고전적 연구는 아무런 이론적 혹은 사회조직적 틀도 아닌 이러한 장르를 범죄학에 처음으로 등장시켰다. 그 이후로, 범죄학은 범죄자의 주관적 경험들에 연결시키는 오랜—그러나 불규칙적인—전통을 발전시켰다. 존 어윈(John Irwin)이 학계에 들어서는 데 도움을 주기 위해서 그의 범죄 경험을 처음으로 공개적으로 사용—많은 찬사를 받은—한 수형자가 되기 전까지 광범위하게 알려지거나 환호하지 않았지만, 산타 바바라 대학교(University of California, Santa Barbara)에서 가르쳤던 그윈 네틀러(Gwynn Nettler)를 포함하여 학문적 범죄학자가 된 다수의 수형자들이 있었다. 그러나 1990년대 후반까지는 학자가 된 전과자들은 지금은 "수형자범죄학"이라 불리는 것을 발전시키기에 충분한 임계 질량, 임계 에너지, 그리고 각오가 없었다.

이것의 선도적인 미국의 공헌자 중 두 명에 의하면, 이러한 "관점은 서로 밀접하게 연관된 여섯 가지의 운동들을 통해서 성장했다(Richards & Ross, 2001; Ross & Richards, 2003b). 이러한 것들은 범죄학에서의 이론적 발전, 피해자학과 구성주의적 범죄학의 저작들, 수형자 인권 운동의 실패, 내부자 관점의 정통성, 그리고 증가하는 민속지학의 중요성들을 포괄한다. 수형자범죄학자들의 주장들의 핵심은 지난 40년 동안 다양한 급진적 비판적 관점들이 범죄학에서 발전되었지만, 그것들 또한 종종 형사사법 체제의 피해자들에 대해선 오직 최소한의 언급과 타당성만을 가지고 선의의 그러나 특권층의 지적 산물로 남아 있다(Ross & Richards, 2003b, p.2).

공식적으로 1997년 미국범죄학회 연차 학회에서 시작하여, 수형자범죄학은 "범죄자 전기"의 오랜 전통에서 큰 환영을 받았다(Franklin, 1998). 2003년까지, 수형자범죄학은 범죄학 내의 새로운 학파로서 스스로 공표하였다. 그것의 기본적 원리는 죄수, 전과자, 그리고 "기존의 문헌들, 정책들, 그리고 실천들을" 비판하는 계몽된 학자들이 "과거의 관습적인 연구들에 도전할 수 있을" 현실주의적인 패러다임을 만들어낼 수 있을 것이라는 신념이었다(Ross & Richards, 2003b, p.6). 그들은 그들의 작업은 협력적이고; 인정받는 학자들과 이제 싹을 틔우는 학자들을 모두 포섭하고; 종종 초기 리더로서 수형자범죄학자인 존 어윈(1970, 1980, 1985; Irwin & Cressey, 1962)과 함께 멘토 기반으로; 범죄학자들도 범죄를 저지르고 일탈과 비윤리적 행위들에 참여한다는 점을 인식하고; 그리고 주제 중심적이라 주장한다. 마지막 논점은 범죄의 상황적 의미에 대한 강조와 문화범죄학의 중심 논리와 아주 많이 비슷하다.

"초심으로 돌아간" 범죄학과 같은 것을 아우르는 이것의 인본주의적 지향은, 범죄학이 전적으로 학문적이거나 학계와 학계 — 정부가 주도하는 것을 피하면서 형사사법에서 당하는 입장에 서 있는 사람들에게 귀 기울이는 것이다. 지금까지는, 이것은 어떤 폐지론의 형태와 같이 "판타지 급진적"인 입장에 빠지지 않았다. 이것은 보다 사실적이다. 학계가 몇몇 전과자들에게 권한을 부여하였던 데 반해서, 수형자범죄학은 결과적으로 교도 행정과 교도소 연구의 현장과 밀접한 교도소 종사자에게 목소리를 부여하였다. 이것은 수형자범죄학의 선집인 『수형자범죄학(Convict Criminology)』에서 볼 수 있는 것처럼 비범죄자의 정당한 소리를 청취하기 때문에 종파적이지 않다(Ross & Richards, 2003a).

## 수형자범죄학의 새로운 학파의 결과

전과자인 알란 모블리(Alan Mobley, 2003)가 아마도 가장 잘 말했는데: “범죄학은 흥미로운 비즈니스이고 수형자범죄학자가 어디에 어울리는지 혹은 만약 어울리기는 할는지는 분명하지 않다(p.223).” 비록 그가 수형자범죄학자들에 대해서 글을 썼지만, 그의 관찰들은 “수형자범죄학의 새로운 학파”의 현재 상태를 평가하는 것에 대해서 중요한 함의를 가진다. 수형자범죄학의 현재 참여자들 약반 정도가 공개적으로 “전과자”로 그들의 정체성을 받아들이는 것을 제외하고, 지난 45년 동안 하지 않았던 어떤 새로운 것을 하는지에 대해서는 분명치 않다.

수형자범죄학의 우산 아래서 영향을 받는 많지 않은 주제들과 정책적 제안들이 범죄학과 형사사법에 있어 새롭지 않고, “내부자의 관점”인 민속지학적 방법론에 대한 선호 또한 새롭지 않다. 틀림 없이, 아마도 교도소 비밀 주의와 교도소의 위험 때문에 최근에는 구식의 교도소 민속지학들의 감소가 있었다. 만약 이러한 “상향식, 내부자의 관점”이 “수백만의 남성, 여성 범죄자와 죄수들에게 목소리를” 주었다면, 그리고 만약, 주장하듯이, 그것이 범죄학 내에서 패러다임 전환을 의미하는지는 지켜봐야 한다(Richards & Ross, 2005, p.235). 그러나 범죄학은 그들이 진실을 알거나 그들이 부당하게 수감되었거나 압제되었다는 주장을 제외한, 범죄자에서 학자가 된 이들이 그들의 범죄 경험으로 중요한 기여를 하는 데 사용했던 역사를 가지고 있다. 최근에 점점 더 많이 범죄자에서 학자가 된 이들이 성공적일 것인지는 더 지켜봐야 한다.

지금까지는, 수형자범죄학의 기여자들은 그들의 글들을 주류 학술지에 싣지 않았으나, 그들은 수많은 국제적, 국내적, 지역적 범죄학과 범죄학회들에 참여하였고 저서(대부분이 편집서인)를 출판하였다. 대다수의 문헌들이 전통적인 실증주의나 과학적 언어들에 기반하기보다는 여전히 은유적/감정적 언어 — 문화범죄학에서 강조되고 공유되는 특징 — 들에 아주 많이 기대고 있다는 점에서, 과연 수형자범죄학이 하고자 했던 메시지와 정책적 변화들이 성공적일지는 여전히 지켜봐야 할 것으로 남아 있다(Ferrell et al., 2004a). 이 시점에서 결과는 특이한 혼합이다.

1998년 리차드의 작업(pp.122−144)은 실제 예증이 되나 반드시 대표적인 것은 아니다. "지역사회 처벌에 대한 비판적 급진적 관점들: 암흑으로부터의 교훈(Critical and Radical Perspectives on Community Punishment: Lessons From the Darkness)"이라는 제목에서, "lessons"와 "darkness"의 의미는 직접적으로 언급되지 않았다; 이러한 단어의 의미는 단지 암시적이다. 비록 감정과 어떤 면의 진실과 함께 울려 퍼지지만 대담한 관찰들은 정보를 제공하기보다는 자극적이 될 위험이 있다. 예를 들어서, "대부분의 사람들은 미국 범죄자들의 지위 강등에 대해서 알기 원하지 않고 이해할 수 없다"라는 리차드(1998)의 주장은 지지하는 문헌에 대한 인용 없이 주장되었고, "교도소들은 사람들을 파괴하기 위해서 건설되었다"는 그의 주장에서도 그리고 급진적 유명인인 잭 헨리 애보트(Jack Henry Abbott, 1981)의 "야수의 폐부에서: 교도소로부터의 편지들(In the Belly of the Beast: Letters From Prison, p.123)"에서도 문헌에 대한 인용 없이 주장되었다. 동일하게 도발적인 것은 민속지학적 방법론들이 "실제 사람들의 삶을 관통하고 명확하게 비추기" 때문에 특별한 가치를 가진다는 주장이다(Richards, 1998, p.131). 관통하고, 명확하게 비추고, 그리고 실제 사람들("현실 같지 않은" 사람들과는 반대로?)은 충분한 설명 없이 제시되었다. 범죄자들은 법적 혹은 사회적 도덕성에 큰 관심이 없다와 같은 이러한 광범위한 일반화는 명료성과 보편적 수용과 지지에 대한 주된 장애물들이다(Richards, 1998, p.138). 이러한 상황에서, "범죄자"의 관점으로부터의 "범죄 이야기"들은 흥미롭지만, 이것은 학문적 실증주의적 범죄학이라기보다는 에드워드 벙커(Edward Bunker)와 같은 전과자들에 의한 일정 형태의 소설, 회고록, 그리고 신문기사와 많은 공통점을 가지게 하는 위험에 빠지게 한다.

이러한 잠재적 약점이 모든 혹은 대부분의 지금까지의 수형자범죄학 그리고 미래의 수형자범죄학을 가리키는지는 여기서 답할 수 없는 질문이다. 가장 분명하게, 이런 접근은 모블리(2003, p.223)가 정확하게 흥미로운—우리가 덧붙인다면 정치적인 사안이고 민감한—비즈니스라고 지칭한 것 내에서 비판적 타당성의 위치를 얻는 데 어려움을 겪는다. 결정되어야 할 것은 과연 수형자범죄학이 "외부자"들은 손에 넣을 수 없으면서, 일반화할 수 있는 지식을 제공하는 비판적 사고에 대한 진정한 새로운 길이 될 것이라고 판명될 것인지 혹은 분과 학문 내에서 작고 편협한 패러다임이 될 것인가이다.

이러한 경고를 유념하면서, 처음의 10년 동안, 수형자범죄학은 범죄학과 미디어 내에서 어떤 면에서 한결같은 존재로 보이는 것을 만들었다. 미국범죄학회의 61번째 연차 학회에서, 수형자범죄학은 “교도소 산업 복합체 내부로부터의 소리”, “교실에서 형사사법 소설의 다양한 사용”, “처벌과 교정의 정치학”, “범죄자, 학생, 그리고 대학”, “빗장을 넘어, 자유로운 사회로의 재유입”, 그리고 “마지막 범죄, 범죄 경력, 그리고 재유입”과 같이 다양한 주제에 대해서 여섯 가지의 주제 발표를 구성하였다(American Society of Criminology, 2009, pp.70, 84, 146, 207, 280, 310). 같은 해에, 두 명의 수형자범죄학자들인 로스와 리차즈(2009)는 NPR(National Public Radio)과 같은 대중 매체의 주목을 받았던 사회에 재유입하는 전과자들을 위한 자습서를 출간했다(“Behind Bars’ Amid Bad Times,” 2009). 수형자범죄학분과는 호주, 캐나다, 핀란드, 뉴질랜드, 스웨덴, 영국, 그리고 미국 등으로부터의 회원을 아우른다.

## 결 론

비판범죄학은 주류 범죄학 밖에 서 있고 사회의 권력 구조 밖에 서 있다. 우리가 8장과 9장에서 봤듯이, 이러한 접근의 다양한 이론들은 우리로 하여금 비판범죄학(들)이라 명명하는 것이 더 낫다는 결론을 내리도록 이끈다. 이렇듯 다양한 관점들이 제공하는 핵심적 주제는 공식적, 합법적, 그리고 패권적 현실들을 당연시해서는 안 된다는 것이다. 그들은 종종 이기심, 불평등, 그리고 비인간성이라는 가면을 쓴다. 가면을 벗겼을 때, 기존의 현실들은 불가피하지 않고 그것들은 사회적으로 정치적으로 구성된다는 것을 보는 것이 가능해진다. 요약하면, 범죄가 이해되고 설명되는 다른 방식들을 생각하는 것이 가능해진다. 이것은 아주 다른 사회를 상상하는 것을 가능케 한다.

프레다 아들러

1933–

펜실베니아 대학

자유주의 페미니스트 이론의 저자

# 제10장

# 범죄학에 성적인 색채 입히기:

## 페미니스트이론

20년 전에 시작한 공동작업이었던 이 책의 첫 판과 현재 판이 출간된 사이에, 그 어떤 범죄학 이론도 우리가 이 장에서 살펴 볼 내용보다 더 극적이고 중요한 변화를 경험하지는 않았다. 1989년판에서 우리는 페미니스트 시각에 대해 매우 제한적으로만 다루었는데, 심지어 "페미니즘"이란 용어를 책에서 단 두 번만 사용했다. 페미니스트 시각들은 그 후 아들러(1975), 사이먼(1975), 그리고 스마트(1976)가 뿌린 씨앗이 커서 막 발전하기 시작했다. 2판(1995)에서 우리는 여성과 범죄의 관계에 대한 이론적 발전을 포섭하기 위해 큰 개정을 했다. 실제로, 우리는 "비판이론의 새 지향"이라는 새로운 장의 앞부분 반을 페미니스트이론으로 채웠고, 이것은 분량이 늘어난 3판에서도 그대로 유지되었다. 그 후, 페미니스트 범죄학에서 많은 중요한 기념비적 업적들이 나타났고, 미국범죄학회의 여성과 범죄분과가 회원들을 대상으로 20주년을 기념하는 국제행사를 할 정도로 이 분야는 크게 성장하였다. 그러나 이 분과의 회원수는 2007년과 2010년 초 사이에 대략 25%가 감소했다. 왜 그런지는 결코 확실치 않지만, 우리는 그럼에도 불구하고 여성과 범죄에 관심을 가진 이론과 연구가 계속 강하게 지속될 것으로 생각한다. 분량이 더 많아진 이 장은 이러한 계속되는 발전을 반영하고, 중요한 이론적 진전들을 살펴본다.

성과 범죄에 대한 이론의 발전과정을 여행하는 것은 긴 여정이며, 다소 먼 미래로의 여정이다. 우리는 초기의 페미니스트 이론들을 먼저 살펴본다. 이러한 이론들은, 다른 대부분의 학자들이 무시했던, 범죄자로서 여성에 초점을 맞추는 장점을 가졌지만, 그들은 제한적이었으며, 그들이 성차별주의자는 아니었지만, 범죄의 원인을 여성의 섹슈얼리티(sexuality)이나, 생물학적 특성, 또는 병리적 특성에서 찾았다. 1960년대와 1970년대에 두 번째 여성운동의 파고가 한창 일고 있을 때, 그리고 범죄와 성적 역할을 연결시키려는 이론들이 나타났을 때, 범죄학에서 중요한 변화가 나타났다. 이런 이론들은 여성이 해방되고 평등을 쟁취하게 되면 여성의 범죄율과 특성은 남성의 것과 비슷해질 것이라고 주장했다. 여성범죄의 이론들은 그것이 속한 학문분야와 대체로 유사하게, 그 후 정치적 좌파로 나아갔고, 이것은 "비판적" 방향이었다고 할 수 있다. 델리(Daly, 2010)에 따르면, 실제로 이 당시에 페미니스트 범죄학의 시각과 문화적 범죄학을 포함한 다른 비판적 이론들 사이에는 많은 친교와 교류가 있었다.

여성이 저지르는 범죄와 여성의 범죄피해는 가부장제에 내재된 성불평등에 의해 발생한다는 인식이 점점 증가했다는 점은 매우 중요하다. 성이 사회에서 가장 중요한 불평등 구조라는 것을 발견한 것은 하나의 중요한 발전이었다. 따라서 그들은 여성의 범죄성을 완전히 이해하려면 성이 어떻게 인종과 계급과 접합되는지에 대한 이론적 경험적 조사가 필요하다고 주장했다. 또 다른 방향의 연구는 남성의 범죄성이 또한 근본적으로 성의 한 산물이라고 주장했는데, 그것은 그들의 범죄가 남성성을 과시하는 한 수단이거나 "성역할 수행(doing gender)"의 한 형태이기 때문이다. 보다 최근에, 페미니스트 학자들은 형사사법기관을 성을 통해 해석하는 다양한 방식들을 연구해 왔고, 그래서 범죄연구를 "성적으로 지향"하도록 만들어 왔다.

## 배 경

범죄학 이론에서 현대의 페미니스트 시각을 살펴보기 전에, 우리는 먼저 페미니즘의 뿌리가 고대에서부터 존재했다는 점을 알아야 한다. 다른 기원들 중에, 페미니즘은 로마제국으로 거슬러 올라가는데, 그곳에서 몇몇 여성들은 해방을 위해 투쟁했다. 코르넬리아(Cornelia)는 "로마인들의 '귀감'"이었는데, 그녀는 귀족에 대항하여 평민의 개혁운동을 이끌었다. 코르넬리아는 그의 두 아들이 죽은 사회적으로 불안한 상황을 겪은 이후에도, 평등에 대해 계속 주장했고, 도움이 필요한 남성들이 조언을 구하기 위해 방문하는 한 국제적 인물이 되었다. 보울딩(Boulding)에 따르면, 세네카(Seneca)와 그의 어머니 헬비아(Helvia)는 모두 그들의 자녀들에게 성 평등에 대해 가르쳤고 여성해방의 주창자였다(Boulding, 1992). 그들의 행동이 여성과 다른 사람들의 종속을 끝내는 큰 변화를 일으키지는 못했지만, 그렇다고 해방의 쟁점이 그 시대에 사라진 것은 아니었다.

미국에서 페미니스트 시각의 첫 물결의 시작은 전통적으로 19세기 중반 근처인데, 이 때는 첫 여성권리집회가 1948년 뉴욕의 세네카폴(Seneca Fall)에서 개최된 시기이다(Daly and Chesney-Lind, 1988, p.497). 이 집회의 "여권선언"으로부터, "인류의 역사는 남성이 절대적 폭정을 통해 여성에 대해 반복적으로 폭력과 약탈을 행사한 역사이다"라는 선언이 채택되었다(Miles, 1989, p.221).

이 선언문과 페미니스트 시각의 첫 물결은 그 자체로 또 다른 해방운동인, 노예제철폐운동의 한 부분이 되었다. 실제로, 마일스(Miles, 1989, p.242)에 따르면, "여성권리운동을 뒷받침한 다양한 원인들 중에, 가장 중요했던 것은 미국 남부주의 노예제 반대를 위한 연대투쟁이었다." 그러나 노예제 반대운동과 페미니스트의 투쟁은 미국을 넘어 몇몇 유럽에까지 영향을 미쳤다. 그러나 노예제 반대론자들이 "그들의 페미니스트 생각을 미국의 자매들에게 전달한 것"은 1840년 세계 노예제반대 회의 동안 영국에서부터였다(Miles, 1989, p.237). 이것이 1948년의 세네카폴의 집회를 움직인 한 중요한 동인이었다. 그러나 19세기 중반의 해방적 발전으로서, 노예제 철폐운동과 여성운동이 중요한 만큼, 그들은 단지 별개의 사회적 투쟁은 아니었다.

19세기 초중반은 몇몇 사람들이 역사상 가장 심오하고 극적인 변화 중의 하나라고 이야기했던 산업혁명이 절정인 때였다는 것을 기억하는 것이 좋다. 18세기 중반 영국에서 시작하여, 19세기 중반까지, 자본주의의 발생에 의해 산업혁명은 전통적인 가족과 농촌경제들을 공장제생산으로 크게 변화시켰다. 한 결과는 이전에 높게 평가되고 필수적이었던 배우자, 자녀, 그리고 확대가족 사이의 "가족"관계가 거의 사라지게 되었다는 것이다. 유토피아주의자였던 마르크스와 엥겔스(Marx and Engels, 1948/1992)는 그들의 공산당선언(Communist Manifesto)에서 부르주아지에 대해 다음과 같이 썼다.

> (부르주아지는) 사람을 그의 "타고난 위사람"에게 묶는 끈적한 봉건적 유대를 갈기갈기 찢어버리고 … 사람과 사람사이에 적나라한 자기이익과 냉정한 "현금지불" 외의 어떤 관계도 남기지 않았다. 그것은 … 종교적 열정, 기사도적 헌신, 세속적 감상주의에 대한 가장 숭고한 희열을 이기적 계산의 얼음물 속으로 빠뜨렸다. 그것은 사람의 가치를 교환가치로 바꾸어버렸고, 수많은 파기할 수 없는 계약된 자유에 근거하여, 한 부당한 자유, 즉 자유계약을 만들어냈다. 한 마디로 말하면, 그것은 종교적, 정치적 환각에 의해 숨겼던 착취를 적나라하고, 부끄러워하지도 않고, 직접적이면서 야만적인 착취로 대체했다.… (그것은) 가족관계를 단순한 금전관계로 만들어버렸다.

우리가 지금 범죄학에 대한 페미니스트의 시각을 살펴보는 것은 이러한 인류가 투쟁해온 보다 넓은 역사적 배경에 관한 것이다.

## 페미니스트 선구자와 명제들

최근까지 여성의 범죄성(criminality)은 오랜 역사를 통해 소홀히 다루어져왔다. 그러나 19세기 말과 20세기 초중반 모두에서, 특히 여성과 범죄에 대해 저술한 한 작은 집단들이 있었다. 분석적으로 상이하게 접근했던 이 초기 문헌들 중에는, 여성의 속성과 그들이 저지른 범죄에 대해 많은 공유된 가정들이 존재했다(Klein, 1973). 이 가정들은 범죄가 여성의 '개인적' 생리학적 또는 심리적 특성의 결과라는 데 초점을 맞추었다. 이 특성들은 여성에게 '보편적'이며, 그들은 역사적 시간에 관계없이 동일하게 나타난다고 또한 생각되었다. 핵심가정은 또한 '여성에게 내재하는 특성'이 있다는 것이었다(Klein, 1973).

사회구조에 존재하는 조건이 아닌 개인적 특성으로 범죄를 설명하는 경향은 이론과 연구의 관심을 여성범죄자와 일반여성 사이의 차이점을 찾는데 열중하도록 만들었다. 이것의 한 결과는 두 가지 뚜렷이 구분되는 여성의 범주가 만들어진 것이었는데, 즉 일반여성과 범죄여성의 구분이었다(Klein, 1973). 이 구분을 따라서 또 다른 중요한 가정이 만들어졌는데, 범죄는 개인의 선택에 의해서 발생한다는 것이었다. 따라서 여성은 사회적, 경제적, 정치적 세계로부터 어떤 영향도 받지 않고, 자유롭게 범죄 또는 비범죄적으로 행동하는 것을 선택하는 존재로 그려졌다.

## 체사레 롬브로조

"근대 범죄학의 아버지"로 자주 지칭되는(2장을 볼 것) 체사레 롬브로조(Cesare Lombroso)는 인간의 전반적인 진화패턴을 추적하는데 관심을 크게 가졌다. 그의 주장에 따르면, 진화는 어떤 종들의 독특한 발전을 설명한다. 예를 들어, 백인이 유색인종보다 더 진화된 것처럼, 남성은 여성보다, 그리고 성인은 어린이보다 더 많이 진화했다. 20세기 초에, 롬브로조(1903/1920)는 『여성범죄자(Female Offender)』를 출간했는데, 이 책에서 그는 여성의 범죄성을 여성이 내재하고 있는 어떤 특성으로 설명했는데, 이 여성들은 결과적으로 도덕적인 세련됨을 갖춘 여성스러운 여성으로 진화하지 않은 것이었다. 그는 그의 주장을 생리학적인 증거로 입증하고자 하였고, 이러한 증거들은, 그가 생각하기에, 여성범죄자가 생물학적으로 격세유전에 의해 나타난 사람들이라는 것을 입증했다. 이러한 증거들에는 두개골과 얼굴의 모습, 점들, 키, 검은 머리, 그리고 피부색과 같은 것이 포함되었다. 요약하면, 점이 있고 우락부락한 두개골 및 얼굴 모습을 가진 검은 머리 여성은 범죄자가 될 가능성이 높았다.

그러나 롬브로조는 이를 넘어서, 또한 생리학적 비활동성, 심리적인 수동성, 그리고 냉담하고 계산적인 성향을 특징으로 하며, 도덕관념이 없는 것을 여성의 특성이라고 주장했다. 결국 여성범죄자는 실제로 여성스럽다기보다는 남성스러운 여성이었고, 이들은 "남성같이 생각할 수 있지만, 좋은 여성은 그렇지 않았다." 여성범죄자는 또한 어떤 점에서는 남성보다 "더 강한" 존재로 생각되었다. 롬브로조는 여성범죄자가 남성에 비해 보다 쉽게 정신적, 신체적 고통에 익숙해질 수 있다는 것을 발견했다. 예를 들면, 그는 여성범죄자들이 종종 교도소의 생활에 너무 잘 적응해서 구금을 통해 그들을 교화하기 어렵다고 주장했다. 롬브로조에게, 범죄여성은 비정상적인 존재였다.

## W. I. 토마스

W. I. 토마스(Thomas)는 롬브로조의 여성범죄자에 대한 생리학적 설명을 수정했다. 토마스는 버지니아의 한 외딴 지역에서 태어나서 테네시대학을 졸업했고, 시카고대학 사회학과에서 '성에 따른 신진대사에서의 차이에 대하여'라는 박사논문을 썼다. (거기서 그는 1886년에 첫 사회학 강의를 가르쳤다.) 그는 성적 행동과 사회에 대한 두 유명한 책을 썼는데, 하나는 『성과 사회(1907)』이고 다른 하나는 『순응하지 않는 소녀(1923)』였다. 두 책이 출간된 16년간의 간격 사이에 그의 강조점은 여성의 범죄를 생리학적, 심리학적, 그리고 사회구조적 요인들을 포함하는 보다 세련된 이론을 만드는 쪽으로 옮겨갔다(Klein, 1973, p.11).

『성과 사회』에서 토마스(1907)는 남성과 여성이 근본적으로 다르다는 오래된 이분법을 주장했다. 토마스에게, 남성은 에너지와 에너지로부터 흘러나오는 것을 파괴하는 경향이 있는 반면에, 여성은 마치 식물같이 에너지를 저장한다. 따라서 여성은 남성에 비해 보다 움직임이 적고 보수적이다. 토마스에 따르면, 이 차이는 특히 "문명화된" 사회에서 여성의 구조에서 상대적 쇠퇴의 원인이 된다. 그러나 토마스는 여성의 쇠퇴에 대해 모호하게 설명한다. 한편으로 그는 그러한 쇠퇴가 여성의 우월하지 못한 운동능력 때문이라고 했다. 또 다른 한편 그는 그 쇠퇴가 여성이 성적인 자유를 상실했기 때문이라고 주장했다. 그에 따르면, 일부일처제가 발전함에 따라서 여성들은 그들의 성적 행동을 아내와 엄마로 제한하고, 그들이 남성에 의해 통제되는 재산으로 취급된다는 사실에 적응해야 했다.

여성의 열등한 지위에 대한 이 주장들은 주로 '생리학적 쟁점'에 주로 초점을 맞추었다. 예를 들어, 남성은 여성에 비해 보다 많은 성적인 에너지를 갖고 있다. 이것은 남성이 성적인 이유로 여성을 찾고, 결국 여성이 성을 가정생활과 바꾸는 것을 허용한다(Klein, 1973). 본질적으로 일부일처제와 순결함은 남성의 본능적 욕구에 대해 적응하여 나타난 한 형태이다.

『순응하지 않는 소녀』에서, 토마스(1923)는 여성의 범죄성에 대한 그의 입장을 두 가지 방향으로 옮겨갔다. 첫째, 그는 여성비행이 어떤 "여성의 본성에 대한 가정"을 고려할 때, 어떤 상황에서는 정상적이라고 주장했다(Klein, 1973, p.14). 불행히도, 토마스는 이러한 가정에 대해 구체적으로 설명하지 않았다.

둘째, 그러나 더욱 중요한 것은 토마스가 그의 초점을 범죄자에 대한 처벌에서 '사회복귀'와 '예방'으로 바꾸었다는 것이다. 이 점은, 범죄를 예방하기 위해 범죄성향이 있는 개인들을 구금하고 멸종시켜야 한다고 주장한 롬브로조의 생물학적 입장에서 급진적으로 이탈한 것이라고 할 수 있다(Klein, 1973). 결과적으로 토마스는 모든 사람들은 사회적으로 유용하도록 개선할 수 있다고 주장하게 되었다(Thomas, 1923). 그는 사람들이 슬럼지역의 가정이나 지역에서 적절히 사회화되지 않았더라도, 그들은 반사회적 태도를 갖지 않도록 사회화될 수 있다고 생각했다. 이 전략의 핵심은, 사람들이 상황을 정의하는 것을 어떻게 배울 것인지에 달려있다. 예를 들어 토마스는 전통적인 여성 성역할에 만족하지 못하는 여성들이 범죄를 하지 않도록 만들기 위해서는, 그들의 태도를 바꾸도록 사회화하는 것이라고 주장했다. 다시 말해서, 그들은 먼저 자신을 받아들일 만한 존재로 재정의함으로써 그들의 상황에 적응할 필요가 있다. 토마스에 따르면, 이것은 왜 중산계급 여성이 그토록 범죄에 적게 개입하는지에 대한 중요한 이유 중의 하나인데, 중산계급 여성들은 그들의 위치를 받아들이고, 미래에 대한 투자로서 그들의 순결을 소중히 하도록 사회화되어 왔다. 다른 한편으로, 하층계급의 여성들은 그들의 안전에 대한 욕구를 억제하도록 사회화되지 않았고, 대신 흥분과 새로운 경험에 대한 욕망을 추구하면서 오히려 부적절하게 범죄에 개입해 왔다(Klein, 1973). 토마스는, 비행소녀들의 성적인 행동이 다른 소원들을 현실화하는 수단으로서 사용된다고 주장했다.

토마스가 그의 관심을 생물학적 결정론에서 사회복귀로 이동시켰지만, 그럼에도 불구하고 그는 여성범죄를 설명하는 좋은 여성과 나쁜 여성이라는 오래된 이분법에 의존했다. 나쁜 여성들은 그들의 욕구를 충족시키기 위해서 남성을 이용하고, 좋은 여성들은 성을 미래와 불확실성에 대한 어떤 방어수단으로 이용한다. 토마스는 여성범죄를 설명하려고 시도해왔던 다른 남성들과 다르지 않으며, 그는 또한 심리학적 특성들에 비해, 경제적 요인의 중요성을 과소평가했다.

## 지그문트 프로이트

한 유사한 설명은 지그문트 프로이트(Sigmund Freud)의 이론이다. 그에게, 여성의 위치는 여성의 본성에 대한 명백한 생물학적 가정에 기초한다. 본질적으로, 프로이트에게, "해부학적 신체구조는 숙명이었고" 여성의 신체구조는 남성의 신체구조에 비해 열등하기 때문에, 여성이 남성에 비해 열등한 사회적 지위(엄마와 부인이 됨)를 점유하는 것은 예정된 것이었다(Klein, 1973, p.16). 프로이트가 고려한 특수한 해부학적 특성들은 남성과 여성의 성기였다. 프로이트에 따르면, 여성 성기의 열등성은 보편적으로 인정되었다. 예를 들어 아동기에서 시작하여, 남자와 여자 어린이들은 이러한 구분을 알고, 소녀들은 자신들이 처벌을 받아 음경을 잃었다고 생각하면서 자란다. 프로이트에 따르면, 한 중요한 결과는 한 때 음경을 가졌던 소녀들은 질투를 하고 복수심에 불타게 되는 반면, 소년들은 소녀들의 질투와 복수를 두려워하게 되었다.

프로이트에 따르면, 여성은 그들의 신체구조상의 열등함 때문에 콤플렉스를 갖게 되고 이를 보상하기 위해 노출증, 자기애증, 그리고 옷을 잘 차려입는 등의 행동을 한다(Klein, 1973). 프로이트에 따르면, 개인적 문제들에 대한 이러한 여성의 관심은, 왜 여성이 정의롭게 행동하지 않고, 사회적 관심이 좁으며, 그리고 문명을 발전시키는 데 중요한 공헌을 하지 않는지를 설명한다. 여성들은 그들의 개인적 욕구를 승화시킬 수 없기 때문에, 그들은 사소한 문제들에 관심을 가진다. 다른 한편으로, 문명의 건설자로서, 남성들은 특히 성과 같은 개인적 충동이 세속적인 임무를 완수하기 위해 억압되어야 한다는 것을 인식한다. 만약 그렇지 않으면, 지속적인 가치를 완수하거나 생산할 수 없을 것이다. 따라서 남성은 합리적이고, 여성은 비합리적이다.

이 설명에서, "일탈여성은 남성이 되려고 하는 여성이다"(Klein, 1973, p.17, 원문의 강조를 따름). 예를 들어, 여성의 공격성과 반항은 남성 성기에 대한 갈망을 표현하는 것이며, 만약 남성으로 "대우받지" 않는다면, 여성은 단지 "신경증 환자"가 되고 말 것이다. 따라서 프로이트주의에 기초한 여성에 대한 치료는 그들을 적당한 여성 성역할에 적응시키는 것이다. 다시 말해서, 우리가 보아온 바와 같이, (사회를 변화시키기보다는) 남성들에 의해 정의된 사회로 여성들을 적응시키는 것이 중요하다. 여성들은 정상이 되기 위해 성평등을 희생한 채 아내와 엄마라는 영광스런 임무에 적응하고 익숙해져야 하는 것이다. 클라인(Klein, 1973, p.18)이 지적한 바와 같이, 프로이트의 논리에서 한 분명한 함의는 계급편견이다. “단지 상층과 중간 계급 여성들만이 보호받는 사랑스런 존재로서 삶을 즐길 수 있다.” 가난한 제3세계의 여성들의 삶은 그리 행복하지 않다.

또 다른 중요한 함의는 프로이트주의가 성과 적절한 여성의 행동과 섹슈얼리티에 대한 성적 이데올로기를 어떤 ‘과학적’ 분석틀로 바꾸는 데 강력한 영향을 미쳐왔다는 것이다. 이처럼, 프로이트주의는 수십 년 동안 여성의 성적 억압, 성적 수동성, 그리고 핵가족에서 “여성의 위치”를 유지하는데 이용되어 왔다. 많은 논쟁의 여지가 있고 종종 불신의 대상이 된 이론가라고 하더라도, 프로이트의 이론은 현재 새롭게 인기를 얻고 있다(Adler, 2006, pp.43-49; Kalb, 2006, pp.50-51). 그의 초기 유산은 폴락과 같은 많은 학자들의 저술에 영향을 미쳤다.

## 오토 폴락

오토 폴락(Otto Pollak)은 2차 세계대전 이후 남성의 범죄참여와 비교하여 여성의 범죄와 여성의 범죄참여를 설명하는 분야에서 가장 영향력 있는 학자들 중의 하나였는데, 그는 대중으로부터는 “무명”의 존재였다(Klein, 1973, p.21; Pollak, 1950). 폴락은 여성이 생리학적 이유로 인해 본질적으로 사람을 잘 속인다는 생각에 기초하여 이론을 전개했다. 폴락에 따르면, 여성들과는 달리, 남성들은 성행동을 하기 위해 발기를 해야 하기 때문에, 그들은 그들의 감정을 속이거나 그들이 성행동을 못하는 것을 부인할 수 없다. 반면에, 여성의 ‘생리학적’ 특성은 그들이 어느 정도 성에 감정적으로 참여한 것을 숨길 수 있다. 따라서 폴락은 여성이 선천적으로 남을 잘 속인다고 주장했다. 이 거짓말 본성은, 그들이 하녀, 간호사, 교사, 그리고 가정주부로서 그들이 가지는 가정에서의 기회와 조합하여, 그들이 발각되지 않는 범죄를 저지르도록 한다(Klein, 1973).

폴락에 따르면, 여성들은 또한 특히 그들의 생리기간 동안 복수심에 불탄다. 이 시간 동안, 여성들은 자신들의 “신체구조가 운명이고” 남성이 되려는 어떤 욕망은 부질없는 것이라고 재인식한다. 예를 들어 엉뚱한 사람에게 죄를 덮어씌우는 것은 일반적인 여성들의 범죄인데, 왜냐하면 그들이 충동과 배신의 부산물이기 때문이다. 상점절도 또한 도벽이라는 정신질환을 반영하는 여성범죄의 한 형태이다.

여성의 숨은 범죄를 설명하기 위해 폴락이 주장하는 마지막 요인은 형사사법시스템에서의 기사도(chivalry)이다. 그의 주장은 남성과 여성의 범죄율 사이에 아무런 중요한 차이가 없음에도 불구하고, 여성들은 법에 의해 관대하게 취급되고, 그에 따라 그들의 많은 숨은 범죄가 가려진다는 것이다(Klein, 1973; Pollak, 1950). 그는 여성범죄자들이 종종 가난하거나, 또는 그들이 여성의 적합한 역할에 대한 군국주의적, 계급차별주의적, 그리고 인종주의적인 정의들로부터 탈출한 여성들이었다는 점을 고려하지 못했다.

불행히도, 폴락은 많은 다른 초기 이론가들처럼, 여성범죄가, 예를 들어, 경제적 빈곤에 의해 설명될 수 있다는 점을 알지 못했다. 대신에, 심리학적, 생리학적으로 성적인 동기나 정신질환이 여성의 경제범죄들을 설명하는데 이용되었다. 이러한 논리가 도전을 받은 것은 단지 지난 수십 년에 지나지 않는다.

## 새로운 의문의 출현: 여성을 데려오기

1961년에 범죄학자 월터 레클리스(Walter C. Reckless)는, 범죄학자들이 비행이론들이 여성에게 적용된다면, 어떤 비행이론들이 적절할 것인지 궁금해 했다(Reckless, 1961). 그러나 버나드(Bernard, 1969)와 하이덴손(Heidensohn, 1968)이 "범죄의 일반이론에서 여성의 누락"에 관심을 갖고, "범죄학을 남성중심적인 잠으로부터 깨우는 종을 울린" 것은 10여 년이 지난 후였다(Daly and Chesney-Lind, 1988, p.507). 정말로, 범죄학 이론에 도입될 수 있는 한 개념적 용어로서 '여성'을 발견한 것은 "문자 그대로 꽤 선구적인 업적"이었다(Young, 1992b, p.289).

범죄학에서 페미니스트 시각의 발전단계에서 두 가지 쟁점들이 중요했다. 첫 쟁점은 레클리스에 의해 제기된 불확실성이었는데, 이것은 남성과 소년의 범죄를 설명하기 위해 남성에 의해서 만들어진 범죄의 일반이론들이 여성과 소녀들에게 적용되거나 일반화할 수 있는지의 문제였다. 두 번째 쟁점은 사회구조와 위험의 범주들에 대한 것이다. 이 문제는 남성에 대한 범죄학 이론의 핵심으로 보이는 계급, 인종, 그리고 인구구조의 영향이 또한 여성에 대해서도 유지될 것인지의 문제였다. 이 쟁점은 왜 여성이 남성에 비해 범죄를 덜 저지르는지에 대한 성비 문제였다(Daly and Chesney-Lind, 1988).

그러나 범죄학에서 초기의 페미니스트 연구들은 항상 이 문제들에 초점을 맞춘 것은 아니었다. 대신에, 겔스도르프(Gelsthorpe, 1988, p.98)는, 범죄학자들이 여성에 대한 "기억상실증"이 있다고 지적했다. 또한 지적, 제도적 성차별주의가 여성범죄와 형사사법기관을 설명할 때 발견된다는 많은 비판들이 있었다(Daly and Chesney-Lind, 1988). 몇몇 페미니스트 문헌들은 전통적인 범죄학 문헌들에서 여성이 어떻게 묘사되거나 잘못 묘사되었는지에 주목했다. 이 작업은 본질적으로 여성범죄자에 대한 "누적된 지식"에 대한 비판인데(영국에서는 Campbell, 1981; Smart, 1976), 이것은 큰 중요성을 갖는다. 왜냐하면 남성에 의해서, 그리고 "남성을 대상으로 검증된 범죄이론들이 여성의 범죄를 설명하는 데는 별로 적절치 않기"(Gelsthorpe, 1988, p.98) 때문이다. 그러한 연구들은 그 당시에 넘쳐났고, 인기 있는 범죄학 교과서에서 쉽게 찾아볼 수 있다.

많은 세대의 미국범죄학자들에게, 그토록 많은 사람들을 범죄와 형사사법의 연구로 "내동댕이친" 토끼굴보다 더 좋은 예는 없다. 서덜랜드와 크레시(Sutherland and Cressey)의 '범죄학'의 예를 들어보자. 지금까지 미국에서 출판된 범죄학에 대한 많은 입문서들 중에, 이 책만큼 많은 새판들이 "재탄생"한 적은 없었다(Lilly and Jeffrey, 1979). 이 책이 1992년에 11판이 나왔지만, 범죄에 대한 페미니스트 시각 그 자체에 대해 아무런 논의가 들어있지 않다. 최근의 연구가 몇몇 보고된 범죄에서 남성과 여성 사이의 성비가 점점 좁아지고 있다고 지적했지만, 이 책은 이것을 전통적으로 여성이 다소 기사도적인 처우를 받은 법집행관행을 바꾼 결과로 설명한다(Sutherland et al, 1992, p.162).

여성범죄에 대한 이런 유형의 설명은, 그것이 아마도 약간의 경험적 근거를 가진다 할지라도, 더 넓고 심각한 결점을 가졌다. 즉 서덜랜드와 다른 초기범죄학자들은 여성과 소녀라는 사회세계를 거의 또는 전혀 이해하지 못했다. 따라서 여성범죄와 일탈에 대한 역사적 설명이 사회적 또는 경제학적 설명보다 생물학적 요인에 종종 보다 더 초점을 맞추는 것은 당연하다(Daly and Chesney-Lind, 1988; Heidensohn, 1985; Morris, 1987). 소녀의 문제행동에 대한 소년사법기관과 형사사법기관의 대응에 대한 연구들이 소년의 성행동보다는 소녀의 적절한 성행동에 보다 관심이 있다는 점 역시 놀랍지 않다(Chesney−Lind, 1973). 실제로 소년의 성행동에 관심을 가진 소년사법기관은 거의 없었다. 이것은 “19세기에 나타난 사회질서에서 여성의 위치에 대한 일련의 생각을 반영하는” 성차별주의의 이데올로기가 “공식적 영역에 남성을 위치시키고 … 사적인 영역에 여성을 위치시켰다는 것을 보여준다(Daly and Chesney−Lind, 1988, p.509). 이제 남성들은 보수가 주어지는 직장, 정치계, 그리고 법조계에서 발견되는 반면에, 여성들은 가정과 가족생활의 도덕적 보호자로서 자리 잡았다. 첫 번째 페미니즘운동은 미국에서 1920년에 여성에게 전국적인 참정권을 부여했던 19차 헌법개정의 비준에 의해서 막을 내렸다. 두 번째 페미니즘운동은 “가정 내의 또는 사적인 영역을 여성에게 억압적인 것으로 비난하고, 공적 영역에서 남성들과의 평등을 성취하려고 노력했다”(Daly and Chesney−Lind, 1988, p.509). 이런 이데올로기적인 변화는 기존 범죄학에 대해 많은 페미니스트들이 비판하도록 만들었고, 이들이 제기한 평등에 대한 새로운 문제들에 공헌했다.

## 두 번째 물결: 여성해방에서 가부장제까지

### 여성해방과 범죄

1960년대 말과 1970년대 초에는 여성운동의 두 번째 물결이 일어났다. 그것은 부분적으로는 남성과의 사회적, 정치적, 그리고 경제적 평등으로부터 출현하여, 국가의 사회적 어젠다, 그 중에서도 특히 여성과 범죄를 어떻게 연구할 것인지에 대해 심오한 영향을 주었다(Freidan, 1963을 볼 것). 이러한 발전 이전에, 범죄학자들은 종종 여성이 남성에 비해 단지 더 적게 범죄를 저지르고, 남성과는 다른 범죄를 저지른다고 보고했다. 일자리에 여성이 점점 증가하게 된 이후로, 여성범죄에 대한 새로운 설명이 개발되었다.

1970년대 중반 동안, 두 논쟁의 대상이 된 책들인 아들러(Adler, 1975)의 『범죄자매(Sisters in Crime)』와 사이먼(Simon)의 『여성과 범죄(Women and Crime)』가 출간되었는데, 이들은 1960년대와 1970년대의 여성범죄자 검거동향을 토대로 하여 여성범죄에 대해 설명했다. 이 두 책은 다소 상이한 결론을 내렸지만, 둘다 대체로 근거 없는 가정의 한 부산물이었는데, 이것은 "여성의 해방이 오로지 공적 영역에서의 남성과의 법적, 사회적 평등에 달려있다"는 것이었다(Daly and Chesney-Lind, 1988, p.510). 아들러(1975)는 시장에서 여성의 기회를 제한하지 않는 것은 여성이 남성과 같이 탐욕스럽고, 폭력적이고, 범죄성향을 갖게 만들 기회를 제공한다고 주장했다. 사이먼(1975)은 재산범죄에서 여성이 차지하는 비율이 증가하는 것(폭력범죄는 증가하지 않았음)은 여성이 일자리를 가짐으로써 범죄에 참여할 기회가 증가된 것이라고 주장했다. 사이먼은 또한 여성해방이 경찰과 법원이 여성과 남성을 동일하게 취급하는데 더 관심을 가지게 만드는지에 대해 의문을 가졌다.

두 책들은 비판을 받았고, 몇몇 학자들은 아들러와 사이먼에 의해 제기된 많은 쟁점들에 답했다. 예를 들어 스테픈스마이어(Steffensmeier, 1978, 1980)는 여성이 남성적인 폭력범죄를 더 많이 저지르고 있다는 견해가 연구결과와 모순된다는 것을 발견했다. 그는 여성의 검거율은 실제로 증가하고 있지만, 남성과 여성의 범죄율의 차이는 좁혀지지 않고 있다고 주장했다. 오히려, 여성검거율이 역사적으로 남성의 검거율보다 훨씬 더 낮았었기 때문에, '절대적인' 여성검거 건수의 어떤 작은 증가가 '상대적으로' 큰 백분율의 증가로 보였다. 그러나 스테픈스마이어(1980)는 절도범죄에서 여성범죄율이 증가했다는 것을 발견했는데, 이것은 여성이 항상 많이 하는 범죄유형이었다.

스테픈스마이어(1981)는 또한 직업구조에서의 변화들이 여성의 화이트칼라 범죄의 증가를 가져왔다는 주장을 반박했다. 그는 사이먼이 여성이 저지른 절도, 사기, 위조, 그리고 횡령을 전통적인 화이트칼라 범죄나 직업범죄로 잘못 분류했다고 주장했다. 스테픈스마이어는 여성들은 주식사기나 대규모의 횡령을 저지르지 않는다고 주장했다. 대신에 그들은 상점절도와 부정수표사용으로 검거되었다. 스테픈스마이어에게, 이런 범죄들은 사이먼에 의해 제시된 화이트칼라 범죄자의 이미지와는 맞지 않았다. 전반적으로, 스테픈스마이어와 코브(Steffensmeier and Cobb, 1981)는 여성 검거율의 증가가 여성의 쇼핑과 생활비 지급과 같은 일상활동 중에 나오는 것이지, 직업적 위치에서 발생하는 것은 아니라고 주장했다.

이것은 한 중요한 의문을 제기한다. 만약 직업기회의 증가가 여성범죄의 증가를 설명하지 않는다면, 그럼 뭐가 여성범죄를 증가시켰다는 것인가? 여기에 대해서 스테픈스마이어는 두 가지 설명을 한다. 첫째, 여성이 주로 자급을 위한 쇼핑을 하기 때문에 사소한 절도와 사기를 저질렀던 과거에 비해 훨씬 큰 기회들이 존재했다. 이런 형태의 시장과 함께 여성에게 훨씬 큰 신용이 이용 가능해졌고, 이것은 결국 예전부터 해온 범죄(상점절도, 부정수표사용, 그리고 신용카드사기)에 대한 새로운 기회를 제공했다. 이 새로운 기회는 또한 보안과 수사절차의 강화와 맞물려 결국 여성범죄자의 검거율을 높였다. 둘째, 스테픈스마이어와 코브(1981)는 경찰과 법원의 여성범죄자에 대한 태도가 변하고 있고, 점점 더 기꺼이 여성을 검거하고 기소하고 있다는 것을 보여주는 자료를 제시했다.

그러나 스테픈스마이어와 그의 동료들도 비판을 받았다. 지오다노와 그의 동료들(Giordano et al., 1981)은 여성의 역할들이 스테픈스마이어가 조사한 상대적으로 짧은 기간에서 측정가능한 것 이상으로 점점 변화하고 있을 수 있다고 주장했다. 지오다노와 그의 동료들은 1890년에서 1976년 사이의 경찰기록을 분석한 후, 여성범죄의 패턴은 20세기의 전환기의 패턴들과는 크게 다르다는 것을 발견했다. 20세기 초 동안, 높은 비율의 여성검거율은 성매매에서 기록된 것인데, 이것은 20세기 말에 여성이 검거된 이유들과는 다른 것이다.

비판가들이 지적한 바와 같이 이 점에 심각한 문제가 있었는데, 이것은 초기의 여성범죄에 대한 연구들이 여성운동적인 활동이 실제로 발생하고 있었는지 아닌지를 인식하지 못했다는 것이다(Daly and Chesney-Lind, 1988, p.511). 아들러가 주장한 바와 같이, 저임금의 여성이 실제로 공적 영역에서 남성과의 평등을 추구하고 있었는가? 사이먼의 주장과 같이, 기회의 증가가 여성의 재산범죄 검거율을 증가시켰는가? 아니면, “여성들 사이의 인종적 계급적 차이를 무시하고 성을 남성이나 여성적 태도를 가진 것으로, 또는 남성과 여성 사이의 역할 차이로 정의하는” 성에 대한 자유주의 페미니스트 시각의 방해로 인해, 검거데이터를 정확히 이해하지 못했는가? 아들러(1975)와 사이먼(1975) 모두, 가부장제에서의 권력관계의 영향을 무시했는데, 이 제도는 남성이 여성의 노동과 성에 대해 통제를 행사할 수 있도록 만든다. 이런 학자들은, 남성에 비한 여성들의 평등과 기회라는 공적인 영역의 측면에 초점을 맞춤으로써, 가부장제라는 지배적인 사회구조의 보다 중요한 특징들 중의 하나를 고려하지 못했다.

## 가부장제와 범죄

“여성해방명제”는 여성의 범죄에 대해 관심을 가질 때 큰 가치를 가지지만, 그것은 지금까지 단지 여성의 범죄성에 대해 아이디어만을 제공했다. 아들러와 사이먼의 선구적인 업적을 이은, 다음 세대의 페미니스트 범죄학자들은 여성해방에 대한 초점을 가부장제(patriarchy)로 옮겼다. 1994년에 에이커스가 지적한 바와 같이, 페미니스트이론의 주요 주제들은 “가부장제 사회에서 광범위하게 퍼진 남성지배와 여성이 저지르는, 그리고 여성에 대해 저지르는 범죄들 모두에 대한 가부장제의 효과였다.” 이러한 이론적 초점의 변화는 초기의 여성해방에 대한 초점으로부터 벗어난 것이지만, 전체적으로 갈등과 마르크스주의 이론과 같이 권력에 초점을 맞춘 이론들로부터 벗어난 것은 아니었다. 차이가 있다면 “중심에 놓여야 하는 권력의 ‘유형’”이었다(Akers, 1994, p.175, 원문의 강조를 따름). 예를 들어 범죄에 대한 마르크스주의 이론들은 지배계급의 권력에 초점을 맞추고, 대부분의 갈등이론들은 다양한 권력집단과 피지배집단들 사이의 갈등에 초점을 맞추었다. 이 시대의 많은 페미니스트이론들은 그들의 초점을 여성에 대한 남성의 권력에 두었다.

이러한 페미니스트의 시각은 여성이 저지르는 범죄의 특성에 대한 우리의 이해에 공헌했고, 또한 여성이 남성에게 당하는 몇몇 범죄들에 대한 이해에도 기여했다. 남성과 여성 간의 권력의 차이에 대해 강조하는 것은 여성들을 매춘 및 가벼운 사기와 같은 “무기력한” 범죄를 하게 만들었다(Messerschmidt, 1986). 이 범죄들은 여성들에게 거의 보상을 제공하지 않는데, 왜냐하면 여성들은 경제적 빈곤에 의해 사회의 구석에 박혀있기 때문이다. 그와 같이 몇몇 여성범죄는 사회에서 낮은 지위의 발현이며, 또한 이 지위를 재생산하도록 돕는다(Cloward and Piven, 1979를 볼 것).

강간과 가정폭력은 가부장적인 지배에 의해 모두 설명되는데, 강간은 데이트강간과 부부강간을 포함한 성학대의 한 형태라고 할 수 있다. 다시 말해서, 남성에 의한 이런 범죄들, 따라서 여성이 피해자가 되는 범죄들은 여성에 대해 권력을 사용하는 남성들의 능력을 반영한다. 불행히도, 가부장제가 여성범죄를 설명한다는 생각은 상대적으로 거의 검증되지 않았다. 여기서 한 중요한 문제는 가부장제가 하나의 독립변수로서 측정하기 어렵고, 따라서 그것의 설명가치는 상이한 환경을 통해서만 결정될 수 있다. 이렇게 될 때까지, 가부장제이론을 평가하는데 있어서 진전은 어려울 것이다. 다행히도, 범죄에 대한 페미니스트 시각의 발전을 위해, 사회의 가부장적 구조뿐만 아니라 성이 단지 생물학적 성을 넘어 사회적 구성이라는 생각에도 관심이 주어져야 한다. 돌이켜 보면, 이러한 관심의 이동은 페미니스트 시각의 한 중요한 발전이다.

## 페미니스트 시각의 다양성

### 초기 페미니스트 시각들

범죄에 대한 "초기" 그리고 "현대의" 페미니스트 시각으로 분류될 수 있는, 페미니스트 시각들을 이론화하고 연구하는 데는 현재 몇 가지 기준들이 존재한다. '자유주의 페미니즘(Liberal feminism)'은 당연히 18세기와 19세기의 자유와 평등사상에서 만들어졌다(Jaggar and Rothenberg, 1984). 이것은 범죄의 원인으로서 성사회화를 강조한다. 남성의 지배와 여성의 종속은 각 성이 어떻게 사회적으로, 문화적으로 행동하도록 배워왔는지를 반영한다. 이 시각에 따르면, 예를 들면 공식 범죄통계는 남성이 여성보다 더 많은 공격적인 범죄들을 저지른다는 것을 보여준다. 각 성은 역할기대와 부합하는 범죄를 저지른다. 이것은 뒤에서 성, 인종, 계급 그리고 연령이 중첩되는 복잡성을 살펴보는 작업에서 상세히 설명한다(다음 절인 '현대 페미니스트 시각들'을 볼 것).

'마르크스주의 페미니스트(Marxist feminists)'는 노동과정에서의 계급 및 성적 분업이 남성과 여성들의 사회적 위치를 결정하는데 영향을 미친다고 주장한다. 그러나 노동의 성적 분업은 남성에 의해 지배되는 노동의 계급적 분업의 결과로 나타난다. 그러므로 여성에 대한 남성의 지배는 단지 성차별주의의 결과인 것만은 아니다. 여성의 범죄피해와 여성이 저지르는 범죄들은 자본주의 생산양식에서 기인한다. 이 시각에서, 가정과 시장에서 여성의 노동은 자본가들을 위한 이윤을 생산한다.

'급진적 페미니즘(radical feminism)'은 남성이 태생적으로 공격적이고 지배적으로 태어났다는 생물학적 사실을 통해 범죄를 설명한다. 따라서 범죄는 통제를 원하는 남성욕구의 한 표현이지만, 이것만으로 표출되는 것은 아니다. 이런 욕구의 다른 표현들은 성노예, 제국주의, 강간, 그리고 여성에게 엄마의 역할을 강요하는 것 등이다. 브라운밀러(Brownmiller, 1975)에 따르면, 강간은 기껏해야 모든 남성이 모든 여성들을 계속 두려워하게 만들려는 한 노력이다(Lilly, 2003; 2004; 2007; Lilly and Marshall, 2000).

급진적 페미니즘은 마르크스주의 페미니즘과 다소 유사하게 여성들이 노동의 성적 분업에 들어가게 됨으로써 남성에 처음으로 종속되었으며, 이러한 분업은 출산과 자녀양육에서 기원하여 "생활의 모든 영역으로 확대되었다"(Jaggar, 1983, p.249)고 주장한다. 국가, 직장 그리고 가족을 포함한 다양한 제도들은 이러한 유형의 남성지배를 반영하고 강화한다. 여성들의 문화와 자아개념들은 또한 남성지배를 반영하고 여성의 노예적인 지위에 공헌한다.

'사회주의 페미니즘(socialist feminism)'은 독특한데, 왜냐하면 그것이 남성이 범죄를 하게 만들고 여성을 종속시키는 가부장제와 자본주의 사이의 다양한 관계를 부각시켜서, 마르크스주의와 급진적 페미니즘을 통합하려고 하기 때문이다. 메서슈미트(Messerschmidt, 1986)는 범죄가 노동자에 대한 자본주의 착취의 결과라고 주장했다. 그러나 남성과 여성들은 생산관계에서 상이한 위치를 갖는데, 남성이 보다 많은 권력을 갖는다. 이것은 남성에게 범죄를 저지를 보다 많은 기회를 주고, 동시에 여성들을 상대적으로 종속상태로 만든다. 따라서 여성들은 합법적이거나 비범죄적 기회들 어떤 것으로부터도 이익을 얻을 기회가 더 적다. 여성의 지위와 살인피해의 위험에 대한 최근의 연구는 마르크스주의와 사회주의 페미니스트의 주장을 지지한다. 비어라이티스와 그의 동료들(Vieraitis et al., 2008)은 여성 살인율과 여성지위 및 성불평등의 다양한 척도들 간의 관계를 연구했다. 그들은 2000년에 10만 명 이상의 인구를 가진 도시들에 대한 데이터를 사용했다. 그들은 여성의 사회경제적 지위가 높을수록 치명적인 폭력으로부터 더 많은 보호를 받는다는 것을 발견했다.

범죄에 대한 몇몇 다른 페미니스트 시각들과는 달리, 사회주의 페미니즘은 인간의 행동이 "사회 이전에 주어진" 힘보다 더 "사회적 힘에 의해 만들어진다고 주장한다(Jaggar, 1983, p.304). 오히려 인간의 행동은 사회적으로 만들어지고 교정되는데, 이것은 보다 최근의 복잡한 성과 범죄의 관계에 대한 설명이 핵심적인 주제이다.

## 현대 페미니스트 시각들

위에 논의한 각 시각들은 모두 결점을 가졌지만, 이들은 추가적인 시각들의 발전에 기여했거나, 아니면 어떤 대안적 이론으로 변신했다. 이러한 노력들은, "전통적" 또는 초기 페미니스트 시각들과 완전히 분리되거나 결별한 것은 아니지만, 이들은 성, 특히 여성을 그들의 연구에 보다 핵심적인 대상으로 삼았다. 그들은 범죄와 성을 이해하고, 이들이 인종, 계급, 그리고 연령과 어떻게 접합되는지를 이해하려고 했다.

## 인종, 계급, 그리고 성의 중첩

초기 페미니스트 시각들이, 초기의 많은 공헌만큼, 그들이 한 공통적인 한계를 가지는 경향이 있었다는 것은 중요하다. 그 한계는 그들이 암묵적으로 여성을 단일하거나 동질적인 분석단위로 다루었다는 것이다. 그러나 다른 학자들은 여성들이 단지 "성역할"을 갖고 가부장제라는 단일한 불평등구조에서 존재하는 것만은 아니라는 것을 이해하기 시작했다. 대신에, 여성들의 구조적 위치와 그로 인한 경험들은 다양하고 잠재적으로 복잡한 것으로 여겨졌다. 결과적으로, 페미니스트 학자들은, 성에 대한 한 배타적인 초점을 넘어서, 범죄가 인종, 계급, 그리고 성의 중첩에 의해 어떻게 영향을 받는지를 알기 위해 이론과 조사의 중요성을 주장하기 시작했다. 이 점에서, 범죄학에서의 몇몇 중요한 공헌들을 검토할 필요가 있다.

샐리 심슨(Sally Simpson, 1991)은 1991년 논문에서, 10여 년 동안 범죄학적 연구는 성을 범죄참여와 지속의 한 중요한 지표로서 주목했다고 주장했다. 그러나 한편으로 심슨(1991, p.115)은 너무나 종종 범죄학적 연구가 남성과 여성의 범죄성 사이의 대조에 초점을 맞추어왔다고 지적했다. 보다 구체적으로, 그녀는 과거 "성과 범죄에 대한 연구는, 남자청소년이 대부분의 범죄를 저지르고, 범죄의 원인이 주로 하층계급의 폭력성이라는 부적절한 설명을 지지했다"고 주장했다. 이 설명은 심슨에 따르면, 이것은 단지 부분적으로만 맞는데, 왜냐하면 그것이 성, 인종, 그리고 계급의 복잡한 상호작용효과를 고려하지 않기 때문이다.

심슨은, 공식통계, 서베이조사, 그리고 자기보고식 도구들을 이용하여 이런 상호작용 효과들을 설명하기 어렵다는 것을 깨닫고, 미국 흑인여성들이 백인여성들보다 실제로 더 높은 살인율과 중폭행률을 나타낸다고 설명했다. 때때로 심슨(1991, p.117)은 어떤 유형의 대인범죄피해에서도, 미국 흑인여성들의 피해율은 성인 및 청소년 모두에서 백인 여성보다는 백인 남성들의 피해율과 더 유사하다는 것을 발견했다. 더욱이, 미국 흑인소녀들은 백인소녀들에 비해 일관되게 더 많이 폭행범죄를 저지르는 것으로 나타났다. 이 연구와 다른 연구에 기초하여, 심슨은 성이 홀로 범죄피해의 차이를 설명하지 않는다고 결론 내렸다.

심슨은 또한 미국 흑인여성의 범죄성향에 대한 계급과 그것의 효과에 대해 고려했다. 심슨은 계급이 종종 폭력범죄와 관련된다는 잘 확립된 사회학적 진실에 근거하여, 최하층계급 미국흑인들의 사회적 배제가 높은 수준의 폭력범죄와 관련된다는 것을 설명했다. 이혼법의 변화, 여성에 대한 임금차별, 그리고 빈곤한 편모의 증가와 맞물려, 이것은 미국 흑인여성과 범죄 사이의 연관성을 이해하는데 추가적으로 공헌했다. 심슨은 폭력과 최하층의 관계를 연구하여 계급, 인종, 그리고 범죄의 관계를 좀 더 명확하게 만들었다. 하층계급 중에는 여성과 흑인이 차별적으로 많고 따라서 상대적으로 이질적이지만, 최하층계급은 인종적으로 보다 동질적인데 이들은 주로 흑인과 청소년이었다. "최하층의 지리적인 영역은 도시의 중심부이다"(Simpson, 1991: 118－119).

상대적인 경제적 박탈, 절대적 빈곤, 또는 인종 및 도시화와 계급의 어떤 상호작용에 의해서든, 폭력범죄율은 최하층 거주지역에서 가장 높다. 이들은 흑인들이 특히 많이 거주하는 도시지역이다(Simpson, 1991, p.119). 이 지역사회에서 여성가장가구비율은, 그것이 흑인이든 백인이든 관계없이 청소년과 성인의 강도범죄율 증가와 관련되지만, 특히 흑인의 살인범죄율에 보다 큰 영향을 미친다. 더 나아가, 미국 흑인남성의 노동시장에서의 열악한 위치는 흑인여성과 어린이들에게 영향을 미친다. 예를 들어, 흑인남성의 노동시장에서의 열악한 위치의 한 결과는 미국 흑인여성들이 친척, 비친척, 그리고 의사친척으로 구성된 넓고 불안정한 가정적 네트워크를 가지게 만든다는 것이다. 이 네트워크에서 부모와 후견인들이 어린이들에게 행사하는 사회통제가 매우 제한적이기 때문에, 미국 흑인여성들은 종종 범죄에 개입하기 쉽게 된다.

이와 유사하지만, 미국 흑인여성에만 국한되지 않은 설명은 여성들 사이의 살인행동에 대한 오글과 그의 동료들(Ogle et al., 1995)의 이론에서 찾을 수 있다. 그들은, 미국범죄학회지의 한 호에 실린 그들의 논문에서, 여성에 의한 살인패턴이 남성에 의한 살인패턴과는 다르다는데서 그들의 논의를 시작했다. 남성살인범죄율과 여성살인범죄율 간의 차이들은 매우 크다. 예를 들어, 살인은 압도적으로 남성의 범죄이다. 미연방경찰(FBI) 통계에 따르면, 1998년에 살인으로 입건된 사람의 89.4%는 남성이었다. 그러나 살인은 배타적으로 남성범죄인 것은 아니다. 여성도 때때로 살인을 한다. 이 데이터가 보여주는 바와 같이, 여성들은 1998년에 살인의 10.6%를 차지했다.

이 차이는 여성의 살인행동에 대한 어떤 별개의 이론적 설명이 필요하다는 것을 보여준다. 다시 말해서 남성과 여성 사이의 중요한 구조적, 사회적, 문화적 성차를 인식하고 이것을 설명에 도입할 필요가 있다는 것이다. 오글과 그의 동료들(1995, p.173)은 이런 노력을 했는데, 그들은 세 가지 기존의 범죄이론들을 재구성하고, 남성과 달리 여성이 경험하는 상황적 스트레스를 강조했다. 예를 들어, 여성은 자신을 전통적 성역할의 맥락에서 보며, 사회적으로 보수적인 것으로 보는 경향이 있다. 여성들은 또한 자신들을 "많은 형태, 특히 불황과 같은 형태로 나타나는 극단적인 생활의 압력"하에 놓인 것으로 지각한다. 오글과 그의 동료들은, 이것과 다른 성차를 고려한 후, 여성의 살인행동에 대한 사회심리학적 이론을 만들었다.

오글과 그의 동료들(1995, pp.173-175)은 대체로 살인을 하는 남성들은 어떤 상황을 통제할 욕구에서 살인을 한다. 다른 한편으로 살인을 하는 여성들은 그들이 그들 자신에 대한 통제를 상실하기 때문에 살인을 하는 경향이 있다. 예를 들어, 여성이 저지른 살인의 약 80%는, 특히 "장기간의 학대관계 … 그리고 출산 전후의 기간에" 친밀한 사람들을 살해한 것이다. 여성에 의한 살인은 일반적으로 집에서 일어나고, 종종 계획된다기보다는 즉흥적으로 행해진다.

오글과 그의 동료들(1995)은 다양한 형태의 여성에 의한 살인에 대해 경험적으로 검증가능한 이론을 제시했다. 이 이론은 구조적, 사회적, 그리고 문화적 환경들에 초점을 맞추는데, 이 환경들은 모든 여성들에게 긴장을 유발하며, 결국 부정적인 효과를 갖는다. 여성들은 이 부정적 효과를 죄의식과 고통으로서 내면적으로 받아들이지만, 남성은 그것을 다른 대상들을 향한 분노로 발산한다. 여성에게, 이것은 어떤 과잉통제된 성격과 유사한 상황을 만들어내고, 그리고 전반적으로 일탈과 범죄율을 낮게 만든다. 그러나 때때로, 살인을 포함한 극단적인 폭력이 발생하는데, 특히 이것은 장기간의 학대관계에서 그리고 산전과 산후의 환경에서 자주 나타난다. 이 이론은 범죄에 대한 페미니스트 시각에 대한 한 중요한 공헌인데, 왜냐하면 이것은 특히 여성에 고유한 성별 경험에 초점을 맞추기 때문이다.

리키(Richie, 1996)는 몇몇 미국 흑인여성들의 범죄에 대한 유사한 연구를 했다. 그녀는 인종, 성, 계급, 그리고 가정폭력의 중첩에 초점을 맞추면서, 이 여성들이 본질적으로 그들의 사회적 환경 때문에 범죄로 내몰린다고 주장했다. 그녀의 가설은 이 여성들의 범행패턴이 경제적 주변화, 미국 흑인여성들에게 문화적으로 구성된 성역할, 그리고 이들의 대인폭력 피해경험을 반영한다는 것이었다.

이런 연구에서 한 두드러진 예는 수상작가인 조디 밀러(Jody Miller)의 『놀림감 되기(Getting Played, 2008)』에서 찾아볼 수 있다. 이 작품은 성과 생태학적으로 지향된 이론적 틀을 채택했는데, 이것은 세인트루이스의 슬럼가에서 미국 흑인소녀들의 범죄피해를 소년의 것과 비교분석하고, 이 피해가 그들의 일상생활에 어떻게 영향을 주는지를 분석하기 위한 것이었다. 밀러는 유료면접에 크게 의존하는데, 이것은 개인이 설명하는 광범위한 피해, 즉 성희롱과 같은 약한 유형에서 갱 강간("달리는 열차 running trains")에 이르는 다양한 피해들을 풍부하게 발견했다. 그녀는 범죄피해에 대한 가장 흥미로운 중요한 발견을 제시하는데, 이것은 인종, 계급, 성, 그리고 (그녀가 추가한) 지역의 중첩에 기초한 연구를 하게 했다. 몇몇 그러한 발견들은 이미 우리가 아는 것이지만(예를 들어 피해자와 가해자는 종종 서로 안다), 다른 발견들은 보다 많은 뉘앙스와 복잡함을 갖는다.

만약 사건이 학교에서, 파티에서, 또는 종종 그 후와 같이 공공장소의 상황적 맥락에서 발생했다면, 그 피해자는 루스 페터슨(Ruth Peterson, 2008, p.x)이 한 예로 제시한 것처럼 "많은 피해가 사회적, 공적 상황에서 발생한다는 사실에도 불구하고, 불쌍한 흑인 소녀가 고립되는 상황"을 경험한다. 예를 들어 교류해왔을 수 있는 목격자들은 그 소녀를 만나지 않게 되는데, 왜냐하면 그들은 그것을 "그 소녀가 당할 만한" 또는 "사적인 문제"라고 생각하거나, 그들이 보복을 당할 것이라고 생각하기 때문이다. 그들은 친구와 또래들뿐만 아니라 경찰관을 포함한 성인들의 이야깃거리가 되는 것을 두려워했다(Miller, 2008, pp.552−557).

실제로, 소녀들은 또래 소년들보다는 성인남성들로부터 성희롱을 당할까봐 더 많이 두려워한다.

밀러의 연구는 또한 피해자와 소년 자신의 피해에 대한 해석을 연구했다. 이를 통해 그녀는 소녀와 소년이 그 피해를 개인적인 인물의 문제로 인식하지만, 그들이 공유한 구조적, 사회적 맥락의 결과로 인식하지 않는다는 것을 발견했다. 남성들은 "여성이 그것을 요구했다", "그녀가 원했다", "그 소녀의 옷차림", 그리고 "그 소녀의 몸가짐 방식"과 같은 성에 기초한 고정관념을 사용했다. 소년의 행동은 또한 "소년은 남자다워야 한다"는 것과 같은 고정관념에 의해 설명되었다(Miller, 2008, pp.32−66).

그러한 해석(피해자비난의 한 형태)의 한 결과는 피해를 당한 소녀가 다양한 상황적, 자조적 도움조치를 추구하고, 이것이 실제로 그들의 위험을 증가시킨다는 것이다. 옷 입는 스타일을 바꾸는 것, 친구와 함께 걷는 것, 밤에 돌아다니지 않는 것, 그리고 그 외의 다른 조치들은 성적인 피해 아래에 놓인 구조적 원인을 제거하지 못하지만, (밀러에 따르면) 그들은 그럼에도 불구하고 계속 피해를 당하고 망가지게 될 수 있다.

밀러의 연구는 가난하고 불우한 지역의 미국 흑인소녀의 피해를 이해하는데 한 중요한 공헌 이상의 것이다. 이것은 또한 여성에 대한 희롱과 폭력의 역학이 공공장소에 대한 남성의 지배와 통제에서 발견되는 성고정관념과 성불평등에 내재된 것이라는 것을 보여준다. 다시 말해서, 불우한 지역에서 공공장소의 사회조직은 매우 성적으로 편향되어 있다. 밀러의 책의 마지막 장은 거리의 남성성에 도전하고 갈라진 성의 간격을 메우는 방법에 대한 정책제언을 담고 있다. 만약 이 대책이 시행된다면, 이것은 소녀를 놀림감이 되도록 만드는 구조적 요인들을 크게 감소시킬 (아마도 심지어 근절할) 것이다.

미주리주의 세인트루이스에서 수집된 자료에 기초한 또 다른 연구에서, 멀린스와 밀러(Mullins and Miller, 2008, p.58)는 여성의 싸움에 대한 시간적, 상황적, 그리고 상호작용적 특징들을 연구했다. 멀린스와 밀러의 발견은 모욕의 즉흥성에 초점을 맞춘 기존의 많은 연구들과는 상이하다. 그들에 따르면, 여성의 갈등은 "보다 광범위한 거시적, 그리고 사회적 맥락들"에서 오래된 일련의 상호작용적 순서에 의해 만들어진다. 폭력의 행사자들은 때때로 함께 충돌을 피하려고 노력하거나, 또는 보다 적절한 타이밍을 잡기 위해 연기하면서, 그런 상황에 대해 보다 장기간의 안목을 취한다. 다시 말해서, 멀린스와 밀러(2008)는 폭력의 전개가 이전에 생각했던 것보다 훨씬 더 복잡하고 미묘하다는 것을 발견했다.

초기 연구에서, 장과 그의 동료들(Zang et al., 2007, p.715)은 조직적 맥락과 시장수요가 중국의 밀입국사업에 여성들이 개입되는 정도와 속성에 어떻게 영향을 주는지를 연구했다. 그들은 눈덩이표집을 이용하여, 129명(남성 106명, 여성 23명)의 인간밀수꾼들과 면접했다. 그 연구는 조직화된 범죄단체의 내적 논리에 초점을 맞추고, 그것의 전략이 성에 의해 결정된다는 것을 발견했다. 장과 그의 동료들에 따르면, 밀입국은 이타적인 지역사회 서비스일 수 있고, 종종 그렇게 인식된다. (모집책은 남성이거나 여성일 수 있는데, 이들은 “밀입국 주선자 snakeheads”로 알려져 있다.) 이것은 여성들에게 돌보는 일을 하는 규범적 영역 내에 남도록 하면서, 여성들을 불법사업에 참여하도록 만든다. 실제로, 다른 사람들을 돌보는 것이 참여동기라는 여성은 53%로 남성의 38%에 비해 많다(Zang et al., 2007, p.712). 부가적으로, 결혼중매는 밀입국을 위한 가장 안전한 방법이기 때문에, 여성들은 남성들에 비해 더 많이 참여하는 경향이 있다.

예를 들어 문서를 다루는 일은 또한 성적으로 편향되어 있다. 이 업무에 전문화된 여성의 비율은 21.7%인데, 남성의 11.3%에 비해 거의 두 배이다. 한편으로 남성은 해양작업을 주로 하며 때때로 부패한 정부관리를 매수하는 역할을 한다(Zang et al., 2007, p.715). 범죄에 대한 이 연구에서 밝혀진 성적으로 편향된 활동들은 보다 큰 사회환경에서 불평등의 성적 패턴을 반영한다.

오늘날 범죄학에서 인종, 계급, 그리고 성의 중첩에 대한 관심은 여전히 매우 강하다. 그러나 범죄에 대한 성-중심적 분석의 발전에서 한 중요한 변화가 있어 왔다. 2006년까지, 밀러와 멀린스(2006)는 성에 기초한 이론은 여성과 범죄의 범죄학적 분석에서 중요한 출발점이었다고 말했을 수 있다. 그러한 학자들은 그 당시에 이러한 강조가 “보다 넓은 범죄학적 사고일 뿐만 아니라” 페미니스트 범죄학의 미래를 위한 최선의 그리고 가장 유망한 지향이라는 입장을 가졌다(Mullins and Miller, 2006, p.218). “성별 격차”를 설명하고, 따라서 성별에 관계없이 보다 일반화할 수 있도록 이론을 발전시키는 것은 이러한 지향에 핵심적인 것이며, 현재로서 유망하다.

이 방향에서의 발전은 델리와 체스니-린드(Daly and Chesney-Lind, 1988)의 통찰력 있는 저작으로부터 촉진되었는데, 그들은 페미니스트이론의 독특한 특징에 대해 1980년대 말에 다음과 같이 거론했다.

1. 성은 어떤 타고난 사실이 아니라 복잡한 사회적, 역사적, 그리고 문화적 산물이다. 다시 말해서 그것은 생물학적 성 차이와 재생산 능력과 관련되지만, 단지 그것들로부터만 기원하지 않는다.
2. 성과 성적 관계들은 근본적 방식에서 사회생활과 사회제도들을 규제한다.
3. 성적 관계들과, 남성성과 여성성의 개념은 대칭적인 것이 아니라 여성에 대한 남성의 우월성과 사회적, 정치-경제적 지배라는 하나의 조직원리에 의해 만들어진다.
4. 지식체계는 자연적 그리고 사회적 세계에 대한 남성의 견해를 반영한다. 다시 말해서 지식의 생산은 성적으로 편향된다.
5. 여성들은 지적인 탐구의 중심이 되어야 하지, 주변적이거나, 보이지 않거나, 또는 남성의 부속된 존재가 되지 않아야 한다.

이 특징들은 페미니스트 시각을 전통적 범죄학 또는 주류 범죄학이라고 지칭되어 온 것과 구별하는 주요 요소들로서 인식되게 되었다(앞장을 볼 것). 델리(Daly, 2010)에 따르면, 이 시각은 (또는 그것과 유사한 것은) 생물학적 성(sex)이 "출생한" 세상으로부터의 어떤 생물학적 범주라는 1970년대에 받아들인 페미니스트의 지혜에 기초했다. 사회적 성(gender)은 그 후에 나타난 것이고 오늘날 많은 이론들이 근거하고 있는데, 이것은 "문화적"인 것의 영역에서 나타난 사회적 범주이다. 이러한 생각은 하나의 중요한 깨달음이었는데, 왜냐하면 이것이 사회적 성을 관계, 차이, 그리고 정체성을 이해하기 위한 하나의 해방의 힘으로서 도약시켰기 때문이다. 그러나 "생물학적 성"과 "사회적 성"의 개념을 사용하는 것은, 그것이 유망하고 성공적일지라도, 복잡한 문제들을 이중적이거나 이원적인 범주형태 중 하나로 환원하는 한 예라는 것은 명백하다.

1990년대 초에, 델리에 따르면, 이 전통적인 지혜는 학자들이 "몸(body)"에 대해 다시 생각함에 따라서 페미니스트의 생각에서의 큰 변천과 함께 변하기 시작했다. 이 새로운 생각은 생물학적 성과 사회적 성 사이의 관계에 초점을 맞추었고, 부분적으로는 생물학적 성(sex)이, 사회 이전의 생물학적 개념이라기보다는, 사실상 사회적으로, 추론적으로 구성된 것이라는 생각에 초점을 맞추었다. 이것은 여성의 성기와 같은 몸의 부위들에 “언어와 문화 속에서 시대와 공간에 따라서 동일하지 않은 어떤 특별한 사회적 의미”가 부여된다는 것을 의미했다(Daly, 2010, p.231). 이러한 접근의 한 함의는 생물학적 성과 사회적 성에 대해 이중적으로 생각하는 것이 무의미할 수 있다는 것이다. 이들은 두 개념 사이에서 뇌 속에 존재하는 언어적 상호작용이 현실에서는 이 두 개념들이 구분 불가능하다는 것을 의미할지도 모른다. 다시 말해서, 생물학적 성과 사회적 성은 실제로 “통합되거나”, 아니면 언어적 구성물로서 그들을 분리할 수 없는 개념으로 만드는 식으로 함께 융합될 수 있다. 또 다른 함의는 새로운 개념들이 이러한 생각을 포섭하기 위해 개발될 필요가 있다는 것이다. “체현된 주관성(embodied subjectivity)”, “물질적 몸(physical corporeality)”(Grosz, 1994, p.22), “체현된 경험(embodied experience)”(Lacey, 1997, p.74)과 같은 개념들은 범죄에 대한 페미니스트의 생각으로 통합될 수도 있는 유용한 예들이다(Daly, 2010, p.231에서 재인용).

델리(Daly)에 따르면, sex와 gender를 “sex/gender”로 상징적으로 표현하는 것은 지적으로 도발적인 생각이지만, “이러한 변화는 페미니스트 범죄학에 미미한 효과만을 미쳐왔다”(Daly, 2010, p.231). 그러나 그녀는 이것이 바뀔 것이라고 믿었다. 그 때까지, 우리는 범죄에 대한 이해를 증진시키는데 성을 어떻게 이용할 것인지에 초점을 맞출 것이다.

## 남성성과 범죄: 성역할의 수행

델리와 체스니-린드를 포함한 다른 페미니스트 학자들과 유사하게, 제임스 메서슈미트(James Messerschmidt, 1993, p.43)는 전통적인 범죄학적 이론들이 범죄를 불완전하게 설명한다고 믿었다. 왜냐하면 그 이론들은 그들의 분석에서 성을 빠뜨렸기 때문이다. 그는 가부장제에 의한 설명에 동감했지만, 그들 역시 불완전하다고 주장했다. 어떤 의미에서는 성이 가부장적 시각에서 무시되지 않았다 할지라도, 남성은 존재한다고 주장했다. 남성을 한 단일한 범주에 위치시키는 두드러진 경향이 존재하는데, 이것은 “여성은 좋고, 남성은 나쁘고, 평범하며, 그리고 단순하다”는 것이다. 그리고 이 본질적인 나쁜 점에 의해 가부장제나 여성에 대한 폭력에 이끌리게 된다. 그러나 남성을 일차원적이고 고정관념적인 방식으로 보려는 이러한 경향은 어떻게 남성성이 범죄와 관련되며, 한편으로 어떻게 다양한 남성성의 유형들이 상이한 유형의 범죄와 관련되는지를 무시한다.

메서슈미트(1993, p.82)는 남성이 "헤게모니적 남성성"으로 사회화된다는 관찰로부터 그의 분석을 시작했다. 이 지배문화적 설명은 남성들이 "유급 노동시장에서의 일, 여성의 종속, 이성차별주의, 그리고 극도의 통제할 수 없는 섹슈얼리티"를 통해서 그들의 남성성을 정의하고 획득한다고 주장한다. 이것은 추가적으로 "권위, 통제, 경쟁적 개인주의, 독립, 공격성, 그리고 폭력을 사용하는 능력을 향해 매진하도록" 만든다. 그들의 삶에서, 그리고 어떤 상황에서, 남성들은 이런 문화적 설명과 부합하는 방식으로 끊임없이 그들의 남성성을 "획득하거나" 알려야 한다. 그들은, 스포츠, 학교, 그리고 직업에서의 성공과 같은 전통적인 방식으로 이러한 목표를 획득할 수 있다. 그러나 만약 이 목표가 차단된다면(남성성을 획득할 수 있는 합법적 수단들이 이용가능하지 않다면), 남성들은 그들의 남성성을 보여주는 다른 방식을 찾아야 한다. 목표에 대한 차단에 초점을 맞추는 이 점은 긴장이론과 유사하거나, 그렇지 않으면 유사한 방향에 있기 때문에, 이러한 좌절이 발생해야 한다.

메서슈미트는 범죄는, 목표달성이 차단된 남성들이 "성역할을 수행하고", 그들의 남성성을 알리는데 이용하는 한 중요한 방법(중요한 자원)이라는 것을 시적했다. 따라서 남성성에 대한 의심에 직면한 남성들이 다른 사람들에게 그들이 "용기가 있거나", 무서움이 없거나, 또는 "진정한 남자"라는 것을 보여주는 하나의 방법으로서 범죄를 이용할 수 있다. 중요한 것으로, 메서슈미트는 남성성이 도전받는 정도와 이러한 도전에 대한 대응이 인종과 계급에 따라서 다르다고 주장했다. 따라서 다양한 "남성성"은 구조적 위치에 따라 다르게 나타나고, 어떤 범죄행동이 나타날지에 대해 다양한 영향을 갖는다.

비행에 관해서 예를 들면, 백인 중산층 가정의 소년들은 그들의 미래에 놓인 전문직업에 대해 알아가는 동안, 스포츠와 학교에서의 성공을 통해서 남성성을 획득할 수 있다. 결과적으로, 그들은 남성적 활력을 빼앗아 가는 학교생활의 경험들에 적응한다. 그러나 일단 강의실 밖에서는, 그들은 그들의 남성성을 비폭력적인 범죄(예를 들어 손괴)나, 또는 음주를 통해서 보여준다. 백인 노동계급

가정의 소년들은 학교에서 성공하지 못하는 경향이 있고, 그들은 대신에 학교에서의 성공한 학생을 "계집애 같은 놈"으로 정의한다. 따라서 그들은 학교에서 못된 짓이나 짓궂은 장난과 같은 반항적 행동으로 표현한다. 강의실 밖에서 그들은 절도, 싸움, 또는 아마도 증오범죄를 통해서 "성역할을 수행한다." 마지막으로, 인종적 소수집단 하층노동계급 가정의 소년들은 학교를 지루하고, 그들의 미래의 삶과 별로 관련이 없으며, 그들에게 모욕을 주는 곳으로 인식하는 경향이 있다. 결과적으로 그들은 신체적 폭력과 같은 반항적 행동을 한다. 교실 밖에서, 그들은 거리로 나와 갱폭력, 강도, 그리고 피해자를 지배하고 모욕하는 범죄들을 통해서 남성성을 보여준다.

메서슈미트(1993, pp.149-150)는 또한 그의 시각이 여성에 대한 신체적 폭력을 포함한 일정 범위의 성인범죄들을 설명할 수 있다고 지적했다. 그의 견해에서, 아내폭행은 "남성임을 확인하는 한 수단"이다. 그는 그러한 폭행이 경제적으로 불안정한 위치에 있는 남성들 사이에서, 그들이 노동계급이든 실업상태이든, 보다 많을 것이라고 예측했다. 그의 견해에서, 이러한 남성들은 "그들의 남성성을 증명할 수 있는 전통적인 수단들을 결여하고, 따라서 결과적으로 폭력을 사용해서 가정에서 극단적인 통제를 하는 특별한 유형의 남성성을 중산층 남성들보다 더 많이 추구한다." 다시 말해서, 공적 영역에서 남성성을 증명하지 못하게 되면, 가정에서 더 많이 남성성을 증명하게 만든다. 이점에서, 폭력은 "성을 수행하는 동시에 가부장적 남성성을 확인하는 하나의 적절한 수단으로서 작용한다."

오늘날 우리는 메서슈미트의 1993년 연구가 중요하다고 결론을 내린다. 왜냐하면 그 연구가 학자들에게 범죄의 원인이 될 수 있는 남성성의 특징에 관해서, 그리고 인종, 계급, 그리고 성의 중첩이 어떻게 남성들이 직면한 성문제들을 형성하며, 남성들이 그들에 어떻게 반응하는지에 관해 보다 신중하게 생각하도록 만들었기 때문이다. 예를 들어 그래함과 웰스(Graham and Wells, 2003) 그리고 멀린스와 그의 동료들(Mullins et al., 2004)은 "남성들 간의 싸움 중 대부분은 성적인 평판을 만들고 유지하려는 그들의 욕구에서 기인한다는 것"을 발견했다(Miller and Mullins, 2006, p.238).

성적 시각에서 추가적인 발전은 이후 나타난 경험적 검증들과 이론적 작업에서 생겨났다. 델리의 '불법행동으로의 성적 경로, 성적 범죄, 그리고 성적 삶'

에 대한 연구(1998)는 (페미니스트 범죄학적 사고에서 그 자체로 역작이지만) 페미니스트 범죄학에서 최근의 보다 복잡한 진보에 크게 공헌해왔는데, 이것은 남성성에 대한 메서슈미트의 관심을 넘어서는 것이었다(Miller and Mullins, 2006). 우리는 이하에서 이 발전들을 살펴본다.

## 성을 통해 설명하는 범죄학

### 불법행동으로의 성적 경로

1990년대 초부터, 페미니스트 학자들은 "성적 경로(gendered pathway)"를 연구해 왔는데, 이것은 생애과정 분석과 유사하게 범죄를 설명하려는 접근이다(Miller and Mullins, 2006). 여기서, 여성의 경험들은 그들이 범죄를 그만두게 만든 것뿐만 아니라 범죄를 하게 만들었던 것을 설명하기 위해 이용된다. 이 연구들에 따르면, 가정에서의 유기나 학대에 대항하기 위해 가출한 어린 소녀들이 종종 거리에서 노숙, 실업, 약물남용, 그리고 생존을 위한 성매매에 개입한다(Chesney-Lind and Pasko, 2004; Gilfus, 1992; Miller and Mullins, 2006). 그러나 범죄로 나아가는 주요 경로로서 범죄피해를 배타적으로 강조하는 것은 인종적, 경제적 주변성, 학교경험, 그리고 약물 및 알콜남용을 포함하여, 성불평등이라는 다른 요인들을 축소하거나 간과할 수 있다.

### 성적 범죄

성과 범죄의 이런 측면에 대한 연구는, (서덜랜드 이래로 범죄학적 탐구의 수단이었던) "범행에 필수적인 개인의 의사결정과 기회구조뿐만 아니라, 범죄사건을 발생시키는 사회적 상황"에 대한 관심을 새롭게 불러왔다. 이러한 관심은 불법행동으로의 성적 경로와 밀접하게 관련되지만, 그것은 개인적 동기화나 초기 피해경험의 영향을 넘어서, 어떻게 "여성들이 성적으로 계층화된 환경을 헤쳐 나가고, 어떻게 그들이 범죄를 수행할 때의 성불평등에 즉응하고 순응하게 되는지"를 연구한다(Miller and Mullins, 2006, pp.232-233). 성적으로 지향된 범죄분석은 "성과 범죄 사이의 역동적 관계들을 보다 정확히 구체화하기" 위해 성 내에서 그리고 성 간에 관련성을 발견하려고 시도한다(Miller and Mullins, 2006, p.236).

상황들이 어떻게 남성과 여성의 범죄에 영향을 주는지를 밝힘으로써, 이 주제에 대한 연구는 유망한 비교를 가능하게 한다. 예를 들어, 어떤 여성들의 범죄는, 흥분과 복수 때문이기도 할 뿐만 아니라, 경제적 이득, 재인식, 그리고 지위상승을 위한 기회에 대한 반응이기도 하다. 포주들을 위한 "성노동"을 하는 성매매여성들은 "성매매고객갈취(viccing)"(성매매의 한 형태)에 참여할 수도 있는데, 이것은 약물경제로 인해 저렴해진 성매매시장 내에서, 자신들의 범죄피해와 취약성에 대해 대처하기 위해서 행해진다(Maher, 1997). 첫 눈에 "성매매고객갈취"가 어떤 도구적인 강도같이 보일 수도 있지만, 이것은 "성매매고객갈취의 동기가 보다 복잡하고, 그리고 실제로는 그들의 몸과 일에 대한 폄하라는 여성들의 집단적 느낌과 밀접하게 관련된다는 현실을 왜곡한다"(Maher and Curtis, 1992, p.246).

여성과 남성과의 관계가, 왜 그들이 조직화된 침입절도와 같은 남성지배적인 범죄들에서 주변화되는지를 설명할 수도 있지만, 그런 관계들의 결과는 또한 다른 남성지배적인 침입절도 집단에 여성이 참여하는 것을 방해하거나 차단하는 것이다. 이와 같이 여성들의 범죄의 기회는 상황적 변화들에 의해 제한되는 것으로 밝혀졌다(Mullins and Wright, 2003, Miller and Mullins, 2006에서 재인용).

## 성적인 삶

델리(Daly, 1998, p.98)에 따르면, 성적인 삶(gendered lives)이라는 개념은 "여성이, 남성과 비교하여 사회를 경험하는 방식에서의 중요한 차이"를 강조한다. 밀러와 멀린스(2006, p.239)는 페미니스트 범죄학의 이런 측면을 아마도 가장 매력적인 것으로 여기는데, 왜냐하면 그것이 범죄의 분석을 넘어 성에 대한 체계적 관심을 갖게 만들기 때문이다. 범죄행동으로의 경로와 범죄행동의 성적 속성을 연구하는데 주어진 관심에 비하여, 성적 삶을 설명하는 연구는 상대적으로 적다. 그럼에도 불구하고, 성적 범죄의 이러한 측면에 대한 몇몇 중요한 저작이 출간되어왔다. 밀러와 멀린스(2006)에 따르면, 보처(Bottcher, 2001)와 마허(Maher, 1997)의 연구는 이러한 연구의 중요한 예들이다.

보처(2001)의 연구는 개인적 행동으로서의 성에 초점을 맞추는 것이 아니라, "대신에 사회적 관습의 성적 편향"(Miller and Mullins, 2006, p.240)에 초점을 맞춘다. 그녀는 세 가지의 광범위한 사회적 관습의 유형을 제시하는데, 그것은 친구를 사귀고, 성적 관계를 맺고 부모가 되며, 그리고 고난을 이겨내고 목표를 찾는 것이다. 예를 들어, 보처는 성에 따라 격리된 친목집단들은, 비행에 참여할 보다 큰 위험 앞에 여성보다는 남성들을 내세운다는 것을 발견했다. "유사하게, 성적인 관계와 아동양육 책임을 규정하는 의미와 규칙들은 남성보다는 여성들을 내세운다(Miller and Mullins, 2006, p.240)."

밀러와 멀린스(2006, p.240)는 성적인 삶에 대한 보처의 접근을 중요하고 두드러지는 것으로 여겼는데, 왜냐하면 그것이 개인보다는 관습을 중시하며, 동시에 성과 범죄의 연구에서 종종 발견되는 남녀의 성적 이분법에 도전하기 때문이다. 더욱이, 보처는 행동의 성적인 패턴은 모든 남성들이나 모든 여성들에게 보편적으로 적용가능하지 않다고 주장한다. 어떤 남성적 사회관습들은 한쪽 성에게 비행행동을 촉진하지만, 어떤 여성적 사회관습은 양성 모두에게 비행행동을 촉진하는 것 같다(Bottcher, 2001, p.904; Miller and Mullins, 2006, p.240에서 재인용).

성적인 삶에 대한 또 다른 훌륭한 예는 리사 마허(1997)의 '성적으로 구별된 노동(Sexed Work)'이다. 그것은 "여성의 경험과 삶을 형성하는데 있어 인종, 계급 그리고 성의 중첩에 대한 일관된 분석이며, 성만을 배타적으로 상소하지 않는 페미니스트 이론의 강점을 보여준다"(Miller and Mullins, 2006, p.240). 예를 들어 그녀는, 페미니스트이론과 문화적 재생산이론을 통합함으로써, 약물거래가 여성에게 새로운 기회를 제공한다고 주장했던 학자들과는 반대로, 성불평등이 거리에서 제도화되었다는 것을 발견했다. 신뢰하기 어렵고 약하다는 여성에 대한 고정관념은 "비공식 경제 속의 거리의 거래관계에서 여성의 참여를 제한한다"(Miller and Mullins, 2006, p.241). 보다 구체적으로, 그녀는 약물거래에서 인종적 선을 따라서 형성된 노동의 어떤 견고한 성적 분업을 발견했는데, 여기서 여성은 남성에 비해 분명히 불리한 여건을 갖게 되었다. 마허에 따르면, 여성들은, 약물거래의 보다 큰 수익이 되는 분야에서 배제된 채, 성노동이 돈을 벌기 위한 불가피한 생존수단이라는 것을 발견했다.

이러한 여러 발견들은 약물시장에 대한 여성의 참여에 대한 이전의 설명과 묘사를 거부한다. 예를 들어 여성 마약남용자들은 절망에 빠져있고, 병리적이며, 그리고 무기력한 사람이며, 이들은 다음의 마약남용을 위한 부적절한 어떤 행동을 할 사람으로 보는 이미지에 반대한다. 대신에 마허는, 여성들이 몇몇 약물경제권 내에서 돈을 버는 활동들을 하고, 그들의 행동을 규제하는 직업적 규범을 따른다는 것을 발견했다. 이 발견은 법을 위반하는 여성들이 종속적이고 수동적인 피해자들이라기보다는 오히려 종종 모순적인 선택에 직면하는 능동적이고 창조적인 의사결정자에 가깝다는 생각을 지지한다. 만약 이것을 반박하려면, 일반시장과 약물시장에서 범죄가 특히 조직과 행위자 사이의 관계에 대한 어떤 복잡한 이해를 필요로 한다는 사실을 부인해야 할 것이다(Maher, 1997, p.210, Miller and Mullins, 2006, p.241에서 재인용).

범죄의 중단에 대한 "혼인"의 효과는 성적인 삶을 분석하는 또 다른 방식이다. 예를 들어 미국에서 수행된 대부분의 연구는, 성인의 범죄행동 감소에 결혼이 다양한 표본에 관계없이 특히 강하다는 것을 발견해 왔다(Bersani et al., 2009, p.4). 네덜란드에서도 유사한 발견이 있다. 그러나 이 연구의 결과는, 범죄에 대한 결혼의 효과는 여성보다는 훨씬 더 남성에게 효과가 있다는 것을 지적했다. 이처럼, "결혼상태에서" 사는 것은 "여성이 범죄를 할 가능성을 21% 떨어뜨리지만, 남성은 36%를 감소시킨다"(Bersani et al., 2009, p.14).

## 포스트모더니스트 페미니즘과 제3의 물결

포스트모던 페미니즘은 여성과 범죄를 연구하는 많은 페미니스트 이론의 접근들 중의 하나이지만, 범죄에 대한 더 많은 다른 페미니스트 시각들과 비교하면 상대적으로 중요하지 않다. 전 장에서 설명한 바와 같이, 포스트모던 사상 중에서 가장 잘 알려진 특징들 중의 하나는 실증주의 범죄학에서의 범죄와 범죄자들에 대한 전통적인 설명과 범주들을 해체시키는 것이다. 따라서 포스트모던 페미니즘은 "현재의 서구문명에서 기인하는 인종적, 계급적, 그리고 성적 층화"를 타파하려고 한다(D'Unger, 2005, p.563).

문화적 범죄학이 상징적 매개체를 강조하는 것과 유사하게, 포스트모던 페미니즘은 또한 여성범죄자의 이미지를 포함하여 범죄에 대한 구성된 이미지에 관심을 가진다. 이 이미지는 진실을 반영한다기보다는 “특권과 권력을 가진 사람들의 관심”을 반영한다(Chesney−Lind and Faith, 2001, p.297, D'Unger, 2005, p.563에서 재인용).

페미니스트 쟁점에 대한 한 새로운 사고는 포스트모던 페미니즘과 밀접하게 관계가 있다. 그것은 이른바 “제3의 페미니즘운동”이다. 범죄학에서 페미니스트 시각의 많은 영향이 이미 있었지만, 델리(2010)에 따르면, 그것은 현재 진행형이다. 그것이 제2의 페미니스트운동 시각과 어젠다들과 완전히 상이한 것은 아니었지만, 두드러지는 특징들이 있다. 스나이더(Snyder, 2008, p.175)에 따르면, “제2의 페미니스트운동과 제3의 페미니스트운동을 진정으로 차별화하는 것은 1980년대에 페미니스트 이론에서 개발되었던 몇 가지 문제점에 대한 전술적 해결책이다.”

예를 들어, 두 번째 페미니스트운동은 사회적 세계 속에서의 여성의 위치에 대한 장엄한 설명들을 강조하는데, 이런 여성의 위치가 여성들을 사실상 단합시킨다고 한다. 제3의 페미니스트운동에 따르면, 그것의 한 결과는 여성들이 입장을 바꿀 수 없는 경직된 위치로 여성의 정체성을 만들어 내었다는 것이다. 여성들은 남성에 대항해야 하며, 흑인은 백인에 대항해야 하며, 그리고 억압받는 자는 압제자에게 대항해야 한다. 제3의 페미니스트운동은, 여성에게는 폭넓은 분야의 광범위한 위치들이 있다고 주장함으로써 이러한 노력을 대체하거나 반대한다. 이 입장은 갈등을 넘어서는 것이며, 이른바 “정치적 제휴”로 불리는 것을 지지한다(Snyder, 2008, p.176). 그것은 포용적이며 단정하지 않는 어떤 접근을 강조하면서도, 제2의 페미니스트운동이 채택한 정치적 경계들을 유지하거나 지속한다(표 10.1을 참조).

표 10.1 범죄에 대한 페미니스트 시각의 요약

| 시 각 | 내 용 |
|---|---|
| **초기 페미니스트 시각들** | |
| 자유주의 | 범죄는 성 사회화에 기인한다. 남성과 여성이 사회에서 보다 평등하게 될 때, 남성과 여성의 범죄의 양과 유형들은 보다 유사하게 될 것이다. |
| 마르크스주의 | 자본주의 생산양식 때문에, 여성들은 사회에서 종속적 역할을 떠맡는다. 그들의 노동은 직장과 가정에서 착취된다. 여성들이 범하는 범죄와 범죄피해는 그들의 종속적인 위치를 반영한다. |
| 급진주의 | 남성은 보다 공격적이고 지배적으로 타고난다. |
| 사회주의 | 자본주의에 기초한 가부장제는 남성이 범죄를 범할 기회와 여성이 피해를 당할 기회를 더 많이 제공한다. |
| **주요 발전** | |
| 남성성 | 범죄는 남성이 "성역할을 수행하고", 그들의 남성성을 보여주는 한 방식이다. |
| 성적인 삶 | 범죄와 범죄피해로의 경로는 일반적이거나 성적으로 중립적이지 않다. 오히려 이것은 성에 따라 다르며, 여성의 고유한 친목집단, 양육역할, 그리고 고난을 반영한다. |
| 인종, 계급, 성, 그리고 장소의 중첩 | 범죄피해와 범죄로 규정되는 것의 복잡성은 이 변수들 각각의 상호작용을 연구함으로써 가장 잘 이해할 수 있다. 피해와 범죄에 기여하는 요인들은 종종 함께 작용한다. |
| 포스트모더니즘 | 실증주의 범죄학 이론과 절대적 진리를 거부하라. 서구사회에서 발전되어 온 계급, 인종, 그리고 성적 층화를 해체하기 위해 노력하라. |

## 페미니스트 시각의 다양성의 결과

여성해방과 범죄에 대한 논쟁이 경험적으로 매우 유익했지만, 성적, 신체적 폭력의 피해자와 생존자로서 여성에게 더 많은 관심이 주어져왔다(Daly and Chesney-Lind, 1988). 여성운동, 인기를 끈 중요한 저작들(예를 들어 브라운밀러(Brownmiller, 1975)의 유명한 『우리의 의지에 반하여(Against Our Will)』), 그리고 피해자나 생존자로서의 여성에 대한 많은 대중매체 보도[1]에 도움을 받아, 이 주

1) 예를 들어 수년간의 학대 끝에 남편의 성기를 자른 로레나 보비트(Lorena Bobbitt) 사건, 그리고 1994년 O. J. 심슨(Simpson)의 전처 니콜과 그녀의 애인 로널드 골드만(Ronald Goldman)의

제(특히 강간과 가정폭력)는 전통적인 범죄학에서 페미니스트 시각으로, 그리고 좌파현실주의(left realism)의 중심주제가 되었다. 그것은 또한 대중의 의식에서도 중심주제가 되었다("공포의 삶"(1994), "부인은 배심원에게 말한다"(1994)).

어떤 사람들에 따르면, 하나의 주제로서 여성의 피해가 여성운동에 의한 여성범죄의 설명에 비해 상대적으로 성공을 거둔 데는 몇 가지 이유가 존재한다. 첫째, 여성과 소녀의 피해는 마르크스주의, 사회주의, 그리고 급진적 페미니즘을 포함하여 많은 페미니스트 시각들로 잘 설명된다. 여성피해에 대한 이러한 설명의 증가는 여성에 대한 남성의 폭력을 보다 쉽게 가부장제(특히 권력)의 보다 두드러진 몇몇 특징과 연결시키는 것을 가능케 한다. 여성의 피해는 가부장적 권력이 정의되고 행사될 수 있는 한 방식이다. 둘째, 가부장제와 권력 사이의 연결은 "많은 풀뿌리 페미니스트들과 몇몇 학문적 페미니스트들이 (당시로서는 숨은 형태였던) 거의 여성들만이 고통을 당하는 당시에는 감추어졌던 폭력의 대해 폭로하게 했다"(Daly and Chesney－Lind, 1988, p.513). 셋째, 여성운동의 전체적인 환경이 범죄학에 영향을 주었는데, 이것은 "페미니스트 학문을 이해하고 다루어야" 했던 비페미니트스 범죄학자들도 마찬가지였다. 여성에 대한 남성의 폭력에 대해 문서화된 기록들이 증가하였고, 그것은 그 자체로 범죄학에 통합되어야 했으며, 이들을 무시할 수는 없었다. 마지막으로, 이러한 발전이 이루어지는 동인, 보다 많은 여성들과 페미니스트들이 범죄학과 다른 학문분야로 진출하고 있었다. 범죄학에서 페미니스트의 시각의 이 측면은 잘 설명되지 않았나 할지라도, 범죄학에 대한 여성들의 영향력은 언급되어 왔다.

이러한 영향력의 한 예는 미국범죄학회(American Society of Criminology)의 회장직에서 발견된다. 1941년 설립된 미국범죄학회는 51명의 회장이 있었고, 단지 그들 중 5명만이 여성이었다. 이 여성회장 모두는 1989년 이후에 재직했다. 가장 최근의 여성회장인 쥴리 허니(Julie Horney)는 2005년에 당선되었다.

미국형사사법학회(Academy of Criminal Justice Science)는 1963년에 설립된 이후 5명이 여성회장이었다. 이 발전은, 특히 이전에 남성지배적인 직업조직에서 여성회원의 증가는 틀림없이 여성피해자를 향한 절박함과 친근감을 발전시키는데 매우 중요했다(Daly and Chesney－Lind, 1988, p.513).

락(Rock, 1977)은 1970년대 후반에 스마트(Smart, 1976)의 『여성, 범죄, 그리

---

살인사건.

고 범죄학』에 대한 한 리뷰에서, 그는 범죄학 이론들이 여성을 고려하지 않음으로써 "분석력의 약화"를 초래했다고 비판한 것을 발견했다. 오늘날 이 결론이 기껏 성차별주의자의 수사로 받아들여지지는 않을 것이다. 보다 최근에, 범죄학에 대한 페미니스트의 영향에 대한 한 간략한 리뷰에서, 영(Young, 1992a, p.292)은, 여성범죄에 대한 전통적인 범죄학의 편파성과 부정확성을 폭로함으로써, 페미니스트들이 "전체 범죄학계에 걸쳐" 동요를 일으켰다고 주장했다. 그에 따르면, 서서히 강의계획서에는 여성과 범죄가 포함하도록 수정되었고, 새로운 과목들이 만들어졌으며, 그리고 학술대회는 여성과 형사사법에 대한 세션을 따로 두기 시작했다. 일탈과 범죄학에 대한 교과서들은 또한 페미니스트의 주장을 반영하도록 개정되기 시작했는데, 영국에서 도우니스와 록(Downes and Rock, 1988)의 고전적 저서인 '일탈의 이해(Understanding Deviance)'도 그것의 한 예이다. 미국에서는, 사이크스(Sykes, 1978)의 '범죄학(Criminology)'이 유일하게 여성의 재산범죄에 대한 페미니스트의 해석을 포함했다. 그러나 그것의 2판은 전체 한 장을 "페미니스트 범죄학"(Sykes and Cullen, 1992)이라고 이름 붙였다. 한 여성학자는 이러한 변화와 수정들이 "그 자신의 내적 주장 속에서 수렁에 빠진 것으로 보였던 원리들에 새롭게 생명력을 불어넣었을" 정도로 충분히 영향력 있었다고 생각했다(Young, 1992a, p.290). 그럼에도 불구하고, 오늘날 "페미니스트 범죄학"이 존재하는지는 여전히 문제로 남아있다. 여기에 대한 증거는 확실치 않은 것 같다.

1980년대 후반에 겔스도르프(Gelsthorpe, 1988)는, 이 문제에 대해 설명하면서 사용되고 있는 바와 같은 페미니스트 범죄학이라는 용어는 후에 혼란을 만들어내었다고 결론 내렸다. 페미니스트 범죄학을 구별할 수 있는 두 가지의 상이한 주 요소들이 있다. 확실히, 겔스도르프에 따르면 페미니스트 범죄학은 페미니스트 사회학, 페미니스트 역사학, 페미니스트 철학 또는 다른 한 분야의 페미니스트 분야로 존재할 수 없는 것처럼 따로 존재할 수 없다. 범죄학에는 다수의 페미니스트 시각들이 있다. 어떤 페미니스트는 남성과 여성들이 형사사법제도에서 동등하게 대접받아야 한다고 주장하지만, 다른 페미니스트들은 그들이 다르게 대접받아야 한다고 주장한다. 어떤 페미니스트들은 남성과 여성이 범죄를 저지르는 능력에서 다르다고 주장하지만, 다른 페미니스트들은 여기에 동의하지 않는다. 그러나 어떤 페미니스트들은 페미니스트 범죄학이 사회적 실재에 대한 대안적 해석을 발전시켜야 한다고 주장하지만, 다른 페미니스트들은 페미니스트 범죄학이 남성과 여성범죄율 간의 전체적인 차이를 설명하는데 초점을 맞추어야 한다고 주장한다.

이러한 상이한 강조들의 중요성을 염두에 두지 않는 것은 아니지만, 렌제티(Renzetti, 1993, p.219)는 페미니즘이 범죄학 및 형사사법교육을 바꾸어 성이 하나의 중심적인 주제가 될 수 있는지에 대해 의문을 가졌다. 커리큘럼, 교수법, 그리고 학생과 교수의 캠퍼스 분위기에 대한 그의 평가에 따르면, 페미니스트 범죄학 및 형사사법교육은 "남성중심적 주류(male-stream)"에서 주변적인 위치에 있는 것 같다. 그녀는 여성들이 일반대학원 인구 중 52% 이상, 범죄학에서 학사학위수여자 중의 40.4%, 그리고 사회학에서 학사학위수여자의 68.4%를 차지하지만, 그들은 아직 "이 분야의 강의나 교재에서 대개 눈에 띄지 않는다"(Renzetti, 1993, p.226). 기껏해야 여성들은 특정 주제와 같은 특별강의나, 분리된 중요하지 않은 장에서 주변적으로 출연한다. 그들은 범죄학 및 형사사법커리큘럼으로 아직 완전히 통합되지 않았다.

캠퍼스 문화는 또한 범죄학 및 형사사법 분야에서 성의 쟁점을 주변의 소재로 만들어왔다. 구드스테인(Goodstein, 1992), 홀과 샌들러(Hall and Sandler, 1985), 그리고 맥더모트(McDermott, 1992)의 연구들을 받아들여, 렌제티(1993, p.228)는 교수와 학생 사이의 강의실에서의 (성적인 유머와 언어를 포함한) 상호작용 패턴들이 "성희롱을 포함한 다른 덜 미묘한 형태의 차별을 낳는다"고 수상했다. 스탄코(Stanko, 1992)에 따르면, 이것은 여성들의 주변화에 기여하는데, 왜냐하면 이러한 경험은 그들이 "단지 여성"이라는 점을 재확인시키기 때문이다.

전통적인 교수법과 연구방법론에 대한 페미니스트의 비판은 교수와 학생의 엄격한 분리에 반대한다. 이들은 상호작용적이거나 참여적인 연구전략을 이용하는 질적 방법론을 더 중요시한다. 델리와 체스니-린드(1998, p.518)가 진술한 바와 같이, "그들은, 여성들이 어떻게 범죄에 개입하게 되는지에 대해 정확히 설명하는 방법을 통해, 특징, 사회적 맥락, 그리고 개인의 경력사를 제공하는데 보다 관심이 있다." 페미니스트의 비판은 철저한 양화에 반대한다(Renzetti, 1993). 성에 대한 강조는 페미니스트 범죄학을 발전시키는데 있어서 보다 중요하다. 이것은 여성에 대한 고정관념적 이미지에 대한 페미니스트 시각의 관심과 이 관심에 호응하는 방법론을 폄하하는 것은 아니지만(Gelsthorpe, 1988, p.232),

성은 단지 여성에 대한 것만은 아니다. 렌제티(1993)가 설명한 바와 같이, "페미니즘의 목표는 여성을 데려오기 위하여 남성을 단지 밀어내는 것이 아니다." 성을 고려하지 않는 이론들은 불완전할 뿐만 아니라 잘못된 것이다. 왜냐하면 성이 매우 큰 사회적, 경제적, 그리고 정치적 중요성을 담고 있기 때문이다.

범죄에 대한 페미니스트 시각의 추가적인 결과는 공공사회정책의 수에서 발견된다. 예를 들어 가정폭력범에 대한 의무적 체포제도는 현재 미국 전역에 퍼져있지만, 그것의 가정폭력에 대한 장기간의 효과는 의문스럽다. 예를 들어 한 연구에 따르면, 흑인들 사이에서는 가정폭력 재범자가 늘었지만, 오히려 백인들 사이에서는 재범이 감소되었다(Sherman et al., 1992). 의무적 체포정책은 암묵적으로 모든 폭력행사자를 동일하다고 가정한다. 이 가정은 비판받아 왔다. 왜냐하면 모든 폭행상황이 같지 않고, 모든 때리는 사람이 같지 않으며, 그리고 모든 피해자가 같지 않기 때문이다(Hines, 2009, p.126).

의무적 체포정책은 또한 형사사법제도에 몇몇 예기치 않은 결과를 가져온다. 배우자 폭행범을 더 많이 체포하는 것은 검사들에게 보다 많은 사건을 다루게 하는데, 종종 이에 대한 예산이나 인력증가가 어려운 경우가 많고, 따라서 이미 많은 업무부담이 있는 상태에서 더 많은 스트레스를 불러온다(Hines, 2009, p.126).

더욱이, 가정폭력에 개입하는 남성들에 대한 처우는 페미니스트 모델에 기초하는데, 이것은 여성배우자를 때리는 것이 가부장적 사회조직에 의해 만들어지는 한 문제라고 가정한다. 이 모델에 따르면, 남성은 여성들을 통제하기 위해 여성을 때리는데 그들의 권력을 사용한다. 하인스(Hines, 2009, p.118)에 따르면, 그러한 처우모델이 효과가 있다는 증거는 없다. 그러나 그러한 처우모델은 보통 법원에 의해 명령되고, 페미니스트 이론에 기초한 법에 의해 요구된다. 이 프로그램들에 참여하는 남성들의 가정폭력 재범률은 여기에 참여하지 않는 남성들의 가정폭력 재범률과 다르지 않다. 대부분의 폭력행사자가 남성이지만, 여성배우자의 폭력행사도 존재한다. 그러나 그들에 대한 처우프로그램은 희귀하다.

강간 규제법에서의 변화는 사회정책에 대한 페미니스트 시각이 낳은 또 다른 한 예이다. 전통적으로, 강간의 설명은 범죄의 성적 요소에 초점을 맞추고, 범죄자의 과도한 성적 긴장이나 부적응 그리고 피해자가 "그것을 원한다"는 태도를 강조해 왔다. 1970년대 초반 이후, 그 초점은 강간을 성적인 행동으로서 정의하는 것에서부터 폭력행동으로서 취급하는 것으로 변해왔다. 이러한 초점의 변화에서 중요한 것은 강간이 남성역할이라는 문화적 정의를 반영하는 복종/지배의 한 행동이라는 인식이다. 이 해석은 여성운동과 범죄에 대한 페미니스트 시각의 발전과 함께 나타났으며, 몇몇 다른 사람들에 의해 정교화되어 왔다. 예를 들어 그리핀(Griffin, 1971)은, 강간이 가부장적 사회에 깊이 뿌리박고 있으며, 여성의 자기결정권을 거부하기 위한 대중테러리즘의 한 형태로 이용된다.

다른 사람들은 현재 "데이트 강간"으로 불리는, 한 세대 전에는 생각할 수 없었던 주제에 관심을 갖고 있다. 여기서 이 쟁점의 핵심은 성행위가 성행위로 간주될 때와 강간으로 간주될 때는 어떻게 다른가 하는 문제이다. 일반적으로 여대생이 모르는 사람이 아닌 잘 알거나 가끔씩 만나는 남성에 의해 강간당했다고 신고할 때라는 기준이 만들어졌다(Fisher et al., 2001; Fisher et al., 2010). 대학이 이 문제에 대해 알게 되자, 새로운 신고정책이 만들어졌고, 그리고 지금은 연방정부와 몇몇 주들은 교육기관이 자신의 범죄통계를 보고하도록 의무화하는 법을 갖고 있다. 그 외의 대응은 면식강간과 동의하의 성관계에 대한 새로운 대학 교육프로그램들을 만든 것이다(Cells, 1991; Karjane et al., 2005).

강간방지법은 페미니스트 시각으로부터 영향을 받은 형사사법 정책의 또 다른 예이다. 이 법은 강간피해자가 두 번(피의자에 의해 첫 번째, 그리고 피해자의 과거 성행동을 조사하는 가해자의 변호사에 의해 상징적으로 두 번째) 강간을 당하는 것을 방지하기 위해 만들어졌다. 모든 주는 몇몇 유형의 강간방지법을 채택했지만, 이 법들은 상당히 다양한데, 특히 피해자가 이전에 피고인과 동의하에 성관계를 했는지 여부에 따라서 달라진다.

매년 얼마나 많은 여성들이 강간을 당하는지에 대해서는 아무도 정확히 모르지만, 강간을 폭력행동으로 정의하고, 데이트강간과 면식강간이 존재한다는 것을 인식하며, 그리고 강간방지법을 만드는 것은 강간의 정의와 기소에서 극적인 변화가 있다는 것을 보여준다. 그러나 이러한 변화들은 강간에 대한 페미니스트 시각이 영향을 미쳤다는 유일한 증거는 아니다. 오늘날 점점 더 강간피해자들은 민사법원을 통해 정의를 실현하고 있다. 강간에 대한 전문가들은 민사소송건수가 1970년대에 소수에서 "지속적으로 높아지고 있는데, 이것은 여성들이 강간피해에 대해 덜 부끄러워하고, 가해자와 싸우기 위한 법적인 수단을 더 많이 알게 되었기 때문이다"("많은 강간피해자들", 1991, p.A1).

## 교정에 대한 페미니스트 범죄학의 몇몇 함의

여성은 미국의 교도소 인구의 단지 7%밖에 안되지만, 그 수는 남성에 비해 더 급속하게 증가하고 있다. 실제로, 2006년까지 미국에서 교도소와 구치소에 거의 200,000명의 여성들이 있었는데, 이것은 5년 전에 비해 대충 100% 증가한 규모이다(Amnesty International, 2006). 그러나 1977년과 2007년 사이의 30년 동안에, 교도소 여성인구는 같은 기간 416% 증가했다(West and Sabol, 2009). 1997년과 2007년 사이에 보호관찰을 받은 여성은 524,200명에서 987,427명으로, 10년 사이에 88% 증가했다.

여성을 보호관찰이나 다른 지역사회 처우와 같은 교정적 대안으로 전환시키곤 했던 이른바 (종종 기사도정신 탓으로 여겨지는) 강철천장(steel ceiling)은 꽤 긴 시간 동안 약화되어 오고 있다(Kruttschnit and Green, 1984). 이것은 어떤 점에서는 여성들이 교도소에 갈 만한 범죄를 더 많이 범했기 때문이며, 또한 다른 어떤 점에서는 의무적 양형(mandatory sentencing) 탓이며, 부분적으로는 때로 "여성에 대한 전쟁"으로 불렸던 "약물에 대한 전쟁" 때문이고, 그리고 아마도 부분적으로는 "보복적 형평(vengeful equity)" 때문이다. 이것은 여성의 형평에 대한 요구에 형사사법제도가 호응하도록 한 것인데, 여기서 여성들은 그러한 요구에 대한 대가를 자신들이 치러야 했다(Chesney-Lind, 1998). 동시에, 교정제도가 남성을 위해 설계되었고, 그리고 여성들을 다룰 때는 그것의 결점이 커진다는 것이 광범위하게 인식되었다(Bell, 1998).

일반 범죄학과 페미니스트 범죄학에서의 인권운동은 특히 여성에 대해 교정제도가 직면한 몇몇 주요 문제점들에 관심을 갖게 했다. 분명히, 여성들은 교도소에서 상이한 욕구를 갖는다. 예를 들어 여성재소자의 약 80%는 돌보아야 할 자녀가 있고, 많은 자녀들은 돌볼 사람이 필요하고, 심지어 구금된 상태에서도 그러하다. 왜냐하면 그들에게 그 외에 이용가능한 대안이 없기 때문이다. 평등주의적 생각은 남성재소자도 같은 형편이라고 주장할 수 있지만, 여성들이 남성들에 비해 보다 가족지향적이고, 그들이 자녀양육의 대부분의 일을 하며, 그리고 여성재소자들은 그들의 자녀에 대해 남성재소자에 비해 더 많은 걱정을 한다는 것은 여전히 사실이다(Allen et al., 2007).

정확한 수치는 알려져 있지 않지만(약 5%로 추정된다), 상당한 수의 여성들이 교도소에 임신한 채로 수감된다. 그들은 특별한 식이요법, 힘이 덜 드는 일 배정, 덜 스트레스 받는 환경, 그리고 다른 의료적, 환경적 적응을 필요로 한다. 어떤 여성교도소들은 예외적으로 여성을 위한 프로그램을 시작했다. 예를 들어, 워싱턴주는 간호프로그램을 시작했고, 캘리포니아주는 지역사회 엄마재소자 프로그램을 시작했는데, 이것은 엄마재소자가 그들의 어린 자녀와 함께 7개의 작은 지역사회 시설에서 살도록 해 주는 것이다. 그러나 그러한 프로그램들은 예외적인 곳이고, 이러한 프로그램들을 대부분 마련하지 못하는 것은 얼마나 많은 교도소들이 아직 "남성의 세계"로 여겨지는지를 보여준다. 그 동안, 최근 보도에 따르면, "교도소가 임신한 재소자에게 노동을 강요하여" 여성과 그녀의 자녀 모두를 위험하게 만든다(Liptak, 2006).

그러나 임신은 여성재소자가 직면하는 의료적 문제의 세계에서 단지 차이의 한 예일 뿐이다. 미국교정연구소(National Institute of Correction)는 교도소에서 산부인과 진료가 크게 부족하다는 것을 발견했다(Amnesty International, 2006). 예를 들어 최근의 캘리포니아 연구에 따르면, 5년 전에 여성재소자의 32%가 부인과나 출산건강문제가 있다고 보고했음에도 불구하고(Stoller, 2000), 많은 여성재소자들이 수 년 동안 자궁경부암검사나 유방암검사를 받지 않았다는 것을 발견했다. 이것은 부분적으로 교징기관의 의료서비스가 남성을 위해 설계되었다는 데 기인하며, 부분적으로는 대부분의 여성시설에서 적은 교도소인구와 특별프로그램에 대한 비용 때문에 의료시설이 불충분한 데서 기인한다. 여성재소자의 의료문제는 심각한 문제 중 하나인데, 왜냐하면 주 여성교도소에서 보건비용이 남성의 비용보다 60% 더 많이 들고, 아직 불만족스럽기 때문이다(Katayama, 2005).

여성교도소에서 조차, 직원들은 아직 압도적으로 남성들이 많다. 분명히, 가부장제에 관심을 가진 페미니스트들은 여성재소자들이 외부에 있는 사람들보다 많은 남성의 통제를 받는다는 사실에 관심을 갖게 되는 특별한 이유가 있다. 그들이 재소자의 자율성을 뺏기 때문에, 교도소는 어떤 경우든 어떤 "의존성"을 키우는 경향이 있으며, 그러한 교도소화는 여성을 약하게 만드는 경향이 있다. 더욱이 성착취라는 지속적인 문제가 있는데, 이것은 때로 호의적인 처우에 대한 보상으로, 때로는 그 상황에 내재된 심리적 지배 때문에, 그리고 때로는 뻔뻔스런 강간 때문에 발생한다. 그런 보도는 희귀하지 않으며, 페미니스트 범죄학자

등은, (구금잔치를 계속하려면) 보다 많은 여성교도관이 필요하고, 성착취를 신고하는 재소자에게 보복을 보다 어렵게 만드는 개방된 정책들이 필요하다고 주장한다(Human Rights Watch, 1998).

페미니스트 범죄학자들과 다른 몇몇 학자들은 종종 가부장적 사회에서 소녀와 여성들이 당하는 학대에 대해 이야기해 왔고, 그리고 이것이 여성재소자들을 교도소로 오게 만들어왔다고 주장했다. 한 최근의 캘리포니아 연구는, 남성의 17%에 비하여, 약 57%의 여성재소자들이 교도소에 들어오기 전에 신체적으로 또는 성적으로 학대받았다는 것을 보여준다(Vesely, 2004). 이 여성재소자들과 그 밖의 다른 사람들은 특별한 자아존중감 문제를 가지는데, 이들은 남성들에 비해 높은 수준의 자살시도와 남물남용문제를 나타낸다(Allen et al., 2007). 병영훈련과 같은 프로그램들은 특히 학대를 경험하고 오는 여성범죄자에게 특히 가혹할 수 있다(McKenzie et al., 1994).

다른 한편, 교도소가 남성을 위해 설계되었다는 사실은 여성의 상이한 욕구와 그들에 대한 착취에 대처하는데 실패하게 만들고, 고정관념적인 프로그램이 종종 제공되도록 만든다. 페미니스트 운동에도 불구하고, 직업훈련프로그램들은 아직 비서, 간호조무사, 또는 미용사와 같은 오래전부터 해오던 것을 지속하는 경향이 있다. 많은 여성을 위한 시설들은 너무나 작기 때문에, 직업훈련기회를 포함한 사회복귀프로그램들이 남성시설에 비해 보다 제한적인 경향이 있다. 이 모든 것은 많은 주가 단지 하나의 주요 여성시설만을 갖고 있다는 사실에 의해 문제가 악화되는데, 이 유일한 시설 내에 위험성이 높은 재소자, 요시찰대상자, 위험성이 중간 정도인 재소자, 위험성이 낮은 재소자를 모두 수용하며, 따라서 중독에 대한 치료가 필요한 경미한 약물남용자들이 폭력범죄자들과 함께 수용되고, 모든 재소자들은 가장 문제가 심한 재소자들에게 필요한 제한으로부터 고통을 받는다. 여성재소자의 특별한 욕구와 문제들을 고려하기 위해 "성에 따라 대응하는 전략"(Bloom et al., 2003)이 필요하다는 것을 인식하지만, 이 모든 쟁점들은 여전히 지속되고 있다.

그러나 지난 10여 년 동안에, 여성재소자의 남성과는 다른 위험과 욕구를 다루는 프로그램들이 출현하여 왔다. 그러한 한 프로그램인 "전진(Moving On)"은 "세 가지의 상호보완적인 접근들, 즉 관계이론, 동기강화상담, 그리고 인지-행동적 개입"(Gehring et al., 2010, p.6)에 의해 영향을 받았다. 그것은 몇 가지의 원칙과 실천목표들을 가진다. 그들은 여성을 존중과 존엄으로서 대하는데, 지지적, 공감적, 수용적, 협조적, 그리고 도전적인 환경을 제공하고, 여성들이 건강하고 상호 도움이 되는 관계를 만들도록 도와주며, 의사결정, 문제해결, 단호함의 기술, 그리고 감정조절과 같은 개인적 전략들을 가르쳐주고, 그리고 여성이 재통합되려는 도전을 도와준다(Gehring et al., 2010: 6; 또한 Bauman et al., 2009를 참조). 이 프로그램에 참여한 190명의 여성 보호관찰대상자들 및 프로그램에 참여하지 않은 일반 보호관찰대상자 190명을 대상으로 한 한 최근의 평가연구는 프로그램이 효과가 있다는 것을 발견했다. "전진" 프로그램에 참여한 보호관찰대상자들의 (구금률이 아닌) 재입건과 유죄평결률은 비교집단에 비해 유의미하게 낮다(Gehring et al., 2010).

## 결 론

페미니스트 학자들은 "성의 범죄학"에서 대체로 성공했다. 한 때 여성범죄자와 피해자들을 무시하거나 여성의 범죄성을 여성의 섹슈얼리티와 병리적 측면에서 기인하는 것으로 단순히 받아들이는 상황에서, 여성과 남성의 범죄 모두에서 성의 역할을 설명하려고 하지 않았다면, 현재와 같이 아무런 이론이 만들어지지 않고 단지 "일반적인" 이론만이 존재했을 것이라는 점은 명확하다. 앞으로, 범죄성향이 성의 차이에 의해서 뿐만 아니라 성의 유사성에 의해서도 어떻게 영향을 받는지를 분석하는 중요한 도전이 있을 것이다. 예외는 존재하지만, 페미니스트 접근들은 여성이 범죄에 참여하게 만드는 독특한 경험들을 밝히려는 경향이 있었다. 이 시각은 이해할 수 있고 귀중하다고 할 수 있다. 왜냐하면 이 시각에서 강조하는 요인들이 이 시각이 아니었다면 고려되지 않았을 가능성이 높기 때문이다. 심지어 그렇다 하더라도, 남성과 여성이 사회관계에서 상이한 방식으로 자신들을 표현할 수 있지만, 범죄에 대한 많은 위험요인들이 남성과 여성들에 있어 유사하다는 점점 많은 증거들이 나타나고 있다(예를 들어 Andrew and Bonta, 2003; Daigle et al., 2007; Moffitt et al., 2001을 참조). 성적 차이와 유사성이 범죄의 발전과 특수한 발현에 영향을 미치는 정도를 조화시키는 것은 신중히 고려할 만한 가치가 있는 이론적 경험적 퍼즐이 될 것 같다.

에드윈 서덜랜드

1883－1950

시카고 대학교와 인디애나 대학교

화이트칼라 범죄이론의 저자

# 제11장

# 힘 있는 자들의 범죄:

## 화이트칼라 범죄이론

1979년 제프리 레이먼(Jeffrey Reiman)은 그의 영향력 있는 책, 『부자는 더 부자가 되고 가난한 사람은 교도소를 간다(The Rich Get Richer and the Poor Get Prison)』를 출간했다. 이 책은 어떻게 길거리 범죄자들이 형사사법 시스템에 의해서 처리되었는가에 대한 고발일 뿐만 아니라 권력자(힘 있는 자)들에 의해서 자행된 폐해를 통제하는 국가의 실패에 대한 폭로였다. “다른 이름의 범죄(A Crime by Any Other Name)”라는 장에서, 레이먼은 어떻게 기업 활동이 노동자와 대중의 건강을 위험에 빠트리는지에 대해서 부각시켰다. 그러나 “카니발 거울(carnival mirror)”을 들여다보는 것과 같아서, 이러한 행위들은 왜곡되었고 범죄로 다루어지지 않는다. 대신에, 기업들은 작업장의 안전을 무시하고 유해 화학물질을 우리의 환경에 쏟아 붓는다. 이러한 행위는 매년 수천 명의 인명에 위해를 가하고, 병들게 하고, 죽이지만 형사사법시스템은 그들의 관심을 오로지 ‘전형적인’ 개별 범죄자들에 대한 비난에 몰두한다. 이러한 불공평은 바뀌어야만 한다. 레이먼(Reiman)이 촉구하듯이, “범죄는 위해에 맞춰야 하고 처벌은 범죄에 맞춰야 할 시간”이다(1979, p.195).

특정 주장을 넘어, 레이먼의 책은 중요한데 왜냐하면 이 책이 1970년대 등장했던 사고방식을 반영하고 있기 때문이다. 권력자(힘 있는 자)들의 범죄들 혹은 "화이트칼라 범죄들"이라고 알려진 것들은 범죄학이 태동한 이래로 광범위하게 간과되어 왔다. 예를 들어 1968년 대통령 위원회(the President's Commission on Law Enforcement and Administration of Justice)는 전체 814페이지 중에서 "화이트칼라 범죄자들과 기업 범죄"라는 섹션에 단지 5페이지만을 할애했다. 위원회는 "대중들은 기업 범죄에 무관심하거나 오히려 기업 범죄로 잡힌 사람들에게 동정하는 경향이 있다"고 결론지었다(1968, p.158). 그러나 몇 년 후에, 마치 학자들이 범죄학적 동면에서 깨어나듯이 갑자기 상류층의 범죄들에 대해서 지각하게 되었다. 몇 해 지나지 않아 다음과 책들이 출간되었다: 『권력가들의 범죄들(Crimes of the Powerful(Pearce, 1976))』, 『불법이지만 범죄는 아닌: 미국의 기업범죄(Illegal But Not Criminal": Business Crime in America(Conklin, 1977))』, 『기업범죄(Corporate Crime(Clinard & Yeager, 1980))』, 『제약업계의 기업 범죄(Corporate Crime in the Pharmaceutical Industry(Braithwaite, 1984))』, 『방종한 자본가들(Wayward Capitalists (Shapiro, 1984))』, 그리고 『범죄 엘리트(The Criminal Elite(Coleman, 1985))』. 수많은 논문들 또한 이 기간 동안 출간되었다.

이러한 작업들은 세 가지 핵심 주제로 구현되는 경향이 있었다. 첫 번째로, 그들은 근본적인 위선이 미국 사법 시스템을 얼룩지게 했다고 주장했다. 법 앞에 공평한 정의의 이상향은 엉터리였다. 돈과 권력은 거대한 범죄들이 저질러지도록 했으며 더군다나 이러한 것들은 무사형통으로 처벌 없이 저질러지도록 했다. 두 번째로, 권력자들의 범죄 비용이 가난한 사람들의 범죄 비용보다 훨씬 더 많다고 주장했다. 하나의 사기 범죄는 수백만 달러의 비용을 초래할 수 있고, 노동자나 대중들을 유해 물질에 노출시키는 것은 소리 없이 수천의 인명을 잃게 하거나 죽일 수 있다. 세 번째로, 이러한 (사회적) 해를 멈추는 유일한 방법은 상류사회에 법과 질서를 실현하기 위한 형사 제재를 이용하는 것이라고 주장했다. 특히, 기업의 총수나 경영자 혹은 부패한 정치인들과 부정한 의사들을 감옥에 보낸다면 그들의 허튼소리들은 곧 멈추게 될 것이다.

그렇게 세상을 바라보는 새로운 방식이 범죄학 전반을 휩쓸었을 때, 변화된 사회적 맥락은 수많은 학자들로 하여금 어떻게 그들이 실재(reality)를 해석하고 그들이 믿는 바가 연구에 도움이 되는지를 다시 구성하도록 하였다. 예상할 수 있듯이, 힘 있는 자들의 범죄들에 대한 이러한 초점은 범죄자들은 도시의 거리 위에 존재하고 기업의 사무실에는 존재하지 않는다는 선입관에 사로잡혔던 주류 범죄학에 대한 또 하나의 반박을 나타냈다. 사실, 이 시기의 비판범죄학적 매력의 핵심은 권력에 대해서 진실을 말하고자 하는 자발성이었다. 구체적으로, 미국의 불평등 구조들이 범죄행위에도 고스란히 나타나는지를 드러내는 것과 관련이 있었다. 7장부터 10장까지에 걸쳐, 우리는 인종적, 계급적, 혹은 성불평등과 같은 미국의 기존 질서에 의문을 품었던 관점들을 살펴봤다. 주류 범죄학에 반해서, 그들은 권력이 범죄 행위를 통제하고 낙인찍는 노력들과 원천들을 이해하는 것이 핵심적이라고 주장했다.

7장부터 10장까지 봤듯이, 1970년대 낙인이론, 갈등이론, 비판이론, 그리고 페미니스트 이론들을 고안했던 이론가들은 60년대와 70년대 초반을 거치면서 학파를 형성하기 시작했다. 그들은 우리가 이전에 서술했던 광범위한 사회적 격동(예를 들면, 암살, 도시 폭동, 베트남 반전 운동 진압 등)들을 목도했다(Brokaw, 2007; Collins, 2009; Gitlin, 1989; Patterson, 1996을 참조). 이러한 사건들은 범죄학적 사고체계에 권력과 갈등에 대한 이해를 불러일으켰던 소위 말하는 신범죄학들의 시발점이 되었다. 이 시기에 화이트칼라 범죄로 그들의 관심을 옮긴 이들 역시 이 세대들이었다; 그들은 당대의 사건들에 영향을 받았다. 그들의 특별한 관심은 어떻게 권력이 교도소로 갈 위험 없이 이익을 추구하는 불법적인 수단들을 사용하는데 있어 유리한 위치를 점유하는 것에 대한 것이었다.

그러나 구체적으로 화이트칼라 범죄에 대한 연구로 학자들을 끌어들이는데 영향력을 발휘한 당대의 두 가지 특별한 동향이 있었다. 첫 번째로, 인권운동은 법 앞에 동등한 정의를 제도화해야 할 필요성에 대해서 큰 강조를 두었다. 남부에서, 미흑인에 대한 린치와 흑인을 살해한 백인에 대한 무죄처분과 같은 것들은 이러한 부정의에 대한 상징이었다(Oshinsky, 1996). 마틴 루터 킹 주니어와 로버트 케네디가 암살당하기 한 해 전인 1968년, 리처드 닉슨은 대통령 선거에 임했고, 미국에서 "법과 질서"를 회복하겠다고 하는 담대한 약속을 담은 그의 선거 공약은 부분적으로 기름을 부은 꼴이 되었다. 닉슨이 형사사법시스템을 도시의 동요와 흑인 범죄를 소탕하는 데 사용할 것이라는 이러한 수사학은 소위 말해서 도덕적 다수라 불리는 백인들에게 인종적 색채를 띤 매력을 잉태하였다. 이것이 지난 40여 년간 광범위한 교도소 수감을 정당화했던 "범죄와의 전쟁"의 시작이었다.

그러나 근본적인 위선, 학자들에게 잊혀지지 않았던, 그 위선은 길거리에서 "법과 질서"의 필요성을 강조했던 닉슨의 외침을 무색하게 했는데, 닉슨 정부의 고위층에서 부패는 만연했다. 놀랍게도, 부통령인 스피로 애그뉴(Spiro Agnew)는 그가 메릴랜드 주지사였을 때뿐만 아니라 부통령 재임 기간 동안에도 하청업자들로부터 불법 리베이트를 받았다는 것이 밝혀져 강제로 사임하였다. 1973년 10월 13일, 그는 탈세 혐의를 인정하면서 부통령직을 사임하였다(Patterson, 1996). 또한 정부에 의해서 제공된 그의 건물 개선에 대해서 닉슨이 세금을 누락한 것에 대한 의혹이 제기되었다. 닉슨은 "나는 결코 공적 서비스로부터 이득을 취한 적이 없으며 … 나는 탈법을 저지른 적이 없으며 … 나는 사기꾼이 아니다"라고 반응하였다(Patterson, 1996, p.776에서 인용). 그 후로 얼마 지나지 않아서, 워터게이트 스캔들이 드러났다.

1972년 6월 17일, 새벽 2시 30분 그 당시 워싱톤 D.C.의 워터게이트 호텔 6층에 위치하고 있던 민주당 전국위원회 사무실을 절도하고자 했던 다섯 명의 남자들이 검거되었다. 그들은 3주 전에 은밀하게 심어놓았던 전화 도청 장치가 오작동하는 것을 다시 설치하고자 시도하였다. 수사는 결국 대통령 보좌관들까지 이르는 스캔들을 추적하였고, 그들의 다수는 처벌을 받았고 수감되기에 이르렀다. 이늘 중에는 법무장관인 존 미첼(John Mitchell)도 포함되었다. 닉슨은 사건을 수사하는 FBI를 방해하도록 CIA에 명령을 내리는 등, 사건을 축소시키는 것에 깊이 관련된 것으로 드러났다. 나라를 깜짝 놀라게 했던 사건 때문에, 닉슨은 1974년 8월 9일 대통령직에서 사임하였다. 그는 대통령직에서 사임한 첫 대통령이었다. 스피로 애그뉴(Spiro Agnew)가 부통령직을 사임할 때, 그의 뒤를 이었던 제라드 포드가 대통령직을 물려받았다. 전임 대통령을 법 위에 올려 놓는 것처럼 보였던 논쟁적인 결정 속에서, 포드는 국가를 치유하기 위한 노력의 일환으로 닉슨을 사면하였다(Patterson, 1996; Watergate. Info, 2010).

두 번째로, 이 기간 동안, 소비자 운동과 환경운동 역시 강력하게 성장했다. 활동가들 — 가장 유명한 이가 랄프 네이더 — 은 체계적으로 기업들이 입찰에서 가격을 부풀리거나, 소비자를 속이거나, 안전하지 못한 제품(예를 들면, 포드사의 핀토와 같은 자동차)을 판매하는 것과 고의적으로 대기와 수질을 오염시키는 것 등에 대한 방식들을 수집하였다. 기업의 불법행위에 대한 예들은 종종 60minutes

과 같은 뉴스 프로그램에서 보여지곤 했다. 미국인들은 이제 잘못된 행위를 부인하는 경영자들에게 내부 자료를 들이민다거나 몰래 카메라를 보여줌으로써 그들이 실토하게끔 만드는 마이크 월라스(Mike Wallace)와 같은 기자들을 정규적으로 빈번하게 보게 되었다. 1972년 주 법무장관은 소비자 사기를 주요 과제로 정하였다(Benson & Cullen, 1998). 그리고 지미 카터(Jimmy Carter)가 대통령이 되었을 때, 그의 법무장관인 그리핀 벨(Griffin Bell)은 1977년 화이트칼라 범죄가 그의 "최우선 사항"이라고 언급하였다(Cullen, Link & Polanzi, 1982). 스테판 요더(Stephen Yoder, 1979, p.40)는 이 시기의 많은 미국인들은 범죄가 단지 그들 도시의 거리나 시 외곽에서만 존재하는 것이 아니라 많은 기업들의 사무실에서도 존재한다는 것을 알게 되었다고 말했다.

제2차 세계대전 후에, 미국은 경제적으로 최강국이 되었고, 제임스 페터슨(James Patterson, 1996)의 말에 의하면, "엄청난 기대"들로 넘쳐나는 땅이었다. 그러나 부패와 불법행위들은 드러났고, 이러한 기대들은 위협받았다. 기업들과 정부에 대한 신뢰는 곤두박질쳤다. 사실, 권력에 있는 사람들에 대한 불신은 논객들이 "신뢰 격차" 또는 "정당성 위기"로 말했던 것과 같이 사회 구석구석에 스며들었다(Lipset & Schneider, 1983을 참조). 예를 들어, 1966년 "대기업을 경영하는" 이들에 대한 신뢰는 55%였으나, 5년이 지난 1971년 그것은 단지 27% 수준으로 떨어졌다. 이러한 비슷한 경향들은 립셋과 슈나이더(Lipset & Schneider, 1983)로 하여금 "1965년부터 1975년까지의 기간은 반기업 정서의 급격한 성장을 보여주는 것의 하나"라고 결론짓도록 하였다(p.31). 그러한 부정적 의견들은 오늘날에도 여전히 남아 있다(Cullen, Hartman, & Jonson, 2009).

이러한 상황에서, 논객들은 "화이트칼라 범죄에 대항하는 사회운동"에 대해서 얘기하기 시작하였다(Katz, 1980; Cullen, Cavender, Maakestad, & Benson, 2006). 범죄학자들은 이러한 운동의 한 부분이었다. 그들은 영향력이 큰 이들이 힘 있는 공적 위치에 있고 이익을 취하기 위해서 필요한 어떤 수단이라도 사용할 것이라고 의심하며 불신하였다. 많은 다른 미국인들과 비슷하게, 그들은 워터게이트 사건과 반복해서 드러나는 기업의 불법행위들에 격분하였다. 이런 사례들은 신뢰와 권력의 위치를 악용하는 데 거리낌이 없는 마음이 어떻게 아무 의심 없고 보호받지 못하는 사람들에게 해를 끼치는지를 보여주었다. 애석하게도, 이러한 상류층의 입법자들은 종종 위선적으로 법과 질서를 설파하면서 뒷구멍으로는 처벌의 위험 없이 법을 어기는 것과 같이 정의의 흉갑 뒤에서 그들의 범죄를 저질렀다. 『부자는 더 부자가 되고 가난한 자들은 교도소로 간다(the rich get richer and the poor get prison)』는 레이먼(Reiman)의 책 제목은 많은 범죄학자들에게 미국 정의 시스템의 정수와 핵심을 포착하고 있는 것으로 보였다. 이러한 불공평은 범죄학의 혹은 다른 분과 학문(법, 경영 등)의 학자들로 하여금 그들의 관심을 화이트칼라 범죄로 돌리도록 움직였다.

학자들은 세 갈래의 연구에 천착했다. 첫 번째로, 이러한 범죄(성)의 비용과 차원을 드러내기 위해서, 몇몇 학자들은 책을 집필하거나 화이트칼라들의 격분할 만한 위법 행위들을 담고 있는 읽을거리를 수집했다(Ermann & Lundman, 1978; Friedrichs, 1996; Hills, 1987; Rosoff, Pontell, & Tillman, 2007). 대부분의 미국인들은 단지 하나의 화이트칼라 범죄로부터 파생되는 경제적 비용도 막대할 수 있다는 것을 지금은 알고 있다. 버나드 메도프(Bernard Madoff)의 폰지 사기(Ponzi scheme)는 무고한 투자들에게 650억 달러의 손해를 입혔다고 알려져 있다. 지난 수십 년간, 월스트리트의 내부 거래 사건, 저축은행과 융자 붕괴, 그리고 엔론 사기와 같이 이름만 대면 알 만한 주요 사건 후에는 또 다른 사건들이 발생했다. 그러나 범죄학자나 다른 이들이 구체적으로 천착하고 있는 것은 기업들에 의해서 저질러진 광범위한 폭력이다. 그러한 불법 기업들은 불법적으로 돈을 편취하기도 하지만 매년 수천의 미국인들을 병나게 하거나, 부상을 입히거나, 죽음에 이르게 하고 있다. 그들은 작업장에서 안전규성을 무시하도록 하는 것, 고의적으로 종업원들이 유해 물질(석면 등)에 노출되도록 하는 것, 안전하지 않은 제품을 시장에 갔다 파는 것, 그리고 위험하게 대기와 수질을 오염시키는 것 등, 만약 그만두지 않으면 공동체 전체가 파괴될 수도 있는 것들에 대해서 기록하였다. (Braithwaite, 1984; Brodeur, 1985; Brown, 1979; Cherniak, 1986; Frank, 1985; Mintz, 1985; Mokhiber, 1988, Nader, 1965; Peacock, 2003). 화이트칼라 범죄의 물리적 비용은 거리범죄의 비용과 비슷하거나 혹은 초과한다고 추산된다(Cullen et al., 2006). 그것은, 학자들이 주장했듯이, 간과되어선 안 되는 범죄성의 한 형태이다.

두 번째로, 다른 학자들은 어떻게 화이트칼라 범죄가 통제되어야만 하는가라고 하는 어려운 문제를 탐구하였다(Benson & Cullen, 1998; Braithwaite, 1985; Cullen, Maakestad, & Cavender, 1987; Hochstedler, 1984; Simpson, 2002, Vaughan, 1983). 주요 논쟁은 상류층 범죄자들에게 형벌을 부과해야만 하는가, 특히 기업

이 위법 행위자일 때 과연 형벌을 부과하는 형법을 사용해야만 하는지에 대한 것에 매달리고 있었다. 역사적으로, 사람들을 해친 기업들은 민사소송을 당하거나 정부기관에 의해서 규제되곤 했다. 학자들은 이러한 처방을 비효과적(기업들은 지속적으로 해를 끼쳤다)이고 불공평(왜 도둑놈은 교도소에 가는데 가격담합을 한 경영자는 안 가는지)하다고 비판했다. 비록 상류층의 잘못을 소탕하는 데 있어 형법의 역량에 의문이 있지만, 대부분의 범죄학자들은 형법의 확장된 적용과 기업 경영자들의 수감을 지지하는 측면으로 주장했다. 오늘날 버나드 메도프(Bernard Madoff) 또는 엔론 최고 경영자인 제프리 스킬링(Jeffrey Skilling)과 같은 화이트칼라 범죄자들이 장기 형량을 부과받는 것이 더 이상 이상하지 않다는 점을 알 필요가 있다(Benson & Cullen, 1998; Cullen et al., 2006; Cullen et al., 2009).

세 번째로, 비록 많지는 않지만, 학자들은 화이드칼라 범죄이론들을 발전시켰다. 한 가지의 접근은 기존의 범죄이론을 상류층의 범죄를 설명하는 데 사용하는 것이었다. 만약 어떤 이론이 "일반 이론"이라면, 범죄자가 입고 있는 셔츠의 칼라와 상관없이 모든 범죄를 설명할 수 있어야만 한다. 대안적인 접근방법은 화이트칼라 범죄는 종종 기업 혹은 다른 조직 내에서 합법적인 직업의 한 부분이라는 독특한 환경에서 발생한다는 것을 인식하는 것이다. 범죄는 길거리 범죄자들과 마찬가지로 개인적 이득을 위해서 저질러질 뿐만 아니라 기업의 이윤과 이익을 향상시키기 위해서 저질러지기도 한다. 학자들은 이러한 특별한 환경을 설명하기 위해서 요구되는 것은 "구체적 이론"이라고 주장했다.

본 장의 초점은 화이트칼라 범죄이론들에 대한 것이다. 구체적 이론들과 적절한 곳에서는 일반이론들이 논의될 것이다. 본 장은 "화이트칼라 범죄의 아버지"인 에드윈 서덜랜드(Edwin H. Sutherland)의 선구적 작업을 탐구하는 것으로 시작한다. 그런 다음 우리는 (1) 조직 문화 이론(organizational culture theory); (2) 조직적 긴장과 기회의 이론들(theories of organizational strain and opportunity); (3) 중화이론과 합리적 선택 이론을 포함하는 범죄 행위의 결정; 그리고 (4) 국가-기업 범죄이론 등의 네 부분에서 화이트칼라 범죄에 대한 현재의 사고들을 살펴볼 것이다. 우리는 화이트칼라 범죄를 통제하는 것에 대한 이론적 함의를 검토하는 것으로 마무리한다.

## 화이트칼라 범죄의 발견: 에드윈 서덜랜드(Edwin H. Sutherland)

학자들이 사회의 상류층에 의해서 저질러지는 범죄들에 보다 더 관심을 기울여야 한다는 것을 요구하였다는 측면에서, 화이트칼라 범죄는 에드윈 서덜랜드에 의해서 발견되었다. 그러므로 이 부분에서 우리는 서덜랜드가 범죄행위를 바라보고 설명하던 당대의 방식을 비판하기 위해서 화이트칼라 범죄라는 개념을 사용하였던 역사적인 연설을 논의하는 것으로 시작한다. 우리는 또한 왜 서덜랜드가 상류층의 범죄와 그것들의 해로운 결과들에 관심을 가지는 당대의 학자가 되는 용기와 혜안을 가졌는지에 대한 이유들을 탐구한다. 다음으로, 우리는 화이트칼라 범죄에 대한 서덜랜드의 독특한 정의가 왜 논쟁적인지와 오늘날 범죄학자들에 의해서 받아들여진 개념적 정의가 어떻게 중요한 이론적 함의를 가지게 되는지에 대해서 살펴볼 것이다. 마지막으로, 우리는 화이트칼라 범죄를 설명하기 위해서 서덜랜드의 차별적 접촉이론을 검토한다. 이런 적용을 통해서, 서덜랜드는 경쟁 이론들의 관점들이 범죄를 저지르는 이유로 가난이나 가난을 야기하는 개인적 특성(정신박약)의 탓으로 보기 때문에 결함이 있다고 수상했다. 반면, 서덜랜드는 차별접촉이론은 부자와 빈자의 범죄를 모두 설명할 수 있기 때문에 일반이론이라고 주장했다.

### 필라델피아 연설

길버트 가이스(Gilbert Geis, 2007)가 말하길 "화이트칼라 범죄"란 용어는,

> 미국이 십여 년간의 고통스런 경제적 공황으로부터의 고통을 경험하고 있던 시기, 시인(W. H. Auden)이 "음울하고 부정한 시기"라 묘사했던, 1939년 크리스마스 이틀 후 필라델피아의 차갑고, 거친 바람이 불던 저녁에 비로소 영어단어가 되었다(p.1).

12월 27일 수요일, 에드윈 서덜랜드는 미국경제학회 회장인 제이콥 바이너(Jacob Viner)가 막 그의 발표를 끝내자, 미국경제학회와 미국사회학회의 공동학회에서 회장 연설을 하기 위해 단상에 올라갔다. 인디애나 대학 교수인 서덜

랜드는 미국사회학회의 회장이었다. 그의 연설은 곧바로 1940년 2월에 ASR (American Sociological Review)에 발표되었고, 여기서 인용되는 그의 연설은 중요한 기록을 우리에게 보여준다.

1949년 서덜랜드는 그의 필라델피아 연설을 좇아 이상하게도 화이트와 칼라 중간에 하이픈으로 연결하지 않은 그의 역작인 『화이트칼라 범죄(White Collar Crime)』를 출간했다. 범죄자로 지칭하는 것에 대해서 기업들이 소송을 제기할 수도 있을거란 드라이덴 출판사의 두려움 때문에, 서덜랜드는 이 책에서는 기업명을 삭제했다. 기업명을 되살린 "무삭제"본은 길버트 가이스와 콜린 고프의 편집하에 1983년 출판되었다 — 이 장에서 우리는 이 판본을 인용한다(서덜랜드의 설명은 Gaylord & Galliher, 1988; Geis, 2007, 2010; Geis & Goff, 1983, 1986; Mutchnick, Martin, & Austin, 2009; Sheptycki, 2010; Snodgrass, 1972).

1939년 서덜랜드가 필라델피아에 도착했을 때, 그는 의사나 변호사들과 같은 전문가들, 정치인들, 그리고 십 년 넘게 경제계에 몸담고 있던 사람들에 의해서 저질러진 방종(일탈)에 대한 뉴스기사를 열심히 수집하였다(Geis & Goff, 1983). 경제학자들과 사회학자로 구성된 청중들은 그가 "화이트칼라 범죄"라 명명한 그의 발견을 공유하기 위한 완벽한 기회를 제공했다. 그는 그의 필라델피아 연설을 이렇게 시작했다:

> 이 연구는 사업과 관련된 범죄와 관련이 있다. 경제학자들은 사업 방식은 익숙하지만 범죄의 관점으로부터 그것들을 고려하는 데는 익숙하지 않다; 많은 사회학자들은 범죄의 문제는 익숙하지만 사업의 영역에서 드러나는 것을 고려하는 데는 익숙하지 않다. 이 연구는 이러한 두 지식체를 결합하고자하는 시도이다(1940, p.1).

그런 다음 서덜랜드는 그가 "존경받는 사람들 혹은 적어도 존경받는 사업과 전문가들로 구성된 상류층 혹은 화이트칼라 계급의 범죄와 낮은 사회경제적 지위의 사람들로 구성된 하류층의 범죄를 비교"하고자 한다는 것을 드러내며 그의 의도를 명확히 하고자 했다(p.1). 요약하면, 그는 그의 시대에 "화이트칼라"를 입었던 이들인 상류층들의 무법성을 탐구하고자 했다.

서덜랜드는 재빠르게 화이트칼라 범죄에 대한 그의 조명은 "범죄행위 이론을 발전시키고자 하는 목적이지 범죄학이 아닌 다른 어떤 개혁의 목적이라든지 추문을 들추어내기 위한 목적이 아니"라는 점을 주장했다(p.1). 20세기의 첫 장을 써내려갔던, 부패폭로자들이다. 타르벨(Ida Tarbell), 업튼 싱클레어(Upton Sinclair), 링컨 스테픈스(Lincoln Steffens), 그리고 찰스 러셀(Charles Russelll)은 정치적 부패와 강력한 기업의 수장들(소위 말하는 악덕 자본가)이 비도덕적으로 대중과 노동자들을 먹잇감으로 삼았던 방식의 이야기들을 저술했다. 하비 스와도스(Harvey Swardos, 1962)에 의하면, 그들은 "미국 자본주의의 치부"를 드러내는데 성공했다. 시카고 정육산업의 불결한 작업과 부패한 노동 환경을 폭로했던 업튼 싱클레어(1906)의 『정글(the Jungle)』은 아마도 이러한 종류의 탐사 보고에서 오늘날 가장 유명한 예이다. 이러한 운동가들은 대통령인 테디 루스벨트로부터 "추문 폭로자"들이라는 폄하적인 이름을 얻었다. 비록 이전에는 지지자였지만, 그는 미 상원에서의 정치적 연합에 대한 그들의 공격에 분노했고 대중들이 대기업들을 싫어하게 될까봐 두려워했다(Brady, 1989). 1906년 4월 14일 워싱턴 D.C 그리디리온 클럽에서의 연설에서, 루스벨트는 존 번연(John Bunyan)의 천로역정에서 한 부분을 참조하면서 그들의 부정적 성향을 비판했다:

> 번연이 "천로역정"에서 당신은 손에 갈퀴가 달려 다른 데는 볼 수 없고 난시 아래만 보는, 그의 거름 갈퀴에 대해서 천상의 왕관을 받았지만, 위를 바라보지도 못하고 그가 받은 왕관을 바라보지도 못하고, 그 자신이 바닥의 오물을 갈퀴질 하는 것에만 몰두하는, 거름 갈퀴를 든 사람에 대한 묘사를 기억할 것입니다. … 그러나 그는 또한 그의 삶에서 그 어떤 고상한 것을 바라보는 것을 지속적으로 거부하고, 그의 시선을 품위 없고 불쾌한 것에만 몰두하고 열중하는 사람의 전형이다. 지금 우리가 단지 품위 없고, 천박하고, 불쾌한 것만을 바라보는 것을 피하지 않는 것은 매우 필요하다. 이 땅에 오물은 있고, 그것들은 거름 갈퀴로 긁어내어야만 하고, 그러한 임무가 다른 어떤 임무보다 먼저 실행되어야만 할 필요성이 있는 시간과 장소가 있다. 그러나 그 어떤 일도 하지 않는 이들, 생각하지도 말하지도 혹은 글을 쓰지도 않으면서 거름 갈퀴질에 그 능력을 뽐내는 이들은 도움이 되기보다는 가장 빠르게 강력한 악의 힘이 되어간다(The Big Apple, 2010, p.5에서 인용; Brady, 1989; Swados, 1962를 참조).

그의 필라델피아 연설에서, 추문 들추기에 몰두하는 것이 아니라는 서덜랜드의 부인은 부분적으로 사실이다(비록, 곧 우리가 뒤이어서 보겠지만, 전적으로는 아니다). 그는 부자와 권력가들의 무법적/방종적 행위들을 조사하는 것에 대해서 범죄학적 이유들이 있었다. 사회적으로 해체되었던 도시 내 지역사회에 사는 이민 청소년에 대해서 주로 관심을 가졌던 쇼와 맥케이와 달리, 서덜랜드는 다른 종류의 범죄자들에 오랫동안 매료되어 왔다. 그의 인생사인 『전문털이범(The Professional Thief(1937))』은 오늘날의 범죄학자들에게도 여전히 주목할 만한 예중의 하나이다. 그러나 스노드그라스(Snodgrass, 1972, p.227)가 지적하듯이, 서덜랜드의 "기업 범죄와 전문가 절도로의 시도는 단지 눈에 띄고 잘 알려진 예들이다. 그는 또 다른 연구 자료를 보관했는데, 어떤 때는 린칭, 노상강도와 무법자, 인디언 땅 사기, 서커스 야바위, 유괴, 밀수, 그리고 해적질과 같이 비밀스런 주제들에 대해서도 글을 썼다(p.227)." 서덜랜드의 학문적 관심은 과연 제시된 범죄이론이 다양한 범죄들을 설명할 수 있는가였다. 만약 그렇지 않다면, 일반이론에 대한 이론적 주장은 거부되었다. 그는 그의 이론, 차별접촉이론이 다양한 형태의 범죄를 — 그것들 모두가 학습된 행위이기 때문에 — 설명할 수 있을 거라 믿었다(제3장을 참조).

서덜랜드는 개인적 결함 혹은 병리를 가지고 범죄를 설명했던 이론들에 대해서 특유의 반감을 가지고 있었다(Snodgrass, 1972; 또한 Laub & Sampson, 1991을 참조). 그는 화이트칼라 범죄는 하위 계층 현상으로서 범죄행위를 빈곤과 연결시키거나 혹은 "정신박약, 정신병적 일탈, 빈곤 지역, 그리고 '황폐화된 가족'과 통계적으로 밀접한 상관이 있는 개인적 사회적 특성들"에 기반한 범죄에 대한 설명이 특별히 문제가 있음을 증명한다고 느꼈다(1940, p.1). 명백하게, 악덕자본가들, 음성적 의사들, 그리고 정치적 보스들은 정신박약도 아니었고 전이지역과 같은 지역에서 살지도 않았다! 그리고 그들이 그랬기 때문에, 당대 존재하는 이론들은 희망 없이 계급 편향적이었고 틀렸다. 서덜랜드가 통렬하게 주장했듯이(1940):

> 이 논문의 논지는 범죄가 사실은 빈곤이나 빈곤과 관련된 정신병적 혹은 사회병리적 환경들과 그리 밀접하게 관련이 없다는 것, 그리고 범죄 행위에 대한 충실한 설명은 상당히 다른 방식으로 행해져야 한다는 점에서 지금까지의 범죄의 설명과 개념들이 오도적이고 부정확하다는 것이다. 기존의 설명은 주로 그들이 편파적인 표본으로부터 도출되었기에 타당하지 않다. 표본은 하류층에 속하지 않는 사람들의 광범위한

> 범죄 행위들이 포함되지 않았기에 편파적이다. 간과된 부분 중의 하나가 이 논문에서 분석될 기업과 전문가들의 범죄 행위이다(p.2).

서덜랜드가 그의 관심이 전적으로 범죄학적이라고 주장할 수 있었던 다른 이유들도 존재한다. 만약 서덜랜드가 공개적으로 부정부패 고발 개혁가의 지위를 표방했다면, 그는 미국사회학회 회장으로서 진정한 과학으로 학계에서 가치 있는 분과학문으로 여겨지기 위한 사회학의 시도에 찬물을 끼얹었을 것이다. 더욱이, 당시의 교수들은 정치적 공격에 취약했다. 예를 들어, 서덜랜드가 가석방 심의위원회에 대한 그의 비판에 대해서 반박했다는 것을 알게 된 후, 전설적인 FBI 국장인 에드가 후버(J. Edgar Hoover)는 FBI 범죄통계를 그에게 보내는 것을 금하는 것을 포함해 서덜랜드와 그 어떤 접촉도 하지 말 것을 지시했다(Geis, 2007). 일찍이, 악덕자본가에 대한 비판가인 로스(E. A. Ross)는 그의 "위험한 사회주의" 때문에 스탠포드(Stanford University) 대학교로부터 해고당했다(Geis, 2007, p.13).

여전히, 서덜랜드가 필라델피아에서 주장했을 때 화이트칼라 범죄를 드러내는 그의 관심이 높은 지위를 이용해서 나른 이들에세 피해를 입히는 이들에 대한 그의 혐오로부터 오염되지 않은 가치중립적인 과학이라는 그의 주장은 솔직하지 않았다고 여겨진다(Geis, 2007; Geis & Goff, 1983; Snodgrass, 1972). 사실, 서덜랜드의 연설은 억제된 분노를 유지했다. 그는 관례적인 하류층의 범법자들과 그들을 동등하게 하기 위해서 그들의 "존경할 만한" 범법자를 깎아내리는 의도로 "사기꾼"과 "공갈꾼" 등의 단어를 선택했다.

상류층 범법자에 대한 서덜랜드의 경멸은 그가 필라델피아 연설 초반 "사실상 모든 이들이 지금은 동의하지만" 19세기 후반의 "악덕자본가"들이 화이트칼라 범죄자들이라는 것을 언급했을 때 명백했다(p.2). 그는, "오늘날의 화이트칼라 범죄자들"은 단지 "'악덕자본가들'보다 더 세련되고 더 기만적"이(p.2)라고 덧붙였다. 서덜랜드는 "화이트칼라 범죄(성)"는 어떤 직업의 대표자에게 "당신의 직업에서 찾을 수 있는 사기성 짙은 일은 무엇인가요?"라고 물어보는 것을 통해서 찾아낼 수 있는 것처럼 모든 직업에서 찾을 수 있다(p.2). 사실, 서덜랜드는 이러한 사기가 바로 "알 카포네가 '합법적 사기/공갈꾼'이라 명명한 것"들—서덜랜드가 기꺼이 폄하적인 비교라고 하는 것—이라고 말했다(p.3). 서덜

랜드는 "기업 세계에서 풍부하게 찾을 수 있는" 불법적 사업들의 목록을 만들었다(p.3):

> 기업의 화이트칼라 범죄(성)는 가장 일반적으로 기업의 재무제표 부정, 주식 거래의 조작, 상업 뇌물, 계약이나 입법을 위해서 직/간접적으로 공무원에서 제공되는 뇌물, 광고와 판매에서 행해지는 사기, 횡령과 기금 유용, 저울 속임, 세금 사기, 유산 상속이나 파산에서의 사기 등의 형태로 표현된다(pp.2−3).

서덜랜드는 또한 상류층의 불법들이 단지 약간의 해를 입히는 사소한 행위들일 뿐이라는 답변을 반박하고자 했다. 미래의 학자들이 그들 자신만의 말로 수도 없이 많이 반복했던 것에서(Cullen et al., 2006), 그는 "화이트칼라 범죄의 경제적 비용이 아마도 기존의 '범죄 문제'로 간주되었던 모든 범죄들의 경제적 비용보다 몇 배는 더 많을 것"이라고 주장했다(pp.4−5). 은행원에 의한 횡령 혹은 투자자에 대한 금융 사기와 같은 하나의 범죄행위는 백만 달러까지는 아니더라도 수백 수천 달러에 이른다. 여러 예들 중에서, 서덜랜드는 폰지 사기(투자자들에게 43%의 수익을 주겠다는) 혹은 피라미드형 사기에 기반했다가 대공황기에 망하고 1932년 그의 목숨을 끊었던 스웨덴 은행가 아이바 크루거(Ivar Kreuger)의 예를 들었다(Ivar Krueger, 2010). 서덜랜드는 "1938년 공공의 적 순위 1부터 6까지 절도와 강도에 의해 13만 달러"였던 데 반해서 "크루거에 의한 피해 액수는 거의 이천배에 이르는 2억 5천만 달러로 추정된다"고 봤다(p.5).

그러나 기득권자들이 범법을 저질렀을 때 치명적인 결과가 있었다. 서덜랜드는 "화이트칼라 범죄의 비용이 그렇게 크지만" "그것의 비용이 사회적 관계에 대한 해악보다 더 중요하진 않다. 화이트칼라 범죄는 신뢰를 깨고 그래서 낮은 사회적 도덕으로 이끄는 불신을 낳고 대규모의 사회해체를 만들어낸다(p.5)." 고 말했다. 반면에, 그는 "다른 범죄들은 상대적으로 사회제도들이나 사회 조직들에 미미한 효과를 만들어낸다(p.5)"고 주장했다. 후속 학자들은 이것을 화이트칼라 범죄의 "사회적 비용"이라고 불렀다.

## 화이트칼라 범죄의 아버지 되기

왜 서덜랜드는 화이트칼라 범죄를 발견하고, 정의하고 범죄학적 연구 주제로 만드는 데 있어 그렇게 중요한 역할을 했을까? 왜 그는 “화이트칼라 범죄의 아버지”로서의 영원한 발자취를 얻은 당대의 범죄학자가 될 수 있었나? 비록 추측이긴 하지만, 학자들은 “왜 서덜랜드”라는 질문에 대한 답을 그의 초기 생애에서 찾는다(Geis, 2007; Geis & Goff, 1983; Snodgrass, 1972). 가이스와 고프(Geis and Goff, 1983, p.xx)가 지적하듯이, 화이트칼라 범죄에 대한 그의 “감정적 뿌리”는 “서덜랜드의 초기 가정의 삶인 미 중서부 토양에 깊숙이 위치하고 있다.”

1888년 8월 13일 네브라스카주 깁슨에서 “에드윈 하딘(Edwin Hardin)”은 권위적이고 신앙적인 아버지가 가장인 집의 일곱째 중 셋째로 태어났다. 그의 아버지, 조지 서덜랜드(George Sutherland)는 신학 학위를 받았고 서덜랜드가 1904년 졸업했던 보수주의 침례교 학교인, 그랜드 아일랜드 대학(Grand Island College)을 포함하여, 캔사스와 네브라스카에 있는 여러 대학들에서 가르쳤다. 졸업사진은 미식축구 팀에서 풀백으로 활약했던 서덜랜드를 “교복을 입은 적절하게 매섭고 만만찮게 보이게끔” 한다(Geis, 2007, p.27). “서덜랜드의 부모, 특히 그의 아버지”는, 스노드그라스가 지적하듯이(Snodgrass, 1972, p.221), “종교적 근본주의자들이었고 모든 침례교 신앙의 엄격한 실천과 금욕을 따랐다.” 에드윈은, 일려져 있듯이, 이러한 근본주의와 금욕적 삶을 거부했고 흡연, 브리지 게임, 골프, 영화와 같은 것들을 즐겨했다(Snodgrass, 1972). 여전히, 그의 유년 경험은 상류층에 대한 그의 견해를 형성하게 했던 두 가지의 지속적인 영향을 그에게 주었다.

첫 번째, 가이스가 지적하듯이(Geis, 2007, p.28), “서덜랜드는 의심할 여지없이 그의 청년기에 네브라스카 주에서 특별히 강력한 지지를 얻었던 인민주의 운동(populist movement)의 영향을 흡수했다.” 네브라스카 주의 인민당은 1890년에 창당되었고 서덜랜드의 성장기 대부분 동안 네브라스카 주 정치를 주름잡았다(Nebraskastudies.org, 2010). 이 운동은 인권의 확장과 노동자와 농부들을 보호하는 것을 추구했다. 이 운동은 또한 강력한 기업들이 “산업의 민주적 통제”를 위협하기 위해서 그들의 부와 권력을 통합할 수도 있다는 것을 염려했다(Geis, 2007, p.29). 이러한 인민주의 감성은 기업의 부도덕에 대한 그의 견해에 중추적

이었다. 스노드그라스(1972)에 의하면:

> 화이트칼라 범죄에 대한 그의 이론은 기업가와 기업체, 특별히 현대적이고, 대규모의, 독점적 기업들에 대해서 일반적으로 적대적인 견해에 뿌리박고 있다. 그의 주된 관심은 산업의 집중, 집중의 결과로서 누적된 권력, 그리고 이러한 기업체들의 경제 시스템과 전통적인 사회질서에 대한 영향이었다. 그의 견해는 산업의 거대한 집중은 범죄행위, 특별히 반독점법의 위반을 통해서 발생했다는 것이다(p.269).

두 번째, 다른 사람들 말에 따르면, 서덜랜드는 의심할 여지없는 개인적 학문적 진실성/절조 — 침례교 근본주의자 후손으로 소급될 수 있는 자질을 가지고 있었다. 이것은, 스노드그라스(1972, pp.227–228)에 의하면, "시카고의 대부분의 비행청소년과 범죄자들이 가져보지 못한 일차적 차별접촉"에 가해진 서덜랜드 아버지의 영향이었다. 그는 그의 아버지와 함께 "정직에 대한 강박"을 성인기까지 가지고 왔고 "왜 모든 사람들이 사랑, 충성, 헌신, 그리고 정직에 대한 쿨리의 이타적 일차 이상형에 대해서 성찰하지 않는지를 이해하지 못했다(Snodgrass, 1972, p.227)." 서덜랜드는 특히 훌륭한 척하면서 뒤에서 범죄를 저지르는 화이트칼라 범죄자들의 위선에 대해서 혐오감을 가졌다.

그는 서덜랜드(1937) 자신이 전문털이범인 브로드웨이 존스에게 준 별칭 "Chic Conwell"을 포함한 전통적인 범죄자들을 선호했다. "The Professional Jones"에서 존스와 함께 작업한 후, 서덜랜드는 그에게 친구가 되어 주었고, 그들은 이후 서로 연락하고 방문하곤 하였다(Snodgrass, 1972). 사실, 문화일탈이론(서덜랜드의 차별접촉이론 접근에 대해서 그녀가 명명한)에 대한 그녀의 비판에서 콘하우저(Kornhauser, 1978)는 그의 작업에서의 "인민주의 감성의 가닥"은 그로 하여금 "윤리적 중립성"을 잃도록 했다고 주장했다(p.201). 그녀는 서덜랜드가 "비행청소년이 된 빈민가 소년들"은 "비행하위문화 속에서 가르침을 받을 수 있었던 착하고 친근한 청년"으로 묘사했지만 "반독점법을 위반하고, 그들의 상품에 대해 사기 광고하고, 다른 많은 사악한 짓거리를 하는 부자들은" "가증스러운 것"으로 묘사했다고 주장했다(p.201). 그녀는 "이러한 감성들은 오로지 그들의 연구 안정성이 보장되고 때문은 칼라 범죄의 결과로부터 자유로운 교수들만이 감당할 수 있는 사치스러운" 것이라 믿었다(p.201).

마지막 논평은 콘하우저가 글을 쓸 당시에는 학자들이 상류층 범죄의 파괴적인 영향들을 보여주기 시작했던 때였기 때문에 약간 부당해보이긴 하지만 양해가 될 수도 있다. 그러나 콘하우저는 결론에서 서덜랜드의 공감은 부자 범법자들이 아닌, 오직 가난한 범법자들에게만 이르렀다고 말한 것은 옳았다. 1940년대 저술 작업을 하면서, 서덜랜드는 전적으로 가난한 이들로 표상되는 범죄자들에 대해서 널리 퍼진 계급-편견적인 고정관념에 균열을 내기 위해 싸웠다. 그는 지역 유지들로 하여금 주일(일주일에 하루)에는 교회에 참석하고 주중(나머지)에는 약탈적 기업 활동에 몸담을 수 있도록 하는 존경의 가면을 벗기고 싶어했다. 이러한 인식의 전환을 달성하기 위해서, 그는 화이트칼라 범죄자를 전형적인 범죄자로 보도록 동일시하는 전략을 사용했다. 그의 관점은, 결론적으로, 화이트칼라 범죄는 다른 길거리 범죄와 같이 단지 범죄이고, 화이트칼라 범죄자 역시 길거리 범죄자와 마찬가지로 단지 범죄자일 뿐이라는 것이었다. 이런 등가성이 이해되었다면, 상류층 범죄자들의 특별한 죄악이 드러난다: 그들은 진정으로 그들이 범죄자라 여기지 않는다.

그러므로 필라델피아 연설 2년 전에 출판된 『전문털이범(The Professional Thief)』에서, 서덜랜드는 "많은 기업과 전문가들은 논리적으로는 전문 절도범의 행위들과 동일한 활동에 가담한다"는 것을 지적했다(1937, p.207). 특히, 화이트칼라 범죄와 전문 절도범은 둘 다 때때로 어떤 직업이든 먹고 살 수 있도록 해주는 숙달된 불법 행위들로 조직된다. 만약 핵심적인 차이가 있다면, 그것은 상류층의 범법자들을 표시하는 높은 수준의 부정—즉, 위선이다. 화이트칼라 범죄자들은 기실 그들이 "범죄자"라는 것을 거부하며, 죄책감을 끈질기게 부정한다(Benson, 1985; Conklin, 1977). "그 결과", 스노드그라스(1972)가 결론짓기를, "서덜랜드는 대중과 자신 스스로를 속이는 화이트칼라 범죄자들보다는 공개적으로 그들의 죄를 인정하는 전문 절도범과 같은 기존 범죄자들을 보다 더 존중하는 것처럼 보였다(p.269)."

## 화이트칼라 범죄 정의하기

누가 화이트칼라 범죄자인가? 1949년 『화이트칼라 범죄(White Collar Crime)』의 무삭제판에서, 서덜랜드(1983)는 "화이트칼라 범죄는 대략적으로 사회적으로 높은 지위에 있고 존경할 만한 지위에 있는 사람들이 그들의 업무 속에서 저질러지는 범죄로 정의될 수 있다"고 주장했다(p.7). 주장은 했지만 설명되진 않았다는 점에서 조금 이상하지만, 그는 "개념은 확정적이지 않도록 의도되었다"고 주장했다(p.7). 대신에, 그는 단지 "범죄학의 범위에서 일반적으로 포함되지 않았던 범죄들에 관심을 기울이도록" 하고 싶었다. 그러나, 그는 화이트칼라 범죄는 단지 "직업적 업무의 부분"인 범법들만을 포괄한다는 것을 명확히 했다. 높은 사회적 지위의 사람들이 저지르는 대부분의 "살인, 알코올중독, 혹은 간통"과 같은 다른 불법행위들은 제외되었다(p.7).

그래서 화이트칼라 범죄는 두 가지의 필수 요소를 가졌다. 첫 번째는 범죄자 요소이다: 범죄자는 높은 지위를 가지고 있어야만 했다. 두 번째는 범죄 요소이다: 범죄는 직업에 기반하고 있어야 했다. 이러한 개념화의 가치는 서덜랜드가 학자들로 하여금 지금까지는 간과되어 왔던 무법의 영역들: 부자와 권력자들이 그들의 직업적 위치를 사용하여 보다 더 많은 돈과 권력을 축적하는 범죄들에 대해서 예민하게 만들었다는 것이다. 그러나 우리가 선호하는 화이트칼라 범죄를 정의하는 서덜랜드의 접근은 비난을 면치 못한다. 예를 들어, 횡령범죄의 사례를 생각해보자. 첫눈에, 이 범죄는 하나의 원형적인 화이트칼라 불법성으로 보인다. 그러나 연간 2만 달러의 은행원의 횡령을 은행 중역의 연간 50만 달러 횡령과 비교한다면, 상황은 더 복잡하다. 비판가들은 이러한 것들이 동일한 범죄들이라 주장한다: 결국, 둘 다 횡령이다. 서덜랜드 편에 서 있는 사람들은 이러한 주장이 화이트칼라 범죄 개념의 본질적인 부분—높은 사회적 지위를 가진 범죄자 요소가 개념을 의미 있게 만든다는 것을 놓치고 있다고 반박했다. 그러므로 임원의 횡령은 질적으로 직원의 횡령과 다르다; 그들의 횡령은 현금출납기를 좀도둑질하는 것이 아니라 신뢰와 비밀 엄수의 구실하에 돈다발을 사취하는 것이다. 보다 직접적으로, 이러한 논쟁에 해결책은 없다. 중요한 점은 학자들이 사용하는 화이트칼라 범죄의 정의가 범죄자 요소를 포함하는지 혹은 포함하지 않는지를 알고 있는 것이다.

정말로, 신중하게 경험적 연구들을 조사했을 때, 중요한 발견이 이루어졌다; 강도와 절도 등과 같은 관습적인 범죄와 다르다는 점에서 비록 화이트칼라 범죄로 간주될 수 있는 범죄들도 사실은 낮은 지위의 범법자들, 몇몇은 피고용자들에 의해서 저질러진 범죄였다. 와이즈버드와 워링(Wiseburd and Waring,

2001)의 화이트칼라 범죄 경력에 대한 중요한 연구를 예로 살펴보자. "사기, 기만, 공모 결탁"을 통해서 경제범죄로 화이트칼라 범죄를 정의하면서, 그들은 "반독점 범죄, 유가증권사기, 우편 전신 사기, 허위 진술과 허위 표시 기재, 신용 대부 회사 사기, 은행 횡령, 세금 사기, 그리고 뇌물"의 여덟 가지 연방 범죄들에 대한 개입/연루를 조사했다(2001, p.12). 이러한 행위들은 서덜랜드가 생각했던 높은 지위의 범죄자들에 의해서 저질러지는 범죄인가? 그래 보이지 않는다. 따라서 범죄자의 3분의 2는 기업체를 소유하지 못하거나 기업체의 임원이 아니었다. 우리의 계산에 의하면, 거의 4분의 3은 대학 학위가 없었고, 5분의 3은 경제적 자산보다 빚이 더 많았고, 45%는 꾸준한 직장이 없었다. 더욱이, 하나 이상의 범죄를 저지른 이들 중, 단지 적은 이들(15.1%)만이 화이트칼라 범죄를 저질렀다. 와이즈버드와 워링(Wisburd and Waring, 2001)은 다음과 같이 결론짓는다:

> 많은 화이트칼라 범죄들은 범죄를 저지르기 위해서 높은 직업적 지위 혹은 엘리트 사회적 지위를 필요로 하지 않는다. 대부분의 이러한 범죄를 저지르기 위해서 필요한 기술은 매우 적다. 대출 및 신용카드 사기는 은행의 대출 신청서를 작성하는 이에 의해서 저질러지고, 세금 사기는 연말정산(세금보고)을 작성하는(혹은 기피하는) 이에 의해서 저질러진다. 우편 사기는 때때로 전화나 우편 사기보다 기술을 더 요구한다(p.89 강조).

와이즈버드와 워링은 명백하게 미국의 후기산업 금융과 서비스 경제에 풍부하게 된 불법들을 범죄의 중요한 영역으로 초점을 맞추고 있다는 것이다. 그러나 이러한 모든 사기와 계략들을 모두 "화이트칼라"라 부르는 것은 서덜랜드가 제일 처음 부여했던 그 의미의 개념을 빼앗는 것이다. 안타깝게도, 어떻게 개념이 사용되어야 하는지에 대한 범죄학적 판결은 없다. 결국, 학자들은 그들이 원하는대로 개념을 자유롭게 사용한다. 따라서 소비자들, 여기서 독자들은 이것을 명심해야 한다.

다시 말해서, 어떤 학문적 연구를 읽을 때, 어떻게 화이트칼라 범죄의 개념이 정의되었고 그러한 개념하에서 뽑힌 범죄자들은 누구인지를 아는 것이 핵심이다. 가장 주목할 만한 부분은 이러한 정의적 결정의 이론적 함의는 잠재적으로 무궁무진하다는 것이다. 서덜랜드는 전형적으로 빈곤과 관련된 특성들이 모든 범죄를 야기하지 않는다는 것을 보여주기를 원했기 때문에 높은 지위의 직업적 범죄자들에 초점을 두었다는 점을 기억해라. 그러나 만약 화이트칼라 범죄의 광의의 정의를 사용하면, 우리는 비정규직으로 고용되는 대학 학위 없는 피고용인들을 포함할 수 있을 것이고, 그렇다면 나쁜 개인적 특성을 지지하는 이론들은 화이트칼라 범죄에 대한 설명으로서의 경험적 지지를 찾아낼 수도 있을 것이다. 바로 이런 논쟁이 과연 갓프레드슨과 허쉬의 자기통제이론(우리가 6장에서 살펴본)이 화이트칼라 범죄를 충분히 설명하는 이론인가에 대해서 의문이 제기되었다. 낮은 지위의 범죄자를 포함하는 광의의 정의를 사용하여, 갓프레드슨과 허쉬는 그들의 "일반 이론"이 다른 모든 범법자들이 그렇듯이 화이트칼라 범죄를 저지르는 이들도 낮은 자기 통제력을 가지고 있다는 점에서 설명할 수 있다고 주장한다.

그러나, 비판가들은 이러한 관점은 서덜랜드가 묘사했던 상류층의 화이트칼라 범죄 종류를 설명하는데 있어 불충분한 설명을 제공한다고 지적한다(또한 Simpson & Piquero, 2002를 참조). 이러한 범죄 기회가 존재하는 관리직에 오르기 위해서, 사람들은 괄목할 만한 자기 통제력－낮은 자기 통제력을 처음에는 교육에서(좋은 성적, 학위를 이수하는 것) 보여주고 그 다음에는 직장에서(매일 출근하는 성실함과 업무 역량) 보여주어만 한다. 낮은 자기 통제력을 가지고 있는 사람들이 전형적인 일탈을 보여주면서, 약물 중독과 같은 범죄와 동일시되는 방종적 일탈을 저지르면서 여전히 승진의 길에 남아 있을 가능성은 거의 없다. 더욱이, 그것들은 다른 업무와 비슷하기 때문에, 어떤 화이트칼라 범죄는 계획을 수립하는 능력과 가격담합과 같이 일정 기간 동안 불법 금융 사기를 관리할 수 있는 자기 통제력을 요구한다(Friedrichs & Schwartz, 2008). 과연 자기통제 혹은 위험 감수 경향과 같은 개인적 성향/특성이 어떤 화이트칼라 임원이 법을 위반하는지 혹은 안 하는지를 구별하는지는 더 지켜봐야 한다. 그러나 여기서 중요한 점은 어떻게 화이트칼라 범죄가 정의되고 어떤 종류의 사람들이 표본에 포함되어 특정 이론을 선호하게 되는지이다(Stadler, 2010를 참조).

화이트칼라 범죄는 무엇인가? 범죄는 분명하고 간단하게 형법을 위반한 행위이다. 그러나 서덜랜드가 이해한 것처럼, 부자와 권력자들에 대해서 범죄로 규정하는 것은 무엇인가? 예를 들면, 기업이 제품을 사용하면 소비자가 죽음에 이르게 될 수도 있다는 것을 알면서 제품을 파는 것이 범죄인가?

1978년 두 자매와 놀러온 한명의 사촌으로 구성된 세 명의 소녀들은 그들의 포드 핀토가 충돌 후 불타는 사고 때문에 사망했다. 핀토는 후방 충돌 후 불이 붙는 것으로 알려져 있었다(Dowie, 1977). 자동차의 연료통은 후방 범퍼로부터 단지 6인치 내에 위치하고 있었고, 그것이 충돌의 영향을 받으면, 앞으로 밀려 들어오고 다른 부품에 부착된 볼트에 의해서 구멍이 날 수도 있었다. 기름은 조수석까지 새게 되고 폭발성 화재가 뒤따르게 된다. 인디애나 주 엘크하트의 지방 검사인 마이클 콘센티노(Michael Consentino)는 밴에 의해서 후방 충돌을 당한 후 불길에 휩싸였던 차에 타고 있던 소녀들의 죽음에 포드 사의 책임이 있다고 믿었다. 그러나 위험한 상품을 시장에 내다 판 기업의 형법적 책임을 공표한 형법 조항이 존재하지 않았다. 대신에, 콘센티노는 획기적으로 인디애나 주의 우발적 살인 조항을 기소하는 데 사용했다.

그러나 포드 사는 이 법 조항이 개인들, 예를 들면 방아쇠를 당긴 개인들을 대상으로 한 것이지 합법적 제품을 판매한 회사를 대상으로 한 것이 아니라고 항의했다. 포드 사는 또한 연방법에 의해서 규제되는 사업체로 핀토를 만들면서 연방 안전 규정을 위반하지 않은 상태에서, 주 형법을 적용하는 것은 위헌이라고 주장했다. 포드 사는 미 헌법의 우월 조항하에서 연방 규제로 "대체"되거나 개별 주들에 의한 그 어떤 형사 소송도 금지한다고 말했다. 마침내, 콘센티노는 성공과 실패를 경험했다. 그는 기업이 잘못된 제품을 판매하면 살인죄와 같은 형사 처벌을 받을 수도 있다는 것을 보여주면서 포드 사가 이 형법 조항 하에서 재판을 받도록 하는 중요한 싸움에서 이겼다. 그러나, 법적인 세부 사항과 넘치는 자금을 보유한 가공할 만한 적과 대면하면서, 그는 우발적 살인(과실 치사)에 대한 포드 사의 유죄판결을 이끌어 내는 데는 실패했다(Cullen et al., 2006).

그의 필라델피아 연설과 이어진 그의 책 『화이트칼라 범죄(White Collar Crime)』에서, 서덜랜드는 이러한 문제에 직면했다. 비록 기업이나 기업의 임원이 다른 이들을 재정적으로 혹은 물리적으로 해를 입혀도, 범죄인가? 라고 언급했듯이, 다른 모든 것들을 통제한 후, 많은 기업 피해들은 전통적으로 사적 시민이 피해에 대해서 소송을 하는 민사 소송과 정부의 규제기관들이 기준을 부과하고 강제하는 것과 같은 두 가지의 법적 체계를 통해서 다루어졌다. 과실은 범죄일 수 있지만 역사적으로 그렇게 다루어지지 않았다는 이러한 난제에 대한 서덜랜드의 반응은 이중적이었다. 그가 이해했던 문제의 핵심은 바로 범죄학의 경계에 대한 문제였다. 학문적 주제의 문제로서 설명할 수 있는 것은 무엇인가?

첫 번째, 서덜랜드는 상류층의 범죄자들이 어떤 법안이 통과되고 누구한테 적용되는지에 힘을 발휘할 수 있기 때문에 형사처벌을 피한다는 점을 지적했다. 간단히 말해서, 그들은 그들의 위해가 명백하게 위법적이지 않도록 하고, 그렇게 함으로써, 수감될 가능성이 있는 범죄로 기소를 당하는 것이 아니라 민사나 규제 체계에서 처리되도록 한다. 서덜랜드는 "그들의 사회적 지위 때문에" "그들은 무엇이 법안이 되어야 하고, 그들에게 영향을 줄 수 있으니, 어떻게 형법이 실행되고 관장되어야 하는지에 대해서 큰 입김을 가지고 있다"고 봤다(1940, p.8). 두 번째, 과연 어떤 행위가 범죄인가를 위한 핵심 기준은 그에 대한 비판가들이 주장하듯이, 과연 어떤 이가 공식적으로 범죄로 처벌받는가의 기준은 아니라는 것이다(Tappan, 1947; 또한 Orland, 1980을 참조). 이러한 접근을 받아들이기 위해서, 범죄학은 형사 책임을 피하기 위한 부자와 권력자의 역량을 바라보기만 할 것이다. 서덜랜드는 "실제 유죄 선고보다 유죄가능성(convictability)이 범죄성의 기준이 되어야만 한다"라는 기발한 해결책을 가졌다. 따라서 어떤 행위가 기소되느냐와 관계없이, 행위는 그것을 범죄로 규정한 형법하에서 처벌받을 가능성이 있다는 사실이다.

서덜랜드는 나중에 45년 동안 기업의 역사에서 "70개의 대규모 제조업, 광산 그리고 영업 회사"의 범죄성을 연구한 책인 『화이트칼라 범죄(White Collar Crime)』에서 이 정의에 의존했다(1983, p.13). 그의 1949년판이 1983년 소송의 두려움 때문에 빠졌던 회사 이름들을 다시 포함시켰다는 것을 상기하면, 이 판본이 여기서 인용될 것이다. 그는 민사 소송, 형사 법원, 규제 기관 그리고 합의된 사건들에 의해서 만들어진 기업들의 귀책을 명시한 판결들을 검토했다(자세한 설명을 위해서 Sutherland, 1983, p.15을 참조). 다시 말하지만, 기업 범죄의 용례는 형사 책임이 입증되지 않은 판결을 사용하는 것에 대해서 비판받을 수 있다. 여전히, 서덜랜드의 통계는 많은 범죄 행위들이 피해자들, 검사들 혹은 규제 기관의 관료들에게 발각되지 않기 때문에 불법의 정도는 아주 많이 과소 추정되었다.

서덜랜드는 70개의 기업들이 평균적으로 14건의 불법을 저질렀다는 것을 의미하는 총 980건의 판결을 찾아냈다. 거의 모든 기업들에 해당하는, 97.1%의 기업들은 두 건 이상의 불리한 결정을 받았다. 이러한 결과를 인용하면서, 그는 "범죄자의 대부분이 상습범인 것처럼, 전문 절도범과 같이 기업들의 범죄는 상습적"이라고 결론짓는다(1983, p.227). 그는 "위법을 저지른 기업가에 대해서 사용된 그 어떤 공식적 절차도 그들을 재활하거나 혹은 비슷한 행위로부터 다른 기업가들을 억제하는데 있어 아주 효과적이지 못했다"고 덧붙인다(p.227). 서덜랜드는 비록 그의 분석이 형사 유죄선고에 제한되어 있지만, 표본의 60%는 평균적으로 네 건의 유죄선고를 받았다는 점을 지적했다. 그는 "많은 주들에서, 네 건의 유죄판결을 받은 사람은 법규적으로 '상습적 범죄자'로 정의된다"라고 감정적인 주장을 했다(p.23). 주목할 만하게, 후속 연구들은 비슷한 결과에 도달했다(특히 Clinard & Yeager, 1980을 참조).

서덜랜드의 용어 선택은 의도적이었다. 그는 높은 사회적 지위 혹은 존경할 만한 위치에 있는 이들이 범죄 연루로부터 절연되어 있다는 미신의 정체를 폭로하길 원했다. 그의 견해에 의하면, 도시 빈민가로부터 길거리 범죄자들에게 적용되었던 낙인들은 기업체의 사무실을 점유하고 있는 지속적 범죄자들에게도 똑같이 어울린다. 그들은 규칙적으로 법을 어겼고, 그 때문에 "누범자"와 "상습범"이란 오명을 얻었다. 스노드그라스(1972)는 서덜랜드가 『White Collar Crime』의 초기 원고에서는 심지어 "생래적 범죄자로서 기업"이라고 장의 이름을 지었다고 지적한다(p.268). 스노드그라스(Snodgrass, 1972)에서 인용되었듯이, 서덜랜드는 롬브로조의 유명한 "생래적 범죄자"란 용어에 대한 선택을 다음과 같이 정당화하고 있다:

> 아래에 제시되는 분석은 이러한 기업들 중 약 반 정도는 태생적으로 범죄적으로 보이고, 그래서 롬브로조 식의 범죄성의 유전이 아니라 창사/조직화된 이래로 혹은 창사 이후 그들의 행위가 법을 위반하려는 의도를 가진 명백한 행위라는 차원에서 "생래적 범죄자"라 부를 수 있다(p.268, fn.67).

## 화이트칼라 범죄 설명하기

다시 반복하자면, 서덜랜드는 화이트칼라 범죄의 실재에 대해서 글을 쓰고 개념을 개발하는 데 있어 세 가지의 목적이 있었다. 첫 번째, 숨겨진 개혁운동의 혹은 비리 폭로적 지향에 영감을 받아서, 그는 범죄학의 영역 안에 부자와 권력자의 범죄들을 끌어 들이고 싶어 했다. 그는 동료 학자들이 상류층의 범죄에 관심을 가지고 이러한 범죄자들이 평범한 범죄자들보다 그리 낫지 않다는 것과 동일한 처벌과 오명을 뒤집어 쓸 가치가 있다는 것을 보여주길 원했다. 두 번째, 그는 빈민과 상관이 높을 수밖에 없는 개인적 특성에 초점을 맞추면서 범죄자들을 병리학적으로 분석하는 이론들을 폭로하기를 원했다. 화이트칼라 범죄자의 존재 그 자체가 이러한 계급 편향적인 분석틀을 반증하는 것이었다. 정신박약이 범죄의 주요 원인이 된다고 주장하는 것은 하버드 대학교를 졸업하고 대기업의 임원인 화이트칼라 범죄자를 대면했을 때 매우 어려워진다. 세 번째, 서덜랜드는 이 기회를 모든 형태의 범죄를 설명할 수 있을 정도로 충분히 광범위한 체계적 일반이론을 발전시키는 것을 선호하는 범죄 연구에 대한 자신의 고유한 접근을 널리 알리는 데 사용했다. 이러한 일반론적 접근은 물론 우리가 3장에서 범죄학의 시카고학파에 대해서 살펴본 그의 차별접촉이론이었다. 우리는 이제 화이트칼라 범죄에 대한 서덜랜드의 설명으로 넘어간다.

서덜랜드는 "경제계(실업계) 사람들은, 이런 의미에서, 아마도 빈민가의 사람들보다 더 범죄적이다(재인용 Snodgrass, 1972, p.268)." 어떻게 이럴 수가 있나? 무엇보다도, 서덜랜드가 말하길(1983), 화이트칼라 직업군에 있는 사람들은 좋은 집안과 좋은 동네 출신이고 그 어떤 청소년 비행 기록을 가지고 있지 않다(p.245). 그러나 그들의 기업 혹은 전문가의 세계에 들어올 때, 그들은 점차적으로 그들이 커왔던 관습적 사회로부터 고립되어 간다. 이전의 사고방식과 도덕관념은 일을 하는 데 있어 새롭게 배운 방식으로 대체되었다. 즉, 그들은 불법적인 것들이 가능할 수 있도록 해주는 기술과 상황에 대한 정의를 가르쳐주는 화이트칼라 동료들과 차별접촉을 경험한다. 사실, 새로운 업무로, "다른 이들에 대해서 사려가 깊고 이상주의적인 젊은이는 화이트칼라 범죄에 입성하게 된다(p.245)." 그는(서덜랜드 시대에서는 실질적으로 모두가 남성이었다) 관리자로부터 명령을 받거나 혹은 비윤리적인 실천에 가담하는 것을 다른 동료로부터 배운다. 그는 "우리가 잘 먹고 잘 살자고 사업하는 게 아니야" "사업은 사업일 뿐이야" 그리고 "팔복 위에 세워진 사업은 없다"는 등의 문장과 같이 법을 위반하는 것을 정당화하는 관념을 배운다(p.245). 보다 더 이론적으로 말하자면:

> 여기 제시되는 가설은 … 화이트칼라 범죄는 다른 체계적 범죄와 마찬가지로 학습된다는 것이다; 즉 이미 그러한 행위를 하고 있는 사람들과의 직접 혹은 간접적인 접촉(교제)을 통해서 배운다; 이러한 범죄 행위를 배운 사람들은 법을 준수하는 행위와의 친밀하고 빈번한 접촉으로부터 분리된다. 어떤 사람이 범죄자가 되느냐 아니냐는 이러한 두 종류의 행위에 대한 그의 접촉의 빈도와 친밀성에 의해서 거의 결정된다. 이것을 차별접촉의 과정이라 부를 수 있다(Sutherland, 1940, pp.10－11).

범죄의 전통은, 사업의 세계를 포함하여, 창발하고 사회적으로 해체된 사회의 구역으로 전이된다고 시카고학파가 주장했던 것을 상기해보자. 이러한 구역들에서, 관습적 제도들(예를 들면, 결손 가정)은 약해지는 반면에 범죄 조직(청소년 갱이나 성인 모리배들)은 강력하게 성장한다. 쇼와 맥케이는 전이지역은 사회적으로 해체되었고 범죄적 전통은 단단하게 자리잡고 전이되고 있다고 주장했다. 그러므로 이러한 동네에서 자라는 아이들은 차별적으로 접촉하고 범죄 가치와 기술을 배우게 될 가능성이 높아지게 된다. 중요하게도, 서덜랜드는 상류층에 대해서도 동일한 주장을 전개했다. 그는 범죄를 억제하는 힘은 약한 반면에 범죄를 조직화하는 힘은 강력한 것처럼 미국의 이 영역 또한 사회적으로 해체되었다고 주장했다. 이론적 원칙은 부자와 빈자에 대한 범죄에 있어 동일하고 범죄의 내용만이 다를 뿐이다.

따라서 서덜랜드는 왜 화이트칼라 범죄와 싸우도록 조정된 (사회적)힘이 약한지에 대해서 적어도 네 가지 이유를 밝혔다. 첫 번째, 지역사회에서 그들의 존경할 만한 위치와 높은 사회적 지위 때문에, 대중들은 적어도 서덜랜드 시대에는, 기업가들과 전문가들을 “범죄자”로 생각하지 않았다. 그에 따라, 그들은 화이트칼라 방종에 대한 법의 적용에 대해서 요구하거나 들고 일어서지 않았다. 두 번째, 서덜랜드(1983)가 “아노미”라 명명한 지배적인 자유방임 자본주의 이념은 기업 행위에 개입하지 않도록 하는 일반적인 정당성을 제공하고 있었다. 그가 지적했듯이, 유해 행위를 규제하려는 계획은 기업 관료들에 의해서 “공산주의적”이라고 비난받는다(p.255). 세 번째, 기업들은 그것을 통제하려는 시도를 중단시키기 위해서 그들의 영향력을 사용한다. 이러한 힘은 상류층의 행위를 형법으로 처벌하려는 것을 우회하는 역량에서 보여진다. 또한 불법행위를 그만하고자 하는 의지를 해치는 기업 임원들과 정치 엘리트 간의 “결탁/교제/간통”이 있다(p.256). 네 번째, 화이트칼라 범죄의 잠재적 피해자들은, 그들에게 피해를 입히는 사람들과 비교해서, 약하다. 서덜랜드는 "소비자, 투자자, 그리고 주주들은 조직되지 않았고, 기술적 지식이 부족하고, 그들 스스로를 보호할 수 없다"라고 봤다(p.9). 사실, 서덜랜드가 말하길, "그것은 마치 아기한테서 사탕을 뺏는 것과 같다(p.9)."

반면에, 화이트칼라 범죄는 "조직된 범죄"이다. 서덜랜드는 "기업행위는 조직의 행위와 비슷"하다고 주장했다(1983, p.235). 대중과 잠재적 집행자(법원, 규제 기관)을 해체시키기 위한 시도를 넘어, 기업체는 범죄를 위해서 조직된다. 서덜랜드는 이러한 범죄조직의 네 가지 중요한 특징을 식별했다. 첫 번째, 사업체들은 개발하고, 지원하고, 새로운 직원을 범죄 문화에 전이시킨다. 이러한 문화는 정부와 규제기관에 대한 무시, 양심과 어떤 수치심을 중화시키는 불법 행위의 가치 부여, 그리고 불법 행위가 그렇게까지 범죄적이진 않다고 재정의하도록 고안된 합리화 등을 포함한다. 두 번째, 사업체들은 내부적으로 그리고 다른 사업체와 함께 불법 행위(예를 들면, 거짓 광고와 가격 담합)를 계획하고 실행하는 것을 공모한다. 세 번째, 사업체들의 법인이라는 가면은 화이트칼라 범죄를 저지른 범인을 익명으로 남겨두고 형사적 책임은 조직의 다양한 사람들에게 분산되도록 한다. 그래서, 불가능하지는 않겠지만, 특정 개인에게 형사적 책임을 묻는 것은 어렵다. 마지막으로, 사업체의 합리성은, 무엇보다도 기업의 목적은 이윤을 내는 것이기에, 비밀스럽게 행해질 수 있고 약자에게 피해를 입히는(소비자들은 그들의 피해를 알지 못하고 그것에 대응해 싸울 여력이 없다) 불법 행위에 대한 초도덕적인 선택을 조장한다. 사업의 합리성은 단순히 "기술적 효율성"을 발전시키는 것이 아니라 점진적으로 "광고, 영업, 선전, 그리고 로비에 의해서 사람들을 조종"하는 데 목적이 있고, 사업체들로 하여금 "진정한 마키아벨리적 이념과 정책"을 받아들이도록 하는 데 있다. 마침내, 서덜랜드는(1983) 그의 분석은 "사업체들에 의한 법 위반들은 계획적이고 조직된 범죄들이라는 결론을 정당화한다(p.239)"고 말한다.

요약하면, 필라델피아 연설을 시작으로, 서덜랜드는 범죄학에 결정적인 영향을 주었다. 가이스와 고프(Geis and Goff, 1983)가 지적하듯이, 화이트칼라 범죄 개념에 대한 그의 소개는 "이전까지 범죄학자들이 간과해왔던 법위반의 형태에 대해서 관심을 두는 근본적인 방식에 있어 전 세계적으로 범죄의 연구를 바꿔놨다(p.ix).” 제2차 세계대전을 겪고 1960년대와 70년대 어떻게 사회적 부정의와 범죄가 “부익부 빈익빈 교도소”가 되는 것을 용납하는지의 사회적 혼란을 겪기 전까지 화이트칼라 범죄에 대한 학자들의 관심은, 아주 없지는 않더라도, 그냥 그저 그랬다. 범죄학자들이 서덜랜드에 대해서 재발견하면서, 그들은 점진적으로 화이트칼라 범죄의 원인들과 개발된 이론들을 탐구하기 시작했다. 우리는 이러한 학자들의 땀의 결실로 넘어간다.

## 조직문화

화이트칼라 범죄에 대한 에드윈 서덜랜드 접근의 불후의 유산은 우리로 하여금 어떻게 합법적 사업체 안의 문화가 범죄를 야기하고 직원들에게 전이될 수 있는가에 대해서 민감하게 한다. 후학들은 이러한 문화의 원천과 본질을 연구해왔다. 범죄문화는 일반적으로 혹은 특수한 상황에서 범법을 허락하고 조장하는 정의들로 구성된다. 본질적으로, 범죄적 정의는 직원들에게 “이러한 모든 멍청한 법들을 무시해도 괜찮아” 혹은 “이 법을 위반하는 것은 괜찮아”(예를 들면, 가격을 담합하는 것은 괜찮아 혹은 이런 안전 규정은 무시해도 돼)라고 말한다. 그러한 정의들은 직원들에게 특정 위험들 — 그것이 재정적이거나 혹은 건강관련이든 — 이 “그리 나쁘지 않고” 그래서 무시해도 된다고 말하면서 직무태만을 조장한다. 이 절에서, 우리는 서덜랜드의 전통에 속하는 세 가지의 이론적 관점들을 살펴본다.

### 비윤리적 문화

서덜랜드와 몇몇의 다른 학자들과 함께(예를 들면, Gilbert Geis), 마샬 클리나드(Marshall Clinard)는 화이트칼라 범죄 연구가 자리 잡는 데 결정적인 역할을 했다. 클리나드가 언급하듯이(1952), 그는 시카고 대학의 대학원생일 때 서덜랜드에 의해서 이 분야를 알게 되었다. 비록 아주 독실한 사도는 아니지만, 상류층의 범죄에 대한 클리나드의 관점은 서덜랜드에게서 크게 영향을 받았다. 특히, 그의 경력에서, 클리나드는 어떻게 기업 내의 서로 다른 윤리적 분위기에서 차별접촉이 화이트칼라 범죄의 주요 원인이 되었는지에 대해서 관심을 가졌다.

그의 역작 『암시장(The Black Market)』에서, 클리나드(1952)는 제2차 세계대전 동안 물가 관리국(office of price administration)에서 제출한 규제위반들을 탐구했다. 집세와 부족한 식량과 소비재 등(전쟁을 보다 더 비싸게 만들 수 있는)에 대한 가격 제한은 인플레이션을 방지하기 위해서 부과되었다. 배급제도 또한 모든 시민들이(육류, 설탕, 신발, 유류) 상품들에 공평하게 접근하는 것을 보장하도록 제도화되었다. 국가의 존망이 위태로운 상황에서, 애국심은 이러한 전시 규제에 대해서 보편적인 준수를 가져올 것이라 기대되었다. 실제로는 그렇지 않았다. 대신에, 클리나드는 사업체들이 광범위하고 체계적으로 이러한 OPA 규제를 위반하였다고 보고했다. 예를 들어, 가격이 통제되어있는 소고기의 할당을 받기 위해서, 부당한 이득을 노리는 도매업자는 소매가게들에게 중량이 미달된 물품을 받도록 하고, 뒷돈을 내도록 하고, 혹은 부풀린 가격으로 소세지와 같이 규제 되지 않은 상품을 구매하도록 했다.

클리나드(1952)는 OPA 가격 위반들은 "사업의 조폭스러움과 어두운 요소들을 보여주는 것(p.293)"이 아니라 산업 전체의 행위들, 몇 개의 사과가 아니라 전체 나무가 썩었다는 것을 드러냈다. 이러한 사기 행각들은 전쟁 이전에도 다른 상황에서 사용되었는데, 어떤 것들은 OPA에 의해서 부과된 가격 통제를 피하기 위해서 새롭게 발명된 것들이었다. "암시장과 위반 사례의 광범위함 속에서", 클리나드는 불법성은 "주로 하위문화적 전이"에 기인하다고 결론지었다(p.299). OPA 위법 행위를 저지르는 데 필요한 기술들은 다른 사업가들과의 대화를 통해서 배웠다. 법 위반에 우호적인 정의들은 사업 공동체에서 재강화되었다. 따라서 정부 규제들은 "멍청한 것"으로 묵살되었고, 법 위반자들은 다른 사업체 운영자들 사이에서 지위를 잃지 않았고, 같은 산업에 종사하는 사람들 사이에는 서로 서로를 "고자질"하거나 밀고하지 않는다는 합의가 존재했다(pp.304−307). 서덜랜드가 목소리를 높였던 말로 클리나드(1952)가 주장하듯이:

> 대부분의 암시장 위반은 다른 이들로부터 배운 행위에 그 기원이 있는 것으로 보인다. 비윤리적이거나 불법적인 실천들은 이러한 차별접촉에 의해서 전이되는 것과 비슷하게 이러한 법 위반행위를 지지하는 상황정의와 합리화의 부분이 서로 전달된다(pp.298−299).

1980년, 피터 이거(Peter Yeager)와 함께, 클리나드는 또 다른 역작인 『기업범죄(Corporate Crime)』를 저술했다. 비록 서덜랜드가 사용한 방법을 똑같이 사용한 것은 아니지만, 이 연구는 『화이트칼라 범죄(White Colllar Crime)』의 핵심적인 부분을 되풀이했다. 1975년부터 1976년까지, 클리나드와 이거는 미국 내 대규모 공적 제조업의 477건의 불법을 조사했다. 그들은 25개의 연방 기관들에 의해서 이러한 기업들에 대해서 부과된 형사, 민사 그리고 행정 명령들을 기록했다. 그들은 그들의 측정이 발각되지 않는 많은 불법 행위를 설명하지 못한다는 것을 알게 되었다. 그렇다 하더라도, 그들은 기업들의 5분의 3에 해당하는 60.1%는 그들에 대해서 최소한 한 건 이상의 사건이 있었고, 표본 기업들의 연방 불법 사건의 평균은 2.7건이었다. 가장 놀랍게도, 분석은 기업들의 단지 8%가 전체 위반의 52%를, 가장 많이 저지른 범법기업은 평균의 23.5% 차지했다는 것을 드러냈다(Clinard & Yeager, 1980, p.116). 우리는 이 마지막 결과를 곧 다룰 것이다.

『기업범죄(Corporate Crime)』에서, 클리나드와 이거(Clinard and Yeager, 1980)는 어떻게 기업 조직이 무법성을 조장하는가에 관심을 가졌다. 그들 관점의 주요 구성 요소는 "기업의 문화"였다(p.58). 두 가지 요소들이 내부 문화로 하여금 불법행위의 중추적 원인이 되게 한다. 첫 번째, 이 문화는 "법 위반에 대한 기업의 방어기제"로 충만하다(p.68). 그곳에는 왜 기업들을 규제하는 법들은 선택적으로 복종할 수 있는지를 정의하는 신념 혹은 "합리화"가 있다. 예를 들어, 이러한 것들은 자유로운 경제 시스템은 그 어떤 정부 규제도 불법이게 만든다는 신념을 포함한다. 또 다른 방어기제는 불법행위는 그것이 이득을 가져온다면 용납된다는 것이다. 또 다른 것들은 규제들이 따르기는 너무 복잡하고 법규 위반은 실수로 누락한 것들이라는 것이다. 뒷부분에 우리는 이러한 합리화 혹은 중화의 기술들을 다시 살펴본다.

두 번째, 기업들은 새로운 신입들에게 이러한 문화를 가르치는 데 잘 조직되어 있다. 피고용인들은 "기업 이념"을 받아들이는 것에 대한 보상을 받는 역할을 점하고 있다(p.66). 이러한 구조적 위치는 직원들로 하여금 강력한 사회화의 압력에 노출시킨다. 그들은 그들의 비윤리적 신념이 도전받을 수 있는 경쟁적 관점의 세계로부터 고립되는 경향이 있다. 클리나드와 이거가 보듯이(1980), "그들은 거의 독점적으로 친기업적이고, 정치적으로는 보수적이고, 일반적으로 정부 규제를 반대하는 사람들과 교제하는 경향이 있다(p.68).” 이러한 고립은 새로운 지리적인 위치로 직업을 옮기는 것과 기업이 개인의 삶에서 최우선으로 자리매김하고 지배하는 과로/혹사에 의해서 증대된다. 이러한 상황에서, “동료들과 상사들은 개인들의 일과 사회적 삶에서 ‘중요한 사람’이 된다(p.63).”

핵심 통찰의 하나로, 클리나드와 이거는 모든 기업 문화들이 비윤리적 행위들을 지지하는 정도에 있어 다르기 때문에 동일한 것이 아니라는 점을 언급했다(Victo & Cullen, 1988을 참조). 그들의 경험적 자료가 이러한 결론을 지지한다는 것을 상기해라. 약 40%에 해당하는 어떤 기업들은 그들이 조사했던 2년의 기간 동안 그 어떤 위반도 없었다. 반대로, 소수의 8% 정도의 기업들은 정기적으로 불법 행위를 일삼았다. 무엇이 범죄 기업과 비범죄 기업을 구분하는가? 왜 어떤 기업들은 비윤리적 문화를 가지고 있는 데 반해서 어떤 기업들은 그렇지 않는가?

클리나드는 그의 1983년 책, 『기업윤리와 범죄: 중간관리자의 역할(Corporate Ethics and Crime: The Role of Middle Management)』에서 기업 문화의 경영 관리 이론이라 불릴 만한 것과 함께 이 문제를 다루었다. 포춘 500대 기업에서 은퇴한 64명의 중간 관리자들의 인터뷰에 기반하여, 클리나드(1983, p.89)는 문화 혹은 기업의 “윤리적 기조”는 최고경영자(CEO)와 같은 고위 관리자들의 지향에 크게 영향을 받는다는 가장 중요한 결론의 정수를 뽑아냈다. 비록 기업의 전통이 존재하지만, 그것들은 동적이고 고위층의 견해와 불일치한다면 변화할 것이다. 내부로부터 승진된 CEO들은 전문적이거나 혹은 기술적 전문지식 때문에 비윤리적 관행들을 지지할 가능성이 줄어든다. 반대로, 이윤을 내기 위해서 고용된 외부인처럼 “재정적으로 지향하는” CEO들은 위법에 이로운 환경을 만드는 경향이 있다. 2008년 세계 경제의 내상으로 이끌었던 월스트리트 금융 회사들의 물의를 빚은 행위들은 이런 명제를 지지하는 하나의 예이다(Lewis, 2010).

## 대항 문화

브레이스웨이트(1989)는 “재통합적 수치주기이론(reintegrative shaming theory)은 설명되어야 할 것들 중에서 화이트칼라 범죄가 배제되지 않았다는 점과 차별접촉의 특별한 예외를 지녔다는 점에서 지금까지의 다른 범죄이론들과 다르다"고 봤다(p.124). 7장에서, 우리는 브레이스웨이트의 핵심 주장은 재통합적 수치가 범죄행위를 줄이고 반면에 오명적 수치가 범죄 행위를 증가시킨다는 점을 지적하면서 수치이론을 검토했다. 그러나 브레이스웨이트 역시 범죄학이 상류층의 범죄에 민감하게 반응했던 때에 성장했던 중요 화이트칼라 범죄이론가이다. 예를 들어, 그는 제약 회사와 광산 산업의 불법에 대한 중요한 연구를 진행했었다(Braithwaite, 1984, 1985). 놀라울 것도 없이, 그는 그의 이론이 부자와 빈자의 범죄를 모두 설명해야 할 필요성을 이해했다.

언급했듯이, 화이트칼라 범죄의 중요 원천은 그것을 지지하는 조직 내의 문화이다. 브레이스웨이트에 의하면, 이러한 문화들은 두 가지 이유 때문에 번성한다. 첫 번째 이유는, 많은 다른 학자들에 의해서 강조되었듯이, 경제계(실업계)의 불법 행위가 단지 아주 드물게 수치를 당하기 때문이다. 유해한 행위들이 도덕적으로 비난받지 않았을 때, 도덕적 기준이 정의되지 않고 재강화되지 않을 때, 범죄 문화들은 방해받지 않고 지속할 수 있다. 두 번째 이유는, 브레이스웨이트의 독특한 관점으로, 온당치 않은 관례들을 통제하고 수치를 부여하고자 하는 노력들이 무법성을 지지하는 문화적 가치를 강화하는 예상하지 못한 결과들을 가지게 된다. 핵심 명제는 오명을 씌우는 수치의 과정은 화이트칼라 범죄를 지지하는 대항 하위문화를 조장한다는 것이다.

브레이스웨이트(1985, 2002)는 기업 행위 규제의 복잡성에 대해서 광범위하게 저술했다. 직접적인 관찰로부터, 그는 저항하고 다루기 힘든 기업들과 그들의 경영자들에 대해서 형사 처벌을 포함해서 형벌을 부과할 필요에 대해서 그리 순진하지 않다. 그러나 그는 오명을 뒤집어 씌우는 처벌적 형벌이 때때로 이미 국가 규제에 대해서 불신하는 기업가들 사이에서 역효과를 낳는 것을 배웠다. 적대적인 접근이 오명을 씌우고 굴욕감을 주고자 할 때, 기업가들은 반항으로 대응하는 경향이 있다(또한 Sherman, 1993 참조). 그들은 "비난자를 비난하는" 중화의 기술을 품고, 그들에게 부과되는 기준들을 불공평하고 부당하다고 보게 된다(Braithwaite, 1989, p127; 또한 Sykes & Matza, 1957을 참조). 오명을 뒤집어 쓴 기업 관료들은, 회사 내에서나 회사 간에서, 또한 서로 서로에 대한 유대 관계를 만들고, 따라서 연대를 만들고 불법 행위를 지지하는 차별접촉을 만든다. 반항적인 견해를 공유하면서, 그들은 "모든 집행 조치를 반대하는 것을 지지하는 저항의 하위문화 조직"과 "지속적으로 법을 집행하는 정부의 정당성/합법성에 대해서 도전하고 소송하는 것" 등을 만들 수 있다(p.129).

길거리 범죄에 대한 대응과 비슷하게, 브레이스웨이트(2002)는 회사들로 하여금 문제를 해결하고 해를 줄일 수 있는 보다 나은 기회를 제공할 수 있는 회복적 접근을 선호한다. 따라서 재통합적 수치는 "집행자와 범법자 사이에 존엄과 상호존중을 유지하는 방식으로" 처벌하는 것과 관련이 있다. 가능하다면, 처벌은 사람들을 무책임하고, 신뢰할 수 없는 죄인으로서 낙인찍는 것이 아니라, 대신 가해자로 하여금 처벌의 정의를 받아들일 수 있도록 이루어져야 한다(1989, pp.131-132). 효과적인 양육의 방식을 받아들이면서, 규제집행자는 따뜻하지만 구속력 있는 개입을 행해야만 한다. 선호되는 전략은 범법자의 도덕성에 호소하고 그들에게 수치스러운 행위를 멈추도록 설득하면서 불법적이고 해로운 관행을 멈추고 법률을 준수하도록 하는 것이다. 설득은 형사 처벌을 포함한 엄중한 처벌의 위협으로 엄호가 될 때, 가장 효과적이다(Braithwaite, 1985). 브레이스웨이트에 의하면, 이러한 접근은 대항 문화를 형성하는 것을 방해할 수 있고 사기적이고 유해한 관행들을 피할 수 있는 산업 차원의 집합적 대응을 만들어 낼 수 있다. 클리나드와 비슷하게, 브레이스웨이트는 조직적인 범죄 문화를 만들어진 것으로 그래서 개선의 여지가 있는 것으로 본다.

## 일탈의 정상화

1986년 1월 28일 우주왕복선 챌린저 호는 뉴햄프셔 주의 교사 크리스타 맥올리페(Christa McAuliffe)를 포함한 7명의 승무원을 태우고, 발사 후 73초 후에 폭발했다. 이 재앙은 고체 로켓 연료 부스터의 연결 부위를 봉하는 고무 같은 오링(O-ring)의 실패가 원인이었다. 추운 날씨에, 오링(O-ring)은 딱딱해질 것이고 치명적인 결과를 야기할 만한 액화 수소와 산소를 포함하고 있는 탱크를 관통하여 불을 붙일 수 있는 뜨거운 압축 가스를 막을 수 없을 것이다. 챌린저 비극의 아침에, 기온은 약 섭씨 2도에 이르렀는데, 플로리다 케이프 카마베랄의 존 F. 케네디 우주 항공 센터에서 발사하는 데 있어 전례가 없는 것이었다. 오링 위험성에 대한 이러한 지식에도 불구하고, 나사(NASA)와 고체연료부스터의 제조사인 모톤 티오콜(Morton Thiokol)은 챌린저 호를 우주로 보내려고 선택했다(Vaughan, 1996).

돌이켜보면, 사건을 조사했던 대통령 위원회를 포함하여 전문가들은 발사 결정에 소름 끼치게 놀랐는데, 왜냐하면 잘 알려진, 받아들일 수 없는 위험을 감수한 것이 아주 명백했기 때문이다. 어떤 논평가들은 이러한 결정을 범죄로 간주한다(Kramer, 1992). 오링(O－ring)이 일촉즉발의 위험에 직면했는데 누가 어떻게 7명의 목숨을 위험에 처하게 할 수 있는가? 재앙적인 챌린저 발사 결정에 대한 그녀의 주목할 만한 설명에서, 다이앤 본(Diane Vaughan, 1996)은 이 질문에 무도덕적 계산의 표준이론과 일탈의 정상화 이론의 두 가지 답을 제시한다.

미국의 항공우주 프로그램이 시작되었을 때, 프로그램은 기술과 안전의 문화적 규범이 우선적으로 고려되는 과학적 프로젝트로서 관리되었다. 자금이 충분할 때, 프로그램은 그 자체의 가치나 돈을 벌어야 한다는 것을 보여달라는 압력이 거의 없었다. 1980년대에 이르러, 그러나, 우주로 돌진하는 우주선은 아주 흔한 것이 되었고 나사(NASA)는 다른 정부 기관과 자금의 우선순위를 위해서 경쟁해야만 했다. 우주왕복선 프로그램은 여러 번 발사해도 비용을 절감할 수 있는 챌린저와 같이 재사용이 가능한 기체를 사용하도록 제작되었다. 우주 탐사로부터 영리 사업으로의 미션이라는 이러한 재개념화는 나사로 하여금 정치적으로 자립이 가능하도록 하기 위해서 발사 기일을 맞춰야만 하는 압력에 시달리게 하였다(Kramer, 1992). 본에 의하면(Vaughan, 1996), “의회와 백악관은 목표를 설정했고 우주항공연구 기관을 반복적인 생산 사이클, 기한, 그리고 비용과 효율 목표 등이 완비된 반경쟁적인 경영 활동으로 전환시키는 자원 결정을 만들었다(p.139).” 그래서 나사의 기술적, 과학적 문화는 점진적으로 “생산의 문화”에 의해서 완벽히 대체되진 않았더라도 그것에 필적하게 되었다(p.196).

이러한 상황에서 평범한 범죄학적 이론은 나사와 모튼 티오콜이 함께 챌린저를 발사하도록 하는 무도덕적인 결정을 했다는 것이다. 나사는 더 이상의 연기를 감당할 수 없었을 것인 데 반해서, 모튼 티오콜은 그들의 후원자들을 실망시키고 싶지 않았다. 비행 전 점검에서, 모튼 티오콜의 엔지니어는 안전 문제를 제기했지만 아마도 잠재적 위험을 알고 있었을 나사의 관리들을 기쁘게 만들기 위해서 발사를 승인한 고위층에 의해서 묵살되었다. 본(Vaughan, 1996)에 의하면, 종래의 설명은 “생산 압력이 매니저들로 하여금 발사 기한을 맞추기 위해서 안전 규정을 위반하는 것을 알면서도 오링 위험에 대한 정보를 숨기도록 하였다(p.xii).”

그러나, 그녀의 철저한 연구에서, 본(Vaughan, 1996)은 보다 미묘한 뉘앙스의 설명을 제시한다. 분명히, 생산의 문화는 우주 계획에 속한 이들을 둘러쌌고, 기존의 기술적-전문적 문화를 관통했고, 그리고 성과 압력을 만들었다. 이러한 맥락적 현실 속에서, 실무 집단은 과도하게 우주 왕복선 프로그램이 기한에서 멀어지게 하지 않는 방식으로 많은 기술적 문제들을 다루도록 기능했다. 오링 문제는 새로운 것이 아니었다. 그러나 다른 위험들과 비슷하게, 실무진들은 점진적으로 늘어나는 위험들을 관리할 수 있는 것으로 정의했다. 매번 오링의 어려움이 나타났을 때, 그것은 분석되었고 관련 위험은 실무진들에 의해서 받아들일 만하다고 판정되었다. 본(Vaughan, 1996)에 의하면, 기록은 "증가하는 판단 착오를 드러낸다. 이러한 판단 착오는 부스터 연결이 예측한 것처럼 작동하지 않는다는 정보, 잠재적인 위험의 신호들이 관리자들과 엔지니어들에 의해서 반복적으로 정상화되는 패턴의 특징을 나타냈다(p.xiii)."

중요하게도, 위험 인식을 중화하는 세계관의 출현으로 "일탈의 정상화"는 의사 결정을 이끄는 신념과 규범의 문화적 묶음이다. 따라서, 나사와 모튼 티오콜 관리들이 전화 회의에서 협의했을 때, 챌린저를 발사하고자 하는 그들의 결정은 갑자기 의례를 무시하고 다른 비행 지연의 불편함을 피하기 위해서 7명의 삶을 위험에 처하게 하는 무도덕적으로 계산한 것이 아니었다. 대신에, 직원은 오일 실패의 위험을 축소하도록 이끌었던 실무진의 규범들을 쫓았다. 본(Vaughan, 1996)은 "그것은 무도덕적으로 계산하는 관리자들이 비극의 책임이 있는 규칙을 위반한 것이 아니"라고 결론지었다. "그것은 순응이었다." 본(Vaughan, 1996)에 의하면:

> 그 결과로, 챌린저 비극 이후에 분석가들과 대중들이 일탈로 정의한 1977년부터 1985년까지의 결정들은, 실무진들에게는 기술적 결정들이었고, 그들의 결정이 배태된 문화적 신념 체계 안에서는 정상적이었다. 연결 부위 문제에도 불구하고 비행준비상태 검토에서 발사 권고를 지속하는 것은 일탈적이 아니었고, 그들의 관점에서, 그들의 행위는 문화적으로 승인되고 순응적이었다(p.236).

본(Vaughan, 1996)은 그녀의 작업을 "실수의 사회학"에 대한 연구로서 바라본다(p.xiv). 그러나 그것은 또한 기업 과실 범죄에 대한 사회학을 명확히 드러내주는 것으로서 그려볼 수 있다. 물론, 관리자들이 알면서도 사기적인 행각(가격 담합)과 불량품을 판매하는 데 참여하는 경우도 많다. 그러나 본이 독창적으로 들추어낸 것은 관리자와 피고용인들이 부지불식간에 그들로 하여금 점점 더 위험이 존재하는 것을 거부하도록 이끄는 의사 결정의 방식들을 전개시켜 나가는 과정이다. 위험 혹은 일탈의 정상화는 위험천만한 상품들이 팔리도록 하게 하거나 즉각적으로 리콜되지 않도록 하고; 그것은 또한 투자자들이 파산하는 위험에 빠질 수 있는 위험천만한 금융 관행을 가능하게 할 수 있다. 핵심 요점은 기업 문화들은 복잡하고 불법적 관행을 다양한 방식으로 조장할 수 있다는 점이다.

## 조직적 긴장과 기회

기업체들은 실패를 피하고 기업을 존속시킬 방법을 찾고 늘어나는 기대를 충족시키고 시장 점유율과 이익을 증가시키기 위한 목적 지향적인 경제적 사업체들이다. 목표를 이루기 위한 지속적인 압력들은 종종 많은 기업 환경에서는 일상적 현실이다. 이거와 심슨(Yeager and Simpson, 2009)이 언급하듯이, "기업 범죄에 대한 아마도 가장 유명한 설명은 긴장"이라는 것이 그리 놀랍지 않다(p.357, 또한 Croall, 1992를 참조). 그러나, 이론가들은 오랫동안 구조적으로 부과된 긴장은 다양한 방식으로 적용될 수 있다는 점을 인식하고 있었다. 불법적인 도구를 사용하는 것은 범죄 유발적인 기회에 대한 접근을 요구한다(Cloward, 1959; Cloward & Ohlin, 1960; Cullen, 1984). 이거와 심슨은 "긴장이 범행의 동기(행위의 각성)를 제공한다"고 봤지만(2009, p.337), 기업 "범죄는 기회와 선택의 부재에서 발생하지 않는다." 긴장과 기회는 그러므로 종종 화이트칼라 범죄에 참여하도록 하는 두 가지의 교차 요소들로 보여진다.

### 긴장과 아노미

전통적으로, 긴장이론은 하류층의 범죄와 비행에 대한 설명으로서 간주되었다(4장을 참조). 보다 구체적으로, 그것은 성인기로의 개인적 전이에 대한 이론이다. 상류층으로의 길이 좌절된 이들, 아메리칸 드림의 한 조각조차도 거부된 이들이 범죄를 더 저지른다. 목표의 좌절은 사회의 낮은 계급에서 더 만연했기 때문에, 가난한 소년들은 비행의 위험에 처했고, 결과적으로, 성인 범죄의 위험에 처했다.

그러나 학자들이 깨달았듯이, 긴장이론은 또한 성공적으로 성인기에 접어들었으나 목표 성취라고 하는 것이 약해지는 것이 아니라 오히려 강력해지는 미국 주식회사라는 새로운 사회적 영역에 들어선 개인들의 범죄를 설명하는 데 보다 더 적실성을 가지고 있다. 개인으로서, 그들은 회사 내에서 목표를 맞추거나 아니면 승진이 거부되는 성과/실적 압력을 받는다. 그들은 아마도 회사의 서열을 빠르게 타고 올라가는 다른 직원들과 비교하면 상대적 박탈감을 경험할 수도 있다(Passas, 2010). 따라서 일탈에 대한 압력은 공히 극심하고 만성적일 것이다.

더욱이, 회사 자체가 “문화적으로 용인된 목표에 노출”되고 “좌절된 기회를 경험하는” 경쟁적 환경에 존재하고 있다(Vaughan, 1997, p.99). 재정적 어려움이 기업 범죄와 관련이 있다는 어느 정도의 증거가 있다(Slover & Scroggins, 2009; Yeager & Simpson, 2009). “비록 데이터가 조금은 혼합적이기 하지만”, 애그뉴, 피케로, 컬렌(2009)은 결론을 내리는데,

> 연구들은 기업범죄가 영리 기업들, 상대적으로 낮은 수익률을 보이는 기업들, 이익이 감소하는 기업들, 불황 산업의 기업들, 그리고 다른 종류의 재정 문제(예를 들면, 자산보다 상대적으로 낮은 판매, 자산과 채무 간의 작은 혹은 부정적 차이, 경쟁자로부터 인지된 위협)로부터 고통 받고 있는 기업들에게서 보다 흔하다는 것을 시사한다(p.39).

그러나 이러한 경향은 기업 실적이 급상승했던 엔론(Enron)이나 골드만 삭스(Goldman Sachs)와 같은 회사들에서 종종 발생하는 사건들을 애매모호하게 해서는 안 된다. 보너스가 주식 배당에 달려 있는 경영 임원들은 더 높은 이익을 내기 위해서 밑에 직원들에게 과도한 압력을 행사할 수 있다. 광범위한 수준에서, 경제적 성공에 대한 이러한 강렬한 강조는 긴장뿐만 아니라 머튼이 예견했던 것과 같이 아노미를 만들어낸다. 제4장을 상기시켜보면, 아노미는 목표를 달

성하는 합법적 수단의 사용을 규제하는 규범들이 약해지거나 무력해진 상황이다. 이러한 상황에서, 메스너와 로젠펠드(2001)가 지적했듯이, 개인들은 소망하는 결과를 성취하기 위해서 기술적으로 가장 편리한 수단을 사용하는데 자유로워진다. 사업의 세계에서, 이것은 고객을 속이거나 작업 안전 환경에 대한 비용을 아끼는 것 등으로 나타난다.

주지하듯이, 학자들은 아노미는 많은 기업 조직들에서 만연하다고 주장했다(Cohen, 1995; Passas, 2010; Vaughan, 1997; 또한 Waring, Weisburd, & Chayet, 1995). 이 모델에서, 목표 달성은 제일 높은 곳에 있고 합법적 수단에 대한 고려는 부족하다. 따라서 조직 내의 윤리적 풍조는, 코헨(1995)의 말에 의하면, "도구주의", "개인주의", "최소한의 대인적 책임", "효율성의 강조"와 "비용 관리", 그리고 "피고용인에 대한 배려 부족"을 강조하게 된다(p.196; 또한 Messner & Rosenfeld, 2001을 참조). 기업윤리와 법적 준수 등에 대해서는 적은 관심을 기울였다. 이러한 맥락에서, "범죄적 기업 관행"의 결과로 나타난다(Cohen, 1995, p.196).

## 범죄유발적 기회

제13장에서 보다 충분히 탐구하게 될 것이지만, 범죄 사건이 발생하기 위해선, 행위를 수행할 수 있는 기회가 반드시 존재해야 한다. 기회가 없다면 범죄도 없다는 이러한 논평은 진부해보일 수도 있다. 그러나 심각하게 고려할 때, 그것은 범죄를 이해하기 위해서 범죄유발적 기회들의 본질에 대해서 보다 자세하게 연구할 필요가 있다는 것을 보여준다. 이런 점에서, 마이클 벤슨과 샐리 심슨(2009)은 화이트칼라 범죄에 대한 설명으로 "기회 관점"을 발전시켰다. 그들의 통찰력은 상류층 기회들의 뚜렷한 본질을 명확하게 한다.

가장 일반적으로, 범죄적 기회는 두 가지의 구성 요소들을 수반한다(13장을 참조). 첫 번째, 매력적인 대상이 있어야만 한다. 이것은 강도짓을 할 사람일 수도 있고, 훔칠 물건일 수도 있고, 혹은 누군가의 노후 대비 저축을 좀도둑질하는 것일 수도 있다. 두 번째, 역량 있는 보호가 부재해야만 한다. 이것은 밤늦은 길에 건장한 동행일 수 있고, 집에 있는 경보 시스템일 수 있고, 혹은 누군가의 자산을 감독하는 회계사일 수도 있다. 매력적인 대상과 보호의 부재가 있을 때,

범죄의 기회는 존재한다.

길거리 범죄에서, 범죄자는 반드시 매력적인 대상에 접근하고 보호는 피할 수 있는 특정 기술을 사용해야만 한다. 절도의 예를 들어보자. 벤슨과 심슨이 지적하듯이(2009), 절도범들은 종종 거주공간에 들어가기 위해서 물리적 수단(문을 발로 찬다거나)을 사용해야만 하고, 그 어떤 법적 권리가 없는 곳에 있어야만 하고, 피해자의 거주 공간에 직접적인 접촉이 있어야 하고, 그리고 특정 시간과 장소에서 그들의 범죄를 저지른다. 따라서 절도는 특정 운동능력, 낯선 장소에 들어갈 수 있는 담력, 그리고 발각의 위험(누군가가 경찰에 신고하거나 목격하고 범죄자를 식별할 수 있다) 등을 요구한다.

반면, 화이트칼라 범죄자는 일반적으로 세 가지의 차별적인 자산을 가진다. 밴슨과 심슨(2009)이 설명하듯이, "(1) 범죄자는 범죄가 일어나는 장소에 대한 합법적 접근권을 가진다, (2) 범죄자는 피해자와 공간적으로 분리되어 있다, (3) 범죄자의 행위는 합법성의 얄팍한 겉모습을 가지고 있다(p.80)." 가격담합을 예로 들어보자. 경영자는 문을 부술 필요가 없고 단지 사무실에 앉아 있거나 점심 약속을 잡으면 된다. 소비자들이 가격이 조작되어 부풀린 가격을 지불하고 있을 때, 경영자들은 이러한 피해자들을 만날 일이 없다. 그리고 이런 계획은 존경할 만한 기업체라는 가면 뒤에서 착수된다.

핵심은 합법적인 기업들은 기업체든지 혹은 병원 사무실이든지 취약한 대상들에 대해서 접근할 수 있다는 것이다. 합법적인 기업 활동으로 보이는 과정에서 피해가 발생하기 때문에, 그것은 종종 발각되지 않는다. 사실, 복잡한 사회에서, 대중들은 다른 사회구성원들이 그들의 돈이 사기당하지 않을 것이라는 것, 제품이 허위 광고되지 않았다는 것, 안전 규정이 잘 지켜진다는 것, 그리고 실제로 사용한 것들에 대해서만 요금을 낸다는 것 등에 대해서 신뢰해야만 하는 위치에 놓여 있다. 그러나 많은 경우에서 시민들은 신뢰의 남용에 대한 보호가 거의 없다. 크건 작건 계속해서 반복되는 사건들을 보면, 화이트칼라 관리들은 대중을 속이는 수많은 방법을 가지고 있다. 굳게 닫힌 문 뒤에서, 그들은 가격을 속이는 것을, 재무재표를 조작하는 것을, 곧 가치가 없어질 주식을 내다 파는 것을, 폰지 사기를 꾸미는 것을, 환경 규제를 무시하기로 선택하는 것 등과 같은 것들을 공모할 수 있다. 조직을 방패삼아, 그들은 때때로 일상적인 기업 활동과 구분하기 어려운 불법 활동들을 은폐할 수 있다(Benson & Simpson, 2009).

쇼버와 호크스테틀러(Shover and Hochstetler, 2006)가 얘기하는 것처럼, 상류층은 법 밖으로 잠시 발을 빼면 이익을 낼 수 있는 수많은 유혹들로 꽉 차있다. 그들은 이러한 유혹들을 "얼굴을 돌리게 만드는 배열과 상황으로 정의되는" "미끼"라 부른다. 아이 앞에 있는 반짝이는 장식처럼, 그것은 관심을 끌게 한다(p.27). 미끼는 믿을 만한 감독이 부재한 상태에서 범죄 기회가 된다(p.28). 그러므로 그들의 관점은 매력적인 대상과 보호의 부재라고 하는 기회의 핵심 구성요소를 담아내고 있다. 그러나 중요한 현실이 "미끼"의 개념 속에 존재하고 있는데, 이익을 내기 위한 화이트칼라 범죄에 가담하는 동기는 유혹의 현존에 의해서 양산된다. 지금까지 말했듯이, 화이트칼라 범죄의 경우에서, 기회는 범죄자를 만들 수도 있다.

실제로, 확장하고, 새로운 산업들을 만들고 혁신적인 금융 서비스를 제공하는 자본주의 시스템의 본질 자체는 부와 사회 발전을 만들어낼 뿐만 아니라 수 없이 많은 산뜻하고 매혹적인 범죄 기회들을 양산해낼 수 있다(Calavita, Pontell, & Tillman, 1997; Jesilow, Pontell, & Geis, 1993). 그의 1907년 작 『죄와 사회(Sin and Society)』에서, 사회학자 로스(E. A. Ross)는 이러한 본질을 드러냈다. 로스는 "사악한 마음은 언제나 동일하지만, 죄악은 사회가 발전하면서 질적으로 변화한다(p.3)." 현대사회에서 다른 이들에 대한 신뢰는 피할 수 없다. 로스가 말하듯이, "나는 돼지를 도축한 정육점을 신뢰하고, 양초를 만든 정유회사를 신뢰하고, 수수를 끓이는 제당업자를 신뢰하고, 나의 목재를 쪼개는 광산 회사를 신뢰하고, 기찻길에 쓸 철근을 놓는 철근회사를 신뢰한다(p.3)." 그러나 어려움은 그러한 신뢰가 사업하는 사람들이 부당하게 사용하여 범죄 기회를 만들었다는 것이었다. "거미줄과 같은 사회적 삶에서 나타나는 사악한 기회들은 그런 배신이 아직까지 파렴치하게 되지 않았기에 주저없이 쥐어잡는다(pp.6-7)." 로스에 의하면, 대중들은 이러한 새롭고 다양한 죄악들이 멀리서, 익명으로, 존경의 모습 뒤에서 일어나기 때문에 잘 알지 못한다. 로스는 "현대 고성능 슬픔의 중개인은 티 없이 깔끔한 아마포를 입고, 비단 모자를 쓰고, 시가를 입에 물고, 침착한 얼굴을 한 죄악과 그가 야기한 악마로부터 동떨어진 고요한 영혼을 보여준다. 그의 신사적인 모습 위에서, 궁극적인 유혈과 눈물은 그들 자신에게 주제넘게 강제하지 않는다(pp.10-11)"고 평했다.

## 범행 결심하기

많은 화이트칼라 범죄들이 조직 환경에서 저질러지기 때문에, 학자들은, 우리가 살펴봤듯이, 어떻게 기업의 문화적·구조적 배경이 범죄유발적이 되는지에 대해서 관심을 기울였다. 그러나 다른 학자들은 이러한 인과적 "배경"에 대해서 덜 관심을 기울였고 화이트칼라 범죄의 "전경"에 관심을 기울였다. 즉, 고위 관리들이 범행을 결심할 때, 그들은 무슨 생각을 할까? 화이트칼라 불법성에 대한 가장 근사한 원인에 대한 통찰은 중화의 기술과 합리적 선택 이론의 두 가지 이론적 범주로 구분된다. 이러한 관점들은 아래에서 검토된다.

### 죄책감 거부하기

서덜랜드는 어떻게 존경할 만한 위치에 있는 사람들이, 짐작컨대 유익한 환경에서 자랐고 성인이 되어서도 교회에 출석하며, 화이트칼라 직업에서 일을 하면서 변명의 여지없이 다른 이들을 속이거나 사기를 칠 수 있을까라는 수수께끼에 직면했다. 어떻게 그들의 체면을 극복할 수 있고, 밴슨(1985)의 문장으로, 어떻게 "그들의 죄책감을 거부할 수 있을까?" 부분적으로, 그는 그들이 "합리화" 혹은 특정한 상황에서 그러한 범죄는 정당화될 수 있다는 범죄 정의를 배운다고 지적했다. 그들에게, 길거리에서 누군가를 강도질하는 것은 "범죄"이고 도덕적으로 생각할 수 없는 것이지만, 가격 담합에 의해서 소비자를 강도질하는 것은 단지 "업계에 있는 모든 이들이 다하는, 필요한 사업 관행"이다. 암시장(the Black Market)에서, 클리나드(1952)는 이러한 통찰을 공감했고, 후일 이러한 정의들을 "법위반에 대한 기업 방어기제"라 칭했다(Clinard & Yeager, 1980, p.6). 제5장으로부터의 기억을 되살리면, 이러한 관점에 대한 보다 일반적인 설명은 사이크스와 마짜의 중화의 기술에서 찾을 수 있다.

도날드 크레시(Donald Cressey, 1950, 1953)는 그의 고전적 은행 횡령 연구에서 "합리화" 혹은 범죄에 우호적인 상황정의에 대한 서덜랜드의 관점을 적용했다(또한 Jonson & Geis, 2010을 참조). 수감된 횡령범들과의 인터뷰에 기반해서, 크레시는 세 가지 요인들이 훌륭한 사람들로 하여금 다른 이들의 돈을 가로챌 수 있도록 교차한다고 주장했다. 이것들은 때때로 "사기 삼각형"이라 불린다 (Jonson & Geis, 2010, p.225). 본질적으로, 그는 동기, 기회, 그리고 의사 결정을 설명할 수 있는 통합이론을 개발했다.

첫 번째, 그들은 갚지 않은 노름빚 혹은 과도한 가계 비용 등의 걱정거리들과 같은 "공유 불가한 문제"에 직면하고 있었다. 크레시(1950)가 지적하듯이, 횡령범들은 "와인, 여자, 그리고 도박"의 높은 비율을 나타냈다(p.743). 그들은 공동체에서 존경할 만한 위치를 가지고 있기 때문에, 천박한 활동 때문에 생긴 돈 문제는 비밀에 부쳐야만 했다. 도움을 요청하는 것은 그들의 좋은 평판에 먹칠을 할 위험이 있었다. 두 번째, 공유 불가한 문제를 가지고 있는 이들은 재정적 신뢰의 위치를 점유하고 그들 앞에 놓인 기금을 좀도둑질할 수 있는 기회를 이용할 수 있어야만 했다. 크레시(1950)에 의하면, 횡령범들은 특정 시점에서 종종 그에게 "그것이 나에게 일어났다거나 혹은 위탁된 기금을 이런 저런 목적으로 사용할 수 있었을텐데 라는 생각이 든다(p.743)"라고 말했다. 세 번째, 횡령범들은 "한 손에는 범죄와 다른 한 손에는 진실성, 정직, 그리고 도덕성이라는 모순"을 극복해야만 했다(p.743). 여기서, 그들은 신뢰의 위반이 범죄가 아니라 다시 곧 돌려 놓을거고 잠시 빌렸다는 식의 "발화" 혹은 "합리화"를 들먹여야 했다. 크레시(1950)가 말하듯이:

> 그것은 신뢰받는 사람이 우리가 말하는 "신뢰 상산"의 짓을 했나는 것인 그의 범죄 행위에 대해서 지속적이고 가혹하게 비난받지 않을 것을 가설적으로 유추하는 능력 때문이다. 그는 때때로 그 자신을 그렇게 바라보지 않고 대신에 그 자신을 특별한 차용자 혹은 사업가로 생각한다(p.843).

쇼버와 헌터(출간 예정)는 화이트칼라 범죄자들의 계급적 지위가 그들에게 죄책감을 거부할 수 있도록 해주는 "문화자본"을 장착해준다. 이러한 범죄자들은 "수준 높은 언어적 창의성과 명예를 잃고 추락하는 것에 대한 자기 중심적 해석을 주장할 수 있게 해주는 노련함"을 가지고 있다. 그들은 "범죄적 동기나 행위 자체가 해롭다는 것을 부인하고 그들에 대한 비난자에게 악의와 비열한 동기를 전가하면서, 그들을 유죄 판결한 것은 잘못되었거나 혹은 오해였다는 증거"라고 주장하고, 그들은 "단지 기술적으로 유죄이거나 나중에 '범죄'로 낙인찍게 될 수도 있는 실수를 저지르도록 만든 상황들에 의해서 무효"라고 불평한다(Shover & Hunter, 출간예정). 이러한 "설명"들은 범죄 기록의 오명에 대처하기 위한 노력들이다(Benson, 1985). 그러나 짐작컨대 그러한 것들은 또한 화이트칼라 범죄를 저지른 동안이나 그 전에도 들먹일 수 있는 말들이다. 이런 점에서, 고위층 사람들의 문화적 자산은 죄책감을 중화시킬 수 있는 언어 말빨과 내적이 아니라도 적어도 겉으로는 고상함의 외양을 유지하면서 공격할 수 있는 언어 능력을 공급해준다.

화이트칼라 범죄를 정당화하기 위한 중화 혹은 설명들은 각 범죄자가 새롭게 발명한 특별한 것들이 아니라 자주 반복되고 유형화된 것들이다(Shover & Hunter, 출간예정). 1950년대 크레시의 횡령범들이 말한 금전적 신뢰에 대해서 변명히는 말들(발화)은 오늘날 역시 쉽게 들을 수 있다. 이러한 발견은 범행에 대한 정당화는 미국의 경제적 배열에 뿌리깊게 박혀 있고 문화적 신념에 조응한다는 것을 제시한다. 밴슨과 심슨(2009)이 지적하듯이,

> 사업의 세계는 불법 행위를 우호적인 용어로 정의하는데 사용할 수 있는 관념과 가치들이 가득차 있다 … 이러한 규범과 관습들은 … 잠재적 화이트칼라 범죄자들이 그들의 범죄적 동기와 행위들을 비범죄적 용어로 해석할 수 있게 해준다(p.141).

예를 들어, 자본주의는 정부의 규제를 부당한 간섭으로 정의하는데 사용될 수 있는 자유 기업설에 대한 강력한 신념을 장려한다. 그렇기 때문에 규제를 무시하는 것은 정부의 통제는 불공평하게 기업가들의 이윤을 추구할 권리를 침해한다는 변명을 호소하면서 죄책감은 중화되고 정당화된다.

명백하게, 중화 기술 이론은 다양한 화이트칼라 범죄들을 설명하는 데 자주 사용되어왔다(Benson & Simpson, 2009; Shover & Hunter, 출간예정). 하나의 예는 의사들의 의료 사기에 대한 폴 제실로(Paul Jesilow), 헨리 폰텔(Henry Pontell), 그리고 길버트 가이스(Gilbert Geis)의 연구인 "돈을 위한 처방전 Prescription for Profit"에서 발견할 수 있다. 제실로와 동료들(1993)은 의사들이 정부를 속일 수 있는 수많은 기회들을 만들어냈던 구조적 상황을 상세하게 기술했다. 본질적으로, 의사들은 전문적이고 금전적 신뢰의 위치에 있었다. 그들은 필요한 이들에게 의료 서비스를 제공하는 것에 대해서 정부로부터 돈을 지급 받았다. 1965년

에 시작된 의료 보험은 환자들에게 적절한 서비스를 처방하고 그 다음에 보험 가이드라인에 명시된 수당을 정부에 청구할 것이라 생각했었다. 그러나 아무 규제나 발각될 위험도 없이, 이런 서비스에 대한 수당 체계는 사기를 위한 편재하는 기회를 만들어 냈다:

> 의사들은 각 처치에 대해서 정해진 급여를 받았기 때문에, 그들은 실제로 진행하는 것보다 비싼 처치를 청구하고, 서비스에 대해서 중복 청구를 하고, 왔다 갔다 하게 하고(필요없는 방문으로 환자를 계속 왔다 갔다 하게 하는 것), 환자의 가족까지 불필요하게 진찰하고 보험료를 청구하고, 필요 없이 진료 예약을 하고, 그리고 치료를 지연하는 것을 통해서 보다 많은 수입을 올릴 수 있었다(Jesilow et al., 1993, pp.7－8).

여전히, 어떻게 그들이 이런 미끼에 굴복하고 법을 언급하지 않더라도 그들의 전문가적 윤리를 현저히 위반하는 행위를 저지를 수 있을까? 해답은 중화의 기술을 사용하는 그들의 능력이었다. 제실로와 동료들은 의료 사기로 체포된 42명의 의사들을 인터뷰했다. 제실로와 동료들은 "그들이 그것에 대해서 말하는 것을 들어 보면, 배신, 밍칭한 법, 관료주의적 넌센스, 그리고 무능한 경리 때문에 그들은 무고한 희생양이다(p.148)." 모두들 적어도 하나 이상의 사이크스와 마짜(1957)의 중화 기술을 사용했다(5장을 참조). 일반적인 정당화인 "피해자의 부정"은 노인 의료 보험 제도가 그들이 제공하는 서비스에 대해서 적절한 비용을 지급하지 않았기 때문에 속인 것이었다는 것이다. 또 다른 정당화인 "피해의 부정"은 그들은 노인의료보험제도가 승인하지 않은 필요한 치료를 제공했다는 것이었다. 이러한 신념은 제실로와 동료들이 마치 그들이 "의료 비행하위문화"를 가지고 있다고 느낄 정도로 너무나 만연했다(p.175). 의사들은 이러한 하위문화적 신념들에 접근할 수 있었고 "그들의 행위들을 일탈적이고, 불법적이고, 혹은 범죄적이라 정의하는 대신에 전문가적 정당화"로 그것들을 사용했다(p.175).

## 합리적 선택으로서 화이트칼라 범죄

기업 활동은 비용보다 이득이 많아지게 하는 활동에 참여하여 이윤을 내는 것과 관련이 있다. 합리성은 부로 보상받고, 비합리성은 때때로 파산과 같은 처벌을 받는다. 그러므로 만약 어느 범죄자의 결정들이 합리적 선택에 의해서 좌우된다면, 그것은 기업계에서일 것이다. 실제로, 왜 고위층의 범죄가 많은가에 대한 하나의 설명은 잠재적 이득은 높고, 약한 공권력과 조직이 제공하는 은밀함 때문에 비용이 낮기 때문이라는 것이다. 이 관점은 또한 범행을 저지르는 것이 보다 이득이 된다고 인지한다면 법을 위반할 가능성이 높아질 것이라고 예측한다. 그러나 반론이 있다. 틀림없이, 선택들은 만들어지지만 그것들이 합리적인가? 상충하는 범죄학적 이론들은, 순전히 수익성을 넘어, 많은 다른 요소들이 범행을 결심하게 한다. 이러한 것들은 사회유대, 자기통제, 범죄의 유혹 대 관습적 가치, 긴장에의 노출 등과 같은 것들을 포괄한다. 합리적 선택의 광범위한 이론은 13장에서 자세히 논의된다. 여기서 우리는 화이트칼라 범죄에 대한 합리적 선택 이론의 적용 가능성을 고려해본다.

이 점에서, 가장 체계적인 관점은 레이몬드 페터노스터(Raymond Paternoster)와 샐리 심슨(Sally Simpson)의 기업범죄의 합리적 선택이론(rational choice theory of corporate crime, 1993)이다(또한 Paternoster & Simpson, 1996; Simpson, Piquero, & Paternoster, 2002). 그들은 기업의 입장에서 기꺼이 범죄를 저지르는 직원들의 의향을 설명하는데 관심이 있다. 범행의 결심에서 핵심은 누적되는 비용편익의 문제가 아니라 행위의 인식된 공리이다. 이 모델에서, 범죄자들은 범죄가 공리(과연 이득이 비용을 초과하는지)가 있는지 아닌지에 대해서 계산할 수 있는 인식을 사용한다.

세련되지 못한 합리적 선택 이론들은 단순히 인지된 확실성과 공식적 처벌의 엄격성(규제기관 혹은 법원으로부터의 벌칙)만을 검토한다. 그러나 페터노스터와 심슨이 이해하는 것처럼, 두 가지의 서로 다른 종류의 비용이 또한 기업 범죄의 인지된 공리를 형성할 수도 있다. 이러한 것들은 부정적인 평판이라는 측면에서 기업에 끼치는 비용 혹은 친구들이나 가족들로부터 부정적 반응이라는 측면에서 개인에 끼치는 비용 등을 포함할 수 있다. 또 다른 항목은 특수하게, 만약 법을 위반했을 때 두려워할 수 있는 자아존중감의 상실과 같이 내재적으로 부과되는 처벌들이다.

범행을 결심하는 데 있어, 기업의 관리는 잠재적인 공식적, 비공식적, 그리고 스스로 부과된 비용들을 판단해야만 한다. 그러나 사람들은 모든 도덕이 빠진 빈 그릇으로서 결정의 지점에 이르지 않는다. 따라서 사람들의 도덕성의 변량은 범죄적 선택을 하도록 촉진한다. 만약 강하게 가지고 있다면, 도덕적 신념은 인지된 공리를 압도할 수 있고, 어떤 이들은 그들이 잘못되었다고 생각하는 것을 하지 않을 것이다. 그러나 다른 도덕적 신념들은 상황적 윤리와 흡사하다. 그것들은 "특정한 상황 맥락에서 특정한 행위의 수용성"을 정의하는 "흔히 쓰이는 도덕률"이다(Paternoster & Simpson, 1993, p.45). 이것들은 특정 상황에서 불법적 행위를 정당화할 수 있는 상황정의들 혹은 중화의 기술들이다. 이 점과 관련해서, 규제의 강제는 더욱이 "규칙과 규칙의 집행자에 대한 정당성에 대한 인지된 감정"에 의존한다. 불공평하다고 여겨지는 법은 구속력이 없다.

처벌과 규제를 넘어, 기업의 관리자들은 법을 따르는 비용과 따르지 않을 경우의 이득, 두 가지의 다른 요인들을 고려해야만 한다. 그런 다음 이러한 평가는 주어진 문제를 해결하는 데 있어 회사 내에서나 주변 환경에서 이용할 수도 있는 다른 합법적 방안들과 비교 검토해봐야만 한다. 만약 합법적인 대안들이 없거나 너무 비용이 많아 보이면, 범행의 결정은 공리를 얻는다. 더욱이, 관리들이 과거에도 범행을 저지른 적이 있다면, 그들은 행위 안정성을 분명히 나타낼 수 있다. 고위층에서도, 길거리 범죄자들에 대한 과거의 범죄학적 연구들과 맥을 같이 해서, "미래 범죄의 가장 좋은 예측인자는 과거의 범죄"이다(Paternoster & Simpson, 1993, p.47).

그러므로 페터노스터와 심슨은 기업범죄는 경영 관리들이 (1) 공식적 비공식적 처벌이 약하다고 인지할 때, (2) 자아존중감의 상실을 경험하지 않을 때, (3) 강한 도덕성이 부족하거나 행위를 정당화할 수 있는 상황우선주의를 내재화했을 때, (4) 규칙을 불공평하다고 볼 때, (5) 비순응의 이득과 순응의 비용 모두 높다고 볼 때, 그리고 (6) 과거에 법을 위반해본 적이 있을 때, 더 발생할 가능성이 있을 것이라 예측한다. 이 모델에 대한 주로 관리자의 결정에 영향을 주는 요소들을 조사하기 위한 짧은 설문을 이용한 그들의 검증은 지지하는 결과를 도출했다(Paternoster & Simpson, 1996; Simpson et al., 2002; Smith, Simpson, & Huang, 2007). 문제는 비용편익과 같은 "합리성"의 상대적 중요성과 다른 요인들이다. 도덕성은 범행 의향에 가장 강력한 예측인자로 나타난다. 통제의 욕구와 같은 다른 개인적 특성들은 처벌의 인지 효과를 형성하고 독립적으로 기업범죄 의사 결정에 영향을 준다(Piquero, Exum, & Simpson, 2005). 가장 중요하게, 엄격한 합리적 선택 모델은 잠재적 범죄자들을 탈맥락화한다. 그들은 역사와 관례, 표준 업무 절차, 직무 문화, 그리고 변하는 외부 환경을 가지고 있는 기업체에 얽혀 있는 직위를 점유하고 있다. 공리의 인식은 중요하지만, 그들은 수많은 상황적 요인들에 기반하게 될 것이다(Simpson et al., 2002).

## 국가-기업 범죄

1991년 9월 3일 아침 8시, 노스캐롤라이나 주 햄릿에 있는 닭 가공 공장인 Imperial Food Products Inc.에서 빠르게 퍼져나가는 화재가 발생했다. 화재는 기름 통 위에 있는 유압 라인이 터져, 인화성이 높은 액체를 400도가 넘는 기름통에 분사하면서 발생했다. 공장에는 스프링클러도 없었고, 창문도 없었고, 몇 개의 문들만이 있었다. 어처구니없게도, 철재 화재비상문, 나중에 필사적으로 탈출하고자 했던 노동자들이 만든 흠집들이 발견된 철문은 공장주인 엠멧 로(Emmett Roe)의 지시에 의해서 잠겨 있었다. 트럭 또한 문으로부터 몇 인치 떨어지지 않은 채 주차되어 있어, 지나갈 수 없게 만들었다. 공장주의 의도는 노동자들이 닭 부위를 훔쳐 가는 것을 막는 것이었다. 90명의 노동자들 중에서, 24명이 죽고 56명은 부상을 당했다. 자판기를 채우던 과자 회사 직원 또한 사망했다. 몇 해가 지난 후, 또 다른 노동자는 당시의 부상으로부터 파생된 합병증으로 사망했다(Aulette & Michalowski, 1993, Cullen et al., 2006, Wright, Cullen, & Blankenship, 1995).

언뜻 보면, 화이트칼라 범죄자를 찾는 것은 쉬워 보이는데, 엠멧 로(Emmett Roe)는, 아마도 합리적 선택과 범죄적 가치 때문에, 몇 개의 닭고기 덩어리를 지키기 위해서 화재 비상구를 닫아버리기로 결정했다. 로는 마땅하게 25건의 과실 치사 혐의로 기소되었고, 감형 거래를 통해서, 19년 11개월의 형을 받았다. 그는 4년 반의 형을 복역한 후 석방될 수 있을 것이다(Cullen et al., 2006). 정의는 실현되었나? 로날드 크레이머(Ronald Kramer)와 레이몬드 마이클로브스키(Raymond Michalowski)에 의하면, 개인적인 공장주가 잘못된 결정을 해서 공장에서 사람들이 죽었다는 식의 사회적 구성은 범죄의 진정한 본질을 불명료하게 한다(또한 Aulette & Michalowski, 1992). 그들의 관점에서, 이것은 국가-기업 범죄의 한 예이다(Kramer, Michalowski, & Kauzlarich, 2003).

크레이머와 동료들에 의하면(2003), 국가－기업 범죄는 "하나 혹은 그 이상의 정치적 통치 기관들이 하나 혹은 그 이상의 생산과 분배 기관들과 직접적으로 협력하여 목적을 추구할 때 발생하는 범죄 행위로 정의된다"(p.263). 본질적으로, 크레이머와 마이클로브스키는 미국에서 범죄의 정치경제학에 대해서 범죄학자들을 일깨우는 방법을 찾고 있다. 국가와 기업들은 서로 떼어놓을 수 없을 정도로 밀접하다. 기업들은 국가에 의해서 용인된 법인체이고, 그들은 또한 부를 생산하고 국가 정책에 영향을 주기 위해서 그들의 힘을 사용한다. 비록 월스트리트 은행 사기가 폭로되는 것처럼 예외는 있겠지만, 국가와 기업은 서로 관심과 이념을 공유한다. 종종 비밀스러운 방식으로, 그들은 서로 서로를 위해 준다.

크레이머와 마이클로브스키는 국가－기업 범죄를 두 가지 종류로 구분하였다. 두 종류 모두 "목표 달성, 불법적 수단의 인지된 매력성과 가용성, 그리고 교화적인 사회통제의 부재들의 결합"과 관련이 있다(Kramer, 1992, p.239; 또한 Dallier, 2011을 참조). 첫 번째, 국가－개시 기업 범죄는 "정부에 의해서 고용된 기업들이 정부의 지시 혹은 묵인 하에 조직적인 탈법을 저지를 때 발생한다(Kramer et al., 2003, p.271)." 우주왕복선 챌린저 호에 대한 크레이머(1992)의 분석(앞서 논의된)이 이 종류의 국가－기업 범죄에 속한다(또한 Vaughan, 1996을 보라). 그의 관점에서, 수많은 정치적 경제적 이유 때문에, 나사(NASA)는 우주왕복선을 세 날싸에 발사하는 목표를 달성하도록 하는 강력한 압력에 시달렸나. 그러나 모튼 티오콜의 협력이 없었다면, 챌린저 호의 발사는 취소되었을 것이다. 나사를 만족시키길 원하면서, 모튼 티오콜은 추운 날씨에 오작동하는 오링의 잠재적인 치명적 위험에 대한 내부 공학 데이터를 무시했다. 모튼 티오콜의 경영자들은 발사를 승인했고, 나사는 챌린저 호를 우주로 날려보냈다. 국가－기업의 결정이 안전한 것인지를 보장할 수 있는 외부 통제 같은 것은 없었다. 그 결과 7명의 승무원들은 죽었다.

두 번째, 국가－조장 기업 범죄는 "정부의 규제 기관들이 기업과 정부 간에 직접적인 충돌 때문이든지 혹은 과도한 규제 때문에 기업의 목표 달성이 어려울 수 있다는 점을 기업과 정부가 공유하기 때문에 탈법적 기업 활동을 규제하는데 실패했을 때 발생한다"(Kreamer et al., 2003, pp.271－272). 크레이머와 마이클로브스키에 의하면, Imperial Food Products 공장에서 발생한 치명적인 화재는 국가-조장 기업 범죄에 해당한다. 물론, 엠멧 로(Emmett Roe)는 비상문을 잠금으로 인해 과실치사를 범했다. 그러나 그에게만 집중하는 것은 이런 범죄 기회와 사건을 만들어냈던 보다 큰 맥락적 실재를 놓치게 된다. 로(Roe)는 그릇된 방향으로 지도를 받았으나, 그는 분명히 그의 직원들을 해칠 의도는 없었다. 덧붙이면, 만약 노스캐롤라이나 주가 제대로 안전규정을 시행했다면, 그는 문을 잠그도록 지시하지 않았을 것이다. 기업들을 끌어들이기 위해서 소위 말하는 친기업 환경을 만들기 위해서, 노스캐롤라이나 주는 규제를 약화시키는 정책을 받아들였다. 100년이 넘은 공장 건물은 11년 동안 노스캐롤라이나 주 직업안전위생관리국의 점검을 받지 않았다(Cullen et al., 2006). 더 놀랍게도, 화재가 있기 바로 전, 노스캐롤라이나 주는 "사용하지 않은 주 직업안전위생관리국의 불용예산 50만 달러를 연방정부에 반환했다(Kramer et al., 2003, p.277)." 요약하면, 주정부는, 공장주보다 더는 아닐지 몰라도, 화재를 예방하는 데 실패하고, 작업장 안전보다 기업의 이익을 우선시하고, 사람의 목숨을 위험하게 한 데 대해서 동등하게 연루되어 있다.

국가-기업 범죄에 대한 크레이머와 마이크로브스키의 독특한 공헌은 범죄 동기와 기회들을 만들어내는데 있어 국가와 기업이 교차하는 방식에 대해서 생각하도록 했다는 것이다. 미국 사회에서 가장 강력한 행위자들로서, 범죄에서 그들의 동반자 관계는 사실상의 면책과 함께 과도한 해악을 양산할 수 있다.

## 화이트칼라 범죄이론의 결과: 정책적 함의

아마도 기존의 이론들로부터 얻을 수 있는 명백한 교훈은 고위층의 범죄를 줄이는 것은, 불가능하지는 않겠지만, 아주 벅찬 임무라는 것이다. 우리가 봤듯이, 대부분의 길거리 범죄자들과는 다르게, 화이트칼라 범죄자들은 사회에서 존경할 만한 지위를 가지고 있고 종종 힘 있는 회사에서 일한다. 이러한 기업이라는 베일은 그들에게 은밀함과 그들의 탈법을 숨길 수 있는 역량을 제공한다. 실제로, 그들의 범죄 행위들은 잠재적 피해자들이 구분하지 못할 정도로 자주 합법적인 경제 활동과 섞인다. 어떤 회사들에서, 탈법은 기업 관습(관례)에 의해서 지지된다. 일탈적인 관행은 참여한 사람들이 그들의 결정이 가진 무책임성을 인지하지 못하게 하기 위해서 정상화한다. 범죄문화 또한 팽배한데, 이러한 신념들은 죄책감이나 혹은 다른 도덕적 억제를 중화하기 위해서 사용되어질 수 있다. 국가는 때때로 규제를 약하게 하거나 살살 규제를 시행하도록 기업들과 공모한다. 경영자들에 대한 형사처벌의 사용은 역사적으로 제한적이었다. 이미 70년 전에 서덜랜드가 밝히기는 했지만, 연구자들이 사실상 어느 산업이나 전문직을 들여다봐도, 불법 행위의 예는 쉽게 찾을 수 있다.

여전히, 화이트칼라 범죄와 싸우는 데 있어 두 가지의 접근이 가능하고, 실제로 다양한 수준에서 사용되고 있다. 첫 번째, 서덜랜드와 그에 앞서서는 E. A. 로스는 사회가 해체되었기 때문에 고위층의 범죄가 만연해진다고 경고했다. 그들은 화이트칼라 범죄자들은 범죄를 위해서 조직되었는 데 반해서, 미국 사회는 이러한 형태의 불법에 대해서 조직화되지 못했다고 주장했다. 이런 해체는 부분적으로는 화이트칼라 범죄들의 진정한 효과에 대한 대중의 무시이고, 부분적으로는 그들의 행위를 통제하는 노력들의 방향을 돌리기 위해 그들의 영향력을 사용하는데 관심이 있는 권력자들의 능력 때문이다. 그러나 1970년대 나타난 화이트칼라 범죄에 반대하는 운동은 이러한 권력의 균형을 대폭 변하게 했다. 기존의 여론 조사 자료는 대중들은 경영사 — 특별히 대기업의 경영자들을 불신하고, 그들을 형법으로 처벌하고 싶어 한다는 것을 명백하게 보여준다(Cullen et al., 2009). 더욱이, 기업들과 전문직들에 대한 형사 처벌의 사용은 최근 몇 십년간 의미 있게 증가했다(Benson & Cullen, 1998; Cullen et al., 2006; Liederbach, Cullen, Sundt, & Geis, 2001). 만약 아무것도 없다면, 사회는 화이트칼라 범죄가 발생했을 때 그것의 발현에 대해서 싸우고 폭로할 수 있다. 정부 관료들은 비록 위험이 그들의 재임 중에 드러나도 그러한 범죄자들과 너무 친근해 보인다. 이런 연유로, 정부관료들은 — 버나드 매도프와 제프리 스킬링은 적절한 예이다 — 그들의 신뢰를 저버린 이들을 찾아 그들의 남은 인생 동안 교도소에 살도록 보내버리고자 한다(Cullen et al., 1987).

두 번째, 단순히 그들의 회사가 아닌 기업의 경영자들에게 초점을 두는 이들에게 과연 얼마나 형사 처벌이 화이트칼라 범죄를 억제할 수 있는지에 대해서 학자들 사이에는 의견 차이가 있다(Cullen et al., 1987; Simpson, 2002). 두말할 나위 없이, 일반적인 합의는 길거리 범죄와 비슷하게, 가혹한 형사처벌을 부과하는 것은 범죄통제 전략으로서 제한적이라는 것이다. 범죄학 이론가들은 그래서 기업들이 자율 규제를 하도록 설득하거나 강제할 것을 권고한다(Braithwaite, 1985; Simpson, 2002). 초점은 범죄를 동기화하는 환경을 바꾸고 범죄 기회를 근절할 수 있는 기업의 경영자들에게 맞춰져야만 한다(Benson & Simpson, 2009). 이러한 전략들은 기업 윤리에서 관리 교육, 특별 감사 책임자의 임명과 규제를 따르고 있는지를 감독할 수 있는 직원, 받아들일 수 없는 위험과 관행들이 고위 경영자들에게 보고될 수 있게 하기 위한 의사 소통 라인 확보, 그리고 재정 비리가 불가능하도록 엄격한 회계절차의 사용 등을 포함할 수 있다(Simpson, 2002).

## 결　론

그의 1939년 필라델피아 연설을 시작으로, 에드윈 서덜랜드는 두 가지 방식으로 범죄학에 도전을 안겨줬다. 첫 번째, 그는 학자들로 하여금 어떻게 범죄자에 대한 전통적인 이미지들이 대중에 의해서 뿐만 아니라 범죄학자 스스로에 의해서 내면화되었는지를 검토해보도록 했다. 서덜랜드의 관점에서, 범죄학은 근본적으로 계급 편향적이었다. 주로 해체된 도심지역 동네의 범죄자들을 연구하면서, 학자들은 암암리에 범죄는 빈민들의 독점적 분야라고 확신했다. 그러나 "화이트칼라 범죄"라는 개념을 만들어내면서, 서덜랜드는 극적으로 범죄문제에 대한 이런 생각이 잘못되었다는 것을 드러냈다. 불행히도, 범죄는 사회의 모든 층위에서 존재한다는 이러한 메시지는 1960년대 사건들과 범죄학자들의 의식이 전환된 1970년대 초반까지 귀담아 듣지 않았다. 풍부한 사회부정의한 사건들을 민감하게 경험한 새로운 세대의 학자들은 서덜랜드를 재발견하였고 고위층/상류층 범죄에 대한 연구에 새로운 활력을 불어 넣었다. 그 이후로, 미국 사회에 막대한 비용을 초래한 반복되는 사건들은 정기적으로 일어났고 범죄학자들에게 권력자 범죄의 원인을 밝히고 그러한 범죄에 의해 파생된 막대한 피해를 드러낼 필요성을 강조하였다.

두 번째, 화이트칼라 범죄의 존재를 입증하면서, 서덜랜드는 범죄의 일반이론으로서 자격을 갖추기 위한 관점으로 설명되어야만 하는 것들로 판을 키웠다. 브레이스웨이트(1989)가 지적하듯이, "예를 들어서, 강간에 대한 이론이 범죄 일반 이론으로서가 아니라 강간에 대한 이론만으로 묘사된다면, 하위범죄를 설명하는 것으로서 이론은 아무 문제가 없다(p.124).” 그러나 학자들은 그들의 이론적 틀이 화이트칼라 범죄를 배제하는 계급 편향적인 범죄 개념을 받아들였음에도 불구하고 일반이론으로 주장하는 경향이 있다(Braithwaite, 1989, p.124). 서덜랜드의 여파로, 이론적 일반성에 대한 모든 주장은 그 관점이 과연 기업 사무실에서 일어나는 범죄도 충분히 설명할 수 있는지 아니면 단지 도시 길거리의 범죄만을 설명하는지에 대해서 면밀히 검토되기 시작한 것은 명백하다. 이러한 작업은 범죄와 사회적 실패(예를 들면, 낮은 자기 통제) 두 가지 모두를 만들어낸다고 예측되는 병리적인 개인들의 특성이 범죄의 원인이라 보는 특성 이론들에 있어서 문제가 된다. 이러한 관점들에 내재된 사회진화론은 동시적으로 어떻게 결함 있는 사람들, 학교에서 실패하고 직장에서도 실패할 것이라 예견된 사람들이 화이트칼라 범죄가 발생하는 고위층에 오르게 되는지를 설명할 수 없다.

요약하면, 서덜랜드와 그의 발자취를 쫓은 학자들은 범죄학자들에게 “범죄”라는 개념이 당연히 주어진 것으로 받아들이지 않도록 경고해왔다. 분명하게, 권력자들의 범죄를 연구하는 것은 때때로 이러한 범죄자들이 그들의 범죄를 숨기는 데 일가견이 있고, 학자들이 기웃거리면서 그들에게 그들의 탈법에 대해서 자기보고 하도록 요청하는 것을 달가워하지 않기 때문에 무척 힘든 작업이다. 그럼에도 불구하고, 화이트칼라 범죄에 대한 보다 체계적인 통합 이론의 구성요소들은 나타나고 있다. 이거와 심슨이 말하듯이(2009), 화이트칼라 범죄는 “동기, 기회, 선택, 그리고 억제(통제의 부재) 등의 결합에 의해서 야기된다”는 것에 대해서 일반적으로 동의한다(p.338; 또한 Coleman, 1992; Friedrichs, 2010을 참조). 따라서 후속 연구는 이러한 요소들의 구체적인 내용, 이것들의 상대적 중요성, 그리고 고위층 범죄를 조장하기 위해서 그것들이 상호작용하는 방식들을 규명하는 것으로부터 득을 보게 될 것이다.

# 제12장

# 처벌의 부활:

## 보수적 범죄학

제임스 Q 윌슨

1931 –

페퍼다인대학 및 캘리포니아대학, 로스엔젤레스

보수적 이론의 저자

우리가 이전의 장들에서 본 것과 같이, 지난 20년 내외 동안, 이전 기간 동안 출현했던 많은 이론들이 개발되었지만, 그 당시의 시대적 맥락과 부합하는 이론들은 개발되지 않았다. 이 장은 1980년대의 보수주의가 개인 속에서 범죄의 원인을 찾는 이 시각들의 부활에 영향을 주었다는 점에 주목한다. 범죄학 이론은 1980년대에 다양한 시각을 모두 포함하게 된 것 같은데, 이것은 범죄가 개인 행위자가 합리적인 선택을 행한 결과라는 고전파의 설명으로, 또는 범죄를 유기체의 이상이나 심리적 결함의 결과로 보는 범죄에 대한 실증주의적 설명으로 회귀함으로써 이루어졌다. 이 접근은 거의 예외 없이 범죄에 대한 해결책으로서 (특히 주와 형사사법제도가) 보다 많은 처벌을 사용해야 한다고 이론적으로 설명한다.

우리는 1980년대와 1990년대까지의 미국의 사회분위기를 보여주는 문헌들에 열심히 주목해 왔다. 이 시대는 너무나 가까운 시기이기 때문에 역사적 시각을 이용해서 이 시기를 분석하는 것은 어렵고, 따라서 보다 균형 잡힌 분석을 위해서는 미래의 학자들의 연구를 기다려야 한다. 여기에서 우리의 희망은 그 시대를 풍미했던 것을 잡아내고, 그리고 그 시대의 대중매체에서 투영된 이미지들을 독자들이 "사실위주의 보도" 이상의 어떤 것으로서 깊이 생각해보게 하는 것인데, 이 대중매체 상의 이미지들은 사회적 실재라는 어떤 집단적 느낌을 구성하여 결국 범죄학 이론들에 영향을 미친 것들이다.

우리가 보아온 바와 같이 1960년대(에서 1970년대까지)는 사회질서에 대한 기존의 가정들이 의문시되고, 그리고 인종, 계급, 그리고 성에서의 기존의 불평등들이 폭로된 시기였다. 흑인평등권운동과 베트남전쟁 기간을 통해 반발을 억압하기 위해 국가가 권력을 비효율적으로 서툴게 사용하는 것이 단지 국가의 정당성만을 약화시키게 되었다. 이런 사회적 배경은 범죄의 원인을, 기회의 거부, 국가 낙인과 개입, 그리고 권력에서의 불평등과 같은 요인들에서 찾는 이론들의 발전과 인기의 자양분이 되었다. 로널드 레이건 대통령의 당선으로 축약되는, 1980년대는 많은 미국인들, 이른바 침묵하는 다수가 이전 시대에 과도하다고 느꼈던 것에 대한 반발이 정점에 달했다. 이 시기는 애국주의, 종교, 근면한 노동, 그리고 자신의 운명에 대한 개인의 책임의 가치들이 널리 알려진 시기였다. (1) 도덕적 타락 및 쾌락적이고 세속적인 문화를 신봉하는 것에 대한 경멸, 그리고 (2) 빈곤층과 소수집단 인구의 사회적 의존성을 만들어내는 것으로 보였던 자유주의 복지국가 정책들에 대한 어떤 이데올로기적 반감이 존재했다.

이 정치적 배경의 변화는 보수적인 가치를 반영하는 이론들의 출현에 공헌했다. 일반적으로 보수적 이론은 두 가지의 특징들을 갖는다. 첫째, 범죄가 어떤 "근본 원인"이 있고, 범죄행동은 불평등과 같은 사회구조적 환경에 의해 나타난다는 주장을 거부한다. 대신에, '범죄는 개인의 선택에 기인한다.' 이 개인의 선택은 인간의 속성 탓이거나 합리성 탓이거나, 또는 관용적이고 비도덕적인 사회에서 성장한 사람들의 도덕적 결함 탓일 수도 있다. 보수주의자에게, 나쁜 사람들이 범죄를 선택하고 나쁜 사회를 만들어 내는 것이지, 사회가 나쁜 사람들을 만드는 것은 아니다. 두 번째, 범죄문제를 해결할 때, 초점은 개인에 대해 보다 많은 제한이나 통제를 하는 것인데, 보통 가족, 학교, 그리고 형사사법기관에서 보다 많은 훈육을 부과하는 형태를 띤다. 엄한 처벌, 특히 구금의 위협과 사용이 효과적인 사회통제에 매우 중요하다는 어떤 믿음이 존재한다.

우리는 1960년대와 1970년대 초와는 달리, 대부분의 범죄학자들이 그 시대에 의해 휩쓸려 보수적인 이론으로 나아가지는 않았다는 점을 알아야 하는데,

(우리가 이 장에서 살펴보는 바와 같이) 단지 소수의 학자들만이 보수적 이론으로 나아갔다. 오히려, 소수의 학자들이 있었다 하더라도, 하나의 원리로서 범죄학은 보수적인 정치운동이나 처벌적인 범죄정책을 실행하는데 반대했다. 이러한 반대는 부분적으로 이데올로기적이었다. 1960년대와 1970년대에 이 분야에서 활동한 모든 세대의 범죄학자들은 그들이 접하게 된 범죄에 대한 입장에 전혀 굴복하려고 하지 않았다. 그러나 보수적인 범죄학적 생각에 대한 그 저항은 부분적으로 그것의 주요 정책 목록인, 대규모 구금을 통한 "강경대응" 정책에 반대하려는 좋은 이유가 있었다. 대부분의 범죄학자들은, 이러한 접근이 범죄의 복잡한 근본원인을 무시하고, 빈민과 소수집단을 억압하는 편리한 방식이며, 그리고 대개는 범죄행동을 감소시키는데 효과적이지 못하다고 생각했다.

그러나 오래 지속된 보수주의 정치와 사상은 1960년대에 강한 뿌리를 둔 이론들이 범죄학자들에게 미치는 영향력을 약화시켜온 것으로 보인다. 아직 비판적, 페미니스트 이론들을 지지하는 강력한 학자집단들이 존재한다. 그러나 또한 다른 패러다임에 속하는 범죄학자들을 위한 이데올로기적 공간이 점점 넓어지고 있다. 이 시각들은, 어떻게 적용되는지에 따라서 한 쪽 또는 다른 쪽 편으로, 다시 말해서 자유주의 또는 보수주의로 구별하기가 어렵다. 우리는 13장과 14장에서 이 이론들을 살펴볼 것이다. 지금 우리는 보수적 이론들에 대한 우리의 관심으로 다시 돌아간다. 우리는 보수적 이론들의 발전에 자양분을 제공한 그 사회적 배경부터 살펴본다.

## 사회적 배경: 1980년대와 1990년대 초의 미국

우리의 분석을 보다 쉽게 만들기 위해, 우리는 미국에서의 발전에 집중한다. 앞서 논의한 바와 같이, 1960년대의 소동은 리차드 닉슨이 대통령에 당선되도록 한 정치적 반발로 나타났다. 닉슨은 한편으로 범죄에 대한 강경대응 공약을 한 탓에, 그리고 다른 한편으로 그가 "비밀계획"을 이용하여 베트남전쟁에서 곤경에 빠진 미군을 철수할 것이라고 공언한 탓에 당선되었다. 그는, 반문화적인 옷차림과 약물에 대해 "완벽하게 깨끗한" 그의 극단적인 혐오감을 드러내었고, 그리고 그의 선출은, 그 시대의 흑인평등권운동, 반문화운동, 그리고 페미니스트운동을 좋아하지 않는 사람들에게 다시 권력을 돌려주는 계기가 되었다.

그러나 1970년대 초까지, 수십 년 동안 만들어져 온 어떤 경제적, 정치적 변화가 느껴지기 시작했다. 이 저변의 변화들은 1950년대의 평화와 번영의 느낌, 그리고 1960년대의 급진적인 발전에 있어서 매우 중요했고, 그들은 수십 년 동안 큰 영향력을 갖게 되었다. 그 구조적 변화들은 경제적이기도 했고 정치적이기도 했다. 미국에서 경제적 지배는 1970년대 동안 문제가 되었고, 1970년대 말까지 "올바르지 못한" 것이라는 어떤 느낌을 초래했다. 정치적으로, 미국은 1980년대 동안 심지어 보다 보수적인 정치적 수사로 나아갔는데, 이것은 1950년대의 "좋았던 옛날"에 대한 문화적 향수와, 거대한 국가 빚을 지게 만들었던 재정지출정책과 결합했다.

## 미국의 경제적 쇠퇴

1945년 2차세계대전이 끝날 때까지, 세계 제조업에서 미국의 비중은 거의 50%였는데, 이 규모는 이전에 어느 한 국가가 결코 달성하지 못했을 정도로 큰 것이었다(물론 그 이후에도 마찬가지이다). 전쟁에서 벗어난 미국은 경제적으로 너무나 강해서, 당대의 유명 출판인이었던 헨리 루스(Henry Luce)는 "미국의 세기"가 열렸다고 주장했다. 실제로 그러한 예측은 그 시대에는 합리적인 것이었다. 예를 들어, 1945년에 미국은 세계의 금보유량 중 $\frac{2}{3}$를 소유했고, 유일하게 원자폭탄을 가졌다. 그것은 진정으로 구세계의 미국화의 초기단계였다. 미국이 광대한 경제력을 지녔다는 사실은, 코카콜라와 같은 물건의 수입과 판매를 금지시켰던 프랑스와 같은 나라들에게는 좋을 것이 없었다(Kennedy, 1987, p.29).

그러한 광대한 자원을 가졌다는 것을 고려할 때, 1940년대 말 동안 미국이 세계 도처에 그들의 군사적 보호망(어떤 사람은 "자본주의적 군사적 제국주의"라고 말할 것이다)을 계속 확대한 것은 놀랍지 않다. 1970년까지, 미국은 30개국에서 백만 명 이상의 군인을 주둔시켰고, 세계의 거의 100개국에 군사적 원조를 제공하는 주요 공급자였다(Kennedy, 1987, p.29). 그러나 1945년 이후 미국의 군사적 배치가 증가하기 시작했을 때, 세계 제조업과 세계 국민총생산(GNP)에서 차지하는 미국의 위치는 벌써 하락하기 시작했고, 이것은 처음에 완만했지만 나중에는 급격히 하락했다. (베트남전쟁에 참전하기 전에) 아이젠하워와 케네디 대통령 시기의 군사비 지출은 벌써 국민총생산의 약 10%였지만, 경제적 어려움은, 세계의 생산과 부에서 미국의 몫이 현재의 미국의 몫보다 약 2배였다는 사실에 의해 가려졌다.

레이건 대통령 시기 동안 방위비지출이 1970년대 말 카터 대통령 시기에 썼던 금액보다 거의 50%까지 증가하였다는 사실을 알게 되자, 1980년대에 기초경제상황의 불확실함이 알려지게 되었다. 동시에 국가의 빚은 현저한 속도로 증가하고 있었다. 1980년에, 연방의 적자는 596억 달러였는데, 1985년까지 벌써 2,028억 달러로 점점 빨리 증가하였다. 그 빚에 대한 이자만 벌써 1980년에 525억 달러였고, 1985년까지 그것은 1,290억 달러에 이르렀다(Kennedy, 1987, p.33). 1988년까지, 미국은 5,000억의 재정적자가 났고, 이것은 1945년 세계의 금보유량의 $\frac{2}{3}$를 보유했을 때부터 오래전부터 누적되어 온 것이었다(Kennedy, 1987, p.22). 많은 사람들은 미국의 세계경제적 위치가 낮아지고, 21세기는 미국보다는 아시아, 특히 일본의 시대라고 예측했다. 1980년대 후반 동안, 1995년까지 일본의 투자자들이 미국의 전체 자산의 10%에 해당하는 1조 달러를 소유할 것으로 예측되었다(Kennedy, 1987, p.45).

세계의 다른 지역에서의 변화들도 또한 미국의 곤경에 영향을 미쳤다. 예를 들어 이 시기 동안, 몇몇 다른 국가들이, 미국이 한 때 우월적인 위치를 차지했던 섬유, 철강, 조선, 그리고 화학 분야에서 그들의 생산을 증가시켰다. 더욱이, 미국은 로봇공학, 우주기술, 자동차, 기계공구, 그리고 컴퓨터의 생산과 공급에서 맹렬한 국제적인 경쟁에 직면했다(Kennedy, 1987, p.29). 그리고 1970년대까지 미국이 우월적 지위를 차지했던 또 다른 분야였던 식품생산에서, 제3세계 국가들과 유럽공동체 국가들이 식품을 수출하기 시작했고, 결국 미국의 농산물과 경쟁하게 되었다.

## 미국에서의 지속되는 불평등

1980년대 동안, 긴장이론과 갈등이론가들에 의해 논의된 불평등의 뿌리가 미국에서 예상보다 훨씬 더 깊다는 점이 점점 분명하게 되었다. 대학진학은 점점 더 젊은이들에게 어려워졌고, 성불평등이 좀처럼 개선되지 않자 몇몇 페미니스트들은 그들의 입장을 바꾸기 시작하였으며, 그리고 다소의 인종주의가 특히 추한 형태로 다시 나타났다. 이미 언급한 저변의 경제적인 변화 때문에, 경제적 파이는 더 이상 1960년대와 1970년대 초 동안 나타났던 정도로 상대적으로 많은 배고픈 사람들을 위해 충분한 정도의 크기가 되지 못했다. 1960년대 저항운동의 동력이 되었던 거대한 규모의 베이비붐 세대들이 중년이 되었을 때, 청소년의 권력이 낮아졌기 때문에, 그리고 아마도 보다 정열적이고, 교육받고, 그리고 논리적인 여성들과 미국흑인들이 그 파이에서 자신의 몫을 얻는데 성공했기(그리하여 "시스템"의 한 부분이 되었기) 때문에, 기본적인 사회적 변화에 대한 압력은 줄어들었다. 1970년대 말까지, 래쉬(Lasch, 1978)는 벌써 "자기도취주의 문화"의 등장을 언급했고, 몇몇은 "자기중심주의 시대"가 왔다고 주장하고 있다. 적어도 부분적인 해결책을 제시할 수 있는 것으로 보이는 기초적인 사회문제가 악화되기 시작함에도 불구하고, 점점 더 사람들은 자신들의 문제에만 관심을 가진 것 같았다.

인종의 문제는 한 예가 될 수 있다. 1960년대 말 동안, 존슨대통령은 커너위원회(Kerner Commission)를 조직하고, 당시의 인종폭동의 원인을 조사하게 했다. 그 위원회는, 폭동이 백인인종주의 때문이며, 백인의 태도와 행동이 변하지 않는다면, 미국은 계속 분리되고 차별받는 두 개의 사회(하나는 흑인, 하나는 백인)로 구성된 사회체계로 나아갈 것이라고 경고했다. 20년 후, 약간의 개선이 이루어졌지만, 세 개의 다른 미국흑인공동체 집단에 꽤 상이한 영향을 미쳤다는 것은 자명하다("20년 후", 1988). 미국 흑인중산계급은, 1980년대 이전의 20년 동안 상대적인 경제적 성공을 이룬 집단인데, 이들은 정치적 영역에서의 성공을 통하여 심지어 보다 많은 경제적 성공을 성취했다. 그러나 미국 흑인 노동계급들은 1980년대 동안 종종 자신의 경제적 위치를 유지하는 데 큰 어려움을 겪었고, 다운사이징과 탈산업화에 의해 실업의 위험에 크게 노출되었다. 그러나 지금 영구적으로 밑바닥에 "묶인" 것으로 보이는, 세 번째 미국흑인집단은 훨씬 더 열악해졌다.

이 세 번째 집단은 새롭게 나타나는 "흑인 최하층계급"인데, 이들은 슬럼생활에서 나타나는 경제적, 사회적 스트레스로 고통받는 사람들이다(Wilson, 1987). 대중매체는 그들을 "만성적 실업, 폭력범죄, 약물남용, 10대 임신, 그리고 세상의 최악의 생활환경 중의 하나에 빠져 있는 비참한 인간쓰레기"로 묘사해 왔는데, 이것은 부분적으로는 다른 흑인들의 성공이 낳은 잘못된 결과로 보인다("20

년 후", 1988, p.A13). 1970년대 초 동안, 미국 흑인의 중위소득은 백인의 57%였다. 그 이후에, 흑인-백인 수입격차가 해결하기 어려울 것이라는 우려가 지속되었다.

불행히도, 1990년대 이전에 전체 미국에서 인종적, 종교적, 또는 민족적 폭력에 대한 신뢰할 만한 데이터는 존재하지 않는다("수치의 부재," 1987; "미국은 더 많은 것을 가졌다," 1994). 1980년대 동안 몇몇 도시가 증오범죄를 다루는 특별부서를 설치했지만, 인종갈등이나 폭력에 대한 신고는 증가하고 있다. 1987년 중반에, 미국 법무부의 지역사회관계 서비스(Community Relation Service)가 발표한 자료에 따르면, 정부에 신고된 인종갈등 사건건수가 1988년에 99건에서 1986년에 276건으로 증가했다("수치의 부재," 1987, p.A13). 1993년에 7,000건 이상의 증오범죄가 연방경찰(FBI)에 신고되었다("미국은 더 많은 것을 가졌다," 1994). 소수집단 가정이 특히 백인거주지역으로 이사를 간 이후 발생한 방화나 십자가 소각(cross burning)[1]에 대한 수사에서 이를 뒷받침하는 자료가 있다. 앨라바마주의 몽고메리에서의 남부 빈곤법 프로젝트(Southern Poverty Law Project)의 클랜워치프로젝트(Klanwatch Project)에 따르면, 1985년과 1986년 사이에 주로 백인거주지역으로 이사한 소수집단 구성원을 대상으로 한 수백 건의 손괴와 다른 사건들이 발생했다("보도추적," 1987, p.A22).

이런 사건들에 대한 보도는 깊숙한 남부지역에 한정되지 않는다. 1987년 1월에서 8월까지 뉴욕시에서만 흑인과 백인이 상해를 입은 인종차별적 폭행사건에 대한 보도건수가 7년 동안 이 범죄를 수사해온 부서가 통계를 집계한 이후 가장 많았다. 1986년 한 해 동안 235건, 1987년 1월에서 8월까지 301건이 신고되었다. 유사한 경향은 시장의 관리보고서에서 찾을 수 있는데, 편견에 의한 범죄건수는 1986년과 1987년 사이에 두 배가 되었다("편견에 대한 보고서," 1987, p.A19). 더욱이, 유대인 문화교육촉진협회(B'nai B'rith)의 비방방지연맹에 따르면, 반유대주의(anti-Semtic) 행동은 1987년에 12%가 증가했다. 뉴욕주는 유대인이 가장 많이 사는 주인데, 여기서 유대인에 대한 손괴사건이 가장 많고, 그 다음으로 캘리포니아, 뉴저지, 그리고 플로리다주 순으로 많았다("반유대주의 행동," 1987, p.A13).

---

1) 역주: 스코틀랜드에서 나무에 불을 붙이고 던져 전쟁의 개시를 알렸던 것에서 유래한 것으로, 인종차별주의자집단인 KKK단의 십자가를 소각하는 의식.

1980년대 동안 나타난 이러한 분위기는 부분적으로 버나드 괴츠(Bernard Goetz) 사건이 상징적으로 보여준다. 1984년 성탄절 딱 3일 전, 미국 중산층 백인이었던 괴츠는 4명의 흑인청소년들을 총으로 쏘았는데, 그것은 청소년들 중의 하나가 그에게 5달러를 요구했기 때문이었다. 1987년 6월에, 배심원들은 괴츠를 무죄로 평결했다. 공판이 진행되는 도중에, 인종적 갈등, 정당방위, 그리고 괴츠의 무죄방면이 적어도 흑인에 대한 백인의 살인을 정당화하는 조건을 더 확대시키는 것으로 해석될 것이라는 주장에 대해 격렬한 논쟁이 일어났다("괴츠 사건," 1987, p.A11; "끝나지 않을 재판," 1987, pp.20－21).

## 안정성이라는 수사학

사회질서에서의 근본적인 변화를 고려하길 원하지 않는 사람들은 범죄와 같은 사회문제들의 원인을 결함 있는 개인이나 사회화기관의 실패에서 찾는 경향이 있다(Rungbinton and Weinberg, 1971). 지금까지 설명했던 인종적 차별과 폭력의 증가는, 그것이 매우 중요한 것임에도 불구하고, 어떤 특정 유형의 사람들을 문제가 있다고 보려는 경향의 한 예일 뿐이다. '우리의 사회화기관들의 실패'에 초점을 맞추는 주장은, "미국인의 삶의 방식"이 모범적이거나 적어도 근본적으로 건전하지만, 직장, 가족, 학교, 그리고 교회와 같은 제도들이 잠재적인 사고뭉치들을 사회의 주류로 통합하는데 다소 실패하고, 이 기관들을 재점검하고 강화해야 한다고 믿는 것이나 마찬가지다. 만약 이 시각들 중의 첫 번째가 닉슨대통령의 특성이라고 할 수 있다면, 두 번째 시각은 닉슨－포드의 민주당 계승자인 카터대통령으로 잘 표현할 수 있다.

카터(Carter)가 대통령이 된 것은 그 자체로 경제적 정치적 변화가 (어떤 범죄학 이론들의 정책이 집행되어야 하는지를 포함하여) 공공정책에 영향을 주는 방식을 보여주는 한 교훈적인 예이다. 미국의 경제적 쇠퇴라는 저변에 깔린 문제가 대중매체나 일반대중에게 알려지기 오래 전에, 미국의 핵심 재정관리들은 그 상황에 대해서 잘 알았고, 1973년에 미국, 유럽, 그리고 일본의 유력 인사들이 공동참여하는 3자 위원회를 출범시켰다. 그 위원회의 위원장이었던 브레진스키(Zbigniew Brzezinski)는, 워터게이트 스캔들, 포드대통령의 닉슨에 대한 사면, 그리고 사회시스템에서 신뢰의 상실이라는 관련된 징후에 대해 파악하고, "1976

년에 민주당 후보는 당선을 위해 직장, 가족, 종교, 그리고 증가된 애국심을 강조해야 한다"고 주장했다(Allen, 1977, p.27). 부분적으로는 남부의 선거투표에서 이기기 위한 "남부 전략"으로서, 카터는 이러한 속성들을 모범적으로 가진 한 남부의 주지사로서 당선되었다. 카터의 당선에 따라, 브르제진스키는 그의 국가안보보좌관이 되었다.

카터가 당선된 이유는, 힘 있는 정치적 킹메이커의 강력한 지지 덕분일 뿐만 아니라, 그가 어떤 다른 후보자들보다도 더 그 시대의 분위기를 상징화했기 때문이다. 실제로, 미국에서 정치적 인물들이 대개 "대중이 원하는 존재"가 되기 위해서 그 자신을 대중적 분위기에 맞추어 변화시키는 능력 덕분에 성공한다는 것은 기억할 필요가 있다. 카터는 노동윤리를 재확인하는데 성공했는데, 그는 종종 일벌레로 불렸고, 그는 잘 알려진 그의 부인, 딸, 그리고 심지어 그의 "말썽꾸러기" 형제 빌리에게도 가족적 애정을 가졌던 것으로 유명했다. 자칭 독실한 모태복음주의 신도로 태어남으로써, 카터는 보다 전통적인 종교적 가치들로 회귀하고 워터게이트 스캔들의 여파에서 도덕적인 리더십에 대한 어떤 갈망을 보여주었다. 그러나 그의 대통령직은 이란의 인질범들에 대한 승리를 통해 애국주의적 힘을 재확인시키지 못하는 무능함에 비틀거렸으며, 마침내 카터보다 훨씬 더 1980년대 미국의 상징이 되었던 레이건(Reagan)에게 대통령을 내주었다.

1970년대 말 동안, 카터는 공공연히 미국에 만연한 불안감을 보여주는 조사결과에 대해 이야기했다. 대중은 사회화의 한 힘으로서 교육기관에 대한 전통적인 신뢰를 철회했다. 많은 사람들은 1960년대의 변화가 가정의 응집력을 깨고, 미국시민들을 사회화하고 통제하는 교육기관의 능력을 약화시켰다고 믿는 것으로 보였다. 종교는 증가하는 시민들에게 위안을 주는 것 같았지만, 점점 더 많은 사람들이 정신적 지향을 위해 카리스마 있는 텔레비전 전도사로 옮겨가게 됨에 따라, 지역사회건설과 개혁을 위한 매개체의 역할이 약해지게 되었다.

1970년대 말까지, 미국 대중의 분위기는, "미국을 떠받치는" 애국적 대중이 필요한데, 너무나 많은 냉소주의자들이 미국을 비난하고 어두운 면에 부각하는데 너무나 많은 시간을 쓴다는 레이건 후보자의 주장과 매우 잘 맞는 것으로 보였다. 앞서 지적한 바와 같이, 전체로서 사회는 사회적 걱정에 피곤하며, 사회가 (마치 이런 문제들이 존재하지 않는 것처럼) 경기후퇴, 인종주의, 빈곤, 환경오염, 그리고 그 밖의 다른 내부적 문제에 대해 외면하려는 듯이 보였다. 낙인이론이 약간의 지지를 받기는 했지만, 그렇다고 긴장이론이 더 많은 (갈등이론이 훨씬 덜) 관심을 받는 시대는 아니었다.

레이건의 대통령 취임은 미국 대중이 1950년대의 정신을 다시 지지했다는 것을 보여준다. 1970년대 동안 주창되었던 자기중심주의의 시대라는 주제는 다소 다른 색조로 취해지기 시작했다. 초점이 "최고를 찾는" 개인에 대해 크게 주어졌지만, 동시에 점점 더 관용적 사회에 대해 비난이 주어졌다. 예를 들어, 전체로서 사회는 "생쥐 경주"에서 개인이 다소 냉소적으로 물질적 성공을 추구하는 것을 훨씬 더 긍정적으로 보는 것으로 보였지만, 성행위와 약물의 형태로 개인적인 즐거움을 추구하는 것에 대해 점점 덜 관용적이 되었다. 실제로, 사회의 보호를 위해서 개인의 권리를 제한하는 원리로, 성행동에 대해 감시하고, 강제적으로 약물검사를 요구하는 것은 대세가 되었다.

**'물질주의의 포용'** 1980년대의 미국은, 만약 대중매체의 묘사를 예술로 본다면, 종종 "예술을 흉내내는 삶(life imitating art)"의 한 사례처럼 보였다. 1981년의 최고 인기 텔레비전 시리즈물은 프라임타임 연속극인 댈러스(Dallas)였는데, 여기에는 공범 석유왕 어윙(J. R. Ewing)의 꼬임에 넘어간 텍사스의 돈을 펑펑 쓰는 사람이 출연하는 장면이 특징이다. 10년 후, 월스트리트의 책략가인 이반 보에스키(Ivan Boesky)는 "탐욕은 나쁜 것이 아니다"("여든 살 이후," 1988, p.42)라는 그의 주장으로 그의 생각이 요약되는 인물이다. 그는 5,000만 달러의 불법수익을 포기하고 또 다른 5,000만 달러를 배상하는 것에 동의한 후 포춘지에 의해 "올해의 사기꾼"("여든 살 이후," 1988, p.44)으로 선정되었고, 후에 3년 형을 받았다. 1984년에, '부자와 명사의 생활양식'이 인기 텔레비전 쇼가 되었고("여든 살 이후," 1988, p.42), 같은 해에 뉴스위크지(Newsweek)는 그 현실을 "여피족의 해"라고 선언했다. 1960년대의 이피족(yippies)[2]과는 대조적으로, 여피족(yuppies, 상승이동한 도시의 전문직 젊은이)은 그 시대의 한 상징을 대표하는데, 이들은 아무런 사회의식을 갖지 않고 오직 "돈을 버는 일"에만 열중한 자기중심적인 물질주의 세대이다.

---

2) 역주: hippie보다도 정치색이 짙은 반체제의 젊은이.

## 전통적, 성에 대한 설교의 재확인

1980년대 초까지, 1960년대의 반문화의 등장과 주로 관련이 있는, 공공연한 쾌락주의적 섹슈얼리티는 "1980년대의 섹스: 혁명은 끝났다"(1984, pp.74-78)와 같은 제목을 가진 기사에서 과거의 것으로 치부되었다. 뉴스위크의 커버스토리는 "플레이보이 파티는 끝났다"라고 알렸고, 타임지(Time)는 "섹스 난장판(Sex Busters)"의 시대라고 표현했다. 그러한 새로운 분위기를 보여주는 예들은 많았다. 의회는 국립도서관에 1970년 이후 월간으로 출간되어 온 맹인과 신체장애인들을 위한 플레이보이지의 점자 버전을 비치하는 것에 대해 반대했고, 플레이보이, 펜트하우스, 그리고 허슬러에서 어린이들이 어떻게 묘사되는지에 대한 연구에 대한 정부의 연구비지원은 크게 비난받았으며, 동성애자에 대한 폭력이 증가했고, 그리고 포르노그래피에 대한 법무부의 연구에 대해 뜨겁게 논쟁했다.

성적 가치에 대한 논쟁은 또한 미국의 법정으로 이어졌다. 예를 들어, 바우어 대 하드윅(Bower v. Hardwick, 1986) 판례에서, 미국연방대법원은, 동의하에 성인과 오럴 또는 애널섹스를 하는 것을 최고 20년 형에 처하는 조지아주법을 (5대 4라는 근소한 차이로) 지지했다. 경찰관이 공공장소에서 뚜껑을 딴 술을 가지고 다니는 증거를 찾기 위해 하드윅의 아파트로 갔을 때, 그 사건은 (공공장소에서의 음주에 대해) 충분히 그가 무죄인 것으로 밝혀졌다. 그 경찰관은 하드윅의 친구가 문을 열어줘서 그의 아파트에 들어갔고, 그의 방에 갔을 때 다른 남자와 오럴섹스를 하고 있는 것을 발견하고 그를 검거하였다. 실제로 조지아주의 법하에서 개인은 그의 방에서 다른 성인과 동의하에도 심지어 그런 행위를 할 권리가 없다고 법원은 판시하였는데, 이것은 국가가 사적인 장소에서 조차 공중도덕을 확보할 책임이 있고, 따라서 그러한 행동을 제한하고 통제할 정당한 권리가 있다는 입장을 취했다.

사적인 이익과 국가의 이익에 균형을 잡는 것과 관련된 문제와 관련하여, 1980년대는 여성의 낙태에 대한 권리에 대한 논쟁이 격화된 시기이다. 법원에 반복적으로 '로 대 웨이드(Roe v. Wade)' 판례(1973)에 대해 재심의 하라는 요구가 나타났는데, 이 판례는 연방법원이 여성의 개인적 프라이버시에 대한 침해를 정당화할 수 있는 정도로 국가의 이익이 중요하지는 않다는 근거로, 낙태금지법을 위헌이라고 판시한 것이다. 하나의 상이한 도덕적 딜레마로서, 그 예는 종종 통상의 이데올로기적 선(예를 들어 자유주의 카톨릭 대 친-낙태선택)을 가른 것으로 여겨진다. 그렇다 하더라도, 보수적인 정치인들, 종교지도자들, 그리고 태아의 생명에 대한 존중을 주장하는 집단들이 '로 대 웨이드' 판례를 뒤집는데 두드러진 십자군의 역할을 했을 때, 태아의 권리에 대해 미국이 더 중요시함으로써 생명중시운동은 점점 더 세력이 커졌다. 그들에 따르면, 공중도덕을 유지하는 국가의 이익은, 태아의 생명을 보호하는 도덕적 선택에서 가장 중요하게 표현되고, 따라서 만약 낙태를 범죄로 규정하지 않는다면, 낙태의 범위를 엄격히 한정해야 할 정도로 충분히 더 크다.

결국, 1980년대에는 에이즈(AIDS)가 점점 커지는 위협으로 대두했다. 에이즈로 인한 사망의 증가는 대중매체와 정치적 토론에서 기존의 성관습에 대해 많은 논의를 하게 만들었다. 자유주의자에게, 에이즈는 성관계에서 보다 많은 실용주의를 촉진했는데, 이것은 파트너를 보다 신중히 고르고, "안전한 섹스"를 하며, 성병의 전염에 대해 더 많이 교육하게 하였다. 보수주의자들에게, 에이즈의 위협은 성도덕의 문란이 무서운 결과를 가져오는 명백한 증거였다. 궁극적으로, 보수주의자들은 에이즈문제가 도덕적인 실패에 기인하고(혼외관계의 결과) 전통적인 성가치를 재확인함으로써만 해결될 수 있다고 경고했다.

**"약물에 대한 전쟁"** 레이건행정부 초기에, 약물남용예방 캠페인들이 있었고, 1986년에 연방정부는 "약물에 대한 전쟁"에 새롭게 2,500만 달러를 투입했는데, 이른바 이 전쟁은 기업과 스포츠 세계에서 일하는 노동자들에 대한 의무적인 약물검사를 연방고용 노동자에게까지 확대시켰다("엄한 단속," 1986, pp.12-13; "거부의 시도," 1986). 그 새로운 정책의 발표는 5개월 간의 의회의 연구가 행해진 후 나왔는데, 그 연구는 "소변검사절차가 비용이 많이 들고, '대부분의 경우에 쓸모없으며,' 그리고 종종 부정확하다"("약물검사," 1986, p.A15)고 결론 내렸지만, 그 정책은, 검사받은 사람이 불법약물을 사용하거나 어떤 것이든 다른 범죄를 저질렀다는 증거가 부족함에도 불구하고 시행되었다. 연방정부는 약물에 대해 "격앙된" 상태에 있는 것으로 보였다("약물과의 싸움," 1986, p.A25). 노동자들이, 그들의 개인적인 시간에 하는 행동은, 그것이 직무수행에 영향을 주지 않는다면 상관할 바 아니며, 그러한 검사가 죄가 있다는 것이 밝혀지기 전에는 무죄로 추정되어야 한다는 적법절차의 가정을 바꾸는 것이라는 주장에도 불구하고, 대중은 연방의 재정적자와 총기통제보다는 약물문제를 더 우려한다는 것을 백악관의 한 여론조사는 보여준다("엄한 단속," 1986).

'법무부와 대법원' 연방정부의 부서들이 취한 입장들이 그 시대를 반영한다는 것은 사실이 아닐 수도 있지만, 그들에게서 단서를 찾을 수 있다. 따라서 1980년대 동안 법무부와 대법원 양쪽의 분위기를 고려하는 것은 유익하다. 두 경우 모두에서, 범죄의 원인으로 가능한 사회환경에 초점을 맞추는데 점점 더 주저하였고, 통상적인 거리범죄자들에게 보다 가혹한 처벌을 하려는 경향이 있었다.

레이건 대통령의 두 번째 임기 초기에, 그의 친한 친구인 에드윈 미스(Edwin Meese)는 법무부장관으로 임명되었다. 1986년에 미스는 대법원의 판결을 미국의 최고법으로 꼭 여길 필요는 없다고 선언했다("에드윈 미스," 1986, p.9). 그는 대법원판결은 단지 특수한 사건에 연관된 사람들에게만 적용된다고 주장했다("미스가 법원에 말한다," 1986). 법무부의 민권국장이었던 윌리엄 브래포드 레이놀즈(William Braford Reynolds)도 유사한 입장을 가졌는데, 그는 대법원판사의 적격성에 의문을 가졌을 뿐만 아니라, 급진적으로 평등한 사회를 이루려고 시도하는 것은 아마도 개인의 자유에 대한 주요한 위협이 될 것이라고 주장했다("대통령의 성난 사도," 1986, p.27). 레이놀즈는 연방의 시민권과 인종차별철폐, 여성대학운동선수의 평등을 증진시키려는 노력, 그리고 주택공급에서의 차별을 중지시키려는 노력에 대해 선봉에 서서 공격했다. 카터 행정부의 법무부장관이었던 그리핀 벨(Griffin Bell)에 따르면, "그렇게 한 것은 그가 임명된 이유였다."

형사사법과 밀접하게 관련된 문제들에서, 법무부의 리더십은 동일하게 보수적이었다. 예를 들어 미스는 '미란다 대 애리조나(Miranda v. Arizona)' 판례(1966)를 뒤집는 것에 찬성했는데, 이것은 경찰이 범죄용의자에게 그들의 법적 권리를 알리도록 의무화한 것이었는데, 그는 이 판례를 "악명 높은" 것이라고 주장했다("준비된 것으로 보이는 미스," 1987, p.A7). 법원장 윌리엄 렌퀴스트(William H. Rehnquist)는 유사한 주장을 했는데, 그는 사형수가 제기하는 최후의 순간 항소에 대해 제한할 것을 주장했다. 그는 그러한 항소는 "사형집행 전 하루 이틀 동안 혼란스러운 상황"을 만들어낸다고 주장했다("사형수감방," 1988, p.A7). 불행히도, 렌퀴스트가 우려한 그러한 "혼란스런 상황"은 변호사를 선임할 헌법적 권리는 첫 항소를 넘어선 소송에서는 적용되지 않는다고 대법원이 결정함으로써 부분적으로 해결되었다("기디언 사건," 1988, p.A27). 동시에, 미스는 십대살인범에 대한 사형집행에 찬성했다("미스: 십대 살인범을 사형하라," 1985).

군사비지출과 하층계급에 대한 비판 외에도, 미국에서 1980년대의 정치의 한 부분은, 다루기 힘들어 보이는 문제에 직면하여 미국적 삶에 대한 신앙을 재확인할 필요성으로 옮겨갔다. 3,900만 달러를 들여 자유의 여신상을 수리한 2년 후인, 1986년의 자유의 여신상의 100번째 생일에, 이 동상과 그것을 상징하는 모든 것은 세계에서 열린 것 중에 가장 비싸고 낭비적이었다. 이 행사에는 500만 명 이상의 사람들이 참석했다. 자유, 해방, 그리고 새로운 삶이라는 주제는 미국의 핵심가치이며, 이것은 자유의 여신상에 의해 상징되는데, 이것에 대한 증언으로서, 25,000명 이상의 이민자들은 1986년 4월 미국 전역의 44개의 다른 장소에서 시민권에 대한 맹세를 한다. 이 재확인 축하행사에는 또한 외국의 고위관리가 참석했고, 미국적 생활방식을 지지하는 하나의 상징적 제스처로서 뉴욕항에 35개국 이상의 전함들이 도열했다. 그 시대와 발맞추기 위해, 거버너스 섬(Governers Island)에서는 커플당 10,000달러의 비용으로 한 비싼 댄스파티가 열렸다("자유를 축하하라," 1986; "자유의 달콤한 땅," 1986).

## 보수정치적 행보의 유산

진보주의자들은 어느 정도 보수적인 행보에 대해 1990년대 동안 도전했다. 그 중 가장 두드러지는 것은 1992년의 클린턴의 당선이었다. 그러나 1994년까지 공화당은, 단호히 보수적인 정치적 태도를 내뿜으며, 상원, 하원, 그리고 다수의 주지사들에 대한 통제권을 얻었다. 많은 자유주의적 정책 주도권은 질식되었고(예를 들어 군대와 국가의료보험에서 게이와 레즈비언의 권리), 많은 보수적 정책들이 시행되었다(예를 들어, 자녀를 가진 여성이 공공부조를 받을 수 있는 기간을 제한하는 복지개혁).

어떤 보도에서도, 실업률이 떨어지고 인플레이션을 통제할 수 있게 되었을 때, 미국경제는 "낙관적"으로 보였다. "닷컴(Dot.com)" 기업들은 번성했고, 젊은 백만장자가 거의 흔해 빠진 것으로 보였다. 그러나 이러한 좋은 경제뉴스는 미국에서 경제적 불평등이라는 몇몇 지속적인 현실을 가렸다. 예를 들어, 1973년과 1998년 사이에, 실질 시급(다시 말해서 물가상승률을 감안한 임금)은 실제로 9%

까지 낮아졌다. 같은 기간 동안, 미국에서 5%의 부자가 소유한 총소득의 비율은 14.8%에서 20.7%로 상승했다(Wolff, 2001, p.15). 울프(2001, p.15)가 지적한 바와 같이, "노동자의 임금은 오르지 않는데, 경제적 불평등은 악화되었다." 게다가, 실업자수는 인종별로 나누어 보고, 보다 큰 맥락으로 보지 않는다면 현실을 제대로 보여주지 않는다. 커리(Currie, 1998b, p.33)에 따르면, 전국 평균에 비교할 때, 흑인 남성의 실업률은 약 2배이며, 이 통계는 많은 구금된 흑인을 포함하지 않는다. 커리가 분석한 바와 같이, "1995년에 762,000명의 흑인남성이 공식적으로 실업상태로 집계되며, 또 다른 511,000명은 주와 연방 교도소에 있다. 이 수치들을 합산하면, 흑인남성의 실업률은 11% 미만에서 거의 18%까지 상승한다."

1990년대를 걸쳐 지속적으로 나타난 보수적 경향은 교도소인구의 지속적인 상승에서 찾을 수 있다. 레이건(8년)과 조지 부시(George H. W. Bush, 4년)의 대통령 임기 동안, 군교도소와 주교도소, 그리고 연방교도소에 간 사람들은 각각 448,000명과 343,000명이었다. 클린턴대통령의 8년 재임기간 동안, 이 수치는 673,000명이 되었다. 클린턴의 대통령직 말년에, 미국의 구금률은 100,000만명당 476명이었는데, 부시 때의 332명과 레이건 때의 247명에 비해 높은 것이었다. 그 세기 말에 미국흑인들의 구금률은 100,000명당 3,620명으로 1992년의 3,000명에 비해 상승한 것이었다(Gullo, 2001).

미국 정치에서 보수주의적 집착은, 때때로 그리고 이른바 민주당성향의 주에서 미약했지만, 21세기 초까지 계속되었다. 앨 고어(Al Gore)에 대한 조지 부시(George W. Bush)의 근소한 승리는 두 번째 대통령임기를 누리게 했고, 상원과 하원 모두에 대한 공화당의 통제를 가능케 했다. 신보수주의적 가치를 중동으로 퍼뜨리는, 신보수주의적 철학으로 대개 정당화되는 이라크전쟁을 넘어서, 보수주의자들은 우파 정책들을 밀어붙였다. 여기에는 기업에 대한 규제의 감소, 노동조합을 약화시키고 노동자들에 대한 보호장치를 제거하는 세계경제에서 자유무역, (대학생 학자금 대출을 포함한) 사회복지프로그램의 삭감, 대부분 부자들에게 더 이익이 되는 감세, 동성결혼을 금지하는 헌법개정요구, 공공기금을 통해 신앙에 기초한 프로그램에 대한 재정지원, 점진적 발전에 대한 합법적 대안으로서 "영재교육(intelligent design)"에 대한 부시대통령과 의회지도자의 지지, 멕시코－미국 국경에 울타리를 치지 않는다면 대규모의 순찰확대, 연방대법원에 매우 보수적인 판사 임명, 그리고 전화통화에 대한 무제한적인 도청을 통해 테러에 대한 전쟁에서 집행력을 확대하려는 노력이 포함된다. 동시에, "범죄에 대한 강경대응"의 수사는 약해지지 않았고, 처벌을 강화하는 정책은 통상적으로 집행되었다. 2004년 말에 조지 부시의 첫 임기가 끝날 때까지, 미국의 구금률은 역사상 가장 높은 100,000만 명당 486명으로 증가했다(Harrison and Beck, 2005). 갈랜드(Garland, 2001)가 주장한 바와 같이, "통제의 문화는 지배적인 것이 되었다."

## 다양한 보수적 이론

복잡한 주장들을 단순화하는 위험을 무릅쓴다면, 20세기 말의 20년 동안에 5가지 유형의 보수적 이론화가 이루어졌다. 첫째, 개인에 내재한 차이를 강조하는 초기 실증주의 학파를 부활시키려는 노력이 있었는데, 이들은 범죄행동을 하게 만드는 주된 예측요인으로 인간의 본성이나 지능에서의 결함을 특히 강조한다(Herrnstein and Murray, 1994; Wilson and Herrnstein, 1985). 둘째, 고전학파의 원리를 부활시킴으로써, 다른 학자들은, 개인을 이익이 비용을 초과할 때 범죄를 선택하는 논리적인 행위자로 보는 모델을 발전시켰다. 다시 말해서, 범죄는, 우리 사회에서 그것이 "보상을 가져다주기" 때문에 발생한다(Reynolds, 1996). 셋째, 다른 학자들은 심리학적 접근을 부활시키려고 하였는데, 이들은 범죄자들이 논리적이라기보다는 다르게 생각하기 때문에 범죄를 지속한다고 주장한다. 그들이 정신병질이나 구제불능이 아니라면, 그들을 병리적으로 만드는 독특한 "범죄적인 정신(criminal minds)"을 가졌다고 주장한다(Samenow, 1984). 넷째, 그러나 다른 보수적 경향을 가진 사람들은 개인주의적 접근을 넘어서 범죄가 단지 독특한 유형의 사회적 영향에 의해서 나타난다고 주장했다. 이 주장에 따르면 앞의 장에서 논의되었던 것과 같이, 1960년대 미국사회에서의 발전에서 그 기원을 찾을 수 있는 관용적 문화(또는 "도덕적 빈곤")가 범죄의 원인이다(Bennett et al., 1996). 마지막으로, 겉으로 드러나는 해체나 비문화성(incivility)이 범죄의 원인인데, 이것은 지속적인 빈곤과 다른 사회적 곤경 때문이 아니라, 경찰이 그것을 묵인하기 때문이라는 주장이 있었다(Kelling and Cole, 1996; Wilson and Kelling,

1982). 이하는 이 시각들에 대한 리뷰이다.

한편, 이 시각들을 보수적으로 만드는 것은 단지 그들이 주장하는 범죄에 영향을 미치는 요인들 때문만은 아니다. 예를 들어, 범죄자가 충동적이고, 지능이 낮고, 그리고 불법행동을 엄하게 다루기보다는 관용으로 대해질 때 범죄를 저지르는 경향이 있다고 말하는 것은 어떤 시각을 내재적으로 보수적인 것으로 만들지 않는다. 사실상, 이들은 범죄에 대한 개인적, 사회적 위험요소들로 여겨질 수 있고, 많은 범죄학자들의 글에서 발견된다. 오히려, 그들을 보수적인 것으로 판단하게 만드는 것은 자본주의나 아니면 어떤 다른 경제적불평등이나 집중된 불이익이 미국의 범죄율, 특히 도심의 범죄율에 영향을 미친다는 것을 이 이론가들이 일관되게 거부하기 때문이다(Currie, 1985). 이 패러다임에서, 범죄의 "근본적인 원인"은 없다. 만약 있다 하더라도, 그들은 부를 재분배하거나 빈곤한 사람들에게 사회안전망을 확대하는 것에 의해 해결되지는 않는다(J. Q. Wilson, 1975). 대신에, 범죄는 하나의 선택으로서 여겨지는데, 이것은 충동적이고, 어리석고, 정신병질적인 "최상위 약탈자"이며, 계산을 하며, (경제적이 아닌) 도덕적 빈곤 속에서 출현하며, 그리고 결과에 대해 두려워하지 않고 "창문을 깨는" 것을 고려하는 개인에 의한 선택이다.

이 시각들은 또한 그들의 정책제언에 의해 판단된다. 따라서 범죄자들 사이에서 개인적 차이를 구별하는 것은 조기개입 프로그램과 잘 설계된 처우프로그램과 같은 정책대안을 제시하게 된다(Andrews and Bonta, 2003; Farrington and Welsh, 2007). 그러나 거의 예외 없이, 이 이론가들은 일반적으로 그들의 이론을 범죄를 저지를 위험이 있는 개인들을 돕지 않고 통제하려는 정책을 정당화하는 이론으로 이용된다는 데 괴로워한다. 범죄자들이 변하지 않거나 단지 고통스러운 처벌에만 반응한다는 어떤 암묵적인 믿음이 존재한다. 이처럼 그들의 연구는 범죄학에 "처벌을 다시 부활시키려고", 처벌의 특별한 효용가치를 주장한다. 특히, 이러한 학자들은 공식적인 통제를 합리화하고, 특히 범죄를 감소시키는데 대규모 구금을 선호한다. 이 "강경대응" 정책을 받아들이는 것은, 심지어 그들이 다른 대안적인 정책을 추천할 수 있다 하더라도, 보수적인 범죄학의 지위를 얻게 만든다.

## 범죄와 인간의 본성: 윌슨과 헌스타인

### 이 론

범죄에 대한 개인주의적 설명으로 회귀하는 한 초기의, 잘 알려진 예는 윌슨과 헌스타인(Wilson and Herrnstein)의 『범죄와 인간의 본성(Crime and Human Nature)』에서 찾아볼 수 있다. 그것은 타임지, 뉴스위크지, 유에스뉴스앤드월드리포트(U.S. News & World Report), 뉴욕타임즈, 그리고 고등교육잡지('Chronicle of Higher Education')와 같은 잘 알려진 간행물에서 많은 비평가들에게 환영받았다. 그것은 또한 통신사에 의해 새로운 기삿거리로 다루어졌다("[사설],"1985). 후에 하버드대학의 정치학자가 된 윌슨이 기초를 만들고, 하버드의 심리학자였던 헌스타인이 완성한 이 이론은 행동에 대한 생물사회적 설명에 기초하여 "소질적인 요인들"에 주로 초점을 맞춘 것이었다(Wilson and Herrnstein, 1985, 3장). 그런 특성들은 유전적인 것인데, 윌슨과 헌스타인은 이런 특성을 가진 사람들이 범죄행동에 개입한다고 주장했다. 그들의 표현에 따르면, 그들은 "왜 어떤 사람들은 다른 사람들에 비해 더 많이 범죄에 개입하는지" 그리고 "왜 어떤 사람들은 높은 비율로 중범죄를 저지르고 다른 사람들은 그렇지 않는지"를 설명하고자 했다(Wilson and Herrnstein, 1985, pp.20－21). 그들의 노력은 범쇠보다는 범죄성향에 대한 설명을 향해 있었다.

윌슨과 헌스타인(1985)이 그들의 이론에 어떤 특수한 제목이나 이름을 붙이지 않았지만, 그것의 생물사회적 초점은 다음에서 명확하다.

> 생물학적 성향의 존재한다는 것은, 어떤 개인을 행동하게 만드는 상황이 다른 경우에는 행동하게 하지 않을 것이고, 사회적 힘은 모든 인구에서 100%로 범죄를 억제할 수 없으며, 그리고 사회 내 및 사회에 걸친 범죄의 분포는 어느 정도 소질적 요인의 분포를 반영한다. 범죄는, 성향과 그들의 생물학적 원천을 설명하지 않고는 이해할 수 없다(Wilson and Herrnstein, 1985, p.103).

어떤 점에서, 윌슨과 헌스타인(1985)의 시각은 롬브로조, 후튼, 쉘던, 그리고 글룩 부부의 이론과(2장을 참조) 및 실증주의 범죄학에 다시 귀를 기울이는 것이다. 이 이론들의 이론적, 방법론적 문제점 때문에, 오늘날 범죄학자들은 이들을 대개 무시하지만, 윌슨과 헌스타인은, 범죄자와 비범죄자를 구별하는 독특한 신체유형이 존재한다고 주장했다.

> 연구를 진행할 때마다, 범죄자는 대개 일반인과 체격에서 평균적으로 다르다. 그들은 보다 중배엽형(근육형)이 많았고, 허약형(길쭉이형)이 적었다.… 한 결론은 보다 근육형인 범죄자들이 일관적으로 더 많이 그들의 생물학적 부모가 범죄자인 경향이 있다(Wilson and Herrnstein, 1985, p.215).

윌슨과 헌스타인(1985)은, 가족의 중요성과 그것의 범죄에 대한 영향에 대해, "나쁜 가족들은 나쁜 어린이를 만든다"(Wilson and Herrnstein, 1985, p.215)고 주장했다. 그들은, 쌍둥이 연구(twin study)와 입양아 연구에서 산출된 연구실적에 대해 광범위하게 리뷰함으로써, 이 입장을 지지했다(Wilson and Herrnstein, 1985, pp.69－103).

그들의 주요 주장은, 만약 범죄가 생물학적인 연관이 있다면, 그것은 일란성 쌍둥이가 유사한 환경에서 양육되고, 그리고 또한 같은 환경에서 양육된 이란성 쌍둥이와 비교될 때, (차이가) 나타나야 한다. 그 발견은 만약 한 일란성 쌍둥이가 범죄를 저지르면, 다른 일란성 쌍둥이도 범죄에 역시 참여할 가능성이 높다는 것을 제시한다. 이런 연구들은 이란성 쌍둥이에서는 이런 결과가 나타나지 않는다고 보고한다.

입양아 연구(adoption study)는, 어린이의 범죄성향에 주목하고, 이것을 생물학적 부모와 입양한 양부모의 범죄성향과 비교했다. 생부가 범죄자인 입양아는 양부가 범죄자인 입양아에 비해 더 많이 범죄에 개입할 것이다. 만약 유전이 범죄와 관련된다면, 그러한 환경에도 불구하고 어떤 영향을 미칠 것이다. 몇몇 연구의 발견에 따르면, 생부의 범죄성향은 양부의 범죄성향에 비해 입양아의 범죄성향을 설명하는데 보다 중요하다.

소질적 요인들이 어떻게 범죄성향에 영향을 미치는지는 바로 윌슨과 헌스타인이 조심스러워 했던 한 사항이다. 이것은, 사람들이 무엇을 보상으로 고려하는지, 그리고 욕구만족을 미래의 어떤 시점으로 연기할 수 있는 능력에 대한 그들의 설명을 보면 알 수 있다. 윌슨과 헌스타인에 따르면, 소질적 요인들은 미래 및 현재의 보상과 처벌을 고려하는 능력에 어떤 영향을 미친다. 예를 들어, 지능이 낮은 공격적이고 충동적인 남성들은 "일말의 양심"(이것은 인지적, 지적 발전을 반영한다)을 키워온 젊은 남성들보다 범죄에 개입할 위험이 훨씬 더 높다.

윌슨과 헌스타인은, 생물학적인 강조를 넘어서, 깁스(Gibbs, 1985)가 범죄성향에 대한 "조작적-공리주의" 이론이라고 부른 것을 제안했다. 본질적으로, 윌슨과 헌스타인(1985)에 따르면, 생물학적으로 나타나는 "개인의 차이들"이, 차후의 사회학습에 영향을 미친다는 점에서, 또는 사람들이 어떻게 보상과 처벌에 대해 해석하고 보상과 처벌에 의해 영향을 받아, 그들의 행동을 하게 된다는 점에서 중요하다. 그러나 이 점에서 나아가서, 그들은, 행동이 초래하거나, 그렇지 않으면 행동이 초래할 것이라고 사람들이 생각하는 '결과'에 의해 영향을 받는다고 주장하는 한 시각을 발표했다. 그들의 모델 중에서 이 부분은 다른 사회학습이론과 다르지 않다. 윌슨과 헌스타인은 다음과 같이 결론내렸다.

> 범죄를 하는 것의 (물질적, 비물질적) 보상에 대해 범죄를 하지 않는 것의 (물질적, 비물질적) 보상의 비가 클수록, 범죄를 저지를 가능성은 약해질 것이다. 일말의 양심, 친구의 승인, 그리고 불공평의 느낌은 범죄의 전체적인 가치를 증가시키거나 감소시킬 것이다. 형사사법기관에 의해 부과되는 처벌을 피하려는 욕구와 같이, 가족, 친구, 고용주의 평판은 범죄를 하지 않는 것의 중요한 이익이다. 어떤 보상의 강도는 시간에 따라 감소하지만, 사람들이 미래의 결과를 고려하지 않는 정도는 사람에 따라 상이하다. 주어진 보상의 강도는 또한 강화요인의 전체적인 공급에 의해 영향을 받는다.

## 범죄와 인간의 본성에 대한 평가

『범죄와 인간의 본성』에 대한 평가들 중에는 윌슨과 헌스타인(1985)에 대해 항상 칭찬만 있는 것은 아니었다. 그 이유는 많지만, 그들은 크게 개념적/경험적 비판과 이데올로기적 비판의 두 가지 범주로 나눌 수 있다. 개념적/경험적 비판들은 윌슨과 헌스타인이 "그들의 개념들을 경험적으로 적용시키려는 노력"

이 부족했다는 것이다(Gibbs, 1985, p.383). 그들은 "보상의 비", "물질적 비물질적 범죄", "친구의 승인", 그리고 "불공평의 느낌"과 같은 용어들을 사용했다(Wilson and Herrnstein, 1985, 2장을 참조). 그러나 그들은 그 개념들에 대해 어떤 숫자로 나타내거나 조작적인 표현을 제공하지 않았다. 결과적으로, 그들이 표현하려고 한 것이 무엇인지가 명료하지 않고, 그래서 그들의 이론을 검증하려는 연구를 수행하는데 어려운 장애물을 만들었다.

윌슨과 헌스타인(1985)의 이론에서 또 다른 문제점은, 그들이 그들의 관심을 살인, 강도, 그리고 침입절도와 같은 심각한 거리범죄와 약탈범죄로 제한하는 데 있다. 약탈범죄의 분류 속에 화이트칼라 범죄와 같은 범죄를 포괄하지 못하는 그들의 한계와, 그리고 왜 침입절도가 거리범죄로 여겨져야 하는지를 설명하지 못한 그들의 한계는 그들의 이론석 주장의 일반성과 개념적 명료성에 대해 심각한 의문을 갖게 했다. 깁스(1985, p.382)가 말한 바와 같이, 윌슨과 헌스타인의 범죄유형 분류는 상대적으로 느슨하게 이루어졌고, 이것은 "범죄학보다는 언론기사에 더 잘 맞는 것이었다."

『범죄와 인간의 본성』의 또 하나의 문제는, 몇몇 사람들이 지적한 바와 같이, 윌슨과 헌스타인(1985)이 타당한 문헌을 선택하고 제시하는 데 객관적이라는 인상을 주었음에도 불구하고, 그들은 실제로는 그들이 리뷰한 문헌이 매우 취사선택된 것이었다는 것이다(Kamin, 1985). 그들의 주장이 견고한 '과학'에 기초하고, 따라서 독자들이 '믿어야' 한다는 인상을 주었지만, 비평가들은 그들의 주장이 의심스러운 증거에 기초한 것은 하나만이 아니라고 주장했다. 그러나 독자들은 이 정보를 알지 못했다. 예를 들어, 카민(1985)에 따르면, 1960년대에 성장한 젊은 사람들이 15년 전에 성장한 젊은 사람들보다 더 욕구를 지연시키지 못하는 경향이 있다는, 윌슨과 헌스타인(1985)의 관찰은 "믿기 어려운 것으로 보이는 단일실험연구"에 기초했다. 게다가 그들은, 비범죄자들이 비행자들보다 더 많이 중배엽형 신체형으로 나타난다는 결과를 제시하는 출간된 연구들을 인용하지 않았다(Kamin, 1985, pp.22-24). 분명히, 비평가들의 결론과 같이, 윌슨과 헌스타인은 이 주장에 의문을 제기하거나 혼란스럽게 만드는 문헌을 다루었다기보다는 범죄와 관련된 소질적 요인들에 대한 그들의 주장을 지지하는 문헌들을 강조하는 것을 선택했다.

그러나 이 비판들은, 심각한 문제이기는 하지만, 윌슨과 헌스타인의 몇몇 주장이 갖는 이데올로기적 함의와, 왜 그들의 주장이 광범위하게 주목을 받았는지를 가리지는 않았다. 이 점에서, 카민(1985)은 다음과 같이 진술했다.

> 윌슨과 헌스타인의 연구는 고립 속에서 판단되어야하는 것이 아니다. 생물학적 결정론이라는 망친 이데올로기를 지지하는 빈약한 자료들을 그들이 선택적으로 사용한 것은 레이건 대통령 시기의 6년 동안 미국의 사회과학에서 특이한 것은 아니었다. 왜 사회과학자들이 지금 유전자와 깊이 뿌리박은 생물학적인 요인들에서 사회적 긴장의 원인을 찾으려고 하였는지는 그 당시의 정치적 분위기를 보면 쉽게 이해할 수 있다 (Kamin, 1985, p.25).

윌슨과 헌스타인의 연구는, 어떤 생물학적 성향들이 빈곤층 사이에서 차별적으로 많이 발견되고, 이것이 범죄행동에 영향을 줄 수 있다는 것을 암시했다. 이 메시지는, 특히 범죄학적 전문성이 없는 사람들, 그리고 그들의 주장에 대해 저자들의 주의사항(단서)을 읽기 위해 멈추어 곰곰이 생각해보지 않는 사람들이 읽을 때, 어떤 사람들을 불안하게 만드는 정책함의를 제시한다. 2장에서, 우리는 초기 생물학적 이론들이 억압적이고, 신체적인 강제정책을 정당화하는데 이용되었다는 것을 보았다. 역사적 교훈은, 인간의 본성에서 범죄의 원인을 찾으려는 시도가 사회구조에 대한 비난을 면하게 해주고, 범죄자가 대개 개선이 어렵고 처벌적인 통제가 필요하다고 생각하게 한다는 것이다.

그러나 윌슨과 헌스타인(1985)에게 공정하게 대하는 차원에서, 『범죄와 인간의 본성』에 대한 많은 비판들이 제기된 원인은, 많은 범죄학자들이 그들 자신이 이데올로기적으로 생물학적 이론화에 반대하기 때문이며, 또 억압적 정책들이, 역사적으로, 과학의 이름으로 정당화되어 왔기 때문이다(Gould, 1981). 윌슨과 헌스타인은 "생물학을 다시 범죄학으로 가져오려고" 강력히 시도한 첫 범죄학자들 중의 하나였고, 어떤 의미에서, 그들은 이에 대한 대가를 치렀다. 오늘날, 우리가 14장에서 보게 될 것과 같이, 많은 범죄학자들은 수정하지 않은 원형의 이론을 유지하지 않고, 충동성과 낮은 지능과 같은 생물학적인 개인의 차이들이 사회학습(또 다른 위험요인)에 영향을 줄 수 있고 따라서 범죄행동에 어떤 영향을 줄 수 있다는데 동의한다.

그러나 윌슨과 헌스타인(1985)에 대한 반응은 보수적 성향에 의해 형성되었는데, 이것은 그들이 『범죄와 인간의 본성』 곳곳에 표현한 것이며, 특히 책의 마지막 두 장에서 표현된 것이다(15장을 참조). 그들은 교정의 사회복귀와 같은 범죄예방프로그램과 보다 일반적인 사회개혁프로그램들을 향한 진보적인 정책 이니셔티브에 대한 비관적인 평가를 한다(비교를 위해서는 Cullen and Gendreau, 2000; Currie, 1998b). 그들은, 정부의 정책이 어떻게 범죄적 삶의 효용성보다 전통적인(범죄를 하지 않는) 삶의 효용성을 더 크게 만들 수 있는지에 대해 사실상 고려하지 않는다(Currie, 1985, 1998b).

윌슨과 헌스타인(1985)의 주장에 따르면, 범죄에 대한 해결은 어느 정도 가능한데, 이것은 두 가지 영역, 즉 부모들이 자녀들을 보다 효과적으로 처벌하고 통제하도록 하는 것과 정부가 범죄자들을 보다 확실히, 신속하게 그리고 아마도 엄하게 처벌하도록 하는 것에 있다. 억제를 지지하는 증거들이 부족하다는 것을 모를 정도로 그들이 학자로서 능력이 없는 것은 아니다. 그러나 그들은 처벌이 모든 범죄자들을 억제하지 못할지라도, 그것은 "도덕의 교육"을 위한 한 도구가 될 수 있다는 거의 검증가능하지 않은 입장을 가졌다. 이 시나리오에서, 처벌은 도덕적 경계를 결정하고 나쁜 것과 좋은 것을 구별하는 것을 가르친다. 그것은 사람들에게 "나쁜 짓을 한다는 주관적 느낌"을 갖게 한다.… "억제로서의 처벌보다, 도덕의 교육으로서 처벌은 거의 확실히 범죄를 더 많이 감소시킨다"(Wilson and Herrnstein, 1985, p.495). 이것은 그럴듯하지만, 그들은 형사사법기관의 제재가 도덕을 가르친다는 것을 보여주는 아무런 증거를 제시할 수 없었다. 그들은 그러한 제재가, "사회시스템"이 급진적이며 계급편향적이라는 것(또는 그들이 어떻게 적용되는지)을 또한 가르칠 수도 있다고 생각하지 않았다. 그리고 그들은 범죄자들을 사회복귀시키려는 노력들이, 우리가 사회에서 징벌적인 것보다는 동정적이고 지지적인 것을 높이 평가해야 한다는 것을 가르칠 수도 있다고 생각하지 않았다. 확실히, 이 메시지들은 범죄에 대해 정반대의 도덕적 가치들을 만들어 낼 수도 있다.

처벌적인 국가에 대한 윌슨과 헌스타인의 선호는 그들이 "개인의 책임"을 정당화했다는 점에서 명백하다. 그들은 범죄의 원인을 사회적 맥락뿐만 아니라 내재된 생물학적 차이에서 찾는 이론들이 범죄자가 자유의지를 갖고 있고, 그들의 잘못된 행동에 대해 처벌받아야 된다는 생각과 일관된다는 것을 인식했다. 결국 범죄자들은 충동적이거나 지능이 낮은 것을 선택하는 것이 아니며, 그들은 그들을 범죄성향을 갖게 만드는 방식으로 훈육하는 부모가 있는 가정에 태어나는 것을 선택하지 않는다. 그러나 윌슨과 헌스타인의 보수적인 감각은 그들의 이론을 이런 식으로 해석하는 것에 반대하게 만들었는데, 그들은 범죄가 만약 (외부적 요인에 의해) 발생한다면, 범죄자는 그들의 행동에 대해 "개인적 책임"을 지지 않을 수 있다고 주장했다. 이것이 그들 이론의 논리적 귀결이라는 것을 그들이 알았다고 하더라도, 그들은 처벌에 대한 실패가, 우리 모두가 우리의 행동에 책임을 져야 한다는 사회의 도덕적 메시지를 약화시킬 것을 두려워했다. 따라서 그들은 다음과 같이 썼다.

> 우리는 모든 인간의 행동과 같이, 범죄가 원인을 갖고, 그리고 과학은 원인을 알아내기 위해 진보해왔지만, 우리가 범죄를 회피하기 위해 배운, 바로 그 과정은 범죄가 완전히 자유로운 선택의 결과인 것처럼 법원은 행동할 것을 요구한다.

이 점에서, 보수주의 이데올로기는 과학을 수단으로 이용하였고, 『범죄와 인간의 본성』의 저변에 깔린 정책은 가려졌다.

## 범죄와 벨곡선: 헌스타인과 머레이

1970년대 후반 즈음, 이전에 악평을 받았던 지능이론이 다시 나타났다(Hirschi and Hindelang, 1977). 윌슨과 헌스타인(1985)은 낮은 지능이 도덕적으로 판단하는 능력에 영향을 미친다고 주장했는데, 그들은 지능이 인지적 지체뿐만 아니라 도덕적 지체를 나타낸다는 설명을 다시 주장했다. 1980년대 말까지, (1) 지능이 유일한 단 하나의 능력이고, (2) IQ점수는 이 능력의 타당한 측정치이며, 그리고 (3) 그 능력은 본질적으로 환경적으로 발전한다기보다는 유전된다는 논쟁의 여지가 있는 가정들을 사실로서 받아들인 사람들은 그들을 범죄와 비행에서 인종적 차이를 설명하는데 이용했다(Gordon, 1987). 1990년대 초에는 사회적 다윈주의가 부활하였으며, 이것은 다소 과도하게 단순화된 용어들로, 예를 들어 흑인은 인지적으로, 도덕적으로, 선천적으로 열등하며, 이 열등함이 그들의 많은 범죄문제를 설명한다고 말했을지도 모른다.

지능이 범죄행동의 (실제로, 사실상 모든 사회적 행동의) 가장 강력한 원인이라는 명제는 헌스타인과 머레이(Herrnstein and Murray, 1994)의 베스트셀러인 『벨곡선: 미국인의 삶에서 지능과 계급구조(The Bell Curve: Intelligence and Class Structure in American Life)』에서 가장 폭넓게, 그리고 가장 세련되게 받아들여졌다. 그들의 주장에 따르면, 미국이 (점점 지식, 전문기술, 그리고 업적을 강조하는) 탈산업경제로 나아감에 따라서, 사람들의 삶의 기회와 행동은 점점 더 그들의 인지적 자원에 의해 결정되게 되었다. 그들의 견해에 따르면, "인지적으로 불우한 사람들"은 이 새로운 사회적 맥락에 맞추기 위해 노력한다. 그들은 학교에서 실패하고, 일자리를 잃으며, 결국에는 복지혜택에 기대살고, 사생아를 낳으며, 책임감 없는 시민이 되고, 그리고 (우리의 목적을 위해 특기할 만한 것으로) 범죄를 저지르기 쉬운 사람들이다.

헌스타인과 머레이(1994, p.251)의 연구는 게으른 보수적 분석으로서 외면되었을지도 모르지만, 외관상 그들의 주장을 지지하는 많은 경험적 자료들을 만들었다는 점에서는 그렇지 않다. 지능이 인간행동의 가장 잠재력 있는 예측요인이라는 것을 보여주기 위해, 그들은 미국 청소년종단조사(National Longitudinal Survey of Youth)의 데이터를 분석했다. 이 미국청소년종단조사는 IQ와 범죄행동을 측정하는 문항들을 모두 담고 있었다. 헌스타인과 머레이는, 심지어 사회경제적 지위를 통제한 후에도, 지능지수가 낮은 사람들이 범죄를 더 많이 하고 형사사법시설에 더 많이 들어간다는 것을 보여주었다. 따라서 그들은 범죄에 대한 인지능력의 중요성과 관련성에 대해 주장했다. 헌스타인과 머레이는, "많은 사람들은 범죄자가 그 경로의 나쁜 면으로부터 나타난다고 생각하는 경향"이 있다고 분석했다. "낮은 인지능력을 가진 사람들이 차별적으로 많이 사는 곳이 존재하는 한 그들의 주장은 맞다." 결국, 이 발견은, 범죄문제를 다룰 때, "지금 빈곤과 실업문제에 주어진 많은 관심이 또 다른 질문, 즉 인지적 불우함에 대한 대처로 옮겨가야 한다"고 주장한다.

그러나 헌스타인과 머레이의 주장에는 두 가지의 문제가 있었다. 첫째, (화이트칼라 범죄자는 예외로) 범죄자들이 일반적으로 비범죄자들보다 낮은 지능지수를 가진다는 것을 연구가 밝혔을지라도, 기존연구들에 대한 메타분석은, 지능이 불법적인 행동에 대한 단지 약하거나 약간의 영향만을 미친다는 것을 보고한다. 다시 말해서, 지능은 범죄의 발생에 어떤 역할을 하지만, 그것은 범죄행동에 결정적인 영향을 미치는 것은 아니다(Cullen et al., 1997; 또한 Andrews and Bonta, 2006을 참조). 헌스타인과 머레이가 이용한 미국청소년종단조사에서 조차, 이 자료의 재분석은 지능이 자기보고된 범죄들의 변량 중 단지 1% 미만을 설명하며, 어떤 사람이 얼마나 깊이 형사사법기관과 접촉하는지(아무런 접촉이 없는 것에서부터 구금형을 선고받는 것)에 대한 변량의 단지 약 3%만을 설명한다는 것을 보여준다. 더욱이, 헌스타인과 머레이가 무시했던 변수들이 다변량분석모델에 포함되었을 때, 자기보고된 범죄와 지능의 관계는 통계적으로 유의미하지 않았다(Cullen et al., 1997). 헌스타인과 머레이가 왜 미국청소년종단조사에서 쉽게 이용가능한 변수로 측정될 수 있는 잘 알려진 범죄의 원인들을 빠뜨리고 경험적 분석을 했는지는 명확하지 않다.

둘째, 헌스타인과 머레이(1994)는 지능의 영향력을 과장했을 뿐만 아니라, 과학에 근거한다기보다는 순수한 보수적 이데올로기에 근거한 범죄대책을 제안했다. 범죄자들이 비범죄자들에 비해 낮은 지능지수를 갖는다는 발견은 불가피하게 처벌적인 정책을 사용하는 것을 정당화하지는 않는다. 예를 들어 이 지능의 차이는, 인지적 능력이 떨어질 위험이 있는 어린이들을 대상으로 하는 강력한 취학 전 프로그램을 정당화하거나, 또는 낮은 지능을 가진 어린이들이 선동적인 학교교육의 문제점들에 직면할 때 이들을 도와주는 개입프로그램에 대한 요구를 정당화한다. 그러나 헌스타인과 머레이는, 이런 방향보다는, 대신에 사회를 통제하기 위해 "단순규칙"과 처벌을 통해 범죄문제와 싸울 것을 주장했다.

헌스타인과 머레이(1994, p.544)의 "고결한" 사회에 대한 비전은, 행동규칙을 분명하고도 용기 있게 진술하여, 심지어 인지적으로 능력이 떨어지는 사람도 그들을 이해할 수 있게 하는 것이다. "'당신은 훔치지 않을거야'에 기반한 어떤 사회에서 지능이 낮은 사람들은 도덕적 삶으로 유도할 수 있지만, '정말로 좋은 어떤 이유가 없다면 당신은 훔치지 않을거야'에 기반한 사회에서 도덕적 삶으로 유도할 그런 사람들을 찾기는 매우 어렵다"고 그들은 주장했다. 물론, 옳고 그른 것의 메시지가 이해되지 않으면 안 되므로, 법적 위반은 처벌을 받아야 할 것이다. 그리고 이런 처벌은 "의미 있는" 정도로 "아픔을 느끼게" 하여야 할 것이다. 간단히 말해서, "정책적 대안은 형사사법기관이 보다 단순해져야 한다는 것이다. 범죄의 의미는 분명하고 객관적으로 사용되고, 그리고 결과도 그래야 한다. 그들을 다시 만들어볼 만한 가치는 있다."

일반적인 범죄학자들은 이 정책제안을 회의적으로 생각할 것이다(Cullen et al., 1997). 그 제언들은 순진한 생각에 기초한다. 그리고 헌스타인과 머레이(1994)가 하나의 인용도 없이 인지적 능력이 떨어지는 사람들이, 무엇이 범죄이고 아닌지에 대해 혼란스러워하기 때문에, 그리고 충분한 처벌을 받지 않기 때문에 법을 어긴다는 것을 기정사실화했다. 무엇보다도 범죄에 대한 이런 사고방식은 헌스타인과 머레이가 낮은 지능을 가진 사람들을 포함한 범죄자들이 사회복귀 프로그램을 통해 범죄로부터 가장 쉽게 벗어날지도 모른다는 가능성을 무시하게 만들었다(Cullen et al., 1997). 그것은 또한 그들을, 다른 보수주의자들과 함께, 범죄가 법과 처벌을 집행함으로써 감소될 수 있다는 그릇된 인상을 주게 할 수 있지만, 미국사회에서 지속되는 사회경제적 불평등이 만들어내는 부적절한 결과에 대해서는 생각하지 않게 만든다.

## 범죄적 정신

1970년대 중반 즈음 정신분석학적 이론이 설 자리를 상당히 잃어버리고, 1990년대 초 즈음에는 상당한 공격을 받게 되었음에도,[3] 요켈슨과 세임나우(Yochelson and Samenow, 1976)는 인기리에 『범죄적 성격(Criminal Personality)』을 출간하고, 범죄는 "범죄적 정신(criminal mind)"을 구성하는 병리적 사고패턴에 의해 나타난다고 주장했다. 범죄자들은, 사이코패스라는 전통적 용어 속에서, 속임수를 잘 쓰고, 계산적이며, 그리고 대개 그들을 대상으로 하는 전통적인 노력들이 아무런 효과가 없는 사람으로 묘사된다. 범죄자의 생각을 이해하기 위한 인지적 접근은 장점이 있지만, 단순한 개념들(예를 들어 범죄적 정신)은 범죄자들에게 존재하는 것으로 증명되지 않았다. 중요하게, 요켈슨과 세임나우의 연구는 주로 정신병원에 있는 매우 한정된 범죄자집단을 대상으로 했고, 따라서 그 결과의 일반화 가능성은 의문스럽다. 그러나 1980년대까지, 범죄자가 만약 구별될 수 있다면, 어떤 병리적 정신상태를 통해 구별해야 한다는 설명이 보다 많은 지

3) 이것은 부분적으로 프로이트(Freud)가 잘못 판단했거나 또는 실제로 그의 이론에 비판적인 많은 증거들을 무시했다는 것을 새로운 증거들이 제시되었고, 부분적으로는 페미니스트의 날카로운 비판이 있었기 때문이다.

지를 얻었고, 그 과정에서 많은 다양한 심리학적 특성들이 범죄의 원인으로 제시되었다.

세임나우(Samenow, 1984)는 그 후 『범죄적 정신 속에서(Inside the Criminal Mind)』를 출간하고, 요켈슨의 이론을 확장했다. 세임나우의 시각은 두 개의 핵심 전제에 기초한다. 첫째, "범죄자는 다르게 생각한다"(Samenow, 1984, p.23). 그들은 이기적이고, 과대망상적이며, 충동적이며, 화를 쉽게 내고, 그리고 다른 사람의 고통에 무감각하다. 그들은 모든 책임을 외부로 돌리고, (그들이 죄의식을 느낄 때는) 죄의식의 감정을 중화하며, 그들의 자기만족을 위해 그들 주위에 있는 사람들을 이용한다. 종합적으로 볼 때, 이러한 사고패턴은 하나의 "범죄적 정신"을 구성하는데, 이것은 갓프레드슨과 허쉬(1990)가 "낮은 자기통제력"이라고 표현한 것과는 다른 개념이다.

둘째, "어떤 사람이 행동하는 방식은 대개 그가 생각하는 방식에 의해 결정된다"(Samenow, 1984:23). 적절한 생각은 순응을 유도하지만, 범죄적 정신에 뿌리박은 생각은 만성적인 범죄행동을 만들어낸다. 어떤 점에서, 이 명제는 서덜랜드와 에이커스의 이론과 실제로 겹친다. 차별접촉과 사회학습 시각들은, 범죄의 한 중요한 근접 원인이 범죄자들의 범죄에 우호적인 상황성의라고 주장한다. 그러나 세임나우는 그런 전통적 범죄학과의 연결을 거부했다. 대신에, 그는 "우리는 아직 범죄의 원인을 찾는 긴 여행 중에 있다"고 주장했다(Samenow, 1984, p.182). 다시 말해서 우리는 정말로 범죄적 사고패턴의 원인을 모른다. 범죄적 정신들은 겉보기에 단지 무작위적으로 출현하는 것 같은데, 다시 말해서 어떤 가족의 한 아동에서 강하며 다른 가정의 아동에게는 약하게 나타난다. 이상하게, 세임나우는 차별접촉이론을 거부했지만, 그는 결국 범죄에 대한 해결책이 범죄자들에게 범죄적 사고방식에서 전통적 사고방식으로 그들의 정신을 변화시키는 방법을 가르치는 것이라고 주장했다.

세임나우(1984)는 범죄자가 합리적이며, 범죄를 선택한다고 강하게 주장했다. 불행히도, 그는 범죄자들이 양심적으로 선택한다는 현실과 그들의 선택이 "억제될" 수 있거나 일련의 요인들에 의해 만들어진다는 현실과 혼동을 했다. 예를 들어 범죄자들이 알 수 없는 기원을 가진 범죄적 정신에 의해 통제된다고 주장하는 것과, 동시에 범죄자들이 자유의지를 가진 합리적 동물이라고 주장하기는 어렵다. 이러한 종류의 혼란스러운 논리는 세임나우가 어떤 사회학적 요인들도 범죄의 원인이 아니라고 주장하게 만들었다. 범죄자들은 그러한 환경의 “피해자”로서가 아니라 오히려 그들의 생활상황의 노련한 건축가로서 묘사되었다. 그들은 부모로부터 (학대당하지 않는다면) 엉덩이를 맞는데, 왜냐하면 그들이 부모 말에 복종하지 않고 참을성이 없기 때문이다. 다시 말해서 그들이 “나쁜 친구”들을 선택하기 때문에 비행친구들과 교제를 하고, 공부를 하지 않으려 하며 그것에 대해 지루해하기 때문에 학교에서 실패하며, 그리고 그들이 일을 하는 것을 좋아하지 않기 때문에 일자리를 잃는다. 그들은 자기 스스로 문제 있는 삶의 조건을 선택하는 것이지, 그들이 이러한 조건들에 의해 만들어지는 것은 아니다(또한 Samenow, 1989를 참조).

세임나우(1984)는 이 입장을 증명하기 위해서, 다양한 사회적 요인들이 인과적으로 범죄의 참여에 영향을 주는 것을 보여주는 범죄학적 연구들을 고의적으로 무시했다. 세임나우는 ‘사회적 원인’의 가능성을 거부했는데, 이것은 사회학적 이론들이 제시하는 것과 같이 사회적 요인들이 범죄자를 만들어내지 않는 예외적인 사례들을 인용함으로써 가능했다. 예를 들어, 해체된 도심지역은 범죄의 원인이 아닌데, 왜냐하면 많은 그 지역의 주민들이 범죄를 하지 않고, 게다가 범죄는 교외지역에서도 발견되기 때문이다. 그러나 이런 추론은 잘못된 것이다. 왜냐하면 그것이 어떤 사회적 조건에 노출되는 것이 범죄행동을 할 위험이나 가능성을 증가시킨다는 것을 무시하기 때문이다. 세임나우의 생각은 모든 흡연자가 암에 걸리는 것은 아니며 모든 비흡연자가 암에 걸리지 않는 것은 아니기 때문에, 흡연이 암과 관계가 없다고 주장하는 사람들과 유사하다. 그러나 범죄와 암 모두에서, 이런 결과를 가져올 위험을 증가시키고, 이 인과관계에서 거의 확실히 관련되는 조건들이 존재한다.

결국, 세임나우(1984)는 범죄자들의 사고방식은 범죄학자들이 연구할 만한 가치가 있다는 중요한 쟁점을 제안했다. 그러한 사고방식은 범죄의 ‘근접한’ 한 원인으로 보이는데, 이것은 범죄자들이 어떤 상황에서 법을 어기는 이유가 되는 요인이다. 그러나 범죄의 설명은 범죄자들의 정신 속에 존재하는 것으로 끝나지 않는다. 그것은 또한 그러한 정신이 어디에서 오는지를 밝혀야 하는데, 다시 말해서 그것은 범죄의 보다 근본적인 또는 근원적인 원인들을 밝혀내려고 노력해야 한다.

## 범죄자가 되는 것을 선택하기: 범죄는 보상을 제공한다

합리적 선택이론(rational choice theory)은 많은 경제학자들이 선호했던 한 접근이다. "기대효용"의 개념에 기초하여, 그것은 개인이 이익을 최대로 하고 손실을 최소화할 것으로 기대되는 합리적 선택에 의해 움직인다는, 벤담(Bentham)의 공리주의적 주장과 유사한 가정에 의거한다. 다시 말해서, 그 핵심적 명제는 사람들이, 범죄가 보상을 제공하기 때문에(범죄로 인한 이익이 비용을 초과하기 때문에), 범죄를 저지른다는 것이다. 깁스(1975)의 주장에 따르면, 사회학자들이 억제의 쟁점에 보다 많은 관심을 갖게 됨에 따라, 경제학자들이 범죄에 대한 합리적 선택모델에 관심을 갖게 되었다. 두 움직임이 그 시대의 산물이라는 데는 거의 의심의 여지가 없다.

실제로, 지난 20년 동안, 정치인들은, 범죄에 대한 그들의 공개적 진술에서 자주 어떤 조악한 합리적 선택이론을 떠벌리고 다녔다. 그들은 형사사법기관이 행사하는 처벌이 관대하다고 주장했는데, 이것은 사회제도들을 물들인 또 다른 관용주의의 예였다. 범죄에 대한 이 대중적인 설명은, 범죄자에게 주어지는 처벌을 더욱 엄격하게 하는 수많은 "강경대응" 정책을 정당화하는데 도움을 주었다. 결국, 범죄가 보상을 제공하기 때문에 사람들이 범죄를 한다면, 결국 범죄에 대한 해결책은 범죄행동의 비용이 이익을 초과하도록 처벌을 충분히 증가시키는 것이 논리적이다. 더욱이, 만약 처벌을 더 엄격하게 만드는 법이 통과되고 범죄가 감소하지 않았다면, 이 결과는 범죄의 그 근거이론이 맞지 않다는 증거로서 여겨지지 않는다. 오히려, 억제의 부족은 범죄의 비용이 범죄를 억제할 정도로 충분히 증가하지 않았고, 또 다시 되풀이되는 "강경대응" 입법이 요구되는 증거로서 여겨진다(Clear, 1994; Currie, 1998b).

범죄에 대해 이러한 단순한 이론화는 모건 레이놀즈(Morgan Reynolds, 1996)의 글에서 명백하게 나타나는데, 그는 구금의 확대에 찬성하는 경제학자였고, 그의 견해는 뉴스위크와 같은 주요 뉴스매체에서(Reynolds, 2000) 그리고 보수적 필진에 의해 신문연합의 칼럼에서 인용되었다(Ridenour, 1999). 크레어(Clear, 1994, p.99)가 지적한 바와 같이, 레이놀즈의 연구와 그 외의 다른 연구들은 "관리를 선출하는 주들에 배포되었고, 보다 강한 양형을 위한 이니셔티브나 요청으로 즉시 해석되었다." 간단히 말해서, 이런 생각들은 잠재적으로 중요한 결과들을 초래했다. 최소한, 그들은 정치인들이 주로 제안해 왔던 류의 "강경대응" 정책을 정당화하는데 도움을 주었다.

레이놀즈는 "대부분의 범죄들은 비합리적인 행동이 아니라고" 주장했다. "대신에 그들은, 적어도 암묵적으로 기대이익을 기대비용과 비교하는 사람들에 의해 저질러진다." 그는 "그토록 많은 범죄가 발생하는 이유는 많은 사람들에게 범죄의 이익이 비용을 초과하기 때문인데, 이것은 범죄를 다른 선택보다 더 매력적으로 만든다"(Reynolds, 1996, p.7). 그리고 범죄학자들이 (이론적으로나 경험적으로나) 범죄행동의 원인으로 제시하는 다른 요인들은 레이놀즈에게 거의 관심을 끌지 못했다. 왜냐하면 이들은 대개 불법행동의 "기대되는 비용"에 집중하는 레이놀즈의 좁은 모델 밖에 존재하기 때문이다. 실제로, 그는 많은 사회학적 요인들 역시 범죄의 "근본원인"이라는데 반대했다. 레이놀즈는, "그 반대에 대한 많은 수사적 표현에도 불구하고, 빈곤, 빈약한 가계, 낮은 소득이나 낮은 소득성장 그리고 높은 실업과 같은 경제적 요인들이 범죄의 원인이라는 데는 거의 증거가 없다"고 용감하게 주장했다(Reynolds, 1996, p.16).

레이놀즈(1996)는, 텍사스의 범죄율이 범죄의 "기대되는 비용"(그는 이것을 검거확률, 기소확률, 유죄평결확률, 구금확률, 범죄유형별 중위형량을 통해 계산했다)을 따라서 1960년대에서 1995년 사이에 변했다는 것을 외관상 보여주는 경험적 증거들을 제시함으로써 그의 주장을 입증했다(Reynolds, 1996, p.8). 그는 "텍사스가 최근 연도에 처벌이 범죄를 억제하고, 그리고 범죄가 보상을 제공하지 않을 때, 범죄자는 범죄를 더 적게 했다"(Reynolds, 1996, p.23)고 주장했다.

레이놀즈(1996)의 연구에서 당면한 한 어려움은 그것이 기대된 비용과 시간에 따른 범죄율의 관계에 대한 단순한 이차원적 분석에 기초했다는 것이다. 그것은 그러한 분석에 문제가 되는 많은 복잡한 방법론적 요인들을 고려하지 않는다(Spelman, 2000). 가장 중요한 것으로, 다른 거시적 수준의 변수들을 통제하지 못했다는 것이고, 이것은 레이놀즈가 사용한 통계적 모델이 거의 확실히 "설명변수들을 잘못 도입"했다는 것을 의미한다. 다시 말해서, 범죄의 다른 원인들은 설명에 고려되지 않기 때문에, 그의 분석결과는 필시 잘못된 것이다. 프랫과 컬렌(2005)의 범죄에 대한 거시수준의 연구들에 대한 메타분석은 실업과 빈곤과 같은 많은 사회학적 변수들이 처벌(예를 들어 검거된 사람의 비율)에 비해 더 강하게 범죄에 영향을 미치는 것을 보여준다.

처벌이 범죄를 억제하는지에 대해서는 또한 보다 큰 문제점이 있다. 처벌의 확실성과 엄격성을 높이는 것이 일반억제(general deterrence) 효과를 갖는지, 그리고, 만약 효과가 있다면, 이러한 효과는 의미 있는 정도인지에 대해 진정한 논쟁이 있다(Nagin, 1998, Levitt, 2002, 그리고 Wright, 1994를 Currie, 1998b 및 Lynch, 1999와 비교할 것). 그러나 특별억제(specific deterrence)의 경우에, 증거는 명백하다. 기존연구들에 대한 리뷰와 메타분석들에 따르면, 보다 긴 형량이 짧은 형량에 비해 범죄를 더 억제하지 않으며, 구금은 지역사회제재에 비해 범죄를 더 억제하지 않고, 그리고 지역사회에서 범죄자들을 감시하고 처벌하는 것(예를 들어 범죄자를 집중감시하거나 약물검사를 하는 것)은 전통적인 보호관찰과 가석방에 비해 더 범죄를 억제하지 않는다(Cullen and Johson, 2011; Cullen et al., 2000; Gendreau et al., 2000; MacKenzie, 2000, 2006; Nagin et al., 2009). 특히 보다 엄격한 처벌이 보다 관대한 처벌보다 더 효과적으로 재범을 억제한다는 것을 보여주지 못한 것은 단순한 합리적 선택의 시각과는 상반되는 강한 증거이다.

보다 복잡한 합리적 선택이론들은, 구금과 같은 국가의 공식적 통제를 필수적인 범죄의 해결책으로 보지 않는다. 우리는 13장에서 이러한 접근에 대해 살펴볼 것이다.

## 범죄와 도덕적 빈곤

범죄적 정신과 범죄자들의 선택을 강조하는 접근 외에, 몇몇 보다 보수적인 이론들은 범죄를 어떤 독특한 유형의 사회적 영향, 즉 미국사회의 관용적인 문화(Murray, 1984)의 산물로 보았다. 그들은, 계급과 사회적 불평등이 범죄에 대한 영향을 거의 무시하는 반면, 가족과 학교가 효과적으로 훈육하고 처벌하는데 실패하고 있다고 주장한다(Hirschi, 1983을 참조). 이 주장이 근거하고 있는 것은 인간의 보다 원초적인 본능이 길들여지지 않는다면, 인간은 범죄적 삶을 살게 될 것이라는 설명이다.

이 다양한 보수주의적 생각의 본보기는 어느 정도 주목할 만한 저자들인 베넷과 그의 동료들(Bennett et al., 1996, p.13)이 쓴 책 『사망자수(Body count)』이다. 그들은 도덕적 빈곤이 범죄의 주요원인이며, 특히 (심각한 만성적 범죄자로 성장하는) 청소년 "대약탈자"가 생기는 주요원인이라고 주장했다. 이들은 도덕적 빈곤을 "그들에게 옳고 그른 것을 가르치는 사랑을 베풀고, 능력있고, 책임감 있는 성인이 없는 상태"로 정의했다. 그들은 이 기본적 정의를 다음과 같이 상세히 설명했다.

> 그것은 아동들을 다른 사람이 즐거울 때 즐거움을 느끼도록 (그리고 다른 사람이 고통스러워 할 때 고통을 느끼고, 그가 옳은 일을 할 때 만족을 느끼며, 나쁜 일을 할 때 양심의 가책을 느끼도록) '습관을 들이는' 부모, 후견인, 친척, 친구, 교사, 코치, 성직자, 그리고 그 밖의 다른 사람들이 없는 상태이다. 그것은 그들 자신이 매일 스스로의 예를 통해 이러한 교훈을 가르치고, 아동이 다른 사람들과 같이 행동하고 그에 맞게 행동하라고 요구하는 사람들이 사실상 부재한 상태에서 성장하는 빈곤이다. 극단에서, 그것은 실질적으로 완벽한 범죄유발적 환경에서 (다시 말해서 악의적이고 반성하지 않는 약탈적인 거리범죄자들을 거의 고의적으로 만들어내는 것으로 보이는 어떤 환경에서) 일탈적이고, 비행적이고, 그리고 범죄적인 성인들에 둘러싸여 성장하는 빈곤이다(Bennett et al., 1996, pp.13－14).

이와 같이, 도덕적 빈곤은 폭넓게 개념화되었다. 그것은 어떤 정확한 진술을 결여하고 있는데, 예를 들어 우리에게 도덕적 빈곤의 구성요소들에 대해 설명하고, 그리고 그것과 범죄와의 설명된 관계에 대해 체계적인 검증을 위한 어떤 진술을 하지 않았다. 그러나 또 다른 수준에서, 도덕적 빈곤이라는 생각은 독특한 것이 아니다. (침묵하는 자유주의 학자들을 포함하여) 아동이 역기능적이거나 일탈적인 부모에 의해 양육되고, 그리고 불행히도 범죄유발적인 사회환경에서 거주할 때 범죄가 발생한다는 데 반대할 범죄학자들을 발견하기는 어려울 것이다(Ckolnick, 1997). "도덕적 빈곤"이라는 용어는 상이한 감정적 또는 이데올로기적 감정을 불러일으킬 수 있지만, 범죄학적 메시지는 진부한 것으로 보인다.

그러나 베넷과 그의 동료들이 전통적 범죄학에서 출발한 점은 도덕적 빈곤의 기원에 대한 그들의 분석에 있다(Currie, 1998b; Skolnick, 1997). 여기에서 그들의 보수적 정치의 학습이 나타난다. 전통적인 범죄학자들은 빈약한 양육과 범죄유발적 환경들을 사회해체, 경제적 불평등, 그리고 사회경제적 불이익의 집중과 같은 '구조적' 조건과 연결시켰을지도 모른다. 그러나 베넷과 그의 동료들은 "(경제적 빈곤이 아닌) 도덕적 빈곤은 미국의 약물과 범죄문제의 진정한 '근본원인'이다(Bennett et al., 1996, p.193)." 다시 말해서 그 문제는 '문화적'이지 구조적인 것이 아니다.

이와 같이, 베넷과 그의 동료들은, 1960년대 이후, 미국이 점점 커지는 "관용적인 문화" 때문에, "급격한" 도덕적 "쇠퇴" 속에 있었다고 주장했다(Bennett et al., 1996, p.195, p.199). "영향력 있는 부자와 상층계급"은 "도덕적 상대주의와 결합된 고삐풀린 자유"의 생활양식을 부적절하게 뽐냈는데, 이것은 "결국 사회의 나머지 부분들에게도 퍼져나가는 것이다"(Bennett et al., 1996, p.198). 텔레비전과 대중문화는 또한 죄인이다. 그리고 물론, 형사사법기관은 처벌보다 사회복귀를 강조하는 임무가 부여되었고, 그렇게 함으로써 명백히 범죄자의 책임감을 약화시켰다(또한 Bettett, 1994를 참조).

이 시각에서 범죄에 대한 해결책은, 아동들이 건전한 성인으로 성장하는 데 필요한 도덕적 지침(사랑과 훈육)을 제공하는 것이라는데 이견이 없을 것이다. 그러나 베넷과 그의 동료들(1996)은 또한 보다 광범위한 혁명을 제안했는데, 그것은 사소하고 중요한 유형의 일탈 모두를 관용적으로 대하는, 관용의 문화를 선행의 문화로 대체하는 것이다. 이 문화의 핵심에는 개인은 책임감을 가져야 한다는 생각과 잘못된 행동은 부정적인 결과를 갖는다는 생각이 있다. 형사사법기관에서, 이 문화는 범죄자들에게 책임을 묻고 그들을 처벌하는 것을 의미한다.

그들은 교정제도를 "무책임한 회전문시스템"으로 보았는데, 이것은 너무나 많은 폭력적이고 반복적인 범죄자들을 거리로 그냥 풀어준다. 그리고 그들은 너무나 많은 "처벌받지 않는 범죄"가 있다고 주장한다(Bennet et al., 1996, pp.83-84). 그들의 견해에서, 교도소는 과도하게 사용되는 것이 아니라 오히려 덜 사용되는 것인데, 이것은 약탈범죄자들이 두드러지게 많은 도심에서 특히 그렇다(Dilulio, 1994를 참조). 미국의 교도소와 구치소의 일간 인구는 2백만 명 이상으로 증가했을지도 모르지만, "우리가 폭력적이고 반복적인 범죄자들을 줄이기 위해 세금을 덜 사용한다면, 우리는 공중의 안전을 증진하고, 정의를 실현하며, 그리고 범죄와 무질서에 대해 어떤 권위 있는 도덕적 메시지를 보내는 일을 하지 않는 우리

자신을 속이는 것이다"(Bennet et al., 1996, p.136). 우리는 교도소재소자들을 다룰 수 있다는 생각을 버려야 한다. 실제로 전체적인 "반구금적 입장"은 사람들이 "범죄행동이 처벌이 아니라 재활되어야 한다"고 믿게 되었기 때문이다(Bennet et al., 1996, p.198).

특히 베넷과 그의 동료들이 사회복귀를 거부하고 대규모 구금을 받아들인 것은 그들의 범죄이론에서 비추어 볼 때 이상해 보인다. 만약 도덕적 빈곤이 범죄자를 만든다면, 그 해결책은 처벌이 아니라 반사회적 가치와 성격특성을 바꾸기 위한 개입이 필요할 것 같다(Andrew and Bonta, 2003; Cullen and Gendreau, 2000; 또한 Johnson, 2004를 참조). 그러나 도덕적 빈곤의 피해자들은 "매우 위험한" 범죄자가 아니라 오히려 "대약탈자"이다(Bennet et al., 1996, p.26; 또한 Dilulio, 1995를 참조). 그 차이는 어떤 단순한 완곡어법이 아니다. "매우 위험한 범죄자"는 어떤 가능성을 표현하지만, 필수적으로 재범을 의미하는 것은 아니다. 그것은 자원이 이 집단을 대상으로 사용되어야 한다는 것을 의미한다(Andrews and Bonta, 2003). 그러나 "대약탈자"를 사회에 복귀시키는 것은 불가능하다. 그것은 발전과정에서 어떤 정점을 지난 것(가위표가 그어진 것)과 같은 것인데, 이렇게 된 후에는 완전히 다른 사람으로 재탄생하며 개선은 불가능하다. 베넷과 그의 동료들(1996, p.26)이 지적한 바와 같이, "거리범죄자의 새로운 세대가 우리에게 있으며, 그들은 우리 사회가 이전에는 알지 못했던, 가장 어리고, 가장 크고, 그리고 가장 나쁜 세대이다." 이 입장에서, 가능한 한 많은 교도소를 짓고 이들을 범죄자로 채우는 어떤 정책은 이해할 수 있는 정책이다. 불행히도, 어느 정도의 교도소 수용공간이 최적의 범죄통제 효과를 갖는지에 대한 합리적인 논쟁이 있을 수 있지만, 범죄자들을 처벌해서 범죄를 그만두게 할 수 있거나, 또는 그들의 사회복귀가 어렵다는 설명은 경험적 증거가 부족하다(Andrews and Bonta, 2003; Cullen and Gendreau, 2000).

보다 넓은 수준에서, 베넷과 그의 동료들은 또한 우리에게 종교의 중요성과, 그리고 과거 몇 십 년 동안 시민사회로부터 신을 몰아내는 경향을 회상케 한다. 그들의 견해에 따르면, "종교는 선량함을 강화할 가장 믿을 만한 최고의 수단이기 때문에", 우리는 "신을 기억할" 필요가 있다(Bennet et al., 1996, p.208). 조지 W. 부시 대통령이 "신앙에 기초한(faith-based)" 프로그램들을 그의 재임기간 동안의 한 중요한 정책적 이니셔티브로 삼았다는 점은 언급할 필요가 있다(Dionne and Chen, 2001). 그는『사망자수』의 저자인, 존 디루료(John Dilulio)를 신앙에 기초한 신규 지역사회 프로그램을 감독하는 선도기관을 맡도록 임명했다(Grossman, 2001). 디루료가 그의 임기를 시작한지 얼마 되지 않아 사임했다는 것은 알아둘 필요가 있다.

도덕적 빈곤이론에 의해 제기된 것과 같은 범죄에 대한 문화적 설명은 경험적으로 평가하기 힘들다. 왜냐하면 문화적 변화를 측정하는 것이 어렵기 때문이다(Pratt and Cullen, 2005). 문제는 측정하기 어려운 어떤 이론은 검증할 수 없고, 더 중요한 것으로, 범죄에 대한 다른 유력한 설명(이 경우에는 구조적 이론들)과 비교 하에 검증할 수 없다는 것이다. 더욱이, 문화적 요인들이 당연히 범죄의 원인이라고 할지라도, 베넷과 그의 동료들(1996)은 부실한 자료에 근거하여 구조적, 경제적 조건들을 (그들이 범죄성향에 본질적으로 아무런 영향을 미치지 않는다고 주장하면서) 거부했다. 커리가 지적한 바와 같이, “미국의 가족과 지역사회의 도덕적 문화적 조건들이 범죄를 이해하는데 중요하다고 믿지만, 이 조건들이 그 자체로 큰 사회적 경제적 힘에 의해 영향을 받는다는 점을 거부하는 이유는 무엇인가?”(Currie, 1998b, p.113).

범죄학적 증거에 대한 베넷과 그의 동료들의 취사선택은 로버트 샘슨(Robert Sampson)과 존 라웁(John Laub)의 연구에 대한 그들의 인용에서 찾을 수 있다. 그들은 가족과정이 비행과 강하게 관련되어 있다는 것을 입증하기 위해 샘슨과 라웁을 인용한다(Bennet et al., 1996, p.60). 이것은 가족(그리고 도덕적 빈곤을 만들어내는데 그들이 하는 역할)이 범죄의 원인이라는 베넷과 그의 동료들의 주장을 뒷받침한다. 그러나 베넷과 그의 동료들이 포착하는데 실패한 것은 샘슨과 라웁의 학문세계인데, 이것은 가족과정의 질이 그 자체로 “도심의 빈곤”에 의해 영향을 받는다(다시 말해서, 구조적으로 나타나는 불이익이 가족문제의 중요한 원인이다)는 것을 보여준다. 샘슨과 라웁(1994, p.538)이 주장하는 바와 같이, “빈곤은 가족으로 하여금 비공식적 사회통제를 발휘하지 못하게 하는데, 이것은 결국 청소년비행의 가능성을 증가시킨다.” 실제로, 베넷과 그의 동료들의 핵심 메시지와는 반대로, 샘슨과 라웁은 “가족은 고립되어 존재하는게 아니라, 대신에 사회구조적 맥락에서 체계적으로 영향을 받는다”고 주의를 준다. 이러한 구조적 환경을 무시하는 것은, 다시 말해서, 단지 도덕적 빈곤에만 집중하는 것은 불완전한 이론적 이해를 낳고, 범죄행동을 통제하는 가장 좋은 방법에 대해 잠재적으로 잘못된 정책제언을 초래한다.

## 깨진 창: 겉으로 드러난 해체에 대한 묵인

도심지역에서 거리범죄율은 왜 높은가? 우리가 본 바와 같이, 시카고학파 범죄학에서 발전한 한 일반적 대답은 이 지역사회들이 사회해체(social disorganization)로부터 고통받거나, 보다 최근의 용어로, 집합효율성(collective efficacy)의 결여로 고통받는다는 것이다. 이 시각에서, 사회해체나 약한 집합효율성은 그 자체로 "근본 원인"의 한 부산물이다. 이러한 근본원인으로는, 민족적, 인종적으로 이질적인 집단들의 대량유입과 여러 조건의 결합으로 인한 "집중된 불이익" 상태를 들 수 있다. 따라서 높은 범죄율은 단지 일탈적인 사람들이 주로 도심지역에 거주하는 자기선택이 아니라, 구조적으로 만들어진 (그들이 거주하는 지역에 만연한) 범죄유발적 조건들에 대해 사람들이 노출되었기 때문이다. (나쁜 사람들이 아니라) 나쁜 지역은 범죄와 비행을 유발한다.

그러나 윌슨과 켈링(James Q Wilson and George Kelling, 1982)은 지역사회해체의 한 상이한 이론을 제안했는데, 그것은 "깨진 창(broken window)을 방치하는 것"이다. 그들이 주장하는 창문이 깨진 집을 검토해 보라. 만약 창유리가 교체되었다면, 그것은 행인들에게 주인이 살고 있고, 재산에 대해 관리하며, 그리고 수리하지 않고 내버려두지 않는다는 메시지를 보낸다. 깨진 유리는 이제 행인들이 돌멩이를 던지고 또 다른 창문을 깨도록 만든다. 그리고 만약 그것이 관리되지 않는다면, 곧 모든 창문은 깨질 것이고 집은 철저히 부서질 것이다.

윌슨과 켈링(1982)은, 이웃지역은 많은 점에서 그런 방식으로 작용하는데, 깨진 창은 수리되어야 한다. 지역사회 쇠퇴의 소용돌이는 (때때로 "비문화성(incivilities)"이라고 불리는) 사회해체의 외적 조짐들이 묵인될 때 시작된다. "무질서한 사람들"이 공공장소를 점거하는 것이 허용되고, 이들이 필수적으로 약탈범죄자들은 아니지만, 그들은 오히려 "평판이 나쁜 사람이거나 난폭하거나 또는 예측할 수 없는 사람인, 거지, 술주정꾼, 약물남용자, 청소년 싸움꾼, 매춘부, 무위도식자, 정신이상자들이다"(Wilson and Kelling, 1982, p.30). 지역사회의 착한 사람들은 돈을 요구받고, 휘슬을 견뎌야 하며, 길모퉁이에 모여 있거나 보도를 가로막고 있는 낯선 사람들 무리를 피하기 위해 길을 가로질러야 함을 느끼고, 그리고 끊임없이 시끄러운 음악, 거친 행동, 그리고 쓰레기 증가에 직면한다. 그들의 두려움이 상승함에 따라, 이 바르게 사는 주민들은 먼저 그들의 집으로 후퇴하고, 만약 가능하다면, 다른 지역으로 이사를 간다. 그 결과는 지역의 평범한 비공식적 통제가 약화되는 것이다. 결국, 그 지역은 이제 "보다 약탈적인 범죄자들이 저지르는 "범죄에 취약"하게 된다. 이렇게 되면, 그 지역은 범죄로 고통받는 지역사회가 된다.

이 과정을 되돌릴 수 없다면, 어떻게 중지시킬 수 있을까? 분명한 대답은 "창문을 고쳐서" 전체 지역이 사회적 절망에 빠지지 않도록 하는 것이다. 개혁의 그 해법은 윌슨과 켈링이 가정한 인과연쇄를 이해하는데 달려있는데, 그것은 평판이 나쁜 사람이 무질서를 일으키고 → 비공식적 통제가 무너지고 → 약탈 범죄자가 유입되고 → 높은 범죄율이 지역에 나타나는 것이다. 따라서 이 쇠퇴의 소용돌이를 중지시키기 위해서, 이 인과연쇄를 시작하게 만드는 요인을 공격해야 한다. 따라서 평판이 나쁜 사람들이 공공장소를 점거하고 무질서를 만들어 내는 것을 허용하지 않아야 한다. 외부로 나타나는 해체는 묵인되어서는 안 된다.

그 도전은, 무례하고 평판이 나쁜 사람들이 깬 창문을 누가 고칠지를 결정하는 것이다. 윌슨과 켈링에게, 이 일은 어떤 사회복지기관이 아니라 경찰에 주어져야 할 것이다. 그들의 임무는 이 일탈자들에 대해 (검거를 통해) 통제력을 발휘하는 것일 것이다. "무관용"과 "삶의 질" 경찰활동으로 알려진 것(Eck and Maguire, 2000; Harcourt, 2001)에서, 경찰관은 이 무위도식자, 주민에 대한 괴롭힘, 출입구에서의 노숙, 평화를 깨뜨리는 것, 그리고 성매매와 약물판매를 근절할 것이다. 윌슨과 켈링의 이론에 따르면, 이 '공식적 통제'가 '비공식적 통제'를 다시 강화하도록 만들 것이다. 깨진 창의 수리와 함께, 평판 좋은 사람들은 다시 집 밖으로 나오고, 그들의 지역을 통제할 수 있다. 무질서는 감소하고, 잠재적인 범죄자들을 불러모으지 않을 것이다.

이 이론은 영리한 그것의 제목으로 처음 어필했다. "깨진 창"은 대부분의 관찰자들이 공감하는 어떤 은유와 이야기를 만들어낸다. 결국, 창문이 깨진 채로 버려진 빌딩을 보고 그 자신이 돌을 던지도록 유혹당한 것은 누구인가? 그것은 또한 단지 경찰관을 그 순찰구역에 다시 보냄으로써 지역을 회복할 수 있다고 주장한다. 그곳에서 경찰관들은 조화롭게 행동하지 않고 성가시게 소동을 일으키는 사람들을 체포함으로써 질서를 유지할 것이다. 이제 비용이 많이 들고 복지국가로 지향하게 하는 "시카고지역 프로젝트"나 어떤 유사한 사회개혁들이 필요하지 않을 것이다. 게다가, 세계가 평판이 나쁜 "그들"과 평판이 좋은 "우리"의 두 범주로 나눌 수 있다는 것을 알 때 어떤 안도감이 생긴다(Harcourt, 2001).

그러나 실제가 이처럼 단순한가? 뉴욕시의 경험은 몇몇 지지하는 증거를 제공한다. 이 모델에 의해, 도시의 경찰관은 공격적으로, 차 앞 유리를 닦고 암묵적으로 돈을 요구하는 청소년부터 무단횡단까지, 사소한 형태의 일탈들을 단속했다. 동시에, 도시의 살인과 폭력범죄율은 급격히 줄어들었다. 이 자연실험은 깨진 창 이론이 맞음을 보여주는 것일 수 있다. 다시 말해서 무질서를 통제하면 중범죄가 줄어들 것이다(Kelling and Coles, 1996).

그러나 비평가들은 뉴욕의 분명한 성공이 "무관용" 경찰활동 때문인지, 그리고 이것이 깨진 창 이론을 입증하는 것인지 의문을 가졌다. 범죄가 감소하는 동안, 다른 경찰활동의 전략들이 직접적으로 범죄를 줄이기 위해 사용되었다(예를 들어, 범죄지도화(crime mapping), "우범지역"에 대한 개입). 범죄의 감소는 또한 이 당시 다른 요인들이 공동으로 작용한 결과 때문일 수 있다. 이러한 요인에는 경제적인 번영과 약물시장에서 크랙의 감소와 이로 인한 폭력의 감소가 포함된다. 보다 큰 문제는 경찰의 개혁운동 전에 이미 뉴욕에서 범죄율이 감소하기 시작했고, 깨진 창 경찰활동을 사용하지 않은 도시도 상당한 정도의 범죄가 감소했다는 증거가 있다는 것이다(Eck and Maguire, 2000; Harcourt, 2001). 게다가, 무질서와 범죄 사이의 관계가 복잡하고, 특히 지역사회의 경제적 지위와 같은 많은 다른 요인에 의해 영향을 받는다는 것이다(Harcourt, 2001; Taylor, 2001). 예를 들어, 깨진 창 이론이 주장하는 것과 같이, 중범죄가 사회적 무질서를 만들어내지만, 그 반대는 맞지 않는 것도 분명 가능하다. 무질서와 중범죄의 관계는 또한 허위관계일 수도 있는데, 둘 다 집합효율성과 같은 지역의 저변에 놓인 조건에 의해 영향을 받을 수도 있다(Sampson and Raudenbush, 1999).

윌슨과 켈링의 깨진 창 이론은 우리에게 공식통제와 비공식통제 사이의 복잡한 상호작용에 대해 알리고, 그리고 종종 좌파 범죄학에서 발견되는, 경찰활동이 범죄에 거의 효과가 없다는 주장과 싸우는 공헌을 한다. 만약 이러한 경찰활동이 효과적이라면, 그들은 높은 약탈범죄율에 매일 시달리는 도심 지역에 (상대적으로 짧은 기간 내에) 가장 큰 이득을 가져다 줄 것이다(Kelling and Coles, 1996).

그러나 이론의 잠재적 단점은, 왜 노숙자, 거지, 알콜중독자, 정신이상자, 거리모퉁이의 부랑자, 그리고 기꺼이 약탈범죄를 저지르는 사람들이 지역사회에 존재하는지에 대해 암묵적으로 무관심하다는 것이다. 이 개인적인 조건들이 사회적 무질서에 의해서 만들어지는 것이 아니라, (구조적 불평등과 집중된 불이익에 의해 영향을 받는) 가족과 지역사회에서 성장하는 동안에 만들어지는 것이라는 고려를 거의 하지 않는다. 평판이 나쁜 사람들이 어디에서 출현하고, 깨진 창 경찰활동에 직면하여, 그들이 어디로 가는지에 대해 아무런 설명이 없다. 이 이론은 경찰 단속 장소의 성가신 존재에서, 그 밖에 다른 곳으로 옮겨가는, 단지 희생해도 좋은 사람이라는 존재로 그들을 인식하는 것으로 보인다(Harcourt, 2001을 참조). 결국, 깨진 창 경찰활동은 지역사회의 범죄율에 함의를 가지는 것도 당연하다. 그러나 그러한 경찰활동은, 만약 우리가 범죄행동에 대한 어떤 적절한 이론에 도달할 수 있다면, 보다 큰 정치적, 사회적 맥락 내에 위치해야 한다. 그리고 동일하게 중요한 것으로, 깨진 창 이론이 지역사회와 사람들에게 보내는 메시지들은, 만약 그들이 정당화하는 정책들이 효과적일 뿐만 아니라, 또한 정당한 것으로서 받아들여질 때, 완전히 이해될 수 있다(Harcourt, 2001).

## 보수적 이론의 결과: 정책적 함의

보수적 범죄학의 핵심에는 개인주의 이론의 부활이 있었다. 앞서 지적한 바와 같이, 범죄의 원인을 찾기 위해 사람 내부를 들여다봄으로써, 개인주의 이론들은 사람들 밖에서 무슨 일이 일어나고 있는지를 고려하지 않는다. 기존의 사회를 어떤 주어진 것으로 여기고, 범죄를 결함이 있는 개인이 사회에 적응하지 못하는 무능력으로 보는 어떤 경향이 존재한다. 오래 지속되는 권력의 패턴과 생활조건들이 이러한 범죄유발적 "결함" 속에서 어떻게 작용하는지에 대해 아무런 설명이 없다. 따라서 사회문제로서 범죄는 개인적 병리의 문제로 여겨진다. 여기서 사회는 좋은 것으로 여겨지고, 범죄자는 나쁜 것으로 여겨진다. 이런 접근을 하는 범죄학은 그것의 "비판적" 잠재력을 잃는다. 만약 그것이 사회질서에서 기인하는 불평등에 면죄부를 제공하지 않는다고 하더라도, 적어도 불평등을 은폐하게 한다.

적어도 미국에서, 개인주의 이론의 부활이, 형사사법에서 진보적인 관행을 가져온 시기가 아니라는 점은 교훈적이다. 개인주의적 이론들이 내재적으로 보수적이지 않을 수도 있지만, 그들은 종종 "강경대응" 정책을 정당화하는데 (때때로 잘못) 이용되었다. 최근에 일어난 사건들은 교훈이 된다.

1980년대와 1990년대 초의 보수적 이론의 부활은 두 가지의 정책, 즉 무력화와 억제정책을 낳았다. 새로운 보수적 이론화의 주요 정책은 보다 오랜 기간 동안 보다 많은 범죄자들을 구금하는 데 집중했다. 미국 전역에서 주의회들은 처벌을 강화시켰는데, 이것은 (세 개의 중범죄경력이 있는 경우 구금형을 의무화하는) "삼진아웃"법과 (구금형의 경우 적어도 85%를 복역하기 전에는 가석방을 불허하는) "양형에서의 성실"법에서 가석방 폐지에서 가장 두드러진다. 당연히, 과거 40년 동안, 미국은 "구금 잔치"를 경험해왔고, 그 결과 세계에서 가장 구금률이 높다(Irwin and Austin, 1994; World Prison Brief, 2009). 그래비스 프랫(Pratt, 2009)의 표현에 따르면, 미국은 "구금에 중독"되었다. 따라서 미국에서는 100명 중 1명이 구금되어 있다. 흑인의 경우, 11명당 1명이 구금되어 있다(Pew Charitable Trusts, 2008).

구금의 증가를 이해하기 위해서는 과거에 대해 살펴보는 것이 필수적이다. 1970년대 이전 50년 동안, 미국의 구금률은 상대적으로 안정적이었다(인구 10만 명당 주와 연방교도소에 수감된 사람 수를 볼 때 그렇다). (Blumstein and Cohen, 1973). 실제로, 1970년대에 미국의 주와 연방교도소 인구는 200,000명에 미치지 못했다(196,429명). 그러나 1970년대 중반까지, 범죄에 대한 보수적 생각이 출현하고 신뢰를 얻기 시작했다(J. Q. Wilson, 1975). 1980년대에 보수의 시대가 왔고 범죄에 대한 강경대응을 향한 명백한 움직임이 나타났다. 이 정책들은 성공적인 것으로 밝혀졌다.

오늘날, 주와 연방교도소 인구는 160만 명을 넘는데, 이것은 1970년대 이후 7배 이상 증가한 것이다. 군교도소와 다른 교도소인구가 포함되면, 구금된 인구는 일간으로 약 240만에 달한다. 미국은 대략 인구 10만 명당 760명이 구금되어 있고, 미국의 가장 가까운 경쟁자인, 러시아는 10만 명당 620명이다. 미국의 북쪽 이웃인 캐나다는 단지 116명에 불과하며, 그 구금률은 1970년대 이후 상대적으로 안정적으로 유지되어 왔다(Sebster and Doob, 2007). 영국과 웨일즈는 154명이다. 수적으로, 중국은 미국의 주된 경쟁국이지만, 중국은 약 750,000명 더 적은 범죄자를 구금하고 있다. 다른 방식으로 설명하면, 세계 인구의 단지 5%만이 구금되어 있지만, 미국의 구금인구는 세계 도처에 구금된 9백만 명 중 25%를 차지한다(Cullen and Johson, 2011; Pew Charitable Trusts, 2008).

보수적 이론의 두 가지 측면은 구금을 하나의 신뢰할 만한 제도로 보게 만드는 경향이 있다. 첫째, 고전이론의 부활에서, 보수주의자는 범죄가 보상을 제공하지 않는다는 것을 확실히 할 필요가 있고, 장기구금을 범죄의 비용을 증가시키는 한 효과적인 수단으로서 본다. 합리적 선택이론은 몇몇 사람들은 이익이 비용을 초과하는 한 범죄를 계속할 것이라고 주장한다. "잃을 것이 없는" 사람들이 범죄를 할 것이고, 따라서 시민들이, 범죄행동에 개입함으로써 생기는 위험을 두려워할 정도로 충분한 "순응의 대가"가 주어지도록 정책이 개발되어야 하는 것을 의미하는 것으로 누군가 이것을 해석"했을 수"도 있다(Sherman, 1993). 대신에, 합리적 선택의 논리는 지금, 범죄자들이 장기간의 구금경험에 의해 억제될 것이고, 그리고 범죄를 저지를 것을 고려하는 사람들은 범죄사에 대한 보다 엄격한 구금의 본보기에 의해 범죄를 꺼릴 것이다. 둘째, 실증주의 이론을 부활시킬 때, 보수주의자들은, 어떤 비율의 범죄자들은 (범죄적 정신 탓이든, 범죄적 본성 탓이든) 개선이 어렵고 두꺼운 벽과 튼튼한 창살 내에 구금되되어야 한다는 그들의 신념을 표한다. 제임스 윌슨(Wilson, 1975, p.235)은 "사악한 사람들이 존재한다. 그들을 죄 없는 사람들과 떼어 놓는 것 외에는 이용가능한 수단은 없다."라고 주장했다.

그러한 생각이 범죄에 대한 한 해결책으로서 구금을 사용하는 것을 (적극적으로 장려하지는 않았을지라도) 정당화했다는 데는 거의 의심의 여지가 있을 수 없다. 만약 보수주의자들이 구금인구의 증가로부터 안도감을 느낀다면, 그들은 이 정책의 효과에 대해서 낙관하기에는 훨씬 근거가 약하다. 앞서 논의한 바와 같이, 구금의 억제효과에 대한 연구는 기껏 모호한 결론을 내린다. 구금의 일반억제효과는 의문시된다. 구금의 특별억제효과에 대한 증거는 보수적 시각과 부합하지 않는다. 강경대응정책은 과거나 미래의 범죄자들을 정직하게 살도록 할 만큼 두려움을 주는 것 같지는 않다.

유사하게, 대규모로 범죄자들을 구금하는 것이 범죄를 감소시킨다 하더라도, 그것의 전반적인 효과는 경미하고, 복잡한 정책결정문제를 제기한다. "구금효과"를 계산할 때, 학자들은 한 문제 있는 가정을 가지는데, 그것은 구금에 대한 대안이 범죄자들을 거리에서 "자유롭게 돌아다니도록" 허용할 것이라는 가정이다. 예를 들어 그들은 양질의 지역사회 사회복귀프로그램의 효과와 비교하여 구금의 효과를 평가하지 않는다. 따라서 구금효과의 추정치는, (만약 잘못된 것이 아니라면) 진실을 오해하게 만드는 것이다. 진정한 쟁점은, 다른 교정적 개입에 비해 구금을 통해서 예방될 수 있는 범죄의 양이어야 한다(Cullen and Johson, 2011).

비셔(Visher, 1987, p.519)는 1970년대 구금인구를 2배로 만든 것이 단지 약간의 강도와 침입절도 범죄율의 하락(6−9%)만을 가져왔다고 계산했다. 1980년대 동안, "구금은 범죄를 줄이는데 단지 약간 더 효과적이었다." 더 혼란스럽게도, 감방 1개당 30,000달러에서 80,000달러의 건설비용과 재소자 한 명당 10,000달러 이상의 연간비용이 들었지만, 범죄는 약간만 감소하였고, 이것은 단지 전국적으로 주예산을 실질적으로 바닥내게 만드는 효과만을 달성했다(Camp and Camp, 1987). 20세기 말까지, 주와 연방의 성인교정기관의 평균 예산은 거의 6억 3,100만 달러였고, 모든 교정기관의 전체 지출은 327억을 넘었다(Camp and Camp, 1990). 이 당시, 스펠맨(Spelman, 2000, p.422)은, 현재의 교도소 인구를 2배로 늘리는 것은 필시 "20%에서 40% 정도 지표범죄율을 감소"시킬 것이라고 추정했다. 이러한 추정은 논리에 맞지 않는 것은 아니지만, 그 정책개입의 비용은 아마도 200억을 초과할 것이다. 스펠맨에 따르면, 그러한 돈의 양은 "데이케어(day care)를 못 받는 모든 가정에 이것을 제공할 수 있거나, 모든 고교졸업생에게 대학교육을 시킬 수 있거나, 또는 모든 실업 청소년에게 생계비를 벌 수 있는 일자리를 제공할 수 있다."

1980년대의 회계상으로 빠듯한 시기 동안 교도소의 재정적 부담은 사회통제의 다른 대안적 수단을 찾는데 큰 동기를 부여했다. 그러나 지역사회교정으로 전환할 때, 보수주의자들은 한 독특한 시각을 제기했다. 이 보수주의의 시기는 지역사회, 대중, 그리고 프라이버시의 의미와 중요성을 재정의하는 결과로 나타났다. 1980년대 이전의 몇 년 동안, 미국 대중에게 어떤 집을 교도소로 전환하는(즉, 침실을 감방으로 만드는) 것은 매우 거슬리는 일이었다. 그러나 1980년대

중반까지, 몇몇 주들은 가택구금과 전자감시를 허용하는 법을 통과시킨 플로리다와 켄터키주를 따랐다(Ball et al., 1988; Ball and Lilly, 1985; Lilly and Ball, 1993). 19세기 미국에서 거부된 한 아이디어는 1980년대에 다시 출현했고, 그것은 범죄자들에게 그들의 감시와 생활비에 대해 매일의 비용을 내게 하는 것이었다. 그것은 때로 철회되기도 했지만, 1980년대 후반까지 캘리포니아, 오하이오, 미시건, 그리고 메릴랜드와 같은 지역들은 수감자들에게 매일 20달러에서 85달러를 부과하고 있었다("더 많은 교도소들," 1987, p.A8).

그러나 이러한 구금의 높은 경제적 비용과 합리적인 대안을 찾는 것은 몇몇 사람들에게는 보다 큰 흐름의 한 부분으로 보이지 않았다. 1990년대 초기에, 미국에서 교정과 교정의 다른 분야는 "교정－상업 복합체"의 한 부분이었는데, 이것은 아이젠하워(Eisenhower)가 50년 이상 전에 경고했던 군대－산업 복합체와 유사한 것이었다. 이 주장의 핵심 요지는 교정의 비용이 단지 높은 범죄율과 구금률에 의해서만 설명될 수 없다는 점이다. 왜냐하면 교정관리와 정치적 유력인사가 (재범자에게 무기징역을 선고하는 클린턴대통령의 "삼진법" 제안을 포함한) "강경대응" 정책으로부터 경제적으로 이익을 얻을 뿐만 아니라, 기업이 교정에 상품과 서비스를 공급하기 때문이다. 사람들은 이것이 미국에서 나타나는 현상일 뿐만 아니라 초국가적이며 때때로 외국에서 이익을 추구하는 사법정책들에 영향을 준다(Lilly, 1992, 2006a, 2006b; Lilly and Deflem, 1993; Lilly and Knepper, 1992, 1993; Nellis and Lilly, 2010).

1980년대 동안, 구금축제를 넘어서, 공개적으로 모욕을 주거나 공개적인 처벌이 다시 나타났다는 것을 알아야 한다. 예를 들어, 오레건주의 포틀랜드에서, 한 치한이 음주금지, 약물금지, 상담치료, 공원과 학교 접근금지, 그리고 구금형과 같은 보통의 형벌을 받았을 뿐만 아니라, 군교도소에서 석방 후 자신의 대문에 "위험한 성범죄자, 아동 접근금지"라는 문구를 달 것을 명령받았다("특이한 형벌", 1987, p.A10). 유사한 형태의 공개적인 모욕은 한 오클라호마시에서 사용되었는데, 음주운전자에게 "나는 술을 마신 후, 그리고 술을 마시면서 운전한 음주운전범죄자입니다. 어떤 이상한 운전이라도 시의 중서부경찰에 신고해 주세요"라는 문구를 새긴 스티커를 범퍼에 붙이도록 명령받았다("공개적인 모욕," 1986).

범죄자가 지역사회 내에 머무를 때조차, 1980년대와 1990년대의 보다 많은 보수적 정책은 1960년대와 1970년대 동안의 정책들에 비해 범죄의 사회적 원인에 대해 덜 관심을 가졌다. 사회적 상황이 중요하지 않거나 분명하지 않다는 가정에 근거하여, 이 정책들은 그들의 관심을 범죄자를 무력화하는 값싼 방식(예를 들어 화학적 거세, 가택구금)을 찾거나, 범죄의 심리적 비용을 증가시킴으로써 범죄를 억제하거나, 또는 어떤 전통적 가족가치를 옹호하거나 약물남용저항교육(DARE, 경찰관을 학교에 보내 반약물 토론을 하게 하는 프로그램)과 같은 프로그램을 사용해서 보다 바람직한 가치를 주입하는데 그들의 관심을 제한하는 경향이 있었다. 한 때 주목받았던 프로그램으로서, DARE 프로그램에 대한 평가연구는, 이 프로그램들이 청소년의 약물남용에 아무런 효과가 없었다고 보고했다(Gottfredson et al., 2002; Lynam et al., 1999; Rosenbaum, 2007).

결국, 앞서 지적한 바와 같이, 그 후 조지 부시대통령(George W. Bush)은 신앙에 기초한 지역사회프로그램을 새로 시행했는데, 이것은 (범죄를 포함한) 다양한 도심의 악에 대해 싸우려는 것이었다(Grossman, 2001). 종교를 범죄와 연결시키는 것은 복잡하기 때문에(Evans et al., 1995), 그리고 종교적 프로그램의 효과를 보여주는 연구가 많지 않기 때문에(그러나 Johnson, 2004를 참조), 그러한 개입이 범죄를 감소시킬 수 있는지에 대해서는 아직 확실치 않다. 그러나 그들의 효과성과는 별개로, 신앙기반프로그램들은 정치적으로 우파 쪽에 있는 사람들에 있어서 생각의 한 흥미로운 변화를 보여주는데, 그들은 "동정적 보수주의"를 반영한다(Dionne and Chen, 2001을 참조). 이 프로그램들은 보수적인데, 왜냐하면 그들이 종교에 대한 그들의 강조가, 도덕적 빈곤(그리고 구조적으로 발생하지 않은 빈곤)이 범죄의 근본원인이라는 저변에 놓인 믿음을 반영하기 때문이다. 구조적 쟁점이 무시되는 한, 독실한 사람들에 의해 제공되고 범죄자들을 독실하게 만드는 서비스들이 범죄를 줄일 것인지는 불확실하다. 그러나 이 프로그램들은 범죄자에게 동정적이다. 왜냐하면 그들이 범죄자들을 개선되거나 "구원"받을 수 있고 그럴 가치가 있는 존재로 보기 때문이다. 이 점에서, 그들은 범죄자들이 내재적으로 사악하고 개선이 어렵다는 생각을 거부한다. 실제로, 신앙기반의 프로그램들은 범죄자들이 도움과 지지를 받게 할 수 있다(Cullen et al., 2000). 이것이, 다양한 기역사회기반의 프로그램들이 "신앙"의 영역 하에서 기금을 모집할 때, 가능한지는 아직 확실치 않다. 그러나 신앙-기반의 프로그램이라는 아이디어는 미국 대중들에게 인기가 여전하고, 아직 보수주의 시대의 지속되는 유산이

될 수 있다(Cullen et al., 2007).

## 결 론

보수적 이론에 대한 우리의 논의는 이 책의 핵심 포인트를 반영하는데, 그것은 범죄에 대한 생각이 (또는 우리가 이론으로 부르는 것은) 어떤 특정의 맥락에서 개발된 사회의 산물이며, 따라서 사회정책에 대해 영향력을 갖는다는 것이다. 따라서, 1980년대와 1990년대 초에는 범죄에 대한 사고방식의 복귀가 있었는데, 이것은 (다른 표현으로 쓰여지기는 했지만) 범죄의 원인이 사회구조가 아닌 개인 안에 있다는 오래된 생각을 부활시킨 것이었다. 우리는, 이러한 유형의 이론을 다시 만든 것은 우연이 아니었다고 믿는다. 이 이론 전의 다른 이론들과 유사하게, 보수적 이론의 힘과 인기는 사회에 널리 퍼진 맥락에서 나온 것이었다. 그리고 우리가 보아온 바와 같이 보수적 생각은 형사사법정책의 방향에 많은 영향을 끼쳤다. 유래 없는 숫자의 사람들을 가두는 것은, 단지 교도소가 계산적인 사람을 억제하고 사악한 사람을 무력화함으로써 범죄를 감소시킨다고 믿을 때만 합리화된다. 불행히도, 구금이 억제효과가 있다는 증거는 거의 없고, 구금에 의한 어떤 무력화 효과도 상당한 대가를 치르고 얻어지는 것으로 보인다. 실제로, 대규모 구금은 극도로 비싸서, 돈에 쪼들리는 납세자로부터 기금을 고갈시키고, 다른 형태의 범죄예방프로그램과 교육 및 보건과 같은 분야에서 사용될 수 있는 기금을 빼앗는다. 합리주의의 전형이라고 주장하는 이 이론들이 그처럼 이중적인 정책결과를 낳는 경향이 있다는 것은 다소 역설적이다.

우리가 21세기로 나아갈 때, 범죄에 대한 보수－지향적, 개인주의적 이론들이 인기를 계속 누릴 것인지는 확실치 않다. 이 이론들에 대해 (단지 이 이론이 단순하다는 이유로) 상당한 공개적 비판이 있다 하더라도, 그러한 설명들이 사회환경에 대해 관심과 자원을 집중하는 것에 비해 범죄를 감소시키는데 더 큰 실용적 가치가 있다는 것은 증명되어야 한다. 그러나 가까운 미래에 이 이론과, 범죄에 대한 보수적인 설명, 그리고 과거 4반세기 동안의 “강경대응” 정책에서 어떤 큰 변화가 있을지는 불확실하다.

2008년에 역사적인 버락 오바마(Barack Obama)의 대통령 당선에서 약간의 희망이 보였을지도 모른다. 이 당선은 미국 정치에서 보수적 지배의 종말을 나타내는 것으로 보일 것이다. 단지 민주당이 백악관과 의회에 대한 통제를 획득한 것일 뿐 아니라, 사회경제적 정책에 대한 우익적인 생각이 효과가 없어 보인다는 것은 아니다. 한 중요한 상징적 사건은 부시행정부가 태풍 카트리나의 여파로 뉴올리언즈에 전개된 인간적인 비극을 즉시 그리고 효과적으로 대처하지 못했다는 것이다. (깊은 경기후퇴를 부른) 은행과 금융시장의 붕괴는, "자유"시장에 대한 최소의 규제와 그들이 만들어낸 불평등의 확대와 같은 보수적 경제정책에 대해 더욱 신뢰를 잃게 만들었다. 정부가 힘있는 금융사업가들을 통제하고 파산한 시민들에게 안전망을 제공할 필요성은 중요해 보였다.

그러나 보수적 세계관의 약화는 자유주의의 새로운 시대가 열렸다는 것을 의미하지 않는다. 외관상 다루기 어려운 경기침체는 유권자를 투표하게 만들고 정치적 불확실성을 만들어내었다. 더욱이, 오바마대통령 자신의 범죄통제정책은 하나의 잡동사니이다(예를 들어, 그는 사형제와 약물치료에 찬성한다). 2011 회계연도에 법무부의 예산계획이 소년사법 프로그램에 대한 지출을 줄였지만, 수십억을 경찰관을 고용유지하고 연방교도소 예산을 늘렸다는 점은 교훈이 된다(Justice Policy Institute, 2010). 만약 40년 된 대규모 구금운동을 중지할 것으로 예측하게 만드는 어떤 근거가 있다면, 그것은 심각한 재정위기에 직면한 주들이 더 이상 이 정책의 비용을 감당할 만한 여유가 없다는 것이다. 미국기독교신도센터(Pew Center on the state, 2010, p.1)의 보고서에 따르면, "40년 만에 처음으로 미국에서 주교도소의 재소자수가 감소했다." 그러한 감소는 아주 약간 감소한 것인데, 단지 5,793명 또는 그 전체 인구의 0.4%에 해당하는 것이다. 그러나 반 이상의 주(27)에서, 교도소 인구는 감소했다.

경제학을 넘어서, 생각의 보다 근본적인 변화가 나타나고 있다. 그것은 미국이 범죄문제에서 빠져나오기 위해 자신을 가둘 수는 없다는 자각이다. 2010년 페퍼다인대학(Peperdine University) 법학전문대학원에서의 강연에서, 연방대법관 앤소니 케네디(Anthony Kennedy)는 삼진법과 과도하게 가혹한 구금형에 대해 비판했다(Williams, 2010). 보다 효과 있는 것으로, 주지사 아놀드 슈왈제네거(Arnold Schwarzenegger, 2010)는 캘리포니아주가 교도소보다 고등교육에 더 많은 예산을 지출하도록 요구하는 주헌법 개정안을 제출했다. 그 후 얼마 안 되어, 캘리포니아 의회는 가석방 개혁법을 통과시켰는데, 이것은 교도소 인구를 6,000

명 이상 줄이는 것을 요한다. 가벼운 위반에 대해 가석방이 취소되는 것을 감소시키기 위해, 그 법은 위험성이 낮은 범죄자들을 가석방 감시 대상자에서 제거하고, 약물 및 정신건강 법원을 새로 만들어 재구금되기보다는 처우를 받을 수 있게 만들었다. 다른 변화들 중에는, 사회복귀프로그램들(예를 들어 GED 또는 직업적 자격증)을 이수한 재소자들은 이제 교도소에서 가석방될 수 있다(Archibold, 2010; California Department of Corrections and Rehabilitation, 2010; 또한 Petersilia, 2008을 참조). 이 사건들이 보다 광범위한 정책변화의 조짐인지는 불확실하지만, 적어도, 그들은 정치지도자들이 계속되는 "강경대응" 정책의 지혜에 의문을 갖기 시작했다는 징조이다.

# 제13장

# 일상생활에서 범죄 선택하기:

## 일상활동이론과 합리적 선택이론

마커스 펠슨

1947－

텍사스주립대학(Texas State University)

일상활동이론의 저자

대부분의 범죄학 이론들은, 어떤 사람들은 범죄를 저지르는 지향(이것은 종종 범죄성향이라고 불린다)을 발전시키지만 왜 다른 사람들은 그렇지 않은지를 설명한다. 이 이론들은 여러 측면에서 상이하지만, 범죄성향이 '시간의 흐름에 따라서' 발전된 어떤 것이라는 입장을 공통적으로 갖는다. 따라서 이 이론들은 사람들을 둘러싼 환경에 주목하는데, 이런 환경들은 해체된 지역에서 성장하거나, 다년간 계속하여 비효율적으로 양육되었거나, 그들을 좌절시키거나 그들이 관여(commitment)하게 할 수 없는 학교에서 청소년기를 보냈거나, 갱집단에서 비행친구들과 교제했거나, 또는 아마도 장기간의 구금과 같은 것들이다. 이런 접근에서, '범죄'(법을 위반하는 실제의 행동)는 필연적으로 나타나며, 따라서 어떤 특별한 설명이 필요하지 않다고 암묵적으로 여겨진다. 강한 범죄성향을 가진 사람들은 범죄의 기회를 이용할 것이고, 따라서 범죄성향이 약한 사람들에 비해 더 많이 범죄에 참여한다.

이 장에서 살펴보는 이론들은 이런 이론적 관심과 상반되는데, 그들은 범죄성향이 아닌 범죄에 관심을 가진다. 그들의 관심사는 동떨어진 과거에 발생한 것이 아니라 '현재 상황에서' 일어나고 있는 것이다. 그들에게, 범죄행동에 대해 책임을 져야하는지의 여부는 하나의 이론적 도전의 기회를 제공하며, 그리고 중요한 정책 및 범죄통제를 위한 함의를 갖는다. 특히, 그들은 범죄자들이 당구공같이 기계적인 방식으로 범죄로 떠밀리고 당겨진다는 생각을 거부한다. 대신에, 그들은, 범죄자들이 범죄적 모험에 참가여부를 검토하는 능동적 존재라고 주장한다. 그들은 결정을 하며, 선택을 한다. 그리고 그들이 어떤 상황에서 범죄에 대한 개입을 선택하는 이유를 밝히는 것은 하나의 도전할 만한 범죄학적인 질문이다.

이 시각들은 때로 "기회이론"으로 불렸다. 왜냐하면 그들이, 범죄를 저지를 기회가 없다면, 어떤 범죄도 발생할 수 없다고 주장하기 때문이다(Wilcox et al., 2003). 이 관찰은 너무나 당연하기 때문에, 거의 말로 할 필요도 없어 보인다. 그러나 일단 '기회'라는 개념이 당연한 것으로 여겨지지 않고 연구의 대상이 된다면, 기회를 범죄와 연결시키는 중요성은 자명하다. 따라서 '기회의 속성'은 무슨 범죄를, 어디서, 어떻게, 그리고 누구를 대상으로 행할 것인지에 영향을 미친다. 어떤 주어진 상황에서, 그것은 범죄자들이 무엇을 선택할지, 예를 들어 어떤 다른 집을 털지 않고, 특정의 집을 털려고 결정하는지에 영향을 준다.

(동떨어져 있는 과거가 아닌) 근접한 상황과 기회를 그렇게 강조하는 것은 또한 우리에게 범죄자들이 어떻게 법위반을 결정하는지에 대해 탐구하게 한다. (종종 합리적 선택이론으로 불리는) 한 인기 있는 주장은, 범죄자들이 "합리적"으로 결정을 한다는 것이다. 예를 들어 범죄자들은 즉각적인 만족을 제공하고, 거의 노력을 필요로 하지 않고, 그리고 발견되거나 검거될 위험이 거의 없는 범죄를 선택한다. 다른 범죄학자들은, 완전히 같지는 않지만 이런 측면에서, 사람들이 검거되고 처벌될 가능성에 대한 그들의 지각이 어떻게 범죄의 선택에 영향을 미치는지 연구한다. 이것은 '지각된 억제이론(percepted deterrence theory)'으로 알려져 있다.

이 시각은, 또한 (대부분이 아니라면) 많은 범죄가 가해자와 피해자가 활동하는 일상활동 속에서 발생한다고 주장한다. 어떤 학자들은 범죄를 사회 속의 "나쁜" 환경(범죄성향을 만들어낼 정도로 충분한 병리현상과 권력불평등)과 연결시켰다. 반대로 기회이론들은 사람들이 그들의 일상생활 속에서 활동할 때, 그들이 (가해자든 피해자든 관계없이) 계속하는 일상에서 범죄가 나타나는 것으로 보는 경향이 있다. 이 후자의 생각은 로렌스 코헨(Lawrence Cohen)과 마커스 펠슨(Marcus Felson)의 일상활동이론(routine activity theory)의 설명이다.

결국, 이 접근들은 범죄를 감소시키는데 매우 실용적인 방법을 제안한다. 우리가 이후에 보게 될 바와 같이, 그들은 범죄성향을 만들어내는 범죄의 "근본원인"을 공격하거나, 또는 범죄성향을 가진 사람들을 사회복귀 시키는 데 거의 관심이 없다. 대신에, 그들의 관심은 '상황적 범죄예방(situational crime prevention)'에 있다. 그들의 명제는, 만약 기회가 범죄가 발생하는데 필수적인 조건이라면, 범죄를 하게 만드는 기회를 제거함으로써 범죄는 감소될 수 있다는 것이다. 이것은 상식인 것 같다.

우리는 상황, 기회, 선택, 그리고 상황적 예방과 같은 이러한 주제들을, 이 패러다임에서의 주요 시각들에 대해 다룰 때 다시 살펴볼 것이다. 우리는 가장 초기의 가장 잘 알려진 일상활동이론에 대해 먼저 살펴본다.

## 일상활동이론: 기회와 범죄

한편, 전통적으로 범죄학은 범죄자와 그들이 범죄를 하게 만드는 것(또는, 통제이론의 경우에는, 범죄자의 특성이 어떻게 그들이 욕구에 따라서 행동하는 것을 중지시키는지)에 대부분 주목했다. 범죄자가 범죄에 참가할 욕구가 있더라도, 법을 위반할 '기회가' 없다면, 그들은 범죄를 저지를 수 없다고 오래전부터 지적되어 왔다(Cloward, 1959; Cullen, 1984). 그러나 이러한 관찰은 무시되거나, 또는 "맞긴 하지만, 진부한" 것처럼 간주되었다. 범죄학자들 사이에서 작업가설은, 사람들이 범죄에 개입하는 정도는 그들의 범죄적 동기나 "범죄성향"에 의해 결정되고, 그리고 사회적 위치에 따른 범죄율은 어떤 주어진 위치에 있는 범죄로 동기화된 범죄자들의 수에 의해 결정된다는 것이었다. 만약 기회가 범죄에서 어떤 역할을 하더라도, 그것은 사소한 것으로 생각되었다.

그러나 지난 20여 년 동안, 또 다른 학자집단은 '범죄성향'과 '범죄'(또는 범죄사건) 간의 구별이 하찮은 것이 아니라 오히려 중요하다고 주장해 왔다. 범죄성향(동기 또는 범죄를 범하는 경향)은 중요할 수 있지만, 법을 기꺼이 위반하려는 그런 성향은 자동적으로 구체적인 범죄행동으로 나타날 수 없다. 기회는 어떤 특수한 범죄를 저지르게 하는 한 필수적인 조건이다. 보다 넓게, 이 학자들에 따르면, 기회의 분포와 이러한 기회에 대한 개인의 접근가능성은, 왜 어떤 지리적 지역은 다른 지역에 비해 범죄율이 높고, 왜 어떤 사람들은 다른 사람들에 비해 범죄에 더 많이 개입하는지를 주로 결정한다.

지적한 바와 같이, 기회와 범죄사건 사이의 관계를 설명하는 시각들은 '기회이론'으로 불리는데, 그들은 종종 '환경범죄학(environmental criminology)'으로 또한 분류된다. 왜냐하면 그들이 물리적 사회적 환경이 어떻게 존재하고 또는 어떻게 범죄기회를 제한하는지를 설명하기 때문이다(Bottoms, 1994). 이 접근에서 가장 유명하고, 우리가 여기서 관심을 가지는 것은 '일상활동이론(routine activity theory)'이다. 마커스 펠슨은 이 시각을 1979년에 로렌스 코헨과 함께 최초로 발전시켰다(특히 Felson, 1998, 2002를 참조). 이 이론은 다음의 "범죄의 화학" 절에서 다룬다.

펠슨이 범죄학자가 될 의도가 전혀 없었다는 점을 우리는 알아야 한다. 그러나 그는 일리노이대학에서 1972년에 그의 첫 학계에서의 일자리를 갖게 되었는데, 이것은 사회지표들(예를 들어 경제학에서 동향과 같은 것들)을 다양한 성과변수들과 연결시키려고 하는 한 프로젝트에서 일하게 된 것이었다. 신임교수로서, 펠슨은 다른 학자들이 원하지 않았던 종속변수 또는 성과변수였던 범죄를 맡게 되었다. 그 당시 범죄율은 급속히 증가하고 있었지만, 다소 당혹스럽게도 미국은 보다 풍요로워졌다. 따라서 (범죄행동을 개인의 불리한 위치와 연결시키는) 전통적 범죄학 이론들은 그에게 그럴듯하게 보이지 않았다. 결과적으로, 펠슨은 새로운 설명을 위해 범죄학 바깥세계를 여행했다. 펠슨은 제3자처럼 일상활동으로 가게 되는 그의 지적인 경로를 하나하나 설명했다.

> 그는 그의 아이디어들을 파헤치면서, 과거를 회상하기 시작했다. 그는 에이모스 호우리(Amos Hawley)의 독창적인 1950년 책, 『인간생태학』을 다시 읽었는데, 이것은 그가 보다 쉬운 용어로 범죄에 대해 생각하도록 도움을 얻기 위한 것이었다. 그는 그의 유명한 선구자의 (인간의 몸의 네 가지 비중을 구별한) 방사선학 업적에서 아이디어를 끌어왔고, 세 가지 물리적 중첩이 범죄를 만들어내는지, 아니면 네 가지 중첩이 범죄를 만들어내는지를 알고 싶었다. 그는 소비자행동의 계층화에 대한 자신의 박사논문을 작성했는데, 그는 소비재들 중 보다 자주 도난당하는 것이 어떤 것인지에 대

해 관심을 가졌다. 데이비드 보두아(David Bordua) 교수는 펠슨에게 패트릭 칼쿠훈(Patrick Colquhoun)과 기회에 대한 다른 연구들에 대해 설명했다. 이것은 일상활동 이론, 그 방정식들 그리고 그것과 연결된 이론을 만들어냈다(Clarke and Felson, 2011, p.253).

기회에 대해 초점을 맞춘 것은 범죄예방에 대한 '실용주의적' 접근을 나타낸다(범죄의 기회를 줄여라, 그러면 범죄는 감소할 것이다). 우리가 보게 될 것과 같이, 범죄의 기회를 줄이라는 충고는 종종 가장 쉽게 개선할 수 있는 환경적 측면들에 초점을 맞추는데, 예를 들면, 주택에 침입절도경보기를 설치하거나, 상점의 현금등록기에 보유하는 현금을 최소화하는 것을 들 수 있다. 이러한 시각이 장점이 없는 것은 아니지만, 실용주의적 대책에 주목하고 불평등과 권력(그리고 그들이 어떻게 범죄행동에 영향을 미치는지(Maume, 1989))의 쟁점을 논의하지 않는 이 시각의 경향은 하나의 암묵적인 이데올로기적 결정이다. 특히 펠슨(Felson, 1998, p.20)은 전통적 범죄학이 갖고 있는 그것의 정치화 경향(즉 "당신이 반대하는 어떤 것이 있다면, 그것이 우익이든, 좌익이든, 또는 당신의 계획이 무엇이든, 그것을 범죄로 비난해라. 만약 당신이 우호적으로 생각하는 어떤 것이 있다면, 그것을 범죄예방과 연결시켜라. 만약 당신이 경멸하는 어떤 집단이 있다면, 그들을 비난하고 다른 사람들을 보호하라.")을 비판했다. 펠슨은 자신들의 이데올로기적인 취향을 완전히 벗어나는 범죄학자들은 거의 없다는 입장을 가졌지만, 그와 다른 환경범죄학자들은 종종 그들 자신의 암묵적인 정치활동에 대해 깊이 생각하지 않는다.

실제로, 펠슨은 범죄를 사회의 세속적 또는 "일상적" 특징과 관련시키려는 취향을 가졌다(이것은 우리가 뒤에 다시 살펴보게 될 쟁점이다). 펠슨(1998, p.19)은 "악역 오류(pestilence fallacy)"라는 용어를 사용했는데, 그것은 범죄학자들이, "범죄를 사회 내에 존재하는 다른 악들에서 기인하는 많은 악들 중의 하나"로서 취급하는 경향을 묘사하기 위해서였다. 그러나 범죄가 "사회악들"(사회문제들)과는 대체로 관계가 없다는 그의 한 중요한 가정은, 그가 범죄의 원인을 체계적으로 찾지 못하게 한다. 유사하게, "나는 아니라는 오류(the not me fallacy)"라는 용어를 사용했는데, 이것은 "대부분의 사람들은 자신들이 기꺼이 범죄에 참여하는 심각한 범죄자들과는 '근본적으로' 다르다고 생각하고 싶어 하면서도, 모든 사람들은 적어도 어떤 시점에서 몇몇 범죄를 할 수 있다"(Felson, 1998, pp.10－11, 원문의 강조임)는 (아마도) 잘못된 가정을 묘사하기 위해 사용했다. 범죄성향이 사회 전반에 대체로 고르게 분포되어 있다고 보는 펠슨의 취향은 사회적 조건들을 무시하게 만들었다. 이 조건들은, 사회경제적 불평등 관련요인들을 같이, 특정의 몇몇 사람들이 다른 사람들보다 더 강한 범죄의 동기를 갖게 만들 수 있다.

구조적, 정치적 쟁점들을 회피하는 이 실용주의적 관심과 경향은 이 이론을 최근의 사회분위기에서 매력적으로 만들었다. 1980년대와 1990년대 초 동안 사회 및 범죄정책의 강한 편향이 있은 후, 미국은 현재 “탈보수주의”의 시대에 있는 것으로 여겨질지도 모른다. 미국의 정치에서 많은 보수적 테마들이 살아남았지만, 진보적 생각 또한 마찬가지다(Dionne, 1996). 정당의 기본 구성원들이 굳은 이데올로기적 입장을 갖고 또 다른 입장을 가진 사람들과 치열하게 싸워왔을지는 모르겠지만, 미국은 이데올로기적인 교착상태 또는 정체상태가 되었다. 대부분의 시민들은 정치적 스펙트럼의 중도적 위치에 있다. 사회복지와 자유시장의 아이디어에 반대하지 않을지라도, 대규모 복지국가를 건설하려는 자유주의적 노력과, 그리고 보수주의자들의 노력에 대해 미국인들은 모두 의심을 품어왔는데, 보수주의자들은 다른 사람들에 대해 우파의 도덕을 강요하고 기업과 금융기관들에게 그들이 원하는 것을 할 수 있도록 감시받지 않는 재량권을 제공하려고 시도한다. 이런 분위기에서, “무엇이 효과가 있는가?”, 또는 “무엇이 합리적으로 보이는가”와 같은 문제에 관심을 갖지만, 이데올로기에 대해서는 종종 무관심하다. 실제로, 형사사법기관 내에, 범죄를 줄일 것으로 기대되는 증거기반의 또는 “효과 있는 것” 접근[1]에 대해 더 많은 관심이 주어지고 있다(예를 들어, Cullen and Gendreau, 2001; Mackenzie, 2006; Sherman et al., 2002; Welsh and Farrington, 2006, 2009).

범죄에 대한 기회이론의 매력은, 미국이 과도하게 불평등한지 아니면 과도하게 도덕적으로 관용적인지에 대한 보다 큰 논의를 회피하고, 범죄가 큰 문화적 또는 사회적 혁명 없이도 상당부분 예방될 수 있다고 주장한다는 점이다. 대신에 몇 개의 잠금장치를 바꾸고 몇몇 알람(또는 유사한 약간의 개입들)을 설치함으로써 우리가 자신들을 보다 안전하게 만들 수 있다. 이러한 정책제언은 실제로 잠재적으로 중요하다. 왜냐하면 범죄의 기회는 중요하기 때문이다. 그들을

1) 역주: 정책효과에 대한 평가를 통해서 효과가 있는 것을 살리고, 없는 것은 폐지하려는 접근.

감소시키는 것은 생명을 구할 수 있다. 더 나아가서, 이 이론들은 "강경대응(get tough)" 정책에 반대하고, 대신에 범죄자의 선택이 구금의 불확실한 위협뿐만 아니라 즉시의 범죄를 통한 만족을 방해하는 것에 의해서도 영향을 받는다는 것을 보여준다. 그렇다 하더라도, 실용주의적 정책에 집착하는 위험은, 그것이 범죄가 "다른 사회악"에 의해서 영향을 받는 것을 무시한다는 것이다. 결국, 근본적인 "사회악" 또는 "근본원인"은 개선이 어려울 수도 있지만, 실용주의 정책은 그러한 원인들이 존재하는 현실에 무관심하거나, 또는 범죄의 원인으로서 개인에 대한 부적절한 관심을 공격할 필요성을 외면한다.

## 범죄의 화학: 범죄자, 범행대상, 그리고 감시자들

모든 필수적인 요소들이 함께 있지 않으면 화학반응이 일어날 수 없는 것과 마찬가지로, 펠슨(1998: 52)은 "범죄의 화학"이 모든 필수적인 요소들을 필요로 한다고 주장했다. 다시 말해서, 환경범죄학자들은, 어떤 범죄사건은 단지 범행을 하려고 하는 사람뿐만 아니라, 이러한 동기들에 작용하는 기회도 필요로 한다고 주장한다. 펠슨의 특별한 공헌은 그가 기회라는 중요 요소들을 구분하는데 도움을 주었다는 것이다.

로렌스 코헨(Lawrence Cohen)과의 공동논문에서, 펠슨은, "범죄를 성공적으로 발생하기 위해서는, 최소한 범죄성향을 갖고 그 성향을 행동으로 표현할 능력을 가진 어떤 범죄자가 존재해야 한다"고 지적했다(Cohen and Felson, 1979, p.590). 다시 말해서, 범죄가 발생하려면, 이런 동기들을 수행할 기회를 가진 어떤 "동기화된 범죄자(motivated offenders)"를 필요로 한다. 이 기회 또는 범죄를 "수행할 능력"은 결국 다음의 두 가지 요소를 필요로 한다.

첫째, 그 범죄자에게 '적당한 목표물(suitable target)'이 되는 어떤 사람이나 물체가 존재해야 한다. 둘째, 범죄를 예방할 수 있는 '감시의 부재(absence of guardians)'가 존재해야 한다(Cohen and Felson, 1979, p.590, 원문의 강조임). 코헨과 펠슨은 "피해자"라기보다 "적당한 목표물"이라는 용어를 선택했는데, 왜냐하면 그들이 사람뿐만 아니라 재산도 포함하려고 의도했기 때문이다. 그들은 "경찰"보다는 "능력있는 감시인(capable guardianship)"이라는 용어를 선택했는데, 왜냐하면 그들이 법집행 인력뿐만 아니라 어떤 목표물을 보호할 수 있는 모든 수단을 포함하려고 의도했기 때문이다. 매우 흔히 가족구성원, 친구, 이웃, 또는 사회의 다른 구성원들은 비공식적으로 그러한 감시를 제공한다. 그러나 감시는 또한 개와 감시카메라와 같은 다른 수단에 의해서도 제공될 수 있다.

코헨과 펠슨(1979)은 그들의 분석을 "약탈범죄" 또는 범죄자와 목표물 간의 접촉이 있는 범죄로 한정했다. 범죄가 발생하기 위해서는, 세 가지의 본질적인 요소들, 즉 동기화된 범죄자, 적당한 목표물, 그리고 감시의 부재가 '같은 시간과 공간에 함께 모여야 한다'(표 13.1 참조). 매우 혁신적으로, 그들은 이러한 동시발생의 주요 결정요인이 사회에서 사람들의 '일상활동'이라고 주장했다(따라서 코헨과 펠슨은 그들의 시각을 "일상활동이론"이라고 이름지었다). '일상(routine)'이라는 용어는 두 가지 의미를 가진다. 가장 중요한 것으로, 그것은 사람들이 사회 속에서 (일을 하고, 학교에 출석하고, 여흥을 즐기며, 그리고 집에 머무르는 시간과 장소에서) 계속하는 "매일의 활동"을 언급하는 하나의 기술적 용어였다. 보다 암묵적인 것으로, '일상'이라는 용어는 삶에서의 보통의 것을 의미하지, 특별하거나 비정상적인 것을 의미하는 것이 아니다. 코헨과 펠슨은, 범죄의 양이 사회의 병리적 특징이 아니라 오히려 정상적인 조직에 의해 영향을 받는다는 사실에 주의해야 한다고 주장했다. 펠슨(1998, p.73)의 말로, 이러한 접근은 "범죄가 어떻게 일상의 합법적 행동들로부터 생겨나는지를 강조한다." 바텀스(Bottoms, 1994, p.605)가 지적한 바와 같이, "일상활동이론은 사실상 평범한 사람들의 매일 매일의 삶이라는 일상적 요소에 기회의 개념을 끼워넣는다."

코헨과 펠슨은 특히 시간에 따른 '범죄율'의 변화를 설명하는데 관심을 가졌다. 이런 의미에서, 그들의 시각은 초기에 범죄에 대한 '거시수준의' 이론으로 알려졌다. 범죄율의 급등은 일반적으로 동기화된 범죄자들의 저수지를 확대했던 미국의 사회문제들 탓이었다. 대조적으로, 코헨과 펠슨(1979, p.605)은, "약탈범죄를 수행할 기회의 실질적 증가가 사회의 통제메커니즘을 약화시켜왔고", 증가한 탈법수준은 범죄자의 특성과는 관계가 없다는 것을 보여주었다. 그들은, "적당한 목표물과 능력 있는 감시인의 부재가 시간과 공간에서 동시발생한 것이 (사람들을 범죄에 개입하도록 동기화하는 구조적 조건에서의 증가나 변화가 없이) 범죄율을 크게 증가시켰다고 주장했다. 펠슨(1998, p.73)이 우리에게 상기시켜준 바와 같이, "범죄자는 어떤 범죄에서 단지 한 요소일 뿐이며, 아마도 가장 중요한 요소는 아니다."

표 13.1 코헨과 펠슨의 일상활동이론의 요약

| 범죄의 요소들 | 정 의 | 핵심 범죄학적 요지 |
|---|---|---|
| 동기화된 범죄자 | 범죄성향이나 경향을 가진 사람 | 대부분의 전통적인 범죄이론은 왜 어떤 사람들이 범죄로 동기화되는지를 설명한다. 그들은 목표물이나 감시인과 같은 범죄의 기회 요소를 연구하지 않는다. |
| 적당한 목표물 | 범죄자가 가지거나 통제하고 싶은 어떤 대상(사람이나 재산) | 어떤 범죄는 적당한 피해자 없이 발생할 수 없다. '적당한'은 그 대상이 보상(ex, 돈)을 제공하거나 옮겨질 수 있다(ex, 컴퓨터 VS 냉장고)는 의미에서 매력적이라는 것을 의미한다. |
| 능력있는 감시인의 부재 | 감시인은 친구나 가족, 민간경비원, 또는 개일 수 있다. 그 자신의 사람이나 재산의 감시인일 수 있는 어떤 사람 | 감시인의 부재는 범죄가 발생하게 만든다. 감시인의 존재는 범죄를 예방한다. |

이와 같이, 코헨과 펠슨(1979, p.593)은, 약탈범죄를 증가시킨 한 핵심 원인이 "2차 세계대전 후, 미국인들이 집으로부터 멀리 떨어져서 일상활동을 하게 된 한 중요한 변화"라고 주장했다. 집은 지금 점점 낮 시간대에 빈집이 되어 침입절도의 대상이 되어왔다. 왜냐하면 집 안의 매력적인 목표물들이 더 이상 주의 깊게 감시되지 않기 때문이다. 유사하게, 사람들이 사회에서 더 많은 시간을 보내기 때문에(직장, 학교, 그리고 레저활동을 위해 오고 간다), 그들은 감시가 결여된 상황에서 동기화된 범죄자들과 접촉하기 더 쉬워졌다. 따라서 강도와 폭행의 가능성은 증가했다. 게다가, 코헨과 펠슨은 재산범죄를 경제적인 박탈과 연결시키기보다는 오히려 (풍요로운 사회에서 공통적인 특징이 되고 있는) "비싸고", "내구성이 있고", "옮기기 쉬운" 상품의 생산과 연결시켰다. 따라서 전자제품과 자동차들은 음식이나 냉장고보다 더 자주 도난을 당했는데, 왜냐하면 전자는 보다 적당한 목표물이기 때문이다(그들은 옮기기 쉽고, 다시 사용할 수 있고, 그리고 이익을 가져다준다). 많은 범죄학적 설명과는 대조적으로, 사회적 번영은 범죄를 더 증가시킨다. 왜냐하면 이것은 동기화된 범죄자들에게 이용가능한 매력적인 목표물의 수를 증가시키기 때문이다.

번영이 범죄를 증가시키는 효과에 주목하는 것은 계몽적인 것이지만, 그것은 또한 (범죄의 동기를 만들어내는 것은 말할 것도 없이) 범죄의 기회를 만들어내는 데 있어서 빈곤과 불평등이 차지하는 역할에 대해 무시하는 일상활동이론의 경향을 보여준다. 공평하게, 펠슨(1998, p.35)은 "빈곤지역"이 "유혹"을 증가시키고 "통제"를 감소시킨다고 주장했다. 예를 들어, 가난한 사람들은 "쇼핑몰, 상업지구, 창고, 하역장, 주차장 및 주차건물, 철도구역, 공장, 빠 및 술집, 의료시설," 등의 옆에 더 많이 사는 경향이 있다. 이런 장소들은 범죄를 위한 기회를 제공한다. 다시 말해서, 공격하기 쉬운 부랑자뿐만 아니라, 훔칠 기회는 많고 밤에 감시하는 사람은 더 적다. 유사하게, 빈곤지역에는, 보다 큰 중고품 시장이 있고, 이것은 장물을 기꺼이 거래하여 절도를 부추기는 상점들을 포함한다. 그러한 지역에는 또한 보다 많은 취약한 인구들이 사는데, 예를 들면 쉽게 피해를 당하는 이민자들이 그것이다. 그러나 펠슨은 그의 이론을 체계적으로 발전시키지 못했다. 그는 어떻게 정치경제가 불법적 기회를 만들고, 범죄의 사회적 분포를 만들어내는지를 설명하지 못했다. 예를 들어 그는 마움(Maume, 1989)의 혁신적인 업적을 검토했을지도 모르는데, 마움은 강간율에 대한 불평등의 효과가 일상활동에 의해 매개된다는 것을 보여주는 거시수준의 자료를 제시했다. 마움(1989, p.524)에 따르면, "불평등의 숨은 비용 중의 하나는, 위험한 생활양식에서 살게 만든다는 것인데, 이 사람들은 범죄문제로부터 가장 큰 고통을 받는다."

거시수준의 자료를 이용한 일상활동이론에 대한 많은 검증연구들이 수행되어 왔다. 프랫과 컬렌(Pratt and Cullen, 2005)의 메타분석은, 대부분의 검증연구들이 이 이론의 감시 요소를 측정했다는 것을 보여주었다. 그렇다 하더라도, 그 결과는 일반적으로, 일상활동이 지역에 따라서 범죄율에 영향을 미친다는 결론을 지지한다. 그러나 우리는, 일상활동이론이 개인의 행동을 설명하는 '미시적 수준'으로 이용되어 왔다는 것을 지적해야 한다. 따라서 연구들에 따르면, 청소년들이 체계적으로 조직된 전통적 활동 또는 일상활동에 참여할 때, 그들은 범죄를 덜하는 경향이 있다. 이러한 설명은 참여(involvement)라는 사회유대에 대한 허쉬(Hirschi, 1969)의 아이디어와 일치한다(6장을 참조). 그러나 웨인 오스구드와 그의 동료들(Osgood et al., 1996)은, 허쉬의 이론이 참여하지 않는 청소년들이 그들의 시간을 무엇을 하며 보내는지를 설명하지 않는다는 것을 지적했다. 오스구드와 그의 동료들에게, 범죄를 만들어내는 핵심적인 일상활동은 (특히 청소년들을 감시하는 권위를 가진 성인이 없는 상태에서) 체계적으로 조직되지 않은 사회화 과정 속에서 또래와 시간을 보내는 것이다. 이런 종류의 일상활동은 청소년들을 범죄나 다른 일탈행동으로 유혹하고 범죄의 기회를 제공하기 쉬운 상황(예를 들어 친구들과 차를 타고 돌아다니거나 파티를 하는 것)에 노출시킨다(Osgood, 2011).

일상활동이 사회에서 누가 가장 '피해'당하기 쉽게 만드는지를 보여주는 학술적 성과들이 점점 더 증가하고 있다(예를 들어 Fisher et al., 2010; Fisher et al., 1998). 일상활동이론과 유사한 한 시각이 다른 연구자들(예를 들어 Garofalo, 1987)에 의해 별개로 발전되어 왔다. 범죄피해조사에 근거하여, 어떤 사람들은 다른 사람들보다 더 피해를 당하기 쉽다는 것을 그들은 지적했다. 그들은 이 차별적 피해를 "생활양식 모델(lifestyle model)"로 설명했는데, 그 모델에서 보다 위험한(그들을 잠재적인 범죄자에게 노출시키는) 생활양식 또는 일상활동을 하는 사람들은 보다 더 높은 수준의 개인적 피해를 경험하는 경향이 있다(Garofalo, 1987). 예를 들어, 술집에서 늦게까지 술을 마시고 홀로 귀가하는 사람들은, 저녁을 가족과 함께 집에서 보내는 사람들에 비해 더 많이 피해를 당하는 경향이 있다. 이후의 연구들은 범죄피해에 대한 생활양식 또는 일상활동적 설명을 지지하는 경향이 있다(Fisher et al., 2010). 그러나 그 결과들은 때때로 일관되지 않으며, 종종 부실한 연구설계에 기초한다(예를 들어 이들은 지역사회 맥락의 효과를 통제하지 못한다) (Meier and Miethe, 1993). 따라서 지속적으로 체계적인 연구들이 행해질 필요가 있다(Kubrin et al., 2009).

## 범죄자의 관점

왜 사람들이 범죄로 동기화되는지에 대해서는 대개 무관심할지라도, 일상활동이론은 (아래에 논의되는) 합리적 선택이론과 갓프레드슨과 허쉬(1990)의 낮은 자기통제이론(6장 참조)과 가장 잘 부합한다. 예를 들어, 클라크와 펠슨(Clarke and Felson, 1993, p.1)은, "일상활동과 합리적 선택 접근이 범위와 목적에서는 다르지만, 서로 부합하고, 실제로 상호 지지한다"고 주장했다. 어떻든 이 겉보기에 상이한 시각들 사이에 연결되는 부분은 범죄를 저지르는데 필요한 '노고(effort)'라는 개념이며, 또는 반대로, 범죄수행의 용이함이다. 펠슨(1998, p.23)은, 범죄를 덜 매력적이도록 만들 때 범죄는 덜 발생하는 경향이 있다고 주장했다. 범죄자는 "즉각적인 즐거움"의 유혹과 "절박한 고통"의 회피에 의해 유도되기 때문에, 범죄를 저지르기 어렵게 만드는 어떤 것은 또한 그것이 발생하지 않도록 만드는 경향이 있다. 실제로, 펠슨에 따르면, (범죄예방을 위한) 조치는 "자기통제력을 도와주도록" 만들어져야 하는데, 이것은 범죄의 기회를 자기통제력이 낮은 사람들에게 덜 매력적인 것으로 만드는 것이다.

합리적 선택 시각으로부터, 기회를 제한하는 것은 범죄의 "기대되는 효용"을 감소시키는 "비용"이다. 그리고 자기통제의 시각으로부터, 범죄를 저지르기 더 어렵게 만드는 것은 그것을 즉각적으로 덜 만족스럽게 만드는 것이다. 낮은 자기통제력이 범죄의 기회에 저항하는 능력을 약화시키지만, 신념이 약한 것은 어떤 범죄자가 덜 (부지런함과 장애의 극복을 필요로 하는) 범죄에 개입하도록 만든다. 결국, 이 시각들은 일상활동이론과 관점을 공유하는데, 그 관점은 (범죄사건이 발생할 수 있는 어떤 상황에서) 범죄를 저지르는 결정이, 범죄자의 만족을 충족시키는 것이 쉬운지 또는 어려운지에 의해 영향을 받을 것이다.

한편 일상활동이론은 본질적으로 사람들이 범죄의 동기를 어떻게 가지게 되는지를 설명하는 특정의 관점에 의존하지 않는다. 그것은 단지 범죄가 발생하기 위해서 동기화된 범죄자가 존재해야 한다고 주장한다. 그러면, 이 시각은, 사회학습이론, 긴장이론, 페미니스트이론, 그리고 어떤 다른 범죄에 대한 동기화 이론과 그것이 부합하는 점을 찾을 수 있다. 그러나 지금까지, 이 잠재적 연결은 체계적으로 탐색되지 않았다. 오히려, 암묵적으로 또는 명시적으로, 일상활동이론은, 범죄자를 "즉각적인 즐거움을 얻고 임박한 고통을 회피"하려는 만족추구자로 보는 어떤 관점에 기초한다(Felson, 1998, p.23). 우리가 간단히 보게 될 것과 같이, 범죄자에 대한 이 가정은, 일상활동이론이, 합리적 선택이론과 유사하게, "상황적 범죄예방" 수단을 정책제언으로 제시하는 한 주요 이유이다.

마지막으로, 일상활동이론은 범죄자를 상세히 설명하도록 발전하지 않았지만, "환경범죄학"에 속한 학자들이 이 임무를 맡아왔다(Bottoms, 1994; Brantingham and Brantingham, 1993; Eck and Weisburd, 1995). 범죄사건들이 시간과 공간에서 범죄자와 목표물 간의 상호작용을 수반하기 때문에, 이 학자들은, 잠재적인 피해자의 일상활동뿐만 아니라 잠재적인 범죄자의 일상활동 또한 연구할 필요가 있으며, 그들이 목표물을 어떻게 선택하는지에 대해서 연구할 필요가 있다고 주장한다. 이것은 종종 '범죄자 탐색이론(offender search theory)'으로 불린다.

범죄자들은 범죄의 기회를 찾아서 무작정 돌아다니지 않는다. 오히려 그들은 정형화된 행동에 개입하는데, 그들은 일반적으로 어떤 지역을 여행하지만 다른 지역은 여행하지 않으며, 자신의 집에서 떨어진 곳만을 여행한다. 그들은 그들의 환경에 대한 “인지도(cognitive maps)”를 발전시키고 그들에게 익숙한 장소에서 범죄를 저지르는 경향이 있다(Bottoms, 1994). 그들은 또한 (경험과 일상활동에 기초한 전체적인 개념화인) “정신적 틀(mental templates)”을 발전시키는데, 이것은 “어떤 적당한 목표물이나 적당한 장소의 특성을 한정”하거나 “범죄에 대한 ‘큰’ 기회가 무엇이며, 어떤 ‘좋은’ 기회가 있는지 또는 어떻게 기회를 찾을 것인지를 식별”하는데 이용된다(Brantingham and Brantingham, 1993, pp.268−269; 또한 Meier and Miethe, 1993을 참조). 간단히 말해, 범죄자들은 범죄의 기회들을 찾는데 어떤 능동적인 역할을 한다. 범죄자들이 기꺼이 여행하려는 장소와, 그들이 목적지에 갔을 때 그들의 사회환경을 해석하는 방식은, 그들이 어떤 목표물들을 만나게 되고, 그리고 그들이 어떤 목표물을 매력적이며, 성공적으로 범죄를 수행할 수 있는 대상인지를 결정하는데 도움을 준다. 궁극적으로, 시간과 공간에 걸친 범죄의 분포는 피해자와 가해자 모두의 일상활동들의 상호교차에 의해 나타날 것이다(Brantingham and Brantingham, 1993).

## 정책함의: 범죄의 기회를 줄이기

이 책의 한 핵심 논지는, 어떤 주어진 일련의 이론적 아이디어는 논리적으로, 범죄에 대응하는 어떤 특별한 정책들을 제시한다는 것이었다. 일상활동이론도 이것에 예외적이지 않다. 그러나 범죄자가 만족추구자로서 묘사되는 한에 있어서는 예외로, 일상활동이론은 범죄자에게 일반적으로 무관심하기 때문에, 이 이론은, 범죄자들의 범죄성향이나 동기를 변화시키기 위해 어떤 조치가 취해질 수 있는지에 대해 설명하지 않는다. 따라서 사회복귀나, 조기개입프로그램들, 또는 범죄의 근본원인을 공격할 수 있는 사회개혁에 대해 생각하지 않는다. 대신에, 펠슨(1998)과 이 이론적 캠프에 있는 다른 사람들에게, 범죄를 줄이는 열쇠는 범죄자와 감시되지 않는 목표물이 시간과 공간에서 동시에 발생하는 것을 예방하는 것이다. 이것은, 범죄사건의 근본원인이 ‘기회’이기 때문에, 범죄를 예방하는 주요한 방법은 ‘그러한 범죄의 기회들을 감소’시키는 것이라고 말하는 것과 같다. 넓은 수준에서, 이것은 목표물을 덜 매력적으로 만들고, 목표물을 철저히 감시하는 것을 의미한다.

기회가 범죄를 감소시키는 열쇠라는 생각은 완전히 새롭거나, 아니면 단지 현대 범죄학 이론들과만 관련되는 것은 아니다. 형사사법 기준과 목표에 대한 국가 자문위원회(National Advisory Commission on Criminal Justice Standards and Goals, 1975, p.146)에 따르면, "시민이나 지역사회가 범죄를 감소시킬 수 있는 모든 조치들 중에, 가장 즉각적이고 가장 직접적인 접근은 범죄자에게 눈에 잘 띄는 기회들을 제거하는 것이다." "범죄를 … 보다 어렵게 만들기" 위해, 그 위원회는, "자동차 문을 잠그고, 거리의 가로등을 개선하고, 경보기를 설치하며, 그리고 적절히 설계된 안전한 주택을 공급하는 것"을 추천했다. 그 몇 년 전에, 제인 제이콥스에 따르면, "확실히 사람들이 이용하고, 자발적으로 즐기며, 그리고 보통 거리를 순찰하고 있다고 적어도 의식하고 있는" 도시의 거리들은 안전했다(Jacobs, 1961, p.36). 그러나 도시의 공공장소가 사람이 없거나 붐비지 않게 설계된다면, 감시는 줄어들고 따라서 "야만적인 행동이 도시의 거리들을 차지할 기회"가 출현한다(Jacobs, 1961, p.30). 유사하게, 오스카 뉴먼(Newman, 1972)은, 공공주택과 같은 주거환경의 건축설계가 어떻게 "방어공간(defensible space)"을 형성하여 범죄의 기회를 감소시킬 수 있는지를 평가했다. 뉴먼이 수장한 바와 같이 방어공간을 형성하는 것은 가능했다.

> 잠재적 범죄자들에게 강한 억제수단으로서 작용하는, 극히 효과 있는 영역적 대도들과 경찰활동수단들은, … 상호이익이 되는 주민들 간의 교류를 강화하도록 주거단위를 묶음으로써, 이동통로에 선을 그음으로써, 특별한 이용자의 활동영역을 내부의 주거영역과 병렬적으로 배치함으로써, 그리고 시각적인 감시를 위한 자연적인 기회를 제공함으로써 범죄를 감소시킬 수 있다(Newman, 1972, p.4).

그리고 보다 넓은 개념의 "환경설계를 통한 범죄예방"을 옹호했던, 레이 제프리(Jeffery, 1977)를 우리는 언급하지 않을 수 없다.

일상활동이론과, 보다 일반적으로, 환경범죄학은 이러한 아이디어에 근거하여, 범죄의 기회를 차단하는 체계적인 접근을 할 것을 주장한다(Wikstrom, 1995). 한편, 이 시각들은 합리적 선택이론처럼 "범죄를 어렵게 만드는 것"이 또한 그것이 일어날 가능성을 줄인다고 설명한다. 따라서 그들은, "범죄를 예방하도록 디자인하거나"(Felson, 1998, p.58) 또는 "상황적 범죄예방(situational crime pre-vention)"(Clarke, 1992)을 도입하는 노력이 있어야 한다고 주장한다. 클라크는 다음과 같이 말했다.

> 상황적 범죄예방은 기회를 감소시키는 조치들로 구성되는데, 그들은 (1) 매우 특정한 형태의 범죄를 대상으로 하고, (2) 관리, 설계, 또는 가능한 한 체계적이고 영구적인 [어떤] 방식에서 인접한 환경을 조작하는 것을 포함하며, (3) 이들은 범죄를 하는데 필요한 노고와 위험을 증가시키고 다양한 범죄자들의 지각된 보상을 감소시킬 만해야 한다(Clarke, 1992, p.4).

이 정의에 기초하여, 클라크(1992, p.13)는 범죄의 기회가 어떻게 차단될 수 있고, 또는 어떻게 덜 매력적으로 만들 수 있는지를 이해하는 한 유용한 방식을 제안했다(또한 Bennett, 1998; Clarke, 1995). 첫째, 범죄를 저지르는데 필요한 노고를 증가시키려는 전략들이 있다. 이들은 (자동차의 핸들을 잠그는 것과 같은) 범죄에 대한 보다 효과적인 물리적 방어수단을 이용하는 것, 어떤 사람의 재산 주변에 보다 높은 울타리를 치는 것, 그리고 빌딩에 입장허가를 얻기 위해 부저를 사용하도록 하는 것을 포함한다. 둘째, 범행의 위험을 증가시키는 전략들이 있다. 이들은 (침입절도 경보기와 같이) 발각될 가능성을 증가시키는 많은 방식들, 상품인식표를 부착하고 상점출구에 탐색기를 설치하는 것, 보안경비원을 고용하는 것, 그리고 더 쉽게 이웃들이 자신의 집을 볼 수 있게 하는 것(예를 들어 정원수 가지치기, 조명개선)을 포함할 수 있다. 셋째, 범죄가 가져다주는 '보상을 감소시키는 것'을 목표로 하는 전략들이 있다. 여기에는 가게에 현금보유량을 제한하는 것, 되팔기 어렵게 만들기 위한 소유자표시, 그리고 자동차에 침입하는 것을 덜 매력적으로 만들기 위해 탈착 가능한 CD플레이어 장착과 같은 것들이 포함된다.

클라크는, (그가 생각하기에) 다른 결과를 산출한 두 연구들에 그가 참여한 결과로서 상황적 범죄예방의 아이디어에 이르게 되었다는 점을 우리는 주목해야 한다. 임상심리학자로서 교육받은, 클라크는 연구원의 지위를 얻게 되었고, 그는 영국의 소년시설에 대한 연구를 맡았다. 그가 코니쉬(Derek Cornish)와 수행한 한 실험연구는, 놀랍게도, 한 치료공동체[2]에서 청소년의 재범률이 통제집

2) 역주: 사회치료지향적 재활프로그램의 일종으로, 참여자가 서로 의지할 수 있는 존재로서 서

단과는 다르지 않다는 것을 보여주었다. 이 발견은 그에게 범죄의 동기를 변화시키는 것이 힘겨운 도전이라는 것을 알게 했다. 이전의 한 연구에서, 그는, 다양한 심리학적 프로그램과 인구학적 변수들은, 또한 놀랍게도, 소년시설을 도망가는 청소년과 그렇지 않은 청소년들을 가려내지 못했다는 것을 발견했다. 그가 어떤 사람이 도망을 가는지를 예측할 수는 없었지만, 88개 시설에 걸쳐서 도주율은 광범위하게 다르다는 것을 발견했다. 이 발견을 통해 클라크는, "학교환경은 청소년의 성향에 비해 훨씬 강한 도주의 결정요인이며, 도주율을 실질적으로 감소시킬 수 있는 것은 사회조직과 환경이라는 것을 깨달았다"(Clarke and Felson, 2011, p.251). 그 후 이 두 연구들을 통해서, 클라크는 범죄자를 변화시키는 것(범죄자의 범행동기를 제거하는 것)이 꽤 어렵다는 것을 깨달았다. 대신에, 범죄를 감소시키는 가장 좋은 방법은 범죄를 선택하지 못하도록 하거나, 또는 적어도 범죄선택에 대해 단념하도록 하기 위하여, 환경을 개선하는 것이었다. 이런 탐구를 통해, 결국 클라크(1980)는 "상황적 범죄예방"이라고 불리는 한 고전적 논문을 썼다.

클라크와 유사하게, 펠슨(1998, p.150)은, 범죄의 기회를 차단하는 것이 세 가지의 전략을 통하여 가능할 수 있다고 주장했다. 첫째는 '자연적 전략(natural strategies)'인데, 이것은 사람들이 해를 주거나 받지 않는 장소로 가도록 공간을 설계하는 것이다. 예를 들어, 단지 특정 문으로만 출입하고 표지판을 다는 것은 "자연스럽게" 사람들을 감시가 철저한 어떤 문(다시 말해서 많은 사람들이 돌아다니는)을 통해서만 어떤 빌딩을 들어가도록 유도할 수 있다. 둘째는 '조직화된 전략(organized strategies)'인데, 이것은 범죄를 어렵게 만들기 위해 경비원을 고용하는 것이다. 셋째는 '기계적 전략(mechanical strategies)'인데, 이것은 "경보기, 카메라, 그리고 다른 설비들을 이용하여 접근을 통제하고 감시를 하는 것"이다.

유사하게, 에크(Eck, 2003)는 감시의 개념을 통제자의 개념으로 확대했다. 그의 관심은, 펠슨(1995)의 말에 따르면, "범죄에 대해 실망하는 사람들"을 연구하는 것이다. 일상활동이론과 부합하게, 그는 범죄를 어떤 특정 '장소'에 '범죄자'와 '목표물'이 중첩되어 발생하는 것으로 보았다. 그는 "범죄의 삼각형(crime triangle)"을 사용하여, 이 중첩을 시각적으로 나타내고, 어떻게 통제자들이 기회를 제한하고 따라서 범죄를 감소시킬 수 있는지를 보여주었다(그림 13.1 참조).

로의 치료를 도와주는 제도.

그림 13.1 에크의 일상활동이론 범죄의 삼각형

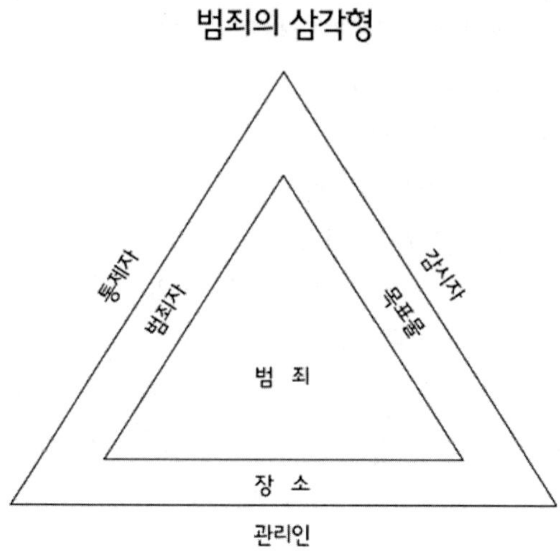


출처: J. E. Eck.(2003). Police Problems: The Complexity of Problem Theory, Research and Evaluation. In J. Knutsson(Ed.), *Problem-Oriented Policing: From Innovation to Mainstream* (Vol. 15, pp.67-102). Monsey, Ny: Criminal Justice Press, p.89.

그러므로, "이 세 가지 요소들 각각은 … 어떤 잠재적인 '통제자'(방어하는 역할을 하는 어떤 사람(들))를 갖는다. 만약 어떤 통제자가 존재한다면, 범죄의 기회는 감소하거나 사라질 것이다"(Cullen et al., 2002, p.32).

그의 전문용어에서, 범죄자는 "통제자(handlers)"를 갖는데, 이는 배우자, 가족구성원, 이웃, 또는 성직자와 같이 보통 그가 아는 사람들이다. 그들의 상호유대 때문에, 범죄자들은 이 사람들 앞에서 바로 법을 위반하려고 하지 않을 것이다. 결과적으로, 통제자의 존재는 종종 범죄가 발생하는 것을 막는다. 목표물(또는 피해자)은 "감시인(guardians)"을 갖는다. 그는 그의 재산에 대한 감시인일 수도 있고, 또는 밤늦게 바깥에 있을 때, 서로 보호해주는 무리 속의 친구일 수도 있지만, 그들은 모두 잠재적 범죄자가 약탈범죄를 하는 것을 단념하게 한다. 마지막으로, "관리인(managers)"는 어떤 특별한 장소가 적절하게 기능하는데 책임이 있는 사람이다. 여기에는 상점점원, 재산관리인, 강의실의 선생님, 수위, 또는 안내원이 포함된다. 그들이 모두 범죄를 예방하려고 생각하고 있는 것은 아니더라도, 장소 관리인의 단순한 존재는 범죄자가 범행을 위해 이 지점을 고려하는 것을 단념하게 한다.

우리가 막 보아온 것과 같이, 기회의 감소를 옹호하는 사람들은 보통 경찰이 개입하는 않는 전략의 중요성을 강조한다. 일반적으로, 이것은 범죄예방이, 어떤 장소의 영구적이거나 자연적인 특징일 때 가장 효과가 크기 때문이다. 대조적으로, 경찰의 감시는 종종 계획을 요하고 전형적으로 일시적이며, 경찰관은 그들이 어떤 위치에 물리적으로 존재할 때에 주로 범죄를 억제한다. 그렇다 하더라도, 한 유형의 법집행은 잠재적으로 일상활동이론과 상황적 범죄예방과 부합하는데, 그것은 "문제지향적 경찰활동(problem-oriented policing)"이다(Eck and Spelman, 1987; Goldstein, 1979; Sherman, 1997). 이 시각에서, 경찰은 이웃에서의 청소년 폭력이나 어떤 특정 빌딩에서의 약물판매와 같이, 어떤 문제를 정의하고 나서, 그 특수한 범죄들을 보다 저지르기 어렵게 만드는 전략을 고안한다. 이 접근은 경찰관이, 청소년들을 찾고 그들의 총을 압수하기 위해 법적인 수단을 사용하도록 교육하는 것일 수도 있다(Sherman, 1997). 이 전술들은 청소년들이 공공장소에서 총기를 휴대하지 못하게 만들 수도 있으며, 그렇게 함으로써 폭력행동의 발생과 피해를 감소시킬 수 있다. 그렇지 않으면, 그것은 아파트 주민들과 경찰관이 모임을 열고 주민들이 자신들의 재산을 보다 안전하게 관리하도록 하고(예를 들어 약물딜러를 퇴거시키는 것), 그렇게 못하면 민사소송을 통하여 그들의 건물이 몰수당할 위험을 만들어 주민들을 놓는 것일 수 있다(Eck, 1998). 그것은 또한 범죄발생패턴을 지도화하여 범죄를 할 가능성이 높은 사람들을 발견하거나 범죄자의 이동통로를 발견하도록 하는 것일 수도 있는데, 이것은 모두 경찰의 수사를 특정의 위치에 집중하고 반복적 범죄자를 검거할 가능성을 증가시키는 것이다(Rossmo, 1995). 범죄가 반복적으로 발생하는 장소는 때때로 "우범지역(hot spot)"으로 불린다(Sherman et al., 1989).

주목할 만한 것은, 평가연구들이 (그들이 항상 양질의 연구인 것은 아니지만) 일반적으로, 범죄를 근절하거나 상황적 범죄예방을 수행하는 프로그램이 범죄의 감소를 가져왔다는 것을 제시한다는 것이다(Clarke, 1992; Eck, 1997; Felson, 2002; Felson and Boba, 2010; Guerette, 2009; Welsh and Farrington, 2009). 이 발견들이 일상활동이론(그리고 합리적 선택이론)과 부합하기 때문에, 그들은 이 시각이 장점을 가졌다는 증거로서 받아들여질 수 있다.

어떻든 범죄의 기회를 차단하는 것이 "효과가 있다"는 낙관적인 결론에 대해 한 중요한 도전이 있다. 그것은 범죄예방프로그램에 대한 평가연구들 중에 "전이효과(displacement effect)"를 체계적으로 설명하는 연구는 거의 없다는 점이다. 간단히 설명하면, 전이는, 범죄가 한 장소에서 보다 어렵게 될 때, 범죄자가 다른 장소로 옮겨가서 범죄를 할 가능성이다. 범죄가 감소하기보다는 오히려 또 다른 목표물이나 장소로 위치만이 바뀔 뿐이다. 따라서 만약 한 집에 경보기가 설치되면, 범죄자는 이웃의 집에 침입을 할 것이고, 또는 경찰이 한 거리에서 마약판매를 "단속"하면, 범죄자는 그들의 마약을 약간 떨어진 거리에서 판매할 것이다. 중요한 것으로, 전이효과를 부정하지는 않지만, 한 장소에서 차단된 범죄가 또 다른 지역으로 100% 전이될 것 같지는 않다(Barr and Pease, 1990; Clarke, 1992, 1995; Eck, 1997; Eck and Weisburd, 1995; Felson, 1998). 펠슨(1998, p.140)은 범죄예방에 대한 이런 비판을 "전이의 망상(displacement illusion)"이라고 칭했다. 유사하게 에크와 웨이스버드는, "전체적으로 볼 때 전이현상이 드물게 나타나고, 종종 대수롭지 않거나 없다"는 증거가 점점 늘어나고 있다고 결론내렸다(Eck and Weisburd, 1995:20; 또한 Guerette, 2009를 참조).

전이효과가 크지 않은 데는 적어도 세 가지 이유가 있다. 첫째, 범죄에 대한 단속이 벌어질 때, 범행을 위한 새로운 기회를 발견하는 것은 종종 시간과 노력을 요한다. 새로운 목표물을 찾는 것이 "비용이 많이 들거나" 자기통제를 요하는 정도로, 범죄자들은 범죄를 저지르는 것이 "노력할 만한 가치"가 없다고 판단할 수 있다(Gottfredson and Hirschi, 1990, p.256). 클라크(1992, p.22)가 관찰한 바와 같이, 전이현상은 단지 "위험과 노력의 측면에서 과도하게 더 큰 비용 없이 유사한 보상을 제공하는 대안적 범죄가 존재할" 때만 발생할 것이다. 둘째, 어떤 특정 유형의 범죄는 "선택을 구조화하는 속성(choice structuring properties)"을 가질 수 있다(Clarke, 1992, p.24). 예를 들어, 침입절도는 범죄자에게 피해자와 직접 대면하거나, 무기를 사용하거나, 폭력을 사용하여 위협을 하지 않고도 금전을 확보하는 수단을 제공한다(Wright and Decker, 1994). 만약 침입절도에 대한 단속이 이루어진다면, 그러나 범죄자는 (강도와 같은) 또 다른 범죄에 참여하는 것을 꺼리거나, 참여할 수 없을지도 모른다. 셋째, 범죄자의 일상활동으로부터 범죄의 기회가 발생하는 정도로, 지역사회의 범죄의 기회구조의 와해는 새로운 일상의, 인지적 지도들이 개발될 때까지 범죄를 감소시킬지도 모른다.

# 합리적 선택이론

우리가 12장에서 본 것과 같이, 몇몇 이론가들은 왜 사람들이 범죄를 선택하는지에 대한 단순한 입장, 즉 범죄가 이익이 되기 때문이라는 입장을 가진다. 이 계산은 하나의 단순한 균형맞추기로 환원되는데, 그것은 범죄로부터 얼마나 (돈을) 많이 얻을 수 있고, 그리고 국가에 의해 잡혀서 처벌받는 경우에 얼마나 많은 것을 잃을 수 있는지의 균형이다. 따라서 범죄자에 대한 관용은 중요한 범죄의 원인이고, 보다 확실하고 보다 긴 구금형은 사회의 범죄를 해결하는 핵심 대책으로 여겨진다. 그러나 다른 학자들은 (그 중에서 코니쉬와 클라크가 가장 유명하다) 범행을 하려는 결정에 대한 보다 세련된 접근을 시도해왔는데, 그것은 '합리적 선택이론(rational choice theory)'으로 불린다. 이 시각은, 앞에서 암시한 바와 같이, 국가의 형사제재를 통해서가 아니라 보다 비공식적인 상황적 범죄예방을 통해서 범죄를 통제하는 것을 선호하게 된다.

## 합리적 선택과 범죄

코니쉬와 클라크(Cornish and Clarke, 1986)는, 그들의 모델에서, 사람들이 범죄를 저지를지도 모를 상황에 다가갈 때, 그들은 "빈 그릇"이 아니라는 것을 이해했다(또한 Cornish and Clarke, 2001을 참조). 그들은 다른 범죄이론들이 주장했던, 기질, 지능, 인지스타일, 가족양육, 출신계급, 지역의 맥락, 그리고 성과 같은 많은 주요 요인들을 포함하는 "배경 요인들"을 가져온다. 이 요인들은 "범죄의 동기(깊게 뿌리내린 경향들 또는 범죄를 저지르는 성향)"(Cornish and Clarke, 2001, p.33)를 형성한다. 그러한 동기들은 사람들에게 범죄에 대한 어떤 "기호(taste)"를 갖게 하거나, 범죄가 사람들에게 "주관적으로 이용가능"하게 될 가능성을 증가시킨다는 점에서 중요하다(Wright and Decker, 1997).

합리적 선택시각에서 볼 때, 전통적 이론들의 문제점은 그들이 여기서 범죄의 원인을 찾는 작업을 중단한다는 것이다. 그러나 결국, 범죄는 단지 저변의 동기나 성향 탓이 아니다. 그것은, 이 동기들이 어떤 실제 범죄행동을 수반할 때, 행해져야 하는 어떤 구체적인 '선택'을 필요로 한다. 어떤 의미에서, 범죄학자들은 만약 어떤 사람이 범죄로 동기화되어 있다면, 그 개인은 그 정도로 동기화되어 있지 않은 것에 비해 더 많이 범죄를 저지를 것이라고 가정해 왔다. 이 가정은 일반적으로 정확할 수 있지만, 범죄로 동기화된 사람들이 어떤 주어진 상황에서 어떻게 법을 위반하려고 결정하는지에 대해서는 아직 확실치 않다. 합리적 선택 시각은 우리에게 범죄 사건이 언제 발생할지를 예측하기 위해 범죄자들이 어떻게 '생각'하는지를 신중히 고려하게 한다. 그러므로 핵심 쟁점에는 어떤 특별한 유형의 범죄를 범하려는 결정, 범죄를 저지르기 위해 지역을 어떻게 선택하는지, "목표물" 또는 피해자를 어떻게 선택하는지, 범죄가가 발각되지 않기 위해 어떻게 행동하는지, 그리고 범죄자가 어떻게 재범할 것을 결정하는지가 포함된다. 클라크와 코니쉬(2001, p.32)가 지적한 바와 같이, 전통적인 이론들은, "신념을 만들고 선택을 하는 보다 넓은 사회적, 정치적 맥락들"에 보다 더 관심을 가진다. "반대로 그들은 범죄선택의 세부과정에 대해서는 거의 관심을 갖지 않는다." 대조적으로 합리적 선택시각에서, "이해할 필요가 있는 것은 이러한 세부과정들이다."

합리적 선택이론의 한 핵심 가정은, 범죄자들의 결정이 "목적을 가진다"는 것이다. 다시 말해서, 그들은 "열심히 행동하고, 이것은 자신을 이롭게 할 의도로 행해진다"(Cornish and Clarke, 2001, p.24). 범죄자는 완벽하게 합리적이지는 않다. 오히려 그들의 합리성은 "제한된" 것으로 알려져 있다. 이것은 사실상 범죄자들이 제한된 정보에 기초하고, 압박 하에서 불충분하게 계획되며, 그리고 그들의 행동이 가져올 장기간의 결과보다는 오히려 단지 즉각적인 검거의 위험만을 고려할지도 모르는 선택을 한다는 것을 의미한다. 깊이 생각해보면, 그러한 선택은 어리석은 것이 아니라면, 부실하게 조언을 받은 것으로 판단할 수 있다. 그러나 이 맥락 내에서, 범죄자들은 합리적으로 행동하는 것이 아니라, 오히려 욕구(예를 들어 돈, 지위, 복수)를 충족하고 부정적인 결과(예를 들어 검거, 예상 못한 피해자의 총에 맞는 것)를 회피하려고 노력하고 있다. 클라크와 코니쉬(2001, p.25)가 지적한 바와 같이, 범죄자들은 "일반적으로 그들이 이용할 수 있는 시간, 자원, 그리고 정보의 한계 내에서 최선을 다하고 있다. 이것은 우리가 그들의 결정을 (제한적이기는 하지만) 합리적인 것으로 보는 이유이다."

합리적 선택이론의 이론적 초점은 범죄를 줄이기 위한 중요한 (그러나 한계가 있는) 정책함의를 갖는다. 그들의 관심이 주로 범죄자의 결정에 영향을 미치는 상황적 과정에 있기 때문에, 합리적 선택 진영의 학자들은 "배경요인"이라는 포괄적인 제목 하에 많은 중요한 범죄의 예측요인들을 총괄하여 설명한다. 이 요인들은 이런 학자들에게 거의 관심을 끌지 못했는데, 그들은 이 "근본 원인"을 개선하고, 그들이 범죄자에게 갖는 효과를 뒤엎기 위해 어떤 개입이 필요한지에 대해 신중히 생각하지 않는다. 당연히, 합리적 선택이론가들은 교정에서 사회복귀프로그램의 효과를 보여주는 증거들을 무시하고, 처우프로그램들이 "엄청난 실패"를 가져올 것이라는 잘못된 설명을 받아들인다(Cullen et al., 2002). 대신에 그들은 "모든 범죄행동이 범죄에 대한 어떤 선택을 필요로 하고, 그는 그 선택에 책임을 질 수 있고, 그리고 합법적으로 처벌될 수 있다"(Clarke and Cornish, 2001, p.34)고 믿는 경향이 있다. 이 점에서 그들은 보수적 이데올로기에 빠졌다. 예를 들어 어떤 사람은 모든 범죄행동이 '단지' 몇몇 선택을 필요로 한다고 쉽게 주장할지도 모른다. 범죄행동이 적어도 부분적으로 제한되거나 배경요인에 의해 나타나기 때문에, 자유의지의 가정과 범죄자를 처벌하는 것의 정당성에 대해 의문을 가져야 한다.

그러나 합리적 선택이론은 범죄를 줄이는 데, '상황적 범죄예방'이라는 보다 유망한 접근을 제시한다(Clarke, 1992). 범죄자가 (이를테면) 침입절도를 저지르는 결정을 어떻게 하는지를 연구함으로써, 이러한 범죄들이 발생할 기회를 감소시키는 조치가 취해질 수 있다. 이 접근에서, 범죄는 범죄자를 개선함으로써 예방되는 것이 아니라, 오히려 전형적으로 범죄가 발생하는 '상황'(예를 들어 침입절도 경보기를 설치하는 것, 개를 사는 것)적 측면을 개선함으로써 예방된다. 핵심은 범죄를 저지르기 더 어렵게 만들거나, 덜 이익이 되도록 만들어서 이것이 덜 매력적인 선택이 되도록 만드는 것이다. 우리가 일상활동이론을 살펴본 부분에서 일찍 이 아이디어를 고려했다는 것을 상기하라.

결국, 합리적 선택이론은 범죄학적 사상에서 한 중요한 진보이다. 왜냐하면 그것이, 배경요인들에 의해 범죄를 저지르도록 강요되는 "빈 그릇"으로서가 아니라, 오히려 선택지들을 저울질 하고 목적을 갖고 행동하는 의식 있는 결정자로서 범죄자를 연구할 필요성을 보여주기 때문이다. 그러나 합리적 선택이론의 위험성은 범죄자들이 '단순한 의사결정자'인 것처럼 다루어질 것이라는 점이다. 이렇게 될 때, 그들이 법을 어기는 지점에 오게 만드는 원인에 영향을 미치는 맥락이 무시되고, 그리고 학자들은 사회적 맥락을 무시하고 단지 범죄를 어떤 비용이 많이 드는 결정으로 만드는데 초점을 맞추는 가혹한 형사사법 정책들을 추천하게 된다.

## 범죄자의 선택은 합리적인가?

범죄자가 하는 선택에서 나타나는 복잡성은 미저리주의 세인트루이스시 도심에서 침입절도범과 강도들에 대한 라이트와 데커(Wright and Decker, 1994, 1997; 또한 Shover, 1996; Tunnel, 1992를 참조)의 민속학적 연구에서 잘 설명되었다. 합리적 선택이론의 발견들을 반영하여, 라이트와 데커는, 범죄자들이 범행을 할지 말지, 어떤 목표물을 선택할지(예를 들어 주택, 개인), 범죄를 어떻게 효과적으로 수행할지, 그리고 어떻게 검거를 피할지에 대해 일련의 선택을 한다는 것을 보여주었다. 게다가, 이러한 선택들은 절박한 욕구(전형적으로 돈)에 대한 반응에서 나타난다. 따라서 범죄는 현금을 즉시 만들기 위한 욕구문제에 대한 하나의 해결책이다. 범죄자들은 희망하는 목표를 성취하기 위해 돈을 훔치고 강도를 할 것을 선택한다. 어디에다 물어도, 그들은 현저히 합리적이다.

그러나 합리성의 모습은 잠재적으로 잘못된 것이다. 라이트와 데커가 보여준 바와 같이, 범죄자가 돈을 가지려는 바로 그 "절박함"은 어떤 "길거리 문화"에 그들이 참여함으로써 나타나는 한 부산물인데, 이 문화는 소비재에 대한 현시적인 소비와 (종종 중독은 아니더라도 약물남용을 하게 만드는) 끊임없는 파티에 높은 가치를 부여한다. 이런 문화적 명령에 감염된 범죄자들은 그들의 현금을 소비재와 마약을 사는데 쓰는 어떤 소비주기를 가지며, 따라서 더 많은 돈을 필요로 하는 절박한 욕구를 갖게 되며, 결국 그들에게 이용가능한 유일한 수단(범죄)에 기대게 되는 생애경로를 따라간다. 범죄자들이 "의식적인 선택"을 하더라도, 라이트와 데커(1994, p.205)는, "그들의 범죄는, 거리문화에 대한 참여에 의해 나타나고 형성되는 어떤 일반적인 행동흐름의 부분인 만큼, 어떤 독립적이고 자유롭게 선택한 사건 같지는 않다." 게다가 이 "거리의 규범(code of street)"(Anderson, 1999)에 노출되는 것은 그 자체로, 합법적인 직업기회가 대개 사라진 사회적으로 해체된 지역에서 성장한 그들의 불행에 의해 결정된다(Sampson and Wilson, 1995; Wilson, 1987; 1996). 중산층지역에 거주하는 사람들과는 반대로, 침입절도와 강도를 저지르는 것이 왜 차별적으로 도심 거주자에게 하나의 "합리적 선택"인지를 설명하는 것은 이보다 큰 문화적 구조적 맥락이다.

이 발견은, 범죄자의 결정을 (그리고 이 이론적 시각을) 합리적 선택이라고 부르는 것이 정당한지에 대한 보다 폭넓은 문제를 제기한다. 이 패러다임에 속하는 학자들은, 범죄자들이 범죄를 하러 돌아다닐 때 어떻게 일련의 계산을 하는지를 강조하는 것은 전통적인 범죄학이 결정에 대해 소홀히 한 것을 보완한다고 주장하는 경향이 있다. 그들은 또한 그들이 범죄자의 행동이 목적지향적이고, 그리고 어떤 범죄상황에서 범죄자들이 "즉시의 즐거움을 얻고 임박한 고통을 피하려고 추구한다"고 주장할 때 타당성을 갖는다(Felson, 1998, p.23). 그러나 보다 큰 시각에서, 이 생활양식이 종종 전통적인 기회와 보상을 "차단해버리고" 폭력과 부상, 약물남용 및 중독, 그리고 체포 및 구금의 위험으로 특징지어지는 삶이 될 때, 범죄를 지속하는 선택이 얼마나 합리적인지에 대해서는 의문을 가질 수 있다. 만약 어떤 사람의 친척이 이러한 삶의 경로를 "선택"한다면, 우리는 이 사람이 그 가족 중에 가장 합리적인 구성원으로 보여질지는 의문스럽다.

'합리적'이라는 용어의 사용에서 나타나는 현실적인 불안감은 과학적인데, 이 시각에 속하는 범죄학자들은 범죄자들의 선택이 합리적인지 아닌지를 평가하는데 이용될 수 있는 어떤 명확한 기준을 제공하지 않는다. 실제로, 범죄자들이 자주 선택을 한다는 단순한 사실이, 그들이 합리적 선택을 한다는 주장에 대한 증거로 사용된다. 합리성을 판단하는데 사용될 아무런 기준이 없기 때문에, 어떤 "선택"도 비합리적으로 볼 수 없다. 본질적으로, 범죄자들이 합리적 선택을 한다는 주제는 거짓으로 입증하기에 (불가능하지 않다면) 어려운 한 가정이 된다. 더욱이, 선택이 (개인의 성향을 언급하지 않고도) 사회적, 문화적 요인들에 의해 "제한"되거나 구조화된다는 것을 학자들이 인정할 때조차, 그들은 그 결정이 합리적인 것으로서 가장 잘 묘사된다는 허구에 집착한다. 그러나 범죄자들의 계산이 너무나 실질적으로 다양한 다른 요인들에 의해 형성되고 결정될 때, 범죄행동의 합리적 요소들을 강조함으로써 무엇을 얻을 수 있는지를 알기는 어렵다. 범죄자가 반사회적 가치관을 갖고, 긴장을 풀려고 하며, 충동적이고, 그리고 기타 등등의 이유를 갖기 때문에, 만약 범죄가 도움을 청하거나 또는 만족을 원하는 선택이라면, 이 선택을 합리적이라고 규정하는 것은 그것을 설명한다기보다는 왜곡하는 것일 수 있다.

실제로 보다 큰 위험은, 합리성에 대한 강조가 이론적인 기여가 되기보다는 이데올로기적 기여가 될 것이라는 점이다. 그리고 우리가 지적했던 바와 같이, 그러한 이데올로기는 (형사사법기관의 제재, 상황적 범죄예방 등의) 특정한 정책적 개입을 옹호하고, 그리고 개인을, 범죄자들의 모든 선택 중에서 범죄가 가장 합리적인 이용가능한 선택인 상황에 처하게 만드는 환경을 개선하려는 다른 정책적 개입들에 대해 (만약 회의적이 아니라면) 무관심하게 만든다.

마지막으로, (때때로 "신고전주의 경제학"이라고 불리는) 단순한 합리적 선택이론이 (경제학의 아이디어를 사회심리학의 아이디어와 통합하는) "행동경제학"으로부터 보다 일반적으로 재검토되고 있다는 것을 알아야 한다. 테일러와 선스테인(Thaler and Sunstein, 2008, p.7)은 이것을 "선택의 과학"이라고 불렀다. 이 시각은, 선택은 단지 경제학자들이 주장하는 보상뿐만 아니라 사회심리학적 과정과도 관련이 있다고 주장한다. 경제학자들은 "우리들 각자가 완벽하게 잘 생각하고 선택한다"고 가정하는 실수를 범했다. 물론, 보상은 중요하고, 휘발유, 사탕이나 담배 가격을 올리면 소비는 감소한다. 그러나 테일러와 선스테인이 지적한 바와 같이, 경제학자들은 "경제적 인간(homoeconomicus)이 아인슈타인(Albert Einstein)과 같이 생각하고, IBM의 빅블루(Big Blue)같이 많은 메모리를 갖고 있으며, 그리고 간디(Mahatma Gandhi)의 의지력을 행사한다"고 가정하는 실수를 범했다(Thaler and Sunstein, 2008, p.6). 그러나 인간은 이보다 훨씬 더 틀리기 쉽다. "현실의 인간"은 그들이 계산기가 없다면 긴 계산을 풀지 못하며, 때때로 배우자의 생일을 잊고, 그리고 설날에 숙취에 시달린다(Thaler and Sunstein, 2008, pp.6-7)고 그들은 지적한다.

그 쟁점은 심지어 이보다 더 복잡하다. 사회심리학적 연구는, 사람들의 결정이 그들이 선택을 할 때 사용하는 방법이나 노하우에 의해 체계적으로 편향된다고 밝혀왔다(예를 들어, Tversky and Kahneman, 1974, 1981). 불확실한 상황에서 위험을 평가할 때, 인간의 뇌는 냉정하게 합리적인 태도로 모든 정보를 평가하도록 만들어지지 않았다. 그렇게 하기 위해서는 감정을 절제하고, 정보를 주의 깊게 모으고 분석하는데 상당한 노력을 기꺼이 투입하며, 그리고 좋은 분석력이 필요하다. 그러나 인간은 항상 냉정할 수 없고, 항상 시간이 없거나 자료를 분석하는데 긴 시간을 보낼 성향을 가지지 못하며, 그리고 항상 잘 분석하지 않는다. 엄격히 "합리적"이라기보다(모든 비용과 이익을 저울질하기보다는), 그들은 경험법칙(rules of thumb) 또는 사회심리학자들이 "휴리스틱(heuristics)"[3]이라고 부르는 결정 전략을 사용한다. 이 휴리스틱은 그들이 빨리 결정을 할 수 있도록 하고 심리적인 만족을 얻게 한다. 그러한 결정은 노력을 덜 필요로 하고 "옳다고 느끼게" 한다. 그러나 순수하게 반대 입장에서, 이 선택은 비합리적인 것으로 (위험과 이익을 잘못 판단한 것으로) 여겨질 것이다.

"가용성" 휴리스틱[4]을 이용하는 것을 예로 들어보자. 이것은 "사람들이 어떤 부류의 빈도나 어떤 사건이 일어날 확률을 사례나 사건발생이 얼마나 머리 속에 쉽게 떠오르게 되는지"(Tversky and Kahneman, 1974, p.1127)에 의해 평가하는 것이다. 이와 같이 어떤 목적지에 비행기를 타고 갈지 아니면 차를 운전해서 갈지를 결정할 때, 최근의 비행기사고의 지식은 사람들이 차를 운전하는 것이 비행기를 타는 것보다 더 안전하다고 결론 내리게 만들 수 있다. 최근의 자동차 사고의 지식은 반대의 선택을 하게 만들 수 있다. 확실히, 아무런 자료가 수집되지 않았고, 이 여행자는 위험에 대한 그들의 평가가 정확한지 아닌지를 알 수 없다. 현상유지편향(status quo bias) 탓에, 사람들은 싸고 질 좋은 차 대신에 현재 그들이 타고 다니는 차종을 구매할 수 있다. 많은 사람들은 또한 "낙관주의 편향(optimism bias)" 탓에 그들의 능력을 과대평가할 수 있다. 테일러와 선스테인(2008, p.32)이 관찰한 바와 같이, "모든 운전자의 90%는 그들이 (워비곤호수 Lake Wobegon[5]에 살지 않더라도) 평균 이상의 운전자라고 생각한다.

행동경제학은 범죄를 저지르는 결정을 이해하는데 중요한 함의를 갖는다 (Nagin and Paternoster, 2010). (어떤 환경에서 처벌의 위험에 대한 평가를 포함하는) 그러한 선택들은 명백히, 일반적으로 인간의 결정을 편향되게 하는 그 같은 휴리스틱에 의해 영향을 받는다. 범죄자들은, 그들이 모든 범죄자들 중 상위 10%에 있는 능숙한 사람이기 때문에 잡히지 않을 것이라고 생각할지도 모른다. 그들은, 번개가 결코 같은 자리를 두 번 때리지 않기 때문에, 최근에 그들이 검거

---

3) 역주: 시간이나 정보가 불충분하여 합리적인 판단을 할 수 없거나, 굳이 체계적이고 합리적인 판단을 할 필요가 없는 상황에서 신속하게 사용하는 어림짐작(네이버 심리학 용어사전).

4) 역주: 가용성 휴리스틱(availability heuristic)이란 어떤 사건이 발생한 빈도를 판단할 때 그 사건에 대한 객관적인 정보를 활용하기보다는, 사건에 관한 구체적인 예를 얼마나 떠올리기 쉬우냐에 따라 그 발생의 빈도를 판단하는 것을 말한다(Tversky & Kahneman, 1973). 즉, 구체적인 예가 친숙하고 생생하며 기억에 남을 만하고 시간적으로 가까운 것일수록 떠오르기 쉽기 때문에, 이에 근거하여 빈도를 판단하는 것이다(네이버 심리학 용어사전 참조).

5) 역주: 미국의 풍자작가 개리슨 케일러가 창조한 가상의 마을로, 이 마을에서 모든 사람은 자신들을 힘이 세고 잘 생겼다고 과대평가한다.

된 것이 그들이 다시 검거되지 않게 만들 것이기 때문에, 법을 위반하는 것이 안전하다고 생각할 수도 있다(아래에서 "리셋 효과(resetting effect)"에 대한 논의를 참조). 그렇지 않으면 그들이 지난 노상강도에서 "큰 돈"을 빼앗았기 때문에, 그들이 만약 같은 장소에서 강도를 또 한다면 같은 양의 금액을 얻을 수 있을 것이라고 생각할지도 모른다. 한편, 이런 종류의 편향들은, 범죄의 비용을 증가시키려는 가혹한 처벌이 왜 제한적인 효과만을 갖는지에 대한 한 핵심 이유인 것 같다. "강경대응"법은 범죄자가 처벌의 잠재적인 고통에 대해 주의 깊게 생각한다고 가정한다. 그러나 행동경제학이 우리에게 알려주는 바와 같이, 위험하고 불확실한 상황에서의 결정은, (범죄자를 포함한) 인간이 그 순간에 부활할 수 있는 휴리스틱에 의해 종종 통제된다. 보상이 결코 중요하지 않은 것은 아니지만, 그것이 한 순간이며 때때로 범죄자의 선택에 영향을 미치는 데 사소한 요소라는 것 또한 사실이다.

중요한 점은, 행동경제학에 따르면, 모든 결정은, 효용(비용과 이익)에 대한 판단이 인간의 선택을 규제한다는 신고전주의 입장으로 환원될 수 없는 복잡한 과정에 의해 행해진다는 것이다(Thaler and Sunstein, 2008). 효용보다 훨씬 많은 것들이 관련된다는 것은 지각된 억제이론이 점점 더 이해하려고 했던 생각이다.

## 지각된 억제이론

범죄를 저지르는 결정에 초점을 맞추는 또 다른 접근은 '지각된 억제이론(perceptual deterrence theory)'이다. 이 접근은 고전주의 전통을 따라서 법을 위반하는 비용이 이익을 초과할 때 개인은 법을 위반하지 않는다고 주장한다. 그러나 주 명제는 범행의 결정이 비용과 이익의 '지각'이지, 처벌받거나 보상을 얻을 실제의 또는 '객관적' 위험에 의존하지 않는다는 것이다.

이 시각이 합리적 선택이론과 유사점은 있지만, 다음의 세 가지 방식에서 다르다. 첫째, 지각된 억제시각은 합리성을 가정하지 않는다. 그것은 지각이 행동을 유도한다는 입장을 갖는다. 그러나 지각이 합리적일 수는 있지만, 그들은 현실에 대한 엉뚱하게 잘못된 지각에 기초할 수도 있다. 둘째, 지각된 억제이론은 ("억제"라는 이름이 제시하는 바와 같이) 전통적으로 법적 처벌의 지각에 보다 관심을 가져왔다. 이 접근은 대개, 합리적 선택이론에서 중심적인 범죄자의 결정의 상황적 측면을 소홀히 해왔다. 세 번째와 관련되는 것으로, 지각된 억제이론의 정책제언은 종종 서술되지 않거나 불확실하다. 실제의 처벌수준과 처벌의 지각 사이의 관계가 불확실하기 때문에, 범죄에 대해 단지 "강경대응"을 하는 것이 범죄를 하는 결정을 감소시키는 것으로 해석할 수 있는지는 불확실하다. 처벌의 지각을 증가시키는 캠페인은 거센 도전에 직면하는데, 그것은 그 캠페인이 범행의 의도가 있는 청중(상습범죄자)에 조금도 알려지지 않으며, 홍보의 효과는 시간이 지남에 따라서 점점 사라진다는 것이다. 어떻든, 합리적 선택이론이 범죄상황과 그들이 범죄를 단념하도록 만들 수 있는 방법에 관심을 가지는 반면에, 지각된 억제이론은 어떤 상황적인 데 관심을 갖지 않고, 따라서 대개(법적 처벌과 반대되는) 비공식적 범죄예방전략의 효과성에 대해 침묵한다.

지각된 억제이론은 대부분 전통적인 억제이론의 약점 때문에 나타났다. 초기에, 학자들은 객관적 수준의 처벌이 거시수준의 지역단위들(예를 들어, 보다 강한 처벌을 하는 주가 범죄율이 낮은지) 또는 개인들(예를 들어 보다 강한 처벌을 받는 사람이 범죄를 덜 하는지) 간에 미치는 영향을 연구했다. 앞서 지적한 바와 같이(7장과 12장을 참조), 이 연구들은 혼재된 연구결과를 보고했는데, 법적 제재는 약간의 억제효과를 갖고, 어떤 환경에서는, 범죄를 증가시킬 수도 있다는 것이다(또한 Akers and Sellers, 2004를 참조). 한 답변은 억제효과의 부재는, 사람들이 잡히서 처벌받을 위험에 대한 지식이 객관적인 처벌의 위험과 일치하지 않기 때문이 아닐지에 대해 의문을 가졌다. 보다 중요한 것은 개인이 "그들의 잡힐 가능성"(처벌의 확실성)을 생각하고, 그리고 그들이 "잡힌 후에 그들에게 발생할 것"(처벌의 엄격성)에 대해 생각한다는 것은 말이 된다. 간단히 말해서, 그 이론에 따르면, 실제의 또는 객관적인 현실이 아닌, 현실(이 경우에 처벌)의 지각이 행동에 영향을 미친다.

이 접근은 또한 또 다른 주요 이점을 가졌는데, 경험적으로 검증하기가 쉬워 보인다는 것이다. 객관적인 처벌이 개인과 멀리 떨어져서 존재하는 반면에, 지각은 사람들 속에 있고 사람들이 매일의 삶을 살아갈 때 수행하는 것이다. 이처럼 측정은 쉬웠는데, 사람들이 만약 범죄를 저지른다면 발생할 것을 고려하도록 요구하는 문항을 개발하는 것이었다. 그들이 생각한 것은 처벌될 가능성인가? 만약 잡힌다면, 그들은 얼마나 엄한 처벌을 받을 것으로 생각하는가? 이런 방식으로, 처벌의 확실성과 엄격성에 대한 각 개인의 지각을 측정하는 것이 가능할 것이다. 그 후, 같은 설문지에서, 각 조사대상자는 그의 범죄나 비행에 대한 참여수준을 스스로 보고하도록 요구받을 것이다(보통 고등학생 표본이 사용된다). 마지막 임무는, 처벌이 확실하거나 엄격하다고 생각하는 사람들이 범죄행동에 덜 개입하는 것을 보기 위해, 이 두 변수들을 연결시키는 것이다. 만약 그렇다면, 처벌의 지각은 억제효과를 가진 것이라고 할 수 있다.

초기 연구들은 어떤 억제효과, 특히 처벌의 확실성이 있다는 것을 보여주는 경향이 있었다. 만약 조사대상자들이 잡혀서 처벌받을 가능성이 높다고 생각한다면, (처벌이 얼마나 심각한지와는 관계없이) 그들은 적은 법위반을 보고하는 경향이 있었다. 그러나 이 연구의 한계는 곧 명백해졌다. 특히, 이 연구들은 대개 두 변수 간의 이차원적 관계(그들은 단지 처벌과 범죄참여라는 두 변수만을 측정했다)와 (한 시점에서만 조사하는) 횡단적 설계에 근거했다. 이 후의 연구는 이런 한계를 극복하려고 했다. 이 연구는 (반사회적 가치나 사회유대와 같은 다른 알려진 범죄 원인들에 대한 측정을 포함하는) 다변량 및 (지각이 미래의 행동에 영향을 주는지를 결정하기 위해 두 시점 이상에서 조사대상자들을 조사하는) 종단적 설계을 사용했다. 이보다 방법론적으로 엄격한 조사에서, (범죄의 확실성을 포함한) 지각된 억제요인들의 효과는 실질적으로 사라졌다(Paternoster, 1987).

보다 최근에, 프랫과 그의 동료들은 기존의 지각된 억제연구들에 대한 메타분석을 수행했다. 그들은 40개의 연구들을 분석했는데, 이 연구들은 억제 변수들과 범죄/비행 변수들 사이에 관계에서 200개의 효과크기 추정치들을 포함한다. 모든 분석을 통해, 그들은, 억제효과가 “약한 것에서 무시할 만한”(다시 말해서, 대략 .20에서 0까지) 범주에 속하는 억제효과를 발견했다(Pratt et al., 2006, p.383). 처벌의 지각된 확실성이 (규제기준을 지키지 않는 것, 탈세, 그리고 금융사기와 같은) 화이트칼라 범죄의 참여에 일관된 억제효과를 가진다는 몇몇 증거가 있었다. 그러나 가장 중요한 발견은 프랫과 그의 동료들(2006)이 보다 엄격한 연구설계를 갖춘 연구들(특히 비행친구의 영향, 반사회적 태도, 그리고 낮은 자기통제력과 같은 알려진 범죄의 원인을 통제한 연구들)을 분석할 때 밝혀진 것이었다. 이 연구들에서, 지각된 법적 제재 변수는 “실질적으로 감소되었고, 종종 0에 이르렀다”(Pratt et al., 2006, p.384).

이 발견은 두 가지의 결론을 제시한다. 첫째, 법적 처벌의 지각된 억제효과는 아마도 범죄의 약한 원인이다. 왜냐하면 그것의 효과는 (다른 범죄이론들이 제시하는) 다양한 다른 요인들에 의해 약화되기 때문이다. 둘째, 지각된 억제이론이 범죄에 대한 우리의 이해에 의미 있게 기여하기 위해서는, 비용과 이익의 속성에 의해, 개인적 차이에 의해, 그리고 지각이 형성되고 행동에 영향을 미치는 복잡한 방식에 의해 억제가 어떻게 구체화되는지에 대한 보다 풍부한 시각을 개발해야 한다. 다행스럽게도, 이런 방향으로 중요한 걸음을 내디뎠다.

첫째, 윌리엄과 호킨스(William and Hawkins, 1986, p.562)에 따르면, 국가에 의해 어떤 방식(예를 들어 보호관찰, 구금형)으로 검거되고 처벌되는 비용(이것은 "법적 비용(legal costs)"으로 언급된다)을 넘어서, 국가의 처벌은 어떤 개인의 삶의 다른 측면에 해로운 결과를 가질 수 있다. 그들은 학자들이 "비법적 비용(non-legal costs)"으로 언급하는 세 가지 일반적인 범주들을 구분했다. 첫째는 "검거의 오명(stigma of arrest)"으로, 이것은 검거로 인해 나타나는 사회적 지위하락과 존경의 상실을 말한다. 둘째는 "관여 비용(committment costs)"으로, 이것은 고용 및 교육과 같은 미래의 목표가 검거에 의해 영향을 받는 것을 말한다. 셋째는 "애착 비용(attachment costs)"으로, 이것은 검거됨으로써 친구를 잃는 것과 같은 것을 말한다. 유사하게, 그래스믹과 버식(Gramick and Bursik, 1990, p.838)은, "국가부여 비용(state-imposed costs)" 또는 법적 처벌 외에도, "사회부과 비용(socially-imposed costs)" (곤혹감 또는 존경의 상실)과 "자기부과 비용(self-imposed costs)" (수치심이나 죄의식의 느낌)이 있다고 주장했다. 하나의 완전한 억제 모델은 이와 같이 범행발각의 법적 그리고 비법적 비용 모두에 대한 사람들의 지각을 포함해야 할 것이다. 범행발각의 비법적 비용이 범죄의 참여를 줄인다는 증거가 있다(Pratt et al., 2006).

둘째, 지각된 억제이론은 비용-이익 계산 중에 "비용" 측면에 더 많은 관심을 가져왔다. 대부분의 연구에서, 범죄의 잠재적 이익은 측정되지 않거나, 아니면 범죄로 얼마나 많은 돈을 얻을 수 있는지에 따라 제한적인 것으로서 다루어졌다. 그러나 연구에 따르면, 어떤 범죄를 저지르는 것은 다양한 긍정적 보상을 얻게 할 수 있고, 이런 이익 중에는 즐거움, 흥분, 힘 있는 느낌, 복수, 명예를 지키는 것, 존경을 얻는 것, 그리고 또래 집단에서 지위를 높이는 것과 같은 것들이 있다(예를 들어, Bordua, 1961; Katz, 1988; Matsueda et al., 2006). 연구의 수는 많지 않지만, 범죄의 지각된 이익이 범죄의 참여를 촉진한다는 증거가 있다.

셋째, 지각된 억제이론은 보다 체계적으로 처벌의 지각이 어떻게 잠재적인 범죄자들 사이의 개인적 차이에 의해 형성되는지에 대해 설명할 필요가 있다. 특히, 자기통제력이 낮고, 현재지향적이고, 충동적인 사람들이 범죄의 보상을 보다 매력적인 것으로 보며(즉각적인 욕구만족을 선호한다는), 범죄의 비용을 (즉각적으로 주어지지 않고 앞으로의 처벌이 연기되기만 한다면) 덜 중요한 것으로 본다는 결론과 일치하는 증거가 있다. 다시 말해서, 지각된 범죄의 효용과 결과는 모든 잠재적인 범죄자들에 의해 동일하게 판단되는 것이 아니라 오히려 사람들의 성격을 통해 걸러진다(예를 들어, Nagin and Paternoster, 1993; Nagin and Porgarsky, 2001, 2003).

넷째, 지각된 억제이론은 지각이 형성되고 행동에 영향을 주는 복잡한 방식을 설명해야 한다. 예를 들어, 포가스키와 피퀘로(Pogarsky and Piquero, 2003)는 사람들이 범죄로 처벌을 받을 때, 그들의 처벌에 대한 확실성의 지각이 감소되고, 범죄를 더 많이 한다는 직관에 반대되는 발견을 했다. 물론 전통적인 억제이론은, 처벌을 통해 범죄가 보상을 제공하지 않는다는 것을 가르치고, 따라서 범죄가 처벌될 것이라는 개인의 지각을 강화시킨다고 주장할 것이다. 대조적으로, 포가스키와 피퀘로는, 그들이 "재시작"이라고 부른 현상 탓에 지각된 확실성의 수준이 감소할 수도 있다고 주장한다. 비교의 목적을 위해, 그들은 "도박사의 오류(gambler's fallacy)"를 드는데, 이것은 연속적으로 몇 번 돈을 잃은 도박사들은 그들이 다음 판 또는 다음 주사위에서 이길 수밖에 없다고 믿는다는 것이다. (각 판 또는 각 주사위 던지기는 모든 다른 시행에 대해 독립적이고, 어떤 특별한 결과가 나올 가능성은 매번 같기 때문에, 이것은 오류이다.) 유사한 방식으로, 잡혀서 처벌되는 범죄자들은 벌써 연속적인 나쁜 운을 경험했기 때문에, 그들은 다음번에 범죄를 할 때는 행운이 올 것이라고 믿을 수 있다. 결과적으로, 그들은 어떤 보다 낮은 수준에서 처벌의 확실성에 대한 그들의 지각을 "재시작"하는데, 왜냐하면 그들은 "그들이 다시 잡히려면 엄청나게 재수가 없어야 할 것" (Pogarsky and Piquero, 2003, p.95)이라고 추측하기 때문이다.

워와 스테포드(Warr and Stafford, 1993)는 또한 억제의 속성을 정교화했다. 그들은, 처벌을 받을 위험의 지각이 처벌받은 경험뿐만 아니라, '처벌을 회피한' 경험(다시 말해서 잡히지 않은 것)에 의해서도 형성된다는 것을 발견했다. 워와 스테포드는 나아가, 처벌과 처벌의 회피가 (개인적으로 경험하는) "직접적"이거나

(다른 사람이 저지른 범죄가 처벌되거나 또는 처벌을 회피하는지를 봄으로써 대리로 경험하는) "간접적"일 수 있다고 지적했다. 이 차원들을 교차분석하면, 그 결과는 지각의 네 가지 잠재적인 원천이 나타나는데, 그들은 직접적 처벌, 간접적 처벌, 직접적 처벌회피, 간접적 처벌회피이다. 이 다양한 원천을 설명하지 못하는 것은 왜 사람들이 그들의 처벌될 가능성이 높거나 낮다고 믿는지에 대해 불완전하게 이해하는 것이다.

마지막 예로서, 다른 학자들은 처벌의 지각이 어떻게 (시간에 따라서 발생하는) 어떤 학습과정의 부분인지를 연구해 왔다(예를 들어, Pogarsky et al., 2005). 이 점에서, 마쓰에다와 그의 동료들(Matsueda et al., 2006)은 (베이즈의 확률공리에 기초한) "베이지언 학습과정"을 제안하는데, 이것에서 처벌의 위험에 대한 현재의 지각은 과거의 위험지각과 새롭게 습득한 정보 모두에 기초한다. 따라서 지각은 정적인 것이 아니라 동적인 것이며, 처벌에 대한 개인의 경험이 변함에 따라서 항상 업데이트된다. 이 경험은 그들이 처벌을 받았는지 아니면 처벌을 면했는지와, 그리고 그들이 (아마도 위험에 대한 지각을 약화시키는) 비행친구를 가진 정도 양자를 포함한다. 결정모델은 나아가 세 가지의 추가적인 요소들에 의해 복잡해진다. 여기에는 범죄를 저지르는 "기회비용(opportunity costs)" (그것이 학교나 직장생활을 위험하게 하는지), 흥분이나 "감흥"을 일으키는 "정신적 보상(psychic returns)", 그리고 "범죄를 성공적으로 완수할" 지각된 기회들이 포함된다.

종합적으로 고려할 때, 이 다양한 연구들은, 확실성과 엄격성의 지각을 범죄와 연결시키려고만 하는 어떤 초보적인 지각된 억제이론은 제한된 설명력만을 가질 것이라는 것을 제시한다. 앞으로의 도전은, 지각의 다양한 원천들, 지각이 형성되고 변화하는 과정, 상이한 개인적 성향을 가진 사람들이 특별한 범죄행동의 비용과 이익을 평가하는 인지과정, 그리고 구조적, 상황적 조건들이 위험한 지각과 이러한 지각에 기초하여 행동할 기회를 모두 형성하는 방식을 탐구하는 것이다.

# 결 론

대다수의 범죄학 이론들이 범죄의 "배경(background)"에 관심을 갖는 반면에, 범죄자 선택 및 기회 이론들은 범죄의 "전경(foreground)"이 인과적으로 중요하다고 주장한다(Katz, 1998을 참조). 따라서 그들은 일반적으로, 범죄동기나 "범죄성향"이 어떻게 시간이 지남에 따라서 개인적 성향, 사회화, 그리고 구조적 위치와 상호작용하며 발전하는지를 고려하지 않는다. 대신에, 그들의 관심사는 대개 막 일어나려고 하는 (또는 어떤 경우에는 일어나지 않는) 범죄행동과 근접하거나 동시적으로 존재하고 범죄를 야기하는 요인들이다. 범죄의 "배경"을 무시하는 이 이론적 결정은 범죄를 만들어내는 인과경로에서 많은 것들이 빠져있다는 것을 의미한다. 그러나 그것은 또한 특별한 통찰이 있었다는 것을 의미한다. 우리는 이 장을 세 가지의 통찰을 반복함으로써 마무리할 것이다.

첫째, 선택과 기회의 이론들은 우리에게 범죄자들이 법을 위반하는 결정에 적극적이며, 수동적이지는 않은 참여자라는 것을 상기시켰다. 라웁과 샘슨(Laub and Sampson, 2003)의 용어로, 범죄자들은 "인간적 힘(human agency)"을 가지고 있다. 그들은 "배경" 요인들 때문에 범죄를 저지르기 쉬운 어떤 상황에 처할 수 있지만, 어떤 범죄사건은 운명이 정해져 있는 것이 아니다. 그들은, 그들에게 범죄를 저지르거나 저지르지 않게 만들 결정을 할 것이다. 둘째, 이 상황에서 일단, 무엇이 잠재적인 범죄자들에게 범죄를 저지르도록 결정하는지는 중요한 범죄학적 질문이다. 이 장의 이론들은 우리에게 범죄의 결정이 비용과 이익의 지각에 의해, 그리고 목표물의 매력과 통제자의 존재와 같은 상황적 요인들에 의해 어떻게 영향을 받는지를 검토할 필요가 있다는 것을 알려준다. 셋째 그리고 아마도 가장 중요한 것으로, 그 이론들은 중요한 정책함의를 갖는다. 특히, 그들은, 법적 처벌의 위협이 아니라 어떤 주어진 장소가 범죄를 덜 용인하도록 만드는 노력에 의해(다시 말해서 범죄의 기회를 감소시킴으로써), 범죄예방을 가장 잘 달성할 수 있는 방법을 제시한다.

찰스 다윈

1809－1882

진화론의 권위자

# 제14장

# "범죄인" 탐구의 재검토:

## 생물사회 이론들

제2장에서 시사했듯이, 롬브로조(Lombroso)와 다른 초기 생물학적 이론가들이 유명해진 이유는 당시의 사회적·정치적 분위기와 19세기 후반에 들어 가장 매력적 과학으로 출현했던 생물학 때문이라고 할 수 있다. 생물학 중에서 특히 다윈주의의 영향이 컸다. 20세기 초반의 사회 다윈주의는 생물학적 열등성 혹은 "부적합성"이 범죄성의 원인이라는 것을 매우 설득력 있게 지적했다. 후튼(Houton, 1939)과 쉘던(Sheldon, 1949)과 같은 학자들이 노력이 있었지만, 1960년대까지 범죄학 이론에서 생물학은 거의 영향을 미치지 못했다. 이렇게 된 이유들 중의 하나는 사회 다윈주의가 "피해자를 비난하는" 핑계로 사용되었다는 인식 때문이었다. 생물학적 범죄학의 초기 영광이 사라진 또 다른 이유는 나치가 생물학적 이론을 사용했다는 것이 알려졌기 때문이다. 나치시절에 수백만의 유대인, 슬라브인, 집시, 그 외의 민족들이 "열등민족"으로 낙인을 찍혀 나치에 의해 살해되었다(Bruinius, 2006; Cornwell, 2003). 그러나 어느 정도는 생물과학 자체가 물리학(원자탄과 널리 선전된 달여행과 함께)과 같은 자연과학의 업적에 필적하지 못했고 그동안 급격히 성장한 사회과학이나 행동과학의 그늘에 가려졌기 때문일 것이다.

1970년대 중반에 이르러, 생물학적 접근방법에 대한 관심이 다시 부흥했다. 이렇게 된 데는 E. O. Wilson(1976)의 역할이 컸다. 그는 『사회생물학(Sociobiology)』

이란 저서를 출판하면서 생물학적 접근방법의 부활에 많은 영향을 미쳤다. 이 책에서 Wilson은 사회과학과 행동과학의 최근 발견들을 기본적으로 생물학적 용어로 재해석할 것을 제안했다. 또한 이 시기에 생물학은 실험실 연구를 통해 새로운 사실들이 발견되었고 활발한 연구 활동이 재개되었다. 특히 DNA 재조합체에 대해 폭발적 연구가 이루어진 유전학의 하위분야에서 많은 새로운 사실들이 발견되었다. 유전자가 "이기적(selfish)"이라고 주장한 도킨스(Dawkins, 1976)의 저서는 언론매체의 헤드라인으로 보도되기도 했다. 그는 대부분의 인간행위가 번식을 지향하는 인간의 생물학적으로 결정된 행동이라고 이해할 수 있으며 "이기적" 유전자들이 미래세대로 유전된다고 주장하여 다윈주의가 다양하게 발전할 수 있는 통로를 개척했다.

1970년대 후반에, 리 엘리스(Lee Ellis, 1977)는 『미국의 사회학자(The American Sociologist)』 학술지에 "사회학의 쇠퇴와 종말, 1977－2000"이란 제목의 논문을 발표했다. 엘리스는 사회학이 당면한 여러 한계들을 지적하고 앞으로 더 훌륭한 결과의 산출을 약속할 수 있는 과학적 접근방법을 찾고자 했다. 그는 캔사스 농장에서 성장하며, 나중에 자신이 "농가마당 교육"이라고 불렀던 것을 체험했으며 일생에 걸쳐 인간을 포함한 동물들의 성별 차이를 연구했다(Ellis, 2003b). 엘리스는 범죄학자들 중에서 사회과학에 대한 환상에서 깨어나, 생물학 혹은 생물사회적 접근방법의 가능성에 매료된 가장 대표적 사례일 것이다. 1920년대 사회학자들은 시카고의 "사회해체"를 보았다. 1960년대의 갈등이론가들은 주위에서 발생한 사회적 대립으로 사회생활의 기본이 갈등이라고 보게 되었다. 이들과 달리, 엘리스와 같은 몇몇 범죄학자들은 사회과학이 공격을 받고 생물과학이 놀라운 발전을 하는 것을 보면서 학자로서의 생활을 시작했다. 그리고 초기 생물학적 범죄학의 문제들을 해결한 최근의 생물학 혹은 생물사회 접근방법에서 범죄학 이론에 대한 희망을 품게 되었다.

엘리스의 연구 이후에, 본서 저자들의 한 명이 미국의 사회학자에 환원주의에 빠지지 않으면서 생물학적 기초에서 사회이론을 구축할 수 있는 "일반체계이론" 접근방법을 주장하는 논문을 발표했다(Ball, 1978b). 이런 접근방법은 학문간 융합을 항상 강조했던 범죄학의 경우에 매우 적절한 것이었다. 그렇지만 불행히도, 대부분의 범죄학자들은 아직도 좁은 범위의 학문분과에 갇혀 있다. 이를 통해 범죄학에서 "학문간 융합"이란 단지 다른 학문분과의 대표자들이 범죄학의 학술대회에 참여하거나 학술지에 논문을 발표하는 수준에 그친다는 것을 알 수 있다. 안토니 월시(Anthony Walsh, 2009)가 최근에 발간한『생물학과 범죄학(Biology and Criminology)』은 이런 점에서 한 가지 희망적 발전을 시사하는 것이다. 월시는 이 책에서 앞서 생물사회적 범죄라는 틀에서 지금까지 논의되었던 모든 이론적 시각들을 재검토했다. 또한 엘리스와 동료들(Ellis, Beaver, & Wright, 2009)은 최근에『범죄상관요인 편람(Handbook of Crime Correlates)』을 발간했는데 이 책에서 이들은 생물사회 분야를 포함한 여러 학문분야로부터 밝혀진 범죄의 상관요인들을 일목요연하게 정리하였다.

본서의 또 다른 저자는 최근에 생물사회 범죄학이 사회학적 범죄학에 비해 "광범위하며 보다 강력한" 패러다임이며 21세기에 주요 패러다임이 될 것이라고 주장했다(Cullen, 2009). 범죄학자들은 결코 신념을 숭배하는 사람이어서는 안 될 것이다. 컬렌(Cullen)은 저서를 통해 이론적 시각이 사회적 환경의 산물이고 중대한 정책적 함의를 내포한다는 사실을 보여주고자 했다. 20세기 대부분을 지배했던 사회학적 그리고 심리학적 이론들은 분명히 이념적 편견이 가득 했다. 때로는 극단적 수준이었다. 그렇다고 최근 떠오르는 생물사회 범죄학이 모든 가치판단으로부터 자유롭다고 주장한다면 이 또한 자만심이 가득 찬 표현일 것이다. 실제, 생물사회 범죄학이 중요시하는 "범죄"의 종류와 "과학"에 대해 실증주의 입장을 강조한다는 사실을 살펴보면 생물사회 범죄학은 명백한 가치판단에 근거한다는 것을 알 수 있다. 자만심이 아니라 겸손함이 있을 때에 진정한 융합적 연구를 기대할 수 있을 것이다. 지금까지 살펴본 다양한 갈등이론들은—마르크스주의, 여성주의, "비판이론", 좌파 현실주의, 혹은 다른 접근방법들 모두—확실히 이념적으로 편향되어 있다. 그러나 이들 이론들은 나름대로 중요한 기여를 하였다. 즉 어떤 범죄학 이론을 지원하고 발전시킬 것인가를 결정하는 사회권력의 역할에 대해 우리의 경각심을 일깨워주었다. 또한 생물사회이론이 권력층들에게 호감을 줄 수 있다는 것을 정확히 지적했다. 왜냐하면 권력층들은 소위 "기득권"을 비판하는 범죄학자들보다 이를 지지하는 학자들에 더 많은 보상을 하고 후원을 할 것이기 때문이다. 따라서, 우리는 목욕물과 함께 아이를 버리는 잘못을 하지 말아야 할 것이다.

한편, 생물학 부문에서 여러 중요한 "연구결과"들이 축복 속에 발표되었고, 이는 생물학 부문을 지향하는 소수의 범죄학자들에게 또 다른 활력소가 되었다.

"돌리(Dolly)"라고 널리 알려진 양의 성공적 복제와 함께, 많은 매체들이 인간복제도 곧 가능할 것이라고 예측했다. 실제로, 일부 논평가들은 인간복제가 이미 성공했지만 일반인들한테는 숨기는 사실이라고 주장하기도 했다. 생물학적 연구를 둘러싼 언론의 관심은 이후 1960년대의 우주인 전성기에 비견될 정도로 뜨거워졌다.

1985년에 주요 신문사들의 하나는 1950년대의 과학공상 영화를 연상시키며, 플로리다 대학교에서 사형수들의 뇌를 연구하고 있다는 기사를 보도했다("Officials to Probe", 1985). 곧이어 뉴욕대학교 의과대학에서 실시한 연구는 살인범죄자들이 이전에 두뇌손상을 입은 적이 있었다는 결과를 보고했다("A Study of 15", 1985). 1985년에, 2명의 의사들은 제4차 세계 생물학적 정신의학 대회에서 과잉폭력성의 사람들 중에서 90%가 뇌손상을 겪고 있다고 보고했다("Brain Defects", pp.A17, A19).

이런 유형의 연구들은 대부분 "뇌손상"과 "신경과적 결손"과 같은 일반적 용어들을 사용했다. 구체적 결손 부위를 지적한 연구들은 1987년부터 나타나기 시작했다. 예를 들어, 조울증의 원인으로 "특정한 유전적 결손"을 보도한 기사가 뉴욕타임스의 전면에 실렸다("Defective Gene", 1987, p.A1). 당시 일부에서 논평했듯이, 특정 유전구조에 의해 특정 행위형태를 설명할 수 있다는 의료계의 주장은 이런 유전구조를 가진 사람들에게는 "특정 조치"를 해야 한다는 정책수립에 매우 근접한 것이었다. 1990년 후반에 이르러, 『미국 뉴스와 세계 보고서(U.S. News & World Report)』는 표지에 "악인으로 출생?"이란 도발적 질문을 제목으로 달아, 독자들로 하여금 범죄의 생물학적 원인들에 관한 내부기사에 관심을 갖도록 유도했다.

1988년에, 미국의회가 연방정부의 자문기구로 설립했던, 미국 과학원(National Academy of Sciences)의 운영부서인 국가 연구자문위원회(National Research Council)는 "약 100,000 개의 인간유전자를 도해하기 위한"("Scientists Urge", 1988, pp. A1, A13) 15년 기간의 연구 프로젝트를 촉구했다. 소요비용은 30억 달러로 추산했으며, 이 연구가 완벽한 신체지도 즉 인간 유전자총체(genome)의 완전한 DNA 서열을 이해하는 기초가 될 것으로 기대했다. 1980년대 후반에, DNA "지문"은 이미 미국과 영국에서 강간사건과 살인사건에서 유죄확증을 하는 데 활용되고 있었다. 그리고 범죄자의 DNA 구조를 파악하고 이를 기초로 일반시민들 중에 유사한 DNA 구조를 가진 사람을 잠재적 범죄자로 관리하는 방안에 대한 논의가 증가하고 있었다.

2005년에, 인간 유전자총체 프로젝트는 완료되었다. 주요 생물학자들은 “새로운 시대”의 도래에, 즉 지금까지의 연구난제들을 “해결할 수 있게 된” 기회에 찬사를 보냈다. 범죄학에도 많은 영향이 있었다. 미국 전역의 단과대학과 종합대학이 개설한 형사사법 프로그램은 임상과정들을 연이어 신설했다. 대학원 과정의 임상 프로그램들은 더 넓은 영역으로 확대되고 발전했다. 많은 연구기금도 지원되었다. 미국 국방부는 적군을(혹은 위협이 될 수 있는 민간인들) 무력화시킬 수 있는 “비살상” 무기를 연구하고 개발하는 분야에 많은 연구기금을 제공했다. 연구기금은 주로 인간신체에 무력화 효과를 유발할 수 있는 생물학적 약품이나 기술적 장치를 개발하는 분야에 사용되었다.

일반시민들도 이런 발전과 무관하지 않다. 21세기에 가장 유명한 텔레비전 프로그램인 CSI(Crime Scene Investigation)는 온갖 종류의 생물학적 그리고 전문적 기술을 활용해 범죄현장을 조사하는 내용이다. 시청률과 호응도가 너무 좋아 두 개의 자매프로그램이 더 생겼다: CSI: 마이애미와 CSI: 뉴욕이 새롭게 방영되었다. 텔레비전 광고들은 비만문제부터 발기불능문제까지 다양한 문제들을 치료할 수 있다는 약물광고를 쏟아내고 있다. 리타린(Ritalin)과 같은 약물은 ADHD의 아동을 도와주는 치료제로 널리 알려져(Fumento, 2003) 일부 학군에서는 이런 약물복용에 동의하지 않으면 학교입학 자체를 허가하지 않는 수준이다. 이처럼 공공정책에서 생물학적 연구결과가 널리 활용되고, 연구자들이 제안하는 대처방안을 실시하는 경향이다. 이로 인해 더 많은 연구가 실시되는 등 생물학 연구분야는 강력한 추동력을 얻고 있다. 현재 FBI의 DNA 종합지표체계(CODIS, Combined DNA Index System)는 이전의 자동지문인식체계(AFIS, Automatic Fingerprint Identification System)를 보완한 것으로, 범죄자 특성과 일치하는 유형을 검색하는 수단으로 활용해 범죄자를 판별하고 체포하는 데 도움을 주고 있다.

하지만, 생물학 그리고 생물사회 범죄학자들은 현재의 상황이 여러 면에서 자신들에게 너무 힘든 상황이라며 어려움을 토로하고 있다. 범죄학은 수 세기에 걸쳐 범죄의 원인을 사회적 환경에서 찾는 학자들이 주도했다. 1990년대 초반과 후반의 조사에서 미국 범죄학자들의 85%가 엄격한 “환경론자”들인 것으로 조사되었다(Ellis & Hoffman, 1990; Ellis & Walsh, 1999). 범죄와 범죄성에 생물학적 접근을 옹호하는 학자들은 생물학적 지식이 부족한 범죄학자들로부터 본인들의 연구에 대한 학문적 오해로 인해 겪었던 심각한 어려움을 자주 기술한다. 또한 본인들의 직업경력에 전통적 범죄학자들의 대부분이 장애가 되었다고 호소했다(Ellis, 2003b). 또한 오늘날 미국사회는 인종문제와 여성문제에 매우 민감하게 반응한다. 이런 사회에서는, 일부에서 지적하듯이 인종적 그리고 성별 차이가 상식적 수준 이상으로 범죄에 중요한 역할을 한다고 주장하는 것은 매우 도발적일 수 있다. 차별에 민감한 분위기에서 생물학적 접근의 학자들은 비록 순수한 과학적 연구라 하더라도 인종차별주의나 성차별주의로 비난을 받을 수 있는 위험성을 안고 있다. 많은 사람들이 이런 주장의 동기를 의심한다.

그렇지만, 사회학적으로 지향한 범죄학자들의 저항이 있어도, 생물학적 이론화는 앞으로도 계속되고 발전할 것이 분명하다. 즉, "범죄인"에 대한 탐구는 — 생물학적으로 특이한 범죄자에 대한 연구는 — 지속될 것이다. 문제는 이런 연구들이 범죄자들을 특이하고, 사악하고 구원받을 수 없는 위험한 집단이라고 보는 과거의 시각에 어떻게 작용할 것인가에 관한 사항이다. 앞으로 살펴보겠지만, 최근 이론들의 대부분은 이전보다 정제된 내용이다. 생물학을 예정된 운명으로 해석하는 것을 거부한다. 대신에 유전적 소질이 환경과 상호작용하여 인간 행위를 구성한다고 주장한다. 이런 생물학적 이론가들에게, 환경적이란 의미는 유전과 관련이 없는 모든 것을 포함하며, 심지어 자궁도 환경이다. 따라서, 범죄자의 일부는 "생래적 범죄자"일 것이라고 생각하는 소수의 학자들도 범죄적 성향이 유전의 결과라고 주장하지 않는다. "생물사회 이론"은 이런 접근방법의 이론적 시각을 일컫는다.

이론적 관심들이 많이 중첩되지만, 생물사회 접근방법들은 크게 진화심리학, 신경과학, 유전학으로 범주화할 수 있다(Walsh & Beaver, 2009). 다음에서는 이런 이론적 범주들의 각각을 살펴볼 것이다. 이와 함께, 이론적 측면에서 관련성이 있는 생물학적 위험요인과 보호요인, 환경적 유해성에 관한 연구들을 살펴보고자 한다. 마지막에는, 점차 증가하는 생물학적 이론화가 제안하는 정책의 이점과 위험들을 논의할 것이다.

## 진화심리학: 다윈(Darwin)의 재검토

생물학적 요인에 관한 연구프로젝트들이 실시되고 연구결과들이 축적되면서 진화의 법칙을 기반으로 이론을 구성하려는 노력이 여러 방향에서 실시되었다(Ellis & Walsh, 2000). 이런 연구부문들을 통칭하여 흔히 진화심리학이라고 부른다. 예를 들어, 법을 위반하는 경향에서 나타나는 남자와 여자의 차이를 영장류의 적자생존과 공격적 수컷과 사회적 암컷의 재생산과정과 관련지어 설명하는 것이다(Dunbar, 2007). 대표적 이론으로는 기만이론, r/K이론, 조건적 적응이론, 대안적 적응이론, 약탈성 진화이론이 있다(Ellis & Walsh, 2000; Fishbein, 2001; Walsh, 2009).

### 이론적 다양성

기만이론은 영장류의 경우에 수컷들의 일부는 본능적으로 "자기의 유전자가 다음 세대로 전달되는 것"을 담보해주는 대안적 번식전략을 진화시키는 경향이 있다고 주장한다(Mealey, 1995). 정상적 "아빠(dads)"는 새끼를 키울 수 있는 짝을 찾는 암컷의 욕구를 충족시켜 번식기회를 갖지만, 기만적 "난봉꾼(cads)"은 암컷을 임신시키기 위해 힘이나 속임수를 사용한다. 기만이론은 만성범죄자를 "난봉꾼"과 같은 유형이라고 고려한다. 다윈이론의 이런 적용에 의하면, 남성의 일부는 환경적 경험의 결과로 혹은 이런 경향이 유전되어 "난봉꾼" 행위를 발전시킬 수 있다는 것이다. 그리고 생물사회적 "기만자"의 번식양식은 법을 무시하는 데에서도 찾아볼 수 있다고 주장했다.

r/K이론(또한 "차별적 K이론"으로 부르기도 한다)은 유기체들의 번식방법에는 다양한 유형이 있다는 사실을 강조한다. 새끼를 빨리 낳은 유기체는 일반적으로 "r전략"을 따른다. "r전략"은 새끼를 많이 낳고 한 마리를 돌보는 데는 시간을 많이 들이는 전략이다. 다른 유기체들은 "K전략"을 따른다. "K전략"은 번식이 느리고 주의 깊게 한 마리를 돌보는 형태이다. r/K이론에 의하면, 범죄행위는 "r전략"과 밀접한 연관이 있다. 이런 전략의 징표로는 낮은 출생체중, 많은 형제수, 빠른 시기의 성적 관계 등이 있다고 주장했다.

조건적 적응이론은 반사회적 행위를 불안정하고 혹은 적대적 환경에 대한 일반적 적응반응의 한 형태라고 주장한다(Belsky, 1980). 조건적 적응이론에 의하면, 번식을 위한 적응반응에서 어려운 환경에서 성장하는 새끼들은 성숙기에 빨리 접어들고 또한 생식활동을 일찍 시작한다. 조건적 적응이론에서는 이런 적응유형이 반사회적 행위와 연관이 있다고 강조한다. 일부의 범죄학 이론은 의료모형에 기초한 대처방법을 지양하고 대신에 환경변화를 강조하는 정책을 옹호한다. 아마도, 이런 입장은 다원관점에 초점을 둔 범죄학 이론의 예가 될 것이다. 조건적 적응이론은 안전적이며 상대방을 배려하는 환경이 반사회적 적응을 없애지는 못해도 감소시킬 것이라고 예측한다.

조건적 적응이론은 반사회적 행위의 가능성과 관련된 유전자가 기본적으로 동일하다고 가정한다. 반면에, 대안적 적응이론은 일부의 사람들에서 반사회적 행위의 경향성이 크다고 가정한다(Rowe, 1983, 1986). 양육 욕망보다 짝짓기 욕망에 의해 추동되는 사람들이 이런 경우라는 것이다. 대안적 적응이론에 의하면, 이런 사람들은 지능수준이 낮고, 강력한 성적 욕구와 공격적 감각추구성향을 보인다.

조건적 반응이론과 같이, 약탈성 진화이론은 모든 사람들이 반사회적 행위를 저지를 수 있는 가능성의 유전자가 동일하다고 가정한다(Cohen & Machalek, 1988; Vila, 1994; Vila & Cohen, 1993). 또한 인간은 유전적으로 생식을 위해 배우자를 찾고 필요한 자원을 획득하도록 추동된다고 주장한다. 그리고 일부의 사람들은 자원을 창출하고 발전시키는 생산적 전략으로 이런 본능적 추동에 순응하지만, 다른 일부는 다른 사람에 피해를 입히고 자원을 약탈하는 방식으로 대응한다고 보았다. 약탈성 진화이론에 의하면, 약탈적 행위는 활용가능한 자원이 부족하거나 위협을 받으면 증가한다.

## 평 가

이상의 간략한 검토를 통해 진화론적 이론들이 언론매체에서 보도하는 것처럼 순수하게 생물학에만 의존하지 않는다는 것을 알 수 있다. 이들 이론들은 분명히 후천성보다는 선천성을 강조하기는 하지만. 전체적으로 생물학적이라기보다 "생물사회적"이라는 표현이 더욱 적절할 것이다. 경우에 따라 유전적 요인보다 실제로 환경적(생태학적) 영향을 강조하기 때문에 흔히 진화론적-생태학 이론으로 분류하기도 한다.

일부의 학자들은 "적자생존" 개념에 기초한 진화론적 이론들을 동의반복 즉 진실일 수밖에 없는 이론이라고 비판했다. 실제, 이론들이 명확할 수밖에 없는 사실을 진술하고 있다. 왜냐하면 생존하고 있는 것이 있다면 바로 "적자"로 규정되기 때문이다. 하지만 대부분의 사람들이 모르는 사실은 다윈의 분석단위가 종(種)이었지 종(種)의 개별구성원이 아니라는 것이다. 생존하는 특성들 중에는 개인적 성공을 용이하게 하지만 전체적 종(種)을 위험에 빠뜨리는 특성들이 있을 수 있다. 예를 들어, 환경의 무차별적 개발은 공장에서 간혹 사망하는 근로자보다 기업의 주인을 월등히 성공적으로 만들 수 있는 특성일 수 있다. 또한 다른 기업들을 모두 도산에 빠뜨리고 특정 기업만 성공적일 수도 있다. 특정 국가는 이런 자연자원이 없는 국가들보다 성공적일 수 있다. 그러나 이런 성공은 다른 종(種)은 말할 것도 없이, 인류전체를 위험에 빠뜨릴 수 있는 특성이다.

더욱이, 다윈은 적자생존이 일어나는 과정, 그가 자연도태라고 했던 과정에 더 많은 관심을 가졌다. 일부 진화론적 심리학자들의 경우에 소멸되지 않고 생존한 특성들은, 그것이 생존에 기여했을 것이며, 따라서 이런 사실을 통해 바람직한 것이 확실하다고 서술하는 경향이 있다. 그러나 자연도태는 과거에 집중한 것이며, 현재 혹은 미래에 관한 것이 아니다. 수렵채취의 시대적 환경에서 생존에 기여했던 특성들은 오늘날에는 역기능적일 수 있다. 많은 진화론적 심리학자들은 공감이입과 이기주의와 같이 개인과 전체로서의 종(種)의 생존에 기여하는 "긍정적" 특성의 진화과정을 연구했다. 생물사회 범죄학자들은 법위반 행위의 원인을 찾기 위해 모든 사람들에 "자연적"인 부정적 특성에 주로 관심을 집중했다. 하지만 이런 태도는 긍정적 특성, 아니면 최소한 부정적 특성의 긍정적 측면에 대해 더 많은 관심으로 균형을 맞추어야 할 것이다. 이런 노력이 필요한 데는 세 가지 중요한 이유가 있다. 첫째, 일부 특성들이 긍정적일 수도 부정적일 수도 있기 때문이다. 강한 성적욕구, 성적활동의 조기 참여, 심지어 양육보다 짝짓기에 대한 선호도와 같은 특성은 긍정적일 수도 부정적일 수도 있다. 예를 들어, 펠슨과 헤이니(Felson & Haynie, 2002)는 사춘기에 일찍 드는 소년들이 비행과 다른 반사회적 행위를 저지르는 경향이었지만 이와 동시에 이들은 독립적이고, 심리적으로 잘 적응했으며, 더 많은 교우관계를 갖는 경향이었다. 둘째,

"난봉꾼" 사고방식 혹은 "r전략"과 같은 특성의 사람들은 법위반을 할 가능성이 크지만 반면에 이런 사람들은 공감이입과 이기주의와 같은 "보호"요인이 높은 경향이었다. 즉 개인 수준에서 위험요인과 보호요인의 조합을 검토하였다. (제5장의 봉쇄이론에서 살펴봤듯이) 이런 "자아-요인"들은 또 다른 반사회적 행위로부터 해당 행위자들을 "격리"시킬 것이다. 긍정적 요인에 더 많은 관심을 가져야 할 세 번째 이유는 법위반행위가 활력, 용기, 충성심, 갱 구성원이면 늘 이해하는 것 등의 속성과 관련이 있다는 사실이다(Cloward와 Ohlin, 1960; Katz, 1988).

로우(Rowe, 2002)가 지적하듯이, 진화론적 이론들은 입증하거나 부정하기가 매우 어렵다. 인류가 유전적으로 다른 사람으로부터 자원을 약탈하도록(즉, 훔치도록) 추동된다는 사실을 발견했더라도, 이런 발견은 그 자체로서는 대단한 연구결과이지만, 어떻게 이런 사실을 "적자생존"의 측면에서 자연도태의 결과라고 입증할 수 있겠는가? 초기 인류는 지금보다 훨씬 "약탈적"이었을 것이며 그렇다면 진화는 이런 경향을 감소시키는 방향으로 작동한 것이 된다. 이런 사항은 보기보다 훨씬 중요하게 살펴봐야 할 내용이다. 왜냐하면 진화이론은 인간생존과 관련해 분석대상 행위의 효과를 "유용하다", "가치 있다", "효과적이다", "바람직하다" 등의 가치판단을 하기 때문이다.

## 신경과학: 신경학적 그리고 생화학적 이론

생물사회 이론의 두 번째 주요한 접근방법은 지난 20년 동안에 많은 발전을 이룬 신경과학적 이론이다. 생물사회 이론들은 일반적으로 학습의 중요성을 인정하는 경향이지만, 신경과학 이론들은 특히 행동학습과 행동조건화가 사람마다 다르다는 사실을 강조한다. 그 이유로 신경과학 이론들은 주로 신경학적 차이 혹은 생화학적 차이 그리고 환경(자궁을 포함한)이 신경학적 차이와 생화학적 차이에 다양한 영향을 미치는 형태, 즉 다형성(polymorphism)을 지적했다(Fishbein, 1990; Moffitt, 1983; Zuckerman, 1983). 예를 들어, 사이코패스들은 자율신경계(ANS), 행동활성화체계(BAS), 행동억제체계(BIS)의 문제로 충동적이고 비감정적이라고 주장했다. 즉 각성수준이 낮아 자율신경계가 제대로 구성되지 못했고, 공포와 불안감의 수준이 낮은 이유는 목적지향적 행위를 용이하게 하는 신경전달물질인 도파민에 민감하게 반응하는 행동활성화체계와 위험관리하도록 하는 신경전달물질인 세라토닌에 민감하게 반응하는 행동억제체계 사이의 화학적 불균형 때문이라고 설명한다. 일부 생물사회 이론에 따르면, 이런 문제로 인해 사이코패스들은 자신들의 목적과 관련된 위험을 제대로 관리하지 못하고 목적달성에만 전념하고, 처벌의 위험이 크더라도 자신들이 원하는 것을 갖기 위해 집요하게 매진한다는 것이다. 일부의 이론들은 이런 행동이 대뇌 변연계의 핵심적 신경구성요소인 편도체의 기능결손과 관련이 있다고 시사한다. 즉 놀람반응이 낮고 공감능력이 부족한 이유가 편도체의 기능결손 때문이라는 것이다(Batrol, 1995).

초기의 생물학적 이론들과 같이, 최근의 생물사회 이론들도 가족연구들에 많은 관심을 집중했다. 최근에는 과잉활동성이나 주의결핍 과잉행동 장애(ADHD)와 같은 행동특성을 강조하지만, 가족연구들을 통해 같은 가족 구성원의 행동유사성을 조사함으로써 유전적 요인을 파악하고자 했다. 쌍둥이 연구들도 방법론적인 결함이 있었지만 널리 활용되었다. 피시바인(Fishbein, 1990)은 통제집단과 비교했을 때에 사이코패스, 반사회적 성격, 폭력행위, 행동장애의 사람들은 특정 호르몬의 수준, 신경전달물질, 아노미산 분자화합물, 생물학적 생성물, 신진대사 과정 등에서 차이가 있었으며 특히 사이코패스의 경우는 뇌전도(EEG), 심혈관, 피부전기 등과 같은 정신생리적 측면에서 일반인들과 구별되는 특징이 있었다고 주장했다.

## Mednick의 생물사회 이론

1980년대에는 범죄학적 생물학에서 여러 연구들이 발표되었다. 이런 연구들은 1970년대 후반에 대두한 메드닉(Mednick)과 그의 동료들의 생물사회 이론을 계승한 것들이었다(Mednick, 1977; Mednick & Christiansen, 1997; Mednick & Shoham, 1979), (Mednick, Gabrielli, & Hutchings, 1984; Mednick, Moffitt, & Stack, 1987; Mednick, Pollak, Volavka, & Gabrielli, 1982; Mednick, Volavka, Gabrielli, & Itil, 1981). 아이젱크(Eysenck, 1964)의 초기연구는 외향성 성격이 대뇌피질의 낮은 각성수준, 낮은 "학습가능성"과 관련이 있으며 따라서 도덕성도 취약하다고 지적했는데 그의 연구는 1960년대 중반까지 많은 관심의 대상이었다. 그러나 1970년대

후반에 메드닉(Mednick, 1977)의 유사한 이론이 발표되면서 당시 사회적 환경은 메드닉의 생물사회 접근방법에 더 우호적이었다. 메드닉은 고위험군의 사람들이 환경적 자극에 민감하게 반응하지 않은 유전적 자율신경계를 갖고 있으며, 지체된 각성수준으로 인해 반사회적 행동을 억제하는 데 필요한 반응들을 제대로 개발하지 못했다고 주장했다. 그는 자율신경계에 주목했다. 이를 통해 전체 범죄의 과반수 이상을 저지르는 인구의 1%에 불과한 사람들이 왜 자신들의 계속된 실수로부터 교훈을 얻지 못하고 얻으려고도 하지 않는지를 설명하고자 했다. 메드닉은 준법행위가 학습되는 것이며 이런 과정에 가장 중요한 것은 반사회적 행위를 생각할 때에 나타나는 공포반응을 학습하는 것이라고 강조했다. 메드닉의 이론에 의하면, 정상적 자율신경계의 사람들은 반사회적 행위를 금지하면 즉각적으로 공포반응의 감소를 경험하며, 이런 공포심의 감소는 강력한 강화제이므로 반사회적 행위의 금지를 학습하게 된다. 그러나 자율신경계가 공포심을 천천히 혹은 비효율적으로 감소시키면 강화제가 되지 못하며 따라서 정상적 금지행위를 학습하지 못한다.

1960년대와 1970년대에 염색체 이상(예, XYY 염색체)에 관한 이론들은 많은 혼란을 초래했고 경험적으로 거의 입증되지 못했다. 1980년대에 들어 이런 이론들은 중추신경계 장애를 주장하는 대뇌피질 미성숙 가설과 같은 보다 정밀한 연구들과 이론에 의해 대체되었다(Mednick et al., 1981). 1980년대 후반에 14,427명의 덴마크 입양아 연구(Mednick, Gabrielli, & Hutchings, 1987)를 포함한 관련분야의 연구들을 집대성한 서적이 출판되면서 새로운 연구영역으로 확고해졌다. 새로운 이론들은 자율신경계에 집중하면서 과다각성 가설과 같은 다양한 영역으로 발전하고 있다(Volavak, 1987).

"과다각성"은 낮은 맥박수, 저혈압, 낮은 피부전도율, 거짓말탐지기에 의해 측정된 변수들과 같은 것으로 측정한다. 과다각성은 자율신경계에 의해 통제되는 것이다. 거짓말탐지기는 비자발적 맥박수의 증가, 피부전도성을 증가시키는 미량의 땀 배출 등을 통해 조사대상자가 의식적으로 통제할 수 없는 거짓말 징후를 찾는 것이다. 과다각성의 피험자들은 정상적 피험자들보다 환경적 자극에 반응수준이 낮은 경향이다. 공포부재이론에 의하면, 낮은 수준의 각성은 두려움의 수준이 낮다는 것을 나타내는 징표이며 그리고 두려움이 없으므로 "법집행의 대상"이 되는 상황을 피하지 않는다는 것이다. 반면에 자극(stimulation)이론에 의하면, 낮은 각성의 사람은 평범한 일상생활이 심리적으로 불편한 상황이며 따라서 무료함과 "진부함"을 피하고 충분한 감각적 자극을 얻기 위한 수단으로 "문제를 일으키며" 다닌다는 것이다. 일부 학자들은 낮은 수준의 도파민을 이런 현상들의 원인으로 지적했다. 1990년대 초반에, 갓프레드슨과 허쉬(Gottfredson & Hirschi)는 이미 메드닉과 동료들의 연구에서 여러 주요한 결점을 지적했다. 그럼에도 불구하고, 생물사회 이론의 옹호자들은 여전히 범죄성에 있어서 생물학적 요인의 영향을 계속해 주장하고 있다(Brennan, Mednick, & Volavka, 1995). 1990년대 후반에 패링튼(Farrington, 1997)은 폭력과 관련한 48개의 생물학적, 심리학적, 사회학적 예측인자들 중에서 낮은 안정시심박수가 가장 강력하고 일관된 범죄예측인자라는 것을 발견했다.

## 뇌의 발전과 범죄

과학에서 종종 발생하는 것처럼, 생물학적으로 지향되는 연구에서 대부분의 극적인 발전은 새로운 이론이 출현했기 때문이 아니라 새로운 측정기법이 개발되었기 때문이었다. 새로운 기법들로는 단층촬영(CT), 자기공명 영상장치(MRI), 기능적 자기공명 기록(FMRI), 양전자 방사단층촬영(PET), 단일 광전자 방출 단층촬영(SPECT) 등이 있으며 이런 기법들은 뇌 영상을 관찰하는 데 중요한 돌파구가 되었다. 이런 기술들로 뇌의 구조를 엄밀하게 검사할 수 있게 되었고, 이전에는 발견할 수 없었던 구조적 기형을 판별할 수 있게 되었으며, 뇌가 다양한 자극들을 처리할 때에 실제 어떻게 기능하는 과정을 관찰할 수 있게 되었다. 생물사회 범죄학자들은 뇌의 구조적 비정상성이, 특히 비정상적인 전두엽과 측두엽이, 뇌 기능장애와 관련이 있고 범죄 행동과 관련될 수 있다는 가능성에 관심을 집중했다. 심지어 레인(Raine, 1993)은 폭력은 전두엽의 기능장애와 성범죄는 측두엽 기능장애와 관련이 있다는 가설을 도출할 정도로 현재의 연구수준이 향상되었다고 주장했다.

전두엽은 뇌의 인지수행기능(EFC), 즉 미래에 대한 계획, 금지, 경험을 통한 학습능력과 관련이 있다(Comings, 2003). 또한 감정적 신호를 해석하고 반응을 조절하는 능력과도 밀접한 연관이 있다. 최근에 들어 전두엽 기능장애 가설은 경험적으로 입증되었고, 양, 글렌, 레인(Yang, Glenn, & Raine, 2008)과 같은 생물사회 범죄학자들은 법과 관련한 부분에 관심을 집중했다.

전두엽에서 중요한 두 가지는 배측면엽과 안와전두엽이다. 전자에서의 결함은 주의산만성과 낮은 집행기능과 관련이 있고 특히 행동장애(CD)와 관련이 있는 것으로 알려지고 있다. 후자는 뇌와 자율신경계가 연결되는 주요부위이며, 경험적 자료에 의하면 행동장애(CD)와 반사회적 성격 장애(ASPD) 모두가 안와전두엽의 결함과 관련이 있었다. 이런 결함은 뇌손상과 해당 부위에서의 낮은 포도당 신진대사 등으로 진단한다. 낮은 신진대사는 상대적 비활동성을 시사하며 해당 부위가 적절한 기능을 하는 데 필요한 신경세포가 부족하다는 것을 의미한다. 결함의 원인으로는 흔히 유전적 결함, 열악한 환경, 뇌손상 등이 거론된다. 일부 학자들은 행동금지 기능장애의 아동들이 행동조절을 잘 하는 아동에 비해 좌측 배측전두엽 피질, 부대상회, 양측 두정부에서 활동성이 특히 낮게 나타났다고 지적했다(Rubia et al., 2008). 그러나 배측면엽과 안와전두엽의 관계는 입증하기가 매우 어렵고 복잡한데, 아래에서 그 이유를 검토할 것이다.

피시바인(Fishbein, 2003)은 특히 "관리불능"의 범죄자 하위집단에 대한 연구에 관심을 집중했다. 이 연구를 통해 피시바인은 대부분의 문제가 시상하부-뇌하수체-부신피질(HPA)의 결함에 기인한다는 이론을 발표했다. 이 부위는 뇌의 신호가 부신분비선으로 전달되는 회로이다. 그녀는 이 부위에 손상을 입으면 특히 인지수행기능(EFC)에 부정적 영향이 있으며, (그중에서도) 충동적 공격성과 같은 정서적 반응을 통제하는 데 어려움이 있다고 믿었다. 그녀의 이론은 분명히 생물사회적이다. 피시바인은 HPA 결함이 환경적 스트레스와 관련 있다고 주장했다. 그녀는 만성적이고 심각한 스트레스에 대한 반응으로 코티솔 수준이 증가하고 이로 말미암아 HPA를 구성하는 구조가 축소되고 기억감퇴와 인지능력의 저하가 초래되며 우울증이나 기타 정서적 장애가 발생한다고 주장했다. HPA가 축소되면 코티솔 수준이 저하되고 따라서 정서적 반응을 만족스럽게 규제할 수 있는 능력을 상실한다는 것이다. 피시바인에 의하면, 아동기 스트레스로 인해 HPA 발달이 제대로 되지 않았거나 혹은 이후의 스트레스로 HPA가 손상을 있었을 때에 이런 과정이 나타날 수 있다.

오래전부터 머리 손상을 다양한 일탈행동의 원인으로 지적하는 견해가 있었다. 이런 견해는 최근에 뇌의 기능장애와 "범죄성"을 연계하는 연구들로 인해 다시 활발히 논의되고 있다. 다마지오(Damasio, 1994)의 신체표지가설에 의하면,

의사결정은 여러 행동대안들의 서로 다른 보상가치를 평가하는 인지적 처리와 정서적 처리에 의해 이루어진다. 그리고 과거에 이루어진 행동-결과 과정의 결과들이 뇌에 “신체적 징표”로 형성된다. 이런 징표들은 전두엽의 중앙부분(VMPFC)에 위치하며, 이런 기본틀을 통해 사람들은 앞으로의 행동을 평가할 수 있다. VMPFC에 손상을 입은 환자들은 흔히 사회적 기능장애, 행동 탈억제장애, 의사결정 장애, 행동문제의 통찰력 결여 등을 겪게 된다(Yang et al., 2008). 일부 학자들이 지적하듯이, 이런 이론은 사전에 계획한 도구적 폭력성을 제대로 설명할 수 없다(Blair, Mitchell, & Blair, 2005).

## 생화학적 이론

최근의 생화학적 이론들은 성 호르몬과 신경전달물질들에 초점을 맞추고 있다. 남성을 대상으로, 성호르몬이론은 테스토스테론과 공격성과의 관계를 집중적으로 다루었다. 그러나 성호르몬이론의 문제는 테스토스테론이 원인일 수도 있고 공격성의 결과일 수 있다는 것인데, 이들 사이의 원인관계는 풀기 어려운 과제이다. 그럼에도 불구하고, 범죄성의 진화론적 신경인드로겐 이론을 개발하는데 테스토스테론을 사용한 엘리스(Ellis)에 의해 최근에 테스토스테론 요인은 다시 강조되는 경향이다(2003a, 2005). 엘리스의 이론은 테스토스테론의 생화학적 효과를 강조한다. 이런 점에서 범죄성의 진화론적 측면을 강조한 이론들을 다루는 부분 대신에 여기서 엘리스의 이론을 집중적으로 검토한다.

엘리스는 테스토스테론의 생화학적 효과에는 환경자극에 대한 뇌신경의 민감성을 낮추는 경향이 있다고 주장한다. 이로 인해 “과잉행동”에 이를 수 있고 감정통제와 같은 문제를 겪는다는 것이다. 또한 테스토스테론은 뇌반구의 기능변화를 초래함으로써 고차원적 사고능력에 장애를 미친다고 주장했다. 엘리스의 이론은 진화론적 측면에도 주목했다. 테스토스테론과 관련된 “경쟁적-공격화” 행동들이 다윈의 진화이론에서의 핵심 과정인 자연도태를 통해 나타났다고 보았다. 그렇지만 테스토스테론이 법위반과 관련될 수 있다는 가설과 관련해서는 엘리스 이론의 두 번째 요소를 수용할 필요가 없을 것이다.

테스토스테론을 기반으로 한 범죄성 이론에 호의를 보이는 생물사회 이론가들은 왜 남성 범죄율이 모든 사회에서 여성범죄율보다 높은지를 설명하기 위해서 테스토스테론을 사용한다. 특히 여성들에게 영향을 미치는 생화학적 요소들과 관련해, 여러 이론들이 임신과 출산 후에 따르는 호르몬의 불균형의 결과로써 발생하는 산후우울증과, 월경이 시작되기 며칠 전에 나타나는 호르몬변화와 월경전 증후군(PMS)으로 인한 잘못된 판단과 폭력경향성을 강조했다. 산후우울증은 영아살해 사건들에서 피고인 변호의 사유로 흔히 사용되었다.

신경전달물질들은 뇌의 뉴런들 사이에서 신호를 중계하는 화학물질이다. 이들 중에서 특히 세로토닌, 도파민, 노르에피네프린에 많은 관심이 집중되었다. 동물 연구들에서 세로토닌은 공격성을 억제하는 것으로 파악되었고, 세로토닌 수준이 낮으면 습관적 폭력과 자살의 경향성이 높다는 증거들이 있다. 동물 연구들에서 또한 세로토닌(낮은 수준의)이 도파민(낮은 수준의)이나 노르에피네프린(높은 수준의)과 관련이 있으며 특정 상황에서 공격적 행동과도 연관이 있다는 것이 밝혀졌다. 하지만, 여기서 문제는 매우 복잡하다. 예를 들어, 높은 수준의 테스토스테론이 공격성의 원인일 수도 있지만 공격성의 결과일 수도 있다. 또한 낮은 수준의 세로토닌이 환경적 스트레스로 인해 자멸적 행동과 같은 현상을 유발한 만성우울증에 의한 결과일 수도 있다. 생화학적 요소들과 반사회적 행동의 관계는 범죄학적 이론들이 직면하는 "닭과 달걀" 문제의 가장 확실한 예이다. 무엇이 무엇을 유발하는가? 두 가지가 복잡한 피드백 과정으로 연관되어 있는가? 만일 관계가 결국 성립된다면, 정책은 고위험 인물의 생화학적 구성을 변화시키는데 집중해야 할 것인가? (예, 적절한 수준의 세로토닌 또는 도파민을 유지할 수 있는 약이나 주사의 처방) 아니면 특정 개인에게 이런 비정상적인 생리학적 결과들을 초래한 환경을 변화시키는 데 집중해야 할 것인가? 물론 그런 결정들은 정치적인 것이다. 그러나 정책들은 범죄학 이론들이 "닭"과 "달걀" 중에서 어디에 집중하는가에 따라 영향을 받는다. 생물학자들이 한 가지에 집중하고자 하고, 사회학자들은 다른 것에 집중하고자 하는 것은 놀라운 일이 아니다.

이런 차이는 용어를 정의하는 방법에서도 나타난다. 예를 들어, 제8장에서 검토했듯이, 사회학적 갈등이론가인 오스틴 터크(Austin Turk)는 "범죄성"을 권력관계의 측면에서 분석했던 범죄화 과정에 의한 것이고 정의하면서 "범죄"와 "범죄성"을 구분했다. 반면에 생물사회 이론가인 월시(Walsh, 2009)는 "범죄성"을 법위반을 할 수 있는 경향성이라고 정의했다. 따라서 터크는 범죄성을 어떤 행위를 범죄로 해야 할 것인가에 관한 권력투쟁의 결과로 설명했지만, 월시는 이를 반사회적 행동을 저지를 수 있는 생물학적 경향성으로 설명했다. 두 학자 모두가 옳을 수 있다. 그렇지만 학자들이 용어를 서로 달리 정의할 때에 학문분과들 사이의 원만한 의사소통은 항상 어려울 것이다.

생리학에 영향을 미치는 다양한 환경요인들 중에서, 생물사회 이론가들은 주로 섭식(diet)에 주목했다. 특히 단백질 섭취, 정제된 탄수화물, 음식 과민성, 비타민 결핍, 납 또는 카드뮴 노출, 글루타민산 나트륨(MSG)과 같은 물질, 카페인, 초콜릿의 화학물질 등에 관심을 집중했다. 예를 들어, 세로토닌은 높은 단백질 음식의 아미노산에 의해 만들어진다. 이런 점에서, 고농축 단백질 식사를 통해 낮은 세로토닌 수준에 의한 공격성을 완화시킬 수 있다고 시사한다. 설탕과 대부분의 불량식품에서 발견되는 것과 같은 정제된 탄수화물에서의 식사는 혈류에서 많은 양의 포도당을 생산한다. 그리고 이는 인슐린 과다분비와 도파민 수준을 유발하여 행동통제 장애를 가져올 수 있다. 1970년대 후반에 이미, 이런 탄수화물 이론은 널리 알려진 “바보얼간이 변호”에서 능력결핍을 입증하는 논리로 사용되었다. “바보얼간이 변호”에서 샌프란시스코 도시감독관이었던 댄 화이트(Dan White)는 조지 모스콘(George Moscone) 시장과 하비 밀크(Harvey Milk) 감독자를 살해했다고 자백하고 탄수화물 이론을 변호논리로 활용했다. 이런 논리로 화이트(White)는 살인죄로 기소되지 않았고 이보다 경미한 과실치사죄로 유죄판결을 받았다.

어느 경우에도, 도파민과 세로토닌을 조절하는 유전자의 다형성은 “범죄성”과 범죄성과 관련된 매개변수들과 유의미한 관계를 보였다. 도파민 유전자 DRD2와 DAT1의 특정 변종들은 심각하고 폭력적인 범죄와 밀접한 관련이 있었으며, MAOA, DRD2, DATI의 다형성은 어린 남자들의 심각하고 폭력적인 비행과 관련된 것으로 나타났다. 또한 DRD2의 특정 변종은 비행의 피해자화 가능성과 밀접히 연관된 것으로 나타났다(Guo, Roettger, & Shin, 2007; Regoli, Hewitt, & DeLisi, 2010). DRD4의 다형성은 ADHD와 연관되었다(Shaw et al., 2007). 이와 같은 관계들은 반복적으로 관찰할 수 있었다. 그리고 때로는 이런 관계들이 고위험 가족 환경과 같이 다른 변수들의 존재할 때에만 나타나기도 했다. 인간의 게놈에는 25,000개 이상의 유전자가 있다. 이런 점에서 연구의 가능성은 무한하다고 할 것이다.

범죄학에서 가장 곤혹스런 문제의 하나는 청소년기에 법위반이 갑자기 증가하고 10대 후반이나 20대 초반에 현저히 줄어드는 현상을 설명하는 일이었다. 특히 생물사회 범죄학자들이 주로 다루는 "노상범죄"의 경우에 이런 경향은 더욱 분명하다. 19세기와 20세기 초반에 이런 발달론적 기간은 질풍노도의 시기이며 충동성, 급격한 기분변화, 권위에 대한 부정적 태도가 특징이라는 것이 일반적 사실로 받아들여졌다. 그러나 20세기 중반에 이르러, 마가렛 미드(Margaret Mead, 1928)와 같은 학자들은 비교문화 분석을 통해 문맹사회에서 청소년기는 매우 조용한 시기였다고 주장함으로써 많은 주목을 받았다(Ball, 언론보도). 이후 이런 해석은 수십 년 동안 유력한 견해이었지만, (1) 비행발생률이 증가하고, (2) 자료의 일부에 대한 비판이 제기되고, (3) 생물사회 연구들이 예술과 문학에서 묘사한 청소년기의 "폭풍적" 속성 이면에 있는 신경학적 그리고 생화학적 요인들을 지적하면서, 그 영향력을 상실했다.

앞서 언급했듯이, 엘리스(Ellis)의 진화론적 신경안드로겐 이론과 같은 생물사회 이론들은 반사회적 행위가 증가하는 주요 원인으로 남자 청소년기에 급격히 증가하는 테스토스테론을 지적했다. 그러나, MRI 연구들이 청소년들을 어린 아이들과 성인과 비교해 전전두엽 피질(PFC)에서의 활동량을 살펴봤을 때에 청소년들이 매우 적극적인 대뇌측좌핵 활동을 하는 것으로 나타났다. 대뇌측좌핵은 즉각적 만족과 "파블로프의 보상학습"을 하려는 욕구와 관련된 신경학적 구조이다. 반면에 전전두엽 피질은 행동을 체계적으로 관리하는 "집행 기능"과 관련된 충동 억제기제로서 작용하는 경향이다(Day & Carelli, 2007). 대뇌측좌핵이 안와전두피질보다 일찍 발달하며 이런 현상이 청소년기의 많은 위험추구 행위와 관련될 수 있다는 자료가 점차 축적되고 있다(Galvan et al., 2006).

엘리스는 테스토스테론과 관련해 높은 수준의 남성들이 교배과정에서 우위를 차지할 수 있었다고 지적하며 자연도태의 결과라고 주장했다. 테스토스테론의 강력한 영향은 아마도 적극적인 대뇌측좌핵 활동과 낮은 전전두엽 피질 활동과 결부되어 반사회적 행위의 가능성을 더욱 증가시키는 데 있을 것이다. 이를 통해 왜 테스토스테론이 공격성보다 지배성과 더 밀접한 관련이 있는지를 설명할 수 있을 것이다. 따라서 테스토스테론의 수준이 높은 남자 청소년들의 경우에도 만일 대뇌측좌핵 활동과 전전두엽 피질 활동이 균형을 이루면 스포츠나 청소년집단에서 지도자 역할과 같은 지배적 활동으로 테스토스테론의 영향을 방출할 수 있을 것이다(Ball, 언론보도). 이런 주장은 앞으로 연구과제가 될 것이다.

이런 연구들의 일부는 제15장 “생애과정” 이론에서 인용될 것이다. 가장 널리 알려진 이론의 하나는 모핏(Moffitt, 1993)의 생애과정 지속/청소년기한정 이론이다. 모핏은 청소년을 두 가지의 주요 집단으로 구분했다. 한 집단은 소년들 중에서 차지하는 비율이 낮으며, 아동기에 반사회적 행위를 시작하고 이후 청소년기와 성인기에까지 지속하는 경우이다. 다른 집단은 대부분의 청소년을 포함하며, 아동기에는 이런 행동을 거의 하지 않고 청소년기에 들어 갑자기 반사회적 행위를 많이 저지르고 성인기에 들면서는 “이런 행동을 끊고” 반사회적 행위를 하지 않는 경우이다. 첫 번째 집단의 특징으로는 낮은 IQ, 과다활동, 부주의함, 부정적 감정, 낮은 충동 조절 등을 지적했다. 반면에 두 번째 집단은 청소년기의 반사회적 행위를 기능적이고 적응에 도움이 되는 것으로 보는 경우이다. 즉 흥분을 느끼고, 독자성을 보여주고, 친구들과 사귈 수 있기 때문에 반사회적 행위를 하는 청소년들이다. 첫 번째 집단에서 아동기에 일탈행위를 하게 되고 성인기에 준법생활을 할 수 있는 기회가 없는 이유는 이들의 신경학적 그리고 생화학적 문제 때문이다. 두 번째 집단의 반사회적 행위는 흔히 어른들이 “통과의례”라고 하는 것에 해당한다.

## 유 전 학

유전학적 접근방법은 크게 행동유전학, 분자유전학, 후생유전학으로 세분화할 수 있다(Walsh & Beaver, 2009). 각각의 접근방법은 유전자형(유전적 자질)과 표현형(관찰할 수 있는 특징과 행동들) 사이의 관계를 탐구하는 것을 목적으로 한다. 유전자형을 검사한다는 것은 생물사회 범죄학이 관심을 갖는 소질이나 행동과 관련이 있는 “독립변수”를 어디에서 찾을 것인가의 문제이다. 표현형과 관련해, 롬브로조의 오랜 꿈은 머리형태와 같은 특정한 유전자형과 강도와 같은 특정한 범죄형태를 연계하는 것이었다. 이런 꿈은 오래전에 사라졌다. 최근의 생물사회 범죄학자들은 폭력범죄와 같은 법위반의 일반적 범주와 특정한 유전자형을 연계하는 매개변수를 찾는 데 관심을 집중한다. 그리고 생물사회 범죄학자들은 폭력범죄를 다른 사람에 대한 직접적인 신체적 폭력으로 정의한다. 아이들의 음식에 불순물을 섞거나 라벨을 잘못 붙이는 등의 행위나 종업원들이 석면에 노출되어 수십 년 후에 암에 걸릴 가능성을 높이는 등의 간접폭력에는 주목하지 않았다. 즉 "범죄"에 대한 보수주의적 개념을 수용했다. 이는 왜 이들 이론들이 "범죄"를 설명하는 것에 집중하지 않고 "충동성"이나 "용맹성"과 같은 매개변수의 설명에 집중하는 이유이기도 하다.

그러나, 매개변수의 효과를 분석하는 일은 생각보다 훨씬 복잡하다. IQ는 분명히 비행과 관련이 있다. 그러나, 이런 관계의 속성은 명확하지 않다. 범죄가 어리석음의 결과라는 오랜 믿음은 그럴듯하지만, 자료를 통해서는 입증되지 못한 논리적 비약이다. IQ 검사를 통해 측정한 지적 능력이 비행과 직접적인 관련이 없을 수 있다. 반면에 지적 능력이 낮으면 학업성적이 부진할 수 있다. 그리고 학업실패는 비행을 예측하는 데 가장 중요한 요인이다. 지적으로 영민하지만 학교생활에서 소외된 학생의 경우에서도 이런 관계를 찾아볼 수 있다. 매개변수가 작동하는 과정을 간단한 예를 통해 살펴보자. (1) 낮은 IQ는 학교에서 낮은 성적과 관계가 있다, (2) 낮은 학업성적은 학교환경을 싫어하는 것과 관련이 있다(어쩌면 선생님들이 따돌릴 수 있다), (3) 학교 환경으로부터의 소외는 권위에 대한 거부와 관련이 있다(학교 중퇴), (4) 권위의 거부와 학교중퇴는 사회통제에 기여하는 사회유대의 손실과 관련이 있다, (5) 다른 요인들이 결부됨으로써 비행의 가능성이 증가할 수 있다. 이런 "연쇄과정"은 탐구할 만한 가치가 있다. 왜냐하면 비행의 가능성을 줄이는 데 다양한 단계에서 개입할 수 있기 때문이다. 우선 IQ 점수가 낮은 학생들이 학업실패로 연결되는 고리를 차단함으로써 이들에게 도움을 줄 수 있다. 성적이 낮은 학생들이 극단적 소외에 빠져들지 않도록 개입할 수 있으며 선생님들이 문제학생을 따돌리지 않도록 권고할 수 있다. 앞 단계의 이유로 중퇴하려는 학생들을 대상으로 중퇴가능성을 낮추는 데 개입할 수 있다. 중퇴학생들이 위험한 상황에 빠져들지 않도록 하는 프로그램을 개발할 수 있다. 그리고 이런 개입방법들은 서로 배타적이지 않다: "사슬"의 모든 단계에서 동시에 개입할 수 있을 것이다. 결론적으로, IQ가 유전되고 또한 비행과 관련이 있다는 사실은 IQ가 낮으면 꼭 비행을 저지른다는 것을 의미하지 않는다.

## 행동유전학

행동유전학은 IQ나 “폭력”과 같은 다양한 소질과 행동에 대한 환경적 영향으로부터 “유전적” 요소를 분리하려고 노력한다. 생물사회 이론가들은 기존연구들에서 만용성, 공격성, 감각추구성, 충동성, 낮은 IQ 등과 같은 소질의 유전계수가 .20－.82으로 매우 높게 나타났다는 사실을 지적했다(Walsh & Beaver, 2009). 행동유전학은 거의 모든 사회에서 남자가 여자보다 반사회적 행동을 많이 저지른다는 사실에서 논의를 시작했다. 또한 남자들은 일반적으로 자아통제 수준이 낮았고, 여자들이 저지르는 범죄와 비교할 때에 범죄행동의 내용이 훨씬 공격적이었다. 소녀들은 소년에 비해 어려서부터 두려움을 느꼈으며, 어른이 되었을 때에도 더욱 두려움을 느끼는 경향이었다. 이런 차이는 사회화의 효과를 배제하기 위해 통제를 했을 때에도 변하지 않았다. 이와 같은 차이로 인해 오래전부터 남자와 여자의 유전학적 차이가 범죄와 관련이 있다는 주장이 제기되었다. 또한 행동유전학적 접근방법은 피부색과 같은 명백한 유전적 차이와 범죄행위의 가능성을 유발하는 매개변수와는 관련이 있다는 생물학 그리고 생물사회 이론들의 토대가 되었다. 그러나 개인에게 유전되는 것은 특정한 행동이 아니라 환경적 자극에 반응하는 경향 즉 일반적 지향성이라는 것을 잊지 말아야 한다.

## 분자유전학

분자유전학은 개인의 소질과 행동에 유전이 미치는 영향에 대한 상세한 과정을 분석하는데 초점을 두었다. 특히 데옥시리보핵산(DNA)과 같은 물질의 심층적 분자구조에 관심을 집중했다. 분자유전학은 인간 게놈프로젝트가 완료되어 DNA “지도”가 제공되면서 많은 동력을 얻었다. DNA 지도는 분자유전학이 발전하는 데 필요한 자료였으며 이것이 마련되면서 획기적인 발전의 계기가 되었다. 분자유전학은 앞으로 많은 연구가 있을 것이며 이를 통해 DNA 특성과 법위반을 초래하는 매개변수와의 관계를 상세히 알 수 있을 것이다.

DNA 연구에 대한 열의를 이해하는 일은 어렵지 않다. 유전자 하나가 유발하는 질병은 약 1,200종류이다(Beaver, 2009). 낭성섬유증, 겸상적혈구빈혈증, 헌팅턴무도병을 포함한 거의 1,200종류의 질병이 유전자 하나에 의해 발병한다.

그렇지만, 거의 모든 학자들이 동의하는 내용은 OGOD(One Gene－One Disorder, 하나의 유전자－하나의 장애)라는 의미에서 범죄에 대한 “유전자”는 없다는 것이다. 인간 행동은 너무나 복잡해서 그럴 수 없다. 대신에, 유전을 강조하는 이론들은 범죄행동의 유전적 경향성이 강화되는지 아니면 억제되는지는 환경에 달려있다고 지적한다. 예를 들어, 한 부모 가정은 감독을 더 많이 하면 통제할 수 있는 특정의 유전적 경향성을 적절히 통제하는 데 실패할 수 있다는 것이다.

유전자와 환경의 관계는 “유전자 × 환경 상관관계”(rGE)로 표현한다. 그리고 rGEs의 주요 유형으로는 수동적 유형, 능동적 유형, 유발적 유형 등 세 가지로 분류한다(Moffitt, 2005; Rutter, 2007). 수동적 rGE는 자식이 부모로부터 유전자와 환경 모두를 유전받기 때문에 나타나는 상관관계이다. 환경은 부모에 의해 어느 정도 만들어지고 선택된 것이다. 즉 유전자와 환경은 이미 상관관계가 있다. 수동적 rGE는 패키지의 형태로 자식들에게 전달되는 경우이다(Rutter, 2006).

반면에, 능동적 rGE는 사람들은 자신의 성향에 맞는 환경을 찾는 경향이 있고, 환경은 이들의 성향을 강화시킬 수 있기 때문에 나타나는 상관관계이다. 서덜랜드(Sutherland)의 차별접촉이론에 의하면, 범죄자가 될 가능성은 주로 주위사람들로부터 얻은 태도와 기술 때문이다. 가장 빈번히 그리고 오랫동안 친밀하게 접촉한 사람들로부터 태도와 기술을 학습하고 이런 결과로 범죄자가 될 가능성이 결정된다는 것이다. 많은 학생들이 가졌던 의문은 그렇다면 범죄자들이 처음에 어떤 이유로 이런 사람들에 끌리는가에 대한 것이었다. 최근의 연구들은 비행친구 집단이 형성되는 과정에 이런 능동적 rGE관계가 작용한다고 지적했다(Beaver, Wright & DeLisi, 2008). 갱 구성원들과 잠재적인 화이트칼라 범죄자들도 자신들의 성향을 강화시켜주는 동료들에게 매력을 느낄 것이다. 이런 사례는 rGE유형이 개입해 진행되는 피드백 과정의 좋은 예가 될 것이다. 한 편이 다른 편을 강화시킴으로써 “일탈강화 순환”이 지속되는 경우이다.

유발적 rGE는 환경이 같더라도 사람들이 환경으로부터 서로 다른 반응을 유발할 때에 나타나는 상관관계이다. 사람들은 어느 정도 자신들의 환경을 만든다(Scarr & McCartney, 1983). 성별차이에 관한 연구에 의하면, 소년들과 소녀들은 가정이나 학교에서 너무 달리 취급되어 마치 다른 장소에 있는 것처럼 느끼는 경우가 있다. 선생님들은 시끄러운 학생과 조용한 학생에 반응하는 방식이 다르다. 갱조직의 경우에도 가입신청이 있더라도 연약하고 외배엽형의 소년은 거부하고 반면에 근육질의 중간체격이면 포섭하려고 노력할 것이다. 소년이 갱을 선택한 것인가? 아니면 갱이 소년을 선택한 것인가?(Maddan, Walker & Miller, 2008) 사춘기를 일찍 접한 소녀들은 “문제를 일으킬” 가능성이 크다. 그러나 이는 소녀들에 이끌린 소년들 때문일 수 있다. 조기 사춘기 소녀의 경우는 적극적 rGE 사례인가? 아니면 이런 소녀들에 대해서는 비슷한 연령과 사회적 성숙도의 다른 소녀들과 차별적으로 반응함으로써 나타나는 유발적 rGE 사례인가?

## 후생유전학

세 번째 유전적 접근방법은 후생유전학이다. 후생유전학은 환경요인이 DNA의 분자구조에는 전혀 영향을 미치지 않으면서도 유전자의 기능을 특정 부분을 활성화하고 비활성화함으로써 변화시킬 수 있다는 놀라운 새로운 발견을 기반으로 한다. 후생유전학의 역사는 채 십 년도 되지 않는다. 라마르크(Lamark)는 오래전에 유전자 총체(pool)에는 없지만 부모에 의해 획득된 특성이 유전될 수 있다고 주장하였지만 그동안 견해는 수용되지 않았다. 후생유전학은 라마크르의 주장에 새로운 관심을 촉진하는 계기가 되었다(Bird, 2007). “후생유전”은 유전자에 뭔가가 “첨가된다”는 것이다. 즉 유전된 DNA의 기본 구조와 염기서열이 바뀌지 않고 유전자의 기능을 변화시키는 모든 과정을 지칭한다.

유선사는 환경사극에 따라 다양한 종류의 “디형성”과 변종을 기질 수 있다. 분자유전학과 같은 분야가 유전자의 “하드웨어”에 집중한다면, 후생유전학은 “소프트웨어”에 의한 과정을 연구한다. 즉 소프트웨어가 “프로그램”되어 어떤 유전자를 “켜고”, 어떤 유전자는 “끄고”, 어떻게 “조절”하는가 등의 과정에 관심을 갖는다. 후생유전학은 유전자가 유기체의 구조와 기능에 관한 코드를 갖고 있지만, 보다 구체적인 “소프트웨어” 작동명령도 필요하다는 것을 보여준다. 이런 작동명령들은 후생유전자라고 부르는 화학적 “스위치들”의 배열에서 찾을 수 있으며, 이를 통해 자신들이 위치한 환경에 유기체가 적응할 수 있도록 한다.

예를 들어, 임신부가 먹고 마시는 물질이 태아에게 영향을 미친다는 것은 모든 사람들이 알고 있다(Manning & Hoyme, 2007). 이런 영향은 섭취한 물질들이 부모의 DNA 조합으로 전달되는 기본적인 유전적 특성을 바꿨기 때문이 아니다. 유전적 경향성이 표현되는 방식이 “각인”과정에 의해 변화되었기 때문이다. 유전적으로 동일한 유기체(예, 일란성 쌍둥이)이지만 표현형에서 다양한 차이가 나타나는 것은 바로 이러한 유전자에 대한 환경의 후생유전적 영향에 의한 것일 수 있다. 그리고 이런 영향의 일부는 자식들에 "전달될 수도" 있다.

후생유전학 연구에서, 임산부의 음식섭취는 실제로 손자와 증손자에까지 영향을 미치는 것으로 조사되었다. 이런 결과는 후생유전 효과가 세대를 거쳐 전달될 수 있다는 것을 의미한다. 또한 후생유전학 연구는 가난, 양육, 환경적 유해성과 같은 요인들이 여러 세대를 거치면서 유전자의 "활동"이나 표출방식을 변화시켜 중대한 영향을 미친다는 사실을 지적했다. 예를 들어, 최근에 아동 자폐증이 증가하고 있다. 증가한 이유의 일부가 환경경험들이 정상적인 사회적 상호작용과 관련된 유전자를 "끄거나" 변화시킴으로써 나타나는 "유전자 침묵화의 후생적 메커니즘"에 의한 결과일 수 있다는 증거가 나타나고 있다(Lopez-Rangel & Lewis, 2006). 뿐만 아니라 아동학대가 부신피질호르몬 수용체의 표현을 억제함으로써 반사회적 행위의 원인이라는 연구결과도 있다. 부신피질호르몬 수용체가 억제되어 부모로부터 유전된 DNA의 명령체계에 영향을 미치고 앞서 언급한 시상하부-뇌하수체-부신피질(HPA)을 변화시켜 반사회적 행위에 빠져들 수 있다는 것이다. 즉 유전자의 기본구조는 변하지 않지만, 아동학대의 후생적 효과로 인해 후생유전자에 각인되는 내용이 "조절되어" 유전자의 표현방법이 달라진다는 것이다. 이런 점에서, "반사회적 행동"이 세대에 걸쳐 전달되는 현상은 흔히 정의하는 것과 같은 유전 때문이 아니며 각 세대의 후생유전자에 각인되는 학대의 사이클을 통해 전달될 수 있다는 것을 알 수 있다.

이런 주장이 사실로 입증되면, 폭력의 세대간 순환을 예방하는 정책에도 변화가 있어야 할 것이다. 폭력의 순환을 차단하기 위해서는 부모를 "불임"시켜 더 이상 자식을 낳지 못하게 하는 우생학적 정책이 필요하다는 일부의 주장이 있다. 후생유전학 연구들은 이런 정책으로는 폭력의 순환을 차단하는 데 효과가 없을 것이라고 시사한다. 왜냐하면 출생 때부터 부모로부터 아동을 격리시키더라도 이런 아동은 생물학적 부모가 겪은 학대로 인해 나중에 어른이 되면 결국 자기의 자식들을 학대할 것이기 때문이다. 안토니 월시(Anthony Walsh, 2009)는 게놈, 다형성, 후생유전학과의 관계를 다음과 같이 표현했다. "만약 게놈을 오케스트라라고 하면 다형성은 오케스트라가 연주하는 음악적 다양성이다. 후생유전학은 지휘자와 같은 것으로 연주의 역동성을 관리한다"(pp.50-51). 이에 덧붙여 월시는 “범죄학자들에게 후생유전학은 새로운 지평을 열게 하는 자료들의 귀중한 젖줄이 될 수 있다”(p.51)라고 주장했다.

## 생물사회적 위험요인들과 보호요인들

### 위험요인들

정교한 수준의 생물사회 접근방법에서는 일부의 사람이 생래적으로 범죄자라는 등의 단순한 주장을 하지 않는다. 대신, 비행과 범죄행위의 가능성을 증가시킬 수 있는 여러 생물학적 위험요인들을 중심으로 반사회적 행위를 분석한다. 이와 함께, 특히 부정적 환경조건과 이런 요인들이 결부되는 상황에 주목한다(Fishbein, 1990, 1997). 앞서 언급했던, 낮은 IQ 혹은 학습 무능력과 범죄행동과의 관계는 이런 과정의 한 가지 예가 될 것이다. 낮은 IQ와 학습 무능력의 어느 것도 범죄를 직접적으로 유발한다고 고려하지 않았다. 분석모형은 적절한 개입대책이 없는 상황에서 이런 아이들은 학교생활과 같은 일반적 활동에서 좌절감을 느끼게 되고, 실추된 자아존중감으로 심각한 고통을 겪게 되고, 비슷한 좌절을 겪는 다른 사람들과 상호작용을 시작하면서 점차 비행과 범죄의 방향으로 나아간다는 것이다(Fishbein, 1990).

지능이란 매우 복잡한 개념이나 일반적으로 대상자의 “적응력”을 의미한다. 분자생물학자들은 지능과 관계된 특수한 유전자나 적응력의 특정 형태와 상응하는 유전자를 발견할 수 있을 것으로 기대하지 않는다. IQ는 흔히 “IQ테스트에 의해 측정한 것”이라고 조작적으로 정의한다. 그리고 IQ테스트는 좁은 범위의 지능 즉 소위 “책에서 배운 지식”을 측정하려는 노력이다. 월시(Walsh, 2003b)에 의하면, IQ의 “유전계수”는 (즉, 지능과 같은 표현형 소질의 차이가 유전적으로 영향을 받는 수준) 대략 .60 수준이며, 매우 높은 편이다. 높은 이유는 유전계수와 상관계수의 계산방법은 다르기 때문일 수 있다. 상관계수와 달리 유전계수는 수학적으로 제곱을 하지 않고 설명변량의 크기만을 측정하는 수치이다. 따라서 .60의 유전계수는 IQ의 60%가 유전되었다는 것을 의미한다.

IQ에 대한 논의에서 한 가지 주목할 만한 견해는 “지능 불균형”에 대한 것이다(Walsh, 2003b). 정신병질자들은, 예를 들어, IQ테스트를 했을 때에 언어영역보다 수행영역에서 더 높은 점수를 보이는 경향이 있다. PET스캔(양전자 단층촬영)에 의하면 수행과제의 처리에 필요한 정신활동은 주로 우뇌에서 이루어지고 언어과제는 좌뇌에서 이루어진다. 지능 불균형의 원인이 아동학대와 방임이라는 연구결과가 있다. 장기적으로 저수준의 공포상태에 있는 아동은 우뇌에서 처리하는 위험의 시공간적 단서들에 항상 주목하게 된다. 이로 인해 "동결된 경계심"의 상태에 빠져들며 좌뇌에서 처리하는 언어활동에 장애를 입게 된다는 것이다(Walsh, 2003b).

생물사회 이론에 의하면, 비행/범죄에 이르게 하는 또 다른 위험요인들은 주의결핍 과잉행동장애(ADHD)와 행동장애(CD)이다. ADHD에서 "주의결핍"은 만성적 무관심을 지칭하며 "과잉행동" 측면은 용어 그대로이며, 두 가지 모두는 "ADHD"의 "충동성"에 의해 악화될 수 있다. ADHD의 수준에 대해서는 생물사회 학자들 간에 다른 의견이다. 로우(Rowe, 2002)는 남자의 3~5%가 그렇다고 예측했고, Comings(2003)은 8~12%라고 지적했다. 다소의 차이가 있더라도, ADHD는 소년들 사이에서 아마도 가장 흔한 심리적 장애일 것이다. 최근에 널리 알려진 연구는 ADHD가 도파민 D4 유전자의 7회 반복 대립형질과 관련이 있다는 사실을 밝히는 데 성공했다(Shaw et al., 2007). 또 다른 최근 연구는 DDR2와 DDR4의 유전자×유전자 상호작용이 행동장애와 반사회적 행위의 원인이라는 사실을 규명했다(Beaver et al., 2007).

일부의 생물사회 학자들은 ADHD가 청소년기 약물 사용과 성인범죄에서 유의미한 요인이라고 주장했다. 실제, ADHD가 반사회적 행동들의 주요 위험요인이라는 것은 메타분석 연구를 포함한 여러 연구들에서 입증되었다(Barkley et al., 2002; Barkley, Fishbein, Smallish, & Fletcher, 2004; Pratt, Cullen, Blevins, Daigle, & Unnever, 2002). 그러나, 커밍스(Comings, 2003)는 이런 관계에 의문을 제기했다. 그는 ADHD가 흔히 행동장애(CD)와 동반해서 나타난다고 지적했다. 즉 흔히 얘기하는 "복합증상"이라는 것이다. 인과관계를 풀려고 노력하면서, 커밍스는 ADHD가 아니라 CD와의 공존성이 청소년의 약물남용과 성인범죄를 유발한다는 연구결과들을 인용했다. 즉, 상대적 부주의성, 충동성, 과잉행동으로 인해 ADHD라고 진단을 받은 아동들이 청소년기 약물남용과 성인 범죄성의 "위험성 수준"에서 실제로는 통제집단과 큰 차이가 없을 수 있다는 것이다. 커밍스는 ADHD와 함께 CD라고 진단을 받은 아이들만이 "정상적" 아이들에 비해 이런 행동을 할 가능성이 높다고 주장했다. CD는 사람과 동물들에 대한 공격성, 재산의 파괴, 사기 또는 절도, 심각한 규정위반 등을 특징으로 한다. 따라서 CD가 문제의 원인이며, 상대적 부주의, 충동성, 과잉행동 등은 청소년기 약물남용이나 성인 범죄성에 크게 영향을 미치지 않을 수 있다. 모든 학자들이 커밍스의 생각에 동의하지는 않는다(Barkley et al., 2002 참조). 그래도 만일 그렇다면, 이는 동반적 위험요인들의 범죄유발적 효과를 규명한 성공사례가 될 것이다.

만약 커밍스(Comings)가 맞다면, 이는 또한 행동장애에 대한 진단범주와 뇌의 특정 부위에서의 결함과의 명확한 관계를 보여주는 것이다. 생물학자들이 초창기부터 부단히 노력한 것은 바로 이런 관계를 파악하는 일이었다. 커밍스의 주장은 다음과 같다: (1) ADHD와 CD 모두가 전두엽의 병리적 현상과 관련이 있다, (2) 전두엽에서 배측면의 결함은 ADHD을 의심하게 하는 징표이며, 복합증상의 CD는 단지 전두엽에서 안와피질 부분의 결함과 관련이 있다. 커밍스는 CD를 가진 아동들 중에서 반사회적 행위의 개연성이 가장 높은 하위집단을 예측할 수 있도록 10개에서 20개의 유전자만을 대상으로 하는 유전자 검사방법을 개발하는데 앞으로 더욱 많은 연구가 필요하다고 지적했다.

생물사회 연구들이 진행되면서, 유전적 다형성의 또 다른 부분이 ADHD와 CD와 관련이 있다는 사실이 밝혀졌다. 따라서 언론이 보도하듯이 유전적 영향은 단순하지 않은 양상이었다. 예를 들어, 행동장애을 일으키는 전두엽 전반부피질의 낮은 활동성이 COMT 유전자의 변형과 관련이 있는 것으로 밝혀졌다(Thapar et al., 2005). 더불어, 5HTT 세로토닌 유전자의 변형은 청소년들의 약물남용, 학교문제, 공격성과 관련이 있고(Gerra et al., 2005), 특히 중국남자의 경우에 이들의 극단적 폭력행위와 관련이 있는 것으로 나타났다(Liao, Hong, Shih, & Tsai, 2004).

생물사회 범죄학은 독자적으로 용어를 사용하는 경향이 있다. 생물학적 전통의 학자들은 일부 공통용어들을 사회과학에서 훈련받은 학자들과 다르게 사용한다. 심지어 가장 기본용어인 환경도 생물학적 또는 생물사회 이론가들은 다르게 사용한다. 예를 들어, 환경을 (태아의 경우에) 자궁을 지칭하는 의미로까지 사용한다. 생물사회학자들이 "위험요인"을 언급할 경우에, 이들은 흔히 강력한 영향을 미치는 인과적 요인과 단순히 반사회적 행위의 개연성을 증가시키는 요인을 서로 구분한다. 후자의 예로는 살인자의 왼쪽 각회의 기능적 장애(뇌의 두

정엽에 위치하는 부분)와 뇌량(두개의 뇌반구를 연결하는 부분) 등을 들 수 있다(Raine, 2002).

생물사회 이론에서 가장 설득력이 있는 연구의 일부는 알코올중독과 같은 약물남용과 관계가 깊은 특정 유전자형을 판별한 것이다. 어쩌면 이는 그다지 놀랄 일이 아닐 수 있다. 왜냐하면 (1) 알코올중독은 "반사회적 행동"과 같은 일반적 표현형(다소 모호한)보다 그 성질이 매우 구체적이기 때문이다. 또한 (2) 독립변수로 고려되는 요인들(예, 알코올중독)이 이론적 논의에서 사용한 생물학적 예측요인(예, 도파민)과 같이 그 성질이 생물학적이기 때문이다. 앞서 살펴봤듯이, "반사회적 행위"와 같은 변수들은 대부분 사회적 구성물이다. 시간과 장소에 따라 이런 행위는 서로 현저한 차이가 있다. 그리고 친사회성에 대해 다른 견해의 사람들은 이와 대비되는 모든 행위를 "반사회적"이라고 지칭하는 경향이다. 이런 경향은 알코올중독에서도 어느 정도 사실이다. 그렇지만 몸에 "너무 많은" 특정한 화학물질을 넣으면 문제가 된다는 것에 대해서는 여러 문화에 걸쳐 합의하는 수준이 분명히 있다. 생물학적으로 규정된 독립변수를 사용해 사회적으로 규정된 종속변수를 예측하는 데에는 논리적 문제가 있을 것이다. 약물남용의 경우에 독립변수와 종속변수를 규정하는 주요특성들은 모두 생물학적일 수 있다(물론 이런 주장도 앞으로 검증되어야 한다).

그럼에도 불구하고, 몇 가지 중요한 사항에 주목할 필요가 있다. 첫째, 알코올중독은 범죄가 아니다. 200년 이상에 걸쳐, 형사법은 일반적으로 인간의 소질은 범죄화하지 않고 대신에 외형적인 해로운 행동만을 범죄화한다는 원칙을 기반으로 했다. 즉 음주상태로 인한 파괴적 행위가 범죄화의 대상이었다. 아이러니하게도, 생물사회학적 연구들에서 알코올중독이 유전적 경향성과 관련된 것으로 입증될수록, 이런 상태를 "범죄"보다는 "질병"으로 규정하는 경향이 심화될 수 있다. 동성애의 사례가 이와 유사할 것이다. 얼마 전까지 상호동의한 성인들 사이에서 행해지는 은밀한 동성 성행위는 범죄로 규정되고 처벌의 대상이었다. 그러나 여론과 함께 동성애가 특정한 생물학적 이유와 관련이 있다는 연구결과가 축적되면서 이런 행위는 합법화되었다.

## 보호요인들

티벳(Tibbetts, 2003)이 지적하듯이, 생물사회 이론들 중에서 가장 흥미로운 시도는 생물학적 접근방법과 이 책에서 앞서 검토했던 다른 이론들을 통합하려고 노력한 이론들이다. 특히 범죄학자들 사이에서 가장 호평을 받는 사회통제이론과 자아통제이론을 통합하고자 했던 시도들이다(Ellis & Walsh, 1999). 앞서 논의했듯이, 통제이론들은 위험요인의 효과를 상쇄하는 보호요인을 강조한다. 예를 들어, 통제이론에서 한 가지 중요요인은 공감능력이다. 공감능력을 통해 행위자는 주위 사람들의 관점을 이해할 수 있고 이들과 공동체 의식을 형성할 수 있다. 공감능력의 유전계수는 약 .68이다(Tibbetts, 2003). 이는 IQ의 유전계수보다 높은 수준이다. 공감능력은 보호요인의 하나이다. 보호요인은, 범죄성을 증가시키는 위험요인과 정반대의 작용을 하며, 행위자로 위험요인에 노출되는 것을 봉쇄하는 역할을 한다. 생물학적 요인들은 두 가지 방향 모두에서 작용할 수 있다. 레인(Raine, 2002)은 최근까지 반사회적 행위로부터 보호해주는 역할을 하는 생물학적 요인들에 관한 연구가 없었다(명백히 이론적 흥미가 없었다)고 지적했다. 그러나 이런 경향은 천천히 변하고 있다. 보호요인에 관한 연구는 아마도 생물사회 범죄학에서 가장 빨리 성장할 연구분야가 될 것이다.

생물학적 속성의 보호요인을 찾을 수 있는 가장 확실한 방법의 하나는 위험요인의 스펙트럼에서 반대편을 연구하는 것이다. 감정통제를 담당하는 자율신경계 활동이 안와전두엽의 결함으로 감소되어 반사회적 행위를 한다면, 활발한 자율신경계 활동은 행위자를 반사회적 활동으로부터 보호할 수 있지 않겠는가? 레인(Raine, 2002)은 실제 그런 결과를 보고했다. 14년간의 종단적 연구에서 “중단자들”은 (청소년기에는 반사회적이었지만 어른이 되어서는 범죄행위를 저지르는 않은 경우) 성인이 되어서도 반사회적 행위를 지속하는 조사대상자들보다 자율신경계 활동이 활발한 경향(이와 함께 심장박동수와 같은 요인으로 측정했을 때에 각성수준도 높았다)이었다.

로우(Rowe, 2002)에 의하면, “혈연 이타성”도 일반적으로 보호요인이었다. 양부모에 의한 입양아동에 대한 치명적 아동학대 비율은 생물학적 부모의 생물학적 자녀에 대한 비율보다 40~100배 이상이었다. 이에 대해, Rowe는 생물학적 혈연관계에서는 상대방에 대한 친밀감이 강하고 이런 요인이 그렇지 않으면 높게 나타날 수도 있었던 폭력사용을 감소시킨 결과라고 해석했다. 물론, Rowe가 지적하듯이, 이런 통계자료는 "양부모는 악마와 같다"라는 상식적 견해와도 일치한다.

또한 로우(Rowe)는 혈연 이타성이 반대로 작동하여 위험요인이 될 수도 있다고 지적했다. 혈연관계의 사람들이 함께 범죄를 저지르는 경우인데, 이때에 혈연관계는 공범의 위험성을 증가시키는 위험요인이다. 그러나 로우의 이론을 경험적으로 검증하는 것은 매우 어렵다. 왜냐하면 혈연이타성은 밀접한 생물학적 관계에서 증가하고, 가까운 친척은 먼 친척에 비해 생물학적 구성이 유사한데, 이런 경우에 "혈연 이타성"을 다른 생물학적 영향으로부터 구분하는 것은 거의 불가능하기 때문이다.

적절한 양육과 가족지지와 같은 보호요인들이 다양한 생물학적 위험요인들에 의한 법위반 가능성을 감소시킬 수 있다는 결론을 입증하는 연구들이 점차 늘어나고 있다(Larsson, Viding, & Plomin, 2008). 최근에 비버, 라이트, 월시(Beaver, Wright, & Walsh, 2008)는 성관계 파트너의 수와 범죄행위와의 관계에 대해 유전자-기반의 진화론적 설명체계를 개발했다. 그렇지만 연계행위 모두의 가능성이 사회화 방식에 의해 동시에 감소할 수 있다고 인정했다. 공감능력은 반사회적 행위의 위험을 감소시키는 보호요인이다. 그리고 여러 연구들에서 공감능력의 경우도 이것이 향상되는 과정에는 특정한 진화패턴이 있는 것으로 조사되었다(de Waal, 2008). 또한 최근에 일부의 생물사회 학자들은 도심지역 청소년의 "자아탄력성"과 관련된 요인에 많은 관심을 집중하고 있다. 도심지역 청소년들은 주위환경으로 법위반을 하도록 많은 압력을 받지만 반사회적 행위에 빠져들지 않는다. 이는 "차단요인으로서 자아개념"에 대한 사회학적 연구들과 유사한 사례이다. 제5장에서 살펴봤듯이, 사회학적 연구들은 비록 범죄가 많이 발생하고 일탈행동이 일반적 규범인 우범지역에 살더라도 "차단요인으로서 자아개념"이 있으면 비행에 빠져들 가능성이 감소한다고 주장했다(DiRago & Viallant, 2007). 이런 생물사회 변수들은 가족이나 다른 사회화제도의 영향보다 더 중요하게 "긍정적 자아개념"의 형성에 기여할 수 있을 것이다.

## 환경적 위해성

생물사회 범죄학에 대해 그간 보수주의적 편견이라는 지적이 많았다. 그러나 항상 그렇지 않다. 특히 환경적 위해성에 관한 이론적 함의는 매우 비판적이다. 심지어, 환경파괴가 오늘날 전 세계가 직면한 가장 심각한 문제라고 주장하는 급진적 범죄학 이론가들도 이 분야의 생물사회 범죄학자들과 유사한 견해이다(Lynch, Schwendinger, Schwendinger, 2006).

생물사회 범죄학자들은 전두엽의 결함이 반사회적 행위와 관련이 있다고 지적했다. 이에 대해 파시바인(Fishbein, 2003)은 전두엽의 결함이 머리 부상, 수태기의 약물 노출, 아동기 박탈, 만성적 약물 사용뿐만 아니라 수은과 납과 같은 환경적 신경독소에 의해서도 유발될 수 있다고 주장했다. 뇌에서 전두엽은 생물사회 범죄학자들이 각별히 주목하는 영역이다. 그리고 이 영역은 일반적으로 환경적 영향에 매우 민감한 부분이며, 따라서 생물사회 학자들이 맞다면, 환경적 위해요소들은 장차 심각한 범죄학적 문제를 유발할 것이다.

환경적 위해요소들은 또한 괴잉행동, 학습 무능력, IQ 결핍, 그리고 생물사회 이론이 규명한 반사회적 행위의 온갖 위험요소를 초래하는 데 있어 중요한 영향요인이다(Colburn, Dumanoski, & Myers, 1997; Davis, 2002; Rodericks, 1992). 가장 위험한 것은 화력발전소에서 방출하는 납과 수은과 그 외 중금속과 망간과 같은 물질들이다(Pueschel, Linakis, & Anderson, 1996). 납은 전두엽에 심각한 피해를 미칠 뿐만 아니라, 모든 종류의 결함과 관련이 있고 충동성, 공격성, 자기통제력 부족, 학교실패를 포함한 온갖 유형의 부정적 상태와도 관련되어 있다. 라이트 등(Wright et al., 2008)이 376명의 6세 아동을 조사했을 때에 납의 혈중농도가 1데시리터당 5마이크로그램 증가하면 성인기에 폭력범죄로 체포될 위험성이 150% 가량 증가하는 것으로 조사되었다. 또 다른 환경적 독소는 담배 연기이다. 연구에 의하면, 태아기 담배노출은 범죄 행동뿐만 아니라 감정적 불안정, 물리적 공격성, 사회적 미성숙, 반항성 장애(ODD)와 관련이 있었다(Regoli et al., 2010). 최근에 있었던 후생학적 연구는 환경적 위해요소를 제거하더라도 이미 영향을 받았던 사람들의 자식들은 여러 세대에 걸쳐 후유증을 겪을 수 있다고 지적했다.

아편, 헤로인, 코카인 등과 같이 불법약물로 널리 알려진 것들의 일부는 엔돌핀이나 신체내에서 자연적으로 만들어지는 물질들의 약리작용과 유사하기 때문에 중독성이 매우 강하다. 최근 연구에 의하면, 일부 합성화학물들도 "호르몬 유사제(hormone minics)"로 작용하여 정상적인 생물학적 과정을 변화시키는 것으로 나타났다(Lynch et al., 2006). 따라서, 이런 화학물에 어렸을 때에 노출되면 자궁의 에스트로겐 수준이 증가했으며, 동물실험에서 수컷 생쥐의 공격성이 증가하는 경향이었다(Lynch et al., 2006). 이와 유사하게, 위험한 폐기물의 생산, 처리, 보관, 해체 시설에 근접해 있을수록, 뇌와 중추신경계 손상, IQ 저하, 학습 무능력, 공격성의 증가, 좌절인내력의 감소, 과잉행동, 자아통제의 약화, 충동성, ADHD 등의 가능성이 증가하였고 폭력성의 강화, 반사회적 행위, 범죄와 같은 일반적 장애수준이 늘어나는 경향이었다(Lynch et al., 2006). 더불어, 이론적 통합을 시도했던 학자들은 어떻게 생물학적 접근방법을 확대시켜, 즉 개인을 중심으로 범죄행동을 유발하는 요인들에 주목했던 입장을 확대시켜 생태학적 문제, 인종 문제, 계급 문제까지도 아우를 수 있는지를 보여주었다. 이를 통해 통합 이론가들은 기존의 환경정책(일부의 사람들이 이익을 얻기 때문에 환경적 신경독소의 양산을 허용하는 정책)으로 사람들은 신경계 손상을 입고 범죄에 빠져들며, 범죄유발적 환경정책에 대한 사회적 대응이 결국 환경정책의 피해자를 처벌하는 것이라는 사실을 설득력 있게 지적했다.

일부의 생물사회 범죄학자들은 생물학적 접근방법을 중심으로 통제이론과 같은 특정한 사회학적 혹은 심리학적 이론과 통합할 수 있는 방안을 모색했다. 반면에 갈등이론가, 비판적 이론이나 급진이론을 수용하는 학자들은 환경적 위해요소를 중심으로 생물학적 이론과의 통합을 시도했다. 이런 연구들은, 예를 들어, 소수인종 특히 흑인들이 산업폐기물을 처리하는 장소에 백인보다 훨씬 근접해 살고 있다는 것을 지적했다(Lynch et al., 2006). 같은 연구에서 이들은 저수입 집단이 고수입 집단보다 그런 지역에 거주할 가능성이 높고, 소수인종이면서 저수입 집단의 지역사회가 백인이나 고수입 집단의 지역사회보다 화학물질 사고가 발생한 장소에 근접해 있었다고 보고했다. 슈렛스카이와 린치(Stretsky & Lynch, 1999)는 학교환경에 주목했다. 이들의 연구에서 흑인의 비율이 높은 학교일수록 위험한 폐기물 처리장소에 가까이 위치하는 경향이었다.

## 생물학적 이론들의 결과: 정책적 함의

지금까지 계속해 강조했듯이, 범죄학 이론의 성공여부는 이론적 엄밀성이나 경험적 검증결과보다 오히려 시대적 상황에 달려있을 수 있다. 20세기 초의 사회적 다원주의나 후반에 대두한 정치적 순수성의 사회학적 용어로 포장된 이념적 지향의 경우도 예외가 아니다. 범죄학이 발전하려면 이론을 종교로 생각하는 “신봉자”는 줄어들고 대신에 이론을 잠정모형으로 생각하고 체계적 연구를 통해 검증하려는 개방적 과학자가 많아져야 할 것이다. 그러나 이런 개연성이 그리 크지 않을 것이다. 왜냐하면 범죄는 정치적 색채가 매우 짙은 주제이기 때문이다.

분명히, 생물학적 과학은 대중성의 파도를 타고 있다. 1990년대에 생명기술 주식은 붐을 맞았다. 많은 기업들이 유전공학을 이용한 새로운 상품을 개발해 이윤을 창출할 수 있는 방법을 찾고 있다. 유전공학은 다양한 부문에서 희망을 약속했다. 대머리치료부터 암치료까지 온갖 종류의 질병치료를 기대하게 되었고, 부부는 원하는 대로 자식을 설계할 수 있을 듯하였다. 인간게놈 프로젝드에서 주도적 역할을 했던 학자는 자신의 연구에 대한 특허권을 요구했고, 유전적으로 조작된 씨앗에서부터 인간의 신체 부분에 이르기까지 모든 것이 기업통제에 놓일 수 있는 가능성에 대한 우려가 제기되었다. 새로운 세기가 시작하면서, 기업들이 정부기관과 연구성과를 공유하고 새로운 기술에 대해 독점적 통제를 하지 않는다면, 기업들은 유전적으로 조작된 “생산물”로부터 상당한 이익을 얻을 수 있다고 정부기관의 연구자들과 기업은 타협을 하는 듯하였다.

### 연구와 정책의 방향

1980년대와 1990년대에 생물학적 이론화가 범죄학에서 점차 부각되면서, 정책적 함의에 대한 우려가 다시 대두했다. 21세기 초에, 피시바인(Fishbein, 2001)은 범죄학에서 “생물행동적” 관점의 의의에 대한 방대한 분량의 요약문을 발표했다. 여기서 그녀는 사회적으로 승인하지 않는 행위를 생물학적 병리현상에 전가시킨 역사의 어두운 측면과 생물학적 범죄학의 허위과학적 측면을 인정했다. 동시에, 그녀는 생물학적 이론화와 연구가 좀 더 향상된 목표를 위해 활용할 수 있는 방법들을 제안했다.

피시바인(2001)이 지적했듯이, "이런 과학을 기반으로 범죄행위에 영향을 미칠 수 있는 정책과 프로그램을 개발하고 시행하기에 앞서, 범죄학을 위한 생물학적 관점의 타당성과 의의가 철저하게 평가되어야 한다"(p.98). 그녀는 이런 평가를 위해서는 4가지 선결조건이 충족되어야 한다고 주장했다: (1) 반사회적 집단에서 생물학적 문제의 발생수준에 대한 평가, (2) 원인 혹은 인과관계 메커니즘의 규명, (3) 생물학적 요인과 사회환경적 요인의 역동적 상호작용에 대한 평가, (4) 대규모 치료활동에 따른 행동개선 여부에 대한 판단. 과제 하나하나를 해결하기 위해서는 많은 노력이 있어야 할 것이다.

기존 연구들에서 생물학적이나 사회적 결점들이 일반시민들보다 범죄자 집단에 많은 것으로 조사되었다. 그러나 이런 차이의 정도는 아직 명확하지 않다. 롬브로조 시대처럼, 범죄자 집단과 통제집단을 비교하는 신중한 연구가 있어야 할 것이다. 만일 이런 차이들이 정말 존재하고, 그리고 이것을 체계적으로 확인할 수 있다면, 생물사회 연구와 이론화를 기반으로 정책결정의 두 번째 단계로 나아갈 수 있을 것이다. 그러나, 이는 보이는 것보다 훨씬 복잡한 문제이다. 교도소 건설 붐에 익숙한 사람들은 이런 시설이 건설되면, 어떻게든지 모두 채워진다는 사실을 잘 알 것이다. 마찬가지로, 진단 범주가 개발되면, 극단적인 과잉진단이 뒤따를 것이다. 특히 이 방법이 문제를 쉽게 벗어나게 해주거나, 돈을 벌 수 있는 기회가 된다면 더욱 광범위하게 사용될 것이다. 한 연구에 의하면, ADHD로 진단을 받고 유명한 약물로 "치료된" 아동의 절반 이상이 진단이 잘못되거나 부적절한 약물을 복용한 경우들이었다. 이런 약물에 부작용이 있다면 심각한 위험이 초래될 것이다(August, Realmuto, & MacDonald, 1996). 실제로 5세 정도의 아동들이 ADHD 치료제로 메틸페니데이트(Ritalin)이나 애더럴 혹은 덱세드린과 같은 암페타인 제재를 복용했다. 하지만 이런 약들은 정신병, 조병, 식욕감퇴, 우울증, 수면문제, 침울함과 성장저해와 같은 부작용이 있다. 이런 약들의 판매액은 현재 연간 10억 달러 이상이다(Regoli et al., 2010).

피시바인의 두 번째 단계는 원인과 인과관계 메커니즘을 정확히 규명하는 것이다. 어떤 식으로 유전적 혹은 생물학적 요인들(환경요인과 결합하여)이 개인의 범죄행동 가능성에 영향을 미치는가? 비록 일부 흥미로운 상관관계들이 반사회적 행동과 신체적 요인 사이에서 발견되었지만, 이런 연구들은 신체적 소질이 유전되는 메커니즘을 확인하지 못했으며 유전요인에 의해 생물학적 체계가 어떤 영향을 받는가를 보여주지 못했다. 재범의 위험을 예측할 때에, “관계에 의한 유죄”를 하지 말아야 한다. 즉, 가석방 대상자의 신체적 특성이 범죄성과 관계가 있다는 이유로 이들의 가석방을 거부해서는 안 된다. 피시바인(Fishbein, 2001)이 강조하듯이, “다른 형태의 증거와 마찬가지로, 인과성을 인정받기 위해서 생물학적 혹은 유전적 연구의 결과는 과학적으로 철저히 검증되고, 신뢰할 만하고, 법정에 있는 모든 사람들이 동의할 수 있는 내용이 되어야 한다”(p.100). 간단히 말해서, 신체적 특징이 실제로 반사회적 행동을 유발했는가, 혹은 단지 그것과 관련이 있는가? 흔히 듣듯이, 상관관계는 원인이 아니다. 어쩌면 인과관계가 역으로 작동하여 반사회적 행위가 신체적 특성을 유발했을 수 있다. 예를 들어, 신경전달물질인 세로토닌의 수준이 낮기 때문에 살인이나 공격행위를 했을 수 있지만, 거꾸로 이런 행위를 했기 때문에 세로토닌의 수준이 낮아졌을 수도 있다. “닭과 달걀”문제가 여기서 다시 제기된다.

반사회적 집단에서 생물학적 결함의 수준을 파악하고 인과관계 메커니즘을 확인했으면, 그 다음에서는 생물학과 환경과의 상호작용을 평가할 필요가 있다. 이는 생물사회 접근방법에 따른다는 의미이다. 생물사회 접근방법에서는 생물학적 요인을 “취약성”으로 파악하고 특정한 환경적 요인의 반사회적 효과를 강화시킬 수 있는 것으로 고려한다. 예를 들어, 아동학대를 겪은 아동 모두가 왜 성인이 되었을 때에 폭력적이지 않은가? 피시바인(Fishbein, 2001)은 아동학대가 폭력행위를 유발할지는 부분적으로 뇌손상의 여부, 낮은 세로토닌, 미약한 자율신경계 활동에 달려있다는 연구결과를 지적했다. 이런 상호작용을, 만일 있다면, 확인하려면 다소의 시간이 걸릴 것이다. 그리고 확인하더라도 연구결과는 단순한 원인－결과로서가 아니라 개연성이나 확률로 표현해야 한다.

앞서 언급한 단계들 모두가 완료되면, 연구자는 생물학적 변수들을 중심으로 반사회적 행위를 조절하고 통제할 수 있다는 것을 보여줄 필요가 있다. 성범죄자를 데포－프로베라(성충동을 감소하는 항안드로겐 제재)를 투여해 치료하는 방법은 행동통제를 하려는 노력의 한 가지 예가 될 것이다. 물론 이런 조치는 앞서 세 단계에서 해결해야 할 이슈로 언급한 사항들을 완전히 해결한 것이 아니다. 피시바인(Fishbein, 2001)이 지적하듯이, 생물학적 요인만을 조작할 때는 반사회적 행위에서 원하는 변화를 성취할 가능성이 높지 않다. 또한 인과관계 메커니즘을 판별하고 상호작용 효과를 구체화했더라도, 대상자들은 여전히 "상담 지원, 행동수정전략, 행동장애를 유발하는 환경요인의 변화" 등과 같은 개입조치를 받을 수 있어야 한다(Fishbein, 2001, p.102).

피시바인(Fishbein, 2003)은 계속해, 앞에서 논의한 ECF(수행인지기능) 결손과 관련된 행동장애를 다루는 데 가장 효과적 프로그램은 인지능력의 향상에 초점을 맞춘 프로그램이라고 지적했다. 그녀는 언어정보 해석치료, 연상치료, 정신분석적 치료, 상호작용적 치료는 효과가 없으며 경우에 따라서는 문제를 악화시킬 수 있다고 주장했다. 피시바인에 의하면, 가장 긍정적 결과를 보인 프로그램은 인지재활 프로그램이다(Gendreau, Smith, & French, 2006; Lipsey, Chapman, & Landenberger, 2001; MacKenzie, 2006 참조). 이런 프로그램은 문제해결, 사회적 기술, 독립심, 충동조절, 자기-모니터링, 목표설정을 강조하며, 부정적 행위를 완화시키기 위해 언어정보 해석법과 결과를 활용하며, 성과를 강조하기 위해 보상이나 처벌을 사용한다.

## 예방과 처우

생물사회 이론들은 예방과 처우 프로그램에서 가장 큰 정책적 함의를 갖는다. 로빈슨(Robinson, 2009)은 유전자 구성을 변화시키고 특정 유전자를 대체함으로써 "반사회적 행위"의 가능성을 줄이는 것이 곧 가능하다고 주장하는 연구들을 인용했다. 재판과정에서 범죄자의 책임성을 결정하는데 큰 영향력이 없어 보이지만, 뇌 촬영에서 얻은 데이터들은 형의 선고단계에서 점차 널리 활용되고 있다. 형의 선고단계에서는 "경감 사유"를 소개하는 것이 가능하며 따라서 배심원들은 적절한 형량을 판단하는 데 이런 데이터를 고려할 수 있다(Raine, 2002). 생물학적 그리고 생물사회 이론에는 기본적으로 개인주의적 편견이 있다는 것이 분명하다. 그래도 이런 접근방법은 처벌보다 예방을 강조하는 학자들이나 처벌을 할 때에 상황을 고려해야 한다는 견해의 학자들에게 논리적 이유를 제공할 수 있다. 또한 생물사회 이론과 연구들이 화이트칼라 범죄를—많은 피해에도 불구하고—간과하는 경향이지만, 환경적 독소가 범죄에 미치는 영향에 관한 연구들은 이 분야에도 다소의 영향을 미칠 것이다.

앞서 지적했듯이, 생물학 그리고 생물사회 이론들은 물질남용 문제를 다룰 때에 즉각적인 대처방안을 제시할 수 있다. 고브와 윌모스(Gove & Wilmoth, 2003)는 반사회적 행위에 대처하는 생물학 기반의 처우전략의 예로서 메타돈과 니코틴 패치의 효과를 인용했다. 그리고 반사회적 행위의 다른 형태에 대해서도 이와 같은 전략들이 성공적 치료방법으로 활용될 수 있다고 주장했다. 고브와 윌모스가 지적하듯이, 문제는 물질남용을 즐겁도록 만드는 뇌의 "내생적 보상제도"에 대해 더 많이 알아야 한다는 것이다. 이들은 물질남용을 하는 사람들의 이유가 위험을 감수하고, 감각을 추구하기 때문이면 뇌에서 같은 보상 체계를 활성화시켜 대안적 즐거움을 제공하는 방법이 있을 수 있다고 주장했다. 이는 좋은 아이디어이다. 그러나 20세기 초에 "몰핀문제"에 대한 해결책으로 헤로인을 적극적으로 권장했을 때에 어떤 일이 있었는지를 기억할 필요가 있을 것이다. "치유"의 경우에도 정확한 원인과 인과과정을 이해하는 것이 중요할 것이며 장기간의 연구를 통해 "치료"가 적어도 해결하려고 노력하는 문제를 더 악화시키지는 않는다는 것이 명확해야 할 것이다. 오늘날과 같이 새로운 치료약이 개발되면 엄청난 이익이 생기는 시대에 새로운 약이 이전의 약보다 효과가 없고 때로는 더 위험한 경우가 적지 않다는 점에서 치료방법의 개발은 어려운 도전 과제가 될 것이다.

일부의 학자는 비용효과분석의 관점에서 환경적 수준에서 개입하는 방법이 합리적이라고 주장한다. 아동학대, 환경적 독소, 유전적 경향성이 표현을 변화시키는 "방아쇠" 등은 많은 사람들이 동시에 이런 상황에 노출되기 때문에 문제해결을 위해 환경적 수준의 개입이 합리적이라는 것이다. 또한 유전적 개입이나 환경적 개입이 효과적이지 못하면, 생물사회 이론은 신경전달물질, 효소, 호르몬 등을 조절하는 다양한 약물들을 이용해 행동을 수정해야 한다고 주장했다.

사법체계의 특정 부서는 생물학과 생물사회 이론에 기반한 정책을 개발하고 운용할 수 있는 여지가 다른 부서들보다 많을 수 있다. 예를 들어, 소년사법체계에는 법원이 인정하는 "치료권리"가 있다. 이를 바탕으로 생물학적 개입방법을 활용하는 재활노력을 장려할 수 있을 것이다. 최근에 특별법원으로서 "약물법원"이 급격히 늘어났다. 이런 특별법원체계에서도 생물학과 생물사회 접근방법을 활용한 치유방법을 쉽게 적용할 수 있을 것이다.

## 범죄의 구성

생물학적으로 지향된 범죄학은 흔히 과학의 분위기는 유지했지만 과학의 기본규범을 충족하는 데에는 미흡했다. 생물학적 범죄학의 한 가지 문제는 생물학자들이나 신경과학자들이 범죄학에 문외한이었다는 것이다. 이들은 훌륭한 생물학자이었지만 형사법과 범죄행위의 실태에 대해서는 아는 것이 거의 없었다. 따라서, "범죄행위"의 생물학적 원인을 규명하고자 했지만 범죄행위가 사회마다 다르고 같은 사회에서도 시간에 따라 다르다는 사실을 알지 못했다. 이들의 연구를 자세히 살펴보면, "폭력"과 같은 구체적 행위를 생물학적 병리로 설명한 연구들이 실제로 폭력에 대해 서로 다른 개념을 사용하는 경향이었다. 예를 들어, 스포츠나 전쟁의 폭력을 갱집단의 폭력과 다른 것으로 취급했다. "나쁜 폭력"은 아마도 생물학적 병리와 관련이 있겠지만, 그렇다면 "좋은 폭력"은 어떠한가? 물론, 최근에 들어 변화가 시작되는 징후가 나타나고 있다.

더욱이, 생물사회 이론들이 범죄자에게 전체적으로 관심을 모으고 있는 경향은 매우 확실하다. 예를 들어, 로우(Rowe, 2002)는 그의 책, 생물학과 범죄에서 "범죄의 생물학에 대한 책은 범죄자의 생물학에 대한 것이어야 한다 — 그들의 특성, 심리, 동기 등 — 는 주장을 했다. 이것은 사실이 아니다. "범죄"는 행동과 법의 마찰이다. 그리고 (낙인이론의 취지와 부합하게) 생물사회적 요인에 대한 연구는 논리적으로 "낙인자" 또는 "법 구성자"의 특징을 밝히는 데에도 집중할 수 있다. 한 가지 예를 들면, 범죄학 이외의 연구들은 오른쪽 뇌반구를 많이 사용하지 않는 사람들은 (여러 이유로) 심리적 관점과 사회적 맥락의 인식을 잃어버리는 경향이 있으며, 따라서 "악인"이라고 전형화하고 낙인을 찍는 성향이 강하고 "이방인"에 극도로 강압적인 사회정책을 선호하는 가능성을 제시했다(Wilson, 1984). 반면에, 다른 연구들(Fox, Bell & Jones, 1992)은 오른쪽 뇌반구를 덜 사용하는 사람들이 가혹한 범죄통제정책을 덜 옹호하는 경향이라고 주장하고, 왼쪽 뇌반구가 좀 더 공감적이고 사회적 경향이 있다고 주장하며 대립된 견해를 제시했다. 범죄자의 생물학을 제외하고 생물사회 이론의 범죄학에 대한 "적합성"을 규명하는 것이 어렵다는 점에서 이런 이론들의 초점이 넓지 않다는 것을 알 수 있다. 갈등이론가들이 오래전에 지적하였듯이, 범죄자에게 "범죄"의 문제를 두는 것을 주장하는 이론들은 범죄에 대한 이론이라기보다는 "범죄성"

에 대한 이론일 뿐이다. 물론 “범죄성”을 범죄화 과정의 산물이 아니라 법위반을 하려는 지향성으로 재정의한다면 다른 의견이 있을 수 있다.

생물사회 학자들과 사회 구성주의자들 사이에는 확연한 관점의 차이가 있다. 범죄행위가 변화하는 문화에서 법을 바꿈으로써 규정되는 사회적 구성물이라면, 문화와 시간에 걸쳐 변화하지 않는 화학공식을 통해 이를 예측가능하다고 하는 것이 논리적일까? 만약 범죄행위가 변화하는 사회구성물이 아니라 생물학적 “사실”이라면, 생물학적 또는 유전적 예측변수의 추구는 과학의 긴 역사에서 또 다른 투쟁이었을 것이다. 그러나 그렇지 않다. 가격담합, 환경오염, 의료사기, 보건안전법의 기업위반과 같은 화이트칼라 범죄에 비해 생물학적 연구는 알코올중독과 같은 병리학적 조건들에서 좀 더 관련요인들간의 관계를 파악하는데 성공적일 것이다.

물론, 일부의 생물학적 그리고 생물사회 학자들은 이런 사실을 인정했다. 예를 들어, 월시(Walsh, 2003a)는 소위 금지적 범죄(예, 법적 금지를 변화하는 문제)라고 불리는 범죄는 생물학적으로 설명될 수 없다는 것을 인정하지만, 소위 본래적 범죄(예, “그들 스스로에게 나쁜”)라고 불리는 범죄는 설명될 수 있다고 주장했다. 그는, 다른 생물학적 경향의 범죄학자들과 같이, 자신이 “진짜” 범죄를 고려한다고 생각했을 것이다. 로우(Rowe, 2002)는 사회적/법적 범주로부터 생물학적 범주로 범죄를 재정의하여 인과적 개념들과 효과 개념들 사이의 적절한 조회를 이룰 필요성을 인식했다. 그리고 그는 “범죄행위는 적합성을 감소하는 방향에서 자신이 속한 사회집단의 사람들을 착취하려는 행동”(p.3)이라고 정의했다. 이는 확실히 범죄를 이상하게 정의한 것이다. 사실, 로우의 정의는 진화론적 결과를 포함하기 위해 구성한 것으로 이론적 틀을 개념에 끼워 넣은 것이며, 관습법과 법률에 의해 이미 규정된 오랫동안의 지속적 문제를 설명하기 위해 개발되지 않았다. “자신의 속한 사회집단”이란 말은 범죄학으로부터 갱싸움부터 집단학살까지의 모든 유형들을 배제한다. 이런 정의는 매우 불만족스럽다. 범죄를 “반사회적 행위”라고 규정하는 모호한 개념이 오히려 나을 것이다. 그리고 생물학과 사회생물 학자들도 이런 해결책을 선호한다.

어쨌든, 생물사회 범죄학은 법체계에 주요한 영향을 미칠 수 있는 정책적 함의를 갖고 있다(Heide & Solomon, 2006). 진화론적 심리학, 유전학, 신경과학은 “인간 본성”에 대해 고전학파의 유산에 의한 형사법과 근본적으로 다른 내용을 주장한다. 전자는 인간의 행동이 본질적으로 결정되는 것으로 간주하며 후자는 자유의지에 기반한 선택의 문제라고 주장한다. 법원은 과학이 심의과정에 개입하는 것을 기꺼이 허용해왔지만, 두 가지의 서로 다른 세계관이 반영됨으로써 이들의 관계는 매우 불안한 것이었다. 예를 들어, 로퍼와 시몬스(Roper & Simmons, 2005) 사건에서 청소년의 사형금지는 청소년의 상대적으로 덜 개발된 전두전엽을 보여주는 뇌 이미지 연구들을 인용한 미국 의학협회와 미국 심리학협회에 의해 제출된 의견서에 의해 지지되었다. 그렇지만 미국 대법원은 단지 미국만이 청소년을 사형하는 국가라는 당혹스런 상황을 벗어나기 위한 방법을 찾는 데 관심이 있었을지도 모른다.

DNA 프로파일링이 CODIS와 같은 프로그램을 통해 형사사법체계에 들어온 것처럼, 일부 기업가들은 폴리그래프보다 훨씬 뛰어나다고 주장하며 fMRI작업에 기반한 거짓말탐지기를 제공하고 있다(Haederle, 2010). 2007년에, 맥아더재단은 마음연구를 위한 SAGE센터에 법과 신경과학 프로젝트를 만들기 위해서 천만 달러를 기부했다. 이런 시도들은 아마 1962년에 입안되고, 20세기 중반에 미국에 풍미했던 정신분석학적 사고를 반영하고 새로운 생물사회 연구에 대한 통찰력은 반영되지 않았던 표준형법전(Model Penal Code)을 재고하는 계기가 될 수 있을 것이다(Haederle, 2010). 두 가지 세계관을 통합하는 것은 확실히 어려운 일이다. 그렇지만 생물사회 자료들은 법적으로도 중요한 개념인 "감소된 능력"이나 "감경조건"을 구성하는 요소들의 파악에 일정 부분 기여할 수 있을 것이다.

최고의 해결책은 아마도 일반적인 "범죄" 또는 "반사회적 행동"을 설명하려고 노력하는 것보다 비교적 특정한 행동적 범주에 집중하는 방법이다. 많은 학자들이 지적했듯이, "범죄"는 "사과와 오렌지"의 문제이다. 다른 종류의 범죄들은 낮과 밤처럼 행동적 측면에서 현저한 차이가 있다. 예를 들어, 일부의 범죄는 자기 통제력의 부재를 반영하는 것이며, 다른 종류의 범죄는 극도로 계산된 철저히 통제된 행동일 수 있다. 일부는 어느 정도 낮은 IQ와 관련되지만, 다른 일부는 평균보다 더 높은 IQ를 요구할 수도 있다. 물론, 이는 지금까지 살펴본 모든 이론들이 직면한 문제이다. 그리고 서덜랜드(Sutherland)가 범죄적 태도와 기술을 가진 사람들로부터의 학습에 기반한 일반적 설명을 찾게 된 원인일 수 있다. 일부의 학자들은 범죄문제를 생물학적 그리고 생물사회 이론들을 적절히 다룰 수 있을 것으로 평가하겠지만, 이런 경우는 심리학적이고 사회학적 이론의 상당수에게 당혹스런 상황일 것이다.

물론, 생물사회 이론가들 중에서 특수한 연구영역에 집중하는 학자들이 있다. 이들은 일반화의 유혹을 피하는 데 좀 더 성공적이다. 예를 들어, 커밍스(Comings, 2003)는 "행동 장애: 성인의 반사회적 행동의 주요한 예측인자로서 유전적, 안와전두엽 장애"라는 최근 연구결과를 발표하면서 특수한 연구영역에 초점을 유지하려고 노력했다. 행동 장애(범죄가 아닌 다소 특정한 행동적 진단)가 기존의 아동기 행동장애(CD)의 존재를 요구하는 성인의 반사회적 성격장애(ASPD)의 강력한 예측인자라는 사실에 주목하면서, 그는 CD가 환경적으로 야기된 문제라기보다 대부분 유전적 장애일 가능성을 보고하는 쌍생아 연구들을 인용했다. 제목에도 불구하고, 커밍스는 "성인의 반사회적 행동"이라는 일반적 개념보다 ASPD라는 특수한 행동진단을 다루었다. 일관성 있는 용어를 사용함으로써 그는 "오렌지"들 사이에서 "사과"의 일부를 제거할 수 있었다. 게다가, 커밍스는 분자유전학자이며 임상의이다. 그는 실험실에서 연구를 하였지만 실험식 밖에서 이루어지는 사람들의 실제행동을 "일상적으로" 관찰할 수 있는 기회가 있었다. 이를 통해 앞서 논의했던 생물학자들의 소박함을 일부 피할 수 있었다.

전체적으로, 생물사회 학자들이 최근에 보여준 에너지와 근면성에 의해 감명을 받지 않을 수 없다. 로우(Rowe, 2002)가 지적했듯이, 이런 연구자들은 생물학적 변수들을 사용해 사회과학자들이 오랫동안 다양한 변수를 통해 예측했던 것과 유사한 수준의 예측력을 획득했다(.20~.40의 상관관계 계수). 두 종류의 변수들로, 지금까지 종속변수의 변량 중에서 20%를 설명하는 성과를 이루었다. 확실히, 두 가지 입장 모두에서 앞으로 더 많은 연구가 필요하다는 것을 알 수 있다.

## 도전과제들

마지막 이슈는 많은 범죄학자들이 잠시 멈추고 주목할 필요가 있을 것이다. 앞서 지적했던 이유들로 인해, 일반적으로 생각하는 것보다 훨씬 생물사회 이론에 기반한 사회정책을 개발하는 일은 어려운 과제이다. 그러나 노력이 결국 결실을 맺는다면 어떨까? 일부의 학자들은 생물사회 범죄학이 성공한 단계 모두가 위험하다고 평가한다. 일부는 유전적 또는 신경과학적 연구와 이론화가 가능했던 좁은 영역의 성공으로 사회정책이 권력층의 범죄로부터 더 멀어지고 사회에서 영향력이 약한 사람들의 "반사회적 행위"라는 좁은 영역에 더욱 집중될 수 있다고 우려했다. 다른 일부에서는 이런 범죄에 관한 "강력한 증거"가 구축되면, 자신들을 성가시게 하는 특정 행위를 억제하길 바라는 사람들과 생존에 "부적합"해 보이는 대상자들을 제거하고자 하는 사람들에게 자신들의 요구를 정당화시킬 수 있는 위험한 근거가 될 수 있다고 우려했다.

생물사회 학자들의 일부는 유전적 증거로부터 범죄성향을 예측하는 과정에서 파생하는 문제들에 주목했다. 특히 많은 "허위긍정" 사례들(예, 범죄행동 또는 비행을 결코 저지른 적이 없지만 "치료가 필요"하고 그리고 "범죄를 저지를 것"으로 잘못 예측한 경우)이 국가통제망의 대상이 되는 문제를 지적했다(Rowe, 2002). 이들 학자들은 또한 형사사법시스템 밖에서의 부작용에도 주목했다. 범죄성을 위한 유전적 표식을 성공적으로 파악하게 되면 부모들은 그런 표식이 있는 태아는 낙태시키고 "완벽한 아이"를 산출하고자 노력할 수 있다는 것이다. 이런 이슈는 이미 심각한 질병의 표식과 관련해 중요한 문제로 대두했다. "길들여진" 아이들을 생산하기 위한 수단으로 활용하는 것은 어쩌면 시간문제일 수 있다. 이것이 바람직한가, 아닌가는 가치판단의 대상이다. 하지만 이는 확실히 헉슬리(Huxley)의 용감한 신세계를 상기시킨다.

생물학적 그리고 생물사회 접근방법이 성공한다면, 이런 방법은 "형사사법모델"로부터 "의료모델"로 우리를 지향하게 할 것이다(Rowe, 2002). 그리고, "책임성" 개념에 기초한 사법체계 전체는 "자유의지" 개념과 함께 심각한 도전을 받을 것이며 사회 정책은 판결과 처벌의 체계에서 진단과 처우에 기반한 체계로 나아갈 것이다. 이런 추세는 지난 30년간의 경향과는 다른 방향이다. 지난 30년간은 "의료모형"을 제한하는 것이었다. 범죄자는 손상을 겪은 사람이 아니라 도덕적 이단자로 취급되었고, 형사재판에서 정신이상으로 항변하는 것이 어려워졌고, 재활이념은 거부되었으며, 의료모형의 대부분이 비효율적 교정활동으로 폄하되었다. 이런 방향에서의 이동은 정말 대단한 것이다.

그래도, 계속해서 경계할 필요가 있다. 왜냐하면 범죄자를 생물학적으로 "나머지 우리"와 다르다고 보는 것은 잠재적 억압력을 갖고 있기 때문이다. 그들의 본성 때문에 범죄자를 위험하다고 보는 것은 "경력 범죄자"와 "만성 범죄자"를 무력화시키는 목적의 현재 정책들을 강화할지 모른다. 비록 생물학적 결정론이 자유의지와 범죄자의 책임성을 감소시킬지라도, 그것은 또한 범죄자가 치료적 개입의 한계를 넘어서고 교정이 불가능할 만큼 사악하다는 것을 주장하는 데 이용될 수도 있다. 생물학적 사고방식이 지배적 견해가 될 수 있을까? 미래 전망은 그렇게 밝지 않다. 현재 교정체계가 가난한 사람들과 소수민족 시민들로 불균형적으로 채워진 상태에서 더욱 그러하다. 사회적 취약층을 생물학적으로 결핍된 사람으로 보는 것은 사회불평등과 범죄유발적 상황을 조성한 역할에 대한 “나머지 우리”의 책임을 도외시하게 하는 위험이 있을 수 있다.

안토니 월시(Anthony Walsh, 2009)는 이 책에서 검토했던 대부분의 이론적 관점들을 생물사회 범죄학의 관점에서 재조명하는데 각별한 노력을 기울였다. 이 장은 초반부에 월시와 같은 학자들이 시도했던 학제간 연구의 바람직한 발전방향을 언급하며 논의를 시작했다. 사회학적 이론화와 심리학적 이론화를 인정했다는 점에서 이런 시도는 바람직하다고 할 수 있다. 그러나, 불행히도, 아직도 반감은 심각한 수준이다. 주류범죄학과 다소 다른 범죄학의 학위분야에서의 연구에 대한 “존중”을 몇 년 동안 애원했지만 그 결과는 아직도 반감이 줄어들지 않는 상태이다. 대표적 생물사회 이론가인 월시(Walsh, 2009)는 다음과 같이 표현했다:

> 나는 점진적 착상과정을 통해 폭력범을 진정시키고, 정신병질자가 부끄러워하고, 냉혈한의 눈에서 눈물이 나고, 충동성의 사람이 심사숙고하며, 강간을 시도하는 사람이 자기 생식기가 뜯기는 장면을 연상할 수 있도록 하고 싶었다. 그렇다. 이것은 “원인이 아니라 증상을 치료하는 것이다.” 그러나 약은 항상 찾기 힘든 원인보다는 증상을 치료하는 것이다. 환자가 고통을 느끼는 것은 증상 때문이며, 피해자의 고통을 유발하는 것도 범죄자의 증상 때문이다. 그것이 무엇일지라도 증상들의 “근본 원인”이 고통을 야기하지 않는다(p.292).

이해할 수 있는 감정이다. 그러나 “폭력적인” 사람도 우리와 다르지 않고 “충동적인” 사람도 “일만 하고 놀지 않으면 누구든지 지루해진다”라는 격언에 해당하거나 “위험한 수준으로 자아통제력이 결핍”된 사람일 수 있다. 그리고 월시가 말한 이른바 “근본 원인”이란 어쩌면 실제로는 “증상”의 깊은 원인일 수 있다. 이런 원인들은 사회학자들이 연구한 사회적 조건일 수 있고, 사회심리학자들이 연구한 낙인행위일 수 있고, 갈등이론가들이 연구한 범죄화 과정일 수 있다. 예방의학에서는 말라리아를 치료할 때에 습지의 물을 빼내려는 노력을 한다. 그렇지 않으면, "점진적 착상과정", 유전자 조작 등은 아무런 소용이 없을 것이다.

## 결 론

생물학적 이론화에 대해 범죄학자들이 갖는 이데올로기적 혐오감을 버려야 할 때가 이미 도래했다; 한 마디로, 생물학이 범죄현상에 대해 갖는 역할은 궁극적으로 신중한 연구를 통해 입증해야 할 실증적 문제이다. 앞서 지적했듯이, 범죄자가 다른 신체를 가졌다는 생각에 대한 학자들의 경계심은 충분히 이해할 수 있다. "범죄적 인간"에 관한 초기 이론들이 "결함이 있는 사람"을 시설에 가두고 불임을 시켰던 우생학적 정책과, 이민억제정책, 순수인종보존을 위한 인종차별정책을 정당화하는 데 사용되었다(Bruinius, 2006; Cornwell, 2003)는 점에서 학자들의 경계심은 합리적 의심이라고 할 수 있다. 그러나, 지금까지 살펴봤듯이, 현재 제안되는 정교한 생물사회 관점들은 롬브로조(Lombroso), 후튼(Hooton), 그외의 학자들이 발견되는 노골적인 편견을 회피하고 있다. 오늘날의 생물학적 이론들은 기본적으로 보수적이거나 억압적이지 않다. 일부 이론들은 진보적 개입정책을 요구하는 데 활용될 수도 있다(예, 아동기 초기프로그램들, 납 노출로부터 도시주민의 보호).

그럼에도 불구하고, 여전히, 생물학적 이론화가 범죄학에서 보다 중요한 관점으로 자리매김하고 다양한 사회문제를 설명하기 위해서는 두 가지의 도전과제를 적절히 해결할 필요가 있다. 첫째는, 더스터(Duster, 2006)가 지적했듯이, 일탈행동과 관련이 있는 생물학적 변수들을 찾는 것은 이런 행위에 대한 "환원주의적" 관점을 강화시키는 위험이 있다. 생물학적 패러다임은 주로 개인과 그 사람 안에 있는 어떤 것에 주목할 것을 권고한다. 이에 따라 광범위한 분석단위(왜 특정 지역사회에서 범죄가 집중되는지)나 개인들이 처해 있는 역사적 경향과 사회적 상황에 대한 관심이 줄어들 수 있다. 더스터(2006)의 관찰에 의하면, 폭력에 대한 생물학적 연구를 위한 정부지원이 늘면서 반대로 사회과학에 대한 후원은 감소하는 경향이었다. 이는 아마도 생물학은 "명확한" 결과를 약속하기 때문이기도 하겠지만, 사회과학 연구들은 기존의 권력구조와 불평등의 원인에 대해 비판적이기 때문일 수도 있다.

생물사회 접근방법이 꼭 환원주의적일 필요는 없지만, 이런 경향이 있는 것처럼 보인다. 이런 점에서, 안토니 월시(Anthony Walsh, 2009)는 다양한 사회학적 이론들과 생물사회 접근방법을 통합하려고 노력하면서도, "모든 사회과학은 결국 심리학으로, 심리학은 생물학으로, 생물학은 화학으로, 화학은 물리학으로, 물리학은 수학으로 축소되어야 한다"(p.295)고 주장했다. 이런 주장이 올바르다고 할 수 없다. 이 책의 저자 중 한 사람은 30년 이전에 이미 "일반체계이론"과 같은 접근방법이 "환원주의를 극복"할 수 있게 한다고 주장했다. 월시가 언급한 학문수준들이 하위수준들에 의해 구성되지만 이들 수준으로 환원될 수 없다는 것이다. 왜냐하면 각 수준의 학문은 자체의 독특한 조직원리에 의해 구조화되기 때문이다. 사회학, 심리학, 생물학, 화학, 물리학, 수학 등의 과학들은 각자의 임무가 있다는 것이다. 비록 각 수준의 학문이 하위 수준으로부터 출현하지만, 그것이 이전 수준의 원칙에 따라 구조화되어야 한다고 믿을 이유는 없다. 흔히 "출현의 원칙"이라고 부르는 것이다. 사람들은 가장 최근의 "절대자"에 이끌리는 경향이 있다. 이를 베이컨(Bacon)은 "마음의 우상"이라고 했으며, 마르크스주의, 다원주의, 그외 다른 "주의"들이 해당될 것이다.

두 번째 문제는 생물학적 이론이 의도하지 않았지만, 사회적으로 범죄자를 다른 부류의 인간으로 구성하는 데 사용될 수 있는 위험이다: 뇌, 유전자, 신체 구성에 결함이 있는 초약탈자로 인식되는 위험이다. 범죄자가 "다른 부류"로 묘사되고 범죄자와 "좋은 사람"과의 사회적 거리가 확대되면, "위험한 계급"이 초래하는 위험을 관리하기 위한 정책은 합리적인 것으로 보인다. 이에 따라 "통제의 문화"(Garland, 2001)가, 즉 개인적 안녕과 사회적 안녕을 보호할 수 있는 장기간의 교도소 감금을 옹호하는 문화, 수용될 가능성이 있다. 이런 시나리오에서는, 이론들은 더 이상 사회적 형태가 범죄와 연관이 되는 복잡한 과정에 주목하지 않아도 된다. 그리고 기존의 질서는 범죄행동을 유발시킨 책임에서 완전히 벗어날 수 있다. 왜냐하면 결국 나쁜 생물학의 사람들이 모든 문제를 야기하기 때문이다. 반면에, 생물사회 연구들은 일탈자들이 관대한 법적 처벌을 받는 시나리오에 기여할 수 있을 것이다. 아니면 청소년에 대한 사형을 금지했던 로퍼와 시몬스(Roper & Simmons)의 판결에서와 같이 법원이 여론변화를 의식해 최소한 그렇게 보이게 하는 "표식"으로 기능할 것이다. 항상 그러하듯이, 이론들의 수용여부와 실제 어떻게 적용될지는 아마도 시대적 상황에 달려 있을 것이다.

# 제15장

# 범죄자의 발전과정:

## 생애과정 이론들

존 라웁

1953－

메릴랜드 대학교

생애과정 이론의 저자

오랫동안 범죄학자들은 대부분의 관심을 10대와 소년비행에 집중했다. 초기에 범죄학 학문영역을 개척했던 저서들의 제목을 살펴봐도 비행청소년을 강조했다는 것을 쉽게 알 수 있다. 쇼우와 맥케이(Shaw & McKay, 1972)의 청소년비행과 도시지역; 레클리스(Reckless), 디나츠(Dinitz), 머레이(Murray, 1956)의 "소년비행의 방어기제로서 자아개념"에 대한 분석; 코헨(Cohen, 1955)의 비행소년들; 클로워드와 올린(Cloward & Ohlin, 1960)의 비행과 기회; 허쉬(Hirschi, 1969)의 비행의 원인들; 마짜(Matza, 1964)의 소년비행과 표류; 슐러(Schur, 1973)의 급진적 비개입주의: 비행문제에 대한 재검토 등 모두 비행청소년에 주목했다. 뿐만 아니라, 이후 수십 년 동안에 범죄학 이론을 경험적으로 검증했던 연구들의 대부분도 청소년을 표본으로 하였다.

그렇다면 왜 초기와 그 이후로도 계속해 청소년에 주목했을까? 가장 큰 이유는 생애과정의 이 단계에 불법행위의 비율이 높다는 사실과 관련이 있을 것이다. 범죄와 연령과의 관계를 그림으로 표시하면, "연령－범죄 곡선"을 그릴 수 있다. 확연히, 17세 무렵에 곡선은 가장 높은 수준 즉 "정점"에 이른다 — 재산범죄는 이보다 조금 빠른 연령에, 폭력범죄는 조금 늦은 연령에 정점에 이른다(Agnew, 2001b; Caspi & Moffitt, 1995). 곡선은 7세와 17세 사이에 가파르게 증가하고 이후부터는 감소하는 추세이다. 곡선의 정점은 참여율과 발생률의 두 가지 요인에 영향을 받는데, 청소년들 중에 범죄행위를 저지르는 경우가 많고 또한 다른 연령대에 비해 자주 저지르기 때문일 것이다. 캐스피와 모핏(Caspi & Moffitt, 1995)이 지적했듯이, "범죄자들의 대다수는 청소년들이다; 20대 초반에 이르면 범죄자의 수는 50% 이상 감소한다; 청소년기에 범죄를 저질렀던 비행청소년의 약 85%는 이후 더 이상 범죄를 저지르지 않는다"(p.493). 갱을 만들어 집단으로 범죄를 저지르며 사회질서를 훼손하는 시기도 청소년기이다.

이런 경험적 사실들을 접하면, 누구든지 범죄문제가 주로 10대의 문제이며 범죄의 뿌리는 청소년기에 이들이 겪게 되는 일들에 있다고 판단할 것이다. 사실, 대부분의 범죄학자들도 이렇게 생각했다. 이론들 중에 아동기에 일어난 일들이 청소년기와도 관련이 있을 수 있다고 간파한 경우가 있기는 했지만, 이런 통찰력을 발전시켜 이론화 작업에 체계적으로 반영하지는 못했다. 대신에, 범죄발생의 수수께끼에 대한 해답은 10대의 어떤 특성이 청소년들을 갑자기 위법행위에 빠지게 만드는가를 밝히면 규명할 수 있다는 가정이 지배적이었다. 이론들은 나름대로 주목할 만한 요인들을 지적했다. 예를 들어, 시카고학파는 갱집단과 이로 말미암은 차별접촉을 10대의 특성으로 거론했다. 긴장이론은, 청소년들이 직면하는 지위좌절과 기회봉쇄를 거론했다. 통제이론은, 부모에 대한 약화된 애착관계와 학교전념을 발전시키지 못한 것을 지적했다. 낙인이론은, 체포를 당한 경험과 소년사법체계의 부정적 영향을 지적했다.

이런 사고방식은 청소년 비행이론을 검증하는 방법으로 "자기보고조사"가 개발되고 발전하면서 더욱 강화되었다. 허쉬(Hirschi)의 획기적 저서인 비행의 원인들(1969)은 비행이론들을 상호검증하는 데 자아보고조사의 유용성을 가장 잘 보여준 연구이다. 실제 조사방법은 청소년들에게 비행행위를 묻는 질문문항과 이론들을 측정한 문항을 하나의 질문지에 함께 포함하는 것이었다. 허쉬의 연구에서 상호검증하기 위해 측정한 이론은 사회유대이론, 문화적 일탈이론(혹은 차별접촉이론), 긴장이론 등이었다.

허쉬(Hirschi) 이후로, 말 그대로 수백 편의 연구들이 이런 접근방법을 따랐다. 자아보고조사가 광범위하게 활용된 이유의 하나는 편리함 때문일 것이다.

지역사회에 거주하는 청소년인구의 거의 전부는 중학교나 고등학교에 다닌다. 학교에서 이들은 책상에 앉아 손에 펜을 들고 있어 — 즉 범죄학자들이 작성한 질문지에 답할 준비가 되어 있는 상태이다. 그러나, 자아보고조사가 적극적으로 활용된 또 다른 이유는, 앞서 논의했던, 범죄학자들의 가정, 즉 범죄의 뿌리는 청소년기에 찾을 수 있을 것이라는 생각이었다. 이런 가정을 수용함으로써 비행에 관한 연구는 더욱 편리해졌다. 범죄학자들은 조사대상자를 오랫동안 연구하지 않아도 되었다; 대신에 10대의 조사대상자에게 질문지를 간단하게 배포만 하면 연구를 할 수 있었다. 단적으로, 범죄학자들은 정태적 연구방법으로 무엇이든지 연구할 수 있게 된 것이다.

정태적 연구방법은 이후 범죄학 이론들이 개발되고 검증되는 과정에 결정적 영향을 미쳤으며 이러한 방법에 대해 다양한 문제점이 지적되었다. 그중에서도 특히 한때 생각은 했지만 체계화에까지 이르지 못했던 견해, 즉 생애과정 한 단계에서의 일은 다음 단계에도 작용할 수 있다는 통찰력은 심각한 의문을 제기했다. 동태적 연구설계에 기반한 코호트 연구에서 청소년기 전반의 범죄여부가 이후 청소년기 후반과 성인기 초반의 범죄행동과 관련이 있다는 사실이 밝혀지면서 이런 의문은 더욱 분명해졌다(Wolfgang, Figlo, & Sellin, 1972 참고). "범죄경력", 즉 범죄자들도 일반 근로자의 직업경력과 같은 "경력"이 있을 수 있다는, 개념이 도입되면서 범죄의 발생시기와 생애과정적 성격에 더 많은 관심이 집중되었다(Blumstein, Cohen, Roth, & Visher, 1986; 참조. Piquero, Farrington, & Blumstein, 2003, 2007). Petersilia(1980)가 요약했듯이, "범죄경력 연구의 특징은 시간의 흐름에 따른 행동의 체계적 변화형태에 주목한다는 것이다"(p.322). 이 패러다임은 언제 범죄를 시작했는가("개시"), 범죄를 얼마나 지속했는가("기간" 혹은 "지속"), 얼마나 자주 범죄를 저질렀는가("발생률" 혹은 람다(lambda)), 언제 범죄를 그만 두었는가("단절") 등의 측면을 주요 연구대상으로 했다. 범죄경력학자들이 가졌던 또 다른 통찰력은 범죄경력의 측면별로 인과요인들이 구별될 수 있다는 것이었다 — 예를 들어, 어떤 사람이 처음으로 범죄를 저지르게 되는 인과요인(예, 부적절한 부모양육)과 범죄행동을 지속하고 단절하게 만드는 인과요인(예, 취업기회의 획득여부)은 같지 않을 수 있다는 점을 간파했다.

가장 주목할 만한 통찰력은 아동기의 일들이 이후의 청소년기 비행과 관련이 있을 수 있다는 것이다. 인간발달에 관심을 가졌던 심리학자들은 이런 인식을 이미 오래전부터 갖고 있었으나 범죄학자들은 그렇지 않았다. 실제로, 반사회적 행위는 생애 초기연령대에 시작해서 청소년기와 그 이후까지 계속되는 지속성 혹은 안정성이 있는 것으로 조사되었다. 만일 이런 경험적 사실을 학자들이 진작에 주목하지 않았다면, 윌슨과 헌스타인(Wilson & Herrnstein, 1985)의 저서인 범죄와 인간본성이 이후 널리 알려지면서 결국엔 관심을 갖지 않을 수 없었을 것이다. "한 동안", 윌슨과 헌스타인은 이 책에서, "아이는 어른의 아버지이다 — 사람의 태도와 행동은 유아기 이후로 변하지 않고 지속된다는 생각이 광범위하게 받아들여졌다"(p.241)라고 지적했다. 그러나 이런 주장은 "갱집단과 사회구조를 강조하고 아동기는 뒷전으로 밀려났기"(p.241) 때문에 범죄학에서는 무시되었다. 중요한 사실은 오늘날의 연구들에서 "청소년들의 문제행동을 예측하는 데 있어 아동기의 문제행동이 유력한 예측요인"이라는 것이다. 곧 검토하겠지만, 지속성이란 개념은 갓프레드슨과 허쉬(Gottfredson & Hirschi, 1990)도 받아들였으며 이들의 이론에서 반영되었듯이, 범죄학을 위기상태로 빠뜨릴 수 있는 것이었다. 이런 논의는 간단하지만 매우 의미심장하다: 만일 범죄의 뿌리가 청소년기가 아니라 아동기에 있다면, 기존의 비행과 범죄이론들 대다수는 완전한 오류가 아니라도, 부분적으론 잘못된 내용일 것이다.

아동기와 범죄자의 생애에 걸친 반사회적 행위의 안정성에 대한 관심은 1980년대 후반과 1990년 전반까지 급격히 증가했다. 흔히 이런 패러다임을 생애과정 범죄학으로 분류하지만(Sampson & Laub, 1992, 1993, 1995), 일부 학자는 발전범죄학이란 용어를 선호했다(Le Blanc & Loeber, 1998; Loeber & Le Blanc, 1990; Loeber & Stouthamer−Loeber, 1996). 이 분야의 연구들은 대체로 경험적 사실의 발견을 강조했다. 범죄의 다양한 측면(예, 개시, 지속, 단절)에 관한 예측인자들, 범죄의 지속여부에 영향을 미치는 사건들의 경로와 순서 등을 밝히는 데 주목했다. 이런 노력이 중요하지만, 경험적 사실이 강조되면서 필연적으로 범죄의 생애과정이론이 구성되는 과정은 지체되었다.

이런 한계가 있지만, 이론화를 위한 노력이 최근에 들어 점차 증가하고 있으며(Farrington, 2005, 2006), 이 장에서 가장 대표적 노력들을 선별해 검토하고자 한다. 우선 제6장에서 서술한 적이 있는, 자아통제가 낮으면 그 사람의 생애는 실패로 점철되고 아동기 이후로 반사회적 행위에 빠져들게 된다는 갓프레드슨과 허쉬(Goffredson & Hirschi, 1990)의 이론을 되돌아볼 것이다. 다음으로 패터슨(Patterson)의 "사회적 상호작용 발전모형"에 초점을 맞출 것이다. 문제가정에 개입하는 대책의 논리적 기초가 된 것이 바로 패터슨의 발전모형이다. 모핏(Moffitt)은 범죄발전이 두 가지 경로를 따른다고 주장했다. 하나는 지속적으로 문제행동을 저지르는 경로이며, 다른 하나는 범죄를 저질렀다가 나중에 그만 두는 경로이다. 모핏의 이론에는 과도하다 할 만큼의 반향이 일었다. 나중에 살펴보겠지만, 많은 연구와 논란이 그녀의 이론으로 촉발되었다. 샘슨과 라웁(Sampson & Laub)은 아마도 가장 중요한 생애과정이론을 제안했다. 지난 10년간 발전을 거듭한 이들의 이론은 시간이 흐르면서 나타나는 범죄행위의 지속성과 변동성 모두를 설명하는 내용이다(Laub & Sampson, 2003; Sampson & Laub, 1993 참조). 특히, 이들은 허쉬(Hirschi)의 통제이론에서 분석틀을 차용하면서 동시에 이를 비판하였다. 끝으로, 최근의 범죄 단절이론들을 검토한다. 이 이론들은 경력범죄자들이 어떤 이유로 범죄를 그만두고 정상적인 생활로 환원하는가를 설명하는 것으로, 마루나(Maruna)와 지오다노와 동료들(Giordano et al.)의 관점을 중심으로 검토한다.

본격적인 분석에 앞서, 다음에서는 우선 범죄의 통합이론을 살펴본다. 통합이론은 원래 생애과정이론으로 제안되지 않았다. 그러나, 되돌아보면 이런 패러다임의 초기노력을 대변했다고 할 수 있다. 동태적 접근방법을 활용했으며, 발전단계별로 발생한 일련의 사건들을 범죄를 유발하는 주요 원인으로 고려했다.

## 범죄의 통합이론

이론을 통합하는 방법은 여러 가지가 있지만(Barak, 1998; Messner, Krohn, & Liska, 1989), 통합이론은 일반적으로 둘 혹은 그 이상의 여러 이론적 주장들을 하나의 분석틀에 결합하여 범죄를 설명하려는 논리체계를 의미한다. 범죄학 분야에는 많은 통합이론들이 있다(Akers & Sellers, 2004; Barak, 1998, p.193). 대부분의 통합이론은 어떤 이론적 모형들을 결합했는지를 명확히 기술한다. 예를 들어, 클로워드와 올린(Cloward & Ohlin)은 갱하위문화 비행에 대한 그들의 고전적인 이론에서 머튼(Merton)의 긴장이론과 시카고학파가 주장했던 범죄행위가 문화전이를 통해 학습된다는 명제로부터의 아이디어들을 결합하겠다고 그들의 의도를 분명히 했다. 그러나 다른 이론에서는 분명히 기술되지 않아 범죄학 이론들에 많은 지식이 있는 사람들만이 어떤 변수가 어떤 이론적 관점들로부터 선택적으로 차용되었는지를 파악할 수 있다. 애그뉴(Angew)의 일반긴장이론이 이런 경우이다. 그가 긴장이 범죄를 유발할지 여부의 "조건"으로 거론했던 요인들은 사실 통제이론, 사회학습이론, 합리적 선택이론들로부터 차용한 것이었다. 이 책에서 검토하는 다른 이론들의 상당수도 최소한 부분적으로 통합이론이라 할 수 있다.

대표적 통합이론들은 제3장, 제4장, 제5장, 제6장에서 다루었던 차별접촉이론/사회학습이론, 긴장이론, 통제이론/사회유대이론의 요소들을 결합하는 방식이었다. 이런 관점들이 오랫동안 범죄학의 주요이론들이었으므로 충분히 이해할 수 있는 일이다: 실제, 애그뉴(Agnew, 2001b)는 "비행연구 분야에서 지배적 이론들"(p.117)이라고 단언했다. 다음에서는, 이런 이론적 전통들의 요소들을 체계적으로 결합한 엘리엇과 동료들(Elliott, Ageton, & Canter)의 통합 긴장-통제 패러다임과 손베리(Thornberry, 1987)가 제안한 비행의 상호작용이론 두 가지 관점을 검토하고자 한다. 이들은 발표된 이후에 많은 관심을 받았으며, 또한 시간에 따라 청소년들이 범죄에 빠져드는 양상이 어떻게 다른지를 연구한 초기노력이었다는 점에서 중요한 관점들이다. 이에 앞서 통합이론화의 장점에 대해 먼저 간략히 살펴본다.

## 이론통합의 의의

형식논리의 측면에서 이론통합은 논란의 여지가 있을 수 없다. 하나의 이론적 전통은 사회적 실체의 부분만을 반영할 뿐이다. 이를 통해, 우리는 범죄를 유발하는 중요한 한 가지 원인을 알 수 있다. 그러나 하나의 이론은 다른 이론들이 범죄원인으로 지적하는 여타의 변수들을 고려하지 않으므로 근본적인 한계가 내재한다. 이와 달리 통합이론은 한 가지 관점에 집착하지 않는다. 불필요한 이론적 충성심에서 해방되므로, 통합이론들은 이론적 기원과 무관하게 범죄행위의 원인이 될 수 있는 모든 요인들을 하나의 설명모형에 자유롭게 포함할 수 있다.

이런 논리는 설득력이 있지만, 이론통합에는 최소한 두 가지의 단점이 있다

(Hirschi, 1989 참조). 첫째, 서로 대립된 관점들이 설명의 우월성을 위해 경쟁하는 것보다 이론들을 함께 묶었을 때에 범죄학적 지식이 더욱 신속하게 발전할 수 있는 가정이다. 하지만 이론들 간에 경쟁이 있을 때에 학자들의 주장이 치밀해지고 자신의 모형이 범죄를 설명하는 데 보다 적합하다는 것을 입증하기 위해 혁신적 노력을 하게 된다. 둘째, 이론통합은 마치 뷔페식당과 카페테리아에서 음식을 담듯이 하나의 이론에서 좋아하는 변수를 또 다른 이론에서 좋아하는 변수를 선택함으로써 그 논리적 체계성이 엉성해질 수 있다. 그 결과 "맛이 좋은" 아이디어들로 접시를 가득하게 채워도 그것이 "균형을 이룬 좋은 식사"와는 별개의 것이 될 수 있다.

사회유대이론과 사회학습이론에서 얻은 아이디어를 결합하려는 시도를 예로 들어 보자. 두 이론들이 얼핏 유사해보이지만, 전제하는 사항들은 현저한 차이가 있다. 인간본성에 대한 가정이 다르고, 연구문제가 다르고("왜 범죄를 저지르는가?"와 "왜 범죄를 저지르지 않는가?"), 변수들의 효과에 대해서도(예, 친구집단) 서로 달리 예측한다. 통합이론을 얘기하는 학자들은 대부분 이런 기본가정, 연구문제, 예측의 차이점을 무시한다. 사회유대이론과 관련된 변수들과 사회학습이론 변수들을 단순하게 인과모형에 배치할 뿐이며, 요인들의 잠재적 양립불가능성에 대해서는 검토하지 않는다. 결국 이론통합의 타당성은 이런 노력으로 범죄원인을 보다 적절하게 설명할 수 있는지에 달려있으며, 이때의 평가기준은 통합이론이 단기적인 설명력의 증진과 함께 이론적 지식의 장기적 발전에 기여할 수 있는 가능성이어야 할 것이다.

## 엘리엇(Elliott)과 동료들의 긴장-통제 통합패러다임

이론통합에서 가장 대표적 이론의 하나는 델버트 엘리엇, 수잔 애지튼, 레이첼 캔터(Delbert Elliott, Suzanne Ageton, & Rachelle Canter)가 제안한 이론이다(Elliott et al., 1979; 참조. Elliott, Huizinga, & Ageton, 1985). 엘리엇 등(1979)은 자신들의 관점을 "긴장－통제 통합패러다임"(p.10)으로 명명했지만, 실제로는 사회학습이론의 견해도 반영했다. 특히 사회학습이론이 강조했던 청소년 친구집단이 범죄지속에 미치는 영향을 이들의 통합이론에서도 인과요인으로 고려했다.

엘리엇 등은 기존의 주요이론을 결합할 수 있는 방법을 제안했으며 이와 함께 다음과 같은 두 가지 점에서 중요한 기여를 했다. 첫째, 이들의 이론은 기존에 고려했던 이론적 요인들이 생애과정의 특정 단계에 더욱 중요하게 작용할 수 있다고 시사했다(예를 들어 아동기에 비해 청소년기에 중요한 요인이다). 둘째, 이들의 이론은 비행을 저지르게 되는 데에는 여러 경로가 있다고 가정했다. 이런 사항들은 최근의 생애과정 혹은 발전론적 범죄이론에서 다시 나타난다. 이 장의 후반부에서 이런 사항들을 상세히 검토하겠다.

엘리엇 등(1979)의 모형은 "초기사회화의 영향"을 강조한다. 아동기에 강한 유대를 형성했는가 아니면 약했는가가 이 시기의 주요 고려사항이라고 주장했다. 이러한 점에서 이들의 모형은 사회통제이론을 기반으로 한다는 것을 알 수 있다. 또한 이들은 아동기의 경험들을 통합("외부적" 혹은 "사회적" 유대)과 전념("내부적" 혹은 "개인적" 유대) 두 가지 유형의 사회유대로 구분했다.

통합은, 엘리엇 등(1979)의 모형에서 "가족, 학교, 친구네트워크와 같은 일상적 사회집단과 제도에 사람들이 관여하고 연결된 정도를 의미한다"(p.12). 사회적 역할을 담당할 때에 사람들은 역할기대와 이와 관련된 제재들을 통해 통제가 된다. 엘리엇 등에 의하면, "통합은 허쉬의 이론에서 관여와 전념의 개념과 같은 것이다"(p.12). 전념은, 이들의 모형에서 "일상적인 역할, 집단, 제도에 대한 개인적 애착의 정도를 의미한다"(p.12). 이는 사회규범에 대해서 도덕적 구속감을 느끼는 정도이다. 엘리엇 등은 "전념이 허쉬의 이론에서 애착과 믿음의 개념과 같은 것"(p.12)이라고 설명했다.

아동기에 높은 사회유대를 형성하고 청소년기에 이를 유지할 경우에 비행에 가담할 가능성이 낮다. 반면에, 아동기의 사회유대가 낮으면 그런 청소년은 지속적으로 범죄에 참여하는 경로에 빠져들 수 있다. 이런 아동들은 10대를 겪으면서, 점차 비행 친구집단에 노출될 수 있는 기회가 많아진다. 사회학습이론에서 설명했듯이, 비행친구집단은 "비행행위 유형을 오랫동안 수행하고 유지하는데 필요한 사회환경적 조건이다"(Elliott et al., 1979, p.4). 즉 범죄로의 경로는 (1) 아동기의 낮은 사회유대로 인해 (2) 비행 친구집단의 참여로 이르고, 이로 말미암아 (3) 지속적인 범죄행위가 유발되는 단계이다.

그러나, 엘리엇 등(1979)은 비행에 이르는 데에는 두 번째 경로도 있다고 주장했다. 사회유대가 강한 아동들이 흔히 경험하는 경로는 평범한 친구집단과 어울리고 정상적 행위습관의 생활을 하는 것이다. 그러나, 높은 수준의 사회유대를 형성했더라도 일부의 아동은 이후 범죄와 약물사용에 빠져드는 사례들이 있다. 이런 결과는. 강한 사회유대가 청소년들이 비행에 빠져드는 것을 차단한다는 전통적 사회유대이론과 일치하지 않는 것이다. 엘리엇과 동료들의 모형은 이런 가능성을 포함한다. 청소년기에 개인적으로나 사회유대의 측면에서 지나친 긴장을 초래하는 사건들을 겪으면 해당 청소년의 사회에 대한 "전념"과 "통합"이 "약화"될 수 있다고 가정한다(p.10). 예를 들어, 성공목표에 대한 전념이 강력했지만 이런 목표를 달성하지 못한 청소년이 이런 경우일 수 있다. 혹은 청소년의 주위환경이 심각한 사회해체를 겪어 해당 청소년이 속한 사회집단이 불안정해지고 응집력이 약화될 수 있다. 통제이론에서 주장하듯이, 긴장이 사회유대를 약화시키고 이에 따라 해당 청소년은 자유로이 비행에 빠져들게 된다.

엘리엇 등(1979)은 이 부분을 사회학습이론을 인용해 상세히 설명했다. 먼저, 목표달성의 실패로 심각한 긴장을 겪을 때에 비행에 빠져드는 직접적 관계가 일부 청소년의 경우에 단기적으로 나타날 수 있다. 다른 일부는 성공목표에 대한 전념을 포기하고 — 성공에 대한 믿음과 거리감을 느끼고 — 약물사용과 같은 새로운 도전과 스릴을 찾을 수 있다. 그러나 대부분의 경우에 사회적 유대가 축소되고 약화된 청소년은 비행친구 집단에 가담하게 된다. 원래부터 사회적 유대가 약했던 청소년들과 마찬가지로 이들도 비행친구들과의 접촉으로 지속적인 범죄성을 갖게 된다. 엘리엇 등에 의하면, 범죄의 이런 경로는 "전통적인 긴장관점과 사회학습관점을 통합하는 대표적 사례이다"(p.17). 따라서, 범죄로의 두 번째 경로는 (1) 아동기의 강력한 사회유대는 해당 아동의 행동문제를 봉쇄한다, 그러나 (2) 청소년기의 긴장은 사회유대를 약화시켜, (3) 비행친구 집단에 가담하도록 만들어, 결국 해당 청소년은 (4) 지속적으로 범죄행위를 저지른다.

엘리엇 등(1985)이 검증했을 때에 경험적 연구결과는 통합모형과 일치했다. 그럼에도 불구하고, 이들의 모형에는 몇 가지 중요한 사항이 명확하지 않다. 특히, 사회학습변수들이 왜 청소년기에만 그리고 비행친구 집단을 통해서만 영향을 미치는지를 명확히 설명하지 않는다. 예를 들어, 아동기부터 친구집단이 사회화 영향을 미친다는 연구결과가 있다(Harris, 1998). 또한 엘리엇 등은 주로 가족을 유대를 형성하는 사회화 기제로 볼 뿐이며, 사회학습이 실현되는 환경으로 고려하지 않는다. 오늘날 가장 대표적 사회학습이론가인 에이커스(Akers, 2000)는 받아들이지 않을 것이다. 이런 사항들이 통합이론에 내재하는 취약성이다;

변수를 선택하고 특정한 순서대로 배치함으로써, 원래의 이론들이 범죄유발의 핵심사안으로 고려하는 인과과정을 통합이론은 경시할 수 있다.

## 손베리(Thornberry)의 상호작용이론

테렌스 손베리(Terence Thornberry, 1987)에 의하면 "인간의 행동은 사회적 상호작용에서 일어나며 따라서 상호작용 과정에 초점을 둔 모형으로 설명할 수 있다"(p.864). 손베리는 "청소년들이 다른 사람들과 주위 시설들과 상호작용하며" 이들의 "행동특성이 상호작용의 성격에 의해 형성된다"(p.864)고 주장했다. 중요한 인과변수의 상태는, 예컨대 부모애착, 시간적으로 불변하지 않은 고정적인 것이 아니다. 부모와 자식이 어떤 상호작용을 하는가에 따라 변화될 수 있는 것이다. 더욱이, 비행청소년은 주위환경으로부터 영향을 받지만 또한 비행을 포함한 자기들의 행동을 통해 다른 사람들에게 영향을 미치기도 한다. 즉, 비행청소년은 "상호작용 체계"의 구성인자이다(p.864). 곧 살펴보겠지만, 이런 시각은 손베리의 모형에서 변수들 간의 관계가 단방향이지 않고 오히려 양방향 혹은 상호작용적이라는 것을 시사한다. 기존연구들의 검토에서, 손베리는 "많은 경험적 자료들이 상호작용의 핵심주장, 즉 청소년 비행이 상호연관되어 있는 인과구조를 통해 일어난다는 주장"을 입증했다고 단언했다(pp.228−229). 즉, "많은 연구결과들이 비행의 단방향 원인이라고 흔히 가정했던 변수들이 실제로는 비행행위로 인한 결과이거나 아니면 비행 행위와 상호연관된 인과관계 때문이었다는 사실을 시사한다"(Thornberry, Lizotte, Krohn, Smith, & Porter, 2003, p.229 참조)는 것이다.

손베리(1987)는 통제이론의 "비행의 근본원인이 사회적 억제의 약화 즉 사람들의 행동을 규제하지 못했기 때문"(p.865)이라는 주장을 바탕으로 자신의 이론적 모형을 구성했다. 손베리의 모형은 아동기에 부모에 대한 애착을 형성한다는 사실을 기본으로 한다. 애착을 형성한 경우에, 청소년들은 일상적 믿음을 수용하고, 학교에 대한 전념을 보이고, 비행친구와의 접촉을 기피하고, 비행가치를 거부하고, 비행행위에 빠져들지 않는다. 반면에 부모에 강한 애착을 형성하지 못한 아동들은 정반대의 인과연쇄를 겪는다. 우선 일상적 믿음을 수용하지 않고 학교에 강한 전념을 갖지 못한다. 또한 믿음과 전념을 통한 통제가 약화됨으로써 이들은 자유롭게 여러 행동대안들을 모색한다. 이때에, 비행친구들을 만나게 된다. 사회학습이론대로, 반사회적 친구들과의 접촉으로 비행가치를 수용하고 비행행위를 저지른다. 요약하자면, 손베리의 모형은 사회통제이론과 사회학습이론을 통합한 것이다.

손베리(1987)는 기본 인과모형을 정교화하기 위해 두 가지 측면에서 중요한 이론적 통찰력을 첨가했다. 첫째, 가장 중요한 주장은 인과모형의 변수들이 상호간에 영향을 미친다는 것이다. 친구와의 접촉을 예로 들어보자. 부모애착이 약하면 비행친구와의 접촉이 많아질 수 있지만, 또한 이로 인해 부모에 대한 애착이 줄어들 수 있다. 비슷한 맥락에서, 친구접촉이 비행행위를 유발할 수 있지만, 이런 행위 또한 친구들을 선택하는 데 영향을 미칠 수 있다. 즉, 친구로 인해 비행이 늘어날 수 있으며 "유유상종"하듯이 비행을 저질렀기 때문에 같은 상태의 친구들과 접촉이 강화될 수 있다. 이전의 이론들은 사회통제와 사회학습 변수들이 상호작용하는 과정을 대체로 고려하지 않았다. 이에 대해 손베리는 사회생활의 복잡한 실상을 제대로 반영하려면 상호작용관계를 구체적으로 고려하는 것이 필수적이라고 보았다.

이런 배경에서, 손베리(1987)는 상호작용관계로 인해 "행위궤적"이 구성되며 이를 통해 "비행과 범죄에 깊이 빠져들게 되는 현상을 예측할 수 있다"(p.883)고 주장했다. 즉 이런 행위궤적은, "초기단계에 사회유대가 낮게 형성되어 비행참여의 가능성이 높고, 비행참여의 수준이 높아 일상적 사회유대가 더욱 약화되며, 이런 효과들이 복합적으로 작용해 나이가 들어서도 일상적 사회에 대한 유대의 회복이 매우 어렵게 되는 경우"(p.883)이다. 이후에 출현한 생애과정 이론가들은 이런 과정을 "누적적 불이익"—한 사람을 점차 범죄성에 빠져들게 만드는 상호연결된 조건들의 집합이라고 명명했다. 손베리가 주장했듯이, "범죄의 관련요인들은 시간이 흐르면서 서로를 강화하여 지속적 일탈의 가능성을 더욱 악화시킬 수 있다"(p.883).

두 번째, 손베리(1987)는 생애과정의 단계별로 변수들의 영향력이 다를 수 있다는 사실을 강조했다. 10대 초반에서 중반(15-16세)으로 성장할 때에, 부모의 영향은 줄어들고 대신에 학교가 더욱 중요해진다. 비슷하게, 10대 후반에 취업, 대학진학, 군복무, 결혼 등과 같은 새로운 변수들이 나타난다. 즉 이런 변수들이 "일상적 사회에 대한 개인의 중요한 유대요소"(p.881)로 대두하며, 비행을 지속할지 아니면 그만둘지를 결정하는데 중요한 역할을 한다.

요약하면, 손베리의 이론에서 우리가 얻을 수 있는 교훈은 범죄행위가 행위자와 환경이 상호작용하는 발전적 과정에 의해 발생한다는 것이다. 행위자는 사회적 환경의 산물이며 동시에 건축가이다 — 생활환경에 영향을 받으며 영향을 미친다. 행위자의 발전은 정태적이지 않고 동태적이며, 따라서 생활조건이 변하면 그 사람의 발전양상은 달라진다. 또한, 행위자들은 일정한 행동궤적을 따르는 경향이 있다. 특히 우리가 우려해야 할 현상은 낮은 사회유대, 비행친구 접촉, 비행이 결합하여 어떤 사람을 범죄자의 역할을 갖도록 유도하는 상호작용 과정이다. 이후 여러 경험적 연구들에서 상호작용 이론의 핵심명제가 검증되었다.

**생애과정 이론에의 함의** 이런 주제들은 곧이어 검토할 최근에 대두한 생애과정 범죄학의 출현을 예견하는 것이었다. 따라서 손베리가 상호작용 이론을 생애과정 접근으로 변경하고 자신의 이론과 일치하는 종단적 검증자료를 제시한 것은 놀라운 일이 아니다(Thornberry & Khohm, 2005: Thornberry et al., 2003; Kubrin et al., 2009 참조). 수정된 이론의 특징은 생애과정의 세 단계에서 처음으로 일탈을 저지르게 되는 원인을 구별해 설명하려고 한 것이다(Thornberry & Khorn, 2005).

첫째, 아동기에 문제행동을 저지르는 경우이다. 조기개시의 원인은 주로 가족해체의 노출, 효과적이지 못한 부모훈육, 학업실패, 비행친구와의 접촉 등이다. 문제행동은 지역사회가 "구조적 결손"으로 가족이 많은 긴장을 겪고 비행친구 집단에 쉽게 접근할 수 있는 환경이면 더욱 악화된다. 이런 아동들은 초기결손이 "심각하고" 또한 "연관되어" 지속적으로 비행을 지속적으로 저지르는 경향을 보인다. 지속적 비행으로 이들은 부모, 친사회적 친구, 교사들로부터 배척을 당하고 대신에 비행친구들로 고립됨으로써 더욱 심각한 범죄성을 형성하게 된다.

둘째, 비행청소년의 대부분은 "12살부터 16살까지의 청소년기 중반"(Thornberry & Krohn, 2005, p.192)에 들어 범죄를 시작한다. 이들은 심각한 수준의 결손상태에 있지 않고, 청소년기의 성장기적 특징에 반응하는 경향이다. 특히, 부모와 같은 "성인 권위체"로부터 "적절한 독립심을 형성하는 과정"에 있다(p.193). 따라서 부모의 통제력은 약화되고 부모와의 갈등이나 소외가 증가한다. 또한 비행을 강화하는 친구들과의 감시받지 않은 접촉도 늘어난다. 이런 청소년들은 대체로 심각한 범죄(예, 강도, 침입절도)를 저지르지 않고 흡연, 음주, 실험적 약물사용, 기물파괴를 저지르는 경향이다. 이들 청소년들은 결손상태가 심각하지 않고 친사회적 성인역할을 포기하지 않아 나이가 들면서 점차 범죄를 그만두는 경향을 보인다.

셋째, 성인이 되어서야 범죄를 시작하는 "후기참여자"들도 있다. 손베리와 크로흔(Thornberry & Krohn, 2005)이 지적하듯이, 기존연구들에 의하면 "청소년기에 비행이 없었던 사람의 17.2%가 성인기에 처음으로 범죄를 저지르는 것으로 나타났다"(p.195; 참조 Eggleston & Laub, 2002). 이런 성인들은 지능수준이 낮고, 학업능력이 열등한, 즉 인성적 결손상태이지만 성장과정에서 부모의 후원으로 "보호를 잘 받았던" 사례들이라고 가정했다. "가정과 학교의 보호막을 떠나게 되면서", 이들의 결손상태는 더 이상 부모로부터 보호받지 못하고 따라서 직업을 갖지 못하고 결혼과 같은 친밀한 관계를 지속하지 못한다(p.196). 결국, 이런 성인들은 "비행 동료들의 영향에 더욱 취약해지며"(p.196) 범죄적 생활에 접어들게 된다.

곧 살펴보겠지만, 비행이나 범죄의 개시시점과 단절시점에 대한 손베리의 관심은 이후 생애과정 이론들에서 찾아볼 수 있는 중요한 연구주제이다. 사실, 생애과정 패러다임이 가장 핵심적으로 다룬 것은 범죄의 지속과 변화와 관련한 속성과 원인들에 대한 논쟁이었다.

## 정책적 함의

통합이론들의 정책적 함의는 사회학습이론, 사회통제이론, 긴장이론과 크게 다르지 않다. 이런 이론들 모두가 가정, 학교, 친구집단들을 기본 골격으로 했기 때문에, 이들 이론들은 가족원 간의 애착과 부모와 자녀의 애착을 강화하는 개입방안, 학교전념을 신장하는 개입방안, 친사회적 친구들간의 상호작용을 강화하는 개입방안들을 제안하였다. 그러나, 통합이론들은 아동기와 범죄의 발전적 과정을 강조했다는 점에서 정태적이고 청소년기에만 주목했던 전통적 주류이론들과 차이가 있다. 즉, 생애과정 이론과 같은 통합이론들은 범죄가담의 위험성을 증가시키는 요인으로 아동기의 사건들을 중요시하고 청소년들이 범죄에 빠져들지 않기 위한 방안으로 조기개입 프로그램을 강조한다. 이 장의 끝부분에서 정책적 함의와 관련된 이슈들을 다시 검토할 것이다.

## 생애과정 범죄학: 지속성과 가변성

앞서 언급했듯이, 생애과정 관점은 반사회적 행위가 아동기에 시작해 청소년기 그리고 성인기까지 계속하는 지속성 혹은 안전성이 있다는 인식에 의해 그 가치와 의의가 제고되었다. 그렇지만, 학자들은 또한 범죄자의 행위가 변화하고 단절이 발생하는 경우도 관찰할 수 있었다. 범죄를 이해하는 데 있어 지속성과 가변성의 중요성은 로빈스(Robins, 1978)가 잘 지적했다. 로빈스는 "성인의 반사회적 행위는 거의가 아동기의 반사회적 행위로부터 유래하지만, 대다수의 반사회적 아동들은 성인 범죄자로 발전하지 않는다"(p.611)고 서술하였다. 확실히, 아동기의 문제행동이 이후 문제행동들의 예측에 중요한 요인이다. 그러나 이런 관계는 확고불변한 것이 아니다. 지속성의 수준을 개념화하고 측정하는 과정이나 방법론적 측면에서 다양한 의견이 있지만, 반사회적 아동의 상당수는 — 앞으로 범죄가담의 위험성이 있는 집단의 거의 과반수는 — 성인기에 이르러 흉악하고 만성적인 범죄자로 발전하지 않는다. 따라서, 생애과정 이론에서 가장 중요한 이론적 쟁점은 범죄발생의 지속성과 가변성을 설명하는 것이다.

최근의 생애과정 이론들은 크게 네 가지 유형으로 구분할 수 있다. 첫째, 유형은 범죄행위에는 지속성만이 있다고 주장하는 이론들이다(Gottfredson & Hirschi, 1990). 둘째, 지속성이나 가변성을 강조하는 이론들이다(Moffitt, 1993; Patterson, DeBarshy, & Ramsey, 1989). 셋째, 지속성과 가변성 모두를 범죄행위의 특징으로 고려하는 이론들이다(Sampson & Laub, 1993). 끝으로, 가변성에만 초점을 둔 이론들이 있다(Giodano, Cernkovish, & Rudolph, 2002; Maruna, 2001). 지속성과 가변성에 관한 이런 분석틀을 활용해 다음에서 구체적인 관련이론들을 살펴본다.

또한, 이번 기회를 빌려 '범죄행위의 지속성과 가변성이 발달과정의 한 부분인가?'에 대한 최근의 이론적 논쟁에 대해서도 검토하고자 한다. 일부의 학자들, 특히 모핏(Moffitt, 1993)은 범죄를 저지르거나 그만두는 등의 이동은 예측가능한 단계와 유형으로 발생한다고 주장했다. 이런 관점에 의하면 범죄자가 되는 것은 일정한 유형으로 전개되는 발달과정에 따른다. 반면에 다른 이론가들은, 특히 샘슨과 라웁(1993; Laub & Sampson, 2003)은 어떤 사람이 범죄를 지속할지 아니면 단절할 것인지는 쉽게 예측할 수 없다고 믿었다. 이런 학자들은 범죄행위에 영향을 미치는 요인들을 판별하고자 했지만, 범죄자가 언제 어디서 범법행위를 그만둘지를 결정하는 부분에 대해서는 기회나 우연과 같이 예측불가하다고 생각했다. 즉, 범죄는 생애과정에서 겪는 주요사건들의 영향을 중심으로 발생하며, 범죄경력은 사전에 계획된 방식으로 정확히 발전하지 않는다. 이 이슈는 앞으로 이론들을 검토할 때에 다시 검토할 것이다.

## 범죄학의 위기: 갓프레드슨과 허쉬의 재검토

제6장에서 미카엘 갓프레드슨과 트레비스 허쉬(Michael Gottfredson & Travis Hirschi)의 낮은 자아통제와 범죄에 대한 이론(범죄의 일반이론으로 알려져 있다)을 이미 살펴보았다. 이들의 관점을 다시 한 번 검토해 생애과정 이론과의 관련성을 살펴보고 사회학적 이론들에 미친 영향을 분석하고자 한다.

이론개발을 하면서, 갓프레드슨과 허쉬(1990)는 대부분의 다른 이론가들이 주목하지 않았던 사항을 진지하게 다루었다: 이들은 범죄의 속성을 깊이 고찰했다. 이 과정에서, 갓프레드슨과 허쉬는 “경험적 연구들에서 범죄발생의 가장 강력한 예측인자로 판별된 요인이 과거 범죄행위”(p.107)라는 것을 알 수 있었다. 이와 함께, “아동의 발달과 범죄학적 연구결과를 체계적으로 통합하려는 시도를 하지 않았다”(p.102)는 점에서 기존 이론들에 근본적인 한계가 있다고 주장했다. 따라서 “범죄와 비행의 가장 영향력이 있는 사회과학적 이론들은 범죄와 아동문제들(예를 들어, 말대꾸, 고함치기, 밀치기, 떠밀기, 제멋대로 하기, 학교 말썽, 낮은 학업성취)과의 연관성을 무시하거나 부정하였다”(p.102). 갓프레드슨과 허쉬는 이런 연관성이 중요하다고 주장했다. 왜냐하면 이를 통해 행동의 지속성과 안정성이 동일한 기저요인에 의해, 즉 낮은 자아통제력으로 인해 나타난다는 것을 알 수 있기 때문이다. 아동기에 행동문제를 보였던 어린이는 10대에 들어 비행을 저지르는 청소년과 같은 사람일 수 있다는 것이다. 문제행동의 지속성을 바탕으로 갓프레드슨과 허쉬는 범죄경향성의 개인적 차이는 아동기에 주로 형성된다고 주장했다. 뿐만 아니라, 부적절한 아동양육을 낮은 자아통제력의 "가장 중요한 원인"(p.97)이라고 주장한 이유이기도 했다.

자아통제의 개인적 차이가 아동기부터 성인기까지 지속적인 반사회성의 가장 중요한 결정인자라는 갓프레드슨과 허쉬(1990) 견해는 청소년기에 겪는 경험들의 중요성을 강조했던 기존의 거의 모든 범죄이론에 의문을 제기한 것이었다. 예를 들어, 갓프레드슨과 허쉬에 의하면, 비행친구관계는 범죄에 인과론적 영향을 미치지 않으며 단지 "유유상종"에 따른 결과일 뿐이다 — 즉, 낮은 자아통제력의 소년들이 스스로 선택해 자신과 비슷한 상대방과 교제한다는 것이다. 학업실패와 비행과의 관계도 마찬가지로 인과론적이지 않다; 단지, 자아통제력이 낮은 소년이 학업에 실패하고 비행에도 가담했기 때문이다. 제6장에서 살펴보았듯이, 허위관계 논지이다: 범죄학자들이 범죄를 유발한다고 가정한 사회적 조건들과의 관계는 허위이다. 왜냐하면 사회적 조건과 범죄 모두가 낮은 자아통제력에 의해 유발되기 때문이다(Hirschi & Gottfredson, 1995).

실제로, 갓프레드슨과 허쉬(1990)가 저술한 범죄의 일반이론은 기존이론들이 틀렸다는 것을 매우 설득력 있게 비판함으로써 범죄학계에 위기상황을 가져왔다. 기존이론들은 문제행동의 연속성을 간과하였고, 아동기의 인과관계를 무시했고, 아동기에 지속적인 개인차이가 형성되며 이를 통해 문제행동의 안정성을 설명할 수 있다는 견해를 배제하였다. 갓프레드슨과 허쉬가 경고하듯이,

> 이에 따라 기존에 잘 알려진 범죄학 이론들은 생애과정에 걸친 범죄의 개인적 차이에 따른 안정성에 주목하지 않았다. 한마디로 역설적 상황이라고 할 수 있다: 범죄학 연구에서 가장 중요한 결과가 이론화에서는 늘 무시되고 부정되었다. 1세기 동안의 연구가 있었지만, 범죄이론들은 여전히 범죄를 저지를 가능성이 사람마다 차이가 있고 이런 차이는 어렸을 때부터 나타나고 생애과정의 대부분에 걸쳐 안정적이라는 사실에 관심을 두지 않고 있다(p.108).

요약하면, 갓프레드슨과 허쉬(1990)는 이런 범죄의 안정성과 지속성에 관한 이론을 제안하고자 한 것이다. 지속적 범죄행위의 원인으로 이들은 "지속적 이질성"이라고 명명했던, 즉 매순간 모든 상황에 걸쳐 표출되며 시간의 흐름에 따

른 각 개인의 생애과정에 지속적으로 나타나는 개인의 변하지 않은 차이를 강조했다. 이와 대립되는 지속성에 대한 설명으로는 "상황의존론"이 있다. 상황의존론에 의하면, 범죄를 저지르면 여러 상황변화가 초래되며 예를 들어 부정적 사회적 반응(예, 낙인화), 범죄자의 변화(예, 범죄를 유익한 것으로 생각하는 경향의 증가), 생활환경의 변화(예, 사회적 유대의 약화) 등이 유발되며 이런 상황변화로 인해 범죄를 지속하는 가능성이 증가한다는 것이다. 대립된 주장들 중에서 어느 것이 올바른지에 대해서 아직까지 연구결과는 명확하지 않지만(Nagin & Paternoster, 1991; Sampson & Laub, 1993), 안정적인 개인적 차이가 범죄행위의 지속성을 설명하는 데 중요한 역할을 한다는 연구결과가 있다(Farrington, 1994b, pp.531−535; Nagin & Farrington, 1992). 그러나 여기서 이슈가 되는 것은 Gottfredson과 Hirschi의 이론에서 핵심 개념인 낮은 자아통제력을 과연 반사회적 행위의 지속성을 설명하는 개인적 차이로 볼 수 있는가에 대한 논쟁이다.

물론 갓프레드슨과 허쉬도 범죄습관의 변화가 있을 수 있다는 것을 완전히 부정하지 않는다. 예를 들어, 연령과 범죄와의 곡선관계가 "불변하다", 즉 거의 모든 사회에서 범죄참여의 수준은 나이가 많아지면서 감소한다고 주장한다. 그러나 갓프레드슨과 허쉬가 인정한 변화는 개인내의 변화이나—즉 시간에 따른 한 개인의 변화이다. 반면에, 자아통제력의 수준이나 범죄와 다른 일탈행위에의 참여수준에서 개인간의 차이는 변하지 않는다고 주장한다. 따라서, 아동기에 자아통제수준이 일단 형성되면, 다른 사람에 비해 자아통제력이 낮은 사람은 이후로도 항상 자아통제력이 낮은 수준이며 생애과정에 걸쳐 반사회적 행위를 더욱 많이 저지른다는 것이다. 결국, 자아통제력의 개인간 차이는 유지되며 사회적 환경이나 다른 요인들에 의해 영향을 받지 않는다.

생애과정 이론가들은 갓프레드슨과 허쉬가 제기한 이슈들을 해결하고자 노력하고 있다. 갓프레드슨과 허쉬의 "일반이론"은 매우 간단명료하다(자아통제력으로 생애과정에 걸친 범죄지속성을 설명할 수 있다). 이론적 가치가 없지는 않지만, 이런 단순성은 범죄의 지속성을 유발하는 데 다른 요인들이 개입하고, 범죄경력에 있어 지속성만큼이나 가변성이 나타나는 사회적 현실을 간과한다고 할 수 있다.

## 패터슨(Patterson)의 사회적 상호작용 발전모형

### 조기개시 비행

제랄드 패터슨(Gerald Patterson)과 동료들은 "반사회적 행위"를 "생애 초기 단계에 시작해 청소년기와 성인기까지 지속하는 발달론적 소질"(Patterson et al., 1989, p.329)이라고 보았다. 패터슨 등(1989)에 의하면, "어린 나이에 반사회적 행위를 저지르는 것이 이후의 반사회적 행위를 예견할 수 있는 징후라면, 발달심리학자들은 반사회적 행위의 안정성을 설명하는 기제와 시간적 변화를 유발하는 요인들을 판별할 수 있어야 할 것"(p.329)이다. 이러한 발달을 이해하는 데 있어 핵심은 "사회적 상호작용"이다. 즉 아동과 주위환경과는 계속적 교환관계라는 것이다. 아동의 행동이 부정적 반응을 유발하며, 아동은 이런 반응에 반사회적 방식으로 대처하며, 이로써 더욱 부정적 반응을 유발하는 등의 관계이다. 패터슨 등은 "행동－반응의 연쇄과정에서 각 단계를 거치면서 반사회적 아동은 장기적인 사회적 부적응과 범죄행위에 빠져들 위험성이 더욱 높아질 수 있다"(p.329)고 경고했다.

갓프레드슨과 허쉬(1990)와 마찬가지로, 패터슨과 동료들(1989)은 반사회적 행위의 개시가 역기능적 가족과 관련이 있다고 보았다. 역기능적 가족의 성격으로 패터슨 등은 "엄격하지만 일관적이지 못한 훈육방식, 부정적이며 소극적인 부모의 개입, 미흡한 수준의 감시와 감독"(p.329)을 들었다. 그러나 갓프레드슨과 허쉬와 달리, 이들은 부적절한 부모훈육으로 낮은 자아통제력이 형성된다고 보지 않았다. 사실, 이들은 사회유대이론을 포함한 통제이론을 거부하고 사회학습이론을 수용했다. "사회적 상호작용 관점은 가족구성원들이 직접 아동들이 반사회적 행위를 하도록 학습시킨다는 견해이다"(p.330).

역기능적 가정에서, 강압은 생활방식이다. 강압적이면 때로는 긍정적 보상을 받을 수 있다. 그리고 아동이 강압적이면 가족의 다른 구성원은 때리는 등의 "해악적 행동"을 하지 않으므로 강화될 수 있다. 아동은 짧은 시간에 "강압적 수단으로 다른 가족구성원을 통제할 수 있다는 것을 학습한다"(Patterson et al., 1989, p.330). 반면 친사회적 행동방식과 문제해결방식을 학습하지 못하고 부적절한 형태로 반응한다.

반사회적 아동이 가정외부로 이동할 무렵이면 이들은 "아동 행동장애"를 보이기 시작한다. 학교환경에 잘 적응하지 못하고 학업능력 측면에서도 실패할 가능성이 높다. 동시에, 다른 아이들에게 공격적으로 행동하여 "정상적 친구집단"으로부터 배척을 당한다(Patterson et al., 1989, p.330). 후기 아동기와 초기 청소년기로 접어들 때에 이런 아이들은 한편으로 학교적응에 실패하고 정상적인 친구들로부터 배척을 당하며 다른 한편으로 반사회적 경향성으로 인해 "비행친구집단"에 가담할 가능성이 높다. 비행친구들과 교제하게 됨으로써 이들은 비행행동을 긍정적인 것으로 학습하며, 이를 통해 불법행위에 대한 참여를 더욱 공고히 하게 된다.

주목해야 할 점은, 패터슨 등(1989)이 강압적 부모와 가정을 서로 구별되는 별개의 단위로 고려하지 않았다는 것이다. 오히려, Patterson 등은 가족체계가 역기능적이 되는 이유를 밝히고자 노력했다. 이들은 "가정관리 활동"을 와해시키는 것이 무엇인가를 분석하였다. 세 가지 원인을 지적했다. 첫째, 반사회적인 부모가 — 부모 자신들도 반사회적 부모에 의해 양육되었을 수 있다 — 자식들에 대해 적절한 양육을 하지 못했을 수 있다. 둘째, 사회적 어려움으로 인해 부모들이 대화에 기초한 인지적 양육방식을 하지 못하고 신체적이고 권위주의적 양육방식에 의존했을 수 있다. 셋째, 가족이 실업, 가정폭력, 가족갈등 등의 긴장을 겪기 때문에 부모들이 자녀들에 대해 효과적인 양육활동을 하지 못했을 수 있다.

## 후기개시 비행

반사회적 행위의 "조기 개시자"에 대한 패터슨 등(1989)의 분석은 대체로 범죄지속에 관한 이론이다. 즉 아동을 일탈적 생활방식에 빠져들게 만드는 사회적 상호작용 과정에 대한 분석이었다. 그러나 곧이어 패터슨은 카렌 요우거(Karen Yoerger)와의 공동연구를 통해 "후기개시 비행의 발전모형"을 제안했다(Patterson & Yoerger, 1997, 2002). 패터슨과 요우거는 후기개시 집단의 경우에 비행을 저지르게 되는 별도의 경로가 있다고 가정했으며, 이런 인식은 곧 살펴볼 모핏(Moffitt, 1993)이 제안한 모형과 유사한 내용이다. 패터슨과 요우거는 후기개시 범죄자의 특성을 "주변성 가설"로 대변했다(1997, pp.143-145). 즉 이런 청소년들은 부유층과 빈곤층의 주변부에 해당하는 지역에서 성장하고, 자녀훈육 기술이 주변부에 해당하는 부모에 의해 양육되었으며, 사회적 기술(예, 직업과 인간관계)도 주변부의 수준을 지녔다는 것이다. 따라서, 조기개시 청소년과 달리, 이들은 아동기에 극심한 조기결손을 겪지 않았으며 반사회성과 비행행위가 심각한 수준에는 이르지 않은 경우이다.

후기개시 집단에서, 중요한 인과기제는 역기능적이며 강압적인 가정이 아니다. 비행친구 집단이 중요한 인과기제이다. 비행을 저지르지 않은 청소년들과 비교할 때에 열악한 가정환경으로 아동기에 다소의 반사회성을 나타내지만, 이들은 청소년기 중반(14살 무렵)까지는 비행을 저지르지 않는다. 청소년기 중반에 이르러 원래부터 강하지 않던 부모의 감시와 감독이 더욱 느슨해진다. 부모의 직접감시로부터 벗어남으로써 이들은 비행친구들과 접촉할 수 있게 된다. 범죄행동을 저지르게 되는 것은 이런 비행친구와의 상호작용 때문이다. 비행친구와의 상호작용에 의해 이들은 학교징계나 경찰체포와 같은 공식처벌이 있을 만큼의 심각한 범죄를 저지르게 된다.

특히, 패터슨과 요우거(Patterson & Yoerger, 1997)는 후기개시 비행소년은 조기개시 소년들에 비해 지속적으로 범죄를 저지를 가능성이 낮고 또한 심각한 범죄로부터 단절할 가능성이 높다고 주장했다. 또한 나이가 들었을 때에, 후기개시 집단은 사회적 기술이 있기 때문에 일탈행위로부터 얻을 수 있는 "이익"을 뛰어넘는 친사회적 성인역할을 할 수 있다는 것이다(p.141). 패터슨과 요우거가 주장하듯이, "조기개시 소년들은 비행성향이 심각하며 이들이 습득한 기술의 수준도 매우 열등한 상태인 것과 반해 후기개시 소년들의 경우에 비행성향과 기술의 수준은 중간단계이다. 출발선에서의 이런 차이로 인해 발달유형의 차이가 확연히 달라질 수 있다"(p.141). 요약하면, 조기개시 아이들은 생애과정에 걸쳐 범죄를 지속적으로 저지르는 경향이며, 후기개시 소년들의 비행은 청소년기에 국한될 가능성이 크다(Moffitt, 1993 참조). 따라서, 첫 번째 집단의 발전유형은 지속성을 특징으로 하며 두 번째 집단의 유형은 가변성을 특징으로 한다.

### 가족 개입방법

패터슨과 동료들은 조기개시 비행소년의 경우에 앞으로의 생활전망이 암울하다고 예측했다. 그렇지만, 이런 소년들의 개선과 교화가 전혀 불가능하다고 생각하지 않았다. 특히 선도를 위한 개입노력이 나이가 들었을 때가 아니라 어렸을 때에 실시하면 가능하다고 판단했다. 패터슨과 동료들이 가장 바람직한 해결방안으로 제안한 사항은 역기능적 가족에 대한 조기개입이다. 실제, 오리건 사회학습센터에서 패터슨과 동료들은 위기가족에 대해 "부모관리 훈련" 프로그램을 실시했다. 부모에게 반사회적 아동을 올바로 훈육할 수 있는 방법을 알려주는 부모훈련 프로그램을 실시했을 때에 아동의 문제행동은 감소하는 경향이 었다(Reid, Patterson, & Snyder, 2002; 참조 Van Voorhis & Salisbury, 2004).

두 가지 사실에 주목할 필요가 있다. 첫째, 부모관리의 개입방안이 효과적이었다는 사실은 패터슨의 이론을 지지하며, 보다 넓게 사회학습 접근방법을 지지하는 것이다. 즉 이론기반의 개입활동을 개선이 필요한 위험요인을 대상으로 실시하고 — 강압성과 반사회적 행위를 유발하는 부모훈육방식이 오리건 프로그램에서 위험요인이다 — 이후 비행행위의 감소가 나타난 연구결과는 기반이 되었던 이론이 범죄발생의 원인을 올바르게 규명했다는 증거가 될 수 있다(Cullen, Wright, Gendreau, & Andrews, 2003; Reid et al., 2002). 둘째, 범죄의 원인을 아동기 경험에서 찾는 생애과정 이론들은 거의 모두 조기개입 프로그램의 필요성을 강조한다. 앞으로 살펴보겠지만, 생애과정 패러다임이 가장 중요시하는 정책제안은 조기개입 프로그램이다.

## 모핏(Moffitt)의 생애지속/청소년기 한정이론

가장 많은 주목을 받았던 발전이론의 하나는 테리 모핏(Terrie Moffitt)이 주장한 지속적으로 또한 가변적으로 범죄가 발생한다는 이론이다(Moffitt, 1993; Caspi & Moffitt, 1995 참조). 연령-범죄 곡선은 기만적이다. 왜냐하면 10대에 범죄발생이 폭증한 결과는 "별도의 이론적 설명을 해야 할, 질적으로 구별되는 두 유형의 행위자들을 은폐했기" 때문이다(Caspi & Moffitt, 1995, p.494, 원문에 강조 표기).

한 집단은 남자인구의 5－10%에 불과할 정도로 작은 규모이다; 여성의 경우에 반사회적 집단의 비율은 더욱 낮은 수준이다. 이 집단은 아동기에 반사회적 행위를 저지르고 청소년기와 그 이후까지 범죄를 지속하는 경향을 보인다. 모핏은 이 집단의 구성원을 생애－과정－지속 범죄자(LCP's)라고 명명했다. 두 번째 집단은 대규모이며 청소년기에 있는 대부분의 소년들을 포함한다. 집단의 구성원들은 아동기에 반사회적 경향성을 거의 보이지 않으며, 청소년기에 갑자기 다양한 종류의 비행행위를 저지르며, 성인기 초반에 진입할 무렵에는 더 이상 범죄를 저지르지 않는다. 반사회적 행위가 이같이 발달과정의 한 단계에만 국한하기 때문에, 모핏은 이 집단을 청소년기－한정 범죄자(ALs)로 명명했다. 즉, AL이 저지르는 범죄와 반사회적 행위는 가변성 혹은 단절성이 두드러지며 지속성을 특징으로 하지 않는다.

모핏의 발전이론은 성장과정에서 거의 모든 아이들이 청소년기를 거치고 성인기에 들 때까지 두 가지 발전경로 중에서 하나를 따른다고 주장한다. 이런 점에서, 그녀의 이론은 반사회적 행위와 관련해 두 가지 유형의 집단으로 구분한다: LCP는 높은 범죄율과 만성적으로 범죄를 저지르는 집단이며, AL은 범죄를 저질렀다가 그만두는 집단이다. 모핏의 주장은 매우 대담한 것이며(이외의 다른 집단은 없는가?), 단순명료하다(범죄자의 발전을 양자택일 즉, 한 유형 아니면 다른 유형으로 구분한다). 이런 대담함과 단순명료함으로 그녀의 이론에 많은 관심이 집중되었다.

LCP와 AL에 대한 모핏의 견해는 이해가 되지 않는 곤혹스러운 연구결과와 관련이 있다(Piquero, 2011). 모핏은 임상심리학자로 교육을 받았고, 본인 스스로도 심리상담을 하거나 의료시설에서 임상 신경심리치료를 하는 직업을 갖고자 했다. 그러나 1984년에 낙하산을 타고 내려오다 사고를 당해 그녀는 다리가 골절되는 부상을 입었다. 골절사고로 그녀는 휠체어에 앉아 사무실에서 박사논문을 작성하는 도중이었다. 우연한 계기로, 학과에 방문하는 손님을 접대하는 일을 맡게 되었다. 방문객은 뉴질랜드에서 자기가 주도하는 출생코오트를 추적하는 동태적 연구를 함께 할 것을 그녀에게 권유하였다. 모핏은 뉴질랜드에서 2년간 체류하며 1,000명의 13세 아동에 대한 신경심리 분석을 담당했다. 첫 번째 연구결과는 바람직하였다. 그녀가 예측한 대로 신경심리적 장애가 있으면 범죄를 저지르는 경향이 확연했다. 그러나 몇 년 후 재조사했을 때에, 기대와 달리

연구결과는 약화되었다. 모핏은 이를 아래와 같이 설명했다:

> 놀랍게도, 범죄를 저지르는 코호트의 청소년들이 15세와 18세 때에 현저히 증가했고, 반면에 위험요인들과 비행의 상관관계는 점차 약화되었으며, 결국에는 발표할 만한 연구결과가 전무하였다. 중요하다고 여기는 가설이 자료와 일치하지 않을 때에 가장 큰 배움을 얻었던 사례들이 있다. 이번이 그런 경우였다. 반사회적 행위를 생애－과정－지속과 청소년기－한정으로 유형화한 것은 자료가 왜 나를 배신했을까를 이해하려고 몸부림친 결과이다. 왜 위험요인들이 청소년기 이전에 비행을 시작한 아이들은 특정하지만, 청소년기 중반에 비행을 시작한 아이들의 경우는 그렇지 못한가? (인용, Piquerro, 2011, p.402)

이에 따라 모핏은 자료에 서로 다른 발전경로의 두 가지 유형의 반사회적 청소년들이 혼재했다는 것을 알게 되었다: 신경심리적 장애로 어려서부터 일탈 행위를 시작하는 아이들(LCP)과 이런 장애가 없이 청소년기에 들어 비행에 가담하는 아이들(AL)이다. 그녀는 범죄학 분야의 대표 학술지인 범죄학(Criminolgy)에 이런 결과를 담은 논문을 투고했다. 하지만 논문은 거절되었고 나중에 미국의 심리학자(American Psycholosist) 학술지에 게재되었다(Piquero, 2011).

## 생애-과정-지속 반사회적 행위

모핏(Moffitt, 1993)에 의하면, “지속성은 소규모의 생애－과정－지속 반사회적 행위자의 가장 큰 특징이다”(p.697). 이런 사람은 4살 무렵에 다른 사람을 물고 때리며, 10살이 되면 학교에 가지 않고 상점에서 물건을 훔치며, 16살에는 마약을 팔고 자동차 절도를 하며, 20살이 되면 강간과 강도짓을 하며, 30살에는 사기를 치며 아동학대를 저지른다(p.695). 발달과정의 각 단계에서도 온갖 일탈을 저지른다. 예컨대, “집에서는 거짓말을 일삼고, 상점에 가서는 절도를 하며, 학교에 가서는 주위 사람을 속이며, 술집에서는 싸움질을 하고, 직장에서는 공금을 횡령하는 경우” 등이다(p.697).

“만일 어떤 사람들의 반사회적 행위가 취학이전부터 성인까지 지속하면”, 이에 대해 모핏(Moffitt, 1993)은, “학자들은 그 원인을 어렸을 때에, 출생 전후의 요인들에서 찾아야 할 것이다"(p.680)라고 주장했다. 모핏의 주요업적은 한 사람의 인생을 결정할 수도 있는 신경심리적 장애의 효과를 지적했다는 것이다. 신경계의 발달은 수태기간과 출산 이후에 있었던 일들(예, 수태기간에 산모의 약물사용이나 영양결핍이나, 출산 이후에 유독물질 노출이나 아동학대로 인한 뇌손상)로 인해 심각한 장애를 입을 수 있다. 이런 장애는 아동의 심리적 소질에 영향을 미치며 특히 언어발달과 실행기능(예, 충동성에 대한 자기통제)의 손상을 유발한다. 이런 점에서 모핏은 자신의 입장을 "나는 신경학과 심리학을 결합해, 신경체계의 해부학적 구조와 생리과정이 심리학적 특성(기질, 행동발달, 인지능력, 기타 등)에 어떤 영향을 미치는지를 검토하는 것"(p.681, 원문 강조)이라고 단언했다.

신경심리적 장애가 있는 아이들은 "활동수준이 높고, 성급하며, 자아통제가 미숙하며, 인지능력이 부족하고"(Moffitt, 1993, p.683), 그리고 이런 소질은 반사회적 행위의 위험성과 밀접한 관련이 있다. 또한 "문제"아동의 사회적 환경은 대부분 열악한 편이다. 부모들의 소질도 아동과 유사하고, 불량한 지역사회에 거주할 가능성이 높다. 자녀의 양육은 모든 부모가 어려워하는 힘든 과업이다. 특히, 신경심리적 장애가 있고 사회적 능력이 부족한 문제아동의 부모들이 적절히 대처한다는 것은 더욱 힘든 일이다. 대신, 이들은 부적절한 훈육방법에 의존함으로써 문제아동의 잘못된 행동을 악화시키고 부모-자식간의 유대도 약화시킬 수 있다(Caspi & Moffitt, 1995; Patterson et al., 1989 참조). 이에 모핏(Moffitt, 1993)은 "아동의 성향이 주위환경의 부정적 반응을 유발하고 이로 인해 자신들을 범죄환경에 더욱 취약하게 만들 수 있다"(p.682)라고 주장했다. 즉 "개인소질과 환경반응 간의 순환적 상호작용"(p.684)을 지적하였다.

갓프레드슨과 허쉬와 유사하게, 모핏(Moffitt, 1993)은 발달과정의 각 단계에서 나타나는 반사회적 행위는 완전히는 아니더라도 그 사람의 현재적 연속성 즉, 범죄성향의 지속적 이질성을 반영한다고 보았다. 이는 "어렸을 때에 문제를 일으키게 했던 소질들을 성인기까지 그대로 가져왔기 때문에"(P.683) 다른 문제를 일으키는 어른의 경우이다. 그러나 갓프레드슨과 허쉬와 달리, 모핏은 반사회적 행위의 안정성이 기본적으로 축적적 연속성에도 영향을 받는다고 주장했다. 이런 예로서 모핏은 문제아동의 행동과 이에 대한 반응이 오랫동안 누적되어 그 아이가 반사회적 역할을 철저하게 내면화하여, "개선의 여지가 없어지는"(p.684) 경우를 들었다.

이와 관련해, 모핏(1993)은 축적적 연속성이 형성되는 요인으로 두 가지를 지적했다. 첫째, LCP들은 친사회적 행위대안들에 대한 학습기회가 부족해 "제한적 행동레퍼토리"를 가졌기 때문이다. 예를 들어, 이들은 자기의 문제행동으로 인해 정상적인 친구들로부터 배척을 당한다. 이런 상태에서 LCP들은 "일상적인 사회기술을 시연할 수 있는" 기회를 갖지 못하며, 따라서 반사회적 행동의 가능성은 더욱 증가한다(p.684). 둘째, "반사회적 행동의 결과로 덫에"(p.684) 빠지기 때문이다. 예를 들어, 잘못된 행동으로 말미암아 10대에 임신부가 되거나, 약물중독에 빠지거나, 학교중퇴자가 될 수 있다. 이런 사건들은 "덫이 되어 이후 재활가능성을 낮추고, 축적적 연속성의 체인을 끊을 수 있는 기회를 봉쇄한다"(p.684. 원문 강조).

결론적으로, 성인기까지 범죄를 지속하는 아동들은 "좋지 않은 결과들의 집합체"(Caspi & Moffitt, 1995, p.497)를 경험하는 것이다. 이런 결과들로는 "약물과 알코올중독, 열악한 취업상태, 파산과 부도, 노숙생활, 음주운전, 가학적 폭행, 복잡한 여자관계와 불안정한 결혼생활, 배우자 폭행, 자녀의 유기, 방임, 학대, 정신질환 등"(p.497)이 있다.

## 청소년기-한정 반사회적 행위

LCP가 생애과정에 걸쳐 반사회적 행위를 하는 네 반해, 대부분의 청소년은 주로 10대에 "말썽을 부린다". 사실, 비행은 보편적 현상으로 어쩌면 청소년 발달과정의 정상적 부분이라고 할 수 있다(Moffitt, 1993, p.689). 그렇지만 곧 대부분이 그만둔다. 캐스피와 모핏(Caspi & Moffitt, 1995)이 지적했듯이, 이론적 도전은 "청소년기 초반에 비행을 개시하고, 성인이 되면서 그만두고, 광범위한 발생, 지속성의 결과"(p.499)를 특징으로 하는 질적으로 다른 이런 유형의 발전양상을 설명하는 것이다. LCP 행위가 초기 아동기에서 원인을 찾아 설명했듯이, AL 행위의 "단서"는 "청소년기"(p.499)의 독특한 특성에서 찾는 것이 필요했다.

모핏은 청소년 문제의 근본을 발달과정에서 찾았다. 청소년기에 이르면 이들은 생물학적으로 이미 성숙했고 성적 행위를 할 수 있다. 그리고 성인들과 같은 사회적 역할을 수행할 것을 염원한다. 그러나 현대사회에서 이는 허용되지 않는다. 청소년들은 성적 관계를 자제해야 하며, 성인의 행위(예, 흡연, 상품소비)

를 하기 위해서는 최소한 10대 후반까지는 참아야 한다. 즉 현대사회의 청소년들은 생물학적 능력과 허용되는 사회적 역할간의 차이 즉 "성장 격차"를 겪으며, 이는 청소년들의 항상적 불만의 근원이며 비행의 잠재적인 동기요인이다.

그렇다면 청소년들은 이런 불만족한 상황을 어떻게 해결하고, 자신의 성숙함을 보여줄 수 있을까? 모핏은 여러 다른 학자들(예, Messeschmidt, 1993; Tittle, 1995)과 같이 비행이 기능적이며 "적응행위"라고 보았다. 비행이 자기들의 어려움을 해결하는 방법이라는 것이다. 성장 격차를 겪는 이들에게 반사회적 행위의 핵심 기능과 보상은 이것이 독자성을 보여준다는 사실이다. "귀가시간을 어기고, 차를 훔치고, 단체로 대마초를 피우고, 아기를 임신하는 것은 일종의 독립선언서이다"—성숙함을 보여주는 방법이다(Caspi & Moffitt, 1995, p.500). 이런 행동에 반해, "수학과목은 독립성을 보여주는 것과 아무 관련이 없다; 자기를 진지하게 대우해 달라는 요구를 수학을 통해서는 할 수 없다. 범죄는 그럴 수 있다"라고 캐스피와 모핏은 비유했다. 특히, 말을 듣지 않음으로써 받게 되는 부정적 결과는 이들에게 또 다른 보상이 될 수 있다. 부모가 화를 내면 낼수록 선생님들이 냉대하면 할수록, 이들한테는 더 좋은 일이다. 반항이 원래 상대방에게 화가 나도록 하는 것이기 때문이다.

요약하면, 청소년들의 반사회적 행위를 유발하는 동기요인은 성장 격차이다. 그리고 이들은 반사회적 행위의 독특한 성격과 주위사람들의 반응을 통해 나름대로의 보상을 얻는다. 그렇다면 이 시기의 청소년들이 어떻게 처음으로 비행에 가담하게 되는가? 모핏(Moffitt, 1993)은 반사회적 행위를 청소년 스스로가 발견하는 것이 아니라 사회적 모방과정을 통해 학습한다고 주장한다. 나이가 많은 청소년들이 모델이 되는 경우가 있을 수 있다. 그러나 모핏은 LCP가 비행을 모방하는 데 핵심적 역할을 한다고 주장한다. 아동기에 AL들은 대체로 LCP들과 거리를 둔다. 청소년기에 들면서 LCP들이 보다 성숙한 모습이므로 이제 역할모형이 된다; LCP들은 규칙들을 우습게 알고, 음주를 하고, 흡연을 하고, 스포츠 문신을 자랑하고, 성적으로 매우 활발하다. 이들은 AL들에게 "유인제"이며 "신참 비행소년의 트레이너"이다(p.688).

물론, LCP들은 반사회적 경향과 범죄성을 성인기까지 계속해 표출한다. 일부의 AL들도 LCP들을 반사회적 생애과정에 고착시키고 축적적 연속성을 유발했던 사건들로 인해 일탈적 생활의 "덫"에 빠져들 수 있다(Caspi & Moffitt, 1995, p.500). 그러나 절대 다수의 AL들은 지속적으로 범죄를 저지르지 않는다. 그렇다면 왜 이들의 비행이 "청소년기에 한정될까?" 범죄의 단절이 가능한 가장 큰 이유는 AL들은 축적적 연속성을 피하고 현재적 연속성의 부담이 없기 때문이다. 달리 표현하면, AL들은 범죄에서 빠져나오지 못하도록 "덫"을 피했고 또한 이들에게는 생애과정의 모든 단계에서 반사회적 행위의 원인이 되는 낮은 자아통제력과 같은 지속적 개인차이가 없다.

AL들은 심리적으로 건강하다. 따라서 성인기에 들면서 "동기요인의 매력이 감소하며" "변화된 상황"에 반응을 보인다(Moffitt, 1993, p.690). 결혼, 취업, 취미활동 등의 성인역할을 할 수 있어 성장 격차가 무의미해지고 반사회적 동기요인이 감소한다. 주위상황도 바뀌어, 이제 반사회적 행위를 하면 더욱 심각한 처벌(예, 성인 체포기록)을 받아야 하며 자신이 곧 쟁취할 수 있는 정상적 생활이 주는 보상을 잃게 된다. 이런 이유로 AL들은 대다수가 반사회적 행위를 그만둔다.

## 모핏(Moffitt) 이론의 평가

모핏(Moffitt, 1993)의 이론은 정교하며 범죄학적 연구와 접근방법을 새롭게 정립했다고 할 수 있다. 이런 가능성에도 불구하고, 최소한 두 가지 측면에 대해서는 앞으로도 계속해 의문이 제기될 것이다. 첫째, 그리고 가장 분명한 의문은, 범죄자들을 과연 두 집단—오직 두 집단으로만 구분할 수 있는가에 대한 것이다(Moffitt, Caspi, Dickson, Silva, & Stanton, 1996). 예를 들어, LCP의 경우에도 두 유형이 있다는 연구가 있다: 범죄행위의 발생비율이 높은 집단과 오랫동안 범죄를 저지르지만 발생비율이 낮은 집단이 있다(D'Unger, Land, McCall, & Nagin, 1998; Nagin, Farrington, & Moffitt, 1995). 마찬가지로 AL의 경우에도 범죄의 참여수준이 높은 집단과 낮은 집단이 있을 수 있다(D'Unger et al., 1998). 더욱이, 네덜란드에서 12세부터 72세까지의 범죄자를 조사했을 때에 블록랜드와 동료들(Blokland, Nagin, and Nieuwbeerta, 2005)은 4개의 집단을 찾아볼 수 있었다: 간혹 범죄를 저지르는 집단, 발생비율이 낮고 범죄를 단절한 집단, 발생비율이 중간수준이고 범죄를 단절한 집단, 높은 발생비율로 지속적으로 범죄를 저지른 집단 등이다. 이런 연구결과들이 시사하는 바는 두 개 집단으로 구분한 이론이 범죄발전을 단순화시켜 복잡한 발전형태를 적절히 반영하지 못했을 수 있다는 것이다.

둘째, 갓프레드슨과 허쉬(1990)와 같은 학자들은 범죄자 유형의 분석이 쓸데없는 일이라고 비판할 것이다. 이들에 의하면, 범죄수준의 차이는 행위자들의 질적 차이를 반영하는 것이 아니라 단지 개인에 내재하는 범죄경향성의 양적 차이를 반영할 뿐이다. 즉, LCP와 AL이 별도로 존재하지 않으며 이런 구분은 연구자가 자신이 수집한 자료에서 임의로 구분선을 설정하고 이를 기준으로 범죄자들의 분포를 분류해 창조한 것이라고 비판한다. 실제로, 전체 인구집단에서 범죄경향성의 개인별 차이는 넓게 분포되어 있다. 일부는 일탈의 수준이 미약하며, 다른 일부는 좀 더 일탈하며, 또 다른 일부는 이보다 더 일탈하며, 또 다른 일부는 많이 일탈하는 식이다. 이런 범죄경향성들은 청소년에 갑자기 나타나지 않는다(AL 개념이 시사하듯이). 오히려 모든 사람들에서 아동기부터, 청소년기, 성인기까지 지속되는 경향이다. 앞으로 이론 논쟁에 대해 명확한 해답을 줄 수 있는 연구가 있어야 할 것이다.

예견할 수 있듯이, 모핏은 이런 이슈들에 침묵하지 않았다. 그녀는 여러 차례 자신의 이론에서 제기한 인과과정과 일치하는 경험적 증거들을 발표했다(Moffitt, 2006a, 2006b; Moffitt, Caspi, Rutter, & Silva, 2001; Piquero & Moffitt, 2005 참조). 더불어 모핏은 어떤 이론이라도 검증과정을 거치면서 수정될 필요가 있다는 점을 인정했다 — 그녀의 패러다임에 대한 평가는 이미 10년 이상 진행되고 있다. 예를 들어, 모핏(Moffitt, 2006)은 LCP와 AL과 함께, 오랜 기간에 범죄발생률이 낮은 범죄자들과 반사회적 행위를 하지 않으려는 집단이 있을 수 있다고 인정했다. 또한 청소년기-한정 범죄가 성인기에 얼마나 장기적 영향이 있는지, 생활적응을 어렵게 하는지에 대한 연구도 필요하다고 주장했다. 또한 성인기에 든 LP의 나이가 아주 많아지면 범죄단절도 있을 수 있다고 인정했다. 그럼에도 불구하고, 모핏은 자기의 2집단 유형론이 다양한 범죄발전의 대부분을 설명할 수 있다고 주장했다. 특히, "10년 이상의 연구를 통해 확실한 사실은 원래 가설적 대상이었던 생애-지속 반사회적 행위자들이 최소한 30세까지는 분명히 존재한다"(2006, pp.301-302)는 것이다.

## 샘슨과 라웁(Sampson & Laub): 사회유대이론의 재검토

"범죄의 발전과정(Crime in the Making)"에서, 로버트 샘슨과 존 라웁(Robert Sampson & John Laub, 1993)은 연령단계별 비공식 사회통제이론으로 생애과정에 걸친 범죄를 설명하고자 했다(Sampson & Laub, 1993; Laub, Sampson, & Allen, 2001 참조). 이를 위해 샘슨과 라웁은 허쉬(Hirschi, 1969)의 고전 사회유대이론을 다시 논의하며 새로운 의미를 부여하고자 노력하였다. 허쉬는 비행에 관심이 있었기 때문에 사회유대가 청소년에 미치는 영향을 주로 논의했다. 이에 반해, 샘슨과 라웁은 사회유대이론를 기반으로 아동기부터, 청소년기, 성인기까지 생애과정에 걸친 범죄의 지속성과 가변성을 체계적으로 설명하고자 하였다.

또한, 샘슨과 라웁(1990)은 최근에 많이 논의되는 "사회자본" 즉, 사람들 간의 관계가 형성하는 "자본" 혹은 자원(예, 사회적 지원, 취업 추천)을 도입하여 허쉬의 사회유대 개념을 보다 발전시켰다. 사회유대가 강화하면, 사회자본이 향상한다. 사회자본은 문제해결에 활용할 수 있는 자원이다. 그러나 사회자본에의 의존성은 만일 이를 잃으면 생활의 많은 부분이 위태로울 수 있다는 의미도 내포한다. 따라서 사회통제는 범죄를 저지르면 비용이 너무 크다는 밀접한 사회적 관계에 기반한 인식이 증가하면 더욱 강화될 수 있다.

샘슨과 라웁(1993)은 어려서 나타나는 범죄 경향성의 개인적 차이가 중요하다는 사실을 부정하지 않았지만, 사회유대이론을 통해 사회학이 발전범죄학 영역에도 여전히 유용하다는 것을 보이고자 했다. 갓프레드슨과 허쉬(1990)와 달리, 이들은 범죄가 지속성과 가변성 모두를 특징으로 한다고 주장했다. 지속성만을 강조한 갓프레드슨과 허쉬와 다른 입장이다. 또한, 사회유대는 허위효과가 아니며, 행위에 인과적 영향을 미친다는 입장이다(Sampson & Laub, 1995; Hirschi & Gottfredson, 1995 참조). 모핏과 비교하면, 이들은 지속성을 특징으로 하는 별개의 범죄자 집단이 있고 가변성을 특징으로 하는 또 다른 집단이 있다는 것을 인정하지 않았다. 대신에 생애과정이 LCP조차도 성인기에 유대를 재정립하면 범죄를 그만 둘 수 있듯이 동태적 성격이라고 주장했다.

10년이 지난 후, 라웁과 샘슨은 "공유된 시작과 달라진 삶(Shared Beginning, Divergent Lives)"에서 자신들의 이론을 수정했다. 사회유대 관점의 핵심주장을 유지하며, 범죄를 그만두는 현상은 여러 요인의 수렴과 "인간행위자"의 결과라는 시각에서 범죄단절에 대한 분석을 포함하였다. 다음에서는, 샘슨과 라웁의 원래 이론과 최근의 보다 정교화된 관점을 검토할 것이다. 이를 통해 샘슨과 라웁의 접근방법이 범죄지속성에 관한 갓프레드슨과 허쉬의 자아통제이론과 모핏의 반사회적 행위의 2집단 발전이론을 비판한다는 것을 알 수 있을 것이다.

### 비공식 사회통제의 연령단계별 이론

샘슨과 라웁은 사회학적 관점에서 인과모형을 구축했다. 즉, 가족원들이 행하는 것과 같은 사회통제과정과 개인은 허공에 있지 않고 구조적 환경 내에 있으며, 이런 환경은 역사적 그리고 거시적 영향력에 의해 형성된다고 가정했다. 예를 들어 가족 내에서 진행되는 일들이 빈곤수준, 주거이동성, 가족규모, 취업, 이민자 신분 등과 같은 "구조적 배경요인"들에 의해 영향을 받는다는 것이다. 그러나 이들은 대부분의 사회학자들과는 다르다. 샘슨과 라웁은 아동의 개인적 차이가 — 괴팍한 기질, 조기 행동장애, 기타 등 — 사회통제를 담당하는 사람들에 영향을 미친다고 보았다. 주위 환경에 대한 "아동 효과"가 있다는 것이다. 또한 이런 개인차이가 때로는 부실하지만 사회통제를 이끌어내기도 하며, 경우에 따라서 사회통제로 인해 개인차이가 영향을 받고 억제될 수도 있다고 보았다.

생애과정의 첫 단계에서, 가장 중요한 "사회통제 과정"이 가정에서 실시되며 이런 점에서 가정은 직접통제(감독)와 간접통제(애착)의 도구라고 할 수 있다. 가정의 훈육방법이 가혹하고 일관적이지 못한 경우나 부모와 자녀가 서로를 거부하는 가정에서, 유대는 취약하다. 이런 가정에서 비행의 가능성이 높다. 가정은 또한 청소년 비행에 대한 구조적 요인의 영향을 매개한다: 즉, 가정을 통해 비행에 대한 구조적 요인의 효과가 작용한다(Laub et al., 2001; Sampson & Laub, 1994). 이런 과정은 일부 아동기에 형성된 범죄 경향성의 개인적 차이를 매개한다. 그러나 갓프레드슨과 허쉬의 주장대로, 이런 개인적 차이는 생애과정에 걸쳐 반사회적 행위에 독립적인 효과를 미칠 수 있다. 가정 이외에, 학교에 대한 낮은 애착과 비행친구에 대한 애착이 청소년 비행에 영향을 미칠 수 있다.

샘슨과 라웁(1993)은 "아동기부터 성인기까지 생활영역의 여러 부분에서 반사회적 행위가 지속되는 뚜렷한 경향"에 주목했다(p.243). 이런 지속성에 대해 샘슨과 라웁은 모핏(Moffitt, 1993)이 "축적적 지속성"이라고 불렀던, 즉 범죄와 이에 대한 반응이 반복되어 범죄궤적에 범죄자를 고착시키는 과정을 주요 원인으로 지적했다(Patterson et al., 1989; Thornberry, 1987 참조). 예를 들어, 비행을 저지르면 안정된 직업과 원만한 결혼을 하기 어려워 성인기에 사회유대가 약화되고, 약화된 사회유대로 인해 지속적 범죄성이 유지된다는 것이다. 더불어 지속적으로 범죄를 저지르면 교도소에 수용될 가능성이 높다. 교도소에 수용되면 정상적 사회유대가 약화되거나 단절되는데, 앞서와 같이 약화된 사회유대로 인해 범죄를 지속적으로 저지른다는 것이다. 즉 사회유대를 형성할 수 있는 기회가 "차단"됨으로써 범죄로부터 벗어날 수 있는 가능성은 점차 희박해진다.

중요한 것은, 샘슨과 라웁(Sampson & Laub, 1990, 1993)은 성인기에 의미가 깊은 사회유대들이 형성되면, 이런 유대들이 범죄자들을 정상적으로 이끄는 "전환점"이 될 수 있다는 주장이다. 취약한 사회유대가 지속성의 원인이었다면, 강한 사회유대는 가변성을 가져올 수 있다는 것이다. 더불어 샘슨과 라웁이 성인기에 유대를 형성하는 만성범죄자들의 경우에 유대를 형성하지 못하는 만성범죄자들과 구별되는 이전에 내재화한 개인적 차이가 있다는 견해를 거부한다는 사실에 주목해야 한다. 이전의 견해는 생애 단계의 모든 사회유대들이 개인적 차이를 반영한 것이며 자아선택으로 적극적 관계가 형성된다고 보았다(Hirschi & Gottfredson, 1995). 그러나 샘슨과 라웁(1995)은 이런 견해가 환원주의라고 비판하였다. 즉 사회유대와 범죄와의 모든 관계를 허위관계라고 할 수 없다는 것이다. 사회적 관계에 사람들의 선택이 분명히 작용하지만, 때로는 삶에는 우연적 요소가 개입한다. 예를 들어, 좋은 직업을 얻게 되거나 혹은 다른 사람과 건강하고 친밀한 관계에 빠져들 수 있다. 이런 경우에, 사회유대는 발전될 수 있고, 사회자본이 만들어질 수 있고, 범죄자의 삶에서 이전에 없었던 통제요인들이 영향을 미칠 수 있다.

마지막으로, 이런 논의를 통해 샘슨과 라웁(1993)이 "생애과정의 모든 연령에서 비공식적 사회관계와 사회유대의 중요성"(p.17, 원문 강조)을 강조했다는 것을 알 수 있다. 그렇지만, 비공식 사회통제는 "연령단계"와 관련이 있는 것으로 생애과정에서 중요한 사회유형의 유형은 서로 다르다(예, 아동기에는 부모와의 유대, 성인기에는 고용주와의 유대).

## 샘슨과 라웁의 생애과정 이론에 대한 평가

쉘던과 엘리너 글룩(Sheldon & Eleanor Glueck)이 저술한 청소년 비행의 올바른 이해(Unraveling Juvenile Delinquency)는 500명의 비행소년 표본과 사회인구학적 성격이 비슷한 500명의 일반소년 표본에 대해 동태적 연구를 실시하고 그 결과를 담고 있다(Glueck & Glueck, 1950). 글룩 부부가 마지막으로 추적연구한 때는 표본대상 소년들이 32세가 되는 시기였다. 현대 범죄학에서 가장 놀라운 이야기의 하나는 1987년에 샘슨과 라웁은 “하버드 법학대학원의 도서관에 있는 어둡고 먼지투성이의 반지하방에서 글룩 부부가 수집했던 사례파일 원본을” 발견한 일이다(Laub et al., 2001, p.98). 사례파일들은 복원이 필요했고 컴퓨터로 재분석하려면 전산화 적업을 거쳐야 했다. 샘슨과 라웁은 이런 힘든 작업을 시작했고 마침내 노력의 대가로 생애과정에 걸친 범죄를 연구하는 데 가장 풍부한 연구자료를 만들었다.

샘슨과 라웁은 자신들의 이론을 중심으로 글룩 부부의 자료를 분석하였다. 이들은 사회유대이론을 이용해 글룩 연구팀이 수집했던 다양한 종류의 정보들을 “아귀에 맞게” 정리하였다. 우선 이론을 기반으로 적절한 개념들을 구성하고 경험적 측정방법들을 개발했다. 동시에, 샘슨과 라웁은 자료를 이용해 “자신들의 이론을 명확히 하고자 했다.” 사실, 이론을 개발하는 것과 엄격한 방법으로 이론을 검증해 반증의 위험을 극복하는 것은 별개의 일이다. 샘슨과 라웁의 관점이 다른 관점보다 우월한 부분은 글룩 부부의 자료를 사용해 이론적 준거틀이 많은 장점이 있다는 사실을 경험적 증거를 통해 제시했다는 것이다(Sampson & Laub, 1990, 1993, 1994). 가장 주목해야 할 사실은 아마도, 구조적인 개인적 특성이(어느 정도) 비행에 미치는 영향을 가족의 사회통제가 매개하고 안정된 직장, 원만한 결혼 등과 같은 성인기의 사회유대 속성에 의해 만성적 범죄자들이 범죄로부터 단절할 수 있다는 것이다(Sampson & Laub, 1990, 1993). 더욱이, 기존의 연구결과들도 생애과정에 따른 사회유대가 범죄행위도 관련이 있다는 샘슨과 라웁의 주장과 일치하는 경향이다(Horney, Osgood, & Marschall, 1995; Laub et al., 2001; Laub, Sampson, & Sweeten, 2006).

그러나, 샘슨과 라웁의 이론은 최소한 두 가지 사항에 대해 앞으로 명확한 서술이 필요하다. 두 가지 점에서 앞으로 명확한 서술이 필요하다. 첫째, 샘슨과 라웁은 아동기의 원만한 가정생활과 성인기의 일상적 관계 등의 범죄억제 효과를 주로 사회통제의 측면에서 찾았다. 하지만 범죄행위를 더 이상 저지르지 않는 이유로는 아동기와 성인기의 이런 상황들이 촉진하고 유발하는 다른 사회과정이 있을 수 있다. 결혼과 취업을 예로 들어보자. 이런 "사회유대들"은 통제를 강화할 수 있지만, 더불어 반사회적 동료를 멀리하고 친사회적 영향들과의 접촉을 유도하는 환경적 조건이 될 수 있다(Warr, 1998; Wright & Cullen, 2004). 즉 범죄를 그만두는 이유를 사회통제와 함께 차별접촉으로 설명할 수 있다. 따라서 앞으로 더 많은 연구를 통해 사회유대가 순응성을 촉진하는 정도가 얼마나 사회통제, 사회학습, 혹은 사회적 지지와 같은 다른 사회과정에 의한 것인가를 명확히 할 필요가 있다. 샘슨과 라웁은 최근 이론에서 과거 이론의 한계에 주목하고 변화과정에 대한 논의를 보완했다.

둘째, 샘슨과 라웁의 관점은 앞서 살펴본 갓프레드슨과 허쉬의 자아통제이론과 경쟁하는 관계이며, 보다 광범위하게는, 개인의 기본적 차이를 범죄 연속성의 원인으로 고려하는 생애-과정 이론들과 대립한다(자아-통제와 사회유대에 대한 제6장의 서술 참조). 생애 과정에 따른 사회유대의 중요성을 부각함으로써, Sampson과 Laub의 이론은 아동기 이후의 사회과정이 한 개인이 표출하는 범죄성의 수준과 무관하다고 주장한 갓프레드슨과 허쉬의 비판으로부터 사회학을 "구원"하는 데 도움이 되었다. 그러나, 이들의 논쟁은 연속성이 자아통제 때문인지 아니면 사회유대 때문인지의 단순한 이분법적 구별에 그치지 않고 결국 보다 근본적인 질문을 던지는 것이다. 사실, 샘슨과 라웁의 이론이 함축하는 의미는—다른 생애과정 이론들과 마찬가지로—범죄의 발전궤적이 한두 가지 유형의 변수에 의해 영향을 받는 것이 아니라 개인과 사회환경의 교차효과 혹은 연동효과 때문이라는 것이다. 인간은 어느 정도 스스로의 삶을 설계할 수 있지만, 현재 선택할 수 있는 사항들과 가능한 미래가 결정적으로 제한되는 생애과정에 속해 있기도 하다. 이런 복잡한 과정이 어떻게 진행될 것인가를 규명하는 일은 앞으로 범죄학자들의 주요 관심사항일 것이다. 샘슨과 라웁이 최근에 들어 집중적으로 분석한 과제는 바로 이런 이슈이다.

## 연령단계별 범죄이론의 재분석

라웁과 샘슨(Laub & Sampson, 2003)은 글룩 부부의 원자료에서 비행소년으로 분류했던 500명(예, 소년원 송치대상자)을 대상으로 이들이 70세가 될 때까지 연구를 확대하고(Glueck 부부는 32세 때까지 추적했다) 연구결과를 중심으로 『공유된 시작과 달라진 삶(Shared Beginning, Divergent Lives)』이란 저서를 출판했다. 이 연구는 500명에 대한 범죄기록들과 이들 중에서 선발한 52명에 대한 면접결과를 연구자료로 활용했다. 면접을 통한 이런 질적 자료는 라웁과 샘슨이 왜 이들 범죄자들이 지속적이었는지 특히 왜 범죄를 그만두었는지를 깊이 분석하는데 많은 도움이 되었다. 이를 기반으로 라웁과 샘슨은 연속성과 가변성의 과정을 심층적으로 이해할 수 있었다. 더불어, 표본들을 노령기(혹은 사망)까지 추적함으로써 제대로 된 생애-과정 연구가 가능했다. 대부분의 이전 종적 연구들은 조사대상자들을 초기 성인기까지만 추적했다. 따라서 이런 연구들은 성인기 중반부터 후반까지의 범행유형의 특성을 규명할 수 없었고, 성인기 전반의 범죄행위를 예측하는데 아동기와 청소년기의 경험이 어떤 영향을 미치는지를 판별하지 못하는 문제가 있었다. 앞으로 살펴보겠지만, 이런 방법론적 한계는 이론 발전에 중요한 영향을 미쳤다(Sampson & Laub, 2005).

장기간의 생애과정 자료를 사용해 라웁과 샘슨은 두 가지 주요결과를 발표했다. 첫째, 범죄로부터의 단절이 보편적 현상이라는 것이다. 범죄율이 높은 범죄자의 경우도 마찬가지였다. 모든 범죄자들이 사망 이전에 이미 법위반을 중지하였다. 둘째, 범죄단절의 시점을 사전에 예견하는 일은 어렵다는 것이다. 아동기의 위험요인과 같은 생애 초기의 사건들을 가지고 범죄를 포기하는 시점을 구별할 수 없었다(Laub & Sampson, 2003; Sampson & Laub, 2005).

이런 연구결과는 모핏(Moffitt)의 생애-과정-지속 범죄자에 대한 견해를 정면으로 반박하는 것이다. LCP라도 영원히 범죄를 지속하지 않는 경향이었다(이런 비판에 대해 모핏(Moffitt, 2006b, pp.300-301)는 "해당 코호트 모집단의 젊은이들 대부분이 일정 연령대에 범죄를 그만두었지만" 글룩 표본의 남자들은 그 때를 지나 성인기 중반까지 계속해 범죄율이 높았다고 반박하였다). 더욱 결정적 사실은, 범죄단절이 발생하는 과정이 어떤 논리정연한 발전단계에 따르지 않았다는 것이다. 성인기에 들어 범죄중지는 이보다 앞선 단계에서 일어났던 일들이 아니라 이

단계의 생활에서 어떤 일을 겪는가에 의해 영향을 받는 경향이었다. 이런 결과에 의하면, 가변성이 사전에 이미 결정되지 않았다는 것이다. 즉 모핏의 이론이 주장하듯이 아동기를 발전론적 미래의 핵심 결정인자로 볼 수 없다는 것이다. 라웁과 샘슨은 가변성을 유발하는 출현적 속성이 바로 이론적 설명의 대상이어야 한다고 주장했다.

라웁과 샘슨(Laub & Sampson, 2003)은 성인기에 범죄단절이 일어나는 과정으로 다섯 가지를 들었다. 첫째, 이전 연구와 유사하게(Sampson & Laub, 1993), 결혼이나 취업과 같은 구조적 전환점이 변화의 계기가 된다고 주장했다. 갓프레드슨과 허쉬와 달리, 라웁과 샘슨은 이런 사회적 배치에의 진입이 자아-선택의(예, 자아통제력이 높은 사람이 결혼을 하고 취업을 하게 된다) 결과라고 보지 않았다. 대신, 훌륭한 배우자와 갑작스럽게 만나고 친구로부터 취업기회를 듣는 경우와 같이 이런 사건들은 흔히 우연히 일어난다고 주장했다.

둘째, 앞서와 마찬가지로 초기의 이론화와 유사하게, 라웁과 샘슨은 구조적 사건들이 사회유대를 형성하고 범죄자에 대한 비공식 통제를 강화한다고 주장했다 그러나, 사회유대가 단지 비공식 통제에 그치지 않고 사회적 지지를 향상하며, 이에 따라 애착과 간접통제가 형성될 수 있다(Hirschi, 1969 참조)고 보았다.

셋째, 엄격한 의미의 통제이론과 달리, 범죄자가 결혼을 하거나 취업을 하면 이들의 일상활동이 조직화되지 못하고 일탈적 장소(예, 술집)에 집중되었던 것으로부터 조직화되고 친사회적 책임감이 가득 찬 활동으로 변화된다는 것을 알 수 있었다. 그리고, 이런 이유로 범죄자들은 일탈적 동료들이나 다른 "나쁜 영향"으로부터 격리되었다.

넷째, 이런 변화가 있으면, 친사회적 생활방식에 의해 "범죄단절은 저절로" 이루어진다. 범죄자들은 어느 날 일어나며 자신들의 생활이 바뀌었으며 범죄행위가 더 이상 자신들과 어울리지 않는다는 것을 깨닫는다. 허쉬(Hirschi, 1969)가 사회유대의 하나로 지적했던 전념과 유사하게, 이들은 이제 새로운 생활을 위해 너무 많은 것을 투자해 범죄행위와 같은 어리석은 짓으로 모든 것을 희생한다는 것은 말도 되지 않는다는 사실을 알게 된다. 이러한 점에서, 범죄단절이 새롭게 생겨나는 순간적 경험이 아니며 친사회적 참여가 심화되어 범죄적 생활방식으로부터 범죄자들을 점진적이지만 강력히 떼어내는 과정의 산물이라는 것을 알 수 있다.

다섯째, 이론적으로 아마도 가장 중요한 의미가 있는 것으로, 라웁과 샘슨(Laub & Sampson, 2003)은 이론에서 서술한 범죄단절의 과정으로 범죄자들이 할 수 있는 선택의 범위가 제한되지만 완전히 결정하지는 않는다고 주장했다. 이들은 범죄학에 범죄자를 복원시키고자 노력하였다(제13장의 이론가들과 유사하다). 라웁과 샘슨은 사람들에게는 주관적인 현실이 있으며 인간행위자(human agency)를 행사한다고 보았다. 인간행위자는 다소 모호한 용어이기는 하지만, 이 용어는 범죄자들에게 "의지"가 있으며 자신들이 취하는 행동에서 능동적 참여자라는 의미를 강조한다. 예를 들어, 범죄를 그만둘 수 있는 기회가 있을 때에 이를 거부할지 아니면 자발적으로 활용할지를 능동적으로 선택한다는 것이다.

라웁과 샘슨은 인간행위자의 개념이(자아통제력과 같이) 개인의 속성과 다른 것으로 여러 상황에 개인들이 갖고 다니는 속성이 아니라 특정 상황에서 출현하는 성질이라는 것이다. 즉 범죄의 유혹을 겪을 때에, 범죄자들이 위법행위로 무조건 이끌리거나 내몰리는 맹목적의 참여자가 아니라 주어진 범죄의 기회를 거부할지 아니면 활용할지를 스스로에게 동기화하는 존재로 보았다. 따라서 인간행위자 개념은 통제이론에 동기 요인을 첨가한 것이다. 이러한 동기는 그러나(허쉬의 통제이론이 주장했듯이) 인간 본성에 기인하거나(긴장이론과 사회학습이론이 주장하듯이) 생애 초기 단계에서 내면화한 것이 아니다. 오히려, 범죄자들이 행사하는 동기와 의지는 상황적이며 자신들의 삶에 "행위자"로서 대처할 때에 스스로에 의해 형성되는 것이다.

인간행위자의 개념으로 범죄자들이 어떻게 선택을 하는지에 관한 특성을 정확히 기술할 수가 있다. 그런데 과연 인간행위자가 과학적으로 유용한 개념인가? 인간행위자 관념은 범죄자들과 인터뷰를 할 때 이들이 전하는 범죄의 실상과 일치하므로 매우 적절한 표현이라는 생각을 갖게 한다. 라웁과 샘슨(Laub & Sampson, 2003)이 했던 것처럼, 범죄자들과 대화를 해보면 글룩 표본의 대상자들이 개인적 환경과 사회적 환경의 영향을 받으며 동시에 본인들 생활의 설계자라는 것을 알 수 있다. 그러나 문제는 사회적 상황에서의 자유의지로 대변할 수 있는 인간행위자의 속성을 측정하는 것이 현실적으로 불가능하다는 것이다. 인간행위자를 조작화할 수 없다면, 이런 개념이 다양한 범죄행위를 설명하는 중요한 인과요인인지 아니면 과거를 회상하는 나이든 범죄자들의 왜곡된 기억과

자기만족을 단순히 반영하는지를 경험적으로 검증할 수 없다.

표 15.1은 지금까지 서술했던 생애-과정 이론들을 요약한 것이다. 앞서 언급했듯이, 생애-과정 관점은 범죄의 연속성과 가변성에 대해 탁월한 분석틀을 제시했다. 이런 점에서 표 15.1은 반사회적 행위와 범죄행위의 두 가지 측면을 대표적 생애-과정 이론들이 어떻게 설명했는가를 정리한 것이다.

표 15.1 연속성과 가변성에 관한 생애-과정 이론들

| 저자와 이론 | 연속성 | 가변성 |
|---|---|---|
| 갓프레드슨과 허쉬:<br>낮은 자아통제이론<br>— 연속성 | 긍정 — 낮은 자아통제력이 지속적이므로 사람들은 계속해 범죄를 저지른다. | 부정 — 개인적 차이들은 생애에 걸쳐 고정적으로 유지된다. |
| 패터슨:<br>사회적-상호작용론적 발전모형<br>— 연속성과 지속성 | 조기개시 집단만이 범죄의 연속성을 보인다. | 후기개시 집단만이 범죄의 가변성을 보인다. |
| 모핏:<br>LCP와 AL의 발전론적 유형론<br>— 연속성과 가변성 | LCP만이 생애에 걸쳐 범죄의 연속성을 보인다. | AL만이 가변성을 보인다; 범죄는 청소년기에 국한한다. |
| 샘슨과 라웁:<br>연령단계 사회유대이론<br>— 연속성과 가변성 | 긍정 — 연속성은 개인성향과 취약한 사회유대 때문이며, 두 가지 요인이 결합하여 누적적 연속성을 유발한다. | 긍정 — 적절한 사회유대를 접하면 범죄자는 변화될 수 있으며 범죄를 중지할 수 있다; 또한 인간행위자는 변화와 단절이 가능하게 한다. |

## 범죄의 재검토: 단절에 대한 인지이론

인간행위자 개념의 궁극적 가치가 무엇이든지, 생애-과정 학자들이 범죄의 현상적 측면에 특히 범죄자들이 자신들의 삶을 어떻게 생각하는지에 더욱 관심을 집중할 필요가 있다는 라웁과 샘슨(Laub & Sampson, 2003)의 주장은 올바르다고 할 수 있다. 물론 다른 관점들에서도 범죄자들의 생각과 특정 범죄를 저지르는 것에 대해 이들이 어떻게 판단하는지를(예, 합리적 선택이론) 검토하였다. 그러나 생애-과정 이론의 경우에 중요한 이슈는 특정 범죄를 왜 범죄자가 선택했는지에 대한 분석이 아니다. 대신에 사람들이 어떤 이유로 범죄로의 경로에 매몰되는지 혹은 매몰되지 않는지를 집중적으로 분석한다. 낙인이론과 유사하게(제7장 참조), 생애-과정 이론들의 과제는 지속적 범죄가담과 혹은 범죄적 삶으로부터 단절을 촉진하는데 범죄자들이 자신들의 정체성과 생활환경을 개념화하는 방식을 설명하는 것이라고 할 수 있다. 다행히, 최근에 들어 이런 과제들이 집중적으로 다루어졌다. 다음에서는, "범죄의 재검토"를 통해 지속적 범죄행위로부터 단절하는 과정을 다룬 대표적 두 가지 입장: 마루나(Maruna, 2001)의 구원대본 이론과 지오다노(Giordano)와 동료들의 인지전환 이론을 검토한다.

### 마루나(Maruna)의 구원대본 이론

영국 리버풀에서 사드 마루나(Shaad Maruna, 2001)은 65명의 범죄자와 전과자를 대상으로 면접조사를 실시했다. 그 결과 조사대상자들은 모두 미래가 암울했고 "빈곤, 아동학대, 노동시장으로부터 소외, 사회적 제재로 인한 낙인, 낮은 교육성취도, 지역사회 참여기회의 결핍, 심각한 약물중독과 의존성, 고위험의 인성 프로파일, 그리고 만성적 유형의 범죄행위"(p.55) 등 많은 위험요인들을 갖고 있는 상태였다. 이들이 지속적 범죄경력을 갖게 된 까닭은 이처럼 "범죄적 소질", "범죄적 배경", "범죄적 환경"이 중첩되었기 때문일 것이다(모핏의 LCP 참조). 그럼에도 불구하고, 이들 범죄자의 일부는 다른 조사대상자들과 달리 범죄를 그만 두었다. 흔히 고려하는 사회적, 심리적, 범죄적 배경으로는 두 집단을 명확히 분류할 수 없었다. 이에 마루나는 지속적 범죄자와 범죄단절자를 구분하기 위해서는 이런 배경 이외에 다른 요인이 필요하다는 것을 알게 되었다.

이 수수께끼의 해법을 찾기 위해 마루나는 범죄의 "배경"으로부터 "현상학적 전면"으로 이동하는 것이 필요하다고 주장했다(Katz, 1988 참조). 면접자료에 대한 상세한 분석으로(Maruna & Copes, 2005, pp.277-281 참조), 마루나는 단절자와 지속자는 범죄와 관련한 삶에 대한 이해에서 근본적 차이가 있다는 것을 알 수 있었다. 범죄자뿐만 아니라 우리 모두는 내가 누구이고, 무엇을 하고, 어디로 가고 있는지를 "이해할 수 있도록" 하는 "인생 이야기" 혹은 "서사적 이야기"를 통해 의미를 구성한다. 마루나(Maruna, 2001)에 의하면, 두 집단의 범죄자는 자신들의 지속적 범죄성을 설명하는 이야기 혹은 "대본"이 서로 다르다. 특히 주목할 점은, 단절자들은 자신들이 "성공할 수 있고", "어둡고 불행했던 과거인생에서 나름대로의 목적과 이유를 찾게"(pp.9-10) 해주는 인생 이야기를 수용했다는 것이다. 곧 살펴보겠지만, 마루나는 이런 이야기들을 "구원 대본"이라고 지칭했다.

범죄에 매몰된 사람들은 자신들의 삶에 대해 다른 견해를 보였다. 마루나(Maruna, 2001)에 의하면, 지속적 범죄자들은 "일탈할 수밖에 없는 운명"(p.74)으로 스스로를 묘사했다. 이들은 스스로의 운명을 "저주 대본"(p.73) 즉 불가항력적 상황으로 인해 자신들은 범죄적 삶을 살도록 "저주를 받았다"라고 개념화하는 경향이었다. 더불어 "범죄를 저지르는 일에 전념을 다하려는 어떠한 열성도" 없었고, "약물의존성, 빈곤, 학업과 기술의 결여, 사회적 편견 때문에 생활방식으로 바꾸는데 무력감을 느낀다고 응답했다. 또한 자신들은 범죄를 원하지 않으며, 단지 다른 대안이 없다고 느낀다고 하였다"(pp.74-75). 여러 측면에서 이들의 현재 상황에 대한 진단은 현실적이며, "범죄를 그만두려고 노력하는 사람들과 비교했을 때에 '불쌍하지만 현명하다고' 할 수 있다"(p.34).

반면에, 범죄를 중단하고 "성공하려고 노력하는" 사람들은 "구원될 수 있다는 미사여구"(p.85)를 수용하는 경향이었다. 따라서 오랫동안 범죄자로서의 삶을 살았던 이들로서는 두 가지의 도전과제를 극복해야만 했다. 하나는 자신들의 암울한 처지를 극복하는 것이고, 다른 하나는 "10년 이상" 지속된 "마약판매, 차량절도, 교도소 구금"(p.85)을 나름대로 해명하는 것이었다. 이들은 "구원 대본"으로 도전과제를 해결하고자 했다. "구원 대본"은 "과거의 생활로 인한 암울한 실상"을 극복가능하다고 왜곡하고 또한 자신들이 누구이며 지금까지 겪었던 일들을 재규정하는 것이었다(Maruna & Copes, 2005, p.280).

이야기의 핵심은 그들의 과거 범죄성이 "본질적 자아" 혹은 자기 정체성의 "심층적 내면"(Maruna, 2001, pp.88-89)의 한 부분이 아니라는 주장이다. 이에 의하면 범죄는 상황 때문이며, 현재 범법행위를 그만두는 것에서 알 수 있듯이 자신들의 진정한 모습을 반영하지 않은 것이다. 구원 대본은 또한 이전의 고통과 비애가 자신들을 좀 더 강하고 훌륭한 사람으로 만들기 위한 시련이라는 내용도 포함했다. 실제로, 이들은 현재 문제 청소년들을 돕는 것과 같은 의미가 있는 일들에 봉사하고 있다. 이들은 점차 자신들이 운명을 통제하며, 다른 방향으로 나아가고 그것에 집중하는 데 필요한 자아효율성이 있다고 느끼고 있다. 즉, 구원 대본은 과거-범죄자들에게 "일관된, 친사회 정체성"을 제공하여 범죄를 거부하고 사회에서 "성공할 수 있도록"(p.7) 지원한다.

샘슨과 라웁의 이론과 달리, 분명히 마루나의 이론은 범죄단절의 원인을 구조적 전환점이나 상황적 인간행위자에서 찾지 않는다(Maruna & Roy, 2007 참조). 마루나에 의하면, 단절하는 범죄자들은 질적으로 다른 근본적인 인지변화를 경험하며 이를 통해 암울한 현실에 직면해서도 스스로를 지켜낼 수 있다(Laub & Sampson, 2003, pp.278-279 참조). 그러나 마루나가 인정하듯이, 구원 대본이 과연 범죄로부터 단절하도록 촉진하는지 아니면 사후에 꾸며낸 것인지 혹은 잘못된 친사회적 실험을 강화하는 것인지가 아직까지 명확히 구별되지 못했다(Maruna & Copes, 2005, p.281). 이와 관계없이, 범죄자들과 과거-범죄자들이 자신의 정체성을 어떻게 구성하고 자신의 삶을 어떻게 조망하는지를 체계적으로 분석한다면 미래의 생애-과정 연구자들은 많은 도움을 받을 것이다.

## 지오다노(Giodano)와 동료들의 인지변화 이론

페기 지오다노, 스테판 센코비치, 제니퍼 루돌프(Peggy Giordano, Stephen Cernkovich, & Jennifer Rudolph, 2002)는 성인들을 대상으로 이들이 범죄를 더 이상 저지르는 않는 이유를 설명하고자 했으며 라웁과 샘슨(Laub & Sampson, 2003)의 수정 생애-과정 이론에 주목했다. 지오다노 등은 우선 라웁과 샘슨과 같이 전통적 사회유대이론이 지나치게 결정론적이라고 비판했다. 사회유대이론은 암묵적으로 유대에 노출되면(예, 부모와의 애착, 학교에 전념) 저절로 비공식 사회통제를 받게 되고 따라서 범죄를 자제할 것이라고 가정했다. 샘슨과 라웁이 최초로 자신들의 관점을 설명할 때에, 사회유대(예, 결혼, 취업)는 이런 식으로 기능한다고 보았다. 이러한 유대들이 구조적 "전환점"이다: 만일 범죄자가 운이 좋아 훌륭한 배우자를 만나면, 통제가 바로 실시되고 범죄단절이 일어난다. 그러나, 앞서 살펴봤듯이, 이후 라웁과 샘슨(Laub & Sampson, 2003)은 이런 시나리오가 변화과정에서 "인간행위자"의 역할을 반영하지 못한 것이라고 주장했다. 비슷한 맥락에서, 지오다노 등(2002)은 범죄자들이 특히 성인범죄자들은 "의지가 있으며" "성찰력이 있다"고 강조했다. 따라서 지오다노 등은 "행위자와 환경과의 밀접한 상호관계를 이론화하고 인간행위자를 변화과정에서 핵심위치에 배치하였다"(p.999).

이들의 이론은 두 가지 점에서 라웁과 샘슨의 수정된 관점과 차이가 있다. 첫째, 결혼과 취업을 "전환점"으로 개념화하지 않았다. 대신 지오다노 등은 "변화 유인제"라는 용어를 사용했다. 결혼과 취업과 같은 사건들이 변화와 단절의 가능성을 열어줄 뿐이며 필연적으로 그렇게 되지 않는다는 것이다. 지오다노 등에 의하면, 자신의 생애-과정을 재편하기 위해서 범죄자들은 이런 기회를 활용해야 — 즉 "유인되어야" — 한다. 기회의 매력성과 범죄자들의 인간행위자로서의 성격이 변화과정에 중요시된다는 것을 알 수 있다. 이에 대해, 지오다노 등은 "우리들은 외부환경에 의해 제공되는 기회를 움켜잡으려는 행위자의 역할을 강조하고자 한다"(p.1000)라고 표현했다. 둘째, 라웁과 샘슨의 "인간행위자"라는 다소 불분명한 개념에 대해, 지오다노 등은 네 가지의 "인지전환"으로 구성된 "인지변화"를 중심으로 인간행위자로서의 성격으로 판단할 수 있다고 보았다. 이런 구체적 특성들을 지적함으로써, 지오다노 등은 경험적 검증이 가능한 단절에 관한 이론을 구성했다.

범죄자가 변화하고 더 이상 범죄를 저지르지 않으려면 우선 "변화에 일반적 인지개방성"(Giordano et al., 2002, p.1000)을 발전시켜야 한다. 이러한 전반적 인지전환이 일어난 후에, 범죄자들은 새롭게 시작한 이성관계나 취업제안과 같이 본인들이 접하는 특정한 잠재적 변화유인제들을 "긍정적 조건이라고"(p.1001) 해석해야 한다. 즉 범죄자들이 기회와 "연계되어야" 한다. 이와 함께 두 번째 전환에는 "새로운 상황들이 근본적으로 지속적 일탈과는 양립할 수 없다"(p.1001)라고 규정하는 것도 포함된다.

여기서, 지오다노 등은 세 번째 인지전환과 관련해 앞서 살펴봤던 마루나(Maruna)의 "구원대본"과 겹치는 개념이라고 설명했다. 지오다노 등에 의하면, 이런 인지전환은 범죄자가 "과거의 잊어야 하는 주변적 자아를 대신할 수 있는 정상적이며 매력적인 '대체 자아'를 상상하고 구현하려고"(p.1001) 하는 시도이다. 이런 인지전환의 핵심사안은 "의사결정과정에서 여과장치"(예, 이런 행동이 "내가 누구인가"와 일치하는가?)로 기능하고 앞날을 제시하는 새로운 정체성을 개발하는 것이다. 주목해야 할 점은, 원만한 결혼생활과 같은 변화유인제가 새롭게 형성된 정체성을 강화하며, 샘슨과 라웁(Sampson & Laub, 1993)이 지적했듯이 비공식 사회통제가 될 수 있다는 것이다. 그럼에도 불구하고, 범죄자의 재구성된 정체성은 범죄로부터 단절하는 데 여전히 독립적인 중요한 역할을 담당한다. 특히 범죄자들이 스스로 "새로운 상황"을 접하거나 혹은 이전의 변화유기제를 잃게 되었을 때에(예, 이성과의 이별, 실직, pp.1001−1002) 재구성된 정체성은 중요하게 작용한다.

마지막으로, 인지전환의 네 번째 유형은 범죄자들이 이전의 일탈행동과 잘못된 생활방식을 재해석하는 것이다. 지오다노 등(2002)은 "단절과정"이 "과거에 했던 것과 같은 행동을 행위자들이 더 이상 긍정적으로, 실행가능한 것으로, 혹은 개인적으로 적합한 것으로 보지 않을 때에 완료된다"(p.1002)라고 보았다. 이런 수정된 세계관으로 범죄자들은 이제 지속적으로 준법적 생활을 할 수 있는 동기를 갖게 된다. 더욱이, 이런 전환은 범죄자의 태도와 행위적 동기가 반사회적으로부터 친사회적으로 변화되었다는 것을 시사하므로 이론적으로 중요한 의미가 있다. 즉 지오다노 등의 관점은 사회학습이론과 일치하며 "동기를 변화하지 않는 상수로 고려하는 통제론적 관점과는"(p.1002) 일치하지 않는다.

요약하자면, 지오다노 등의 인지변화, 마루나의 구원대본, 라웁과 샘슨의 인간행위자에 관한 연구는 다소의 차이가 있지만 모두가 자신들이 겪는 생애 과정의 경로에서 범죄자들을 적극적 참여자로 본다는 점에서 수렴한다. 물론 이런 평가가 최초로 범죄에 빠뜨리고 오랫동안 범죄적 경로에 묶어둔 구조적 위험요인과 개인적 위험요인의 중요성을 폄하하는 것은 아니다. 그렇지만 범죄적 생애−과정이 단순히 자연적 발달과정의 산물이거나 우연히 훌륭한 배우자를 만나거나 취업기회를 갖게 된 결과가 아닐 것이다. 대신에, 범죄자들은 변화유인제를 활용할 것인가 혹은 포기할 것인가에 대해 선택을 한다. 앞으로의 이론과 연구들은 인간행위자의 의미를 보다 구체화하고 범죄자들이 자신들의 삶을 되돌아보고 범죄를 단절하게 되는 상세한 과정을 밝히는 데 많은 노력을 해야 할 것이다.

## 이론의 영향: 정책적 함의

생애-과정 혹은 발전론적 이론이 아동기를 심각한 만성범죄의 인큐베이터로 부각시킴으로써 정책적 함의가 명확하다: 범죄의 근원이 생애의 첫 몇 년에 있다면, 가장 효과적인 범죄예방정책은 조기개입 프로그램이다. 이런 프로그램들은 부모훈련, 아동의 인지발달 개선, 문제행동의 조기징후에 대한 조치의 세 가지 영역을 중점적으로 다룬다(Farrington, 1994a; Tremblay & Craig, 1995). 프로그램의 시행시기는 출산이전 기간과 유아기부터 시작해 학령기 연령까지 적용할 수 있다(Farrington & Welsh, 2007; Greenwood, 2006; Loeber & Farrington, 1998). 또한 형사사법 기관들도 이런 프로그램들을 대처방안으로 활용할 수 있다(Cullen & Gendreau, 2000; Lipsey, 2009; Lipsey & Cullen, 2007). 조기개입의 목적은 범죄개시와 관련된 위험요인들을 감소하고, 보호요인을 강화함으로써 범죄를 저지를 수도 있는 위기상황에서 적절히 대처할 수 있는 능력을 배양하는 것이다(Tremblay & Craig, 1995). 반사회적 생애과정이 이미 시작된 경우에는, 청소년들이 이런 경로를 이탈하도록 지원하는 임무를 담당한다.

예를 들면, 데이비드 올스(David Olds)와 동료들은 뉴욕주의 엠미라 시에서 "출산 이전과 아동기 초기의 간호사 가정방문 프로그램"을 처음 실시하고 이후 테네시주의 멤피스 시로 확대하였다(Olds, 2007; Olds, Hill, & Rumsey, 1998). 이 프로그램의 주요 대상은 반사회적 자녀의 위험성이 높은 저소득층 초산 산모들이다. 뛰어난 대인관계 능력을 가진 간호사들이 임신기간 그리고 자녀출산 후 2년간에 걸쳐 매주 혹은 격주로 산모를 방문했다. 간호사들은 세 가지 종류의 위험요인들을 완화하려고 노력했다. 첫째, 반사회적 행위와 연관된 신경심리적 기능결손을 줄이기 위해(Moffitt, 1993) 간호사들은 임산부들이 적절한 산전관리를 받고, 태아의 성장을 저해하는 행동(예, 흡연이나 약물사용)을 하지 않도록 임산부들과 함께 노력했다. 둘째, 아동의 학대와 방임을 감소하기 위해, 간호사들은 효과적인 양육기술을 모성들이 배울 수 있도록 도와주었다. 셋째, 간호사들은 또한 모성의 일탈로 인한 문제를 감소하기 위해 이들이 학교교육을 마치고, 취업을 하고, 계획에 없는 임신을 피할 수 있도록 지원했다. 실험연구의 결과에 의하면, 간호사 방문으로 위험요인들이 감소했으며 가설에서 기대했듯이 이후

일탈행동이 줄어든 것으로 나타났다. 이를 바탕으로 Ols 등은 연구결과를 다음과 요약했다:

> 엘미나 간호사 방문프로그램의 15년간 추적조사 결과를 살펴보면, 아동의 범죄와 반사회적 행위에 대한 프로그램의 장기 효과가 실현되었다는 것을 알 수 있다. 따라서 이 프로그램은 청소년사법제도와 비행정책에서 획기적 개선방향을 제시한다. 어머니가 10여 년 전에 간호사의 가정방문서비스를 받은 청소년은 그렇지 않은 청소년에 비교해 가출의 비율이 60% 감소했고, 체포된 비율이 55% 감소했고, 보호관철 위반을 포함한 범죄행위로 유죄판결을 받은 비율이 80% 감소했다(p.159).

범죄예방을 위한 조기개입전략은 정치적으로 "진보주의"라고 할 수 있다. 보수주의 접근방법과 비교했을 때에, 조기개입전략은 만성적 반사회적 행위의 유발원인들을 방치하는 "중벌주의" 정책을 옹호하지 않는다. 실제로 범죄가 성장과정의 부분이라면, 기존의 합리적 선택모형이나 억제이론으로는 인지능력이 아직 발달하지 못한 아동기에 어떻게 범죄적 생애경로가 시작하는지를 설명할 수 없다. 생애-과정 이론들도 LCP의 존재와 장기간에 걸쳐 지속적으로 범죄를 저지르게 될 것이라고 예측되는 경우에 대해서는 구금형의 필요성을 인정한다. 그러나, 생애-과정 패러다임의 이론들은 대부분 교도소 수용을 반대한다. 구금형이 범죄자들을 더욱더 범죄적 생애궤적에 빠뜨리는 덫이 될 수 있기 때문이다(Laub, Sampson, Corbett, & Smith, 1995 참조). 그렇다고 이 패러다임을 "비판학파" 혹은 좌파로 분류할 수 없다. 비록 기존질서에 대한 비판, 즉 불평등한 정치경제의 폐해를 지적하기는 하지만 특정한 정책방향을 강요하지 않았다. 즉, 프로그램에 대한 요구는 있지만 부와 권력의 재분배까지를 요구하지 않았다는 것이다.

생애-과정 이론가들의 생각은 시대적 분위기와 일치한다고 할 수 있다. 좌파와 우파의 정치적 갈등은 앞으로도 계속되겠지만, 사회구성원들의 보편적 견해는 이념적으로 "중도적"이라고 할 수 있다. 오늘날에는 1960년대(사회평등과 관련한)나 1980년대(보수주의 가치와 관련한)에 있었던 것과 같은 사회전반적 혁신에 대해 관심을 갖는 사람들을 찾기 어렵다. 공화당의 윌리엄 베네트와 민주당의 힐러리 로덤 클린턴이 아동을 도와야 한다는 데 같은 의견이므로, 문제아동의 지원사업은 정치적으로도 실현가능한 방안이다(Bennett et al., 1996; Clinton, 1996). 실제로 비행청소년의 재활을 포함한 조기개입 프로그램에 대해서는 광범위한 대중적 지원이 이루어지고 있다(Cullen, Fisher, & Applegate, 2000; Cullen, Vose, Johnson, & Unnerver, 2007). 이런 정책제안들이 수용되는 데에는 다른 두 가지 사실도 긍정적으로 작용하고 있다. 첫째, 조기개입 프로그램들이 차후범죄를 예방하고 줄이는 데 "효과가 있다"는 증거들이 늘어나고 있다(Farrington, 1994a; Farrington & Welsh, 2007; Henggeler, 1997; Karoly et al., 1998; Laub et al., 1995; Loeber & Farrington, 1998; Tremblay & Craig, 1995). 둘째, 조기예방 프로그램들이 소용비용이 물론 정확히 계산하기는 어려운 일이지만 다른 정책들에 비해 효율적이라는 증거들이다(Aos, Phipps, Barnoski, & Lieb, 2001; Drake, Aos, & Miller, 2009; Farrington & Welsh, 2007; Karoly et al., 1998; Welsh, 2003; Welsh, Farrington, & Sherman, 2001 참조).

끝으로, 조기개입 이외에, 생애-과정 연구들은 청소년기에 제대로 "선도"하지 못해 성인기에까지 범죄를 지속하는 사람들을 대상으로 하는 전략의 필요성을 시사한다. 역시, 손쉬운 방법으로 고질적인 상습범죄자들을 교도소에 오랫동안 감금하는 정책을 생각할 수 있다. 그러나 라웁과 샘슨(Laub & Sampson, 2003)이 지적했듯이, 이런 접근방법은 예견하지 못한 결과를 초래할 수 있다. 교도소에 감금하면 중요한 사회제도에 대한 유대를 약화시켜 오히려 재범을 증가시킬 수 있기 때문이다. 이들은 "누적적 불이익"에 의해 "체포 특히 교도소에 감금하면 학업실패, 실업, 사회유대의 약화를 가져오고 이로 인해 성인범죄가 증가하게"(2003, p.291) 된다고 지적했다. 따라서 앞으로의 과제는 교도소에 수용된 생애과정의 범죄자들을 대상으로 사회적 유대의 붕괴를 방지할 수 있는 처우 프로그램과 재통합 프로그램의 개발일 것이다.

## 결 론

현 단계에서 범죄학은 과잉발전으로 인한 어려움에 빠져있다고 할 수 있다. 서로 대립된 이론적 패러다임들이 연구분야에 넘쳐나고 있다. 이론화 작업이 이렇게 과잉발전하게 된 원인으로는 몇 가지를 들 수 있다. 과잉발전한 이유의 일부는 과거의 이론모형을 새로운 방법으로 활성화하려고 했거나, 전통적 접근방법들을 독창적 관점으로 통합하려고 했거나, 기존 관점들에서 충분히 다루지 못했던 아이디어를 정교화하려고 했기 때문일 수 있다. 다른 일부로는 이데올로기가 다르고 다양한 학문적 배경(예, 경제학, 심리학)을 가진 학자들의 노력이 반영되었을 수 있다. 또 다른 부분은 완전히 새로운 아이디어와 세계를 보는 방식으로 이론적 탐구와 경험적 연구의 방향이(예, 생애-과정 범죄학) 재정립되었기 때문일 수 있다.

21세기 초반에 어떤 이론 혹은 이론들이 범죄학의 주도적 입장이 될지는 앞으로 지켜봐야 할 것이다. 지난 세대에는 사회적 환경의 변화와 그것이 범죄학적 상상력에 미치는 영향이 드라마틱했기 때문에 특정 이론의 헤게모니가 명확히 드러났다. 그렇더라도, 우리는 두 가지 점에 대해서는 늘 주목할 필요가 있다. 첫째, 현재 이론들에 공감하는 것이 우연적 사건이 아니라는 것이다: 반면에 이론들은 사람들의 사회적 경험과 이와 일치하는 세계관에 의해 재구성될 것이다. 또한 범죄원인에 대해 범죄학자들 혹은 정부관료들 간의 논쟁이 학문적 수준에서 있겠지만 결국엔 숨겨진 혹은 그렇지 않은 정치적 이데올로기에 의해 논쟁의 방향이 결정된다는 것이다. 둘째, 앞으로 어쩌면 이전처럼 급격한 사회변화로 인해 특정 이론들이 다른 이론들에 비해 더욱 부각될 것이다. 오늘날 우리가 당연한 것으로 생각하는 기존의 사회환경은 결국 변화할 것이며 따라서 범죄에 대한 우리의 생각과 범죄에 대한 대처방법도 달라질 것이다.

# 참고문헌

아래 QR코드를 스캔하시면
『범죄학 이론』의 참고문헌을 확인하실 수 있습니다.

# 찾아보기

## 역자 약력


이순래
원광대학교 경찰행정학과 교수

박철현
동의대학교 경찰행정학과 교수

장안식
고려대학교 인문대학 사회학과 교수



범죄학 이론
-사회적 배경과 결과물-

조판인쇄 2017년 3월 5일
초판발행 2017년 3월 10일

지은이 J. Robert Lilly · Francis T. Cullen · Richard A. Ball
옮긴이 이순래 · 박철현 · 장안식
펴낸이 안종만

편 집 배우리
기획/마케팅 이영조
표지디자인 권효진
제 작 우인도 · 고철민

펴낸곳 (주) 박영사
서울특별시 종로구 새문안로3길 36, 1601
등록 1959. 3. 11. 제300-1959-1호(倫)
전 화 02)733-6771
f a x 02)736-4818
e-mail pys@pybook.co.kr
homepage www.pybook.co.kr
ISBN 979-11-303-0383-3 93350





정 가 32,000원